博物館の歴史

高橋 雄造　THE HISTORY OF MUSEUM

法政大学出版局　HOSEI UNIVERSITY PRESS

はじめに

　全世界の博物館の数は多く，しかも増加を続けている．博物館――美術館，植物園，動物園，水族館，プラネタリウムなども広義の博物館にふくまれる――は，人々から相当に愛されている．ピアース（Susan Pearce）によれば，ヨーロッパには約1万3500（うちイギリスに約2300），北米には約7000，オセアニアとアジアには約2800，その他の地域には約2000の博物館がある（1990年頃の数字）．合計2万5300館ある勘定になる．別のソースによれば，博物館は1992年頃に世界に約4万館あったと言う．日本では，博物館法上の登録博物館と博物館相当施設の合計は，1968年度に338館であったのが，2002年度には，3.3倍の1120館になっている．博物館訪問者数も増加している．米国では博物館に行った人は1965年には200万人であったのが，1984年には400万人と倍増した．各国の代表的な博物館の年間入館者数は，100万人を越えることが多い．博物館が現代社会に占める位置は大きい[1]．

　日本では美術館を博物館とは別と考えることが多いが，欧米ではこの区別はない．本書でも，特記しないかぎりこれを区別せずに論じる．博物館の歴史においては科学技術博物館が重要であるので，本書ではこれに相当の重点を置いて論述する．

　博物館は長い年月のあいだに著しく変貌してきたので，古代の原初から今日にいたる博物館を説明するのは容易ではない．現代においても，博物館とは何であるか，博物館は何をすべきかといった基本の問いに対する答えは必ずしも明確ではない．本書では，①近代的公共博物館の成立，および，②国民の教育のための博物館手法の確立，の二つを軸に古代以来の世界の博物館史を論じる．

　近年，博物館をとりまく環境や，博物館への期待も変化している．現代社会には，情報化，高齢化，少子化といった変化が進行しており，環境問題，差別，教育の「崩壊」，科学リテラシーといった問題がある．博物館は，これら今日の問題に対応するのに有用であろう．現代は，博物館にとって採算

性を求められる「危機」の時代でもある．このようなときに博物館の歴史を考えることは，特に意味のあることであろう．

　博物館は現代社会において重要な存在であるが，博物館学というべきものがいままでに確立しているとは言い難い．博物館史は博物館学のコアのひとつであり，本書は博物館学構築の試みでもある．博物館の歴史を体系的に論述した書物は内外ともほとんど見当たらないので，本書の意義はあると考えている．

　本書では，総説というべき第1章で博物館の歴史の骨格をまず示し，基本的な概念や用語を説明するとともに，展示の手法の変遷としての博物館史を提示する．第1章の4に博物館の歴史の流れを要約してあるので，ここだけでも第2章以後を読む準備として役立つはずである．
　博物館の歴史は，その国の社会・政治・経済・文化を反映する．パリ工芸院博物館，サウス・ケンジントン博物館（ビクトリア・アンド・アルバート美術館とロンドン科学博物館をふくむ），スミソニアンの博物館，シカゴ科学・産業博物館の沿革はその例であり，この四ヶ所については相当の紙面を割いて述べた．国民の教育のための公共博物館という考えはパリ工芸院ではじまりサウス・ケンジントン博物館で実体化されたので，両館の足跡を知る必要がある．パリ工芸院の歴史は，技術教育の制度化，博物館における成人教育・生涯教育・継続教育といった文脈においても重要である．そのほかいくつかの博物館についてもややくわしくあつかい，それぞれの博物館の運営や展示の考え方，手法も紹介してある．日本では，欧米の博物館・美術館について少数の有名館のみ語られて，それ以外はほとんど紹介されていないので，これらはケース・スタディとしても有用であろう．
　筆者は，スミソニアンの博物館に留学した経験はあるが博物館に勤務する者ではない．本書には，博物館の外から見た博物館史という意味もある．本書が，博物館にかかわる人にとって新たな博物館活動に役立つとともに，ひろく博物館外の人々が博物館を知る助けとなることを希望する．

目　次

はじめに　3

第1章　博物館とは何か……………………………………………………………11

1　物質文化としての博物館 ……………………………………………………11
　博物館とは／コレクションと博物館／博物館の属性――公共博物館とは／博物館と教育

2　博物館の機能 …………………………………………………………………16

3　博物館と科学技術 ……………………………………………………………20
　博物館史における科学技術博物館の重要性／科学技術博物館の分類――自然史系博物館と理工系博物館

4　博物館史における時代区分と科学技術博物館の二世代 …………………23

5　展示の方法の変遷 ……………………………………………………………29
　二層展示／分類展示／機能展示――生物環境展示，時代室，動態展示／参加型展示

6　博物館におけるモノと見学者，および見世物との比較 …………………39

7　博物館学の形成 ………………………………………………………………41

8　各分野の博物館とその分野の学 ……………………………………………46

9　博物館の近年の動向 …………………………………………………………47

第2章　博物館の前史 ………………………………………………………………49

1　古　　代 ………………………………………………………………………49

2　中　　世 ………………………………………………………………………51

3　ルネサンス期とバロック期のキャビネット ………………………………54

宇宙の縮図「キャビネット」／ルネサンス期のキャビネット／「驚異の部屋」／「驚異の部屋」の評価／バロック期とキャビネットの終焉

第3章　近代的公共博物館への過渡 ……………………… 83

 1　科学革命と公共博物館への胎動 ………………………… 84
 2　団体博物館
  ——ロイヤル・ソサエティの陳列室とアシュモール博物館… 88
 3　テイラー博物館 …………………………………………… 96
 4　個人博物館 ………………………………………………… 99
 5　ヴァーチュオーソとコーヒーハウス ………………… 103
 6　ロンドンの見世物 ……………………………………… 109
 7　ピールの博物館 ………………………………………… 111
 8　バーナムのアメリカ博物館 …………………………… 117
 9　アデレード・ギャラリ ………………………………… 120

第4章　近代的公共博物館の出現 ……………………… 131

 1　ルーヴル美術館の成立 ………………………………… 132
  前史／ルーヴル美術館の誕生／ナポレオン戦争，ドゥノン，美術品接収／ルーヴル美術館とフランス美術の発展／公共博物館としてのルーヴル美術館
 2　美術館および博物館をめぐる諸問題 ………………… 151
 3　近代的技術博物館の出現——パリ工芸院博物館 …… 161
  前史／パリ工芸院の設立／パリ工芸院の学校／パリ工芸院博物館のあゆみとコレクション／パリ工芸院の図書館／パリ工芸院博物館の革新とサン＝ドニ保存所開設／パリ工芸院博物館の評価
 4　大英博物館の成立 ……………………………………… 190
 5　自然史の博物館 ………………………………………… 197

6　植物園，動物園，水族館 …………………………………… 204
　　7　公共博物館の拡大と専門博物館の出現 …………………… 212

第5章　教育のための博物館の実現 …………………………… 225

　　1　サウス・ケンジントン博物館と
　　　　ビクトリア・アンド・アルバート美術館の沿革 …………… 227
　　　　デザイン学校／ロンドン万国博覧会とサウス・ケンジントン博物館の誕生／コールと彼の博物館手法／ベスナル・グリーン分館／デザイン学校，ロンドン万博，サウス・ケンジントン博物館の社会的・政治的意義／大英帝国博物館としてのサウス・ケンジントン博物館／サウス・ケンジントン博物館からビクトリア・アンド・アルバート美術館へ／今日までのビクトリア・アンド・アルバート美術館

　　2　ロンドン科学博物館の沿革 ………………………………… 271
　　　　サウス・ケンジントン博物館からロンドン科学博物館へ／ベル報告書と1910年代までのロンドン科学博物館／第一次世界大戦から1930年代まで／ライオンズ館長とロンドン科学博物館の革新／第二次世界大戦から近年までのロンドン科学博物館

　　3　ルーヴル美術館，パリ工芸院博物館，大英博物館と
　　　　サウス・ケンジントン博物館の比較 ………………………… 287

　　4　スミソニアンの博物館の成立 ……………………………… 289
　　　　スミソニアン・インスティテューションとは／スミソニアン・インスティテューションの設立／初代総裁ヘンリー／国立博物館とグード

第6章　科学技術博物館の完成 ………………………………… 309

　　1　ドイツ博物館とその影響 …………………………………… 310
　　　　オスカル・フォン・ミラーとドイツ博物館のなりたち／ドイツ博物館の発展／近年のドイツ博物館／20世紀につくられた科学技術史博物館——ドイツ博物館の影響

　　2　米国における技術博物館の成立 …………………………… 335

3 シカゴ科学・産業博物館 ……………………………………… 338
  シカゴ科学・産業博物館の設立とケンプファート時代／ドーズによる転換とローアによる正式開館／進歩の世紀博覧会とローア／ローアのシカゴ科学・産業博物館入り／1950年代までのシカゴ科学・産業博物館／1960年代のシカゴ科学・産業博物館／レノックス・ローア／ローアの大衆教育／シカゴ科学・産業博物館のローア路線と米国社会／1970年代からのシカゴ科学・産業博物館／シカゴ科学・産業博物館の「第二の転換」

第7章 スミソニアンの技術博物館 ……………………………… 371

1 実現しなかった技術博物館 …………………………………… 372
2 国立歴史技術博物館から国立アメリカ歴史博物館へ ………… 373
  米国技術史学会と技術史学の形成／国立歴史技術博物館の設立／国立アメリカ歴史博物館への転換
3 スミソニアン・インスティテューションの拡大 ……………… 384
4 国立アメリカ歴史博物館の展示 ……………………………… 390
5 国立航空宇宙博物館
  ――栄光の殿堂からメッセージ型展示への動き ……………… 400

第8章 サイエンスセンター ……………………………………… 407

1 サイエンスセンターの誕生 …………………………………… 408
  サイエンスセンターの原型／発見宮殿／サイエンスセンターの発展／サイエンスセンターへの批判
2 エクスプロラトリアム ………………………………………… 419
  オッペンハイマーの生涯とエクスプロラトリアムの沿革／エクスプロラトリアムの展示／オッペンハイマーの考え方とエクスプロラトリアムの新しさ／エクスプロラトリアムの影響
3 パリのラ・ビレット …………………………………………… 429
4 サイエンスセンターの今後 …………………………………… 434

第9章 │ 現代における博物館の変貌 ……………………………… 439
  1 スミソニアンの動向——社会での論議と博物館 ……………… 439
    国立自然史博物館の《変化の種》展示／エクスターナリスト展示——《米国人の生活における科学》／最近の国立アメリカ歴史博物館／国立航空宇宙博物館のウヴァー゠ヘイジ館／国立アメリカ・インディアン博物館，および黒人博物館の計画／スミソニアンの博物館の今後
  2 博物館の今後 ………………………………………………… 459
    有料化と超目玉展示／教育への注力と科学リテラシー／フォーラム化の可能性／商業化の問題／博物館における観客の自由と新しい博物館論
  むすび 464

  付　表　467
  注　　　473
  文　献　497
  索　引　525
  あとがき　537

第1章 博物館とは何か

1 物質文化としての博物館

博物館とは

　博物館とは何であろうか．本書では，美術館，植物園，動物園，水族館等もあわせて博物館と呼ぶ．博物館とはモノを収集してあるところであると，ひとまず言えるであろう．ここで，モノ（objects）とは，絵画や動植物を含む標本や歴史記念物であり，日常生活や産業等で使われている物品・財貨，あるいは天然に存在している物と区別してモノと書く．

　博物館にあるモノを，「三次元のモノ」（three-dimensional objects）[1]と表現することがある．これは，図書館にあるような二次元の文字・図形の情報と比較した言い方である．本であっても，画面の情報だけでなくモノ自体——たとえば紙質や裏打ちや破れ具合といった——を問題にすると，三次元のモノということになる．

　現代社会における博物館は，ひらたく言えば，なにかの分野やテーマについて展示で説明し紹介する施設であり，その分野・テーマの縮図や見本といったものが三次元のモノによって示される．展示は，実物を使ってあっても，現実とはちがう一種の「虚構」である．

　モノをあつかう博物館は，物質文化—— material culture と呼ばれる——の施設である．人間は，天然物を単にえさや天敵やねぐらや障害物としてだけでなく，対象である物質（materials）として認識してはじめてヒトとなったのだから，ヒトは物質（materials）と離れてはあり得ない．マテリアル・カルチャーはヒトの精神文化の基盤である．

　博物館にあるモノのうちで，モノ自体の意味が大きい場合と，モノの表す原理とか意味とか（idea）が重要である場合とがある．美術館は前者であり，

後者の代表例として物理・化学系の理工学博物館が挙げられる[2]．

　科学技術博物館の場合，科学技術の発達史を示すのではなく，科学技術を遊びとして提供して科学技術知識の普及をはかるサイエンスセンターが今日においては盛んである．純粋科学，技術，工業のいずれを扱っていても，サイエンスセンターと総称される．サイエンスセンターでは，来館者がさわったり操作できるような模型等を置く．こういった展示は，ハンズオン展示とか参加型展示と呼ばれる．さわったり操作すると展示が変化し，その変化に応じてまた来館者が操作するような展示を，相互作用型展示（インタラクティブ interactive な展示）という．こういったサイエンスセンター式の展示は非常に人気があって，科学技術博物館以外の博物館にもひろがっている．サイエンスセンターでない博物館ではモノが歴史上の科学技術記念物（ライト兄弟の複葉機フライヤー号とか，湯川秀樹博士の直筆ノートとか）であることが多く，モノ自体が保存・展示・観賞等に値する．これに対し，サイエンスセンター展示における模型等は，それ自体に記念物や標本としての意味があるわけではなく，磨耗してこわれたら取り換えるので，標本・記念物という意味でのモノではない．サイエンスセンターは，恒久的なコレクションを持たない．

　「博物館」の定義を見ておこう．博物館の定義や概念は，時代とともに相当に変化している．

　まず，博物館学の古典のひとつであるマレー（David Murray）の *Museum: Their history and their use*（1904 年）は，博物館は「学者や科学者が関心を持つようなモノ（objects）のコレクションあるいは展示所で，科学的方法にしたがって配列・展示されたもの」であると述べた．この博物館概念では，啓蒙・教化施設というよりも研究の拠点の色合いが濃い．この定義では，博物館に関心を持つのは学者や科学者であって，市民に公開されるかどうかは問うていないので，博物館を市民の教育のための施設として規定するには不充分である．マレーの定義は，博物館が一般民衆ではなく教養のある人々のための施設であった古いイメージを示している．博物館学の建設者であるグード（George Brown Goode）の説は，マレーよりも時代は早いが（1895 年），

「博物館とは，自然の現象と人間の営為を最も良く説明するようなモノ（標本）を保存のための，かつ，これらのモノを知識の増大と人々の文化と啓蒙に役立てるための施設である」と，民衆に役立つことを強調していて今日の博物館像に近い[3]．このように，博物館が研究という知の生産の場であるかそれとも国民の教育と啓蒙のための（知の消費の）施設であるか，旧・新の二つの立場がある．

米国博物館協会（American Association of Museums/AAM）による定義を紹介しておこう．これによれば，博物館とは，「組織化された永続する非営利施設で，主として教育または審美に役立つことを目的とし，専門の職業スタッフがいて，人間が検知できるようなモノを持っていて，これらモノの手入れをして公衆にいつも展示している施設」である．ここで，次の諸点が要件とされていることに注意されたい．①教育が主要な目的として挙げられていること，②単に記念物等が存在するだけではなく，博物館として組織化されていること，③非営利施設であること，④専門の訓練を受けた資格のある専任スタッフがいること，⑤モノを三次元の実物とは限定していないこと，⑥モノを持っている必要があるが，これらを保存するとはかぎらないこと，⑦公開の展示をしていること．この定義では，美術館をカバーしているし，三次元のモノを展示しないプラネタリウムも含まれる．サイエンスセンターは，モノの廃棄や更新がふつうに行われる点でも他の博物館とは異なるが，米国博物館協会による定義ではカバーされる．営利を目的とするテーマパーク等は，この定義から外れる[4]．

ここで，博物館の原語である「ミュージアム」の由来を述べておく．ミュージアムは英語で museum であるが，ドイツ語では同じ綴りでムゼウムと言い，ギリシャ語でムーサイ女神の拝殿をあらわす語ムーセイオン（μουσεῖον, mouseion）からはじまった．諸学芸の殿堂であったムーセイオンは，モノの集積所というよりも学者のあつまる知的生産の場であり，博物館よりもむしろ大学に似たものであった．エジプトのアレキサンドリアにあったムーセイオンは特に有名で，ここには図書館があり，学者集団が共同生活を送っていた．博物館やコレクションについてミュージアムの語が使われるようになっ

たのは，ずっとあとである．15世紀末に，フィレンツェのロレンツォ・デ・メディチ（Lorenzo de Medici）の写本と宝石のコレクションを指してミュージアムの語（イタリア語ではmuseo）が用いられた．英語でmuseumが使われるようになるのは，1680年代であった[5]．

コレクションと博物館

博物館は（やや事情がちがうサイエンスセンターを別として），コレクションを持っている．博物館とは何かを考えるにあたって，コレクションとの関係を見ておく必要がある．

コレクションは，経済活動からきりはなされた物の集合である．ポミアン（Krzysztof Pomian）は，コレクションとは，「一時あるいは永久に経済活動の外に保たれ，その目的のために整備された閉ざされた場所で特別の庇護を受け，視線にさらされる自然物または人工物の集合である」としている[6]．物が経済活動から切り離されているという点で，コレクションと博物館とは共通している．動物園や水族館にいる生きた動物は，動物自体は自然環境にいるときと同じであっても，その持つ意味が変わって，標本としてモノとなるのである．

それでは，博物館はコレクションとはどうちがうのであろうか．そこに集められたモノが経済活動に復帰する可能性が残っていれば，博物館ではなく単なるコレクションであると言うことができるであろう．ポミアンは，「宝物庫から博物館への変化や，宮殿から城に集められたコレクションから博物館への変化とは，つねに，そこに置かれた品物が，本来所有していた典礼，儀式，装飾，有用性といった役割を失うことである」とも述べている[7]．博物館では，こういった役割を失って経済活動・有用性・現実から切り離されたモノの集合を，独自の虚構の世界（ミクロコスモス）として示すのである．

コレクションと博物館のちがいを，さらに次項で見ていこう．

博物館の属性——公共博物館とは

今日の博物館は多様であって，そのすべてをカバーする定義を見出すことはむずかしい．こういう困難のある場合は，博物館にはどんな特質があるか

——すなわち博物館の属性——を考えることも役立つ．

　ポミアンは，単なるコレクションとはちがう博物館の属性として公共性と永続性を挙げ，博物館は法律上の位置づけがどうであっても公共の施設であると述べている．「あらゆる大博物館の出発点には，公権力やある団体の法律行為が存在する」のである．ルーヴル美術館のバザン（Germain Bazin）も，博物館とは公共の施設を意味すると述べている[8]．国民の教育を目的とする公共博物館は，市民に公開される．ドイツ語では公共は öffentlich である[9]ことからわかるように，公開性は博物館の重要な属性である．公開性を有する点で，博物館はコレクションと異なる．

　公共施設としての博物館では，宗教的ではなく世俗性（secular. 非宗教性）も属性のひとつである．博物館は国民の教育の施設であるから，収集・展示の内容に宗教性があってもよいが，排他的（exclusive）であったり，宗派による差別があってはならない．

　コレクションは，私有であるかぎり，持ち主とその周辺の人しか見ることができない．標本，歴史上の記念物，美術品（たとえば，ライト兄弟の飛行機とか，ラファエロの絵）は非人格化された国家に属し，国民にはこれを見る権利がある——恩恵として見せてもらうのではなく——というのが，公共博物館の理念である．「博物館は国民に見せるための公共施設であって身分や宗教によって差別的・排他的であってはならない」という原則が確立したのは，フランス革命以来である．

　公共の施設では，生産者（施設側）と消費者（見学者）が分かれている．コレクションではふつうは生産者と消費者が同一（あるいは，同一グループ）であるのに対して，博物館では，物を収集・保存する人（生産者）と展示を見る人（消費者）とが分離している．このように，コレクションと博物館とでは，物の意味だけではなく，人にもちがいがある．

　国民的・国家的であり，ナショナリズムを表現することも，博物館の属性のひとつである．規模の大きい国立博物館の場合，これが言える．近代的博物館の最初とされるルーヴル美術館も，フランス革命による国民国家の確立の結果として誕生した国家博物館である．

　ここで，博物館が本質的に男性支配（male authority）であることも指摘し

ておこう．これは，現代に至るまで文化の多くが男性支配であることの反映である．美術館や民族学博物館等で展示に女性の裸体が多いのは，そのあらわれのひとつである[10]．

博物館と教育

現代社会における博物館の目的・使命は国民の教育であり，博物館は学校教育を補完する存在である．ことに理科教育では学校の設備・教員の充実には限度があるので，博物館の貢献が期待される．科学技術博物館は，理科教員志望の学生の教育や，理科教員の再教育も行う．博物館には成人教育・生涯教育の施設としての役割もあり，ことに今後はこの面での貢献が期待されている．

「教育」をマンパワー養成と考えるならば，学校も博物館も功利主義の (utilitarian) 施設であり，知的好奇心を動機とする教養のためのものと考えるならば人文主義に近くなる．これら二つの立場は前述の博物館の定義における新・旧の立場と重なっている．博物館をめぐっては，この二項対立 (dichotomy) がある．

博物館は教育の機関であるが，学校のように「かた苦しい」のでは見学者に喜ばれない．サイエンスセンター登場以来の現代の公共博物館は娯楽の要素を積極的に取り入れて，多数の観客を集めている．しかし，娯楽路線が過度にわたると教育というつとめがおろそかになるおそれがあり，また，娯楽を提供する博物館が商業施設に競合できるのかという問題もある．博物館にとって，教育と娯楽は二項対立と言ってもよく，両者のバランスは永遠の課題である．

2　博物館の機能

博物館とは何かを考えるのに，博物館がどんな機能を持つかを問うことも役立つ．ここで「機能」は，二通りの意味がある．ひとつは博物館や博物館人の業務であり，①収集・保存，②展示・教育，③研究，の三つが挙げられる．これを図 1-1 に示す．ここで研究とは，モノ自体の研究とその収集・保

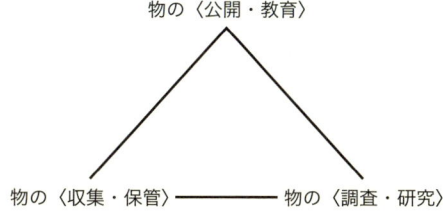

図1-1 博物館の「機能」①収集・保存，②展示・教育，③研究

存の研究，展示の研究および博物館を活用する教育の研究，博物館とは何かという研究，さらにマテリアル・カルチャーの研究である．①と③は，博物館の内の業務であり，②は外向けの活動である．公共博物館は市民が見に来るための施設であるから，②の展示・教育は公共博物館の機能のうちで最も重要と言える．これは，後述するもうひとつの意味での機能につながる．

上記の①と③はマレーに見たような博物館の古い姿につながり，②は新しい．博物館を，コレクション中心（collection-oriented）の博物館と展示中心（exhibit-oriented）の博物館に大別することもできる．前者では①と③に，後者では②に重点を置く．①と③は知の生産で，②は知の消費である．知の生産と，普及（消費）・娯楽の両面を持つ公共博物館は，もともと矛盾した存在であると言えるであろう．博物館は知識階層中心の知の生産の場であるか，それとも見学者を展示で教育・啓蒙する場であるかという二項対立は，公共博物館の成立の当初からあって，今日に及んでいる．博物館は，前者ではエリート主義（elitism）の場であって esoteric（秘儀的な，仲間うちの）たりうるが，後者では exoteric（外に開かれている）でなければならない．

この二項対立は，博物館人にも及ぶ．前者では博物館人は学者であるが，後者ではショーマンシップの人でなければならない．前者であれば博物館の見学者は博物館人と似た専門的関心を持つ人々であるから，博物館人にとっては扱いやすい．後者であれば，見学者は雑多な構成の人々であって，大多数は教育程度においてキュレータよりもずっと低く，博物館における生産者と消費者との分裂・乖離ははなはだしい．博物館人が自分たちよりも「低レベル」の「縁なき衆生」を相手にするという意識を持つならば，大衆は博物館に来なくなるであろう．大衆を理解しない博物館人が観客に権威主義で臨む傾向があり，これをハドソンは mandarinism（官人主義，権威主義と訳す

べきか），mandarin museum と表現している．大衆を理解する博物館人としては，大衆に近い人の方が学者よりも好適である[11]．

　博物館の建物にも，このような対比がある．博物館建築は威信を示す殿堂風のもので，大衆を寄せつけないか，来館者に緊張感を強いることが多かった．本書に示した多くの博物館の外観図からも，これがわかる．内部の展示室も，天井が高く，教会風の場合が多い．今日では博物館は入りやすい建物であることがよいとされ，雑多な構成の人々が利用する空港のような建物がよいとも言われる[12]．しかし，殿堂風の館も依然つくられている．

　社会において博物館が果たす役割，という意味での機能もある．博物館がどういう役に立つのかという意味での機能である．これは博物館の目的・使命と言い換えることもできるので，博物館の機能は前述のように教育であるとも言えるであろう．以下しばらく，この機能についてさらに考察する．

　博物館は，公共文化（public culture）の一つである．文化は，ブルジョアジーが支配階級となるまでは階級によって峻別されていた（服装はその例である）が，ブルジョアジーは自己の文化を被支配階級に及ぼそうとした．これがブルジョア階級による支配の特徴である．国民国家（nation-state）において，支配階級（ブルジョアジー）にとって国民は人的資源（human resources）であるので，国民をマンパワーとして使えるように教育する必要がある．博物館は，18世紀末以来，この教育のための施設として，文化における支配階級のヘゲモニーを明示しつつ支配階級の文化を被支配階級に刷りこんで受け入れさせ，善良な国民としての規範やふるまいを民衆にしつける社会統制（social control）のツールであった．飲んだくれて博物館に来ない，見苦しくない服装で来る，乱暴な言葉を使わない，つばを吐かない，人を押しのけないといった規律を守るしつけと，「高級な」文化との両方から，博物館は民衆を教化するのである．この教育では，教える知識だけでなく，ふるまいのしつけが重要である．市民社会における博物館の機能は，国民の教化・矯正である．博物館のこの機能に着目して disciplinary museum という言葉を使うことがあり，教化博物館あるいは矯正博物館と訳すべきであろう．この機能は，1980 年代以来，社会学者によって盛んに論じられるようにな

った．公共博物館はすべて disciplinary museum であり，この機能を持つ博物館が近代的な公共博物館であると定義することができる．

　こういった施設——教化の施設（disciplinary institution. 日本語に訳せば矯正のためのしくみ）——は，なにが社会の中で正統であり規範であるかを示し，これを民衆に受け入れさせる．学校や博物館以外に，鉄道と駅，公園，デパート，博覧会，放送等々も，広義の disciplinary institution である[13]．学校はハードな disciplinary institution，博物館はソフトな disciplinary institution と表現されることがある[14]．社会統制のための諸施設のなかでの博物館の特質は，モノのコレクションを使って教化・矯正の機能を果たすことである．

　19世紀中葉以来，国家が文化に責任を持つようになった．文化が支配のツールとなって，公共文化が出現した．公共文化とは文化への国家の介入であるということもできる．公共博物館はこの介入の一形態である[15]．

　最初の公共博物館はフランス革命によって出現したが，民衆の教化・矯正という機能を明確に意識してつくられた最初の博物館は，19世紀中葉にロンドンに設立されたサウス・ケンジントン博物館である．この意味で，サウス・ケンジントン博物館は博物館史上で最も重要な博物館である．改革派ブルジョアジーは，産業革命によってあらわれた都市労働者が悲惨な生活にあえぐ状況のもとで，労働者の反乱を防止するための社会改革の役に立つ施設として図書館や博物館等が必要と考えた．サウス・ケンジントン博物館は，この社会改革のツールとしてつくられたのである．

　博物館の社会統制機能は，どのように作用するのであろうか．博物館は来館者に国民としてのモデルや規範を示す．移民の国である米国では，博物館のこの機能は，種々のエスニック・グループから成る民衆を米国人たらしめるのに重要である．我々が外国旅行で博物館に入ったときには，展示だけでなく来館者のようすを知らず知らずのうちに観察するものであるが，これは移民が博物館で国民モデルを見つけるのと同様である．こういう場で，外国人ならばその国と人を知り，移民の来館者であればその国の人と同化する過程を進むのである．また，近年の博物館来館者調査によれば，来館者はまず，まわりの来館者を見て彼らと同じように行動するというから，博物館の矯正・教化機能は来館者が意識しないうちに作用する．博物館，公園，デパー

ト等々の矯正・教化機能，規範機能は，市民社会では有効であり，ひとりひとりがバラバラである大衆社会ではさらに重要である．

博物館の機能（社会における目的）は，設立者のプレスティージを高めることでもある．公共博物館は，国家等の公権力の威信を示すためにある．この意味では，博物館は——たとえその中身がどうであろうと——それが存在すること自体が重要である．今日，たいていの国の首都クラスの大都市には大規模な博物館や美術館があって，その国の顔と言うべき役割を果たしている．威信を示される相手は，その国の国民であり，また，訪れる外国人である．これも，博物館の政治的機能である．

教育のための施設である博物館は，よいことも悪いことも教えることができる．権力者は，これを利用する．博物館は，プロパガンダのツールとして政治的機能をあらわにすることがある．フランス革命により出現したルーヴル美術館は，王家の豪奢なさまを市民に見せ，また愛国意識を覚醒させる革命博物館であったということもできる．ナポレオン戦争の結果としてヨーロッパ各国でつくられた博物館や，ロシア革命後のソ連の博物館も，愛国博物館や革命博物館の性格を持っていた．美術館の政治性について，西ヨーロッパの美術館には東ヨーロッパに対する西ヨーロッパ文明の優位を示す機能があると言われる．美術館もしばしば排外主義の具現になる[16]．サウス・ケンジントン博物館は，イギリス帝国の博物館でもあった．シカゴの科学・産業博物館は，米国の資本主義と大企業の自由を謳歌する博物館であった．これらは，博物館の政治的機能を示す例である．博物館は，高度にイデオロギー的な存在であると言えるであろう．

3　博物館と科学技術

博物館史における科学技術博物館の重要性

博物館の歴史上で，科学技術博物館は重要である．その理由は，三つある．第一に，体系的な収集と分類，配列といった博物館の基本形を自然史博物館がつくった点にある．ルネサンス期に出現したキャビネットは博物館の前身と見られるが，キャビネットにはすでに自然史へ特化する傾向が見られる．

フランシス・ベーコンの主張する実験・観察を方法とする新しい科学が17世紀にあらわれ，そこでは自然史が重視された．重商主義の時代であったから，国の内外の物を観察し記録し分類することが重要であった．17世紀後半から，収集趣味が流行した．収集趣味は特別な財力を持たない人々にも拡大し，自国の物にも眼を向ける自然史のモノが格好の収集対象であった．こういった背景があって，自然史が博物館においても主流のような存在になった．18世紀後半に成立した大英博物館も，自然史を中心にしていた．19世紀中葉にダーウィンが唱えた進化論は，社会で激しい論争を巻き起こした．進化論者と反対論者のどちらも自然史を論拠としたので，自然史博物館の充実が求められた．19世紀末に，米国スミソニアン・インスティテューションのグードは，博物館の存在意義，デザイン，運営方法などについて論じた[17]．自然史学者であった彼の論説が世界の博物館界に及ぼした影響も，自然史博物館が博物館界を主導することにつながったと思われる．

　理由の二つ目は，国民の教育という博物館の機能が歴史上で理工系の科学技術博物館において展開してきたことにある．最初の公共博物館であるルーヴル美術館は，美術家の養成には貢献したが国民一般の教育には関心が薄かった．ルーヴルとならんでフランス革命により誕生したパリ工芸院は，職人の養成を目的として出発したけれども，博物館よりも学校に重点を移した．イギリスでは，1851年の第1回ロンドン万国博覧会のあとを受けて，サウス・ケンジントン博物館がコールによってつくられた．同館の前身は，工芸家の養成のための博物館と学校のコンビとしてはじまった．この点で，サウス・ケンジントン博物館はパリ工芸院に似ている．功利主義者で社会改革派であったコールは，対象を国民一般にひろげ，サウス・ケンジントン博物館を国民の審美眼と工芸・工業製品のデザイン向上のための教育施設として構想し，夜間開館や食堂付設などをはじめた．同館は，多くの見学者（観客）が来るように展示をくふうし，観客の利便を考えた博物館の最初であった．国民の教育のための実体をそなえた博物館はサウス・ケンジントン博物館ではじまったのであり，同サウス・ケンジントン博物館を抜きにしては国民の教育のための公共施設である博物館の歴史は語れない．以後，同館は各国の工芸博物館および技術博物館の手本となった．同館は，のち1909年に工芸

美術部門のビクトリア・アンド・アルバート美術館と工業部門のロンドン科学博物館に分離した．

理由の三つ目は，サイエンスセンターにある．1930年代に登場したサイエンスセンターは，科学技術博物館の新世代として第二次世界大戦後に米国で盛んとなり，その後世界にひろまった．サイエンスセンター風の展示は，今日では科学技術博物館にかぎらず種々の博物館でふつうになっている．現代までの博物館の発達史を述べるには，サイエンスセンターについて見る必要がある．

科学技術博物館の分類――自然史系博物館と理工系博物館

科学技術博物館といっても，自然史，理学，生物，医学，技術，工業，産業と，その範囲は広い．これらを分類しておこう．分類の境界にはあいまいさがつきまとうし，相当に錯綜していることを断っておく．

科学技術博物館といっても，前記のような種々の科学技術博物館のうち，生物・化石・鉱石・地質などをあつかう博物館を自然史系博物館と呼び，主として物理・化学にもとづく分野をあつかう博物館を理工系博物館と呼ぶことがある．前者は自然物を対象とし，後者は人工物を対象とすると言えよう．自然史を自然誌と書くこともある．科学技術博物館はまた，科学技術の基礎から応用へという軸に沿って分類することもでき，理学博物館と技術・工業博物館に大別される．前者を「科学博物館」と呼ぶこともあるのだが，科学技術系の博物館すべてを総称して「科学博物館」という場合もある．図1-2(a)のように自然物対人工物，基礎対応用という二つの分類軸で整理すると，水平軸より下の半分が自然史系博物館，上半分が理工系博物館である．また，図1-2(b)に示すように，自然史系博物館，理学系博物館，技術・工業系博物館という三つの輪による分類がわかりやすいかもしれない．

科学技術という「学」と博物館との関係が，自然史系博物館と理工系博物館では非常に異なる．自然史という学においては，分類体系および種の同定が重要であり，そのためには膨大なコレクションを持つ博物館が必要である．すなわち，自然史博物館には自然史の研究者が勤務している．収集保存されるモノを表すときも，自然史系博物館では「標本」というぴったりした言葉

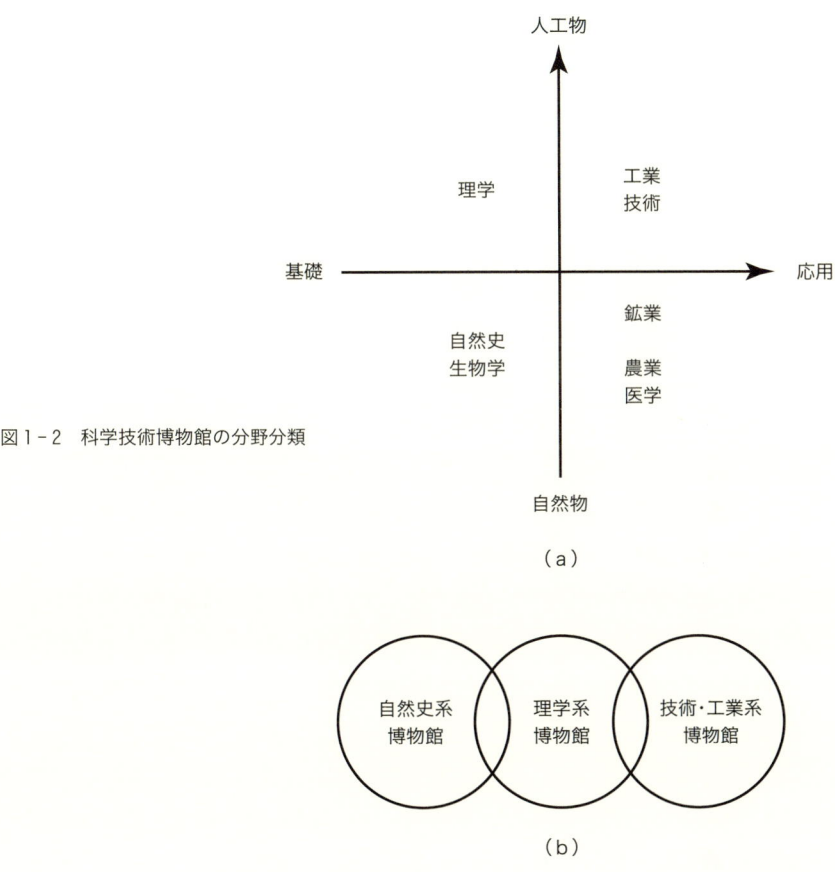

図1-2 科学技術博物館の分野分類

がある．これとは対照的に，理工学研究にとってコレクションや博物館は必要不可欠ではない．理工学博物館に科学者・技術者が勤務していても，彼らは理工学の先端の研究をしているわけではなく，博物館業務に従事する学芸員（キュレータ curator）である．このように理工学博物館が学と分離しているので，理工系博物館の存立基盤は自然史系博物館ほど強固でない．これが実際に，理工系博物館の財政面での不安定のもととなっている．

4　博物館史における時代区分と科学技術博物館の二世代

博物館の歴史の舞台は，古代オリエントを含むけれども，欧米，ことにヨ

ーロッパである．公共性・公開性・永続性を持つ近代的博物館は，ヨーロッパで成立した．ここで，博物館の歴史を概観して，その時代区分を試みよう．

　モノのコレクションを中心にして見るかぎり，博物館の淵源は古代までさかのぼる．すなわち，古代の王国や神殿の宝物庫である．中世では，キリスト教会の宝物庫のほか，王侯・領主の宝物庫があった．ルネサンス期にイタリアであらわれた「キャビネット」には，自然と人工の珍奇な物が集められていて，宇宙の縮図でもあった．キャビネットは，バロック期にアルプス以北のヨーロッパ世界にひろがった．公共性のないキャビネットを博物館の前身とみなすことができるかどうか，議論は分かれる．ルネサンスのキャビネットには，自然史中心となる傾向があった．以後20世紀初頭まで，博物館の歴史においては自然史博物館が主流というべき役割を果たした．

　公共性，公開性，永続性のある博物館は，西欧における科学革命，市民革命および国民国家の形成，産業革命の結果として成立した．ルーヴル美術館とパリ工芸院博物館が，近代的博物館の嚆矢である．両館ともフランス革命（1789年）によって誕生し，当初から国立機関であった．これらに先立って，17世紀にイギリスで学会や大学が博物館を併設する動きがあった．ロイヤル・ソサエティの陳列室やオックスフォード大学のアシュモール博物館である．これらは，団体博物館（institutional museum）と呼ばれ，また，共同実験による科学研究を唱導し科学革命を鼓吹したフランシス・ベーコンの主張に沿ったものであったことから，ベーコニアン博物館（Baconian museum）とも呼ばれる．団体博物館および同じ時代の個人博物館は，永続性に難があったが，国公立の近代的博物館への過渡形態であり前駆であった．団体博物館が出現する以前の，古代から17世紀までの歴史は博物館の前史であると言えよう．

　フランス革命によって出現したルーヴル美術館は，文化財を国家の所有に移した初めての博物館であった．フランス革命につづくナポレオン戦争の結果，ヨーロッパ各所で国民国家が誕生し，自国の歴史と文化への関心が高まって，近代的博物館が各国につくられた．各国の首府クラスの大都市に，博物館や美術館が設立されるようになったのである．ナショナリズムの高揚とともに，考古学，民族学，民俗，歴史にも関心が集まるようになり，これら

の分野の博物館（考古学博物館，民族学博物館，民俗博物館，歴史博物館）が出現した．19世紀末から20世紀初頭にかけて，博物館の専門分化がすすんだ．近代的博物館の歴史は，博物館の専門分化の歴史でもある．

　1830年代にイギリスで，民衆への科学技術知識の普及を目的として実験講義を行うアデレード・ギャラリが設立された．短命に終わったアデレード・ギャラリは，教育のための博物館は営利施設としては成り立たないこと，公共博物館が必要であることを示した．アデレード・ギャラリは，のちのサイエンスセンターのはしりである．

　パリ工芸院博物館は，近代的技術博物館の最初とされている．科学技術博物館（理工系科学技術博物館）については，パリ工芸院博物館以後をその第一世代と見ることができる．

　ルーヴル美術館は，それまで王室の所有であったコレクションを国有にしてこれを国民に公開したが，国民の教育を目的とした博物館にはまだ遠かった．国民の教育・教化をめざした最初の公共博物館は，コールによって設立されたサウス・ケンジントン博物館であった．彼は，見学に予約を不要とし，夜間開館，無料開館日，食堂の設備，ガイドブック，照明，換気，防火，展示方法，などを考慮し設備して，国民の教育を目的とする公共博物館の実現に努めた．本書では，これを「公共博物館の実体化」と呼ぶことにする．この公共博物館の実体化がルーヴル美術館やパリ工芸院博物館ではなくサウス・ケンジントン博物館ではじめてなされた背景には，産業革命後のイギリス社会における階級対立があった．工芸・工業の振興，階級の融和と社会統制という必要があって，国民の教育のための公共施設である博物館が実現したのである．帝国主義の時代に，イギリス民衆に帝国の一員としての意識をもたせるためにも，同館は国民が見に来るように積極的なくふうをした．サウス・ケンジントン博物館は帝国博物館でもあったと言うことができる．

　パリ工芸院博物館以来の科学技術博物館は，工業・工芸の職人を養成し，国民への科学技術普及を図るという明確な目標を持った．知の生産よりも普及を目的とする博物館が，ここに世界史上はじめて誕生したと言えるであろう．教育のある人たち自身のためにつくられて教養主義・人文主義の傾向があったそれまでの博物館と比較して，パリ工芸院博物館とサウス・ケンジン

トン博物館はどちらも，技術学校あるいは工芸学校と併設され，教育機関であった．ことにサウス・ケンジントン博物館は，他の博物館とちがって既存の大きなコレクションを引き継ぐためにつくられたのではなく，功利主義者コールによって教育施設として整備された．同館は，国民を人的資源とみなしてその統制を図るツールである功利主義的な博物館であった．教養主義・人文主義的な博物館からこのようなマンパワー養成を意識した博物館への変化は，その後，博物館一般にひろがって今日に至っている．この変化を主導したのが科学技術博物館であることを強調しておこう．

　教育のある人たち自身のためにつくられた博物館，すなわちマレーの定義のような博物館は，キャビネット以来の教養主義・人文主義的な博物館の古い姿であり，これとコール以後の功利主義的な公共博物館を対比させることができる．教養主義・人文主義と功利主義は，博物館における二項対立であり，永遠の論争点と言えるであろう．

　1903年に仮開設し，1925年に正式開館したドイツ博物館（フォン・ミラーによって設立された）は，科学技術博物館（理工系科学技術博物館）の第一世代の完成形態である．同館は，電気工業をふくむ重化学工業を中心とした第二次産業革命の結果として成立した．ドイツ博物館では，科学技術と工業によって社会が進歩するということを，科学技術・工業の全分野の発達史の体系的な展示によって示そうとした．戦間期には，国家間の競争において科学技術が国力を示すと考えられるようになり，ことに工業国ドイツのシンボルとしてドイツ博物館が高く評価された．以後，ドイツ博物館を手本とした技術・工業博物館が各国でつくられた．これらを，科学技術史博物館と呼ぶことができるであろう．

　1937年に開館したパリの発見宮殿は，科学技術の歴史を展示するのではなく，科学の原理を演示（実験講義）によって教えようとした．発見宮殿は，サイエンスセンターのはじめとされている．その後サイエンスセンターでは，来館者が自分でさわって操作するハンズオン展示・参加型展示が主流となった．サイエンスセンターは，科学技術博物館の第二世代である[18]．サイエンスセンターは，第二次世界大戦後にことに米国で盛んとなり，さらに世界各地にひろまった．サンフランシスコのエクスプロラトリアム（オッペンハ

イマーによって設立され，1969 年開館）とパリのラ・ビレット（1986 年開館）は，特に新機軸を打ち出したサイエンスセンターとされている．サイエンスセンター風のハンズオン展示・参加型展示は，今日では科学技術博物館以外の種々の博物館に取り入れられて人気を博している．

シカゴ科学・産業博物館（1933 年開館）は，ドイツ博物館を手本にして出発したが，米国資本主義のショー・ケースともいうべき博物館に変身し，サイエンスセンターの代表のひとつとみなされるようになった．近年，同館は科学教育センターの性格を強めている．

科学教育への注力は，最近の世界のサイエンスセンターの多くに共通である．これは，娯楽を重視するかぎり商業施設との競合に直面するというサイエンスセンターの判断によるのであろうし，また，それまでの科学技術博物館への回帰と見ることもできる．

博物館史の時代区分をまとめてみよう．科学技術博物館については，近代的公共博物館の成立後，第一世代と第二世代があらわれ，現在はこの二世代が共存している．

* 古代から 16 世紀まで
　　前史（古代の王国や神殿の宝物庫，中世のキリスト教会の宝物庫や王侯の宝物庫，ルネサンス期・バロック期のキャビネット）
* 17 世紀から
　　過渡期，団体博物館と個人博物館
* 1789 年（フランス革命）から
　　近代的博物館すなわち公共博物館（永続性，公開，教化・矯正，非宗教性，非営利を特徴とする．科学技術博物館では第一世代で，科学技術の発達史の展示に重点を置く科学技術史博物館）
* 1937 年から
　　サイエンスセンター（科学技術博物館の第二世代．ハンズオン・参加型・体験型・相互作用型の展示をする）

科学技術博物館にはそれぞれの時代の社会における科学技術観が反映され

ている．こういった視点から，科学技術博物館の世代論を整理してみよう．

科学技術博物館の第一世代では，国の繁栄と便利な生活を実現するには科学技術が有用であること，若者を科学技術に動員する必要があることを，科学技術の発達史の展示によって示そうとした．民衆を国民としてしつけるのにも，科学技術知識の普及が有用であるとされた．こうして，功利主義的な科学技術史博物館ができた．

「科学技術の勝利」・「科学技術立国」といった考えがゆきわたり，科学技術が生活のなかでいわばあたりまえのものになると，科学技術史を展示して科学技術の重要性を説くよりも，科学技術を play として楽しませるようになった．これが，1937 年のパリの発見宮殿以来のサイエンスセンターである．サイエンスセンターの出現と繁栄は，大衆社会や消費社会といった文脈で論じられるべきであろう．

第二次世界大戦後の 1960 年代以来，科学技術がもたらす負の面に眼が向けられ，豊かな社会を支える科学技術という存在に疑問が持たれるようになった．科学技術をバラ色に描けば若い世代がひきつけられるとは限らなくなった．科学技術があたりまえのものであるので，かえって，若者が科学技術に興味を持たなくなったということも言える．このような状況で，冷戦のなかで宇宙開発やミサイルの競争もあって，科学リテラシー向上の必要が唱えられた．さらに，冷戦の終結に伴って，科学技術への公的予算が減らされる時代になった．こうして，科学技術は一種の「危機の時代」を迎えた．近年，サイエンスセンターの多くは科学教育に力を入れ，科学教育センターを目指している．スミソニアンの国立アメリカ歴史博物館は，1980 年前後から，科学と社会の関係を主題とするメッセージ型展示を志向した．科学教育センターへの傾斜もメッセージ型展示も，科学技術の「危機の時代」への対処と考えることができる．

これらの三つの段階を「科学技術立国」論を軸として単純化すれば，次のように言えるであろう．まず科学技術博物館の第一世代では「科学技術立国」の確立期，第二世代は「科学技術立国」の最盛期，さらに近年はその反省期あるいは混迷期である．

5　展示の方法の変遷

　公共博物館の歴史は，モノの展示の方法の変遷として見ることもできる．本節では，これについて述べよう．

二層展示
　公共博物館以前のコレクションでは，保存庫を見学者に見せるだけであった．これを，保存展示と呼んでおこう．公共博物館でも保存展示が続いたが，やがて研究展示と教育展示との二層展示（bipartite museum/dual arrangement）が考え出された．初期の公共博物館の展示では，「学」に基づくモノの分類と配列が中心であったので，素養のない観客にはわかりにくかった．そこで，わかりやすさに注意を払った教育展示と，学者・専門家や学生向けの研究展示とを置くことが行われた．これが，二層展示である．二層展示の考えは，1821年にゲーテが述べているし，スイスから米国に移った自然史学者アガシ（Louis Agassiz）も提案した．イギリス博物館協会（Museums Association）会長をつとめたフラワー（William Henry Flower）も同様の主張をしている．図1-3は第二次世界大戦後のスミソニアンの科学・技術・工業博物館計画に見られる二層展示の考え方で，見学者が二層の展示を往復して見ることができるようになっている．1880年代にロンドンの自然史博物館が大英博物館から分離して，サウス・ケンジントンへ移転したとき，この方式をとり入れた．美術展示については，1853年にロンドンのナショナル・ギャラリのイーストレーク（Charles Eastlake）がこの考えを述べ，ドイツでは，1903年にボーデが同様の議論をした．ボストンやミュンヘンほかで二層展示がつくられた．スミソニアン・インスティテューションのグードも，スミソニアンの国立博物館のコレクションも研究コレクションと教育コレクションに分けてあると述べている[19]．

　二層展示は，キュレータのモノの集積への執着と，来館者の教育という公共博物館の機能との矛盾への対処であった．それまでは保存展示や研究展示だけであったが，教育展示を加え，知の生産の場である保存展示と分離したのである．今日では，博物館の展示は教育展示が主流であって，研究展示は

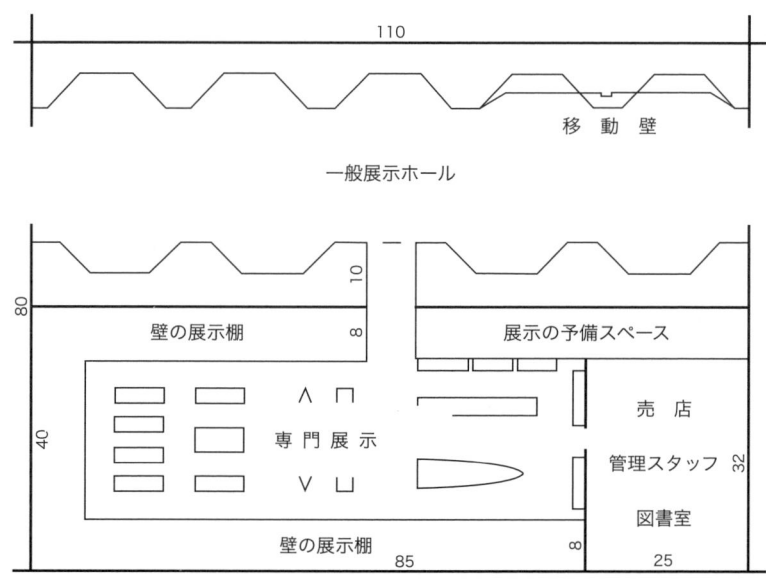

図1-3 スミソニアンの科学・技術・工業博物館計画の船の展示に見られる二層展示の考え方（距離の数字はフィート）
Frank A. Taylor, "The background of the Smithsonian's Museum of Engineering and Industries", *Science*, 1946, p.361 をもとに作成．

副である場合が多い．現代の博物館では，展示は一般人向けの教育展示にして，学者・専門家や学生の研究向けに別棟や別室の保存庫の一部を保存展示とすることも行われている．

　展示法の変遷につれて，展示されるモノの数（所蔵品が展示される比率）は低下してきた．保存展示では収蔵庫と展示室との区別はなく，研究展示もややこれに近い．教育展示では展示品はずっと少ない．後述の機能展示の場合，展示品の数はさらに少ない．サイエンスセンターをのぞく今日の大規模な博物館では，所蔵品が展示される割合は，大略10〜20パーセントであろう．従って，展示室の数倍の広さの収蔵庫が必要になる．

　分類展示

　公共博物館が成立すると，分類展示が主流になった．それまでは，美術品であろうと，また，天然物，異国の物，機械類のどれであろうと，珍奇な物

図1-4 ガラスケースのならんだ展示室の例.サウス・ケンジントン博物館,1926年
A. E. Parr, "Patterns of progress in exhibition", *Curator*, Vol.5, 1962, p.333.

がならべて置かれたが,分類した展示をするようになった.「近代的博物館とは分類を行う博物館である」と言うこともできる.重商主義の時代に,自国の資源や産物の把握が必要になり,分類が重要になった.分類重視が自然史博物館を中心に進行し,自然史以外の分野の専門博物館でも分類展示がふつうになった.自然史であればたとえば系統分類であるし,歴史博物館ならば時代別,民俗博物館では地方別といった分類である.類型別にするのであるから,分類展示でなく typological exhibits ということもある(類型の代表例を示す「タイプ展示」と訳すべきか).美術については,流派別・時代別の展示をルーヴル美術館が始めた.

公共博物館では見せるために展示にくふうが必要であるが,そのくふうはなかなか進まなかった.19世紀後半にコールが,分類した標本をガラスケースに入れて展示する方法をサウス・ケンジントン博物館で導入した.ガラスケースが並ぶ展示室は,分類展示の典型である.図1-4に,その例を示す.ガラスケースは,今日では古くさく見えるが,分類展示という重要な革新のツールであった[20].

しかし,分類して代表的な標本を並べるだけでは,しろうとの見学者には理解できない.展示に何らかの説明をつける必要がある.展示にストーリー性を持たせてドラマ化するくふうもされるようになった.次の重要な革新である機能展示(functional exhibits)は,この方向を進めたものである.

機能展示――生物環境展示，時代室，動態展示

機能展示とは，habitat groups（生息グループあるいは生態グループと訳すべきかもしれないが，本書では生物環境展示と呼ぶことにする），時代室（period rooms）等の総称である．機械等の動態展示も，機能展示のひとつと考えてよいであろう．

生物環境展示では，たとえば，鳥の巣や卵や親鳥を別々ではなくて一緒に展示し，しかもこれらを茂みの中に置き，まわりには卵や雛鳥をねらってうろついているキツネやヘビを配置し，背景には池があったり，餌となる昆虫が飛んでいたりする絵を置く．図 1-5 はその例である．分類展示では種の標本を展示するのに対し，生物環境展示では生態や環境も展示しようとする．生物環境展示は，剝製とジオラマの中間であると言うこともできる．

時代室とは，たとえば台所用具とか食器を個々の標本として時代順に置くのではなく，ある時代のダイニングルームを再現するように家具や食器を一緒にひとつの部屋に配置する．ジオラマに似ているが，縮小モデルではなく，当時の実物を使って展示する．美術に重点を置いた時代室では，ひとつの部屋の中に，絵画を置くだけでなく，その部屋のつくりから調度ほかすべてを，その絵画がもともと置かれていた時代の様式で統一する．

機能展示のルーツを探ると，まず，動物の剝製標本が，そのポーズに注意を払っているので，機能展示の淵源のひとつと見ることができる．18 世紀から 19 世紀の変わり目にフィラデルフィアにつくられたピール（後出）の博物館が生物環境展示の最初と言われている．19 世紀初頭にロンドンで見

図1-5 生物環境展示の例
A. E. Parr, "The habitat group", *Curator*, Vol.2, 1959, p.116.

図1-6 動物を配したブロックのリヴァプール博物館の展示
Molly Harrison, *Museums and Galleries*, Routledge and Kegan Paul, London, 1973, p.28.

世物師ブロックが見せたパンサリオン（Pantherion）も，熱帯雨林にキリン，象，ライオン，アリクイ，キツネザルや小動物を配していた[21]．図1-6を見られたい．生物環境展示の形成には，剝製師が大きな役割をはたした．その例として，米国のホルナディ（William Temple Hornaday）とエーカリ（Carl Ethan Akeley）がある．図1-7と図1-8は，ホルナディとエーカリである．ピールも，剝製標本を得意としていた．ホルナディは，《樹上のオランウータンの争い》（A Fight in the Tree-Tops）展示をサラトガで1880年に開催された米国科学振興協会（American Association for the Advancement of Science）に出して，注目を集めた．彼は，1882年からスミソニアンの首席剝製師をつとめた．エーカリの主張により，スミソニアンでは標本のラベルに剝製師の名を明記

図1-7（左） 米国の剝製師ホルナディ
http://siarchives.si.edu/history/exhibits/documents/74-12338.htm

図1-8（右） 米国の剝製師エーカリの肖像
http://www.southpacifictaxidermy.com/images/aker1l.jpg

第1章 博物館とは何か　33

するようになった．彼は，1895年頃にシカゴのフィールド自然史博物館（Field Museum of Natural History）で生物環境展示の手法を完成し，1900年からはニューヨークのアメリカ自然史博物館にうつって，アフリカの野生動物の剥製作成に腕をふるった[22]．今日の自然史博物館では，生物環境展示はポピュラーであり，さらに，森の中を再現して観客はその中を歩くなどがふつうに行われている．

　生物環境展示は機械標本の動態展示とちがって静止しているけれども，標本をドラマ化して見せようとする志向では両者は似ている．この志向は，見世物に通じるところがある．

　20世紀初頭にハーゲンベックが始めた柵なし動物園では，動物を厳重な檻に入れるのではなく，十分な広さと深さの堀を隔てて観客に見せる．動物のいる側に人工の山や池をつくって実際の生態系に似せてあり，生物環境展示のひとつと見ることができる[23]．

　時代室の前駆としては，ヴェロー（Jules Verreaux）が，ラクダに乗ったアラブ人輸送隊が2頭のライオンに襲われるようすの展示を1857年のパリ万博に出した．これより早く，後述のアレクサンドル・ルノワールのフランス記念物美術館にも，中世の世紀ごとに区分した時代室があった．18世紀と19世紀に人気のあった蠟人形の見世物も，歴史の時代室の出現に影響を及ぼした．時代室の最初は，ハゼリウスが1873年にストックホルムでつくったものであるとされている．彼は，生物環境展示の手法を民俗博物館等にとりいれ，人間には蠟人形を使った．彼は，ラップ人家族のキャンプのようすをこの方式でつくり1878年のパリ万国博覧会に出展して，注目を集めた．彼の設立したスカンセンほか，今日の野外博物館も，時代室の延長線上にある．1888年には，ニュールンベルクのゲルマン民族博物館が時代室を多数設けて各時代のドイツの装飾と家具の展示を始めた[24]．

　アレクサンダー（Edward P. Alexander. コロニアル・ウィリアムスバーグに長年つとめ，米国博物館協会の会長をつとめた）によれば，今日の時代室は，歴史の時代室（historical period rooms）と美術の時代室（artistic period rooms）とに分けられる．両者を実際に区別するのはむずかしいが，両者には考え方としてのちがいがある．歴史の時代室では，時代の再現を重んじる．ある時

図1-9 ロンドン科学博物館における巨大な往復式蒸気エンジンの動態展示（1995年）

代の家族はそれより古い時代の調度や器具も使っていたであろうから，時代の生活を正しく再現するならば，歴史の時代室は古い時代のものも混ざって構成される．様式を示すのではなく，生活を再現するのが目的だからである．物は本来の数だけしか置けず，多数の標本をならべるわけにはいかない．これに対し，美術の時代室は様式を示すのが目的であるから，同時代のものですべてを統一する．再現の厳密性は歴史の時代室ほど厳しくはないので，展示物の数が多くてもよい．美術の時代室は審美性を重んじて，色調や採光に注意し，現代の見学者に喜ばれるようにする．米国ではヨーロッパよりも，時代室が盛んである[25]．

次に，動態展示について見ると，パリ工芸院では1851年の第1回ロンドン万国博覧会の展示にならって工作機械の動態展示をはじめた．これが本格的な動態展示の最初と考えてよかろう．図1-9は，現代のロンドン科学博物館における巨大な往復式蒸気エンジンの動態展示の例である．

ここで，動態展示の問題点を述べておこう．機械は動いていないとその本来の意味がわからないので，動態展示は望ましいことである．しかし，動くように修復するには，原状に手を加えて，製造当時とちがう材料や部品を使うことが避けがたい．これは，モノの保存の原則に反する．機械を動かせば磨耗するので，部品交換等が必要になり，現状が保存されなくなる．他方では，動かさないと機能がどんどん劣化する機械もある．モノの形というハードウェアの保存と，機能というソフトウェアを重視する動態展示は，両立し

第1章　博物館とは何か　35

難い．モノを動態展示しても，展示の寿命は短い．同一のモノが複数あれば（できれば3台以上），動態展示しやすい．1台は入手時の状態のまま保存，2台目は動態展示，3台目以降は予備として部品取り等にあてるのである．技術記念物等の修復や動態展示の可否については，さまざまな考え方と方法があり，今後ひろく議論され研究されるべき課題である．

さて，動態展示にかぎらず，相互作用型展示，展示のショー化など，見せるための機能展示の全般にわたって，万国博覧会の展示から博物館に直接の強い影響があった．第1回ロンドン万博とサウス・ケンジントン博物館，シカゴ進歩の世紀博覧会とシカゴ科学・産業博物館は，その例である．

ジオラマも，見せるための展示のくふうである．コン（Steven Conn）は，米国の博物館ではガラスケースに入れた展示からジオラマへの移行が1920年代初頭にあったと述べている．この移行と，美術館で展示品を並べておくことから時代室への移行とは，同じ文脈で語ることができる．技術博物館であるドイツ博物館も新機軸としてジオラマを多用した．展示はドラマ化し，博物館は演劇のステージや映画のスクリーンのようなものと考えられるようになった[26]．

機能展示では，たとえば動物の生態，天敵関係，当時の家具の使われ方，美術の様式，機械の動き方といったことがよくわかり，マテリアル・カルチャーを示すのに適している．ドラマチックであり，見学者の感傷に訴える効果がある．機能展示は，博物館にいることを見学者に忘れさせるようにする．なにか別の世界にいるように思わせる[27]．

図1-10は，ストックホルムの技術博物館から電気通信博物館への通路（両館は入れ子構造になっている）で，電話機のダイヤルの形をした入り口のそばに通信線用の電柱があり，保守の工事人が登っている．この入り口で，観客はここからが電気通信の展示だと感じるであろう．ダイヤルというシンボルと，工事のようすという機能展示を組み合わせて，独特の雰囲気をつくりだした例である．

博物館はマテリアル・カルチャーの施設であるから，モノ中心であるのは当然であるが，見学者は展示でモノを見てわかるのであろうか．「モノは語る」と言うけれども，それは見る者が専門知識を持っていて見方を知ってい

図1-10　ストックホルムの技術博物館から電気通信博物館への通路（1995年）

る場合のことである．学者や素養のある人を対象とする場合にはモノに語らせておけばよいであろうが，予備知識の不足した人々をこそ見学者として引き寄せなければならない公共博物館では，わからせるくふうが必要である．分類し，系統立った配列で展示してラベルで説明するだけでは，大衆は理解しないであろう．機能展示は，この困難を乗り越えようとするくふうである．本来の場所から切り取られるとモノは語らなくなるのであって，展示では，モノが本来あったコンテクストを再現することが望ましい[28]．たとえば，「アフリカの××地方の沼地の鳥」とラベルに書くよりも，これを生物環境展示にすればずっと効果がある．

　機能展示にも欠点がある．まず，展示されるモノの数が分類展示よりも少ない．時代室の場合，えらばれた主題がえらばれなかった主題よりも本当に時代を代表する重要なことであるかどうかという疑問がある．また，個々の展示物は，遠くから見ることしかできず，詳細に観察できない．機能展示では，見るアングルが限定される．剝製も，見る方向はだいたい決まる．個々のモノに，説明ラベルをつけることもできない．個別の標本ならば移動可能であるが，機能展示は造りつけかそれに近いので簡単には移動できない．さらに，時代室を構成するすべてを本物でそろえるのは困難であり，歴史の時

代室は時代がさかのぼるほどその再現が困難になる．博物館の建物はそれ自体が歴史記念物であることも多く，その場合，建物の外観から内装までが独自の雰囲気を持っている．このような建物に時代室を設置すると，建物本来の雰囲気を犠牲にしたうえで，時代室（小さめにつくる）をはめ込むことになる．照明も問題であって，自然光・人工光のどちらによるにしても，時代を再現した明るさでは観客に見せるには不足する．このような無理を冒してひとつの館に時代室を多数つくっても，理解できる素養のある人は訪問者のうちの少数にすぎないという批判もある[29]．

　機能展示の発想は，どこから得られたのであろうか．アメリカ自然史博物館の館長パー（A. E. Parr）は，小鳥をやぶの中に置いた小さな飾り物がビクトリア時代のイギリスの家庭で流行したのが生物環境展示のもとであると推測している．背景画を配した生物環境展示には，1780年代に始まって19世紀に流行したパノラマと共通する点がある．生物環境展示や時代室には，ジオラマの影響があると思われるし，蠟人形とも関係がある．ガラスケース展示も，宝飾品店からの援用であると言われる．機能展示の導入は，装飾品やデパートの売り場や大衆相手の見世物やイベント，万博などから影響を受けている[30]．こういった展示術の起源も，研究されるべきであろう．

　機能展示に重点を置く近年の博物館展示は，キュレータが標本を展示する場であるよりも，デザイナーが創作する場である傾向が強い．収集・保存と研究はキュレータのテリトリーであるとしても，展示についてはデザイナー優位である．キュレータとデザイナーは肌合いがちがい，両者の意思疎通は良好でない場合が多い．デザイナー主導でドラマ化される公共博物館の展示と見世物との距離は，どんどん小さくなっていると言うことができる．

　参加型展示

　サイエンスセンターで使われる参加型・体験型・相互作用型の展示は，わからせるくふうをさらにすすめた展示である．参加型・体験型展示は，見学者が実際にさわったりできる．野外博物館でも，見学は体験である．再現した森の中を歩く展示も，これに通じるところがある．これらの手法のルーツのひとつは，見世物にあると言えるであろう．19世紀後半にサウス・ケン

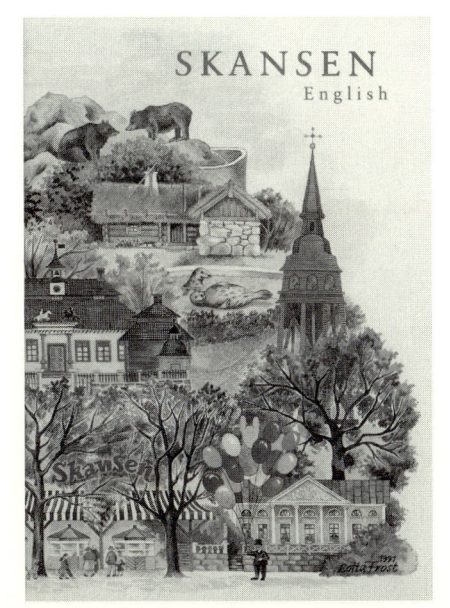

図1-11 野外博物館スカンセンのガイドブック，1991年
Skansen (English), Skansen, 1991.

ジントン博物館で参加型の展示が使われていたが，フォン・ミラーがミュンヘンのドイツ博物館でこの手法を積極的に導入した．スカンセンから始まった野外博物館では，スタッフが当時の衣服を着て農作業をやってみせたり，フォークダンスのフェスティバルがあったりする．観客は，その場でしぼったジュースを飲んだり，ダンスを踊ったり，昔の衣裳を着せてもらったり，昔のメニューの食事を楽しんだりできる．子どもは馬にのせてもらったりする．こういう野外博物館は，祝祭日の市民のイベントの場になっている．図1-11は，スカンセンのガイドブックである．今日では，参加型・体験型・相互作用型の展示はさまざまな分野の博物館にあって，人気を博している．

6 博物館におけるモノと見学者，および見世物との比較

　博物館は，モノを収集・保存し展示するところであるけれども，全歴史を通じてモノから離れていく傾向がある．博物館自体の機能が変わると，博物館におけるモノの役割も変わらざるを得ない．見学者に専門知識や素養のな

い人々が多くなると，彼らに対しては「モノは語らない」ので，展示にくふうをこらす必要がある．博物館が教育や娯楽（enjoyment, play）に重点を置くかぎり，モノの収集・保存よりも展示が中心になり，モノ自体の意味は低下する．これが現時点の博物館界の趨勢であり，サイエンスセンターではこの傾向が著しい．バーチャル・ミュージアムも，このモノ離れを加速する[31]．

博物館で見学者はモノを見ることを通じて異文化に出会い，さらにこの出会いを通じて自分自身を見出す（アイデンティティを模索する）と言うことができる．博物館・サイエンスセンターのコミュニティ・センター化，フォーラム化，メッセージ型展示といった最近の動向をみると，博物館は観客（見学者）がモノ自体を見る場であるよりも「自分自身を見出す」場になっていくように思える．この意味でも，博物館はますますモノから離れていくであろう．

次に，展示を見る人すなわち見学者について述べよう．近代的博物館（公共博物館）の歴史を通じて，学者・研究者や教養のある人々から，ふつうの人々へと，博物館が対象とする見学者は変わってきた．サイエンスセンターでは，前者はもはや対象ではない．前項に述べたような展示の方法の変化は，見学者の変化に対応している．歴史上で二層展示が提案されたのは，博物館が展示を教育であると意識しはじめたことのあらわれである．その後の各種機能展示も参加型・相互作用型展示も，展示物に特別な興味を持ってはいない人・素養のない人に見せるためのくふうであった．

博物館学においては，博物館（生産者）の側から見た見学者を考察するだけではなく，人々（消費者）から見た博物館を考察することが重要であると思われる．しかし，教育される民衆の側から見た博物館についてはほとんど研究されていない．

人はなぜ博物館に行くのであろうか．レジャーとして博物館に行くとすれば楽しさを期待するから，民衆にとって博物館と祭りの夜店やサーカスといった見世物とは，どちらに行くことにしようかという比較対象である．そこで，見世物と博物館について述べよう．

民衆にとっての見世物の歴史は博物館の歴史に劣らず古いのであって，何世紀も前から教会の聖遺物・聖器の御開帳，十字軍や通商・大航海で運ばれ

てきた物が民衆の好奇心にこたえてきた．英語では show とも fair とも呼ばれる見世物は，今日でもカーニバルや祭り，サーカス，大道芸などに見ることができる．現代の眼には，猥雑な見世物と，系統立った分類を旨とするかたくるしい博物館とは反対物のように見えるかもしれない．しかし，オールティック（Richard Altick）は『ロンドンの見世物』（*The Shows of London*）[32] の中で，両者が相当に重なり合う存在であって，好奇心にかられて見に行く民衆にとってはしばしば両者の区別がなかったことを描いている．サーカスは見世物の典型であるが，動物園の変遷は，見世物の移動動物園やサーカスを抜きにしては語れない[33]．見世物は博物館の「裏番組」であるどころか，博物館や博覧会の中にもはいりこんでいる．万国博覧会には娯楽中心の「ミッドウェイ」があって，人々が最も集まるのは各国のパビリオンよりもこのミッドウェイである[34]．民衆にとっては，博物館もレジャーやエンタテイメントのひとつにすぎない．それゆえ，博物館史研究は見世物の歴史を避けては通れない．見世物は，長い歴史があり，民衆から強く支持されてきたが，史料には断片的にしかあらわれないことが多い．見世物の歴史は，今後の研究課題である．

現代の博物館は，アミューズメント・パーク，テーマパーク[35]，バーチャル・リアリティのゲームランドといった商業娯楽施設との競合にさらされている．図 1-12 は，アミューズメント・パークのはしりコニーアイランドのガイドブックである．現代の見世物というべきこれらの施設の多くは，ビジネスとして営利を目的としている．博物館と見世物と娯楽ビジネスの批判的研究は，博物館の将来を考察するためにも重要であると思われる．

7 博物館学の形成

博物館の発達は，博物館学の形成という観点から見ることもできる．まず，博物館について述べた書物について，ごく概略であるが紹介しよう．

16 世紀までの前史では，アルプス以北のルネサンス期のクヴィッヒェベルク（Samuel a Quiccheberg. Quicchelberg とも書く）が，1565 年刊の著作 *Inscriptiones vel tituli theatri amplissimi*（図 1-13）において一般化ミュージアムと

図1-12 アミューズメント・パークのはしりであるコニーアイランドのガイドブック，1904年
John F. Kasson, *Amusing the Million: Coney Island an the turn of the century*, 1978, p.35.

いうべきものにおけるコレクションの分類を述べた．これは，博物館学の最初の本であるとも言われている．1727年のナイッケル（あるいはネッケリウス Neickel/Neickelius. 本名は Caspar Friedrich Jenkel）の *Museographia*（図1-14）でも，コレクションをカテゴリー別に分類する案を述べている[36]．

博物館についての古典には，まず，グリーンウッド（Thomas Greenwood）の *Museums and Art Galleries*（1888年）がある．博物館の記述としてこれに続くのが，マレー（David Murray）の *Museums: Their history and their use*（1904年）であろう．さらに，リチャーズ（Charles R. Richards）の *The Industrial Museum*（1925年），ウィットリン（Alma Wittlin）の *The Museum: Its history and its tasks in education*（1949年），*Museums: In search of usable future*（1970年）がある．サイエンスセンターについて，ダニロフ（Victor J. Danilov）の *Science and Technology Centers*（1982年）がある．

これら博物館人によって書かれたものは，記述的であって情報源として有用であるが，分析的・批判的な博物館論とは言えないことが多い．ノヴィック（Peter Novick）は，専門分野の歴史をその分野の専門家（practitioner）が書いた場合を disciplinary history と呼び，disciplinary history はその分野の先学

図1-13　クヴィッヒェベルクの *Inscriptiones vel tituli theatri amplissimi*, 1565年
Klemm, "Geschichte der naturwissenschaftlichen und technischen Museen", *Deutsches Museum Abhandlungen und Berichte*, Vol.41. No.2 (1973), p.11.

図1-14　ナイッケルの *Museographia*, 1727年
Klemm, "Geschichte der naturwissenschaftlichen und technischen Museen", *Deutsches Museum Abhandlungen und Berichte*, Vol.41. No.2 (1973), p.39.

の人々やその分野自体の栄光を讃える内輪褒めになることが多いとし，歴史はその専門（discipline）ではない外部の歴史家によって書かれるべきであると述べている[37]．歴史が祖先の系譜賛美以上のものになるには，ノヴィックの批判に耐えなければならないであろう．このような視点からの吟味に耐える博物館史の構築は今後の課題であり，本書はその努力のひとつである．

　美術もふくめたコレクションと美術館の歴史については，フランシス・テイラー（Francis Henry Taylor）の *The Taste of Angels: A history of art collecting from Remeses to Napoleon*（1948年），バザン（Germain Bazin）の *The Museum Age*（1967年），オールソップ（Joseph Alsop）の *The Rare Art Traditions: The history of art collecting and its linked phenomena*（1982年），ポミアン（Krzyztof Pomian）の *Collectionneurs, amateurs et curieux: Paris Venise: XVI-XVIII siècle*（1987年），およびピアソン（Nicholas Pearson）の *The State and the Visual Arts*（1982年）を挙げておこう．

第1章　博物館とは何か　　43

近年の博物館論の書物は多いが，アレクサンダー（Edward P. Alexander）の *Museums in Motion*（1979 年），*Museum Masters: Their museums and their influence*（1983 年），*Museum in America*（1997 年），シャピロ（Michael Steven Shapiro）編の *The Museum: A reference guide*（1990 年），ヴァーゴ（Peter Vergo）編の *New Museology*（1989 年），ベネット（Tony Bennett）の *The Birth of the Museum: History, theory, politics*（1995 年），コン（Steven Conn）の *Museums and American Intellectual Life, 1876-1926*（1998 年），シャロン・マクドナルド（Sharon MacDonald）編の *A Companion to Museum Studies*（2006 年）が重要である．ホーン（Donald Horne）の *The Great Museum: The re-interpretation of history*（1984 年）は，世界中の博物館多数の例を挙げて，社会における博物館の機能を説明している．
　博物館およびこれをとりまく状況の変化は激しいけれども，サイエンスセンター流行以後，博物館がかかえる問題の基本は変わっていないと言える．この意味で，ハドソン（Kenneth Hudson）の *Museum for the 1980s: A survey of world trends*（1977 年）は有用である．博物館を見に来た人を教育しコントロールすることが正しいのか，また可能なのかといった問いを発して[38]，博物館の「常識」まで吟味する彼の言説には聴くべき点がある．同書は，発展途上国の博物館についても実例を紹介して論じており，また，博物館の財政基盤についても検討している．どちらも本書ではほとんどふれないが，読者はぜひ同書を見てほしい．
　近代的博物館の歴史は，5 節に見たように，教育のための展示方法のくふうを軸に見ることができる．展示の方法の批判的検討は，博物館学の主要部分であると思われる．この意味での博物館学すなわち公共博物館の方法論は，サウス・ケンジントン博物館のコールにより形成され，スミソニアン・インスティテューションのグードによって相当に体系化して述べられた．グードの 1895 年の「博物館管理の原理」（"The Principles of Museum Administration"．図 1-15）は，公共博物館のあり方と手法をまとめて述べた論文として世界最初であろう[39]．さらに技術博物館についてドイツ博物館のフォン・ミラーによって参加型・相互作用型の展示手法が確立し，これがサイエンスセンターへとつながるのである．近年のエクスプロラトリアムのオッペンハイマーは，観客の自由な play を尊重した．彼の博物館論は，規範を観客に受け

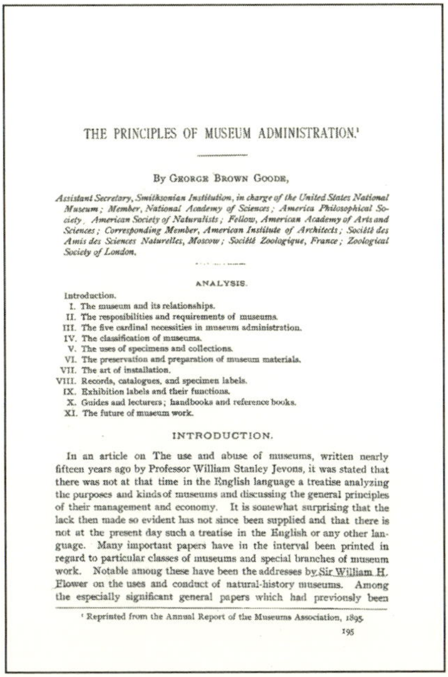

THE PRINCIPLES OF MUSEUM ADMINISTRATION.[1]

By George Brown Goode,

Assistant Secretary, Smithsonian Institution, in charge of the United States National Museum; Member, National Academy of Sciences; America Philosophical Society, American Society of Naturalists; Fellow, American Academy of Arts and Sciences; Corresponding Member, American Institute of Architects; Société des Amis des Sciences Naturelles, Moscow; Société Zoologique, France; Zoological Society of London.

ANALYSIS.

Introduction.
I. The museum and its relationships.
II. The resposibilities and requirements of museums.
III. The five cardinal necessities in museum administration.
IV. The classification of museums.
V. The uses of specimens and collections.
VI. The preservation and preparation of museum materials.
VII. The art of installation.
VIII. Records, catalogues, and specimen labels.
IX. Exhibition labels and their functions.
X. Guides and lecturers; handbooks and reference books.
XI. The future of museum work.

INTRODUCTION.

In an article on The use and abuse of museums, written nearly fifteen years ago by Professor William Stanley Jevons, it was stated that there was not at that time in the English language a treatise analyzing the purposes and kinds of museums and discussing the general principles of their management and economy. It is somewhat surprising that the lack then made so evident has not since been supplied and that there is not at the present day such a treatise in the English or any other language. Many important papers have in the interval been printed in regard to particular classes of museums and special branches of museum work. Notable among these have been the addresses by Sir William H. Flower on the uses and conduct of natural-history museums. Among the especially significant general papers which had previously been

[1] Reprinted from the Annual Report of the Museums Association, 1895.

195

図1-15　グードの1895年の論文「博物館管理の原理」(“The Principles of Museum Administration”)
A Memorial of George Brown Goode, together with a selection of his papers on museums and on the history of science in America, Annual Report of the Board of Regents of the Smithsonian Institution, for the year ending June, 30, 1897, Report of the U.S. National Museum, Part II, 1901, p.195.

入れさせようとするdisciplinary museumやマンパワー養成のための功利主義的博物館に対する，相当に根源的な批判である．

前掲のヴァーゴやシャロン・マクドナルドは，従来の博物館学が博物館の業務（methods）を述べるだけであったと批判し，新しい博物館学（new museology あるいは museum studies）を唱えている．従来の博物館学と新しい博物館学との二つの博物館学は，2節で述べた博物館の機能の二つの意味に対応する．博物館学は，博物館自体を論じるだけでは十分ではない．社会において博物館がどのような機能を果たすか，人々にとって博物館とは何か，人は博物館になぜ来るか／来ないかといった問題を論じないままでは，博物館学の半分が欠けている．「博物館見学論」といった研究も必要であると思われ，これはレジャー文化論・ツーリズム文化論とも重なる部分がある．新しい博物館学の展開が期待される．

本書では，米国における技術史学（特に，エクスターナリスト技術史学すなわち技術の社会史）の形成と技術博物館との関係についても述べる．技術史学は，現在まで，世界のアカデミズムで確立しているとは言い難い．この

意味で，技術博物館の学問的基礎はしばしばあいまいである．世界の技術博物館のうちで，スミソニアンの国立アメリカ歴史博物館は，技術史学に基礎を置く唯一の存在であると思われる．科学技術博物館は人々の科学技術観を反映するから，技術博物館の基礎となる技術史学は技術自体の発達史を記述するだけでなく，科学技術観の変遷を考察する学でなければならない．この意味で，エクスターナリスト技術史学の視点は必要である．

8　各分野の博物館とその分野の学

各分野の博物館とその分野の学との関係がどうであるか，考えてみるのも有用である．エジプト学，アッシリア学といった考古学や，また，人類学，民俗学といった学問は，それぞれの分野の専門博物館の成立と相まって形成された．対応する学が存在することは，近代的博物館の条件のひとつであると言える．対応する学との関係の考察は，その分野の博物館の性格や社会的機能を知るのに役立つであろう．歴史博物館の場合は，国民国家の形成過程で自国のなりたちを問う歴史意識が強くなって歴史学と歴史博物館ができた．同時に，歴史博物館はナショナリズムや国家主義のツールでもある．また，美術（fine art）という概念と美術館とは相伴って形成された．美術にとっても美術館は必要であろうし，少なくとも美術史学には美術館が欠かせない[40]．種の同定に膨大なコレクションを必要とする自然史をはじめ，考古学，民族学，美術史等々の専門の学には博物館が不可欠である．

この点については，今日の理工系科学技術博物館は例外である．現代社会では，理工学の研究という知の生産は博物館では行われないので，理工系科学技術にとって博物館は不可欠ではない．それゆえ，科学技術へ巨大な投資がなされるにもかかわらず，理工系科学技術博物館には資金がまわってこない．特に，収集・保存を重視する理工系科学技術博物館の場合は，財政基盤は脆弱である．このような事情で，理工系科学技術博物館では収集・保存よりも展示に重点を置きがちであり，そのきわだった例がサイエンスセンターである．

9　博物館の近年の動向

　博物館の動向について，最近の状況をごく簡単に述べておこう．

　博物館展示は，超大型目玉展示に頼りがちになり，また，デザイナー主導でドラマ化・ショー化している．特にサイエンスセンターの手法は，集客力増大に有効であるので，科学技術博物館以外の博物館にまでひろまっている．サイエンスセンターの手法はテーマパークやゲームパークのような商業施設の手法と共通するところがあり，博物館・サイエンスセンターとこれらの商業施設との距離がせばまってきている．商業主義は，情報技術を駆使したバーチャル・ミュージアムにも参入するであろう．観客から見た場合，博物館・サイエンスセンターと商業娯楽施設は娯楽として選択する同列の対象である．博物館は，アミューズメント・パーク，テーマパーク，ゲーム・パークといった商業娯楽施設と競合したら，勝てないであろう．最近の博物館（サイエンスセンターを含む）が教育関係の活動に力を入れているのは，商業施設との競合を回避しようとする選択であると思われる．

　博物館がコミュニティ・センターやフォーラムになるべきであるという意見もある．これは博物館の方から住民に近寄って，博物館における生産者（博物館側）と消費者（見学者）との分裂を修復しようとする動きである．比較的小規模な博物館は，コミュニティ・センター化しやすいと言えるであろう．モノを住民が持ち寄って，展示を製作するというやり方も考えられるであろう．

　スミソニアンの博物館では，見学者と一緒に社会の問題を考えようとするメッセージ型のエクスターナリスト展示をしている．時の政権は公共博物館が社会問題を採りあげるのを嫌うので，フォーラムやメッセージ型展示といった路線には公共の予算が割り当てられるかどうか，困難がある．スミソニアンのこの路線が米国の保守派からの強い非難を浴びたのは，その実例である．

　冷戦終結後の世界は，文化・科学に対する国家予算を削減する時代に入っている[41]．博物館も，独立採算や観客数の増大を求められている．この困難により，多くの博物館が収集・保存という知の生産よりも展示という知の

消費に重点を置くようになっている．しかし，博物館が展示の集客力を重視すると，展示にどんなモノをならべるか，どんな説明を掲げるか，どんなモノを収集・保存すべきかといった博物館の機能の基本が歪んでくるおそれもある．

第 2 章 博物館の前史

　近代的博物館すなわち公共博物館は，17世紀の科学革命の結果として生まれた．それは，フランシス・ベーコン，デカルト，ディドロといった思想家の主張にもとづいて，フランス革命という社会の変動を経て出現した．近代的博物館は，キャビネット時代の前史を受けつぐ側面と，前史を否定する側面の両方を持っている．それゆえ，近代的博物館の特質を知るには，前史も知る必要がある．そこで，まず前史を見ていこう．

1 古　代

　モノを収集・保存するという意味では，博物館の淵源は古代の王や神殿の宝物庫にある．古代ギリシャの神殿や，ヘレニズム時代のペルガモン王エウメネス2世（Eumenes II）の宝物庫，アレサンドリアのプトレマイオス朝エジプト王フィラデルフス（Philadelphus）の宝物庫は，その例である．フィラデルフスは，動物園と植物園も持っていたと伝えられる．エウメネス2世やそのあとのペルガモン王アッタロス1世（Attalus I）とアッタロス2世（Attalus II）は，美術自体を愛するという意味での美術コレクターであったと評される[1]．すべての動物を乗せていたノアの方舟を，「最初の博物館」と呼ぶこともある．アレクサンドロス大王は，部下に動物を集めさせて，師アリストテレスのために動物園をつくったと伝えられる．

　古代ギリシャ・ローマの神殿には，本来の宝物のほか，さまざまな献納物がおさめられた．そのなかには珍奇な「自然物」もあったが，多くは「アンドロメダを襲おうとした怪物の骨」といったようなものであり，今日から見れば迷信や空想の産物であった．大プリニウス（Gaius Plinius Secundus）の『博物誌』（*Historia Naturalis*）には，こういった記載がある．そのひとつを示

しておこう[2]．

　アトラス山の沖にいまひとつ，アトランティスと呼ばれる島があり，それから海岸沿いに二日の航海で西エティオピアの近くにある砂漠地区と，……西方の角と呼ばれる岬に達し，……この岬に向い合っていくつかの島々つまりゴルガデス諸島があるが，これは以前ゴルゴンの住居であったと報告されている．……これらの島々はカルタゴの将軍ハンノが到達したところだが，彼は，女は全身毛に被われている，しかし男は非常に足が速いので逃げてしまうと報告した．そして彼は，彼の話の真実性の証拠として，また珍奇なものとして，二人の女土着人の皮をユノーの神殿に寄託した〔ゴリラの皮であろう〕．それらはカルタゴがローマに占領されるまでそこに展示されていた．

　珍奇な物や異形の物は，超自然的な能力を有し，病気治癒力があると考えられた．これらは，所蔵すると超自然的な力を持つようになると信じられていたから，好んで収集された．「一角獣の角」といった，今日から見れば実在するはずのないものが，中世以後も珍重された．
　ローマ人は，紀元前2世紀にギリシャを征服して，美術に親しむようになった．ホメロスやキケロが記述しているように，共和制ローマの富裕な個人・家族の屋敷には，絵画を陳列する部屋や宝物庫があり，庭には彫像が並べられた．アウグストゥス帝のころには，建築家ウィトルウィウス（Vitruvius）が，絵画陳列室を邸宅の北側に「陽が当たらないように」設ける設計を示している．ローマ人は，ギリシャ人の美術嗜好をまねようとして，ギリシャ美術の複製をつくった．五賢帝の一人ハドリアヌス帝（Hadrianus. 在位117-138年）のチボリの別荘にはギリシャ彫刻の傑作の複製が多数あったことが，16世紀以来の発掘でわかっている．力と威信を誇示すべく財力にまかせて美術品収集に熱中するローマ人は，現代の米国人と同じだと評されることもある．個人によるコレクションが多かったことも，古代ローマと現代の米国との共通点である[3]．
　ローマにおける個人コレクションの起源は，戦利品であったと思われる．

ヨーロッパ，アジア，アフリカから戦利品が集まったローマは，それ自体が大きな宝物庫のような存在になった．こういうやりかたを，ヨーロッパ諸国の美術品を接収したナポレオンやナチス・ドイツになぞらえる論者もいる．ローマでは，遠征から凱旋した将軍は，自分が征服した人々と獲得した財宝を誇示する特権を持っていた．凱旋した将軍や権力者が，戦利品等を神殿に奉納することもあった．

　これら古代のコレクションと宝物庫には，富の蓄積とともに権力・神聖さ・威信の誇示という意味があった．コレクションは，凱旋行進という大衆の操作を目的とするイベントにも使われた．政治のツールとしての機能が，博物館の淵源からすでにあったのである．

2　中　　世

　古代王国が滅亡して中世になると，キリスト教会が珍奇な物のコレクションを維持した．イタリアのヴェネツィアのサン゠マルコ寺院や，フランスのサン゠ドニ修道院は，この例である．ポミアンは，教会のコレクションについて次のように書いている[4]．

> 　ある宗教施設を創設する際にはそれに土地ばかりでなく聖遺物も，付与する必要があった．ひとたび教会や修道院に入った聖遺物は，盗まれるか，あるいは例外的にそのひとつが誰か権力者に贈られるのでないかぎり，もはやそこから外にでることはなかった．したがって，それらは非常に数が増え，目録をつくる必要が生じてきたのである．……教会は，聖遺物以外の品物も保存し展示していた．

　これらのコレクションには永続性が相当にあった，というのである．教会のコレクションには，神聖な器物・遺物のほか，旅行者，巡礼，伝道者，十字軍が外国から持ち帰った珍奇な物品がはいった．サン゠マルコ寺院の大聖堂の宝物庫は大部分が 13 世紀に形成され，宝物の 9 割は十字軍の戦利品であった．フランク王国のカール大帝の角杯とフォークがドイツのヒルデスハイ

ムの教会にあり，サン=ドニ修道院には，ソロモン王のゴブレット（脚付きグラス）や杯，イエスがカナの婚礼の席で水をぶどう酒に変えたときの水差し等のほか，一角獣の骨や，グリフィン（頭と翼は鷲，胴体はライオンである怪獣）の爪があったと伝えられる[5]．中世の教会の多くにはグリフィンの卵があり，留金をつけて聖骨箱の台座として使われた．これはおそらくダチョウの卵であった．ウィッテンベルクの教会——ルターが宗教改革の口火となった宣言書をこの教会の扉に打ちつけた——には，「聖地イェルサレムから運ばれた鯨」（実はバルト海に打ち上げられた鯨）のあばら骨がつるしてあった．たとえ今日の我々から見てこういった物が荒唐無稽であるとしても，珍奇な物は人々を教会に引きつけるのに役立ち，巡礼もこれらを目当てに集まった．

　中世の教会のコレクションは，祭典や儀式のあいだや行列のときに群衆の目にふれた．これは，当時の人々すべてが近づくことのできる唯一のコレクションであった．教会のコレクションには，永続性だけでなく公開性も相当にあったということができ，後述のキャビネットを飛び越して現代の博物館に通じるところがある．

　中世最盛期になると，王侯の宝物庫が加わった．宝飾品コレクションは，通常，箱やたんすにしまい込まれ，十分に警備された部屋に置かれていた．その主要な用途は，儀式や祭典のときに取出して人前に誇示することであった．蓄財もこれら貴重品コレクションの目的のひとつであった．所有者である王侯は，必要な場合にはこの財宝で資金を調達することもあり，金銀細工は溶かされて使用された．なお，コレクション換金の例は20世紀にもあり，第一次世界大戦と第二次世界大戦との間の時期に，ソ連はエルミタージュ美術館の所蔵品の一部を売却した．ラファエロ，ボッティチェリ，ティツィアーノの作品を含む絵画31点が米国人の手にわたり，ソ連政府は700万ドルを得た[6]．ソ連政府にとってエルミタージュは博物館でなく，一時のコレクションでしかなかったのである．

　中世のこれらのコレクションには，しかし，単なる蓄財以上の意味があった．ポミアンは，これら宝物庫の目録をみると収録された品物の大部分が儀式的，宗教的等の用途を持っているが，収録数からいっても品物の大部分が

図2-1　ブルゴーニュ公ジャン・ド・ベリー
Julius von Schlosser, *Die Kunst- und Wunderkammern der Spätrenaissance*, 1907, p.24.

日常的に使用されることはなかったと推定している．「宝物庫やコレクションから博物館への変化は，そこに置かれた品物が本来所有していた役割を失うことである」[7]から，日常的に使用されないこれらコレクションは，博物館へ近づいていたと言うことができる．

　フランスのシャルル5世（Charles V）（在位1364-80年）の宝物庫には，豪華にして高価な黄金細工・羊皮紙の古文書・貨幣・礼拝器物・宝石・家具のほかに，天文観測用のアストロラーベ・天体望遠鏡・羅針盤などの科学器具が含まれていた．シャルル5世の弟であるブルゴーニュ公ジャン・ド・ベリー（Jean de Berry. 1340-1416年．図2-1）のコレクションには，宝石，金細工，古代の遺物，古い貨幣，絵画が集められていた．ジャン自身は，本と写本に執着していた．彼は美術品収集のためにイタリアへ人を派遣し，これはフランスでは最初のことであった．自然史の物も集められていて，これは中世の主要な宝物庫では最初の例であるとされている．時計や科学器械もあった．珍奇なモノを集めるだけでなく，自然を理解することと人間による発明にも関心があったのがわかる．ルネサンス期のイタリアのキャビネットは後述のように自然史が中心になったから，ジャンのコレクションはこの点からもキャビネットへの先駆と見ることができる．シャルルとジャンのコレクションには，正確でくわしい所蔵品目録がつくられていて，単なる蓄財以上の目的意識および記録と伝承への願望があったことを示している．これは，その後の近代的な収集の型と共通する点である．それゆえ，二人のコレクションは，中世の宝物庫から次に述べるルネサンスのキャビネットへの橋わたし

のような存在であった[8]．

3　ルネサンス期とバロック期のキャビネット

　古代帝王の宝物庫以来，コレクションは権力者の威信を示すものであった．「権力の階級制の上位に位置する人々は，彼らの芸術的な趣味や，場合によっては学問的な関心を，それが本当のものであれ，見せかけのものであれ，示さなければならない」のである．中世までは，君主と教会の聖職者という二つの集団が，聖遺物，珍品奇物，寄贈品や芸術作品を独占し一般大衆が近づくのを管理して，支配的地位を明瞭に示すためにこれらを用いていた．ルネサンス期のメディチは，王侯でなく僭主であるがゆえに，文化によって威信を高めることが特に必要であった．メディチのコレクションに始まる「キャビネット」は博物館の前身であるとも言われ，それまでの王侯や教会のコレクションとちがって，宇宙の一種の縮図を示そうとした．ルネサンス期には，「美しきラテン文化を占有するユマニスト，古代人の生活に関する知識を占有する古代遺物研究家，芸術作品の制作を占有する芸術家，学問を占有する学者」といった新しい社会集団が形成された．これらの集団にとって，古代遺物・手稿，ミラビリア（珍品奇物），芸術品，科学器具等は，彼らの知識や技能に必要であるだけでなく，彼らの社会的帰属を示し，階級制の中で彼らが占める独占を示すしるしであった．キャビネットは，このような芸術と知の生産者の拠点であった．キャビネットはルネサンスの結果として出現したと言えるし，また，キャビネットはルネサンスの原動力であったとも言える[9]．

宇宙の縮図「キャビネット」

　ルネサンス期（14世紀末～16世紀）およびバロック期（17世紀）に王侯貴族や富裕な私人によってつくられたキャビネットには，自然の産物ナトゥラリア（naturalia）と人為の産物アーテファクタ（artefacta）の珍品が集められた．キャビネットは，「私化された万物のモデル」（a model of universal nature made private）[10]であり，宇宙の縮図であった．宇宙は神の世界である

図2-2 インペラートのキャビネット（1672年）
Friedrich Klemm, "Geschichte der naturwissenschaftlichen und technischen Museen", *Deutsches Museum Abhandlungen und Berichte*, Vol.41. No.2 (1973), p.20.

マクロコスモスと人間の世界であるミクロコスモスとから成るとされ，キャビネットには神による創造物ナトゥラリアと人による造成物アーテファクタが集められた．マクロコスモスからの代表は動植物・鉱物であり，ミクロコスモスからの代表は絵画であった．科学器械も人為の産物であるから，美術工芸品と同様にアーテファクタとして集められた．美術品や自然史資料や機械が一緒に収められていたのは，今日の我々には奇妙に思えるが，それにはこのような理由があったのである．

　まず，往時のキャビネットのようす（インペラートのキャビネット）を図2-2に示しておこう．キャビネットには，絵画，貨幣，宝石細工，楽器，武器，自動機械，時計，数学・天文学器具，工具，技術模型，動物・植物・鉱物，化石の珍品がならべられた．キャビネットの状況は，その設立者が刊行したカタログ（目録）や，当時のヨーロッパを旅行してキャビネットを訪ね

た旅行家や学者による記述から，うかがい知ることができる．キャビネットの多くは，三十年戦争（1618-48年）をはじめとする混乱と時代の推移のうちに消失した．残っていたコレクションも分割されて方々へ移動し，もとのキャビネットとしての存在は失われた．かつてのキャビネットのコレクションの一部分を，インスブルック近くのアンブラス城や，カッセル，ドレスデンで今日も見ることができる．

キャビネット（cabinet. ドイツ語ではKabinett）という語について，ここで説明しておこう．この語は，小部屋とか房，あるいは収蔵庫・収蔵ケースを意味し，英語ではクローゼット（closet）に相当する．珍品の収納庫ということで，博物館の前身をキャビネットと呼ぶのである．同義語・類語として，ドイツ語ではWunderkammer（驚異の部屋），Raritätenkammer（珍奇の部屋）あるいはKunstkammer（美術工芸の部屋）があり，フランス語ではcabinet de curiosité（珍奇の部屋），英語でcabinet of curiosity（珍奇の部屋）と言う．ラテン語やイタリア語では，キャビネットを指してstudio, studiolo, gardoroba, museo, galleria, tribuni, theatrum等も使われる．studioは書斎という意味があり，学者の研究用の個室というニュアンスがある．studioloは，窓のない小部屋である．galleriaは，神話や信仰を描いた大きな絵画を置く場所を指して使われた．theatrumは，劇場である．キャビネットは種々の物を集めていて宇宙の縮図を示す空間であるので，世界劇場theatrum mundiとも呼ばれた．医学の解剖標本は階段教室に集められたから，anatomical theatre（解剖劇場）の語も使われた．ライデン大学で1589年に始まった解剖劇場は，その例である．さらに，宇宙の現象形態と産物はすべて劇場の形に投影されて，宇宙論的図式に整理されて記憶術の道具とされ，世界劇場であるキャビネットは神秘哲学とむすびついた[11]．

厳密には，後述のアルプス以北（主としてドイツ語圏）の王侯貴族がつくったもの（驚異の部屋）をキャビネットと呼ぶべきであろうが，ずっと後の19世紀の博物館についても，珍奇なモノを集める博物館をキャビネットと呼ぶことがある．本稿では論述の便宜上，ドイツ語圏にかぎらずにイタリアもふくめて17世紀までの博物館の前身を指してキャビネットという呼称を使うことにする．

図 2-3　ハインホーファが監督してボンメルン公フィリップ 2 世のために製作したクンストシュランク（1617 年完成）
Julius von Schlosser, *Die Kunst- und Wunderkammern der Spätrenaissance*, 1907, p.95.

　キャビネットはふつうは部屋・建物であるが，部屋のなかに置くケース（箱）の場合もある．たんすのようなミニアチュアのキャビネットもつくられた．これをドイツ語では Kunstschrank（美術たんす）という．オランダの商人ハインホーファ（Phiklip Hainhofer）からスウェーデン王グスタフ・アドルフが買ったクンストシュランクが，今日もウプサラ大学にある．スイスのバーゼルの歴史博物館（Historisches Museum）でも，クンストシュランクを見ることができる[12]．図 2-3 は，クンストシュランクの例である．

　studio や studiolo は，その所有者がひとりで，あるいは仲間と小人数で静かに観照し，冥想にふける場である．これに対し，theatrum は劇場であるから，多くの人々が楽しむ場である．前者は，esoteric（秘儀的）であり，後者は exoteric（外部に向かって開かれている）であるということができるであろう．茶の湯でも庭園でも，少数で心静かに味わうやりかたと，多数でにぎやかにあけっぴろげに楽しむやりかたがある．キャビネットはどちらかと言えば esoteric であり，この性格は自然史博物館を中心とした近代的な博物館にも引き継がれる．これに対し，見世物，万国博覧会，サイエンスセンター，そして遊園地やディズニーランドなどの商業娯楽施設は exoteric である．このように博物館を esoteric 対 exoteric という対比で考えてみることも，博物館の本質を探るにあたって有用であろう．

　宝物庫からキャビネットになって，収集される物が一変したわけではない．

両者のちがいは，目録にあらわれている．宝物庫の目録は財産価値をふくめて記載した「在庫表」(inventory) に過ぎなかったのに対して，キャビネットの目録はカタログであって，何らかの分類がしてあった．宝物庫の場合，宝物は多数の場所に分散して置かれることもあったが，キャビネットは特定の部屋であり，ひとつの空間で宇宙あるいは世界の一種の縮図を示そうとした．キャビネットを持つ目的は威信を高めることであったから，持ち主は自分と同じ支配階級の人や学者の見学を許して，キャビネットを誇示した．キャビネットを誇示するためにカタログを印刷・刊行することがあり，インスブルックのフェルディナント2世らのハプスブルク家のキャビネットはその例である．これに比較して，宝物庫では目録は刊行されることがなかった．研究の場になった点でも，キャビネットは宝物庫とは異なる．研究という機能は，ルネサンス期のイタリアの私人のキャビネットでは鮮明である[13]．

　キャビネットは，ルネサンスの産物であると同時に，ルネサンスを育んだ場でもあった．ルネサンス期に人文主義者は，社会のどこにでもいたわけではなく，君主の宮廷，キャビネット，さらにのちにはアカデミー等の場にいたのである．支配階級と知識階級の集うキャビネットは，研究の場であるとともに，政治や外交の舞台でもあった．

　キャビネットは博物館の前身と言われることがある．しかし，キャビネットには，公共性・公開性・永続性が欠けており，近代的な博物館とはまだ遠かった．

ルネサンス期のキャビネット

　まず，イタリア・ルネサンスの中心地であったフィレンツェにつくられたメディチ宮殿（リッカルディ宮殿．図2-4）を見よう．この宮殿をヨーロッパで最初の博物館と呼ぶ見方もある．コジモ・デ・メディチ（Cosimo de Medici）が1440年代に建てたこの宮殿には，多くの装飾があって，豊富な財貨が蓄えられ，当時の商人の住居から抜きんでた存在であった．コジモからピエロ（Piero de Medici. 1389-1464年．図2-5），さらにロレンツォ（Lorenzo de Medici）にひきつがれたコレクションは，蓄財という意味だけでなく，富裕な商人であるメディチが勢力を誇示するという政治的役割を持っていた．

図2-4　メディチのリッカルディ宮殿（フィレンツェ）
Eilean Hooper-Greenhill, *Museums and the Shaping of Knowledge*, Routledge, London, 1992, p.25.

図2-5　ピエロ・デ・メディチ
Eilean Hooper-Greenhill, *Museums and the Shaping of Knowledge*, Routledge, London, 1992, p.31.

　王侯でなく僭主であるメディチにとっては，このようにして威信を高めることが特に必要であった．ことにピエロは収蔵室（studio）に閉じこもって，ひとりでコレクションを楽しんだと伝えられる．

　ルネサンスには，古典古代の書物がヨーロッパ世界でアラビア語からの翻訳を経ずに読まれるようになった．アリストテレスの自然学が読み直され，プリニウスが再発見された．古典古代の知識への関心が次第に高まるにつれて，写本だけでなく古典古代の物も再評価されるようになった．それまで，古い彫像が地面から出てくると，不運を呼ぶ物と考えられて，壊すか埋めなおすかされていた．たとえば，14世紀中葉にシエナでヴィーナスの石像が出てきたときには，敵対する隣接のフィレンツェに不幸をもたらすようにと，市の境界のフィレンツェ側にこの像を埋めた．クアトロチェントロ（15世紀）になると，古代の物は現時点よりも優れた時代の物であると見なされて珍重され，争うように発掘された．15世紀末には，フィレンツェは古典古代を発掘しようとするイタリアの知的活動の中心となった．それまでは古い

石や大理石を建築資材として再利用することが普通に行われていたが，フィレンツェで教育を受けたローマ教皇ピウス2世（Pius II. 在位1458-64年）はこれを禁じた[14]。

15世紀末までに，古典古代の遺物の収集は，個別の学者や芸術家の気ままな行いではなく，君主や富裕な商人の営為として確立した．自己の威信を高めるために，教会に莫大な寄進をするのに代わって，コレクションを誇示するようになった．遺物を豊富に集めることが，現時・現世における権力の源泉になったのである．メディチ宮殿のコレクションは，中世の王侯の宝物収集に古典古代の物の収集を加えたような存在であった．コジモのコレクションは，彼自身の鑑定家としての名声と相まって，僭主としてのメディチの権威を著しく高める効果があった．商人であり銀行家であったメディチは，商業取引ネットワークを使って物を収集し，また，彼は多数の美術品を芸術家につくらせてコレクションに加えた．15世紀末には，学者らにこのコレクションの見学を許すようになった．

フランスのシャルル8世の侵入によって1494年にメディチはフィレンツェから排除され，メディチ宮殿のコレクションもとだえる．メディチはのち君主として復帰し，フィレンツェ公さらにトスカナ大公となった．コジモ・ディ・メディチ1世（Cosimo I di Medici）は，物理・自然史の愛好者であり，1570年代に規模の大きいキャビネットstudioloをつくった．ここには，あらゆる工芸分野にくわえて，数学・物理器具と，動物，貝殻，化石，鉱物の自然史標本が集められ，アメリカ大陸からの珍奇な物もあった．メディチ家のもとで学者・芸術家・職人は保護され，1657年にはアカデミア・デル・チメント（Accademia del Cimento．Cimentoの意味は実験）が設立された．ガリレオ・ガリレイ（Galileo Galilei）の弟子であるヴィヴィアーニ（Vincenzo Viviani）たちがその中心となった[15]．これら科学・芸術・文化の保護は，元銀行家で，君主に「成り上がった」メディチ家が威信を高めて権力の基盤を強固にしようとする営為であった．

1775年に開館した物理・自然誌キャビネット（Gabinetto di Fisica e di Storia Natural）が，メディチ時代からの物理器具コレクションをひきついだ．ここは，19世紀前半にはフィレンツェにおける自然科学研究の中心になった．

このキャビネットの古い物理器具は，フィレンツェ科学史博物館（Museo di Storia della Scienza. 1927年設立）に収納されている．この博物館は，ガリレオの遺品コレクションでも有名である．

次に，16世紀後半のイタリアで私人によってつくられたキャビネットについて見ていこう[16]．アルドロヴァンディ（Ulisse Aldrovandi. 1522-1605年），カルチェオラリ（Francesco Calceorali. Calzoraliとも書く），メルカーティ（Michele Mercati），インペラート（Ferrante Imperato）らのキャビネットがあり，特にアルドロヴァンディは著名である．

中世の宝物庫と比較したルネサンス期のキャビネットの特徴として，世俗性，自然史（博物学）への関心と，古典古代へのあこがれという歴史意識が挙げられる．中世とちがって，ルネサンスにおける関心は現世にあった．教会の宝物庫と比較すると，ルネサンスのキャビネットは宗教施設ではなく人間中心の世俗的（secular）なものであって，美術品もそこでは，神の栄光を讃えるためにではなく，それ自体の値打ちとか意味のゆえに珍重された．地理上の発見・大航海時代に流入した物と情報は，それまで意識されていた宇宙の範囲を著しくひろげるとともに，新しく知られた世界の文化と文明への好奇心をよびおこした．こうして，私人によってつくられたキャビネットに，動植物・鉱物・人工物が収集されたのである．

アルドロヴァンディは，法学・哲学・医学・数学を学んだが，自然史（博物学）を専門としてボローニャ大学の教授となり，同大学に植物園をつくった．彼は，膨大な量の鉱物・民族学・動物・植物標本と，これに関連する本・絵図・写本を収集した．1688年には，彼のコレクションのすべての物にラベルがついていたと伝えられる．彼は，大部な目録を動物誌・金属誌といった題で刊行した．彼の著作は，動物を実際に観察した記述として，アリストテレス以来はじめてであった．古典古代の知識が尊ばれていたので，自然史については当時，アリストテレス，テオフラストスやプリニウスが参照された．アルドロヴァンディにとって自然史収集はアリストテレスの説を補強する営為であり，彼は，自分を第二のアリストテレスに擬して（図2-6を見られたい），自然のすべてを記述した目録を，いわばアリストテレスの全

図2-6 アリストテレスに擬したアルドロヴァンディ（アルドロヴァンディの『鳥類誌』，1592年から）
Paula Findlen, *Possessing Nature: Museums, collecting, and scientific culture in early modern Italy*, University of California Press, Berkeley 1994, p.310.

集の新版として出版しようとしたのである．アルドロヴァンディのコレクションは，のちコスピのキャビネットに合流した．ボローニャ大学には，アルドロヴァンディの出版した目録が残っている[17]．

　カルチェオラリとインペラートはそれぞれヴェロナとナポリで有名な薬種商であり，メルカーティはローマ教皇庁の侍医でバチカン宮殿植物園の責任者であった．彼らは，職業がら動植物ほか自然界の物への実際的関心を持ち，素養からしてもアルドロヴァンディほど古典に通じてはいなかったので，アリストテレス等の教説に縛られる度合はいくぶん少なかった．彼らは，古典古代の教えを尊んだが，これら教説と現実の物とのくいちがいに気づいて，古典の文献にたよるだけでなく眼前の現物をみずから観察することに心がけるようになった．インペラートとその息子のフランチェスコ（Francesco Imperato）は，1603年にローマで貴族チェジ（Federico Cesi）らがつくったアカデミア・デイ・リンチェイ（Accademia dei Lincei）のメンバーと密接な関係を持っていて，アリストテレスの教説体系を解体しようとした．アカデミア・デイ・リンチェイは，自然の探求を目的としてつくられたルネサンス期

図 2-7　アルドロヴァンディの『動物誌』中の竜
Paula Findlen, *Possessing Nature: Museums, collecting, and scientific culture in early modern Italy*, University of California Press, Berkeley 1994, p.19.

最古の学会である[18]．カルチェオラリのコレクションは，後述のモスカルドにひきつがれた．

　動物を解剖して観察することもすたれていたが，復活した．動物の標本について，アリストテレスは解剖の効用を認めていたが，その後テオフラストス以来，死体解剖よりも生きている動物の性質や知能を観察して，人間と動物との親和性から動物を分類することが支配的になっていた．学者たちは，動物を骨格等の解剖学的観点から理解せずに，生きているときの姿で理解しようとし，古典の教説に頼っていた．新大陸から新奇な標本が流入すると，これを分類し医学等に利用する目的で，学者たちは自らの眼による観察を重視するようになった．けれども，これらの標本のほとんどが長い運搬期間のうちに傷んだり断片になってしまったので，もとの動物・植物を復元して理解するのは困難であった．解剖の伝統がすたれていたので，当時の学者たちは死んだ断片を見て生きていたもとの動物を理解するのになれていなかった．運ばれてきた動物の断片は，それゆえ，伝説や寓話にあるような怪物や想像上の生き物が実在する証拠として理解された．たとえば，アルドロヴァンディ自身は動物の解剖を行ったにもかかわらず，彼の動物誌には竜が実在の動物として図 2-7 のように記載されている．

　図 2-2（55 頁）のインペラートのキャビネットにも，古くからの教説が示されている．図の左上に，自分の胸をくちばしで切り裂いているペリカンがかざってある．これは「ペリカンの親鳥は，死んだ雛鳥に自分の血をやって

第 2 章　博物館の前史　63

蘇生させる」という教説にしたがって置かれたのである（第3章2のヒューバートのコレクションについての引用を参照されたい）．

地理上の発見とともに異国のそれまでに知られていなかった物が流入し，アリストテレスやプリニウスの説と収集された物との不一致が無視できなくなった．学者が魚市場に出かけたりして，薬屋，庭師，漁師，猟師ら民衆の持つ自然の実際知識にふれるようになった．こういった民衆自身は読み書きが自由でなく自然史を書くことはできなかったし，学者は古典古代の権威からなかなか離れられなかったので，自然史研究の成立は一気には進まなかった．しかし，古典を金科玉条としていた自然史に徐々に実際知識が入りこむようになった．こうして確立した自然史研究は，次の時代以後の科学革命とベーコン主義，および重商主義時代における市民の自然史収集趣味の流行の下地となった．

キャビネットの主である学者は，得た知識を普及しようとして，キャビネットを自分の徒弟や学生に見せ，また，絵入りの目録を編纂・出版した．ことにアルドロヴァンディは，これに熱心であった．彼のキャビネットは，都市貴族や学者の拠点という性格を持っていた．記名帳からみると，訪問者の57.4パーセントが学者（外国の学者も含む）であった[19]．図録出版，展示やデモンストレーションには，キャビネットの後援者獲得の手段という意味もあった．キャビネットは次第にモノを集積するだけでなく展示することも重視するようになり，生産者と消費者の分離が進行したのである．これらのキャビネットは，このように，近代的博物館の特質の萌芽を持っていた．しかし，これらのキャビネットは，本質的に私的な存在であったので永続性に欠けており，アルドロヴァンディらが亡くなればそれぞれ消滅する運命にあった．

産業と貿易の発展にともなって自然史の知識がもとめられ，医術のためにも薬草園と薬物学が必要であった．ピサ大学で薬草学の講座が，1543年に設けられた．これに付設された薬草園が，ヨーロッパにおける植物園の淵源であるとされている[20]．以後，1543年にパドヴァ大学，1568年にボローニャ，1638年にメッシナ，1550年にフィレンツェ，1563年にローマの大学に植物園がつくられた．こうして自然史の研究が成立し，科学関係の図書館が

発達し，16世紀と17世紀にはピサ，パドヴァ，ボローニャをはじめとする大学に自然史（博物学）教授が任命された．

　15世紀のメディチ宮殿をはじめ君主や貴族がつくったキャビネットと，16世紀後半のイタリアで私人たちがつくったキャビネットとを，比較してみよう．前者では，キャビネットの主を，自然界と人間界とから成る宇宙に君臨する象徴として示そうとした．それゆえ，これらキャビネットには自然界と人間界の両方から物が集められたが，結局のところ，君主が人間界の中心であると示すことの方が自然界からのコレクションよりも重要であった．分野別の専門化の傾向も，これらのキャビネットにはなかった．これに対し，後者は，自然物中心という専門化傾向があり，この意味で現代の博物館に近づいていた．

　君主や貴族がつくったキャビネットでは物はシンボリックな意味があったのに対して，これら私人のキャビネットではその物の効用——たとえば薬効——が重要であった．彼らの関心事は君主や貴族のように政治的威信ではなく，知識であった．彼らのキャビネットはヨーロッパの学者世界で有名になり，遠くから見学に来る学者も多かった．見学者誘引には，異国の珍奇な動植物や超自然的な力を持つと信じられたような物を集めることが必要であった．16世紀後半には，アメリカ大陸からの物の流入が増大して，自然史のコレクションを持つこと自体が名声と威信につながるようになった．遠来の珍奇な物だけでなく，地元の典型的な物を集めることにも力が注がれるようになった．地元の物重視という意味でも，アルドロヴァンディらのキャビネットは近代的な自然史博物館に近づいていた．

　16世紀末から17世紀のイタリアの私人によってつくられたキャビネットのうちで代表的なものとして，ミラノのセッタラ父子（LodovicoとKononikus Manfred Settala），ボローニャのコスピ（Ferdinando Cospi），ヴェロナのモスカルド（Lodovico Moscardo）のキャビネットがあった．図2-8に，コスピのキャビネットを示す．これらのキャビネットでは，アルドロヴァンディらの場合よりも，人工物に重点が置かれた．ロドヴィコ・セッタラは医者であったが，マンフレード・セッタラは自分で科学機械器具を製作したので彼

図2-8 コスピのキャビネット
Julius von Schlosser, *Die Kunst- und Wunderkammern der Spätrenaissance*, 1907, p.107.

のキャビネットには，時計・数学器具・天文測定器具などのいろいろな機械が集められ，大きな自然史コレクションもあった．物理と機械の愛好者であったコスピが1570年頃につくってボローニャ市に寄付したコスピ博物館では，美術品は少なく，自然物と人工器具が集めてあった．セッタラ，コスピ，モスカルドは，コレクションの目録の出版に力を入れた．彼らのキャビネットはヨーロッパ世界で有名になり，多くの学者が訪れた．セッタラは，アカデミア・デル・チメント会員たちとも交流があり，ロンドンのロイヤル・ソサエティとも通信していた．彼は，フランシス・ベーコンと同じように，技術は科学の進歩のために役に立つ存在であると考えていた．17世紀には，私人のキャビネットは君主や国家の援助を受けるようになった．

　これらのキャビネットは，アルドロヴァンディらのキャビネットに比較して，近代の博物館に近づいているように見える．しかし，オルミ（Giuseppe Olmi）は，これらのキャビネットを当時の学問研究の拠点であったと評価するのはまちがいであるとして，次のように述べている[21]．「有名なキャビネットには君主や貴人が訪れるので，キャビネットの持ち主にとってはこれ

図 2-9　ウォルムのカタログ *Museumi Wormiani Historia*, 1655 年
Julius von Schlosser, *Die Kunst- und Wunderkammern der Spätrenaissance*, 1907, p.83.

が出世のきっかけになる可能性があった．すなわち，彼らがキャビネットをつくった理由のひとつは，社会階級のはしごを登るためであった．彼らのコレクションでは，自然物と人工物が混じり合っていて，珍奇な物や驚異を誘う物に重点があり，この点で 15 世紀の自然史中心のキャビネットにくらべて退歩であった」．彼らのキャビネットは，むしろ，次に述べる「驚異の部屋」に似ていたとも言われる．

　アルプス以北では，コペンハーゲンの医学教授ウォルム（Olaus Worm）が 1620 年につくった自然物のコレクションがある．彼は，アルドロヴァンディと同じように，コレクションを学生に見せた．ウォルムはまたコレクションのカタログ *Museum Wormianum*（1655 年．図 2-9）でも有名で，これは自然物と人工物の歴史と言うべき内容を持っていた．彼はデンマーク王フレデリック 3 世（Frederik III）と親しく，ウォルムのコレクションはのちに，コペンハーゲンの王立キャビネット（1650 年設立）に合流した[22]．

「驚異の部屋」

　16世紀後半にアルプス以北でドイツ語圏の皇帝や領主によってつくられたキャビネットを見ていこう[23]．これらを驚異の部屋（Wunderkammer）と呼ぶことがある．

　ドレスデンでは，ザクセン選帝侯アウグスト1世（August I. 1530-86年．在位は1553年から）によってキャビネットがつくられた．銀を産出するザクセンは豊かであり，その領主アウグストは，鉱物学者アグリコラ（Georg Agricola）の著作を読んでキャビネットをつくることを思い立った．1560年からツヴィンガー王宮にコレクションが収納された．ここには，貴金属，美術品，宝物，数学機械，機械工具，鏡，自然物標本，石細工，金属細工などがあり，解剖室・薬局・書庫も設備されていた．1600年ころには，ケプラー（Johannes Kepler）が光学器械を見にここを訪ねている．今日もアルベルティヌム（Albertinum）のグリューネス・ゲヴェルベ（Grünes Gewölbe）で，このキャビネット由来の宝物を見ることができる[24]．

　ドレスデンのキャビネットがはじめは器具や鉱物に重点があったのに比較して，ミュンヘンのバイエルン公アルプレヒト5世（Albrecht V）のキャビネットは，「百科全書的」（何でも集めてあると言う意味であり，啓蒙思想家ディドロの『百科全書』との関連ではないことに注意されたい）であった．これは，アルプレヒト5世に侍医として仕えたフランドル生まれのクヴィッヒェベルク（著書 *Theatri amplissimi* で一般化ミュージアムを説いた）の影響であるとも言われている．アルプレヒト5世のキャビネットでは，アフリカ，中南米特にメキシコ，セイロン，ペルシャ，日本といった，ヨーロッパ以外の美術工芸品（自然物を加工した美術工芸品も）が数量としては多かった．コジモ・ディ・メディチから贈られたメキシコの仮面があり，また，フッガー家の通商ネットワークによりもたらされた物もあった[25]．このキャビネットは，のち，三十年戦争でスウェーデンに略奪されたりした．今日ではそのなごりのいくつかを，ミュンヘンで見ることができる．

　1560年頃につくられたカッセル方伯ヴィルヘルム4世（Wilhelm IV. 1532-92年）のキャビネットには，数学・物理器具，測量器具，天文器具，鉱物標本，彫刻，絵画，メダル，外科器具，骨格標本，動物の剥製，人体と

図2-10　チロル大公フェルディナント2世
Julius von Schlosser, *Die Kunst- und Wunderkammern der Spätrenaissance*, 1907.

動物の組織標本と，多種類の異形の「怪物」が集められていた．ヴィルヘルム4世自身が当時の著名な天文学者であったので，関係の所蔵物が多かった．ティコ・ブラーエ（Tycho Brahe）も，このキャビネットを訪問している．カッセルのキャビネットは，後述のプラハのキャビネットと並んで，最も充実した科学器機を集めていた．ここの工房でつくられた科学器具が多数，ドレスデンのアウグスト2世（August II）のキャビネットにおさめられた．機械・土木模型には，揚水機や永久運動機械があった．カッセルのキャビネットは三十年戦争による損害を免れ，今日，ドイツのヘッセン州博物館（Hessisches Landesmuseum）の天文・物理室（Astronomisch-Physikalisches Kabinett）に残っている[26]．

　ハプスブルク家のチロル大公フェルディナント2世（Ferdinand II. 1529-95年．図2-10）は，人文主義に傾倒し，歴史意識を持っていた．彼は，1560年にインスブルック近くのアンブラス城（Schloss Ambras. 図2-11）にキャビネットをつくった．このキャビネットには，金銀細工，絵画，工芸品，歴史上の重要な人物の武具・肖像画などのほか，鉱物標本，数学・天文学器具，楽器，自動機械，錠前，拷問具，職人の工具が集めてあった．このキャビネットは自然物と人工物の両方があって，珊瑚細工，鉱物標本，ガラス製品，金銀細工が特に優れている．これらコレクションはのちにヴィーンに移されたが，さらにアンブラスに戻された．アンブラスのコレクションは，「マニ

第2章　博物館の前史　69

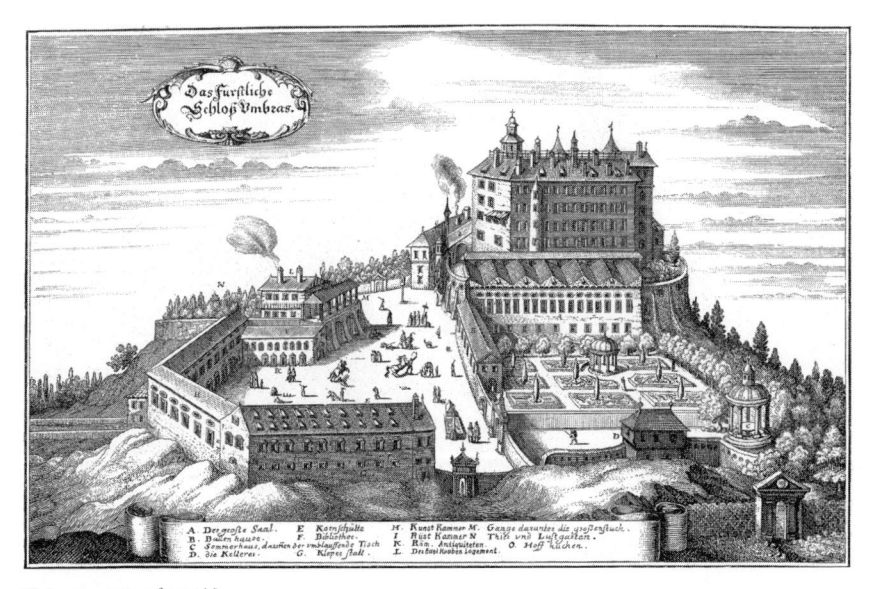

図 2-11　アンブラス城
Julius von Schlosser, *Die Kunst- und Wunderkammern der Spätrenaissance*, 1907, p.39.

エリスム（Mannerism）の美術収集室の最も純粋なあらわれを，最高の水準で幸運にも保持している」と評される．今日のヴィーンの美術史博物館（Kunsthistorisches Museum）の主要な美術品には，アンブラス城から来たものがある[27]．

　ハプスブルク家の神聖ローマ帝国皇帝ルドルフ2世（Rudolf II. 1552-1612年）の驚異の部屋も，有名である．このキャビネットは，帝都プラハに1576年につくられた．ここには美術品，時計，自動機械，数学器具があり，ティコ・ブラーエの使った器具が含まれていた．ケプラーも「帝国数学者」としてルドルフ2世に庇護され，プラハに長年滞在した．プラハ時代はケプラーの最も生産的な時期であって，彼はティコ・ブラーエの天文観測データをひきついで「ルドルフ表」をつくった．このキャビネットは三十年戦争で破壊されたが，今日もヴィーンの美術史博物館にはスウェーデン軍による略奪（1848年）以前にヴィーンに移されたルドルフの宝物がある．ルドルフの宮廷には，モナド論を唱えた哲学者ブルーノ（Giordano Bruno）も滞在した．ブルーノは，ヘルメス主義・神秘主義に通じており大錬金術師(アデプト)であった．

ルドルフがこれらオカルト諸学に親しんでいたので，ブルーノはプラハを訪問したのである．プラハおよび各地のキャビネットは，これら秘教哲学の場でもあった[28]．

　王侯たちは，芸術を保護し画家や工匠に作品を作らせてキャビネットに飾っただけでなく，しばしば宮廷工房を設けて職人を指揮し，また自ら工作にはげんだ．ことにドレスデンではこれが顕著で，大工道具が大量に残されている．チロル大公フェルディナント2世は，ガラス吹きやろくろ加工をした．カッセルのヴィルヘルム4世も，同様の例である[29]．

　これらのキャビネットは，王侯たちにとって威信を高め権力を強固にするためのものであった．この点，アルドロヴァンディやウォルムら私人のキャビネットと異なる．ルドルフらのキャビネットのコレクションは，しばしばハプスブルク帝権をあらわす継承物であった．外国の使節はキャビネットを見る栄誉を許され，また，彼らが持ってくる贈り物はキャビネットに納められた．このように，キャビネットは政治と外交のツールであり，宮廷文化の一部であった．

「驚異の部屋」の評価

　今日の我々には，ルドルフのキャビネットをはじめとするドイツ語圏のキャビネットのコレクションは，非体系的で，配列には規則性がないように見える．ルドルフは奇人であったとも言われ，彼が熱中した神秘哲学は今日の我々にはわかりにくいので，これらキャビネットを何か理解不能のおかしな存在と受け取ることが多い．「わけのわからない，奇矯な」と言う意味で「驚異の部屋」と呼ばれることもある．こういう評価があたっているかどうか，検討しよう．

　キャビネット（特にアルプス以北の驚異の部屋）について，今日，次のようないくつかの異なる見方がある．

(a) キャビネットは理解しがたいものであるが，近代的博物館と同じような要素もあり，この要素が拡大成長して後の博物館につながった．
(b) キャビネットは昔のもので，不可解でくだらないものである．
(c) キャビネットは，奇怪なおどろおどろしい魔術的なものである．

キャビネットはモノの収集・保存，展示，研究の機能を端緒的にせよ持っていたから，キャビネットは最初の博物館であったとする見解が（a）である．これと反対に，キャビネットは性格の異なるモノがごたまぜに集められているところで，分類がされておらず，混乱していて非論理的と言わざるを得ず，後世の合理的配列を旨とする博物館とは似ても似つかないものであるという見方（b）もある．これに従えば，キャビネットにつけられた Wunder- や curiosity という形容は，珍奇であるが理解しがたく，深い考察に値しないものという意味になる．（a）は，歴史上の事象のうちで今日につながるものだけが意味がある（今日が最新かつ最良であるので，これにつながらない古い事物はくだらない）とする見解——ホイッグ史観とか連続性の史観あるいは勝利者史観と呼ばれる[30]——の典型である．「驚異の部屋」は神秘主義や錬金術と関係しているのだが，（b）では，この関係のゆえにキャビネットをくだらないものときめつけ，（a）では，神秘主義や錬金術はその後は死に絶えてしまうのだから，この関係を顧慮する必要はないとする．どちらも，この関係の意味を考えずに切り捨ててしまう．（c）は，神秘主義や錬金術との関係を通俗的に受け取る興味本位の見方である．三つのどれも表面的であるか卑俗な理解である．

　キャビネットの評価がこのように大きく分かれるのは，キャビネットにあらわされている知が科学革命を経た今日の合理主義の知とは異なるので，我々にとって理解が困難だからである．理解できない以上，受け取り方は上記3パターンのどれかになってしまう．これらのパターンは，現代の我々が占星術・錬金術・オカルト・神秘主義にふれるときにもあらわれる．しかし，「今日の我々にとって理解が困難である」ことと，「当時こうであった」こととはちがうはずである．

　博物館学においては近年まで（b）あるいは（a）の見方が支配的であった．キャビネット研究の古典であるシュロッサー（Julius von Schlosser）の『後期ルネサンスの美術工芸の部屋と驚異の部屋——コレクションの歴史』*Kunst- und Wunderkammern der Spätrenaissance: Ein Beitrag zur Geschichte des Sammelwesens*, 1908）はキャビネット研究の古典と言うべき存在であるが，その Schlosser でさえ，キャビネットはとりどりの珍奇な物を雑然と寄せ集めたようなところ

だと述べている[31]．近年の「キャビネット論集」ともいうべき Oliver Impey, and Arthur MacGregor (eds.), 1985, *The Origins of Museums: The cabinet of curiosities, in sixteenth- and seventeenth-century Europe*, Oxford にも，上記 (a)～(c) に似た混乱が見られる．

　キャビネットにあらわされた当時の知についてここで考察し，キャビネットの再評価をしよう．当時宇宙は，神の世界であるマクロコスモスと人間の世界であるミクロコスモスとから成ると考えられていた．神による創造物は自然（nature）であり，人による造成物は技芸（art）であって，「技芸は自然を模倣する」（ars simia naturae）とされていた[32]．キャビネットに集められるものとしては，マクロコスモスからは動植物・鉱物が，ミクロコスモスからは絵画が代表であった．キャビネットは，こういう宇宙の縮図であった．ふつうの物・典型的な物でなく珍品・異形の物が宇宙の特徴を最もよく露出しているとされ，キャビネットに集められた．「ありふれた，平凡な，どこにでもあるものではなくて，珍奇で奇妙なものが，好奇心にとって，それらの語ることを理解しさえすれば宇宙の理解を可能にする特権を持つのは，まさにそれらの一つ一つが象形文字(ヒエログリフ)である」（ポミアン[33]）からである．今日の博物館であれば，収蔵品は，標本であって，分類学に従う典型・代表である（例外でない）物であるが，キャビネットには珍品，異形のものや，美術・工芸・機械の傑作が集められた．今日の我々がキャビネットになにかおどろおどろしい印象を持つ理由のひとつが，ここにある．また，美術品と科学器械は，現代ならば別々の博物館に収められることが多いが，キャビネットでは両者は神の手でなく人の手による物の代表として同列の意味を持っていた．これも，キャビネットが今日の我々に違和感をもたらす点である．

　キャビネットはそれ自体が宇宙の縮図であったけれども，そこに当時の人々の世界観（Weltanschauung, world view/world picture）が示されていたと表現するのは当らない．ハイデガー（Martin Heidegger）の言うように，人間が宇宙・万有を客体化して見るようになり世界観が形成されたのは近代になってからであって，キャビネットに示されていたのは人間から見た宇宙ではなく，人間が属している宇宙であった．宇宙の縮図であるキャビネットと，宇宙・世界を理解するための場である博物館とは，この意味では全く異なる．

自然物と人造物や，マクロコスモスとミクロコスモスといった多義性と両義性が，16世紀の精神の特徴であった．ルドルフ2世のキャビネットの示す両義性・二元性について，エヴァンス（R. J. W. Evans）は，「ルドルフにとって，種々雑多なものの寄せ集めは世界の本質的な多様性の反映を意味していた．しかもこの多様性は，これら雑多な事物を結びつけ，その内的関係を見ぬく精神によって，統合性へと移しかえられうるものであった」と述べている．ルドルフにはミクロコスモスからマクロコスモスにいたる照応関係を示し，さらに被造界の調和を実現しようとその手がかりを希求する態度があり，そこでは「蒐集とは汎知学的知識を目指す努力」であった[34]．キャビネットの多義性と両義性について，シャイヒャーは，図版で例を示しつつ次のように述べている．「口をぱっくり開けた甕は実際はインク壺であり，跳ねる馬は酒杯に，果物は組み合わされて肖像になる．この奇妙なものたちのスペクタクル舞台が，王侯の美術蒐集室すなわち〈世界劇場〉であった」[35]．キャビネットの多義性と多層性は，混乱や錯綜を意味しない．それは，相互にかけ離れているように見える物も宇宙の調和と秩序を表しているのである．図2-12のアルチンボルド（Giuseppe Arcimboldo）による皇帝ルドルフ2世の肖像画は，果物を組み合わせて描いてある．この絵は，我々にはグロテスクに見えて，ルドルフの狂気と関連して語られることがある．しかし，この絵の意味は両義性を示すことにあったのであり，ルドルフの狂気のせいだと片づけてしまっては理解への道を閉ざすことになる．これは，キャビネットのわかりにくさと，誤解の例である．キャビネットが無価値なごたまぜのように見えるのは，キャビネットがもともと無価値なごたまぜであったのではなく，時代とともにキャビネットが変わってしまったのでもなく，見る側が変わっただけなのである．科学革命以後の人は「それらの語ることを理解」しようとしなくなり，さらに，理解できなくなった．

　近年，キャビネットの歴史研究は革新の過程にある．ポミアン，フィンドレン（Paula Findlen）らは，ミシェル・フーコー（Michel Foucault）のエピステーメー（epistemè）概念も使って，キャビネットの再評価を行っている．以下しばらく，これらの言説にしたがって，ルネサンス期の知とキャビネットについて見ていこう．

図2-12 四季の神ウェルトゥムヌスとして野菜・果実で描いた皇帝ルドルフ2世
http://commons.wikimedia.org/wiki/Image:Arcimboldo-vertemnus.jpeg

　ルネサンスのエピステーメー（知）の基本特性は，解釈学と同一性・類似性であった．フーコーによれば，「十六世紀末までの西欧文化においては，類似というものが知を構築する役割を演じてきた」のであり，「世界はそれ自身のまわりに巻きついていた．大地は空を写し，人の顔が星に反映し，草はその茎のなかに人間に役だつ秘密を宿していた．絵画は空間の模倣であった．そして表象は——祝祭であるにせよ知であるにせよ——つねに何ものかの模写にほかならなかった」のである．当時の知においては「自然物を認識するとは，それらを互いに接近させ連帯させている類似関係の体系を発見することであった」ので，物は隠された物相互の関係を読みとるためにあった．キャビネットは，宇宙の縮図として隠された物相互の関係を読みとるために形成されたのである[36]．

　美術史の論攷も近年，当時のエピステーメーを考慮するようになってきた．シャイヒャー（Elisabeth Scheicher）は，今日では「美術史において図像学（イコノグラフィー）と図像解釈学（イコノロジー）がますます大きな役割を果すようにな〔り〕……様式や時代の趣味に規定される特定の美的価値以上に，美術作品の意味内容は，その歴史的位置や精神史的背景について多く

を語ることがあり得ると言う認識」が浸透してきたと述べている[37]．エヴァンスによれば，図2-12は皇帝ルドルフを四季の神ウェルトゥムヌスとして描いたもので，

> 異教神ウェルトゥムヌスこそ，ルドルフを中心とする秘めやかなサークル内でアルチンボルドが用いた最も深遠な象徴であった．ウェルトゥムヌスは皇帝を表すが，と同時に，扮装（インパーソネイション）の本質，〈変容（トランスフォーメイション）〉を暗示しもする．事実仮面による扮装は，この時代の宮廷演物（パジャントリ）が最も得意としたものであった．
>
> ルドルフにとって，種々雑多なものの寄せ集めは世界の多様性の反映を意味していた．しかもこの多様性は，これら雑多な事物をむすびつけ，その内的関係を見抜く精神によって，統合性へと移し変えられうるものであった[38]．

そして，「アルチンボルドが属する構成概念の枠組は小宇宙〔ミクロコスモス〕の概念，四大元素の理論を含む内的相互連環の体系を想定していた」のである[39]．

しかし，現代の美術史研究者のなかにも，キャビネットを脈絡のないごたまぜと見る人がいる．シャイヒャーは，彼らの見解を「根本的な誤解は，つまるところ専門別博物館の存在を前提とする基準に基づいている」[40]と批判している．多様な収集物によって宇宙の調和的秩序を示そうとしたキャビネットは，自然物・美術・科学技術等々に還元され分解してしまった今日の分野別の博物館の視点からは，理解できないのである．

結局，「驚異の部屋」——すでにこの呼称が当時の知を拒絶しようとする今日の立場を表現しているが——が示すものが今日の我々にどんなに分かりにくいにしても，それは，「驚異の部屋」に所蔵されていた物の意味が今日における物の意味と異なるので奇怪に見えるだけのことである．当時の物の意味がわかれば，「驚異の部屋」や当時の知の理解が可能である．

図 2-13　キルヒャー
http://commons.wikimedia.org/wiki/Image:Athanasius_Kircher.jpg

バロック期とキャビネットの終焉

　バロック期の代表的キャビネットとして，キルヒャー（Athanasius Kircher. 1602-80 年）の場合を見ておこう．図 2-13 に彼の肖像を示す．イエズス会のローマ学院にあったこのキャビネットでは実験と研究とが結びついていて，バロック期のキャビネットの特徴がはっきり見られる．彼はドイツのマインツで生まれ，イエズス会士となった．三十年戦争の影響でドイツを出た彼は，1633 年にローマに来た．キルヒャーは，数学や言語学を学び，エジプトのヒエログリフ解読に熱中した．エジプト関連の資料が彼のキャビネット（Museo Kircherariano と呼ばれる．図 2-14）のもとになり，これにローマ学院で彼が講義と研究に使った数学器具，さらに物理器具，天文器具が加わった．彼はマルタ島とシシリー島などに研究・収集旅行を行ったので，コレクションが増えた．世界各地のイエズス会宣教師を通じて資料が流入し，キルヒャーのキャビネットは民俗学資料（特に中国関係の）で有名になった．中東や，アメリカからの資料もあった．彼は，東洋言語学のほか，天文学，磁気，自動オルガンに関心があり，キャビネットでさまざまな研究を行った．彼の研究では野外における採集よりも研究室での実験が中心であり，研究に直結していたことは彼のキャビネットの特徴である．この意味で，彼のキャビネットはその後の博物館に近いと見ることができる．しかし，アルドロヴァンディにくらべて，イエズス会士キルヒャーには自然界を神の栄光に満ちた神聖譜とみなす傾向があった．この意味で，フィンドレンは彼を「ジェズイット実験家」（Jesuit experimenter）と呼んでいる．1678 年に，このキャビネット

第 2 章　博物館の前史

図2-14 イエズス会ローマ学院のキルヒャーの「博物館」
Julius von Schlosser, *Die Kunst- und Wunderkammern der Spätrenaissance*, 1907, p.105.

のカタログが刊行されている[41]．

　ルネサンス期以後に多数のキャビネットができたのは，古典古代の再発見，地理上の発見，貿易の拡大といった新しい状況への反応であった．16世紀までは，キャビネットは古典の復活の象徴であった．アルドロヴァンディやキルヒャーにとって，キャビネットのコレクションは古典の教えに対する反証ではなくて，むしろこれを補強するためものであった．ルネサンス期のアルドロヴァンディ以後，学者たちにとって自然の収集は習慣になったが，彼らは自然を「読む」（意味を読み取る）のであって，これはテクストを読むのと同じであった．新大陸等から流入する新しい事物でアリストテレスやプリニウスら古典のテクストに合致しないものは，標本を保存・展示しておくようになった．ルネサンス期であってもインペラートになると，観察を通じ

てアリストテレスの説を解体し，自然史を書き換えしようとした．学者たちは，はじめ古典を通じて自然を読んでいたのが，のちには自然だけを読むようになった[42]．さらに，後述のようにフランシス・ベーコン流の実験科学の時代には，自然を読んでそこに隠された意味をさがすのでなく，自然を見てそのままに観察するようになった．このように，キャビネットの成立と変化および衰退は，学問としての自然史の形成と変容に対応していたのである．

16世紀末から17世紀イタリアのキャビネットには，収集・保存，研究のほかに展示の機能があった．展示といってもは収蔵庫を見せるだけであって，見せるための展示を設けたのではない．図2-2（55頁）と図2-8（66頁）を見られたい．学者のキャビネットでは，実験デモンストレーションをして君主や貴族たちを楽しませた．これは，バロック期のキャビネットの特徴である．訪問者・見学者を想定していたことは，キャビネットではすでに生産者と消費者との分離が始まっていたことを示している．しかし，生産者と消費者の関係は，近代的公共博物館の場合とはちがった．キャビネットの展示やデモンストレーション，そして絵入り目録の刊行には，後援者獲得というねらいがあった．近代的公共博物館では消費者の利益のために生産者が存在する（たてまえにすぎない場合もあるが）のに対して，キャビネットでは生産者が自己のために消費者を利用した．キャビネットには，こういう政治的意味があった．

キャビネットの後援者側にも，もちろん政治的ねらいがあった．君主がキャビネットをつくったりパトロンとなることは，メディチ家以来行われていた．ルネサンス期からすでにキャビネットは宮廷文化の一部であり，コレクションは富や権力を誇示する手段であったから，キャビネットは客や外国の使節に見せる場所であった．君主にとって，著名なキャビネットを庇護すれば自然界と人間の両方の資源（マクロコスモスとミクロコスモス）を掌中にしていると示すことになり，威信と権力の増大につながった．16世紀後半と17世紀にはイエズス会が力を強めつつあったので，ローマ教皇と神聖ローマ帝国（ハプスブルク朝）という二つのカトリック勢力の文化においてイエズス会士キルヒャーのキャビネットは重要であった[43]．神聖ローマ皇帝は，その権力基盤が弱まりつつあると自覚したとき，自己の威信向上に役立つキ

ルヒャーを援助したのである．カタログの刊行は，キャビネットを宣伝しコレクターのステータスを高めるだけでなく，パトロンにとっても威信につながるので歓迎された．ドイツ語圏の王侯貴族の子弟多数が，キルヒャーのキャビネットを見にローマにきて（後のイギリス人のグランド・ツアーのようなものである），キャビネットのパトロンとなることを学んで帰ったので，ドイツ語圏のキャビネットへの影響もあった．このように，バロック期のキャビネットは政治のツールであったし，キャビネットも政治を利用したのである[44]．

フーコーによれば，類似の連環と解釈学による認識，観察されるものと読まれるものとを区別しない認識は17世紀初頭に終末をむかえた[45]．思考は両義性や類似関係の領域で活動するのをやめ，遊びである相互関係の妄想がのこされる．だまし絵，錯覚，二重化された劇中劇，取りちがい，夢や幻覚である．こうして遺されたひずんだ思い出は，前項の（c）のように，まだ理性化されていなかった時代の知の夢想であり魅力であると見なされる．遊びとして残った古い時代の知は，科学革命期の学者にとってまじめにとりあげる対象ではなく，前項（b）のようにむしろ軽蔑すべきものであった．こうして，キャビネットにあらわされた知は急速に忘れられてしまった．

17世紀は，啓蒙思想と科学革命の時代であった．その鼓吹者であるフランシス・ベーコンやガリレオ・ガリレイは，帰納や数量化を旨とする実験科学を目指した．物に隠された意味を読み取ろうとする解釈ではなく，目に見える形態を見て物を並べる秩序・配列（order）が求められた．フーコーの表現によれば，言葉と物が分離したのである．「あらゆるものを語らせる」ことはなくなり，「物と語は……切り離され……眼は見るため，そしてただ見るためだけのものとなり，耳はただ聞くためだけのものとな」った[46]．物は無限の連環の中で示されるのではなく，二次元の表（タブロー）で示されるようになった．キャビネットにすでに自然史中心の傾向があったが，17世紀以後の団体博物館や，さらにのちの公共博物館でも自然史が中心となった．のち，自然史においては，リンネ（Carl von Linné）やビュフォン（Georges-Louis Leclerc de Buffon）の分類学が有力になった．ワックス注入や塩溶液などのあたらし

い方法により動植物を保存できるようになったことも，ルネサンス以来のコレクションの意味を少なくした．1660年代にロンドンのロイヤル・ソサエティで，ボイル（Robert Boyle）が，ワインからとったアルコールに漬けて標本を作ることを示している．液体漬けは，標本の範囲を著しく広げた革命的とも言うべき方法であった[47]．科学者たちにとってはアルドロヴァンディらから伝えられた標本よりも，顕微鏡や望遠鏡の方が研究に役立つようになった[48]．科学革命の進行につれて，ルネサンス期のキャビネットに表された宇宙の縮図は関心をもたれなくなり，その知（エピステーメー）は理解され難くなった．キャビネットは無知の犠牲になり，その多くは，放置されて散逸するにまかされた．

　ルネサンス期のユマニストら新しい社会集団は聖職者とはちがって職業集団ではなく，社会的帰属のしるしにミラビリア等々を購入して所有する必要があった．このような需要によって，さまざまな珍品の市場が16世紀・17世紀を通じて形成された．需要の増大につれて，財力のない学者等がコレクションを持つことは困難になり，彼らは権力者や富者のコレクションに出入りさせてもらう以外になかった．コレクションの生産者（所有者およびお抱え鑑定家）と消費者が分離したのである．コレクションの所有者にとっては学者等を出入りさせるのは所有者の威信を高めるのに役立ち，また，それに役立つような者だけに出入りを許した．消費者である人々にとって見れば，自由な出入りが望ましい．次章に述べるように，こうしたニーズに応えて公共の図書館と博物館が設立されるようになる．

第3章 近代的公共博物館への過渡

　17世紀から18世紀にかけては，キャビネットから公共博物館の成立にいたる過渡期である．17世紀末から，収集趣味が流行して富裕でない階層にもひろがった．多くの人が自然史ほかのコレクションに興味を持った．イギリスでは，自然哲学（natural philosophy．今日の科学に相当する）がジェントルマンの行いとみなされるようになり，収集などのかたちで科学に関与することがはやりになった．所有者以外でも利用できる，永続性のある博物館が求められるようになった．ことにイギリスでは，博物館には下層に近い人々もつめかけるようになった．博物館が，知の消費，あるいは好奇心を満たす単なる娯楽の場にもなったのである．

　科学革命の鼓吹者であったフランシス・ベーコンらは，国民の教育・啓蒙のための博物館という考えを唱えた．奇想天外なものから規則的なものへ，例外的なものからありふれたものへ，異国のものから自国のものへとコレクションの価値基準が変化した．自国・近隣のものの重視は，自国資源の目録作成という実利的観点からも求められるようになった．自然史が富の生産と結びつくものとして重視され，サロンの話題のひとつになった．キャビネットとちがって，物や自然に隠された意味を求めるのではなく，法則を求めるようになり，分類を業とし，応用としての産業を意識するようになった．

　この過渡期に登場した団体博物館と個人博物館は，アマチュア研究家も利用できたが，教育のための施設には遠かった．これらは近代的公共博物館への過渡的存在であり，公共博物館の実現はフランス革命によって誕生するルーヴル美術館とパリ工芸院博物館を待たなければならなかった．19世紀前半のイギリスには，サイエンスセンターの先駆とみなされる施設が現われた．本章では，これら団体博物館と個人博物館等について見ていく．主たる舞台

は，イタリアやドイツ語圏ではなく，イギリスになる[1]．

1　科学革命と公共博物館への胎動

17世紀になって，科学研究の場が図書室から実験室へうつり，研究の拠点としてフィレンツェのアカデミア・デル・チメント（1657年），ロンドンのロイヤル・ソサエティ（Royal Society. 1660年），パリのアカデミー（1666年）といった科学研究団体がつくられた．こうして進行した変化は，科学革命と呼ばれる．経験的事実を数量化して法則を見出す手法を確立したガリレイらがその中心人物であったが，最も影響力のあったのはイギリス人フランシス・ベーコン（Francis Bacon. 1561-1626年．図3-1）である．彼は，主著『ノヴム・オルガヌム』（*Novum Organum*, 1620年）と『ニュー・アトランティス』（*New Atlantis*. 1627年）で，系統立った観察によって自然を研究することを主張し，これを通じて自然が人間の技術により支配されるとした．彼が唱導した新しい科学では，自然史が重視されたのである．古代以来，知は思弁（theoria）であるとする学問観が行われてきたが，これとちがったベーコンの観察・実験による学問という主張および自然の技術的支配という主張は，今日の科学技術にまでつながる近代科学技術の思想となった[2]．

博物館は，この科学革命の結果として出現した．ベーコンは1594年にすでに，『グレイの事業』（*Gesta Grayorum*）[3]で，科学のための制度や研究所の必要性を述べている．その研究所では，あらゆる国々から書物を集めた図書

図3-1　フランシス・ベーコン
http://commons.wikimedia.org/wiki/Image:Francis_Bacon.jpg

館，私化された自然 universal nature made private というべきすべての植物・動物を集めた植物園・動物園・水族館のほか，人工と自然の珍品を集めたキャビネット，および，水車・溶鉱炉や賢者の石を発見するための蒸留器をそなえた研究室が設備されることになっていた．彼は，知的営為である科学は共有で行う（communal な）営為であるとし，学問を発達させるには共同の組織が必要であると主張した．ベーコンは，技術を実利主義的にとらえており，職人を重要視していた．彼の主張の背景には，重商主義のイギリスの興隆があった．異国から多種の物が流入し，新しい発明を展示する必要も感じられており，ベーコンは，職人の訓練と産業に役立つ博物館も構想していた．彼は『ニュー・アトランティス』の中で，「ソロモンの館」の寓話として理想社会の技術と研究所を示し，すぐれた発明の模型を系統立てて並べるコレクションと発明家の像を展示する顕彰ギャラリーについて，次のように述べている[4]．

> ……二つの非常に長い，また，りっぱな回廊があります．そのうちの一つに，あらゆる種類の比較的珍しい，すぐれた発明の模型や見本を並べ，もう一つの方には，あらゆる主だった発明家たちの像を並べます．そこには，西インド諸島を発見した，あなたがたのコロンブスの像もあります．船の発見者，大砲と火薬を発明した，あなたがたのあの修道僧，音楽の発明者，文字の発明者，印刷術の発明者，天文観察の発明者，金属工作の発明者，ガラスの発明者，蚕の絹の発明者，葡萄酒の発明者，小麦とパンの発明者，砂糖の発明者など……

デカルト（Réne Descartes）やライプニッツ（Gottfried Wilhelm Leibniz）も，研究所・博物館・技術学校といった組織を提唱した．デカルトは1648年に，職人の訓練と科学の技術的応用を促進するために技術博物館およびこれに併設される技術学校をつくるべきであると述べた[5]．1671年頃にライプニッツも，実験と発明を振興するセミナリウムをつくる考えを述べた[6]．こうして，知の生産だけでなくその普及すなわち教育・訓練のための技術博物館が初めて構想されたのである．アカデミア・デル・チメント，ロイヤル・ソサエテ

第3章 近代的公共博物館への過渡

ィ，パリのアカデミーは，ベーコンらの言う組織に相当し，以下に述べるロイヤル・ソサエティの陳列室はベーコンの研究所に相当する．これらの組織は，科学革命の進行に大きく寄与した[7]．職人の訓練と産業に役立つ技術博物館の構想は，フランスでパリ工芸院博物館として実現する．

ロイヤル・ソサエティの陳列室のような博物館を，フランシス・ベーコンの精神にもとづいてつくられたのでベーコニアン（Baconian）博物館とも呼び，また，団体博物館（institutional museum）とも呼ぶ[8]．ロイヤル・ソサエティの陳列室がつくられたのは，ベーコン主義や共同実験という考えによるのであったが，同時に，個人の財力ではコレクションは限られるので共同の博物館をつくるという現実への対応でもあった．王侯や私人の恣意のままにつくられるそれまでのキャビネットやコレクションとちがって，団体博物館は複数の人の共同設立であるから，団体博物館の institution の語にはこの意味も込められているであろう．

団体博物館は，イギリスでは一般人も入ることができて公開性も相当程度あり，公共博物館に近づきつつあった．しかし，団体博物館は，永続性が弱かった．団体博物館・個人博物館には（米国のピールの博物館ほか少数の例外はあるが）まだ，国民全体を相手にする姿勢はなかった．ベーコン流に国民を人的資源と考えてこれを教育するという功利主義的な博物館は，のちに公共博物館として実現するのである．

団体博物館の出現した 17 世紀から 18 世紀にかけて，博物館の専門分野に応じた分化という変化があった．イギリスでは 17 世紀後半にキャビネットから庭園が分立し，18 世紀にはヨーロッパ諸国で博物館と植物園が分かれた．ベーコン流の新しい科学では目に見える形態により分類しようとしたから，団体博物館では分野の異なる物は排除しようとした．キャビネットとちがって，ここでは分野別の分化は，必然であった．分化した博物館のなかで，自然史博物館が主流の位置を占めるようになった．絵画と科学技術関係の物との区別も，17 世紀末にはじまった．キャビネットでは，絵画もその隠された意味が他の物と同じならば，同じ場所に置かれていた．ここでは物と絵のちがいはなかった．18 世紀はじめまでは実物とコピー，本物と偽物との区別も問われなかった．これらの変化の結果として，博物館は近代的合理的な

世界観の部分部分を示す施設になった．同時に，宇宙の縮図というキャビネットの性格――宇宙あるいは世界を一ヶ所に再現あるいは表現しようとする性格――は失われた．

　収集趣味が市民にひろがっていくイギリスの状況を述べよう．17世紀中ごろにはすでに，学者たちは――アリストテレス主義者であっても，またはジェズイット実験家，新科学の信奉者であっても――コレクションをするのが普通であった．ヨーロッパ大陸の収集家たちの博物館が，イギリス人のコレクションの手本となった．収集は，ヨーロッパの知的生活にあずかりたいというイギリス人の欲望を満たす行為でもあった．王制回復期（1660年から1680年代まで）のイギリスでは，ベーコンが唱えた自然史の重視がロイヤル・ソサエティにより実践され，自然哲学がジェントルマンの行いとみなされるようになった．実験と観察を旨とし，自然史を重視したベーコン主義は，結果として，科学の一種の大衆化をうながした．古代から中世まで権力者と宗教に独占されていた収集行為が，ルネサンスのキャビネットを経て，裕福な私人だけでなく次第に市民にまで降りてきたのである[9]．

　17世紀末から18世紀には，私人であるコレクターが，コレクションの見学を許すことがあった．これらを，個人博物館（proprietary museum, private museum）と呼んでいる[10]．個人博物館は，入館に紹介状といった何らかの信用状が必要であったので公開施設とは言えないし，永続性がなかった．そのコレクションは，のちにスローンやハンターのコレクションのように公共博物館のもとになった場合もあり，また，珍品屋・見世物師の手に帰した場合もある．

　18世紀はじめには，珍品のコレクションをつくり新たに考案された装置で実験することが教養あるロンドン市民であるあかしのようになった．これらアマチュア・コレクターを，ヴァーチュオーソと呼ぶ．彼らを客にするコーヒーハウスが，ロンドンにあらわれた．珍品をならべて見せたコーヒーハウスは，ヴァーチュオーソのための博物館であった．さらに，珍品屋とでも呼ぶべき見世物屋がロンドンで繁盛し，これには民衆が押し寄せただけでなく，ヴァーチュオーソや科学者たちも通った．

　収集趣味とヴァーチュオーソは，団体博物館および個人博物館を出現させ

た基盤であった．個人博物館は，もとより，富者でないとつくれなかった．自分でこれをつくれないヴァーチュオーソたちは団体博物館および個人博物館を見学した．利用者であり消費者である彼らからすれば，コーヒーハウスや見世物も，個人博物館および団体博物館も興味の対象としては同じであった．次節以下で，団体博物館，個人博物館，コーヒーハウス，見世物を見ていこう．

2　団体博物館──ロイヤル・ソサエティの陳列室とアシュモール博物館

フランシス・ベーコンの精神に従って設立されたロイヤル・ソサエティは，民間の有志団体であったが，当初から national な（国を代表する）研究機関となることを目指していた．1662年に国王の勅許状を得て永続的な公的団体になり，翌年に特許法人となって，現在はイギリスのアカデミーのような役割を果たしている．

ベーコンのプログラムを実行に移そうとしたロイヤル・ソサエティは，共同実験を行うことをうたい，1663年に陳列室（Repository）を設けた[11]．この陳列室は，ロイヤル・ソサエティの事業の中心であった．1666年にロイヤル・ソサエティ機関誌 *Philosophical Transactions* は，「哲学」（今日の言葉では科学）のために，また，実用に役立つように会員にコレクションを寄付するよう呼びかけ「後世のためにのこすには，個人のキャビネットよりもこの方が良い」としている．コレクションを維持するには，共同にすると財政面でもメリットがあった．科学知識の普及もロイヤル・ソサエティの目的であったから，陳列室は実験科学のショーケースとして公開された．ロイヤル・ソサエティの実験主任フック（Robert Hooke）が，陳列室の管理者（Keeper）になった．ここは，ヨーロッパ大陸でも有名になり，大陸から学者の訪問が多かった．ロイヤル・ソサエティの陳列室には学者以外の民衆も見世物に押しかけたから，公開の博物館へのニーズがすでにあったことがわかる[12]．

この陳列室は，私的なコレクションをひとつにまとめて公共的な科学コレクションとする意図でつくられ，自然物すべてを包括する分類を示すことを目指した．この陳列室の内容は，1663年にウィルキンズ（John Wilkins）が

寄付したコレクション等からはじまり，のち，珍品屋・見世物屋であったヒューバート（Robert Hubert）から 1665 年に買いとったコレクションが中核になった．彼のコレクションの大部分は自然物であった．彼は，ロンドンのセント・ポール大聖堂の西側にある《ミュージックハウス》で，コレクションを展示していた．ヒューバートのコレクションの内容は，次のようなものであった[13]．

　　ミイラ．シリアで発見された長さ四フィートをこえる巨人の大腿骨．六ヶ月間眠るハゲット——これは，ヨンダルロ湖に浮かぶマヨント島の生物である．中国の近くの土地の犬の牙．本土から五〇〇リーグはなれた，ブラジルのシャウツでフィニー船長につかまえられた半人半魚のトリトンか男性の人魚の肋骨．クロムウェルの死の直前にグリニッジで捕らえられた例の鯨の舌の静脈．両足のあるマニュコーディアタまたはゴクラクチョウ——足について特筆するのは，この鳥が大きな足を持ち，いまだ未発見の土地の木々に止まることを示しているからであり，未発見の土地とお断りするのは，この鳥は生きている状態で見られたためしがなく，マラッコス諸島で常に死体で発見されるからである．六ヶ月ずつ別々の方角から絶え間なく吹く風のせいと，尖った頭部，小さな胴体に大きな羽根のある尾のせいで，空中高く吹き飛ばされて別の地方か国に墜落して死ぬのである．ペリカンの頭部，嘴と嘴の袋，これらはこの鳥が水鳥であることを示している——この鳥は伝説の通り雛のために自分を傷つけて血を流すのではなく，偶然に，つまり，その嘴の薄い袋にエビ，カニなどの甲殻類を入れるために，出血するのである．徳と名誉を愛する気高き郷紳コートン殿〔後述のチャールトンの父〕から賜った大きなワニ．

ロイヤル・ソサエティの陳列室が，実際は意図とちがって，珍品趣味に傾斜していくことがこの記述から予見できるであろう．
　その後もロイヤル・ソサエティの陳列室は収集を寄贈物にたよったので，ヴァーチュオーソたちの寄贈した雑多な物のごたまぜになった．国家の補助

図3-2　ルーヴル宮殿にあったパリ・アカデミーの計測器収集室，1698年
Friedrich Klemm, "Geschichte der naturwissenschaftlichen und technischen Museen", *Deutsches Museum Abhandlungen und Berichte*, Vol.41. No.2 (1973), p.31.

金のないロイヤル・ソサエティの財政では，博物館を維持するのは困難であった．イギリス最大の私有博物館であったスローンのコレクションを購入する機会があったのに，これを逸してしまった．博物館を永続させるには，団体では無理であった．この陳列室は短命におわり，コレクションの一部は1781年に大英博物館に移された[14]．

　ロンドンのロイヤル・ソサエティを別として，ヨーロッパ各地のアカデミーや学会は陳列室を持っているとはかぎらず，コレクションはあっても見せられる状態にないことが多かった．その理由として，当時のアカデミー・学会は人の寿命よりも長続きするかどうか確かでなかったので，学会等の設立者にとってコレクションを学会に譲渡するよりも自分で持っていたほうがよかったことが挙げられる．財政・政治・運営の諸側面で，アカデミー・学会の永続は不確実であり，コレクションや陳列の維持は困難であった．

　パリのアカデミーの場合を見ると，創立以来，機械の模型，物理器具，生物標本，解剖標本のコレクションが設けられていた．パリ・アカデミーは，特許申請された機械の試験も行っていたので，数多くの機械や模型を持って

図3-3 アシュモール
http://en.wikipedia.org/wiki/Image:Ashmole-after-Riley.jpg

図3-4 アシュモール博物館（現在のオクスフォード科学史博物館）
A Brief Guide to Museum of the History of Science Oxford, 1949, f.24.

いた．図3-2を見られたい．パリ・アカデミーのコレクションは，一般人には公開されていなかった．

　学会やアカデミーだけでなく，大学も近代的博物館の母胎になった．イギリスの大学は中世以来の既成の組織であって新しい科学革命の場ではなかったけれども，大学から見るとロイヤル・ソサエティはライバルとなる存在であった．そこで，大学も博物館をつくろうとした．ケンブリッジ大学ではコインとメダルのコレクションができただけであったが，オクスフォード大学では1683年にアシュモール博物館（Ashmolean Museum）が開館した．同館は，イングランドで最初の公共博物館と言われることもある[15]．

　アシュモール博物館のルーツは，1629年のトラデスキャント父子のコレクションにさかのぼり，トラデスキャントの死後これを入手したアシュモール（Elias Ashmole．図3-3）がオクスフォード大学に寄贈した．アシュモール博物館には，自然物，図書，工芸資料，民族学資料等があった．ここは市民に公開されていて，1714年の規定では，入場料は見学時間の長さによって決まっていたが，最低6ペンスで，複数の人数であると割引きがあった．同大学が1682年に建てたアシュモール博物館の建物は科学博物館用につくら

第3章　近代的公共博物館への過渡　91

図3-5 ランベスのトラデスキャント邸
オールティック『ロンドンの見世物』第1巻，国書刊行会，1989年，37頁．

れた世界最初の建物であり（図3-4），化学実験室，解剖室，講義室，化学図書室と自然哲学（物理学）図書室をそなえていた．この博物館は，オクスフォード大学における科学研究の中心拠点となった．のち，科学器具以外のコレクションは大学内の他の場所に，稀覯本は大学のボドリー図書館（Bodleian Library. 1602年にSir Thomas Bodleyによって復興された図書館で，最初の大規模な公共図書館とされている）に移された．1925年からこの建物はオクスフォード科学史博物館（Museum of History of Science）となった．現在は，科学機器以外の民族学・考古学コレクションはアシュモール博物館（Ashmolean Museum）としてオクスフォード市内の別の建物にある．科学史博物館では，アストロラーベ，日時計，天文観測器具ほかの古い科学器具がコレクションの中心であり，フックとボイル（Robert Boyle）の空気ポンプの断片がある．アシュモール博物館内の小規模なトラデスキャント室では，往時のトラデスキャント・コレクションのわずかな残りをいまも見ることができる[16]．

　トラデスキャントとそのコレクションについて，説明しておこう[17]．トラデスキャント父子は同名（John Tradescant）で，庭師で旅行家であった．父の方は，バッキンガム公爵や国王ジェームズ1世に仕えた．息子のトラデスキャントは，ヴァージニア植民地に遠征し，バミューダ，ニューファウンドランド，ギニア，アマゾン地方，東インドの物を集めた．ロンドン郊外の南ランベスにあったこの博物館には，イギリスの野草や異国からの移入植物が植えてあり，1634年には750種あったのが，1656年には倍以上に増えていた．図3-5を参照されたい．コレクションについて息子のトラデスキャン

トが 1656 年に出版した『トラデスキャント博物館』(*Musaeum Tradescantium*) は，印刷された最初の博物館カタログであった．オールティックは，このカタログを次のように紹介している[18]．

　カタログのページを埋めている何百にものぼる「あらゆる鳥類」，「四足の獣類」，魚類，貝類，爬虫類，化石，岩石，果物，根菜類などをはぶくと，以下のものがトラデスキャントの財宝のいくつか，一七世紀半ばに収集しうるもので，しかも保存するに値すると考えられたもののまずまずの代表どころであった．
「彫刻，旋盤（ろくろ），針仕事，絵画などの機械製ならびに人工的な作品」としては，珊瑚，琥珀，瑪瑙の彫刻，ミニチュア細工（たとえば，一二〇のべっ甲の櫛を中に入れた二枚貝），「三〇〇の輪でできているが，長さは一インチしかない金銀製の蚤のようにちっぽけな鎖」，「紙のように薄い入れ子式に重ねられた五二個の木製のコップ一組」，象牙をろくろで削って作った一粒のこしょうの実の中に納められたチェスの駒一式．
「様々な珍品」としては，石製の割礼用の小刀，「ワイト島に雨のように降った血」，アポロの神託所の石一個，「尼僧たちの手を温める真鍮製の玉」，「ドレイク船長の船の砲耳」，「旧約聖書のゼブルンの墓にはえた木から摘みとられたオレンジ一個」，「黒い象牙のケース入りの上等の望遠鏡」．
「武器類」としては，中国の甲冑，「トマホーク，6 種類」，「中世ドイツの柄の長い斧」，「継目のないギニアの太鼓」，毒塗りの短剣と矢，「鋳造する時に香料をしみこませたダマスカスの小刀」．
「家庭用品」としては，「触らずに彼らの〔だれの？〕口に水をそそげる首の長い水冷やし壺」，「傘」，「リー島で手に入れられた，一通の手紙入りの長さ一インチの銅製の書簡入れ，一人の女に飲み込まれた後に見つけだされたもの」．
……ありとあらゆるこうした類のものに加えて，「二インチ以上の長さの天然の竜」，「不死鳥の尾の羽根二枚」，白いクロドリに，「モーリシャス島の珍鳥ドードー〔17 世紀に絶滅した〕——この鳥は大きすぎて飛べ

図3-6 ブールハーフェ博物館の《ホイヘンス》展示のガイドブック，1979年

ない」．

このようなコレクションを持つトラデスキャントの館は，「一七世紀の半ばには，世界一立派で大きい自然史博物館と認められるもの」であり，すべての生き物を乗せたノアの方舟になぞらえて，「トラデスキャントの方舟」と呼ばれた[19]．

ヨーロッパの大学につくられた博物館について，いくつか見ておこう．オランダのライデン大学（1575年創立）では，1591年から1593年のあいだに医学解剖講堂（theatrum anatomicum）が設けられ，1601年までに18体の骨格標本が集められた．ここは，動植物標本，ミイラ，象の頭，スカンディナヴィアのスキーほか，ブラジル，アフリカ，インド，中国，日本等からの珍品もあって有名になり，1669年から1761年までに，オランダ語をはじめ，ラテン語，フランス語，英語のカタログが64版も刊行された．ここは医学博物館の早い例であり，その後，コペンハーゲンほかの大学の解剖講堂の手本となった．デルフトでは，外科医同業組合の解剖講堂（薬草園に隣接していた）に，医学関係の珍品が集められた[20]．

ライデン大学では1675年に，物理陳列室 Theatrum Physicum が機器を使って学生に教えるためにつくられた．これがライデンの物理コレクションの初めである．1928年にオランダ科学史博物館（Nederlands Historisch Natuurwetenschappelijk Museum) が設立され，物理コレクションはここに移されて 1931 年から一般公開された．これが今日のブールハーフェ博物館（Museum Boerhaave）になった．ブールハーフェ博物館では，電気物理・光学・天文学・温度測定・低温・化学・自然誌・解剖学・印刷術の展示がある．古い空気ポンプのコレクションは，世界で有数である[21]．図 3-6 はこの博物館のガイドブックである．

　一般人も詰め掛けるロイヤル・ソサエティの陳列室やアシュモール博物館について，ウッフェンバッハ（Zacharias Conrad von Uffenbach）のエピソードが伝えられている．彼はドイツ人で，ヨーロッパ各地を旅行してその見聞を書いた．1710 年にイギリスに来た彼は，有名なアシュモール博物館を訪れたが，全くの期待はずれであった．祭日だったので博物館は一般人で混雑していて，彼は不快な思いをしたのである．ロイヤル・ソサエティの陳列室でも乱雑なコレクションに驚いた彼は，これらの体験を書きのこしている．愛書家・旅行家として著名であった彼は，ヨーロッパ大陸であれば紳士的（gentlemanly）な応対を受けるはずであった．大陸では，学者の交際の場であるキャビネットには民衆を入場させなかった．これに比較して，一般人にも見学させるのがイギリスの博物館の特徴であった．丁重に扱われるどころか，一般人と一緒にされたので，彼は驚きかつ怒ったのである．同じように，1668 年にマガロッティ（Lorenzo Magalotti. のちにアカデミア・デル・チメントの書記になる）がロンドンに行ったとき，トラデスキャントのコレクションとロイヤル・ソサエティの陳列室を訪問したが，メディチ家のキャビネット等の宮廷風な立派さはかけらもないのを発見して落胆して帰った[22]．

　団体博物館がなぜつくられるようになったのか，述べておこう．収集熱がひろがり市場ができるとともに，特権と資力に恵まれない中間階層の人々の不満が高まった．中間階層のなかの潜在的な収集家の数は，経済の発展と教育の普及につれて増大した．その結果として公共の図書館や博物館（ボドリー図書館，アシュモール博物館ほか）が出現した．この事情を，ポミアンは次のように説明している[23]．

自分たちの職業活動を行うために必要なさまざまの記号保持物，つまり書物や手稿，歴史的原資料，品物といったものに自由に近づくことができるよう圧力をかけはじめるのは，これらの階層〔中間階層〕の構成員もしくはその代弁者になる人々，とりわけ，まだ権力者や金持ちのところに頻繁に出入りするにはいたっていない学者や作家，学識家，芸術家である．そして，彼らの要求に，私人や権力者が応え，十七世紀以降，まず公共の図書館，ついで博物館を設立しはじめる．

このような共同コレクション・共同博物館・共同実験場へのニーズがあって，団体博物館の出現となったのである．

3　テイラー博物館

オランダのハーレムで18世紀後半につくられたテイラー博物館（Teyler Museum）も，国立の公共博物館に至る過渡のひとつであった．この博物館は物理の研究を博物館で行うという特色を持っていたので，ややくわしく述べておこう．

テイラー博物館は，織物・絹業者・銀行家であったテイラー（Pieter Teyler van der Hulst）の遺言と遺産によってつくられた．彼は少数派メノー派のクリスチャンで，社会への貢献・人々の啓蒙といったことに関心があり，1770年にはハーレムの絵画学院設立の援助者にもなった．1752年にオランダ最初の学術協会であるオランダ科学協会 Hollandsche Maatsschappij der Westenschappen がウィレム5世公の後援でつくられたが，テイラーはおそらくメノー派であったのが理由でこの団体のメンバーにはなれなかった．これらの背景があって，子のいなかった彼は「死後に，信仰を勧めるためと，芸術と科学を奨励するために二つのテイラー協会をつくる」意思を宣言していた．その協会のひとつが，テイラー博物館の親団体である．この協会は，オランダ科学協会と同じように，理事会により運営され，館員は研究を行うことになっていた．1778年にテイラーが死去したあと，テイラー博物館の建物が建設された．この博物館の建物は，科学博物館用に建てられたものとしてはア

シュモール博物館に次いで古い，テイラー博物館は，1784年から公開されたが，それは「教養のある階層だけに見せる」公開であった．マールム（Martinus van Marum）が，1784年から1837年まで館長（Directorのほか，ConservatorやKeeperとも称された）をつとめた．ここのコレクションは，物理器具，絵画，印刷画，動物・植物・鉱物の標本と化石，自然史関係図書，貨幣とメダルから成っている．1824年からは，図書館も一般公開された[24]．

　これらのコレクションは，初代館長マールムらが理事会から委任されて買い集めたものであり，テイラー自身が残したものはわずかしかない．それゆえ，この博物館は個人博物館ではなく，団体博物館にふくめるべきであろう．テイラー博物館のなりたちは，富者の遺言によりつくられ，研究機関でもあったという点で，後述する米国のスミソニアン・インスティテューションに似ている．科学研究をずっと続けたという特徴は，スミソニアンよりもはっきりしている．コレクションは創立者が残したものではなく，買い集めたものであること，理事会があったこと，館員は博物館実務と研究に従事したことなど，テイラー博物館には現代の博物館と共通な点が多い．キュレータという職はこの博物館で生まれたと言うことができるであろうし，マールムは世界で最初の博物館キュレータであったと言えよう．

　この博物館の理事会は，人々を啓蒙・教育するためのデモンストレーションにはほどほどの装置があれば事足りると考えたので，研究用設備と収集の考え方および費用をめぐって，マールムらキュレータたちとあつれきがあった．これも，現代の博物館とそっくりである．

　テイラーの意思により，また，マールムの努力もあって，テイラー博物館は，博物館と科学の研究所を合わせたような施設になった．デモンストレーション（実験講義）もマールム以来行われた．フランス革命後のフランスによる支配の時期には，マールムがフランス革命政府の要人と良好な関係にあったので，コレクションが損害をこうむることは避けられた．フランス皇帝ナポレオンは，1811年にテイラー博物館を訪れ，国民教育に果たすこの博物館の役割に興味を持ったと伝えられる．この博物館では，マールム時代から，カタログ出版に力を入れている．

　のち1909年から1928年までは，ノーベル物理学賞を受賞したローレンツ

図3-7 テイラー博物館の「オーバル・ルーム」(物理器械器具が置いてある)の写真をあしらったパンフレット
Teylers Museum te Haarlem, 1969.

(Hendrik Antoon Lorentz) が館長となり，公開講義を行うとともに，物理学の研究をこの博物館で行った．しかし，1955年には研究用実験室が廃止され，館員が研究をする伝統はとぎれた．1983年からは，この博物館はオランダ政府の責任で運営されるようになった．

ロイヤル・ソサエティの陳列室が短命に終わったのと比較して，テイラー博物館が今日まで続いていることは興味深い．財政の余裕があり，館長・キュレータとしてマールムという鑑識眼のあるワンマンがいたこと，その結果，創設後の初期のうちに優れたコレクションを集められたことが，ロイヤル・ソサエティの場合とちがっていた．イギリスの場合と異なり，テイラー博物館が国内の他の施設と競合することが少なかったのも，その成功に関係していると思われる．

今日見ても，テイラー博物館は非常に魅力のある博物館である．ルネサンス風の建物で，楕円形のホール（図3-7参照）があり，絵画が展示されている．物理器械の部屋にはいると，そこは現代から隔絶した別世界である．ガ

図3-8　マールムの巨大なガラス円板静電起電機を描いたテイラー博物館の科学機器ガイドブック
Natuurkundige Instrumenten in Teylers Museum, Teylers Museum, Haarlem, 1969.

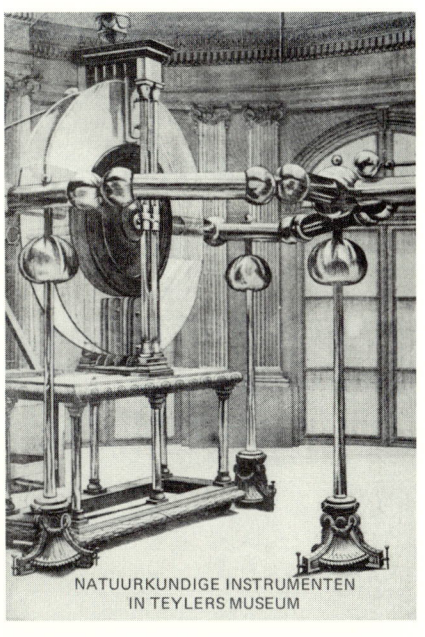

ラスケースの中に古い器具がひたすらならんでいて，往時をしのばせるその雰囲気はすばらしい．いちばんの見ものは，図3-8のような直径1.6メートルという大なガラスまさつ静電起電機である．これは，マールムがカスバートソン（John Cuthbertson）に特注してつくらせたものである．マールムはこれを使って長大な火花放電を飛ばして実験し，その研究はヨーロッパの科学者世界で有名になった．科学機器・実験器具のコレクションのカタログが刊行されている[25]．

4　個人博物館

個人博物館のうち，トラデスキャントとヒューバートのコレクションについては，すでにふれた．17世紀から18世紀への変わり目頃にこういった博物館が多数ロンドンにあらわれた．そのいくつかを見ておこう．

チャールトン（William Charleton. 本名コートン Courton. 1702年に死亡）のコレクションは，スローンに遺贈され，さらに大英博物館に譲渡された．

第3章｜近代的公共博物館への過渡　99

図3-9　スローン
http://en.wikipedia.org/wiki/Image:Hans_Sloane.jpg

　フランドル生まれのチャールトンは，ヨーロッパ各地をくまなくめぐったのち，1684年頃イギリスに落ちつき，コレクションをロンドンに収蔵した．ここは，見学に来た学者たちから高く評価された．旅行家でヴァーチュオーソの典型と言うべきイーヴリン（John Evelyn）は，1686年にこのコレクションを見学した．彼は，ここには，ミニアチュア，絵画，貝殻，昆虫，金属，自然物，動物，鉱物，宝石，船，琥珀・水晶や瑪瑙からつくった珍品，動植物・花・貝を描いた本等々があって，このコレクションは外国の私人や貴族のどのコレクションよりもすばらしい，と評している[26]．

　次に，ロンドン中で有名であったスローンのコレクションについて見よう．医者であったスローン卿（Hans Sloane．1660-1753年．図3-9）のコレクションは，のちに大英博物館（British Museum）のもととなった．スローンは，マラリア治療にキニーネの含まれているキナ皮をとりいれた人である．彼は，1727年にニュートンの跡をついでロイヤル・ソサエティの会長となり，また，王立医学校の総裁もつとめた．ジャマイカ等とのルートで，砂糖，キナ皮，チョコレートを入手できたスローンは，医業以外の収入も多かった．彼のコレクションは膨大なものであり，植物標本に最も重点があった．彼は，20歳代にジャマイカで総督の侍医をつとめたあいだに，植物標本からコレクションを始めた．1727年までにスローンは，鉱物標本5497，珊瑚804，野菜標本3824，貝殻3753，鳥568，数学器具54，コインとメダル2万288，写本2666を含む，5万3000点の物を集めた．彼の博物館は，ロンドンのブルームズベリ地区のグレート・ラッセル・ストリートにあり，81歳となった

1742年以後はチェルシー地区のチェイニ・ウォークの大邸宅に移った[27]。

スローンは、コレクションを公開しなかったが、科学者たちや関心のあるアマチュアに出入りを許し、標本貸出しの希望にも応じた。彼のコレクションは、ヨーロッパの学者のあいだで有名で、展示のためであるだけでなく実質的な研究所であった。彼は、標本を体系的に分類し、配列し、保存することにつとめた。コレクションの記録にも力を入れ、カタログ38巻を刊行した。スローンのコレクションは、ヒューバート、ロイヤル・ソサエティ、アシュモールの博物館のようにウッフェンバッハやマガロッティから酷評される乱雑なものではなかった。ウッフェンバッハは1712年にここを訪ねて大変に感銘した。ロンドンを訪問した若いベンジャミン・フランクリンも、1725年にここを見学している。ヴォルテールも、リンネも、それぞれ1727年、1736年に訪問した。音楽家ヘンデルがスローンを訪ねたときには、バターを塗ったマフィンを稀覯本の上に置いてスローンを激怒させたと伝えられる[28]。

1730年当時にスローンのコレクションを見学したサー・エラズマス・フィリップスの日記を、オールティックから重引しよう[29]。

> 動物、植物、鉱物類の莫大な数の珍品。スウェーデンのフクロウ、二羽のツル、イヌ。莫大な数の瑪瑙、目がさめるようなオレンジ色のフクロウ。他のいくつかの箱に収められたタバコ、造化の戯れ。こちらにはオパール。書物のカタログ、およそ四〇巻。大型の二折本二五〇冊、植物標本もろもろ。多数の蝶。メダル二万三〇〇〇個。碑文もろもろ、カーリーアン町からのものは筆跡が非常に鮮明。女の腹から切り出された胎児、彼女は水腫にかかったと思われた。その後生存して、何人かの子供を産んだとのこと。アムステルダムのルイシュによる立派な保存脳。

スローンは、チャールトンのコレクションの遺贈を受けた1702年ころから、自分のコレクションを公共のために永続的に遺したいと考えていた。1753年の遺書で、スローンは自分のコレクションは、「神の栄光の証しであり、無神論への反証であり、また、人類の利益のための技芸と科学の発達に

図 3-10　リーヴァーの博物館
オールティック『ロンドンの見世物』第 1 巻, 国書刊行会, 1989 年, 90 頁.

役立つ」としている[30]．彼のコレクションが大英博物館の設立のもととなったことについては，後述する．

　外科医ジョン・ハンター（John Hunter）は，1770 年代にロンドンで比較解剖学の博物館を創立した．ハンターが亡くなるまでに，彼の博物館には 1 万 3682 点の標本があり，ひろくヨーロッパ中に知られるようになった．収集のための出費がかさんで，彼は多額の負債を残した．結局，彼のコレクションは，2 万ポンドで国に譲渡され，1800 年の王立外科医学校設立にともないその博物館になった．これが現在のハンター博物館（Hunterian Museum）である．彼の兄ウィリアム・ハンター（William Hunter）も，医学標本のほかに，鉱物，化石，貝殻を含むコレクションの博物館をつくった．ウィリアム・ハンターは，このコレクションを国に遺贈し，その代わりに博物館と医学校を国につくってもらうことを望んだが，政府はこれに応じなかった．結局，彼はコレクションをグラスゴー大学に遺した[31]．

　マンチェスターのサー・アシュトン・リーヴァー（Sir Ashton Lever）は，1760 年に博物館を設けた．1772 年までに，彼の鳥小屋兼博物館に，内外産

の鳥と四足動物，化石，その他の珍品を集めていた．彼は，一般の人にこの博物館を自由に見学させていたが，見学者の無礼な態度に腹を立てて，紹介状の持参を求めることにした．のち，リーヴァーはこの博物館をロンドンに移して，入館有料のホロピューシコン（Holophusikon）とした．スローンのコレクションを別にすれば，自然史や民族誌ほかの多方面にわたるこれほど大規模な博物館はロンドンにはなかったので，ここは裕福な市民のあいだで大変な人気を呼んだ．しかし，入館料収入はリーヴァーを借金から救うことはできず，目新しさが失せるにつれて，運営は難しくなってきた．大英博物館に買い取りを求めたが，断られた．ホロピューシコンは興味本位の展示の場所に変わっていき，結局，コレクションは競売に付された．リーヴァーの博物館（図 3-10）は，米国のピールの博物館（後述）の手本になったことでも重要である[32]．

個人博物館と団体博物館は，公共博物館への先駆であった．個人博物館と団体博物館はその所有形態は異なるが，以上見てきたようにコレクションの内容はしばしば似たようなものであった．ロイヤル・ソサエティの陳列室，オクスフォード大学のアシュモール博物館，大英博物館は，個人博物館のコレクションをもとにしてつくられた．個人博物館と団体博物館のコレクションのいくつかは，その後，公共博物館に引きつがれた．この意味では，トラデスキャント，リーヴァーのコレクション（後述のブロックの場合も）を公共博物館への先駆ということができる．

5　ヴァーチュオーソとコーヒーハウス

ヴァーチュオーソ（virtuoso）という語は本来はイタリア語（ヴィルトゥオーゾ）で音楽の名演奏家を意味するが，転じて，骨董通を指すようになった．1634 年にピーチャム（Henry Peacham）が使ったのが，この語のイングランドでの最初の使用と言われている．アマチュアやディレッタントの収集の多くは無原則でみさかいがなかったから，ヴァーチュオーソという語には軽蔑がこめられていた．イーヴリン，チャールトンはヴァーチュオーソの代

図3-11 コーヒーハウス
小林章夫『コーヒーハウス』駸々堂出版，1984，37頁．

表例である．

　重商主義経済の進展につれ，商人たちは富と暇を持つようになり，gentlemanの仲間入りをするためにコレクションをはじめた．ロンドンは，西ヨーロッパと南半球ならびに西半球の異国間に行われた海上貿易の要の位置にあったので，ヴァーチュオーソたちが物を検分して入手するには絶好の場所であった．彼ら向けの通俗雑誌や書物が刊行された．イングランドのヴァーチュオーソの収集対象は美術，骨董，科学の三つであり，はじめは美術と骨董中心であったのが次第に科学への関心が高まった．1640年から1680年が科学に対する彼らの関心の最盛期であり，18世紀末にはヴァーチュオーソは勢いを失った．ヴァーチュオーソの「研究」の動機は，実用に役立てるのでも学問のためでもなく，スノビズムであった．この点で，ヴァーチュオーソとロイヤル・ソサエティの精神とは甚だ異なる．「科学者による研究が始まるちょうどその地点で，ヴァーチュオーソは「研究」をやめてしまう」と言われる．自然史の物についても，ヴァーチュオーソたちの興味は，典型例の標本にではなく，異形で珍奇ということに集中した．この意味で，ベーコン主義者とヴァーチュオーソとは対極にあった．しかし，実際には両者の中間にある人々がロイヤル・ソサエティにもたくさんいた．初期のロイヤル・ソサエティの会員でコレクションを寄付したウィルキンズは，両者にまたがる

人の例である[33]．

　ヴァーチュオーソの拠点は，コーヒーハウスであった．コーヒーハウスは，商人ほか市民の毎日のビジネスと生活および交友を便利にする場であった．政府機関や王立取引所周辺のコーヒーハウスは，内外の情報を収集するたまり場になった．以下しばらく，コーヒーハウスについて見ていこう．

　ロンドン最初のコーヒーハウスは，1652年にできたという．リリーホワイト（Bryant Lillywhite）の『ロンドンのコーヒーハウス』（*London Coffee Houses*, 1963）は，1652年から1892年までのロンドンのコーヒーハウス2034軒を挙げている．図3-11にコーヒーハウスのようすを示す．商業や保険のビジネスには情報収集が不可欠であったが，新聞の記事も当時は貧弱であり，最も重要なニュース源は個人同士の情報交換であった．そこで，コーヒーハウスが情報収集と商談の場となった．コーヒーハウスに行くことは，酒場よりも安上がりで，アルコールの害がないことから，商人ほか市民の毎日のビジネス・生活・交友に好都合であった．1660年の王政回復以来，コーヒーハウスは増加し，1666年のロンドン大火の被害を乗り越えて拡大した．新聞記者たちはコーヒーハウスに出入りし，コーヒーハウスには新聞が無料で届けられて張り出された．コーヒーハウスは内外の各種新聞・ニューズレターや，オークション等のチラシ類をそろえ，また，店独特のパンチほかの飲み物で客を集めた．コーヒーハウスは個人向けの新聞受けの役割をしたし，船のチャーターほか新聞広告への引き合いをコーヒーハウスで出すことができた．民間のペニー郵便はコーヒーハウスに依拠していたし，政府のペニー郵便もコーヒーハウスを郵便受付所・受取所として利用していた．郵便庁は王立取引所近くにあり，このあたりにはコーヒーハウスが多く，東インド会社やハドソン湾会社はコーヒーハウスを利用した．ロンドン市同業組合も，市の法廷をコーヒーハウスでひらいていた．エクスチェンジ・アレーのジョナサン亭（Jonathan's Coffee-house）には，株取引人が集まった．ロイド（Edward Lloyd）のコーヒーハウスには，積荷と保険関係者が来た．今日のロイズ保険会社の名は，彼に由来する．ロイドの店は，郵便庁と特約して出船・入り船の船舶情報を流した．ホイッグ党とトーリー党といった政治党派や職業などによって，たむろするコーヒーハウスは決まっていた．フリー・

図3-12 ドン・サルテーロのコーヒーハウス外観,1800年頃
オールティック『ロンドンの見世物』第1巻,国書刊行会,1989年,58頁.

メーソンやクエーカー教徒の集会にも,コーヒーハウスが使われた.コーヒーハウスは,村や町のよろずやの大都会版のような存在であり,一種の公民館でもあった[34].

　科学者やインテリ・文筆家たちも,あちこちのコーヒーハウスにたむろした.18世紀には,コーヒーハウスで教育目的の講演会や,実験が行われたこともある.コーヒーハウスは,一種の陳列室・博物館であり,ショーの会場でもあった.コーヒーハウスでは科学への関心を培うことができたので,ロイヤル・ソサエティにとってコーヒーハウスは潜在的なライバルだった.スローンも,よくコーヒーハウスへ出入りした.

　ソールター (James Salter) が1695年頃にはじめたドン・サルテーロ (ソールターの別称) のコーヒーハウスがローレンス・ストリートにあった.サルテーロは理髪師で,もとスローンの使用人であり,その後もスローンの庇護を受けていた.サルテーロの店は,当初はコーヒーハウスと床屋を兼ねていて,特製パンチが売り物で,バイオリンも聴かせた.この店は,のち,スローンの邸宅のとなりに移転した.図3-12にその外観を示す.スローンは,自分にとって重要でない物をサルテーロに渡して使わせた.1709-10年ころには,サルテーロの店はコーヒーハウスというよりも博物館のようであったと伝えられる.1732年版のサルテーロのカタログに記載されている292の珍品の中には,次のような物があった[35].

　尼僧の改悛用の鞭,サクランボの種に彫った四人の福音書記者の頭像,「教皇の不可謬の蠟燭」(どんなものだったのか不明),ウェストミンス

ター寺院の壁のすき間で何年も前に発見された餓死した猫の遺骸，ウィリアム征服王の光輝く剣，エリザベス女王のイチゴ皿，コカトリス，石化した雨水，フジツボ，パレスティナの古代都市ジェリコ産のバラ，「アスベスタス」石，巨人の歯，インディアンの貝殻玉の帯，モスクワ大公国の手袋，ヨブの涙で作った首飾り，「鯨のペニス」，「上部に芝を刈っている男がついた木製の置時計」，カナンの地で神がイスラエル人に与えた食物マナ，石化した牡蠣，サウス・キャロライナのガーターヘビ二匹，インディアンの婦人たちの背中掻き棒，丈一五インチのカエル，「シャムウェイ」（スイスカモシカのシャモワのこと）の角.

珍奇さを売り物にしたようすが，よくわかる．スローンのコレクションを見たベンジャミン・フランリンは，このコーヒーハウスも見学した．サルテーロのコーヒーハウスは，スローンのコレクションの別働隊のような役割を果たしていたと推定される．

　ヴァーチュオーソら有閑階級の文化は，ことにロンドンで盛んであった．彼らのためのマーケットが成立し，また，コレクションを見世物にする珍品屋が繁昌した．マレーの *Museums: Their history and their use* には，ヒューバートほかの珍品屋が記述されている．18世紀はじめには，アマチュア収集家向けのガイドブックがあらわれた．ハンブルクで仲買業をしていたナイッケルが1727年に書いた *Museographia* はその例である（43頁図1-14参照）[36]．
　フランシス・ベーコンらは，ヴァーチュオーソを，とるに足らぬものに好奇心を抱いたり，知識を社会的な名誉として重視するとして批判したが，「本物の」科学とヴァーチュオーソの趣味とはつながっていた．ロイヤル・ソサエティの陳列室のコレクションは，珍品屋ヒューバートから買い取ったものであったし，ロイヤル・ソサエティは参加者や資金提供者として現実にヴァーチュオーソたちをあてにしていた．科学および科学者にとって，ヴァーチュオーソは大事な顧客であった．たくさん売れた科学書——たとえばビュフォンの『自然誌』——の買い手は素人であったし，ヴァーチュオーソが顕微鏡，望遠鏡，気圧計，温度計等の科学器具を買い求めたおかげで，ロン

図3-13 ナイッケルによる18世紀のジェントルマンの博物収蔵室・図書室
Friedrich Klemm, "Geschichte der naturwissenschaftlichen und technischen Museen", *Deutsches Museum Abhandlungen und Berichte*, Vol.41. No.2 (1973), p.40.

ドンの科学器具製造業は質量ともに著しく向上したのである．ロイヤル・ソサエティ会員の顔ぶれや職業や関心を吟味してみると，科学のアマチュアが多かったことがわかる．当時は，多様な科学技術の喜びを味わうには深い学識は必要ではなく，ある程度の教養と富とひまがあれば素人にもできると考えられていた．ジェントルマンの持つべき博物収蔵室・図書室を，ナイッケルの *Museographia* は図3-13のように描いている．ヴァーチュオーソなくして科学はロンドンで繁栄しなかったであろう，と科学史家ハンターは書いている．ロイヤル・ソサエティは national な（国を代表する）研究機関となることを目指していたが，その存立はこういったアマチュアに支えられていた．ベーコニアンとヴァーチュオーソとは，対極にあるように見えても，利害には共通のところがあった．ロイヤル・ソサエティとコーヒーハウスとは，共通の支持者を持ち，またそれゆえに，ライバル関係にもあったのである[37]．

6　ロンドンの見世物

　自然史と珍品収集への市民の興味は，街の見世物への熱中にもつながった．珍品屋の見世物は，コレクションを持たない人々にも楽しめた．自前の収集への欲求が満たされなくても，街にある見世物が好奇心を満たしてくれた．
　見世物では諸階級間の文化的相互乗り入れがあり，また，科学者の世界と見世物（フェア）とは重なっていた．フックほかロイヤル・ソサエティの会員は，バーソロミュー・フェアなどのフリーク・ショーによく通った．バーソロミュー・フェアは，年に一度，8月24日からの2週間に開かれていた縁日であり，フリーク・ショーでは，珍しい動物だけでなく「毛むくじゃら女」や「骨なし女」を見せた．これらの「怪奇な」見世物は，ロイヤル・ソサエティ会員の研究対象でもあった．オールティックは，次のように述べている[38]．

　　ごたぶんにもれず，サー・ハンス・スローンも，バーソロミュー・フェアで動物たちを研究し，動物たちの肉体的な特徴を記録するためにデッサン画家をさしむけた．……ロイヤル・ソサエティの世界とバーソロミュー・フェアの世界が重なりあっていたことや，当時あらゆるものが科学的な思索に利用されたという事実を如実に示すものが，ロイヤル・ソサエティの論文誌『フィロソフィカル・トランザクションズ』の多数の巻にある．1665年から1800年の間にロンドンで展示されたフリークスで，人間であれ人間以下のものであれ，同誌の厳粛かつ生き生きした論文で言及されていないものはほとんどない．見世物に出るよりも前に，同誌か，ロイヤル・ソサエティの会合において，新たな驚異が披露されることもあった．たとえば，ヘレナとユーディットという驚異の〔シャム双生児であった〕7歳のハンガリーの姉妹は，ロイヤル・ソサエティの会合（1708年5月12日）で報告の手紙が読まれてからすぐに，コーンヒルのエンジェル亭で展示された．
　　見世物師たちは，貴重な宣伝として科学の威信を借用した．……大英図書館所蔵のチラシは，「毎年抜けかわる，角のように固い剛毛がヤマア

ラシのように全身に生えている，サフォークから到着したてのいきのよい田舎の若者」を広告している．このチラシはさらに，「サー・ハンス・スローンならびにその他の全世界の高名な会員の指導のもとにロイヤル・ソサエティによって発行された『フィロソフィカル・トランザクションズ』(424号，299頁)」を引用している「誕生の時以来の，この驚くべき若者の詳細きわまる解説……の文を〔同誌から〕転載するのが適当であろうと存じます……」と述べている．

スローンやロイヤル・ソサエティほか知識階級の文化と見世物が重なっていて，相互依存の関係にあったことがわかる．

19世紀のロンドンで興行界の雑多な芸人たちの活躍の場であったエジプシャン・ホールについても，述べておこう．これを建設したブロック(William Bullock)は，リヴァプールの宝石商・銀細工師であって，ロンドンのリンネ協会の会員であり，旅行家であり，博物学者でもあった．港町であるリヴァプールで，到着する船から珍しい物を買い，1795年に雑多なコレクションの展示場を開いた．1806年のリーヴァー博物館の競売で相当な物を買い，「リヴァプール博物館」を1809年にロンドンに移した．大蛇ボアやキリンや熊も，ここで見られた（33頁図1-6を参照されたい）．1812年に開館したブロックの新館は，「ロンドン博物館」という名にきまっていたが，その変わった建築様式のせいで，通称の「エジプシャン・ホール」で知られるようになった．四足獣，鳥，両生類，化石，骨董，美術品などが展示された．ここは，イギリスではじめて，ポーズに注意をはらった生物環境展示をしたと伝えられる．ブロックは，ナポレオンの肖像画・愛馬マレンゴ号・防弾装置つきの馬車を展示して大いに当て，これをさっそく他の見世物師たちがまねした．ブロックは，自分の自然史コレクションを，エジンバラ大学に，ついで大英博物館に売却しようとしたが，両者ともこれに乗らなかった．1819年に，ブロックのコレクションは競売にかけられた．リーヴァーの競売以来，この種のものとして最大となったオークションには，26日間を要したと伝えられる[39]．ブロックの博物館は，のちの公共博物館につながる特徴を有していたという点で重要である．

このような見世物の盛況についてまだ語り尽くせないが，オールティックの浩瀚な『ロンドンの見世物』(*The Shows of London*, 1978) を見られたい．彼は，次のように書いている．

> 多くの外国人旅行者〔ウッフェンバッハやマガロッティほか〕が注目したように，イギリス人の国民性の中で，見世物に対する嗜好ほど，社会全階層くまなく広まったものはない．……各階級を隔てる慣習的障壁を一次的なりにも，これほど低めるのに貢献したものはない．……見世物が階級の別を緩和した一方で，娯楽を求める者と真面目な教育を求める者とのあいだには，絶えざる対立が見られた．たとえ口先だけにせよ，知識を重んじるというイギリス人の国民性を，興行主たちはよく知っていたから，彼らはいつでも教育的効果をその宣伝文句にうたい上げた．明らかに造りものとわかる人魚の見世物にすら「科学」的興味があると広告した[40]．
>
> 「理に叶った娯楽」(rational amusement) ——つまり，娯楽の砂糖衣を着けた教育のこと——が社会のお題目となり，ビクトリア朝初期の大衆啓蒙時代の到来によって，それは最重要課題となった．……政府は，自由党改革派の突き上げを受けて……一般大衆のための教育活動の責任の一端として，見世物業の啓蒙的側面を引受けることとなった[41]．

こうして，公共の財政負担によって全国民のために博物館を設立するようになる．その過程を，第5章でサウス・ケンジントン博物館について述べる．

7 ピールの博物館

米国のピールの博物館は，フィラデルフィアで1784年に設立された博物館である．この博物館は，個人博物館でありながら公共博物館の方向を目指していて，スミソニアンの博物館の前駆とも見られ，博物館の歴史上で重要である．次節のバーナムの見世物との関係でも興味深い[42]．

ヨーロッパではモノを集めたキャビネットが早くからあって，公共博物館

図 3-14　ピール
http://en.wikipedia.org/wiki/Image:CharlesWillsonPeale.jpeg

の成立はこれらキャビネットの存在に強く影響された．これに比較して，米国では博物館は特権者の所有物であった既存のコレクションを引き継ぐのではなく，当初から国民の教育を目的としてつくられた．それゆえ，米国の博物館を民主主義的博物館（American democratic museum）と評することもある[43]．ピールは彼の博物館で，科学的な資料，わかりやすいリアルな展示，見学者の楽しみという三要素を兼ねそなえた博物館を実現しようとした．このようにピールの博物館は，すでに現代の博物館とその展示の諸要素を持っていた．彼の博物館は，その後の米国の博物館のモデルになった．

　ピール（Charles Wilson Peale. 1741-1827 年．図 3-14）は，学校教師の子で，鞍作りの修業をしたが，画家となり，ロンドンに行き，ロイヤル・アカデミー会長のウェスト（Benjamin West）の助手をつとめた．米国出身のウェストは，終生ピールを後援した．ウェストは画廊をひらいていてパノラマにも関与したから，ピールもパノラマはじめロンドンの見世物に親しんだにちがいない．ピールは，独立戦争に将校として参加し，ベンジャミン・フランクリンやジェファーソン（1801 年から 1809 年まで米国大統領）らと親しくなった．ピールには子がたくさんいて（成人した子は 11 人），彼らも博物館にかかわり，一家の絆は強かった．ピールは手先が器用であり，老眼鏡，陶歯，暖炉，携帯蒸風呂の改良や発明もした．こういう彼は，模範的な米国市民を博物館で実際に育てようとして博物館をつくった．

　ピールは，自分の絵を展示する小さな画廊を早くから持っていた．彼は，ジェファーソンらに勧められ，友人から贈られたチョウザメとピール自身が

描いた独立戦争の英雄たちの肖像画を中心に，1784年に博物館をつくった．ピールの博物館の名称は，The American Museum で，のち The Philadelphia Museum となった．当時，大きな絵をストーリーに従って動かすエイドフュージコン（Eidophusikon）がロンドンで人気を博していたが，ピールはこれと同じものを彼のアメリカン・ミュージアムで1785年に上演した．演目はミルトンの『失楽園』であった．これは大変な人気を博し，ジョージ・ワシントンもこれを見て感心した[44]．しかし，ピールは見世物よりも博物館に集中することにした．1786年に，ピールの博物館はあらためて開館した．入館料は25セントであった．収入は1816年にピークを記録し，1万2000ドル近くあったから，入館者は約5万人あった勘定になる．1日に大略200人ということになり，当時としては相当に大きな数である．ピールが見世物にくわしく，ショーマンシップをそなえていたことも，博物館の成功の理由であったと思われる．

　ピールは，アメリカの動物，化石等が，ヨーロッパへ持ち去られるのを残念に思い，この博物館のコレクションに協力するよう，方々に要請した．フランクリンがフィラデルフィアで創設した米国哲学協会（American Philosophical Society．1743 創立で，米国最古の学会．ジェファーソンも会長をつとめた）もピールの計画に賛成し，ピールを1786年に同会の会員にえらび，ジェファーソンが博物館の理事長になった．ピールの博物館は同会の建物に収容された．

　ピールの博物館には次のような物を集めることをめざしていた——鳥，獣，魚，昆虫，爬虫類，野菜，鉱物，貝，化石，メダル，古貨幣，食器，衣類，武器，染料と絵の具，医薬，インディアンやアフリカ人など「土人」の物．ここには生きた動物も集められ，小さな動物園が子どもたちを喜ばせた．ピールは，自然史を役に立つ知識として市民（階級，性別，年齢にかかわらず）に教える博物館が必要であると考えた．自然神学論者である彼によれば，神の意思と自然の摂理は同一であり，その自然を理解することによって人間は幸福を得られる．それゆえ，博物館見学は，訪問者が人生を平和にかつ幸福におくるのをたすけるのであった．自然史博物館は，ミニアチュア版の世界であり，自然を学ぶ学校であり，健全な娯楽（rational amusement）の場で

あった．ピールは，自然史博物館は，神の意志と宇宙の根源にある自然の法則を示すために，リンネの分類によるべきであるとした．人類も動物の一部であるから，ピールによれば，独立革命と建国の英雄や自然史研究の大学者の肖像画が彼の博物館で自然史や技術のコレクションと一緒にあるのは当然であった．

ピールは，世界の各民族の武器，衣服，家庭用品を収集し，人間の骨格標本も集めた．スミソニアンほか米国の自然史博物館では民族学・民俗学資料に重点を置いているが，これはピールからすでに始まっていたのである．彼は「高貴な未開人」（noble savage）を珍重する啓蒙主義の思想を持っていたので，これが民族学・民俗学資料収集の動機のひとつであった．ピールは，「アメリカン・インディアン」の部族長が来たときには，必ずこの展示を見せるようにして，それが「米国人」と「アメリカン・インディアン」との平和な関係に役立つように希望していた．今日のハーバード大学の比較動物学博物館やピーボディ考古学・民俗学博物館（Peabody Museum of Archaeology and Ethnology）には，これらのピール博物館の所蔵物がある．

1801年にピールは，巨大なマンモス（マストドン）のほぼ完全な骨格を発掘し，これがその後長くピール博物館の目玉展示になった．5ヶ月の時と2000ドル近くの資金を費やしたこの発掘は，米国で最初の古生物学の探査事業であり，米国哲学協会も500ドルを無利子で貸与して援助した．発掘した2頭のマストドンのうちひとつを，ピールは息子のレンブラントとルーベンスに持たせてロンドンでも展示させた．これらマストドン骨格は，ニューヨークのアメリカ自然史博物館と，ドイツのダルムシュタットのヘッセン州博物館（Hessisches Landesmuseum）に所蔵されている．

ピールの博物館の展示では，広い範囲のモノを科学的に配列するよう努力した．自然史標本には全部ラベルがつけてあった．展示ケースの上には標本の一覧リストがあり，番号をつけた標本をリンネ方式で分類し，ラテン語・英語・フランス語で名称を書いてあった．ピールの博物館は，米国で最初の，鉱物と地質の組織立った効果的な展示をする博物館であったと言われる．ピールは，自然史研究者や画家に博物館の標本を利用させた．ピール自身は自然史の研究者ではなかったが，パリ，ロンドン，ストックホルム等のヨーロ

ッパの自然史博物館やコレクターと交流があった．フンボルト（Alexander von Humboldt）も，ここを見に来た．ウィルソン（Alexander Wilson）の名著『アメリカの鳥類』（*Wilson's American Ornithology*）も，ピールの鳥類コレクションを使って書かれた．フィラデルフィアは1790年から1800年まで米国の首府であり，その後も長く米国の学術の中心地であった．この地のピール博物館は，米国科学の発達を支える役割を果たした．

　ピールの博物館の展示手法を，さらに見ていこう．ピールは，わかりやすい展示になるようにくふうし，照明，色調にも気をつかった．1816年5月には，夕方に行われるデモンストレーション展示の照明にガス灯を使用した．これは，米国でのガス灯使用の最初の部類である．ピールは，鳥獣の剥製を得意とし，砒素による虫害防止，体内に木型を入れて保持する方法，ガラスの目玉などを採用した．ピールの博物館は，鳥獣の剥製標本を生きているときと同じように，環境を模造したり背景画にしたところに配置して展示した．これは，今日の生物環境展示（habitat groups）のはじめであり，博物館史上でピールの最大の功績であると評されることもある．南北アメリカの先住民ほかの展示には，蠟人形も使った．入館者には，無料のチラシとカタログが配られ，化学のデモンストレーションや，ピールの息子ルーベンスが動かす直径3フィートの静電起電機を見たり，パイプオルガンを聴いたりできた．ピールはパリの自然史博物館を手本として，週に2回の講演を行った．聴講者には女性が多く，ピールは休憩時間に音楽や詩の朗読を入れる気づかいをした．また，入館者のシルエットを紙から切り出して，土産にした．博物館見学が楽しい体験であるようにと，ピールはさまざまな努力をしたのである．これは，当時の「陰気で学者風の」ヨーロッパの博物館とは大ちがいであった．ピールは，博物館のニュースを新聞広告や折込みのチラシで宣伝し，要人や友人にリーフレットを直送した．標本の寄贈者には，このリーフレットで丁重な謝辞が述べられた．マストドンの骨格という，目玉となる展示品があったことも，今日の博物館のやりかたにつながるところがある．ピールのこれらのくふうには，ロンドンでの経験が大いに役立ったにちがいない．ピール自身は，リーヴァーの博物館を相当に意識して，目標にしていた．

　ピールは，個人でこの博物館をつくったけれども，この博物館は国立であ

るべきだと考えており，フランスの国立自然史博物館をモデルとして想定していたようである．彼はこの目的のために何度も運動し，また，公的資金を導入しようとしたが，ジェファーソンらとの親密な関係にもかかわらず，うまくいかなかった．私立であるこの博物館は，財政難に苦しみ，永続できなかった．入場料収入をかせぐためには，見世物などの他の娯楽施設と競合しなければならなかった．1810年にピールは博物館運営を息子ルーベンスに移譲した．ルーベンスや，同じく息子のレンブラントが，音楽，手品，自動人形等の娯楽展示や劇場に重点を置く路線で博物館のサバイバルをはかったが，成功には至らなかった．結局，ピールの博物館の所蔵物の多くが1848年に競売にかけられた．見世物師のバーナムとキンボール（Moses Kimball）が1850年頃に自然史標本を買った．バーナムの手にわたった分は，1851年に火災にあって失くなった．

　ピールの博物館の歴史上の位置について，少々論じておこう．
　教化と娯楽の両立をねらうピールの行き方は，その後の米国各地の博物館のモデルとなった．教育を重視して来館者の階級や性別を問わず公開した彼の博物館は，公共博物館の特質を先取りしていたと言えるであろう．ピールの博物館は組織としては私立であったが，スミソニアンのグードはこれを米国最初の公共博物館であるとしている．グードの博物館論がピールから多くを学んだであろうことも，想像に難くない．
　ジェファーソン大統領は，ルイス（Meriwether Lewis）とクラーク（William Clark）を1804-06年に西方探検に派遣しルイスらは太平洋岸に到達した．この探検で持ち帰った物のうち「インディアン」関係と自然史の資料が，ジェファーソンの意向により，ピールの博物館に納められた．北米大陸で領土を拡張しつつ膨張した米国には，先住民との交流およびあつれきがあり，自然史や人類学の知識の集積は必要であった．今日から見ると，この分野をカバーしたピールの博物館は国立になってしかるべきであったように思われる．開拓地からはじまった米国では，インフラストラクチャーの発達がすすまず，その整備は国公の機関によらずに民間のイニシアティブにまかされた．博物館の場合も民間組織として設立された例が多く，ピールの博物館はその典型

であった．

　ピールの博物館は，個人博物館であったが，その前半期には，米国を代表する規模を持つ唯一の博物館であった．公共博物館の手本と言える諸要素を持っていたピールの博物館は，しかし，国立化されず，公的援助も実現せず，挫折した．成長途上にあった米国では，公共博物館は早すぎたのであろう．その後できたニューヨーク市のメトロポリタン美術館（Metropolitan Museum of Art）やアメリカ自然史博物館は，市有であるが，それぞれ博物館独自の理事会が運営している．ピールの博物館が1850年以後も存続していれば，このような公有民営というかたちで生き延びられたかもしれない．

　ピールの博物館では，科学的な配列の展示と市民の楽しみの両立という路線にも，実際には問題があった．自然史研究が展開していくにつれて，米国哲学協会はピールの博物館ではもの足りなく感じるようになり，博物館への協力の姿勢も弱くなってきた．個人博物館では収集活動と研究活動に限界があったであろうし，結局は財政が問題であった．娯楽路線の方はというと，バーナムのような大がかりなしかけをする見世物には太刀打ちできなかった．ピールの博物館は次第にどっちつかずの中途半端なものになってきたのである．しかし――歴史にIfが許されるならば――ピールの博物館がサイエンスセンターの現代にあったとしたら，成功したかもしれない．

　ピール博物館には，実は生き延びる目もあった．ピールの博物館がスミソニアンの博物館に移行する可能性があったのである．これについては，第5章の4で論じる．

8　バーナムのアメリカ博物館

　米国のピールの博物館の終末に競売でコレクションを買い取ったバーナム（Phineas Taylor Barnum. 1810-91年）について述べよう．ピールとバーナムの関係は，スローンとドン・サルテーロとの関係に似たところがある．

　バーナムは，米国，イギリス，ヨーロッパ大陸の各地を股にかけて興行した見世物界の大立者であった．ロンドンではエジプシャン・ホールで《シャム双生児》，《親指トム将軍》，《ミゼット人間》，《チャイナ博物館》といった

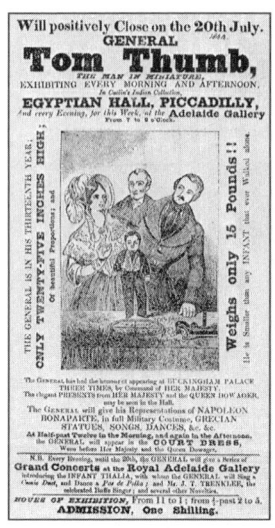

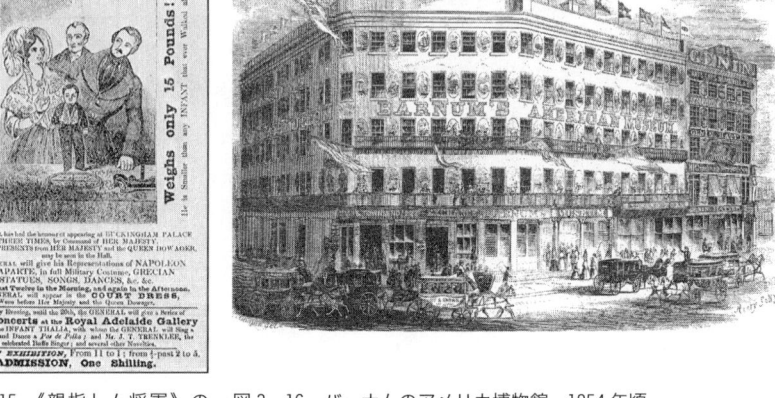

図 3-15 《親指トム将軍》の広告，1844 年
オールティック『ロンドンの見世物』第 2 巻，国書刊行会，1990 年，235 頁．

図 3-16 バーナムのアメリカ博物館，1854 年頃
Karl E. Meyer, 1979, *The Art Museum: Power, money, ethics*, Murrow, New York, p.23.

出し物で人気を博した．図 3-15 は，《親指トム将軍》の広告である．米国では，ニューヨークに「アメリカ博物館」（American Museum）をつくり，スウェーデンから歌姫ジェニー・リンドを連れてきたり，《フィージーのマーメイド》，《人間と獣をつなぐ生き物》（オランウータン），《バーナムの移動世界大博覧会》，《ローマ曲馬団》，アフリカ象《ジャンボ》，《アルビーノ・ファミリー》，《アズテカ人》を見せて，大当りした．彼のアメリカ博物館を，図 3-16 に示す．バーナムは，後年はサーカスに力を入れ，ベイリー（James Anthony Bailey）と組んで《バーナムとベイリーの地上最大のショー》を巡業してまわった．これは，米国で今日人気のあるリングリングブラザーズ，バーナム・ベイリー・サーカス（Ringling Brothers, Barnum and Bailey Circus）になっている．図 3-17 は，広告に描かれたバーナムとベイリーである[45]．

バーナムによるジャンボのショーのポスターを，図 3-18 に示す．ジャンボがロンドン動物園から買い取られて，1882 年の復活祭の日曜日にニューヨーク市に着いたときには，大群集が出迎えた．ジャンボは 1885 年に列車

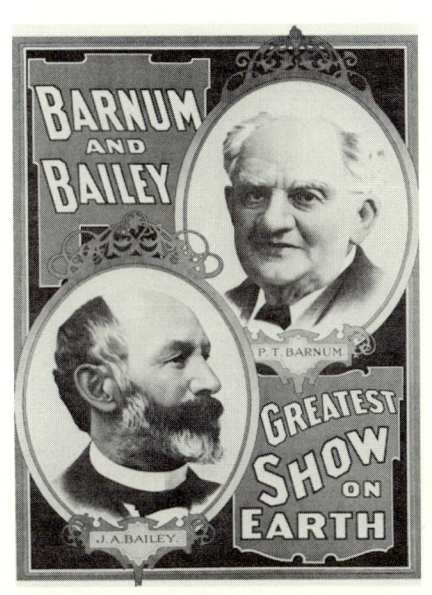

図 3-17　見世物師・サーカス師のバーナムとベイリー

Neil Harris, *Humbag: The art of P. T. Barnum*, Little, Brown, Boston, 1973, p.264.

図 3-18　米国での象ジャンボのショーのポスター

Earl Chaplin May, *The Circus from Rome to Ringling*, Duffield & Green, 1932 (Dover, 1963), p. 96.

と衝突して死んだ．その骨格と剥製は，バーナムの見世物に出されたが，のちにそれぞれアメリカ自然史博物館とタフツ大学自然史博物館（Natural History Museum at Tufts University）に収納された[46]．

　宣伝のタクティクスにたけたバーナムの名は，ほらふき（humbug）の代名詞として使われるようになった．operational aesthetic（ほらふきの美学）を標榜した彼によれば，ほらだとわかっていても夢があれば人々は見にくるし，人々は「バーナムが嘘についてどんなにすてきな言い訳をするか」を期待して入場料を払うのであった．人々にとって，バーナムがどのように人々をペテンにかけたかを議論することが，また楽しみとなった．バーナムの成功の秘密のひとつは，情報に通じていることであった．ピールのコレクションの買収についても，はやくからこのコレクションの見世物としての値打ちを認め，ピールの息子をコントロールしていたふしがある．

　バーナムの名は，米国の博物館の歴史に必ず出てくる．バーナムは，見世

物師として敏腕であっただけでなく，また，博物館についての洞察も持っていた．彼は，将来の自然史博物館は，私立ではなく，国立の入場無料の施設であるべきだと考えていた．ヨーロッパの博物館と異なり，米国の博物館は，当初から国民の教育を意識して出発し，かつ娯楽の要素をとりいれた．ピールとバーナムは，米国の博物館のこの特徴をよくあらわしている．成功したバーナムのアメリカ博物館は，19世紀米国のレジャーがいかに階級の壁を越えてさまざまな人々を楽しませたかを示す例であり，従って民主主義の体現であると評される．

　ピールの博物館とバーナムの博物館が多くの共通点を持ちながら，前者は挫折して後者が繁栄したあたり，博物館が現代までもかかえている「教育と娯楽のバランス」の問題と同じである．ピールの博物館の挫折は，博物館にとって現実には財政の裏づけが第一であること，研究の裏づけなしには良い展示はできないこと，娯楽中心の博物館ならば商業施設に負けることを示している．「まじめな」ピールを見世物師バーナムがひきついだことは，教育目的の博物館であっても観客動員力にこだわるかぎり，好むと好まざるとにかかわらず，見世物の世界に近づくという例である．このようなピールの博物館とバーナムの博物館との対照は，現代の博物館にとって教訓になる．

9　アデレード・ギャラリ

　1832年にロンドンで開館した「教育と娯楽のための応用科学国民展示館」(National Gallery of Practical Science, Blending Instruction with Amusement) は，「アデレード・ギャラリ」と通称されて親しまれた．当時の最新のテクノロジーを展示し，デモンストレーション講義を行ったアデレード・ギャラリは，今日のサイエンスセンターのはしりと見ることができる．本節ではアデレード・ギャラリとその類似館について述べる．

　19世紀のイギリスでは民衆に科学知識を普及することの必要性が唱えられ，アデレード・ギャラリ等の設立もこの普及運動のひとつであった．産業革命を経て，科学は18世紀の啓蒙時代とちがってジェントルマンが楽しみで行うだけのものではなく，社会階層を上昇する者にとってのステータス・

シンボルとなり，さらに役に立つ営為と考えられるようになった．漂白，染色，肥料，殺菌に使われる化学は，その代表であった．ブルジョアジーのうちのリベラルな社会改革派・功利主義者は民衆に教育と健全な娯楽（rational recreation）を与えようとした．しかし，労働者（Mechanics and Artisans）に読み書きはじめ教育を与えることは労働者が自分たちのおかれた状況に不満を持つことになるとして，これを危険視する意見も多かった．科学技術についても浅薄な知識はむしろ有害であり，科学の営みは教養階層の専門人（polite scientists）に任せておけばよいという考えが強かった．これに対して，社会改革派（非国教徒，自然神学論者，ホイッグ党支持者も多かった）は，労働者に科学技術を教えることが階級間の融和をはかる社会統制に役立つと考えた．教育は，労働者を飲酒から遠ざけ，人々を貧困から救い，犯罪発生率を減少させるとされた．1851年のロンドン万国博覧会では，科学技術が国の繁栄につながることが示された．19世紀末までに，科学技術が食糧の増産や公衆衛生に役立ち生活を向上させることが，ひろく認められるようになった．科学技術知識の普及もめざしたアデレード・ギャラリは，しかし20年しか続かなかった．その挫折は，科学技術博物館が私立ではなりたたないことを示したと言える．ロンドン万博の結果として現れた公共博物館であるサウス・ケンジントン博物館（第5章で述べる）が，アデレード・ギャラリ等の事業を継承したと見ることができる．

　イギリスにおける科学知識普及運動の歴史を，かいつまんで述べておこう．科学のデモンストレーション講義を行う施設としては，ロンドンでは19世紀初年以来，ロイヤル・インスティテューション（Royal Institution）や，ロンドン・インスティテューション（London Institution）があった．電気学者・化学者のファラデー（Michael Fraday）はロイヤル・インスティテューションの教授で，彼のクリスマス講演は有名であった．図3-19に，1980年代の同所の公開講義のパンフレットを示す．実用地質学博物館（1837年開館．図3-20に大ホールの展示を示す）でも，1850年頃から夜間講義が行われた．当時は技術学校という制度がなかったので，これらの講演施設は技術教育機関の役割を果たした．1820年代から始まったメカニクス・インスティテュート運動は，労働者に教育を与えることを目指した社会改革運動であり，ま

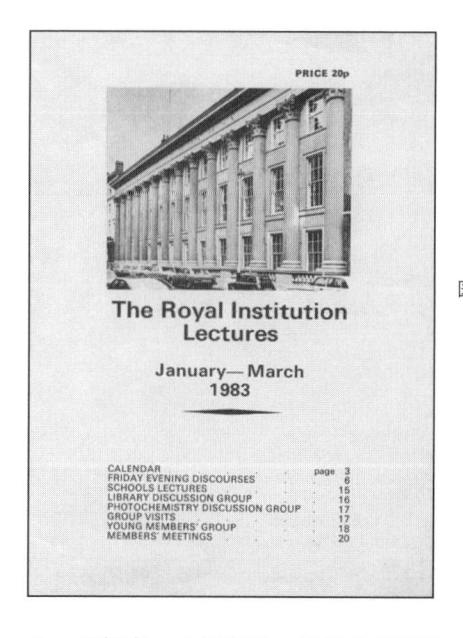

図 3-19　ロンドンのロイヤル・インスティテューションの公開講義案内パンフレット，1983 年．建物の外観がわかる．

た，労働者の上層部分の自己改善運動でもあった．1823 年には，『メカニクス・マガジン』(*Mechanics' Magazine.* 図 3-21) が創刊された．メカニクス・インスティテュートでは，科学や技術をふくむさまざまな分野の講演を行ったが，科学技術関係よりも一般科目が多くなって，実質的には下層中産階級の初級・中等教育を行う役割を果たした．さらにのちには娯楽の色彩を強めた．メカニクス・インスティテュートの大半は永続しなかったが，マンチェスターの場合ほか，いくつかは工科系大学として今日まで続いている．メカニクス・インスティテュートも，科学技術関係のコレクションと展示を行った．結局，博物館の場合も学校の場合も，科学技術知識の普及は民間ではなく公共の手によって行われるようになるのである．科学知識普及運動および技術教育の歴史の詳細については，文献[47]を見られたい．

　さて，テクノロジーの知識を大衆にひろめるための施設のひとつとして，1828 年に「連合王国の職工および製造業者が新改良品を毎年公開する国産品展示館」(National Repository for the Purpose of Annually Exhibiting to the Public the New Improved Productions of Artisans and Manufacturers of the United Kingdom) が設立された．ここには絹織機（動態展示），万華鏡，雨量計，グラ

図 3-20　ロンドンの実用地質学博物館の大ホール，1851 年
Illustrated London News, May 24, 1851, p.446.

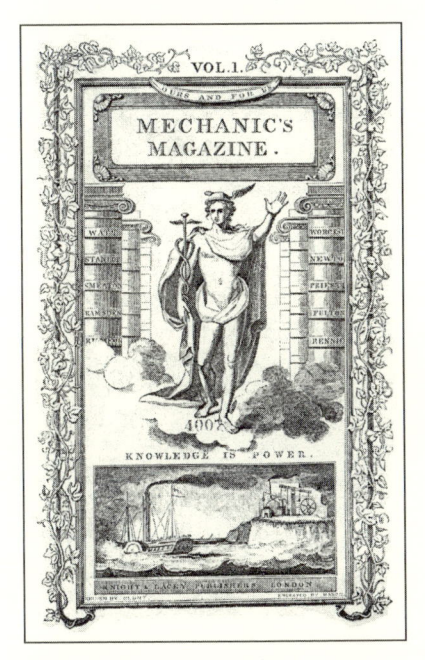

図 3-21　『メカニクス・マガジン』創刊号，1823 年．表紙（左）と第 1 ページ（右）

第 3 章　近代的公共博物館への過渡　　123

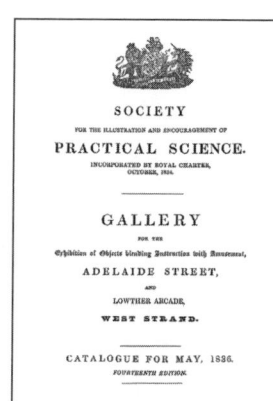

図 3-22（左） パーキンスの『大衆科学と実用工芸雑誌』（Magazine of Popular Science and Journal of the Useful Arts），第 1 巻／創刊号，1836 年

図 3-23（右） アデレード・ギャラリのカタログ，1836 年

ス・ハーモニカ，クリスタル陶器，装飾ガラス，改良蒸気機関，ポータブル製粉機，羅針盤・オペラグラス・望遠鏡・ペンとインクまではいった鯨骨製の万能ステッキなどが展示された．この国産品展示館は，しかし，成功しなかった[48]．

アデレード・ギャラリは，国産品展示館に似た施設であり，米国から来た発明家パーキンス（Jacob Perkins. 1840 年に鋼板印画でペニー郵便の切手を印刷した）によって設立された[49]．1834 年には，この館の母体である「実用科学展示促進協会」（Society for the Illustration and Encouragement of Practical Science）が国王から設立許可状（Royal Charter）を得た．ペイン（Charles Paine）が館長（Superintendent）をつとめた．パーキンスはまた，この協会から雑誌『大衆科学と実用工芸雑誌』（Magazine of Popular Science and Journal of the Useful Arts）を 1836 年に発刊したが，1837 年までしか続かなかった[50]．図 3-22 は，この雑誌の創刊号である．

アデレード・ギャラリの 1836 年のカタログを，図 3-23 に示す．ここには，予約会員制のロイヤル・インスティテューション等とちがって，だれでも入口で 1 シリングを払えば入って講演を聴くことができた．1 シリングは，ロンドンの公開展示の相場の額であった．1835 年の入館者数は，8 万 375 人であった[51]．

アデレード・ギャラリは，アデレード・ストリートに面してラウザー・ア

図 3-24　ロンドンのアデレード・ギャラリのロング・ルーム．水槽に蒸気船，灯台，橋の模型がある
Richard D. Altick, 1978, *The Shows of London*, Belknap, Cambridge, p.379.

ーケードにあって，展示場を 9 室ほど持っていた．入口の次室には彫刻と絵画の古典があり，次のサロンには同様の彫刻・絵画のほかに発明もモデルと図面が展示されていた．図 3-24 のようなロング・ルーム」がアデレード・ギャラリの中心であり，長さ 70 フィート（21 メートル）の水槽があった．電磁石・発電機・電池や，アデレード・ギャラリの呼び物であるパーキンスの改良蒸気ボイラーと蒸気銃もここにあった．蒸気銃は，何回も発射の実演をした．ロング・ルーム 2 階のギャラリには，種々の器具やモデルが展示されていて，「クック船長を殺害した土人が使っていた武器」といったものもあった．同様の展示室がいくつかあり，ジャカード織機（動態展示）・リソグラフ印刷機室，さらに酸水素光顕微鏡室に続いていた．新発明であった写真の展示もあった．「拡大率 300 万倍」を誇るこの酸水素光顕微鏡は，強烈な酸水素光（ライムライト，ドラモンド光とも呼ばれた）のおかげで，コッ

第 3 章　近代的公共博物館への過渡　　125

プの水の中にいる微生物を拡大して見せた．酸水素光を使ってクラーク (Edward Marmaduke Clarke. 国産品展示館の設立者のひとりでもあった) が考案したディソルビング・ビュー (dissolving views) は，溶暗のできる幻灯 (スライド) もあり，科学技術だけでなくさまざまなものや風景を映写して，アデレード・ギャラリの集客力を強めた．

発明，技術模型，科学技術の展示と実演は，ビクトリア朝初期の新たな博物館熱という時の趨勢を表していた．しかし，展示では古いかたちの珍品コレクションが大半をしめており，今日の眼には，カタログからは雑多なものを分類体系なしにならべたように見える．オールティックによれば，1834年には，艤装品，ガスマスク，海水から塩分を除去する装置，ガスメータ，二輪手押消防車，ニューコメン蒸気機関のモデル，中国楽器のコレクション，土木建築の模型，ゴブラン織り，携帯用温度計といった展示品があった[52]．1837年のカタログ（14版）[53]には，500点以上の展示品が記載されている．収集は，モノの寄贈に頼っていたようで，「目玉」展示品以外は収集に確たる方針があったとは思えない．

アデレード・ギャラリは，科学技術の実験研究にも使われた．ロング・ルームの水槽で，テルフォード (Thomas Telford) が船舶推進用の外輪を実験した．南米から運ばれた電気ウナギが飼われていたときには，ファラデーがこれを実験観察した．ホイートストン (Charles Wheatstone) が，電気の伝わる速度をここで測定したこともある．スタージャン (William Sturgeon. 世界最初の電磁石を作った) がアデレード・ギャラリの実験講師をしていたので，彼の主催するロンドン電気協会 (London Electrical Society. 1837年に設立され，世界最初の電気関係専門団体であった) の例会がここの講義室で開催された．クラークもロンドン電気協会の会員であり，彼が製作した発電機もここで展示されていた．米国の物理学者ヘンリー（のちのスミソニアン・インスティテューションの初代総裁）がロンドンに来たときには，まず電気器械を見るためにアデレード・ギャラリを訪問した[54]．

アデレード・ギャラリは，財政難のため，科学技術の解説よりも通俗の娯楽へと傾斜した．バーナムが米国から巡業に来たときには，親指トム将軍がアデレード・ギャラリで見世物にされた．バーナムがアデレード・ギャラリ

図3-25　ロンドンのポリテクニック・インスティテューションの外観
Ethel M. Wood, *A History of the Polytechnic*, Macdonald, London, 1965, f.49.

をそっくり買い取る計画もあった．1840年代半ばには，アデレード・ギャラリはダンス・ショーやカジノの場となった．アデレード・ギャラリは，1852年にマリオネット劇場に変り，約20年の存在を終えた．メカニクス・インスティテュートと同じく，科学技術知識の普及は営利事業あるいは独立採算事業としては成り立たなかったのである．

　ロンドンには，アデレード・ギャラリと同様の施設ポリテクニック・インスティテューション（Polytechnic Institution）が1838年に開館した．ポリテクニック・インスティテューションは，アデレード・ギャラリの創設にも参加したケイリ（George Cayley）らによって設立された．彼は，物理学者で社会改革論者であり，のちに空気よりも重い航空機発明の父とも呼ばれるようになった．リージェント・ストリートに面したキャベンディッシュ・スクエアに図3-25のような大きな館が建設された．1839年には国王から設立許可状（Royal Charter）を得て，以後はRoyal Polytechnic Institutionと称するようになった．ポリテクニック・インスティテューションには，長さ120フィート（36メートル），高さ40フィート（12メートル）の大ホールがあった．図3-26はそのようすで，アデレード・ギャラリに似ている．重さ3トンの潜水鐘がポリテクニック・インスティテューションの呼び物であり，潜水夫による実演があって，1シリングの料金で観客を入れて潜水した．そのほか，動くモデル多数，印刷機，ガラス作りの炉，動力駆動の紡績機，レンズ磨き工房など）があり，化学を教える実験室もあった．客を集めるためにポリテ

図 3-26　ロンドンのポリテクニック・インスティテューションの大ホール
Iwan Rhys Morus, "Manufacturing nature: science, technology and Victorian consumer culture", *British Journal for the History of Science*, Vol.29, 1996, p.421.

クニック・インスティテューションも次第に娯楽路線に傾斜し，博物館としてのポリテクニック・インスティテューションは，1882年に閉鎖された．ケイリは1857年に亡くなっていて，ポリテクニック・インスティテューションはホッグ（Quintin Hogg）が引きつぎ，ロンドンの下層中産階級を対象とする学校となった[55]．

マンチェスターでも，アデレード・ギャラリを手本としてビクトリア・ギャラリがつくられた．一口10ポンドの会員を募って計1万2000ポンド集める見込みで「マンチェスター実用科学展示促進協会」（Manchester Institution for the Illustration and Encouragement of Practical Science）が計画され，1840年にビクトリア・ギャラリ（Manchester Royal Victoria Gallery for the Illustration of Practical Science）が開館した．ビクトリア女王がパトロンであった．しかし，地元の名士たちの関心は長続きせず，ビクトリア・ギャラリは早くも1842年に廃館になった[56]．

産業の中心地であるマンチェスターでもアデレード・ギャラリをまねた施設がつくられたのは，民衆に科学技術知識を普及する必要性が功利主義者や社会改革派を中心に強く感じられていたことを物語っている．アデレード・ギャラリ等と関連する科学技術知識普及運動を挙げておこう．ブルーアム (Henry Brougham．メカニクス・インスティテュート運動の主唱者のひとりで，ホイッグ党の政治家）やナイト（Charles Knight．出版業者）らは，実用知識普及協会（Society for the Diffusion of Useful Knowledge）を設立し，彼らの雑誌『ペニー・マガジン』(*Penny Pagazine*) や『リテラリ・ガゼット』(*Literary Gazette*) は科学の記事をひんぱんに掲載した．パーキンスの『大衆科学と実用工芸雑誌』もあったし，ポピュラー科学技術の雑誌がロンドンで多数刊行された．作家ディッケンズも，ポリテクニック・インスティテューションを見て批評を書いている．アデレード・ギャラリ等はデモンストレーション講義を中心として技術教育機関の役割を果たしたので，この意味でメカニクス・インスティテュート運動と重なる[57]．ポリテクニック・インスティテューションがのちに学校になったのは，この流れである．

　アデレード・ギャラリ等は，創設初期の熱がさめると立ち行かなくなった．展示の内容は雑多であり，本章6で述べた見世物と近かった．財政の困難が増すにつれてアデレード・ギャラリ等の展示は教育よりも娯楽本位に傾き，結局は商業的見世物と競合できずに消滅した．アデレード・ギャラリ等の挫折は，国民への科学技術知識普及のための博物館は独立採算施設としては成り立たないこと，公共施設としての博物館が必要であることを意味した．逆説ではあるが，アデレード・ギャラリ等の不成功がサウス・ケンジントン博物館設立につながったと言えるであろう．この流れについて，オールティックは，「民衆の知的・美的文化については，次第に，政府が責任を持つようになってきた」と述べている[58]．

　本節で述べた博物館および米国のピールの博物館は，民衆への科学技術知識の普及をめざしたが，永続しなかった．教育のための博物館は公共博物館でないと成り立たなかった．このような博物館の登場を次章以下に述べる．

第4章 近代的公共博物館の出現

　キャビネットとちがって，団体博物館と個人博物館はアマチュア・コレクターたちも見ることができた．しかし，団体博物館と個人博物館は（ピールの博物館とアデレード・ギャラリほかを例外として），国民の教育のための施設ではなかった．国民の教育のための近代的公共博物館は，フランス革命によって誕生したルーヴル美術館とパリ工芸院博物館からはじまった．

　今日からふりかえってみると，公共博物館とみなせる博物館が，ルーヴルとパリ工芸院博物館よりも早い時代になかったわけではない．コレクションの所有を国に移した国立の博物館としては，1753年設立の大英博物館の方がルーヴル美術館よりも早い．しかし，文化財のコレクションは特権階級や個人のものではなく，国民全体あるいは国家に属すべきであり，これを国民の教育に役立てるべきであるという明確な思想に基づいて設立された博物館は，ルーヴル美術館とパリ工芸院博物館が最初であった．フランス革命につづくナポレオン戦争とヨーロッパにおける国民国家の形成の時代に，このような公共博物館が各国に設立された．公共博物館は，ヨーロッパ諸国における国民意識形成のツールであり，またその結果でもあった．これらの公共博物館はルーヴル美術館の直接・間接の影響を受けてつくられたのであり，世界の博物館史上でルーヴル美術館は重要である．パリ工芸院博物館は，世界最初の大規模な近代的技術博物館であり，その後のドイツ博物館ほか世界の技術博物館の手本とされた．

　本章では，まずルーヴル美術館とパリ工芸院博物館の沿革を述べ，次に大英博物館等を見ていく．19世紀以後，公共博物館は専門分野への分化への途をたどった．本章では，美術館，自然史博物館，植物園，動物園，さらに歴史博物館等々の専門に分化した博物館についても述べる．

1　ルーヴル美術館の成立

　フランス革命によって誕生したルーヴル美術館は，国王らの特権階級に占有されていた美術を国民全体に開放する目的でつくられた．1793年に開館したときの名称は国立美術博物館（Muséum National: Monument Consacré à l'Amour et à l'Étude des Arts）であり，ついでフランス博物館（Muséum Français）となり，さらに中央美術館（Muséum Central des Arts）と改称した．名称は，帝政期（1803年から1814年まで）にはナポレオン博物館（Musée Napoléon）であり，さらにルーヴル美術館（Musée du Louvre）となって今日に至った[1]．本書では，これらを通じて「ルーヴル美術館」と記す．

　ルーヴル美術館につながるフランス王の美術コレクションの歴史は16世紀からあり，これらを見ることを民衆に許す動きもすでにアンシャン・レジーム期に始まっていた．ルーヴル美術館への流れは，フランスをヨーロッパ世界の芸術・文学といったすべての文化の中心にしようとする，16世紀以来から継続した努力のひとつであった．ルーヴル美術館は，フランス革命という巨大な断絶により出現したのであるが，また，このような前史から連続した延長でもあった．そこでまず，前史から述べていこう．

前　　史

　ルネサンス期に古典古代の美術品が発掘され珍重されて，以来，美術品は宮廷外交で最も喜ばれる贈り物となった．15世紀末までに，フランスの貴族たちは居城を飾るためにローマ皇帝の胸像をはじめとする古美術を買うようになった．16世紀には，君主は美術収集をするという習慣がヨーロッパにひろまり始めた．フランスではイタリアのものは何でもいちばん上品だと思われていて，国王フランソワ1世（François I. 在位1515-47年）はことにイタリア美術を賛美した．彼は，ローマ教皇やイタリアの君主たちからラファエロの《聖家族》ほかを贈られ，また，晩年のレオナルド・ダ・ヴィンチを庇護した．今日ルーヴル美術館にある名品《モナ・リザ》は，おそらくフランソワ1世がダ・ヴィンチから買ったものである．自国の美術についての劣位を意識した彼は，ヨーロッパの中でフランス流（le style français）の美術

図 4-1　マザランとコレクション
Francis Henry Taylor, *The Taste of Angels: A history of art collecting from Remeses to Napoleon*, Little and Brown, Boston, 1948, f.337.

の優位を確立しようとした．この意図は，ルイ 14 世の財政総監コルベールや，ナポレオン・ボナパルトにまでつながるのである[2]．

　ブルボン朝最初の国王アンリ 4 世（Henri IV. 在位 1594-1610 年）は，ユグノー戦争による動乱後のフランスの復興に努めた．彼は，フランス美術の振興をはかり，1602 年にはルーヴル宮殿に画家・彫刻家を住まわせて，アトリエもここに設けるように命令した．アンリ 4 世は，最上層の貴族と美術の巨匠が一緒に住むことにより，貴族と美術の一体感をつくろうと図った．ルーヴル宮殿に美術家が住む習慣は，その後ナポレオン帝政時代まで続くことになる．

　17 世紀には美術品の商取引が成立し，アムステルダムが絵画市場の中心となった．フランスでも 17 世紀後半に古美術の収集と売買の熱が高まった．18 世紀には重商主義による経済発展にともない王侯貴族以外の「アマチュア」も美術品を買うようになった．パリも美術売買の中心地となり，18 世紀後半にはアムステルダムを凌駕するようになった[3]．

　ルイ 13 世（在位 1610-43 年）とルイ 14 世（在位 1643-1715 年）の時代には，王だけでなく，リシュリュー（Duc de Richelieu. 1585-1642 年）およびマザラン（Jules Mazarin. 1602-61 年）の二代の枢機卿や財務総監コルベール（Jean Baptiste Colbert. 1619-83 年）も美術の収集に努めた．リシュリューは，フランス国王に自分のコレクションを遺贈した．マザランも，熱心な美術収集家であって，「フランスへ美術収集のウィルスを持ちこんだ男」と評される[4]．図 4-1 はコレクションの中にいる彼を描いたものである．彼は，死の

第 4 章　近代的公共博物館の出現　　133

床で自分の美術コレクションをもう見られなくなると，ひどく嘆いたと伝えられる．マザランの死後，彼のコレクションの最良部分を国王ルイ14世が買い取った．これらのコレクションの多くが，フランス革命後にルーヴル美術館の所蔵になった．

コルベールは，重商主義経済の推進者で，手工業振興の必要性を唱えた．彼は，パリ工芸院博物館の前史にも関係している．美術品がイタリアから輸入される一方であったのを憂えたコルベールは，1648年に王立美術アカデミー（Académie Royale de Peinture et de Sculpture）を設立させた．美術アカデミーの目的は，画家・彫刻家を養成することと，画家・彫刻家のステータスをすでにアカデミーを持っている詩人や哲学者と同じレベルにまで高めることであった．コルベールは，ローマにある優れた美術品をすべて複製するように命じた．1666年には，フランス美術アカデミーのローマ分校が設立された．このような努力の結果，ゴブラン織などの装飾工芸品だけでなくさまざまな美術品をフランスから輸出できるようにするという彼の企図がのちに実現される[5]．

大英博物館の歴史を書いたエドワーズ（Edward Edwards）は，国の文化と国力を増進するのに文化財を利用すること（to turn public resources to the promotion of public culture, as well as of national power）についてフランスはイギリスよりもずっと進んでいたと述べ，16世紀以来フランスの外交官は駐在地で写本や骨董を収集するよう訓令されていたと指摘している[6]．このような前史と文化財の利用という視点から見ると，大英博物館よりもルーヴル美術館が公共博物館の最初であるとする判断は，妥当である．

フランスでは，王は政治権力であるだけでなく，フランスのすべてに責務を負っている文字通りの第一人者であった．イギリスでは議会が強くなって，ことあるごとに王や宮廷の力を減らそうとした．この対照的な状況は，美術コレクションにも影響している．イギリスでは，ピューリタン革命によって1649年にチャールズ1世（Charles I）が処刑され，彼の美術コレクションが売却された．彼は，国王としての評価はともかく，美術コレクターとしては第一級であった．彼のコレクションは，イタリアのマントヴァのゴンザーガ家から買ったものを含み，17世紀前半のヨーロッパで最もすばらしいもの

であった．マザランは，ドイツの銀行家でコレクターのヤーバッハ（Evrard Jabach）を派遣して，チャールズ 1 世のコレクションの購入に成功した．ヤーバッハがこのとき自分のために買った分は，のち，コルベールが購入した．ルーヴル美術館のデッサン室のコレクションは，このヤーバッハ購入分が元になっている．こうして，チャールズ 1 世のコレクションの売却で，フランスはその最良部分を入手した．クロムウェル政権によるチャールズのコレクション売却処置は大失策であったと言うべきで，フランスほかヨーロッパ諸国には王侯のコレクションに起源を持つ美術館があるのに対し，イギリスにはこれがないという結果を招来した．以後，これがイギリスの美術館の歩みに影響することになる[7]．

現在のルーヴル宮殿の建物は，ルネサンス期の 1546 年に，フランソワ 1 世によって建設が始められた．完成には 19 世紀中葉の第二共和制時代と第二帝政までの 3 世紀の年月を要した．

フォンテンブローに集められたフランス王の美術品は，ルイ 14 世のときに，ルーヴル宮殿に移された．さらに一部がヴェルサイユに移されて王宮の部屋をかざり，ルーヴルはその残りを入れておく保管所になった．リシュリューやコルベールは，王のコレクションを一ヶ所に集めてアカデミー会員や若い画家・彫刻家が見られるようにする構想を持っていた．ルイ 14 世が 1681 年にルーヴル宮殿の画廊を創設して，この構想を実現した．ルーヴル宮殿に美術館を設ける計画は，アンシャン・レジームからすでに進行していた．王のコレクションをリュクサンブール宮殿で見せる仮公開が，1750 年から始まった．ルイ 15 世の愛人ポンパドゥール夫人の弟で建設総監であったマリニー（Marquis de Marigny）によって，絵画 110 点と線画 20 点を，週に 2 日，各 3 時間の仮公開することが決まった．ここでは，油絵を新しいキャンバスに移す修復法にも注意が払われた．1752 年には，カタログもつくられた．ルイ 16 世の建築総監で，マリニーの後任であるダンジヴィエ伯爵（Comte de la Billarderie d'Angiviller）は，ルーヴル大画廊を開設する計画を 1774 年にたてた．彼は，王のコレクションに不足していた低地地方（現在のオランダやベルギー等）や北方（ドイツほか）の絵画に目を向けて，絵画の全流派を展示しようとした．ルーヴル美術館にある《エマオの巡礼者た

ち》ほかレンブラントの絵は，このとき彼が集めたものである．彼は，美術を公開して，民の品性とモラルの向上に役立てようとした．この大画廊計画は革命前の切迫した状況では実現しなかったが，これが革命後のルーヴルの準備となった．

これらルーヴル美術館の前身の「公開」は王から恩恵として与えるのであって，国民が権利として見学する公開とはちがう．後者の実現には，フランス革命という大変革が必要であった[8]．美術品の所有について，コレクションはもはや個人や教会あるいは絶対君主の持ち物ではなく非人格化された国家に属するという考えが，フランス革命前から相当にひろがっていた．思想家ディドロも，1765 年に『百科全書』第 9 巻の中で，絵画と彫刻を展示し，メダル，自然史，図書のコレクションを持つ総合博物館「技芸と科学の中央博物館」(Muséum Central des Arts et des Sciences) をルーヴル宮殿につくることを提唱していた．革命によって誕生したルーヴル美術館は，このディドロの考えが実現したものと見ることができる．革命フランスは，アンシャン・レジームに始まった原則を利用したと言われるが，博物館・美術館についてもこれがあてはまるのである．

ルーヴル美術館の誕生

フランス革命の結果，王の宝物，教会の財産，外国へ逃亡した貴族の所有物が接収された．大規模な収納所をパリに何ヶ所も設けて，これらを収納した．美術については，美術館をつくって展示する計画が立てられた．1792 年に成立した国民公会は，王室，王族，教会から接収したコレクションを，ルーヴル美術館，国立自然史博物館 (Musée National d'Histoire Naturelle. もと王室植物園 Jardin de Roi)，およびパリ工芸院に置くことを決めた． 1793 年 7 月 27 日の布告により，同年 8 月 10 日にルーヴル大画廊が国立美術博物館（美術の愛好と研究のための記念物国立博物館 Muséum National Monument Consacré à l'Amour et à l'Étude des Arts) として，正式に開館した．これが今日のルーヴル美術館になった．この日は，ルイ 16 世の廃位 1 周年の日であった．展示された絵画 537 点，造形品 104 点の大半は，ヴェルサイユ宮殿にあった王室のコレクションから来たが，閉鎖を命令された教会や国外逃亡者の

ものもあった[9]．

　王や貴族らをギロチンにかけた革命派は，これら美術品はフランス市民に属すると考え，市民だれでもがはいれる啓蒙とインスピレーションの場としての博物館（美術館）に収納することにした．自由・平等・博愛の精神に燃えるジャコバン党は，人民が文化を享受するのは天与の権利であることを実際に示そうとした．こうして博物館が公共施設になり，それまで国王と貴族に独占されていた物を民衆が見ることができるようになった．アンシャン・レジームの王や王妃の私的物品を展示することは，貧困にあえいできた民衆に特権階級の豪奢な生活のさまを示すことになり，フランス革命の精神を鼓吹して王党派との反乱戦争および外国帝王たちとの干渉戦争を戦い抜くにも役立ったにちがいない．ルーヴル美術館は，革命博物館――革命によって誕生し，革命を遂行するための博物館――であったと言えるであろう．公共博物館がフランス革命によって成立したことについて，バタイユ（Georges Bataille）は，「近代的博物館の起源はギロチン（断頭台）の発明と関係している」と評している[10]．

　フランス革命暦では1週間ではなく10日間のサイクルを使っていて，ルーヴル美術館では，10日間のうち，5日間は模写をする画家・画学生のため，3日間は一般に公開，2日間は清掃日にあてられた．入館は無料で，絵にはラベルがつけられ，安価なカタログも刊行された．古美術部門では，ガイド講演も行われた．1799年頃から，展示ギャラリーでは，流派の別に従って絵画を配置した．ルーヴルは大変な人気を呼んだ．

　フランス革命は，ルーヴル美術館のほかに，フランス記念物美術館（Musée des Monuments de l'Art Français）も生み出した．図4-2に同館のゴシック室を示す．革命政府は接収した教会財産を売却することにしていたが，そのうちの美術品や書籍・写本を保存する必要を認め，若い画家アレクサンドル・ルノワール（Alexandre Lenoir）をその責任者にした．彼は，サン＝ドニ修道院にあったフランス王墓（革命で暴かれ，骨は捨てられていた）や，フランスの偉人・文人の墓を，ルーヴル美術館から見てセーヌ川対岸のプティ・オーギュスタン修道院に集めた．テュレンヌ，デカルト，モリエール，ラ・フォンテーヌや，アベラールとエロイーズの墓も含まれていた．1795年に，フ

図4-2 ルノワールのフランス記念物美術館の
　　　　ゴシック室
Francis Henry Taylor, *The Taste of Angels: A history of art collecting from Remeses to Napoleon*, Little and Brown, 1948, f.544.

ランス記念物美術館の設立が布告された．この美術館は，中世の美術品を集めた最初の博物館であり，後のロマン主義運動やフランスのゴシック建築復権にもつながったので重要である．帝政期までのフランスの美術館行政をとりしきったドゥノン（後述）にとっては，ルノワールのフランス記念物美術館は好ましくない存在であった．結局，この美術館は1815年に廃止された．今日のルーヴルのフランス絵画・彫刻部門は，フランス記念物美術館のコレクションから始まっている．

　接収美術品の収納所がパリだけでなく地方にも設置され，大学を持つ都市には美術学校に美術館を付設した．ルーヴル美術館がヨーロッパの中央美術館であるように，これらはそれぞれ地方の中央美術館の役割を果たすとされ，必要な絵画等をルーヴルから供給した．1800年には，ボルドー，カーン，ディジョン，リール，リヨン，マルセイユ，ナンシー，ナント，レンヌ，ルーアン，ストラスブール，ツールーズおよびフランス治下のブリュッセル，ジュネーブ，マインツの15都市に美術館をつくり，ルーヴルから656点の絵画が配給された．のちこれが1508点に増加した．こうして，ルーヴル美術館を頂点としてフランスの美術館ピラミッドをつくり，美術品の再配分を行ったのである．

フランス革命軍が国境を越えて戦うようになると，他国で接収された美術品がフランスへ流入した．革命政府は世界を圧制と絶対主義から解放することを使命と考えていたので，最良の資源すべてをヨーロッパ各地からフランスに運んでパリに集中しようとした．フランス軍には専門委員が同行して接収品をあつかい，美術品はルーヴル美術館へ，書籍等は国立図書館（Bibliothèque Nationale）へ，自然史資料はジャルダン・デ・プラント（Jardin des Plantes. 植物園）へ収めた．フランス軍が1794年にベルギーを通ったときには，《キリストの降架》ほかルーベンスの傑作約40点が接収された．革命フランスは，文化財を集めた古代ローマ人の後継をもって任じていた．接収するフランスの論理は，「栄光ある傑作は，従来は特権者に私蔵されてきたけれども，開明された自由の国フランスにあるべきで，人民が奴隷のように呻吟する国にはふさわしくない」というものであった．イタリア美術の接収に力が入れられ，1796-97年のナポレオンのイタリア遠征では美術等の接収を組織化した．ナポレオン・ボナパルトは，接収を条約で認めさせる「合法的」手法をとった．トレンティノ条約で，ローマ教皇は美術の傑作100点や写本500点の譲渡を強いられた．この中には，《ベルヴェデーレのアポロ》，《ラオコーン》，《瀕死のゴール人》，ラファエロ作の《キリストの変容》が含まれていた[11]．

　1798年熱月9日と10日（7月26日と27日）の2日にわたって，到着した戦利品を誇示するパレードが，パリのジャルダン・ド・プラントからマルス広場の自由の像まで行われた．ヴェネツィアのサン＝マルコ寺院の巨大なバシリカを積んだ巨大なワゴンや，「ラファエロのキリストの変容」とか「ティツィアーノのキリスト」と大書した箱が蜒々と続き，芸術家，学者，政治家の演説とともに，音楽が奏でられ，集まった群衆から喝采を浴びた．行進には，「人類の貴重な宝を，ギリシャ人はあきらめ，ローマ人は失ったが，フランス人の手で永久に保存される」という標語が掲げられた．世界でフランスが学芸・文化の中心であり，世界中のすぐれた美術品等はパリで保存するという意図が，ここに明瞭に示されている．図4-3は，このような情景を描いている．ルーヴル美術館の初期の名称（Muséum Central des Arts）の「中央」（Central）は，フランスの中での中央博物館を意味するだけでなく，

図4-3 1796年にイタリアからパリに美術品が到着
Wilhelm Treue, *Art Plunder:The fate of works of art in war, revolution and peace*, Methuen, London, 1960, f.161.

図4-4 ナポレオン博物館時代のルーヴル
Julius von Schlosser, *Die Kunst- und Wunderkammern der Spätrenaissance*, 1907, p.105.

世界の中央博物館を意味していた[12]．このように，フランスが博物館・美術館において世界の中心国であるとされ，ルーヴル美術館は，世界の歴史と文明の保管庫であり，人類の進歩のショーウィンドーであるとされた．このようなフランス革命政府の基本方針には，すでに帝国主義の萌芽が見られる．

ナポレオン戦争，ドゥノン，美術品接収

　ナポレオンが権力を握るにおよんで，ルーヴル美術館はナポレオン博物館と改称された．図4-4は，この頃の展示ホールである．ナポレオンは，イギリスを打ち破るために，エジプト遠征を行った．このエジプト遠征は，政治的略奪であるだけでなく，知的略奪であった．エジプト遠征には，天文学者，植物学者，外科医と医師，薬学者，作曲家，作家，経済学者，印刷業者，東洋学者等160人以上が同行し，ロゼッタ・ストーンほか大量の大理石美術品，古文書，考古学資料，自然史資料を集めた．軍事行動としての遠征は失敗に

図 4-5　ルーヴル美術館のドンであったドゥノン
http://en.wikipedia.org/wiki/Image:Vivant_Denon.jpg

終わったが，このときに行った発掘によって，おびただしい量の資料が得られた．エルギン大理石をはじめ多くの古美術・考古学の資料はイギリスの手に渡ったけれども，フランスも大量の資料を獲得し，ルーヴルのコレクションは豊かになった．これらの過程で，エジプト学，アッシリア学が形成され，19 世紀中葉に学としての考古学の成立につながった．この遠征は，古代ギリシャ・ローマへの関心という当時の歴史観の範囲を古代エジプトにまでひろげる作用をした．これがのちにさらに，19 世紀のロマン主義運動の影響もあって，中世やルネサンスへの関心にまでひろがった[13]．

ナポレオンによってルーヴル美術館の館長に任命されたヴィヴァン＝ドゥノン（Baron Dominique Vivant-Denon. 図 4-5）はエジプト遠征に同行して，エジプト研究グループのうちの文学・美術・歴史部門の責任者を務めた．彼は，フランス貨幣やメダル等のデザインも任され，ローマの考古学発掘調査の責任者にもなった．ドゥノンは，ナポレオン帝国の美術のドンになった[14]．

ルネサンス以前のイタリア絵画（Italian primitives）の評価もドゥノンの功績であり，彼はイタリアン・プリミティブスの収集に努めた．イタリアン・プリミティブスは当時まだ評価されておらず，ワーテルロー（ナポレオンの没落）につづく接収品返還でも問題にされなかったほどである．ドゥノンはまた，フランスで彫刻は不当に低く見られていると考え，彫刻の振興に力を入れた．

ルーヴル美術館の発展は，このようなドゥノンの見識と努力の賜物でもあった．ナポレオン美術館時代には，休日の入館者は 5000 人にもなることが

第 4 章　近代的公共博物館の出現　　141

あった．展示の方法については，ドゥノンはルーヴルで展示品を時代と流派と作者別にならべた．それまでは展示における絵画の配置は色の調和や画面の大きさによってならべたのであるが，接収美術品の返還とともに，このルーヴルのならべ方が各地にひろまって定着した．壁面と絵画の数については，ドゥノンは壁いっぱいにたくさん掛ける（壁紙展示 wall paper exhibits と呼ばれる）当時の方法を踏襲した．当時はこれがふつうで，今日の広い壁面に少数の絵画を掛けるのとはちがっていた．王政復活後にはドゥノンは冷遇されたが，ルーヴルは彼の遺した作品であると言えるであろう．彼は，最初の美術キュレータであったと評されている[15]．

ルーヴル美術館はヨーロッパ中で高い名声を得て，外国人もルーヴル美術館を見に来た．彼らは，ルーヴルでは他のどこにもない自由さで人々が美術を見ることができるのに驚いた．イギリス人見学者はことに多く，英語版カタログがいくつも刊行された．イギリス人やドイツ人はルーヴル美術館の舞台裏も見学して，ドゥノンたちが作業にいそしむさまを見た．これが，ロンドンのロイヤル・アカデミーやベルリンのアルテス・ムゼウムの実現を準備したのである．

前述のように，ルーヴル美術館を頂点とする国際・国内のピラミッド状の美術館組織をつくることが企てられた．この企図は，フランス人のナショナリズムをあおるものであった．また，血統を誇れないナポレオンにとって，諸国の帝王の宝物を「世界の中心」であるパリに集積して誇示することは，威信を高めるのにこの上ない方法であった．世界に比類なきルーヴルは，世界に冠たるフランス，至高の皇帝ナポレオンと三重写しであった．ナポレオンにとっては，ルーヴル美術館（ナポレオン美術館）は国際政治の一部であった．このようなルーヴル美術館の政治性は，フランス革命期からナポレオンの帝政時代までつながっていた．ナポレオンもドゥノンも鋭い歴史意識を持っていて，《戴冠式》をダビッドに描かせてルーヴル美術館に置き，ナポレオンの栄光と過去の偉大な帝国とを一体視しようとした．ダビッドの《サン＝ベルナール峠を越えるボナパルト》のように，歴史上の英雄にナポレオンをなぞらえる絵も描かれた．

外国での美術品接収には，フランスでも反対意見があり，ドゥノン，ダビ

ッドらも反対であった．しかしドゥノンは，ナポレオンによって登用されると宗旨変えして，接収の組織者になった．ナポレオンは，教会との関係を改善しようとして，教会からの接収品を返還するようにルーヴルの館長ドゥノンに命じたが，ドゥノンは「ルーヴルが必要とするものは国家が必要とするものだ」と主張して，重要なものを返還することを拒んだ．ドゥノンは，ルーヴル美術館から地方の美術館に美術品を移すことにも抵抗した．

　戦勝者が美術品等を略奪することは，当時は常識であった[16]．たとえば，ナポレオン没落直後にイギリスはスペインから絵画160点を持ち去り，これらは現在，国立ウェリントン美術館（National Wellington Museum）に所蔵されている．ヨーロッパ諸国の美術品を接収しようとしたルーヴル美術館は，第二次世界大戦中のナチス・ドイツの行為と同じだと批判されることがある．これに対し，フランス人は，フランス革命とナチズムとでは動機が全くちがうと反論する．フランス革命とナポレオン戦争はヨーロッパ諸国民の自由への覚醒とナショナリズムを招来したが，ナチズムはヨーロッパに荒廃をもたらした．動機のちがいもあるにせよ，両者の結果は非常に異なると言えよう．

　フランス占領地域では，フランス革命とルーヴル美術館とナポレオン戦争の影響で博物館・美術館が誕生した．これら博物館・美術館の設立の経緯には，何通りかのパターンがある．ナポレオン支配下の都市であるミラノやヴェネツィアでは，美術アカデミーがつくられて，絵画・彫刻ギャラリーが併設された．ナポレオンの養子であるミラノ副王ウージェーヌ（Eugène de Beauharnais）は美術館に熱心で，ミラノのブレラ絵画館（Pinacoteca di Brera）を設立した．ブレラは，ルーヴル美術館にならってイタリアの中央美術館としてつくられ，1809年に開館した．また，フランスによる接収を防ぐ方策として，地元が先手を打って美術館を設立して重要な美術品を収納した場合もある．ナポレオンによってつくられた衛星国ではナポレオンの近親者が君主になったのであるが，彼らは着任後すぐに博物館・美術館の設立に乗り出した．それぞれの王権を強固にするために，博物館・美術館設立を促進して住民の意を迎えることが，ナポレオンの意に沿って美術品をパリに運ぶことよりも優先された．アムステルダムにつくられた王立博物館（Koninklijk Museum）は，こういう例であり，これが現在の国立博物館（Rijksmuseum）

図 4-6 接収美術館品のルーヴルからの返還を嘆くフランスの美術家，1867 年
Francis Henry Taylor, *The Taste of Angels: A history of art collecting from Remeses to Napoleon*, Little and Brown, 1948, f.545.

になった．ボローニャ，カッセルほかでも同様のことがあった．傀儡王ジョゼフ・ボナパルト（ナポレオンの兄）のスペインでさえ，ベラスケス等の絵がパリへ持ち去られないように隠匿を図った．これがプラド美術館（1819年開館）の起源である．ドゥノンは，意図したようには傑作がスペインから来ないので，大いに不満であった[17]．

　ナポレオン没落とブルボン王朝復活後の接収美術品の返還の経緯も，さまざまであった．ワーテルロー以後，接収物は，ヨーロッパ中で解放と復讐のシンボルになった．しかし，接収美術品の返還は簡単なことではなかった．ルーヴル美術館が世界一であることはだれもが認めるところであって，これを損なう行為を軽々にはできなかった．勝利者である連合国は，ルーヴルにともかくも敬意を払っていた．敗者はあくまでナポレオンであり，復活したフランス王ルイ 18 世を敗者としてあつかうわけにはいかなかった．パリ市民はもとより返還に反対で，ルーヴルのまわりは憤激した群集でいっぱいになり，美術品搬出を阻止しようとする不穏な気配さえあった．市民の反対を押し切ることは，ブルボン王朝の存続にとってプラスではなかった．ルーヴルを見た連合国の帝王たちは，ドゥノンの業績を高く評価した．共和派シン

パとはほど遠いイギリスのトーマス・ローレンス卿（Sir Thomas Lawrence）でさえも、ルーヴルに来れば種々の傑作がいっぺんにだれにでも自由に見られると言って、世界に類のないルーヴルがそこなわれるのを惜しんだ．図4-6は、こういった状況を描いている．返還に反対するドゥノンは、策略を使って抵抗を試みた．結局、1816年の記録によればプロシャ、オーストリア、スペイン、ローマ教皇ほか19ヶ国に絵画2065点と彫刻130点を含む美術品5103点が返還された．たとえば、イタリアについては、接収絵画506点のうち、9点が紛失し、249点が返還され、248点がフランスに残った[18]．

　ルーヴルを手本として、各国がそれぞれの中央博物館・中央美術館や地方博物館を設立した．イタリアでは、返還された美術品のもとの持ち主が生存していない場合、美術品を収納・展示するために地方にも市立博物館がつくられた．こうして、接収と返還の過程を経て、私有物であった美術品等が公共博物館の手に帰した．1830年に開館したベルリンのアルテス・ムゼウムは、返還美術品の受け皿としてつくられた例である．イギリスでも、ウェスト等によって1824年にロイヤル・アカデミーがつくられた[19]．

　フランス革命とナポレオン戦争はヨーロッパ諸国における公共博物館の成立をもたらし、それまではエリートでなければ見ることができなかった美術品を各国の民衆が見られるようになった．教会等から大量の宗教美術が流れ出し、18世紀前半は、コレクターにとっては黄金時代であった．フランスからの美術品流出により、ロンドンがパリを凌駕して美術品市場の中心地となった．接収と返還は、ヨーロッパ内で美術品の地理的再配置をもたらした．博物館・美術館は政治のツールとなった．19世紀には、各国の王権および政権は、博物館が権力の補強に役立つことをよく認識して、これを最大限に活用しようとした．王権に反対する側も、博物館を使って民族主義を鼓吹しようとした．流派、時代、作者別という展示の配列も、ルーヴル美術館から各地にひろまった．絵画の劣化と修復問題が真剣に考えられるようになったのも、接収から生じた好結果であった．このように、フランス革命とナポレオン戦争およびルーヴル美術館の影響は、非常に大きかった．

ルーヴル美術館とフランス美術の発展

　ブルボン王朝復活後も，ルーヴル美術館は発展を続けた．ルイ18世やシャルル10世は，ルーヴル美術館についてナポレオンよりも冷淡であると見られたくなかったので，ルーヴルを重視した．《ミロのヴィーナス》が，1821年に加わった．1826年には，ルーヴル美術館のエジプト部がつくられ，シャンポリオン（Jean François Champolion. ロゼッタ・ストーンの解読者）が部長になった．1847年には，古代アッシリア，バビロニア，カルデア，ペルシャ等の中近東からの発掘品を扱うオリエント古美術部が創設された．1830年の七月革命後のオルレアン王政では，ルイ・フィリップ王がルーヴル美術館に熱心ではなかった．第二共和制を経て第二帝政となると，皇帝ルイ・ボナパルトは，自分が王制以来のフランスの伝統をつぐ者でナポレオン・ボナパルトの継承者であるというイメージを造ろうとして，ことにルーヴル美術館に力を入れた．1896年には，ギリシャへの考古学調査で発掘された《サモトラケのニケ》（勝利の翼像）が加わった．ルーヴルは権力者が威信誇示に利用するツールとなり，ルーヴルの美術品は，単に国家が所有している美術品というよりも，国家を体現する美術品となった．時の権力者が何者であろうと，ルーヴル美術館が国家を体現するとも言えるのである．

　栄光のルーヴル美術館は，民衆から見ると支配のシンボルにも見えた．過去の栄光のイメージを民衆と芸術家に刷り込むばかりで，現在の状況から眼をそらさせる役割を果たしているという非難もあった．ルーヴルを改革するには，破壊するしかないとする人もいた．ルーヴル美術館は，大衆にとっては親しみのあるところではなかった．それゆえ，革命や動乱はルーヴルが破壊される危機であった（図4-7参照）．1848年の二月革命によってオルレアン王政が打倒され第二共和制が成立したが，このときにルーヴルに宿営した蜂起集団がグラン・ギャラリに放火しようとした．これを，画家ジャンロン（Philippe Auguste Jeanron）が抑えた．ルーヴル美術館を救ったジャンロンは七月革命にも参加した人で，ルーヴルに画家や彫刻家が住み込んでいるのを二月革命後に止めさせたのも彼である．第二共和制のもとでは，美術館が民衆の共通財産であることが認められ，ルーヴル美術館の建築の最終的完成が決定された．第二帝政崩壊後の1871年のパリ・コミューンでルーヴル美術

図4-7 旧体制のシンボルとみなされたルーヴルの襲撃，1830年
Linda Nochlin, "Museums and radicals: A history of emergencies", in Brian O'Doherty (ed.), *Museums in Crisis*, Braziller, New York, 1972, p.21.

館を守ったのは，写実主義の画家クールベ（Gustav Courbet）であった．彼は，動乱にそなえてパリおよび周辺の美術品をルーヴルに集め，火事と略奪への対策に梱包や砂袋による保護をほどこした．クールベはラファエロやミケランジェロを特権者に奉仕したとして公然と嘲笑していた．ジャンロンは，美術を民衆のものにするのに情熱を傾け，民衆の生活を描いた画家である．そういう彼らも，傑作は民衆のものとして後世まで伝えるべきだと考え，ルーヴル美術館を守ったのである[20]．

　ルーヴルは，創立以来セザンヌやマチスの頃まで，巨匠から学ぶ画学校の役割を果たした．ルーヴル美術館は，当初から模写生（コピイスト）で混み合った．模写を許して美術教育に役立てようとするのは，フランスの美術館の特徴である．コルベール以来，フランスを美術の輸出国にするためにコレクションの模写をさせて美術家の養成に努めてきた．模写は，美術学校でも基本の修業であった．クールベも，美術の伝統を熟知してはじめて自分のスタイルを見出せると考えていて，模写を重視した．印象派となった画家のうち，モネやシスレーは，若い頃ルーヴルで模写をしなかったようであるが，ルノワール（Pierre-Auguste Renoir），セザンヌらは模写をした．試験などの制約のゆえに教条主義的な美術学校には行かなかった彼らにとっては，ルーヴルが学校であった．ドガやマネら美術学校系の画学生・画家もルーヴル美術館で模写をした．今日人気を呼んでいる印象派絵画は長らく反伝統派と見なされていたが，ルーヴルは印象派のゆりかごの役割も果たした．ルーヴル

第4章　近代的公共博物館の出現　　147

図4-8　1921年のルーヴル美術館ガイドブック

　美術館の模写許可記録によると，ルノワール，セザンヌ，ドガ，マネが，それに彫刻家ロダンも模写をしている．ピサロもここで模写をしたと推定される[21]．

　ルーヴル美術館は，ヨーロッパの最良の美術品の多くを集め，フランスの国家的シンボルとなった．ルーヴルは，傑作を手本とする画学校の役割を果たした．こうして，19世紀のフランス絵画の隆盛がもたらされた．美術においてもフランスを世界の中心国にするという，数世紀以来のフランソワ1世，アンリ4世，コルベールらの願いが実現したのである．欧米各国も，ルーヴル美術館を意識して美術館の設立と整備に努めた．歴史家コンは，米国の美術館の多くがルーヴルを手本とするようになり，今日の意味での美術（ファイン・アート fine art）が19世紀末から1920年代にかけて形成されたと述べている[22]．図4-8は，1921年のルーヴルのガイドブックである．

　ルーヴル美術館は画家等の養成に力を入れたけれども，国民一般を対象とする美術教育に特別の努力はしなかった．この点が，後述のサウス・ケンジントン博物館とは大きく異なる．

公共博物館としてのルーヴル美術館

　以上に，ややくわしくルーヴル美術館の沿革を述べてきた．このルーヴルがどのような意味において公共博物館の最初であったか，公共博物館としての実体をどの程度そなえていたか，さらに吟味しよう．

　フランス革命で，美術ほかのコレクションは個人や教会や君主の持ち物ではなく，国民全体の財産であるがゆえに非人格化された国家に属することとされた．このような公共の所有である博物館の誕生は，社会革命を経なければならなかった．ルーヴル美術館という公共博物館の誕生には，「ギロチンが必要」だったのである．

　公共の所有だけでなく公開性も，公共博物館の属性である．博物館の「公開」は，フランス革命期よりもずっと前から方々で始まっていた．しかし，それは，今日のような博物館に行きさえすれば見学できる（入館料が必要だとしても）公開ではなく，信用状や紹介状や，煩瑣な予約手続きが必要であったりした．公共博物館出現以前の博物館は，所有についても，見学者についても，一般人のためのものではなく，特権者，中流階級以上，教育のある人々のものであった．一般人が見ることができる場合もあくまで例外として，恩恵として許すのであった．これに比較して，フランス革命で誕生した博物館は国民に見せることを目的としていて，国民だれもが特権ではなく権利として博物館を見学できるようになった[23]．今日の意味での公開，権利としての公開には，博物館を君主の所有ではなく国有にする必要があった．こうして，公共（国家）による所有，公開という公共博物館がフランス革命によって誕生した．

　ルーヴル美術館は，国を体現する博物館となり，また，国を体現する博物館であることを自ら主張するようになった．前述の「ルーヴルが必要とするものは国家が必要とするものだ」というドゥノンの言は，これを示している．ルーヴル美術館は，フランスが世界の中心であるべきだという，フランス革命前の数世紀以来からの欲求の具現であり，権力者が変わってもルーヴルはフランスを体現する殿堂でありつづけた．このような博物館は，「国家博物館」と言うべき性格を持つ．国家博物館としての公共博物館は，ルーヴルから始まって，欧米世界へひろまった．19世紀には，各国の王権および政権

は民意を迎えるために博物館を活用しようとしたし，反対する側も博物館を使って民族主義を鼓吹しようとした．バザンは，博物館は帝王や政府にとって洗脳（brainwashing）の手段に近かったとまで言っている．ルーヴルに限らず，大規模な公共博物館は国家博物館の性格を持つ[24]．

　国有のコレクションを公開するのはなぜであろうか．コレクションや美術の傑作を永続して保存するだけならば，国有化だけで十分であって，公開して特権階層や知識階級以外の民衆が見に来るのは余計なことである．公開するのは，国民を教育するためであり，人的資源（マン・パワー）としての国民を育成するためである．その教育とは，美術の場合であれば民衆に美術の見かたを教えて美術観賞の喜びを経験させることであり，これを通じて国民意識や国家意識を植えつけることである．フランス革命とナポレオン戦争の時期には，国民を人的資源として動員できるように教化することが喫緊の必要事であった．絶対主義君主の奢侈と文化の独占に対して憤激し，自由の精神をまもるために立ちあがり，そのためには外国まででも兵士として従軍することが，国民に求められた．この教化を行うには博物館を国民に公開しなければならなかったのである．

　実際に博物館が国民の教育に役立つには，国民が見に来なければならない．国民が来やすくなるように，公共博物館は目的意識を持って努力することが求められる．この意識と，開館日・時間，入場料・入場手続き，展示の配置，展示品ラベル，ガイドブック，食堂といった公共博物館の方法については，ルーヴル美術館にはこれがなかった．ルーヴルは，画学生の教育には努力したが，国民一般のための博物館というにはまだ遠かった．国民に見に来させる公共博物館の実体化は，後述のように，19世紀中葉に設立されるサウス・ケンジントン博物館によって行われることになる．

　ルーヴル美術館は，民衆からは遠い存在であり，多くの人々を見に来させるように積極的に努力することはしなかった．ルーヴルは，国民全体に美術をひろめる場であるよりも，勤労階層よりは上層の特権者の施設になった．フランス革命により美術品が流出し，産業革命の結果として富裕になった多数のブルジョアが美術品取引に加わるようになって，美術館は，画学生，鑑定家（connoisseur），収集家，美術商らの集まる場となった．美術館は，こ

れら美術専門業界の拠点となった．オールソップ（Joseph Alsop）やテイラー（Francis Henry Taylor）は，歴史上の美術館と専門業界人について論じている[25]．所有，永続性，公開，国家博物館といった意味においてルーヴル美術館は世界最初の公共博物館であったが，民衆にとってルーヴルは絵画・彫刻を見て楽しむよりもむしろ，展示に圧倒され威圧される場所であった．次節に紹介するゾラの小説『居酒屋』は，このようすを描いている．ハイ・アート（純粋美術）の美術館は国民の教育に役立つ功利主義の施設にはなりにくいということであろうか．

2　美術館および博物館をめぐる諸問題

　美術館は文化のヒエラルヒーのトップにあり，この意味では大衆に縁遠い存在である．ルーヴルに限らず，世界有数の美術館はしばしば，国民の教育のためであるよりも，富裕な鑑定家のための施設である．ここで，現代まで美術館がかかえている問題を，①人々にとって美術館とはどんなところであるか，②人々はなぜ美術館や博物館に来るのか，あるいは来ないのか，さらに，③美術にとって美術館とは何であるか，といった点から検討しよう[26]．

　人々にとって，美術館とはどんなところであろうか．1970年代以来論じられてきた美術館批判を，紹介しておこう．
　各種の博物館にくらべた場合，美術館の特徴は，モノ（美術館では美術品）自体が人にとって魅力があることである[27]．従って，美術館では傑作さえ展示しておけば，大した説明も要らず，また，特に宣伝しなくてもたくさんの人が見にくる．これに対し，他の博物館ではそうはいかない．比較のために科学技術博物館を考えてみると，たとえば，物理学者ヘルツの電磁波発見の実験装置を展示して見学者に理解させるには，相当の説明が必要である．ヘルツの装置は，人類史上いかに重要であっても，美術品のように見て即感動するわけではなく，《モナ・リザ》とちがって，もともと大勢の人が見に来るわけではない．このように，美術品それ自体の魅力は美術館にとって大きな強みである．

しかし，美術も，実はだれが見てもわかるわけではない．素養（審美眼）がなければ，美術館の魅力も感じない．絵画は，「読む」ものだと言われる．美術を観賞するには見方を知っている必要があり，この見方を学ぶ過程で支配階級の文化のヘゲモニーが刷り込まれるのである．労働者が美術館を自分たちにとって場ちがいだと感じたり，知識の刷り込みを嫌ったりするのも当然である．現実に，美術館に来るのは，多くの場合，教育のある裕福な人々，すなわち社会の比較的上層で富裕な階層である．労働者階級はほとんど美術館に来ない．これは，他の博物館と比較したときの美術館の特徴であり，美術館に行く行かないは階級差そのものであるとまで言われる．年齢について見ても，美術館訪問者は他の博物館訪問者よりも年かさである．王侯をはじめ特権者の私有物であった美術品を集めて公共施設として公開しても，結局は，限られた階層の人々しか見に来ない．美術館は，少数者のための私的な閉ざされた esoteric な空間でありつづけているという批判がある[28]．

　美術館は，大衆にとって行って楽しいところであろうか．フランスの小説家ゾラは，『居酒屋』（1877 年）で，結婚式のあとルーヴル美術館に行った下層民の一団の哀れな経験を次のように描いている．

> 彼らは，貧乏人の盛装といったかっこうからして他の入館者とはちがっていた．その彼らは，守衛の堂々たる制服姿に感動した．アッシリア・ギャラリの彫刻は，彼らには，今の職人の腕より下手くそだとしか見えない．フランス画廊では，黄金の額縁に目をみはる．床がピカピカで，鏡のようだ！　彼らはその上を，鋲を打った靴でどたどたと歩いた．天井の絵には，首がだるくなっただけだった．男どもは，裸婦の前でにやにやした．次から次へと，いつまでも絵やデッサンが並んでいる．イタリアとフランドルの部屋では，色彩が強くて頭痛がしてくる．模写画家が画架を人ごみの中に立てて，何とも平然と模写をしている！　結婚式の一行が見学しているといううわさがひろまり，彼らの方が大勢の人からじろじろ見物されてしまった．出口がわからなくて，守衛に出口まで連れていってもらった……[29]．

図4-9 古代エジプト美術に驚く下層民夫婦
「エジプト人って本当に醜い顔をしていたんだ！」
Linda Nochlin, "Museums and radicals: A history of emergencies", in Brian O'Doherty (ed.), *Museums in Crisis*, Braziller, New York, 1972, p.29.

　これに似た体験を，今日の我々もすることがある．図4-9のエジプト美術の奇妙な人物に驚く下層民夫婦も見られたい．ハドソンは，ルーヴルに来るフランス人はここを「我々の博物館」（our Museum）と呼ばないであろうと述べている[30]．

　人は，博物館・美術館をどんなところとしてイメージしているだろうか．ブルデューらの研究を紹介しておこう．フランスの大衆の68パーセントは博物館を教会のようなところとイメージしている．古い有名な傑作がならんでいる美術館は，厳かな儀式の場であるとイメージされ，死者と埋葬された過去に関係したところであり，日曜日に行くところである．美術館は鹿爪らしくかしこまっていくところである[31]．実際に美術館（博物館一般も）は，殿堂風の建物に収容されていることが多い．美術館・博物館に入るときに，まず相当な段数の石段を登るようになっているのは，畏敬の念を抱かせるためである[32]．現在では美術館（博物館）を新築するときにはシンプルな建物にする場合もある．しかし，殿堂というイメージはなかなか改まらない．

　こういった美術館の実質について，美術館側からも反省の声が出ている．現代の博物館は，公共博物館という理念と財政の現実の両方の理由で，観客

第4章　近代的公共博物館の出現　153

動員数を増す必要に迫られている．従来は，美術品自体の魅力のゆえに，美術館は安定した年間入館者数を有していたが，これに安住していられなくなったのである．観客をふやそうとすると，いままで見に来なかった人々を新規開拓しなければならない．ハイカルチャーが，「縁なき衆生」を引きつける必要に直面している．そして，彼らが美術館に来たとしても，今度は，彼らに「わからせる」必要がある．「縁なき衆生」相手であると，前述のような美術品自体の魅力も通用するとはかぎらない．そこで，《モナ・リザ》とか《ミロのヴィーナス》といった知名度の高い超傑作を借りてきて特別展示をすれば，観客数は爆発的に増大し，高額な特別入場料で財政も潤い，話題のイベントとしてメディアにも出るし，館長の業績にもなる．こういった一石何鳥もの目玉展示路線は，美術館にかぎらず今日の博物館では常態となっている．その結果，今日の多くの公共博物館が，実態としては，国民の教育の場であるよりも有名作で人を集める観光名所になっている．この手っ取り早い目玉路線は，厳しく批判されてはいるが，財政収支を問われるここ20年来の状況では避け難いことであろう[33]．

人はなぜ博物館に来るのであろうか，あるいは来ないのであろうか．現代の博物館にとって，リピーター（二度以上来館する人）の獲得が重要であるとされている．ゾラの『居酒屋』の一団は，ルーヴル美術館にまた来るであろうか．人は，博物館でどのような経験をするのだろうか．どのような経験の結果として，二度以上来たり，もう来なかったりするのであろうか．

人は，好奇心にかられて博物館に来ることもあるが，博物館に来て自分が知っていることや自分が知っている物を見出すと「今日は来てよかった」と思う．また，人は博物館に入ると，まわりの観客をおのずと観察して，同じように見てまわろうとする．「博物館で人は自分の知らないカルチャーを見るのか，あるいは自分自身を見出すのか」という議論がある[34]が，「人は，自分と同じ人々を見出すために博物館に来る」ということもできる．たとえば，服装について言えば，美術館ではエレガントで落ちついた（つまり比較的上等の）身なりの人がほとんどであって，そうでない観客は場ちがいに見える．人が，博物館に来ても自分を見出せなかったらどうであろうか．場ち

図4-10 休日にロンドンのナショナル・ギャラリに来た人たち
Graphic Supplement, August 3, 1872（Taylor, Brandon, 1999, *Art for the Nation: Exhibition and the London Public 1747-2001*, Rutgers University Press, New Brunswick, p.83 より）.

がいな感じは侮蔑された感じにもつながり，観客と館とは敵対関係にもなりかねない．無関心で無知であっただけの人が，来館と言う経験によって博物館・美術館に敵意を持つようになるかもしれない．現実に，ふつうの人が美術館に来ると，敵意を持つほどではないにせよ，「縁なき衆生」になったような当惑する感じを持つことがある．美術館に行って美術知識の豊富な人を見たり，まして話しかけられたりするのは嫌なことで，こんな羽目にならないようにとおびえてしまう．博物館は人に劣等感を感じさせるところだという指摘もある．人々は博物館に教会と似たイメージを持つけれども，劣等感や疎外感を抱かせるという点では教会と大違いである．図4-10の右手の家族連れは，精一杯の服装で美術館に来たにちがいない．彼らは展示されている絵を見て驚嘆しているようだが，感心して畏敬の念を覚えているのであろうか，それとも当惑して劣等感を感じているのだろうか．同図に描かれた他の観客の振舞いや表情が自然であるのにくらべて，一家には違和感がある（もちろん，同図をつくった画家のまなざしの先入観があらわれているとも解釈できるのだが）．今日では，労働者階級の人たちはどの年齢層においてもわずかしか博物館に来ないことが実際の調査結果からわかっている．今まで美術館に来なかった人々（ハイ・アートに縁のなかった人）を美術館に来るようにさせたり，まして，リピーターにならせるのは困難である．娯楽が階級間の溝を橋渡しするか，それとも溝をひろげる役割をするかという議論があるが，美術館が階級間の橋渡し作用をするには相当のくふうが必要であ

第4章　近代的公共博物館の出現　155

ろう[35]）．

　近年，博物館の来館者調査が盛んになってきた．従来の博物館研究では，博物館が教育のための施設であるか，娯楽の要素をどう入れるべきかといった，博物館側——いわば生産者側——の意図とか業務ばかり論じられてきたが，ようやく博物館を見学者の立場——消費者側——から見る研究がなされるようになった．ディーアキング（Lynn D. Dierking）らは，見学者側のモティベーションと博物館経験を分析している．近年よく行われるようになった展示評価も，博物館が観客を意識して行う行為である．展示の制作中から開展後まで，三度にわたって展示評価をすることもある．来館者調査や展示評価を通じて，消費者（博物館に来る人も来ない人も）の立場に立った博物館見学論が構築されることを期待したい．しかし，来館者研究がマーケティングの手法を援用する観客動員促進の研究にとどまる可能性もある．そうであれば，博物館は商業娯楽施設のあと追いをつづけるだけで，ディズニーランドやテーマパークとの競合に敗れるほかないであろう[36]）．

　人が博物館に来るモチベーションについて，考えてみよう．来館者は好奇心と何がしかの学習意欲をもって来る．エクスプロラトリアム（第8章の2参照）の創立者オッペンハイマーは，博物館見学は観光旅行（sightseeing）のようなものだと言っている．探検（exploration）であるとも言えるであろう[37]）．博物館に来て彼らは，見知らぬ文化や他者（others）に出くわす．それは，新鮮な喜びであるし，違和感を覚えることでもある．出会ったもの，出会ったことの中に，見知らぬものばかりでなく自分と同じものや文化があれば，安心するであろう．こうして，見学者のアイデンティティが確認される．彼／彼女は他者（others）を見ることを通じて自分自身を見出すのである[38]）．ここでは，見知らぬ文化と対面する勇気と，違和感を乗り越える心的労苦が必要である．博物館見学は大変にくたびれることであって，展示を見やすくしてこの疲労（museum fatigue）を少なくするためのくふうが1910年代から論じられている[39]）．この心身の労苦に耐えない人は，リピーターとならないであろうし，また，もともと博物館には来ないであろう．この障壁を乗り越えるのをいかに助けるかが，博物館側の仕事である．博物館に来て，見知らぬものが多い場合は，連れの見学者との会話で違和感をまぎらわ

そうとする．また，まわりの見学者がどんな反応をしているかをすばやくキャッチして，自分も同じ行動をとるようにする．これは，観光における家族や仲間との旅行や，パッケージのグループ旅行の場合と同じである．博物館来館者調査によれば，ひとりで博物館に来る人の割合は小さい[40]．単独旅行が少ないのと同じ現象である．人は，自己を見つめるのにも連れが要るのである．家族や仲間で来るのは，子どもの教育や友達とのつきあいが理由であるとしても，連れが博物館見学の障壁を低くすることを示している．

　博物館は見学者が自分にとって新しい知識を得るために来るところのように思われているが，実は，自分がまわりの見学者と同じ存在であるかどうか確認しに来るのである．自分がまわりと同じであると安心し，ちがうと不安になる．ちがいがあまりに大きければ，見学者はこの体験を不愉快に思い，再びこの博物館に行こうとはしないであろう．ちがいもある程度までならば，自分の方をまわりに合わせようとする．これが，博物館の教育の作用である．この機能のゆえに，博物館は社会における矯正施設（disciplinary institution）であるとする論者もいる．上述の「博物館では人は自分自身を見出す」という言説はラジカルに聞こえるが，見学者は「まわりの人に合わせられる自分を見出す」のであって，矯正という博物館の機能を言っていると解釈できる．この意味で，博物館・美術館は社会統制のツールである（第5章1参照）．

　人々は博物館に自己のアイデンティティ確立の期待を持っていくのであるが，期待通りになるとは限らない．来館者ひとりひとりのアイデンティティ確立の手伝いをするのが博物館のつとめと言えるであろうが，これを意識している博物館は（エクスプロラトリアムを例外として）少ない．むしろ，博物館は，用意してある規範にそって来館者を染め上げようとして待っている．これが博物館における生産者（博物館側）と消費者（来館者および非来館者）のすれちがいのもとである．米国では博物館は白人主導であるので黒人には好まれず，黒人は博物館に行こうとしない．米国のような移民の多い国では，新移住者は博物館を見に行くけれども，また，自分たちのエスニック博物館をつくろうとする．これらは，人々のアイデンティティ模索と博物館のかかわりやすれちがいを示す例である．

そもそも美術館とは何であろうか．公共の美術館は，特権者に占有されていた美術を民衆が見られるようにする場のはずである．しかし，現実に民衆は美術館を聖像のならべてある教会のようなところと考えているし，美術館人のなかには「傑作を民衆が好奇心よりも崇拝の念を持って見るように美術館が設定するべきである」という意見もある[41]．美術館は大聖堂のようであるべきだとか，本質的に科学の博物館は学校であり美術館は神殿であるといった主張もある[42]．公共博物館の根本理念からのこのような逸脱は，美術の本質上避け難いのであろうか．それとも美術ではなく美術館に問題があるのだろうか．

美術にとって美術館とは何であろうか．美術館は，美術（美術家）のプロとしての評価の基準を展示するところであろうか．ある作品（あるいは作家）にとって，美術館入りすると美術の正典（canon）として認められたことになるのだろうか．美術にとって，美術館は本当に必要なのであろうか．マルロー（André Malraux）は，「ローマ時代のキリストの磔像も，美術館へ移されてはじめて，それまでの宗教的な環境における役割から解放されて純粋に独立した美術作品となる」と言う．美術館があってこそ美術が存在し得ることになる．これとは逆にオールソップは，美術館は，美術収集，美術史，美術品売買の市場，それに贋作製作とならんで，美術の副産物（by-products of art）であるとしている．二人ともハイ・アート（美術のための美術）派であるが，見解は対蹠的である．オールソップはこれら副産物は本来は美術館には不要だと言うのであろうが，しかし現実には，これら副産物なしに美術は成り立たないように思われる[43]．モノの多くはその本来の場所から移動されると（コンテクストから外れると）意味を失う[44]．たとえば，もとは調度や装飾であった美術品が美術館に展示されると，他の展示美術品と競合する状況におかれるのである．しかし，マルローは逆に，元のコンテクストからはずされた状態でこそ美術が美術たり得ると主張する．博物館ではふつう，モノがもとあったコンテクストを見学者にわかってもらうように努めるのに，マルローの美術館はこれと正反対である．美術館は博物館とはちがうのだろうか．

ともかくも今日の現実では，美術品とは美術館に存在するものを指すと錯

覚しかねないほど，美術と美術館とは不可分である．そして，多くの場合，美術はオールソップの言う副産物の世界すなわち美術業界のものであって，民衆に開かれたものではない．

　正典である《モナ・リザ》等の「傑作」を大衆に刷り込むだけの美術館は，堕落であって，なくしてしまえと主張する美術家もいる．印象派画家のピサロも，古い絵画を熱狂的に愛してはいたが，「美術の死の都ルーヴル」を打ち壊すべきだと考えていた．1908年の未来派宣言は，美術館を「墓」と呼んでいる．美術の規範として認められた傑作だけを正典として示す美術館は，墓地と同じだと言うのであろう．しかし，そもそも大衆に審美眼を期待できるのであろうか．19世紀後半以来の非伝統派美術家は，多くの人に見てもらうためにではなく，審美観を共有する少数の仲間のために創作する．彼らにとって，ふつうの人が彼らの作品をわかるかどうかは，どうでもよいことである．大衆がこういうアヴァンギャルド美術に反発するのは，当然である．そういうesotericな（内輪だけにわかる）作品を，美術館で公開するのにはどんな意味があるのだろうか．純粋美術は本来，主観的であり私的なものであるという説もある．結局のところ美術館は大衆とは縁遠いものであるという見方もある[45)]．

　美術館では，モダン・アートよりも古い時代の美術が優勢であるのは，なぜであろうか．多くの人が抽象画やモダン・アートに親しまないのは，どうしてか．今日では，あらゆるメディアが名作の画像をシャワーのようにふりかけているにもかかわらず，大多数の人々は《モナ・リザ》のような少数の「名画」以外を知らないのはなぜであろうか．少々古いが，1960年代に行われたICOM（International Council of Museums）の絵画愛好調査[46)]によれば，人は見慣れて親しい絵を好み，伝統的な「ふつうの」絵から外れた作品は嫌う．ある絵を人が好むかどうかは，美術専門家によるその絵の評価とは全くちがい，その隔たりは「深淵」（gulf）と表現されるほどである．この調査結果では，ミレーの《晩鐘》が最も好まれる絵であった．人々の美術観はステレオタイプ化しており，モダン・アートが好まれないことは歴然としている．絵画についての大衆の好みは，非常に保守的であって，具象画が抽象画よりも好まれる．モダン・アートは（1960年代末で数えても），誕生以来50年

近く，すなわち人間のほぼ二世代を経ている．たとえば，モンドリアンの絵は，1917年頃の作品である．けれども，これらはふつうの人々には受け入れられていないのである[47]．

現代の社会では絵画の情報が洪水のように氾濫しているのに，人々の美術意識が変化しないのは，不思議なように見える．美術情報の洪水自体も，伝統的なステレオタイプであって現代美術に冷淡である．また，人は多くの情報に接しても，もともとなじまない情報は摂取しない．この意味では，人は自分の好みを変えないものである．人は自分と同じカルチャーを見出すために博物館に来るのだとすれば，美術館で現代美術よりも伝統的な美術が好まれるのは当然である．このように見てくると，美術館が正典として神聖化された傑作を民衆に刷り込むだけであることを，民衆自身が望んでいるかのように思われる．

非伝統派美術が美術館入りする道もある．新しい美術はいつでもマージナルな（周縁の）存在である．それゆえ，新しい美術が美術館入りするには，長い年月のプロセスが必要である．今ひろく人気を得ている印象派を，かつてはまともな美術と思わない人も多かった．マネは，第二帝政期には評判が悪く，だれにも絵を買ってもらえない画家であった．米国では，富豪ではあるけれどもユダヤ系ほかのマージナルな人が現代美術を収集したり，その作家を援助して美術館を開設したりした．これら富豪にとって，世に売れていない芸術家を援助することは疎外感の共有になった．コレクションを美術館に寄付して展示させれば，作品はいわば正典となるので，作家と自らの両方を社会に認知させることにもなった[48]．このようなことも，美術と美術館の社会的機能のひとつである．

美術を「芸術のための芸術」や審美性，特権性を軸として語るだけでは，十分ではない．ナチス・ドイツは前衛美術を迫害した．ソ連では，抽象画は抑圧されていた．冷戦下の米国では，1940年代末の表現主義の抽象画が共産圏にはない自由の体現として称揚された．マージナルな存在であった表現主義美術が，冷戦に利用されたのである[49]．博物館・美術館が政治のツールであることは，前述のようにルーヴルの歴史も示している．

3　近代的技術博物館の出現——パリ工芸院博物館

　1794年に設立されたパリ工芸院（Conservatoire des Arts et Métiers）の技術博物館は，ルーヴル美術館と同様にフランス革命でつくられた公共博物館であり，世界最初の近代的技術博物館である．本書では，この博物館をパリ工芸院博物館とよぶことにする．今日では，パリ工芸院博物館は，ドイツ博物館（ミュンヘン），ロンドン科学博物館，スミソニアンの国立アメリカ歴史博物館（ワシントンDC）とならんで，世界の四大技術博物館と称される[50]．図4-11は，パリ工芸院の建物である．

　パリ工芸院は工業（当時にあっては手工業）の振興を目的としてつくられ，博物館と学校を兼ねたような施設であった．パリ工芸院の200年の歩みは，順調ではなかった．博物館よりも学校に重点を置く路線転換があり，その学校にも対象を職人あるいは理工系志望の若者とするかそれとも市民一般とするかに「迷い」があった．また，常に揺れ動くフランスの政治状況に，工芸院も左右された．その結果，工芸院博物館はほとんど放置状態に近い時期が続いた．パリ工芸院博物館は世界最初の近代的技術博物館であったが，その影響がすぐに欧米諸国に波及したわけではなく，この点はルーヴル美術館の場合と異なる．しかし，後述のようにフォン・ミラーがドイツ博物館の設立を着想するにはパリ工芸院見学がきっかけになった．この意味で，パリ工芸

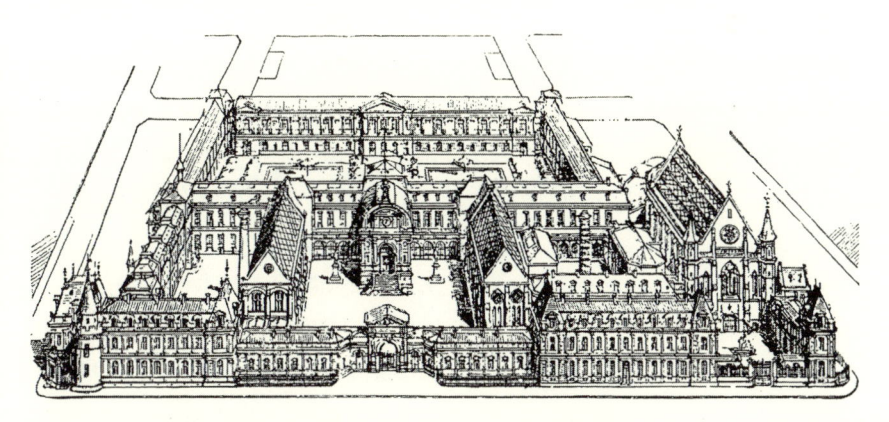

図4-11　パリ工芸院の建物，元のサン＝マルタン・デ・シャン修道院
Charles R. Richards, *The Industrial Museum*, Macmillan, New York, 1925, f.7.

院博物館は重要である．

　技術教育の歴史を見ると，パリ工芸院博物館に限らず，初期の技術博物館は技術学校と一緒につくられた場合が多かった．次章で述べるサウス・ケンジントン博物館も前身は工芸デザイン学校であった．パリ工芸院の学校では，入学資格を定め修業年限を決めて卒業免状や技師資格を授与する「ふつうの」学校ではなく，パートタイムの学生が好きな科目を受講する夜間の自由聴講方式や公開講義方式であった．この方式ではだれでも受講できるので，若者の職業教育であるだけでなく市民教育でもあり，市民への技術知識の普及に重点が置かれた．すでに見たように，技術学校が整備される以前には，公開講義や実験デモンストレーションが技術教育の主要な方式として考えられていた．パリ工芸院の学校も，その典型例である．しかし，技術教育の主流はその後，制度化された「ふつうの」学校方式になった．

　パリ工芸院の市民一般を対象とする自由聴講・公開講義は，今日言うところの成人教育・生涯教育・継続教育に通ずる．現代の博物館では，コレクションや展示を使って市民の生涯教育を行うことが重要な活動になっている．この意味で，パリ工芸院の学校の歴史は，博物館の今後にとって示唆に富むと思われる．そこで本節では，パリ工芸院の学校，公開講義，博物館について述べる[51]．

　　前　　史

　17世紀のフランシス・ベーコン，デカルト，および18世紀のディドロら百科全書派思想家たちは，つとに生産に関する技術の重要性を認め，当時の工業（手工業）の担い手である職人の訓練のために学校と博物館をつくることを主張していた．フランス革命前に，ヴォカンソンの機械工具・機械モデルのコレクションというかたちで，パリ工芸院の前身がつくられていた．技術学校も，革命前から始まっていた．まず，これら前史を述べよう．

　フランシス・ベーコン，デカルトらによる職人の訓練と科学の技術的応用を促進するための技術博物館およびこれに併設される技術学校という構想については，すでに第3章の1で述べた．18世紀のディドロ（Denis Diderot）やダランベール（Jean Le Rond d'Alembert）ら百科全書派は，技術を非常に重

図4-12（左）　ディドロとダランベールの『百科全書』第1巻，1751年

図4-13（右）　ヴォカンソン
W. H. G. Armytage, *A Social History of Engineering*, Faber, London, 1961.

視した．ダランベールは『百科全書』(*Encyclopédie*. 1751年から刊行．図4-12)の序論で，『百科全書』の全内容は，結局は，学問（Sciences），自由技術（Arts libéraux. 芸術），機械技術（Arts méchaniques. 工芸技術）の三つの大項目に帰着し得ると述べている．彼は，機械技術と発明家が受けている不当な軽蔑についても述べている．ディドロは，『百科全書』の項目「技術」（Art）で，科学（Sciences）と技術（Arts）を同根であるとし，技術には理論と実践が相ともなうことが必要であると述べた．彼は，Art のうちで芸術が上等で精神的である自由技術として高く見られているが，生産に関係する手工業技術の Art を高く評価すべきであると主張した．ディドロはさらに，「ベーコンは工芸技術（Arts méchaniques）の歴史を真の哲学の最重要部門とみていた．……コルベールは，人民の奨励と手工業の確立を王国の最も確実な富とみなした」と書いた．彼らは『百科全書』において，工芸（機械技術）を重視してその集大成を試みた[52]．ディドロは刃物屋の親方の息子であったので，労働と技術の重要性を感じやすかったであろう．ディドロやダランベールは，工場に行って職人から話を聞き，機械を作ってみたこともあった．

第4章　近代的公共博物館の出現　　163

ベーコンからディドロとダランベールにいたるこのような新しい思想が，フランス革命政府によるパリ工芸院の創設をもたらしたのである．

機械技術者ヴォカンソン（Jacques Vaucanson. 1709-82 年．図 4-13）が集めた紡績機械，機械工具・工作機械，機械モデルのコレクションが，パリ工芸院の原型となった．彼の作った自動機械や繊維機械は，精巧で時代を先取りした進んだものであった．そのうちの人造アヒルはついばんだ餌を消化して排出したと伝えられる[53]．パリ工芸院博物館には，彼の作った自動織機や旋盤が遺されている．彼は，コレクションをパリのシャロンヌ通りのモルターニュ館（hôtel de Mortagne）に集めた．啓蒙思想に共鳴したヴォカンソンは，職人の訓練のためにコレクションを公開し，さらに，晩年に国王ルイ 16 世に遺譲した．これは国王によってモルターニュ館ごと買い上げられ，パリ・アカデミー会員で数学者・物理学者のヴァンデルモンド（Alexandre Vandermonde）が 1783 年からその責任者となった．1784 年からは，モルターニュ館で公開の演示（デモンストレーション）がはじまり，ヴァンデルモンドの弟子である機械技術者モラール（Calaude-Pierre Molard. 1758-1837 年）がデモンストレーターをつとめた．このモルターニュ館を世界最初の技術博物館と言うこともできるであろう．ここでは演示すなわち機械を動かして見せる動態展示が中心であったことも，注目に値する．

　パリ工芸院の設立

1794 年 7 月のロベスピエール失脚（テルミドール事件）の後の 10 月に，国民公会はパリ工芸院の設立を決め，フランス各地に散在している機械と工具を収集し，展示と演示によって技術の改良と発明を促進することにした．1793 年に国王ルイ 16 世が処刑され，第 1 回対仏同盟が結成されてイギリスが参戦した．その結果，フランスはイギリスからの技術と工業製品の流入をあてにすることができなくなり，工業を振興する必要に迫られた．

工芸院設立の主唱者は，グレゴワール（Henri Baptiste Grégoire. 1750-1831 年．図 4-14）であった．彼は，聖職者中の革命支持派の中心人物で，革命時には下級聖職者の第三身分への合流を提唱し，貴族と教会の特権の廃止を主張していた．彼は，共和国 3 年ヴァンデミエール 8 日（共和暦の第 1 月 8 日で，

図4-14　パリ工芸院創設の功労者グレゴワール
Les Arts et Métiers en Révolution: Itinéraire dans les collections du Musée, 20 decembre 1988-31 août 1989, Musée National des Techniques (Conservatoire National des Arts et Métiers), Paris, 1988, p.6.

図4-15　パリ工芸院設立を提案したグレゴワールの報告書，1794年
Michel le Moël and Raymond Saint-Paul, *Le Conservatoire National des Arts et Métiers: au cœur de Paris, 1794-1994*, Conservatoire National des Arts et Métiers, Paris, 1994, p.57.

1794年9月29日に相当する）の報告（図4-15）で，百科全書派にならって手工業技術を自由技術に比較し，手工業技術が受けてきた低い扱いについて，「宮廷のあるところではどこでも，手工業技術は卑しめられている」とその不当を鳴らした．グレゴワールの報告は『百科全書』の思想に基づくものであった．彼は，共和主義を唱えつつ，産業におけるイギリスとの競争を強調して，手工業技術を高く評価して振興する必要があると論じた[54]．彼は，新しく発明されたり改良されたすべての道具と機械を集めて工芸院を設立することを提案し，これによって好奇心と関心が呼びおこされて，すべての手工業技術分野で非常に早い進歩が達成されるであろうと述べた．

　ここで，グレゴワールについて紹介しよう．彼は，仕立屋の子として生まれ，政治的立場はブルジョア自由主義であり，人種差別反対および奴隷制撤廃論者であった．日本語文献のいくつかは彼を農民の出自としているが，グレゴワールが庶民出身であることはまちがいないであろう．彼はジャンセニストであった．アカデミーの廃止（1793年8月）を提案したのも，彼である．ブルボン王政復活期には，グレゴワールは革命派聖職者のシンボルとして憎まれた．1831年にグレゴワールの訃報に接して，黒人国ハイチは，全土にわたって15分間活動を停止し，弔砲を放った．フランスのミッテラン政権

第4章　近代的公共博物館の出現　　165

は，革命200年に際して人種差別撤廃の功労をたたえて彼をパンテオンに祀った[55]．

　工芸院の組織について，グレゴワールは，階段教室を持つ広い場所を確保し，機械と衣食住に関連するすべての技術の見本を集めるものとし，①農業および風車・製粉等の農業技術，②建設および製造業，③製糸・織物および石工と指物の三分野に分けて説明している．このうちで，建設および製造業は，次の7部門からなるとされた．①木挽き工具，②仕上げと刳り型工具，③穿孔工具，④ろくろとその付随工具，⑤木ねじ・ナット製作工具，⑥歯車製造工具，⑦版画・印刷工具．収集する機械には，可能なかぎり，次のものをつけておくべきであるとされた．①つねに比較を可能にするための，国産と外国産の製品見本，②それぞれの機械の図面，③いわば発明者の考えを伝えるための記述．それには用語集をつけ，必要があれば，それを論じたさまざまな著作が参照されるべきである．講義は機械の見本の横で行われ，実演者をつけておくこととされた．

　前述のように，啓蒙思想家たちは職人の訓練を重視していた．産業革命の進行につれてギルド支配下の徒弟制度は衰退した，フランス革命でギルドは廃止されたので，徒弟教育にかわる技術教育が必要になってきた．グレゴワールの報告は，こういう状況を反映していた．工芸院では，徒弟制度のような融通のきかない型にはまったやりかたを採らず，説明するとともに目で見て実験することにによって理解させるようにすることを旨とした．

　グレゴワールの報告を受けて1794年10月10日に出された国民公会の布告は，次のように述べている[56]．

　　第1条　機械，工具，模型，図面，技能と技術に関するすべての種類の書籍のための公共保存所をパリに創設し，工芸院（Conservatoire des Arts et Métiers）と名づける．発明され開発された器具と機械のオリジナルを，ここに集める．
　　第2条　工芸〔手工業〕に役立つ道具と機械の製作をここで説明するようにする．
　　第4条　工芸院には，デモンストレーター3人と製図家1人を配置する．

図 4–16　1865年頃のパリ工芸院の外観
Cent-cinquante ans de Haut Enseignement Technique au Conservatoire des Arts et Métiers 1820-1970, Ministère de l'Éducation Nationale, Paris, 1970, f.23.

　パリ工芸院の発足は財政難と政治危機のゆえに遅れたが，パリ市内の東北部マレ地区にあったサン=マルタン・デ・シャン（Saint Martin des Champs）修道院の建物を工芸院として使うことが決まり，1799年に工芸院が開設された．パリ東部は職人・労働者の街であったので，これに近いサン=マルタン・デ・シャンが工芸院用にえらばれたのであろう．図 4-16 は 1865 年頃の同館の外観である．

　グレゴワールの報告およびこれに続く国民公会の布告には，パリ工芸院の活動の性格や内容がはっきり規定されておらず，あいまいさ（ambiguïté）がつきまとっていた．工芸院の使命は，グレゴワールによれば，①機械と図面・モデルの収集保存，②機械と道具の製造に関する教育，③発明の評価であり，これらは，今日の言葉で言えば，それぞれ，①博物館，②学校，③試験研究所に対応するであろう．しかし，これらの三つの相互関係に関する明確な説明はどこにもなかった．どんな人々を対象とするかもあいまいであった．教育の内容や方法についても，デモンストレーターと製図家をスタッフとして，デモンストレーターが保存所で機械の横で説明するという以上には述べられなかった．この演示（デモンストレーション）からすると，パリ工

第4章　近代的公共博物館の出現　　167

芸院は博物館と学校の両方を兼ね備えた場所であったが，機械コレクション中心という意味からすれば博物館の色彩が強い．演示は，技術教育が徒弟制度から学校へと変わる中間段階であると見ることもできる．親方の恣意にまかされていた徒弟方式から脱却して技術教育を確立する必要が意識されていたが，当時はまだその方法について模索する段階であって，パリ工芸院では演示しか考えなかった．このように博物館か学校か，対象が職人か市民一般か，技術教育の方法は何かといったことを明確に規定しないあいまいさが，今日までのパリ工芸院の歩みに強く影響することになる．産業革命が本格化する前の職人と手工業の時代に上述の諸点に明確に答えることはできなかったであろうし，百科全書派もこれらの点について述べてはいなかった．以後，パリ工芸院はこれら諸点を課題として持ったまま歩んで行く[57]．

パリ工芸院の学校

　パリ工芸院は，発足後まもなく，博物館よりも学校に重点を置くようになった．徒弟制度にかわって機械を使う演示を行う施設として出発したが，学校路線を選択したのである．その学校も，当初は職人の訓練を行ったが，市民一般の技術知識の向上に重点を置く夜間の自由聴講に転換した．今日の世界の技術教育は，技術者・技能者となる若者を入学試験で選抜し，定まったカリキュラムでフルタイムで教育し，試験の後に卒業資格を授与する「ふつうの」技術学校で行われる．パリ工芸院の技術学校はこのような技術教育の主流方式ではなく夜間自由聴講方式を長く続けた．同校が技師ディプロマ（免状）を授与する「ふつうの」技術学校方式を採用するのは，第一次世界大戦後の 1924 年であった．パリ工芸院は，技術教育の先駆者でありながら主流になりそこねたのである．

▪ 学校路線への転換

　パリ工芸院は博物館よりも学校に重点を置くように転換し，製図学校（L'école de dessin）と綿糸学校（L'école de filature de coton）が工芸院につくられた．長らくデモンストレーターをつとめていたモラールは，演示による教育では不十分であると考えていて，綿糸学校と製図学校の設立に努力した．

製図学校は，1799年に始まった．綿糸学校は，フランスの機械製糸の発達史上で重要な役割を果たしたミルン一家のジャック・ミルン（Jacques Milne）の主唱によって，1804年につくられた．ナポレオン帝政期には，製図学校がパリ工芸院の事業の中心であったが，政治の動乱が続いてパリ工芸院も製図学校も不振であり，1812年以後は工芸院の機能は停止に近かった．王政復活後，綿糸学校の方は廃止されたけれども，製図学校は継続した．復活王政期とそれに続く七月王政期が，製図学校の繁栄期であった．その後，パリに開設された他の学校との競合があって，学生には他校のドロップアウト組が多くなり，製図学校は第二帝政末期の1869年に廃止が決定した．後述のように，1819年以後，デュパンら革新派が工芸院の主導権を握ったから，伝統派によって設立された製図学校の廃止は当然の成り行きであった[58]．

- 自由聴講方式の確定

1819年に，応用機械，応用化学，工業経済の三教授職がパリ工芸院に設置された．これが，工芸院の第二の出発であった．

ブルボン王朝復活後の1817年には，クリスチャン（Gérard-Joseph Christian）がモラールの後をついでパリ工芸院の院長となり，ラ・ロシュフコー＝リアンクール公爵（François-Alexandre-Frédéric La Rochefoucauld-Liancourt）[59]がクリスチャンと協力して，パリ工芸院の再建にあたった．王制復活後，経済が安定し，工業が活性化するとともに，技術者・技能者が求められた．1819年に設けられた応用機械，応用化学，工業経済の三教授職には，デュパン（Charles Dupin. 1783-1871年），クレマン＝デゾルム（Nicolas Clément-Désormes），セー（Jean-Baptiste Say）がそれぞれ任命された．復活王政は技術教育に無関心あるいは敵対的であったが，若い内務大臣ドゥカーズ（Decazes）は熱心にデュパンを支援し，1819年の三教授職設置を実現した．ここで学校を主とし博物館を従とする路線が最終的に確定した．三教授職設置は，今日につながるパリ工芸院の教育方式を定めたのであり，革新の推進者デュパンは，グレゴワールに次ぐパリ工芸院第二の創立者であると評価されている．こうしてできたパリ工芸院の学校では，学生は好きな講義を自由に聴講できた．この方式は，19世紀までの大学ではふつうであったが，パ

リ工芸院以外のフランスの技術学校ではほとんど採用されなかった．学生（聴講生と呼ぶべきであろう）の大部分は，職人，労働者，小工業者であって，公共交通機関のない時代であるからサン＝マルタン近隣の住民であった[60]．博物館に関しては，教授たちは担当分野のコレクションと展示の手入れと増強を行うことになっていた．

パリ工芸院の学校路線には，ラ・ロシュフコー＝リアンクールら伝統派とデュパンら革新派との二つがあった．伝統派は徒弟修業の時代のような実地訓練を重視した．革新派は主としてエコール・ポリテクニーク出身者であって，数学・物理学を応用して技術の進歩を図ろうとし，職人や労働者の訓練よりも，もっと広い人々を公開講義によって教育しようとした．三教授職設置は，革新派路線の勝利であった[61]．こうして，機械の実物を使う教育法に親しんでいた伝統派がパリ工芸院内で後退し，ポリテクニシャン（エコール・ポリテクニーク出身者）の革新派が主導権を握った．パリ工芸院の博物館にとっては，この工芸院の第二の出発は不幸であったと言えるであろう．

デュパンのえらんだ成人夜間講座路線は，技術者を志す若者の教育ではなく，労働者を含む市民の教育であった．グレゴワールらが市民教育も視野に入れ，次に製図学校と綿糸学校で技術者教育に転回したのを，デュパンが市民教育にもどしたのである．技術教育としては，第二の出発においてもパリ工芸院はあいまいさのつきまとう道を選択したことになる．

デュパンは，創立期のエコール・ポリテクニークの責任者モンジュの弟子で，幾何学者であった．デュパンやセーらは，イギリスの例に学んで産業を振興する必要性を訴えていた．1815年以後，多くのイギリス人技術者がフランスにやってきた．ブルボン王朝復活後には経済が発展したが，当時，フランスの技術はイギリスのそれに20年も遅れていると言われていた．デュパンは，1816年から1818年にかけて何度かイギリスを視察し，イギリス（スコットランド）工業教育発祥の場というべきグラスゴーのアンダーソン・インスティテューション（Andersonian Institution）を訪問した．アンダーソン・インスティテューションでは，若い勤労者に安い聴講料の夜間コースで幾何学，機械学，物理学，応用化学を教えていた．デュパンは，パリ工芸院でアンダーソン・インスティテューションのコピーをつくろうとした．1823

年にロンドンでメカニクス・インスティテューション (Mechanics' Institution) を始めたバークベック (George Birkbeck) は，その前にアンダーソン・インスティテューションで働いていたし，デュパンはバークベックも訪問した．アンダーソン・インスティテューション，1819 年以後のパリ工芸院の学校，ロンドンのメカニクス・インスティテューションは，同根であるということができる[62]．

　こうしてスタートした講義のその後の道のりは，平らではなかった．技術教育に疑いの眼を向けていた復活王政の下では，パリ工芸院や工業中央学校（後出）の整備がはかられたのはドゥカーズやマルチニャック (Martignac) が大臣であった短い期間だけであった．知識ことに科学知識を民衆に与えると不穏な思想を持つようになると考えられていた．フランス革命の恐怖を体験した保守派は，技術教育に無関心であるかまたは敵対的であった．民衆に教育を与えると暴動や革命を起こすという恐怖心が，フランスに限らず，支配階級の間に非常に強かったのである．シャルル 10 世治下では，パリ工芸院の教室が反政府活動の温床になっていると公安警察が疑った．1820 年代の反動期には，多数の人が集まるだけで疑われたのである．1824 年からは講義を午後 7 時または 8 時から始めるようにしたので，これも疑いを強めた．密偵が陰謀のつくり話を警察に報告することもあったようであるが，講義にリベラルな雰囲気があったことも想像に難くない．首相で右派（ウルトラ）のヴィレール (Villèle) は，1823 年にラ・ロシュフコー＝リアンクールを工芸院およびその他の公職から追放した．1827 年にラ・ロシュフコー＝リアンクールが亡くなったあとの葬儀では，政府のあしらいに対する不満が原因で騒動が起きた．1825 年 11 月には，夜の講義は止めて午後にするように警察長官から命令があり，これが 3 年間続いた．この時間変更の結果，警察のもくろみ通り，聴講者数は激減した．ヴィレールは，工芸院の廃止を意図していたのかもしれない．1827 年 12 月にヴィレールが退陣したあと，マルチニャックによって教育問題についてリベラル派に相当の譲歩がなされた．勤労者が聴講できるように夜間講義（午後 8 時から）にもどったのは，1828 年であった．

　1827 年から 1828 年にかけてフランスほかヨーロッパでは経済不況であっ

たので，産業振興のための改革論が支持されたことも，工芸院復権につながった．1830年の七月革命により誕生したオルレアン王政では，政府が技術教育機関を敵視することはなくなった[63]．

　三教授職設置後のパリ工芸院における教育は，好評であった．七月王政になってからは，実用的技芸知識の普及が重んじられ，工業も発展し，パリ工芸院にとっても順風の時期であった．しかし，商工業振興のための人材養成には，夜間成人講座では不十分であり，科学的知識をもとにして組織的教育を行う学校が必要であった．決まった職種を目指す若者を入学試験で選抜し，フルタイムのカリキュラムが定まっていて，卒業試験をして卒業資格を与える学校が求められた．1829年開設の工業中央学校（École Centrale des Arts et Manufactures. サントラルと呼ぶこともある）がこのニーズに応えた．その後，フランスの工業に必要な技術者を供給したのは，工芸院の学校ではなく，サントラルであった[64]．

　その後も，パリ工芸院はフランスの政治によって左右された．オルレアン朝の七月王政は，1848年の二月革命で打倒された．この前後の動乱では，パリのサン＝マルタン付近には民衆によってバリケードが築かれた．パリ工芸院もその影響をこうむったが，所蔵コレクションや職員に損害はなかった．1848年6月の労働者暴動のあと，翌年6月に共和派市民が暴動を起こした．その指導者で急進派のルドリュ＝ロラン（Alexandre-Auguste Ledrue-Rollin）が鎮圧軍に追われて，工芸院に逃げ込むというひとこまがあった．彼はロンドンへ亡命する．パリ工芸院の院長プイエ（Claude Pouillet）はもともと熱心なオルレアン王政支持派であったが，この事件をめぐって責任を問われ，1852年に辞任させられた．

　プイエ追放後に成功したモラン（Général Arthur Morin）が，工芸院院長（Directeur）となった．モランは，新受講生の学力が均一であるように，また，年間の受講生数が1定（1万2000人程度）になるように努力した．1880年に彼が去ったあと世紀末にかけて，受講生は激減した．コース当り平均の受講生数は1880年に234人であったのが，1900年には88人となった[65]．後述する技師ディプロマの創設は，この行き詰まりの打開を図る試みであった．図4-17は，大講堂における講義のようすである．

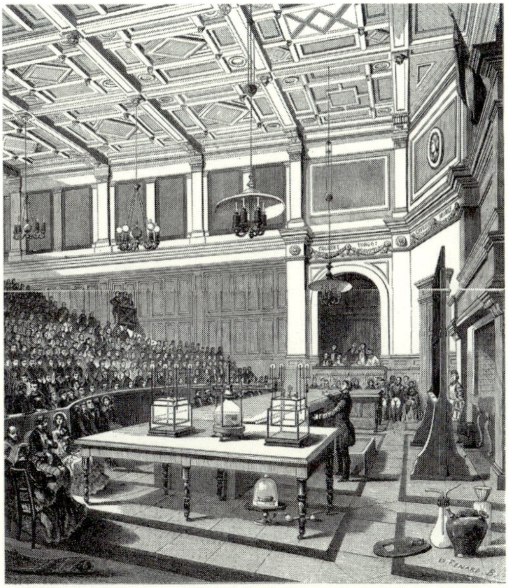

図4-17　パリ工芸院の大講堂における化学講義，1847年頃
Friedrich Klemm, "Geschichte der naturwissenschaftlichen und technischen Museen", *Deutsches Museum Abhandlungen und Berichte*, Vol.41. No.2 (1973), p.45.

パリ工芸院の実験室は，工業界のための試験室の役割も果たした．その詳細は，筆者の別稿ほかを見られたい[66]．

- 公開講義，日曜講義，特別講演

1850年以後の特別な公開講義について紹介しよう．1849年に商務大臣デュマ（Jean-Baptiste Dumas. 化学者で，国民産業奨励協会の会長を長くつとめ，工業中央学校の設立に参画した）は，勤労者や学生のために，バカンスや日曜日の午前に，開放講義（leçons détachées）を開催するよう，パリ工芸院に求めた．彼の計画では，農業，工業，商業，技芸（arts）の新しい話題をとりあげることとし，半円形の階段教室（amphithéâtre）をこのために建設することになっていた．300人を収容する階段教室が復活王政時代の1822年につくられていたが，これに加えて，ヴォードワイエ（León Vaudoyer）設計になる2000人を収容できる階段教室が1845年から1847年にかけて建造された．デュマの要求はパリ工芸院の教授たちからは仕事がふえるので歓迎されず，プイエはこれを「知識を授けるのではなく，大衆を楽しませるだけだ」としてはっきりと反対したが，モランは熱心であった．モランは，通常

図4-18 パリ工芸院の公開講義の聴衆，1900年頃
Cent-cinquante ans de Haut Enseignement Technique au Conservatoire des Arts et Métiers 1820-1970, Ministère de l'Éducation Nationale, Paris, 1970, f.119,.

の夜間講義では理論を教えるので，開放講座ではそれを補う実際知識を教えようとし，また，製材などの実演を見せようとした．こうして，水曜日と土曜日に階段教室で行われる開放講義が1850年2月から始まり，次の10の講義があった——馬の解剖，製材，製絹，製糖，粉炭，遠近法，計算の法則，水車の原理，耐火磁器，カリフォルニアの金鉱開発が富裕階層に及ぼす影響．モランは，市民一般よりも勤労者を聴講者として想定し，光測定・照明器具，写真（ダゲレオタイプ），糖度測定，音と楽器製造，熱測定，農業と家畜といった，やや専門的な産業関係の講義を設け，また，学童のためにてんびん・重さについての講義も用意した．1852年には，1830年代からの工業化と都市化の進行の結果として問題になった都市の衛生と工業化についての講演があった．このようなパリ工芸院の開放講座は，七月革命後の第二共和制期における民衆中心の雰囲気醸成に貢献した．

　モランが1880年に去ったあと，1885年までは講義数は増加したが，その後減少した．1882年から院長になったロースダ（A. Laussedat）は，開放講義をふつうの講義と同じ高いレベルにしようとした．開放講義はパリ工芸院

の教授でなく外部の権威者の講演であることが多かったので，ロースダは教授職増加を要求した．1890年に金属と工業電気の二教授職が実現した．写真技術の教授職設置を目指して，1892年に写真に関する一連のシリーズ講演を開催し，1899年にも同様のシリーズ講演をしたが，教授職増加は実現しなかった．1889年から1892年までは，公開講義はとだえた．

　これらの講義の聴衆はさまざまな職業の人々で，年齢は10歳から老人まで，徒弟や労働者，貧しい身なりの人，男女のカップルもいた．外国人もいた．図4-18からも，そのようすがわかる．

　20世紀にはいってから1939年（第二次世界大戦でドイツに降伏する前年）までは，パリ工芸院の日曜講義（leçons du dimanche）の黄金時代であった．前述した写真技術のシリーズ講演の成功は，パリ工芸院の改革に好影響をもたらし，日曜講義が事業として公式に認められた．1901年から1920年までの期間に，350の日曜講義が行われ，戦間期には270行われた．フランス工業協会（Association des industriels de France）やフランス植民地連盟（Union coloniale français）の協力により，「労働災害」や「植民地での生産とフランスの産業シリーズ」といった講義も開催された．日曜講義のトピックのうち，科学に関するものは，近代物理とその応用（35講演）をはじめ，数学，工業化学，天文学，地球科学などであった．社会科学系では，経済学のほか，工業衛生，社会法，労働の権利，共済組織，保険，都市問題（25講演）などの社会問題をあつかった．電気通信，自動車，航空といった新しいトピックや，熱帯および植民地の農業といった講義もあった．第一次世界大戦中は，日曜講演は平日に移された．この時期のトピックスには，「武器の進歩」，「戦後のフランス経済の見通し」などがあった．1918年以後は，日曜講義の回数は減少し，それまでの10年間には毎年平均20の講演があったのに対し，1918年以後はこれが15になった．この期間には，講義録が23の日曜講義について刊行された．

　1927年からは「科学技術の最前線講演」（Conférences d'actualités scientifique et industrielles）が始まった．これは大変に好評で，すぐに大階段教室を使うようになった．キュリー（Marie Curie），ペラン（Jean Perrin），ランジュバン（Paul Langevin），ブリルアン（Léon Brillouin），ドブロイ（Maurice de Broglie）

第4章　近代的公共博物館の出現　　175

らが講演した．ちょうど量子力学の形成期であったから，さぞ刺激に富んだ講演が続いたにちがいない．ドブロイやキュリーの講演録は，出版社の手によって刊行された．同様に，「経済学の最前線講演」(Conférences d'actualités scientifique économiques) が，1935年から始まった．これら公開講義の講演者は，産・官・学の技術者，研究者，マネージャで，労働組合の指導者や，スポーツ関係者もいた．

1939年に，公開講義は停止された．戦後には，科学技術の最前線講演は再開されたが，経済学の最前線講演は復活しなかった．

このように，1850年以来，パリ工芸院は大筋としては公開講義を熱心にやってきた．多くの場合，院長らの首脳が主導者であり，教授たちはいつも公開講義に乗り気であったわけではない．公開講義を行う主旨は一定せず時代によっていろいろであって，公開講義が教授職増設への布石として行われたこともあった．市民一般にわかる啓蒙講演と，素養と関心のある聴講者を対象とした専門講義とのあいだを揺れつつ，パリ工芸院の公開講義は，物理，数学，経済学といった基礎の講義をそろえ，時代の新しいトピックスを加えて開催された．

■ディプロマ授与の開始

パリ工芸院は，1924年から技師ディプロマ (Diploma d'Ingénieur du Conservatoire) を授与するようになった．自由聴講がモットーであるパリ工芸院はそれまではディプロマ等の資格や証明書・免状は出していなかったので，この改革は1819年の改革に次ぐ大変革であった．市民のための成人夜間講座に加えて，ここに，技術者を養成する専門教育が制度化された．以後，パリ工芸院はこれら両方を行うことになる．

制度としての学校にはふつう入学資格（必要とする前教育歴）や入学試験があるが，パリ工芸院ではこういったものは一切なかった．午後や夜間に好きな講義を聴講するので，学生はパートタイムであり，学生というよりも聴講生と呼ぶべきであろう．出席者数の統計は，自由聴講であるので初期には欠けているが，1883-84年には14万440人という多数であった．このような多数の受講生がいたのは，自由聴講であったからであろう[67]．

卒業資格証明書等の必要は，1839年頃から感じられていた．第一次世界大戦後の1922年に，パリ工芸院は教育省（Ministère de l'Éducation nationale）管轄になった．技師ディプロマを設けることが同年に決定した．同様に，応用経済学ディプロマ取得も可能になった．1924年に，最初の技師ディプロマが授与された．技師ディプロマ授与という変革によって，パリ工芸院は技術者となろうとする若者の教育に重点を置くようになった．工芸院の性格はふつうの学校に近くなったといってよいであろう．

▪ パリ工芸院の技術学校の評価

　今日のパリ工芸院は，ディプロマを授与する専門教育とともに，成人教育（formation des adultes）をすることをうたっている．実情としては，若者以外の受講生は少なく，成人教育・生涯教育機関としての利用率は低いようである．このように，創立以来のあいまいさを，なお工芸院は持っている．このあいまいさは，しかし，特長でもある．パリ工芸院には，勤労者が学べること，全国連携ネットワークがあって地方でも技術教育の機会が提供されていること，といった特長がある．パリ工芸院は，種々の工業技術・工芸のほか，工業政策・農業・社会保障・商業法・労働・工業立地・産業能率・衛生・防災等を含む広い範囲の科目を提供しており，パートタイムで学べるので，いちど学校を終わった人にも第二の勉学チャンスを与えている．受講生数・修了者数が非常に多いことから，この利点が現実に生かされていることがわかる．工芸院の学校は，フランスの社会と産業に相当の貢献——ことに労働力の流動性と上向移動の——をしてきたと見られる．エリート主義，中央集権主義の強いフランス社会で，非エリートや地方の人々にチャンスを提供するパリ工芸院は，一種のカウンターバランスとしても機能していると思われる．

　外国人に開かれていることも，この学校の特長である．外国人にとっては，大学に入学するには入学資格（前教育）や入学試験などのさまざまな制約や困難があるから，パリ工芸院は，パートタイムで学べることでもあり，ありがたい存在である．実際に，ブラック・アフリカをはじめ外国からの学生も多い．レバノン等の外国にある工芸院連携センターで学ぶこともできる．外国人の若者をフランス風に染めて送り帰すパリ工芸院の存在は，世界におけ

るフランスのプレスティジと国際競争力に相当に寄与していると見るべきであろう．

パリ工芸院博物館のあゆみとコレクション

　パリ工芸院博物館は，前述のように，ヴォカンソンのコレクションを引きついではじまった．1792年に成立した国民公会は，王室，王族，教会から接収したコレクションを，ルーヴル美術館，国立自然史博物館，およびパリ工芸院に置いた．こうしてオルレアン公爵家のコレクション等が工芸院に加わり，1807年には，パリ科学アカデミーの機械・モデル・器具のコレクションがパリ工芸院に移された[68]．ナポレオン帝政期の1814年には，シャルルの物理実験室がここに移された．彼の実験室は，1807年に国の所有となっていたもので，1792年には300以上の器具を持っていた．

　グレゴワールによれば，展示は，革命暦で10日間のうち，5日目と10日目は一般に公開し，2日目，4日目および6日目は勤労者の利用日とすることになっていた．演示（デモンストレーション）は，当初，革命暦10日目の休日に行われた．1802年から，展示の一般公開がはじまった．1818年にクリスチャンによってつくられたパリ工芸院最初のカタログによれば，木曜日と日曜日が一般公開で，他の曜日は学者，工芸家（artists），外国人の見学にあてられた．

　このカタログによれば，収蔵品数は3279点であった．主な所蔵品を見ておこう．まず，ヴォカンソンのコレクションには，鎖製造機，大きな鉄製旋盤，絹織機などがあった．キュニョー（Nicolas Joseph Cugnot）の蒸気自動三輪車，ルイ16世の首を落としたギロチン，歯車を使ったパスカル（Blaise Pascal）の計算機械があり，そのほか，時計，農業機械のコレクションがあった．パリ科学アカデミー関係では，ラボアジエ（Antoine Laurent Lavoisier）が実験室で使った器具，ビュルギ（Jobst Bürgi）の天球儀，マリー・アントワネットのために1784年に作られたダルシマーを弾く自動人形があった．今日でも，これらのうちの多くが展示されている．

　パリ工芸院には，1829年以前の図面類を集めた「ヴォカンソンの紙挟み」（Portefeuille de Vaucanson）がある．このコレクションは，1万5000点の図面

図4-19 パリ工芸院の動力機械の動態展示
Edouard Bonnefous, *Le Conservatoire National des Arts et Métiers: Son histoire, son musée*, Conservatoire National des Arts et Métiers, Paris, 1980, p.12.

からなり，その大半は1817年より前に描かれたものである[69]．

　ナポレオン帝政期には，パリ工芸院もその博物館も，不振であった．1970年代の英文版パリ工芸院博物館パンフレットには，1802年と1819年との間（ナポレオン時代と復活王政の初期）は「この博物館はもはや，国民公会から委託された使命を果たせなくなった」とある[70]．

　前述のように，パリ工芸院は発足後まもなく博物館よりも学校を中心にするようになり，革新派による1819年の三教授職設置がパリ工芸院の博物館非重点という路線を確定した．ラ・ロシュフコー＝リアンクールやクリスチャンら伝統派は，世代から言っても徒弟教育に親しみがあり，学校中心であっても実物の機械を使う教育を重視していた．これに対し，ポリテクニシャンである革新派は，技術を科学の応用として見ていたので，機械の発達史のコレクションにはさほど興味を持たなかったであろう．

　1850年代には，モランとトレスカ（Henri Tresca）によって，博物館の演示は相当に活性化された．トレスカは，1851年の第1回ロンドン万国博覧会を見て，機械が動いている動態展示の効果に強く印象づけられた．この博覧会でフランスからの展示に関与した建築家ヴォードワイエと協力して，ト

第4章　近代的公共博物館の出現　　179

レスカは，パリ工芸院で古い教会と鐘楼を利用して水車を設備し，イギリスから買い入れたウィットワース工作機を動かして見せた．蒸気機関2台も設備した．階段教室にプーリーで動力を伝え，圧縮空気も使えるようにした．これで演示のバラエティがそれまでよりもずっと広くなった．図4-19は，モランが設備した動力機械の動態展示である．材料の強度測定の装置も設備された．これらの工事は1852年から1854年にかけて行われた．1856年には，日曜日にこの実験所を一般の使用に開放し，また，週に数回，夜間のデモンストレーションを行った．大がかりなデモンストレーション実験が多数の観客を集めて行われた．機械技術以外にも，カセリ（Giovanni A. Caselli）の初期のファックス（pantélégraph）や，ド・ラ・リヴ（Arthur-Auguste de La Rive）の人工オーロラなどの演示もあった．図4-20は1870年のパリ工芸院の概要で，大講義室，水力機械展示，図書館，農業機械などが描かれている．

　これらモランとトレスカの実験設備から始まって，度量衡標準研究所がつくられ，1901年に国立の試験研究所が設立された．その結果，皮肉なことに，機械標本を収集して演示するという活動はむしろ低下した．化学についても，合成繊維・プラスチック・石油化学といった化学の新しい発達に関する標本は，パリ工芸院には多くはない．結局，モランの努力も，パリ工芸院の学校中心という大きな流れを変えるには至らず，博物館の活性化は続かなかった．

　パリ工芸院は，博覧会と相当に密接な関係を持っていた．モルターニュ館およびパリ科学アカデミーからの継承についで，1851年から1878年までの博覧会からの物がパリ工芸院の主要な所蔵物になった．ジャカード織機ほか繊維機械，電気機械は，その例である．1851年と1855年の博覧会からだけでも，約900の機械器具がパリ工芸院に収納された．王政復活後の1819年には，フランス工業博覧会が開催され，クリスチャンの協力およびシャプタルの支援を得てラ・ロシュフコー＝リアンクールがこれに関与した．シャプタルは，1801年と1802年に同様の博覧会を組織した経験者であった．工芸院のヴォードワイエらは，1855年にパリのシャンゼリゼ広場で開催された博覧会でも工業部門の展示に協力した．

　パリ工芸院の正史[71)]は，1880年の観光案内書ベデカ（*Le Guide Baedeker*）の記述に言及している．これによれば，パリ工芸院は午前10時から午後4

図4-20　1870年頃のパリ工芸院の概要
Michel le Moël and Raymond Saint-Paul, *Le Conservatoire National des Arts et Métiers: au cœur de Paris, 1794-1994*, Conservatoire National des Arts et Métiers, Paris, 1994, p.64.

第4章　近代的公共博物館の出現

時まで開館していて，世界一の技術コレクションを見ることができ，展示物にはすべて説明書きがついており，機械が動いているのを見ることができる．

収蔵品数は1818年に3279点であったのが，1851年には約5000点になった．1900年には1万5130点になった[72]．1970年における所蔵品は，約2万2000点である．

パリ工芸院の博物館は，以後，世界で技術博物館の手本と目された．1918年に開館したヴィーン技術博物館（Das Technische Museum für Industrie und Gewerbe）は，設立準備のために1908年に報告書を公刊している．この報告書の中で同館創立者エクスナーは，みならうべき技術博物館としてサウス・ケンジントン博物館（のちビクトリア・アンド・アルバート美術館とロンドン科学博物館に分離）等とともにパリ工芸院を挙げ，当時のパリ工芸院の状況を述べるとともに，トレスカ時代に見学した折のことにも言及している．ドイツ博物館の創立者フォン・ミラーも，1881年にパリで開催された最初の世界電気博覧会を視察した折にこの博物館を訪れて，これと同じ博物館をドイツにつくろうと考えた．しかし，パリ工芸院博物館の内実は芳しくなかった．19世紀末から20世紀まで，工芸学校博物館は手入れされることもなく放置され，古い機械がただ集めてあるといった状態であった．見学者は少なく，午後しか開いておらず，最新の研究が反映されることもなく，工業界との関係が薄いということで，パリ工芸院はことに外国人には評判がよくなかった[73]．

戦間期に，技術教育振興のために米国のリチャーズは，ヨーロッパの技術・工業博物館を歴訪して調査した．彼の報告書（1925年）は，ヨーロッパの代表的工業博物館として，ドイツ博物館（1908年仮展示開設，1925年正式開館），ヴィーン技術博物館，ロンドン科学博物館，パリ工芸院の四つを挙げている．パリ工芸院では，技術記念物を発達の順序に従ってならべることをしておらず，機械モデルの動態展示も少ないので，「ここは，博物館資料の壮大な置き場に過ぎず，技術系学生や技術者にとっては貴重であっても，教育目的に利用できるようになっていない」と述べている．なお，この報告書によれば，1905年から1910年までの間にパリ工芸院の公式カタログが6種類刊行された[74]．

パリ工芸院博物館は，歴史上の機械だけでなくその時々の最新の技術を展示する博物館として出発したのであるが，特に確固たる方針もなく1世紀以上が過ぎ，第一次世界大戦後には，古い機械しか置いていない状態になった．収蔵の場所が不足して，戦間期からは，その時々の新しい技術の記念物を収集することを停止した[75]．1937年のパリ万博の折に，世界最初のサイエンスセンターである発見宮殿（Palais de la Découverte）がパリにつくられた．発見宮殿は，純粋科学の原理を演示で教える施設である．これ以後，最新の科学は発見宮殿が展示し，パリ工芸院の博物館は歴史上の技術だけを扱うという分担になったのであろう．

パリ工芸院の図書館
　ここで，パリ工芸院の図書館について述べておこう[76]．この図書館は，1794年以来パリ工芸院の重要施設であったが，司書（bibliothécaire）の存在が記録にあらわれたのは，1796年であった．この図書館は展示室と同じく，革命暦で10日間のうち，5日目と10日目は一般に公開し，2日目，4日目および6日目は勤労者の利用日とすることになっていた．フランス革命で接収された約6000冊が最初の所蔵図書で，ウニベルシテ通りのエギヨン館（hôtel d'Aiguillon）に収納された．グレゴワール，グリュヴェル（Gruvel. 初代司書），モラールが接収図書の収納に努め，1800年に約7000冊がサン＝マルタンに移された．

　パリ工芸院図書館には，学協会の機関誌等のほかに，博覧会のカタログも集められた．1890年には，トレスカが博覧会のカタログ150点と関連図書854冊を入れた．1937年までに，1080点の産業博覧会カタログが収集された．1926年には，国立図書館（Bibliothèque nationale）と調整して，工業技術に関する書籍の国家保存所はパリ工芸院図書館と決められた．なお，前述のリチャーズの報告書によれば，1919年にはこの図書館の蔵書は5万3000冊あった．

　この図書館は相当に利用されたようで，アラゴは1831年に，「閲覧室は40席か50席しかないが，毎日いっぱいである．日曜日には，半数しか座れない」と書いている．1839年には，プイエによって，技芸家と労働者のた

めに図書館の夜間開館が実現した．1862年には利用者は約8000人あり，週の6日間（日曜日を含む）開館していた．その後も利用者数は増加し，1920年には3万3000人あった．1994までの40年間に，利用者数は5倍に増した．

パリ工芸院博物館の革新とサン＝ドニ保存所開設

第二次世界大戦後の1960年代になってから，パリ工芸院博物館の革新がはかられた．演示を多用する，学校との連携をはかる，グループ見学と工作・写真教室を実施する，少年科学技術クラブを組織する，といった方向で，科学技術知識の普及活動をめざした[77]．しかし，この改革もはかばかしく進まなかったようである．

筆者が1975年にここに行ったときには，月曜日閉館，火曜日から土曜日までは午後のみ開館，日曜日だけは午前から開館であった．午後しか開館しないのはヨーロッパの博物館では当時は珍しいことではなかったが，工芸院では展示室の多くが閉まっていて，がっかりした．お目当てのキュニョーの蒸気自動車（図4-21）やグラム（Zénobe Théophile Gramme）の発電機などは，薄暗いホールに置いてあるだけであって，前述のリチャーズの評通りであった．図4-22と図4-23に，このころのパリ工芸院博物館のチラシとガイド・パンフレットを示す．

1980年からパリ工芸院博物館の大改革がはかられ，発見宮殿ほかパリの大博物館のいくつかが相互の関係を調整して，工芸院博物館のリノベーショ

図4-21　キュニョーの蒸気自動車，1770年
Charles R. Richards, *The Industrial Museum*, Macmillan, New York, 1925, f.10.

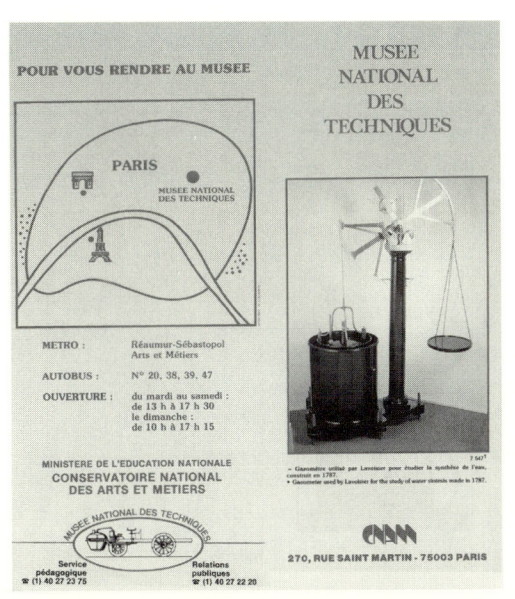

図4-22 1970年代のパリ工芸院博物館のチラシ．キュニョーの蒸気自動車がシンボルマークになっていて，所在地の概略マップがついている

図4-23 1970年代のパリ工芸院博物館のガイド・パンフレット

ンがようやく始まった．1989年のフランス革命200年に際しては，フランスの科学技術史上の偉人をとりあげて工芸院博物館で盛大な特別展があった．パリ工芸院は，「技術のルーヴル」を再び目指すことになった．パリ北方5キロメートル郊外のサン=ドニに保存所を設けることが，リノベーションの重点項目であった．この保存所は，パリ工芸院200年を記念して，1994年に開館した．サン=マルタンの展示面積が約1万平方メートルあるのに対し，ここは面積が保存庫，修復工房・写真工房と合わせて約9000平方メートル

第4章 近代的公共博物館の出現 185

ある．ここでは，標本の修復も行っていて，また，保存コレクションを研究者・学生・博物館キュレータたちに見せることを想定している．パリにある発見宮殿や，新設のサイエンスセンターであるラ・ビレット（La Villette. 1986年開館）が新しい科学技術を見せるのに比較して，パリ工芸院は古い機械等の宝庫であるから，これら技術記念物を興味を持つ人々にゆっくりと見せるのはたしかに良い発想である．ガラスや陶磁器のコレクションは膨大な量があるので，保存展示が実現すれば相当に喜ばれるであろう[78]．

サン＝マルタンのコレクションの概要を見ておこう．すでに述べたように，ここの展示物では，ヴォカンソンのコレクション（織機や工作機械）と，18世紀以来の科学器具（天文器具．時計を含む）が重要である．シャルルの実験室およびノレの器具，ラボアジエの実験室，パスカルの計算機械のほか，ホイヘンス（Christian Huygens），ニュートン（Isac Newton），モンゴルフィエ（Joseph Michel de Montgolfier）らの器械，地球の自転を立証したフーコー（Léon Faucoult）の振り子や光速測定用器具がある．フランスのお家芸と言うべき計算機械，自動機械・自動楽器，ガラス，写真，電信機，発電機・電動機，飛行機，自転車，楽器，蓄音機等のコレクションが充実している．ジャカード織機，ルノワール（Jean Joseph Étienne Lenoir）のガス機関，ブレリオ（Blériot）の単葉飛行機がある．1829年以前の図面類を集めた「ヴォカンソンの紙挟み」コレクションは，その大半は1817年より前に描かれたものである．これとあわせて18世紀と19世紀の工業設計図等の記録が2万点ある[79]．

全体を通じて一番の見ものといえば，1770年のキュニョーの蒸気自動車（図4-21）であろう．前方に直径が1メートル以上ある球形ボイラーのついたこの自動車は，現代人には実用性のないぶかっこうな遺物に見えるかもしれない．しかし，この蒸気自動車は短い距離ながら実際に走ったのであり，自動車の歴史を画するものであった．

リノベーション後の展示の特徴を見ておこう．リノベーションにより，サン＝マルタンの博物館の展示にもくふうが凝らされた．配置を図4-24に示す．分野による分類と時代による分類と，二重分類で展示を構成している．分野は，①科学器械，②材料，③土木，④通信，⑤エネルギー，⑥機械，⑦

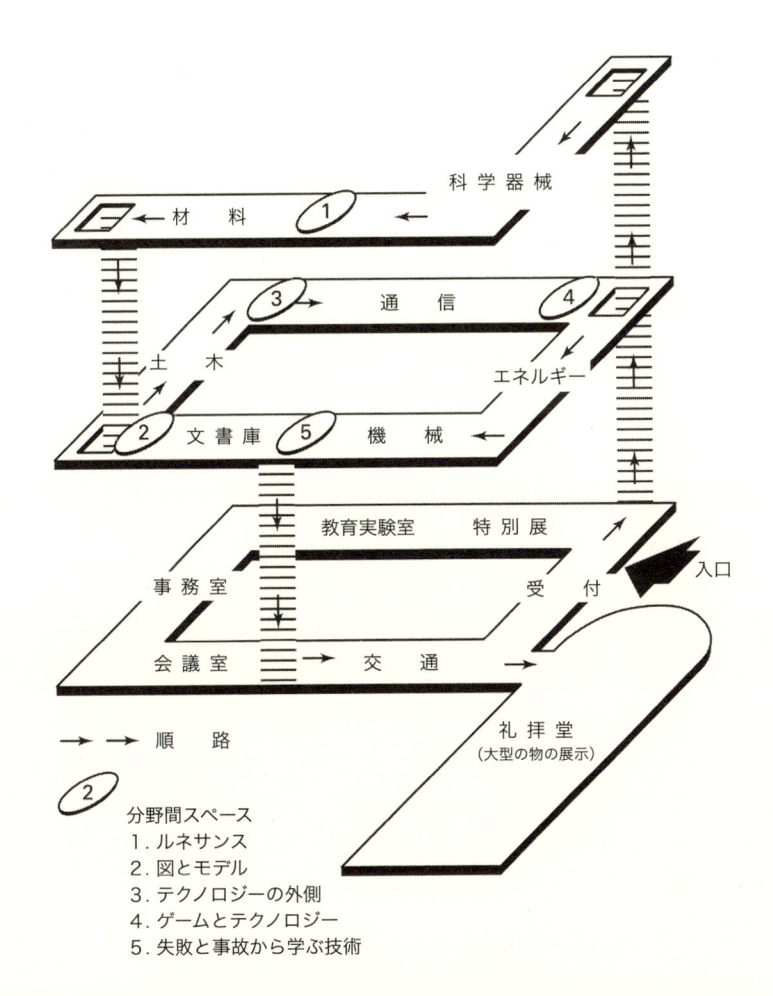

図 4-24　リノベーション後のパリ工芸院博物館の常設展示の配置
Dominique Ferriot, and Bruno Jacomy, "The Musée des Arts et Métiers: Renovation issues (1988-1998)", in Svante Lindqvist (ed.), *Museums of Modern Science*, Nobel Symposium 112, Stockholm, 2000, p.39.

交通，の7分野，時代は，(a)1700年まで，(b)1700年から1850年まで，(c)1850年から1950年まで，(d)1950年から現在まで，の4時代である．分野間をつなぐスペースでは，7分野とはちがった角度から技術を見る展示を行う．「失敗と事故から学ぶ技術」は，その例である．分野別展示ではモノが中心であるのに対し，分野間をつなぐスペースは文脈（discourse）中心で

第4章｜近代的公共博物館の出現　187

あるということができる．このスペースには，ベンチや水飲み場を設け，観客が息抜きできるようになっている．

偉大な科学者や発明家だけでなく，彼らとコンビを組んだテクニシャンや科学器具製造家をとりあげたのも，リノベーション後の展示の特徴である．アンペール（André Marie Ampère）に対してのピキシ（Hippolyte Pixii），フーコーに対してのフロマン（Paul Gustave Froment）はその例で，展示ではテクニシャンや科学器具製造家なしには重要な発明発見は不可能であったことを示そうとしている[80]．

パリ工芸院博物館の評価

パリ工芸院博物館は，世界最初の公共の大きな技術博物館であった．しかし，この博物館にすぐつづいて欧米各地に技術博物館がつくられることもなかった．世界で二番目につくられた大規模な技術博物館はロンドンのサウス・ケンジントン博物館であって，その誕生はパリ工芸院設立から半世紀以上たってからであった．ドイツ博物館がつくられるとき（1906年仮展示開設，1925年正式開館）には，パリ工芸院博物館は不振を続けていて従うべき手本ではなかった．サウス・ケンジントン博物館はイギリスの産業革命の成果を謳った1851年の第1回万国博覧会の結果として誕生し，ドイツ博物館は第二次産業革命の進行のなかで，20世紀になってから開館した．18世紀末に誕生したパリ工芸院博物館が技術博物館として整備されるには，時代がまだ早すぎたと言えるかもしれない．

パリ工芸院の博物館は順調な発達の道を歩んできたとは言いがたいが，なぜこのようになったのであろうか．工芸院は発足のあと，すでに博物館よりも学校を中心にする路線を選んでいる．これが，パリ工芸院の博物館の停滞を決めた理由のひとつである．

パリ工芸院の博物館は，当時の最新の技術を展示するためにつくられた．コレクションにはもちろん古い機械類があったが，それは現在（その当時）の技術の説明のためという意味があった．現在の技術標本も，年月がたつにつれ歴史上の存在になる．パリ工芸院では，学校に重点があり，古くなってきた技術標本は新しい技術の教育には役にたたないのでメンテナンスされず，

まして歴史上の技術記念物を収集することもなかったのであろう．フェリオ館長（Dominique Ferriot）は，パリ工芸院が歴史上のコレクションに無関心であったと指摘している[81]．1920年代すなわちパリ工芸院が技師ディプロマを出すようになった頃には，新しい技術の標本を集めることも放棄された．こうして，パリ工芸院の博物館は荒れたままになった．

パリ工芸院には博物館に情熱を注ぐリーダーがいなかったことも，その停滞の原因であろう．創立時あるいは初期に強い指導性を発揮するリーダーがいることは博物館にとって非常に大事であって，これが博物館のその後の命運を決めるといっても過言ではない．ドイツ博物館，サウス・ケンジントン博物館，スミソニアンにおけるフォン・ミラー，コール，グードは，その例であり，ヴィーン技術博物館にはエクスナーがいた．このような人物はパリ工芸院にはおらず，グレゴワールも博物館運営には深くかかわらなかった．

パリ工芸院以外の大規模な博物館も，その歴史は実は迷走であった場合が多い．ロンドン科学博物館（サウス・ケンジントン博物館とビクトリア・アンド・アルバート美術館も）やスミソニアンの技術博物館も，順調な成長の一本道を歩んだわけではない．パリ工芸院の博物館の停滞の歴史は，特異なことではない．

現在のパリ工芸院博物館は，新しい時代の技術記念物の収集をしない．新しい技術記念物を収集・展示しない博物館には，多数の観客を集められるか，工業界からの支援が得られるか，といった問題があるにちがいない．パリには，発見宮殿とラ・ビレットと，大きな科学技術博物館が工芸院博物館のほかに二つある．これら二館とちがって多数の技術史記念物を持つ工芸院博物館には，豊富なコレクションを活かす博物館活動が期待される．

本節の最後に，技術教育の場としての博物館や公開講義や自由聴講の学校というパリ工芸院の意義を考えてみたい．今日では技術教育の主流はこれらの方式よりも入学資格・入学試験，カリキュラム，卒業資格・ディプロマといった制度を備えた「ふつうの」学校になっているので，パリ工芸院のような方式は，結実しなかった過去の一試行のように見えるかもしれない．しかし，かつて博物館での技術教育は徒弟修業に代わる技術教育の主要な方式と

考えられていた．次章で述べるサウス・ケンジントン博物館もその前身は博物館と学校のコンビネーションであったし，19世紀の技術学校で機械モデル等を集めた博物館を置くのは，普通のことであった．公開講義や自由聴講も，第3章に見たようにロイヤル・インスティテューション，アデレード・ギャラリ，マンチェスターのビクトリア・ギャラリ等でひろく行われ，19世紀中葉まで科学技術教育の主要な方式であった．後述のように，スミソニアン・インスティテューションの設立時にも，大規模な公開講義施設が構想された．この構想がパリ工芸院をモデルにしていたことも想像に難くない．それゆえ，技術教育史にとって，パリ工芸院の事蹟は再評価にあたいするであろう．さらに，生涯教育・継続教育の施設として博物館が活動しようとする今日，公開講義や自由聴講といったパリ工芸院の歴史は示唆に富むと思われる．

4 大英博物館の成立

ロンドンの大英博物館（British Museum）は，ルーヴル美術館とパリ工芸院博物館より早く，1753年に設立された[82]．大英博物館は，スローンの膨大なコレクション（写本・図書，貨幣，動植鉱物標本）ほかを政府が買い上げて博物館としたものである．大英博物館は，はじめ自然史および図書中心の博物館であったが，自然史博物館（Natural History Museum）および大英図書館（British Library）がここから分離して，現在は古美術・考古学・民俗学の博物館になっている．大英博物館は，永続性，世俗性といった公共博物館の特徴をすでに持っていたけれども，今日の意味での公開施設ではなかった．大英博物館は1759年に公開をはじめたが，見学には面倒な予約手続きが必要であった．公開の実質を持った公共博物館は，フランス革命を経てルーヴル美術館とパリ工芸院博物館を待たなければならなかった．

スローンが遺したコレクションは，書籍・手稿約5万冊，メダル約3万2000，植物標本・種子1万2500点をふくむ約8万点であった．このコレクションを永続的に保存して学者に利用できるようにするには，単に既存の組織に譲渡したのでは不十分であると，スローンは考えた．イギリス国王，ロ

図4-25 モンタギューハウスの大英
　　　　博物館外観
Alma Wittlin, *The Museum, Its history and its tasks in education*, Routledge & Kegan Paul, London, 1949.

図4-26 モンタギューハウスの大英
　　　　博物館の正面階段，1845年頃
Molly Harrison, *Museums and Galleries*, Routledge and Kegan Paul, London, 1973, p.18.

イヤル・ソサエティ，オクスフォード大学，エジンバラの医科学校，パリ・アカデミーの順で2万ポンドでの買い取りを求め，見学を希望する人には公開するようにという遺言をした．国王はこれに応じなかったけれども，結局，国が購入することを下院が決定した．ハーリー（Harley）家の文書も買い取り，コットン図書館とあわせて大英博物館を設立することになった．ハーリー文書は，手稿8000冊，書籍5万冊，パンフレット40万点，印刷物4万点，コイン，メダル，肖像画等から成り，歴史文書はことに重要であった．コットン図書館は，ロバート・コットン（Robert Bruce Cotton）が集めたマグナ・カルタ等の古文書コレクションが1700年に国に譲渡されてできたものである．スローンとハーリーのコレクション購入と大英博物館設立ために政府の富くじが行われ，10万ポンドが調達された．設立は1753年で，ロンドンのブルームズベリ地区にあるモンタギュー・ハウスに収容された．大英博物館

の設立まで紆余曲折はあったが、イギリス中で特に有名であったスローンのコレクションが公共博物館になるのは、エリートから民衆までイギリス人の納得するところであった[83]。図4-25と図4-26は、モンタギュー・ハウス時代の大英博物館である。

大英博物館は、研究者および教育のある人たちのためにつくられた施設であるが、外国人をふくむ一般人にも公開することになっていた。実際には、排他的な制限をつけて、教育のある人々以外にはつとめて見せないようにしていた。土曜日、日曜日、クリスマスと5月の聖霊降臨節以後の各1週間、祝祭日には公開されず、はじめは時間も日に3時間だけであった。のち、9月から4月までは午前9時から午後3時、5月から8月までは火曜日・水曜日・木曜日は午前9時から午後3時、月曜日・金曜日は午後4時から8時に変更された。1時間の入館者は10人に制限されていたから、1日の入館者は60人以下であった。入場は無料であった。子供は入場できなかった。1863年までは、入り口に武装した衛兵がいた。この「公開」のようすを、オールティックは次のように説明している[84]。

> 見学には入場券が必要とされた。申し込み希望者は、本人が入り口に出向いて、受付に自分の姓名、社会的身分、住所を名簿に記入してくれるように頼まなければならなかった。その後、申し込み書は、幾つかの経路をゆっくりと通り、数日、数週間、あるいは数ヶ月後に呼び出されて、切符を手に入れることができた。一七七六年、四月に切符を申し込んだ人々は八月になってもまだ待たされていた。結果として、いつまでも待っていられない見学者たちのために辛抱強く待って入手した切符を売るダフ屋が現われた。

入館待ちの予約リストが、2000人を越えたこともあったと言う。7週間も待たないと見学できなかった勘定である。本の閲覧も、前の日に申請しなければならなかった。入館しても、引率の係員に追い立てられるように館内を巡ることしか許されておらず、展示品を自由に見ることは禁止されていた。入館者は、膨大なコレクションのあいだを30分から1時間ほど歩かされた

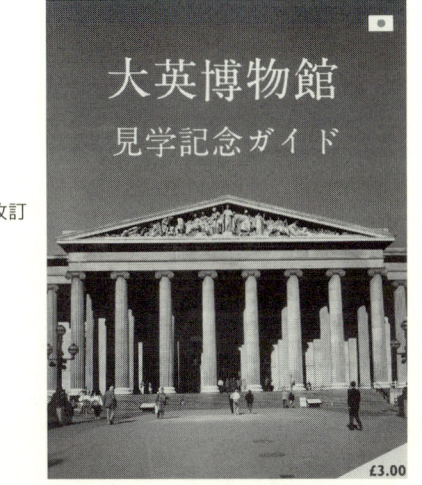

図4-27 大英博物館の日本語版ガイドブック，改訂第2版，1995年
『大英博物館見学記念ガイド』，第2版，1995年．

あと，すぐに出口から出されてしまうのであった．無料ではいってくる見学者は館にとって迷惑な邪魔者であり，これが係員の態度に露骨にあらわれた．見学者が不快を感じたのも当然であった．開館後20年間の入場者は，年平均1万人であった．1805年まではこのような入場券制度があり，入場者が自由に見て歩いてもよくなったのは1810年からであった．このような制限つきの公開は，今日の意味での一般公開とは甚だしく異なる．それにもかかわらず「非常に低い社会階級の男女」をふくむさまざまな人たちが見に来ていたというから，民衆のあいだで大英博物館の人気は高かったわけである[85]．

その後の大英博物館のあゆみを述べよう．館の改築が1820年ころから検討され，イオニア風円柱のある建物（図4-27）が1848年に完成し，1855年に円形閲覧室ができた．

大英博物館の発展ぶりは見学者数からもわかる．1807年から翌年にかけての入館者数は1万3406人であったのが，4年後には2万7479人以上と倍増した．1843年から，哺乳動物の目録をはじめとして，安価なパンフレットを刊行した．図4-28は，動物学の大ギャラリーが観客で混み合うさまである．入館制限日は，1879年に大幅に緩和された．1878年までは，毎週月曜日，水曜日，金曜日，土曜日（正午開館）であったが，1879年からは，

図 4-28　観客で混み合う大英博物館の動物学の大ギャラリー，1845 年
Illustrated London News, March 29, 1845, p.201.

日曜日以外の毎日に開館（土曜日だけは正午開館）することになった．1896年からは，日曜日も開館（午後 2 時から）するようになった．日曜日の開館は教会等からの強い反対があり，イギリス社会で論議を呼んだ．これについては，後述する．これらの制限緩和の結果，見学者数は増加し，1875 年には 57 万 3317 人であったのが，1880 年には 65 万 5688 人，1882 年には 76 万 7402 人，1886 年には 116 万 5350 人となった．18 世紀後半には年間入場者数は約 1 万人であったから，1 世紀のあいだに 100 倍ちかくになったわけである．現在でも，各国の代表的な博物館・美術館の年間入館者数は 100 万人規模であるから，19 世紀後半における上記数字は非常に大きいと言えよう[86]．なお，2005 年における大英博物館入館者数は，450 万人である．

　大英博物館のコレクションは，著しく増加した．前述のように，ロイヤル・ソサエティ陳列室のコレクションの一部が，1781 年に大英博物館に移された．民俗学コレクションは，スローンから引き継いだものが核となり，その後，キャプテン・クックのオセアニア・オーストラリア探検，さらにイギリス帝国の膨張にともなって拡大した．絵画収集は，1824 年にナショナ

図4-29　大英博物館のエジプト展示室，1947年
Illustrated London News, Feb.13, 1847, p.108.

ル・ギャラリ（National Gallery．1838年にトラファルガー・スクエアの現在地に移転）ができてからは，停止された．コレクションがふえて，モンタギュー・ハウスは早くから手ぜまになった．1840年代に，現存する大英博物館のギリシャ風の建物がロンドンのブルームズベリ地区に建築された．広い範囲にわたるコレクションを持つ同館は，ブルームズベリの小宇宙とも呼ばれた．

　さらに，ハミルトンやタウンリーのコレクション，エジプト関係のコレクション，エルギン大理石なども加わった．ハミルトン（William R. Hamilton）は，ナポリ王国へ公使として派遣され，古代ギリシャ陶器特に壺を集めた．彼のコレクションは，1772年に大英博物館による購入が決定した．エジプト関係コレクションは，ナポレオン戦争でフランスと争って獲得されたものである．ナポレオンは1798年からエジプトに遠征し，大規模な発掘調査を行った．1801年にアレクサンドリアで降伏したフランス軍から，イギリスは，ロゼッタストーンを含む大量の考古学資料・古美術品を捕獲した．

第4章　近代的公共博物館の出現　　195

図4-30　大英博物館に到着した
　　　　ニムルドの彫刻
Illustrated London News, Oct.26, 1850, p.332.

図4-31（左）　ロンドン自然史博
　　　　　　物館のチラシ，2000年

図4-32（右）　大英博物館の1977
　　　　　　年のチラシ

　自然史関係の物はフランスの手にのこった．このとき，船に隠されていたロゼッタストーンをハミルトンが見つけたことも，有名な話である．このエジプト関係資料は，1802年に到着し，国王ジョージ3世から大英博物館に寄贈された．タウンリー（Charles Towneley）の古美術コレクションは，ローマとその周辺から出土した大理石，青銅，テラコッタの彫刻が中心で，1804年にタウンリー・ギャラリとして公開された．1810年には，《ポートランド花びん》（Portland Vase）が加わった．このカメオガラスのびんは，大英

博物館の最も有名な物のひとつとなった．コンスタンティノープル駐在大使エルギン（Thomas Bruce. Earl of Elgin）は，トルコ政府から許可を得てアテネのパルテノン神殿から大理石像を切り取った．フランスの介入があってエルギンはフランスに抑留されたが，結局，エルギン大理石は大英博物館が購入して，1816年に館に収められた[87]．図4-28〜図4-30に，19世紀中ごろの大英博物館の展示を示す．

　これらのコレクションが加わって，大英博物館の中心は自然史から考古学や古美術に移行した．1807年には，古美術部が自然史部から分離した．民俗学は自然史部であつかうことになっていた．設立当初の大英博物館の組織は，印刷された書籍，手稿，自然および人工標本の3部門から成っていて，図書偏重であった．1898年までは，首席ライブラリアンが事実上の館長であった．長い年月のうち大英博物館のいくつかの部門が別組織として分離した．自然史部門は，サウス・ケンジントン地区のクロムウェル・ロードに建物を新築し，1883年にその移転が完了した．これが，現在のロンドン自然史博物館（Natural History Museum）である．図4-31は2000年の同館のチラシで，建物の正面の写真が使われている．1973年に大英博物館の図書館が分離し，他の5つの図書館と合流して現在は大英図書館（British Library）となっている．図4-32は1977年の大英博物館のチラシである．

5　自然史の博物館

　博物館というと，古いモノがならんでいるイメージがある．そこでは，体系立った分類と，収集・保存が重要視され，見学者の多くにとっては楽しむよりも学ぶところである．このような古い博物館像は，18世紀から19世紀に自然史博物館によってつくられた．この意味で，近代的博物館の主流は自然史博物館であった．

　自然史博物館が主流となった事情を，あらためてまとめておこう．ルネサンスの16世紀においてイタリアでキャビネットをつくった学者らによって自然史という学が形成された．彼らは，アリストテレスらの古典に依拠することから次第に脱却して，自然の物を自分の目で直接に見るようになった．

彼らのキャビネットは，自然史へ専門化していった．17世紀の科学革命で実験・観察を方法とする新しい科学があらわれた．正確な情報収集が科学の発展の基礎になるとされたので，自然史が重んじられた．観察・記述とともに，分類が重視された．自然史が学（エピステーメー）のモデルケースのようになったのである．これには，地理上の発見以来の，世界各地からヨーロッパへの新奇な物の流入という背景があった．

17世紀後半から珍品収集趣味が流行し，特別な財力を持たない人々にも拡大した．珍品や異国の物を収集するだけでなく自国の物にも眼を向けるようになった．重商主義にとって輸出品となり得る自国の産物が重要であったので，ここでも自然史は役立った．自国の物を収集する自然史はだれにでもできる趣味であり，人々のあいだに自然史への関心がたかまった．イギリスでは，ことに自然史収集が流行した．スプラット（Thomas Sprat）の『ロイヤル・ソサエティ史』(*History of the Royal Society.* 1848年) も，自然史は「イギリスのジェントルマンが研究するのにふさわしい」と述べている[88]．18世紀後半のイタリアでは自然史が社交界の話題であったというし[89]，ミラーの『ノーブル・キャビネット——大英博物館の歴史』(1973年) は，ビクトリア時代のイギリスでは女性が化石に関心を持ったと書いている[90]．

18世紀の後半には，自然史のコレクションにおいてリンネの体系に従って系統立った分類が行われるようなった．モンスターの骨格標本や想像上の動物は斥けられ，論理的な系統分類が行われるようになった．19世紀中葉にダーウィンが唱えた進化論は，社会で激しい論争を巻き起こした．進化論者にとっては自然史が進化論の証しであり，また，反進化論者から見ると神の造り給うた自然は神の栄光の証拠であり進化論および無神論への反証であった．自然は，聖書に続く「神の言葉の第二書」とされた．この論争では，どちらの側も自然史に論拠を求めたのである．変化は革命のような不連続(revolutional)ではなく連続的・漸進的（evolutional）であり，優勝劣敗の自然淘汰がはたらくという進化論の教説は，支配階級には好都合であった[91]．こういう自然における変化の法則を社会に適用しようとする社会進化論も盛んであった．

ナポレオン戦争を経て，ナショナリズムに目覚めたヨーロッパ諸国民は，

自国の自然と文物（歴史も）に目を向けて評価に努めるようになった．産業のために自国の自然と資源が重視されるようになって，自然史も変化し，功利主義の色彩を強めた．富を生産し，生活環境を改善し，民衆の幸福を増大させるのに貢献すべく，自然史は知の分布図の上で新たな場所を与えられた．これについて，ポミアンは次のように説明している．「そこから博物学〔自然史〕の漸次的再構築が始まる．植物学は特権的地位を失って，地質学に変貌しつつある鉱物学に道を譲り，以前にはあまり研究されなかった動物学が，ますます関心を引くようになる」．そして，植物栽培，動物飼育，泥炭層，温泉，地下資源といった，新しい分野と新しい研究対象があらわれた．「異国趣味の魅力が色褪せて，視線は身近にあるものへとそそがれて」いった[92]．さらに，19世紀末からの帝国主義の時代には，植民地の自然と民族が政治家，学者，民衆の関心を集めるようになった．自然史においては，動・植・鉱物の種の同定が基本事項であるから，膨大な標本をそろえた博物館が学の中心施設となった．このようにして，自然史が重視され，分類と配列を旨とする自然史博物館が博物館の主流的存在になったのである．

19世紀以降のナショナリズムと帝国主義の時代では，自然史だけでなく，考古学，古美術，民族，歴史にも関心が集まるようになり，これらの分野の博物館（考古学博物館，古美術博物館，民族学博物館，歴史博物館）が19世紀から20世紀初頭にかけてあらわれた．大英博物館が，考古学・古美術に重点を置くようになったのも，その例である．これら種々の分野の博物館の様態は先行する自然史博物館にならった点が多く，今日まで博物館の古いイメージは自然史博物館に重なっている．

自然史は種の同定のために多数の標本を必要とするから，自然史という学の中心施設である自然史博物館は，研究（知の生産）を主として，見学者の教育・啓蒙（いわば知の消費）のための展示は従とする傾向があった．考古学博物館，民族学博物館等々についても，同様である．今日では多くの分野の博物館はもはや学の研究の中心施設ではないけれども，学との関係は今日まで残っている．

現存する世界の代表的な自然史博物館について，その沿革と現状を紹介し

図4-33 『ヴィーン自然史博物館の歴史と建物』，1976年
Das Naturhistorische Museum in Wien, Geschichte, Gebäude (Die Geschichte der Wiener naturhistorischen Sammlungen), Veröffentlichungen aus dem Naturhistorischen Museum, Neue Folge 13.

ておこう．

　パリの国立自然史博物館は，17世紀以来の前史を有する．1789年のフランス革命ののち1793年にパリのアカデミーは廃止されたが，自然史については，1626年に薬草園としてはじまった王室植物園がジャルダン・ド・プラント (Jardin des Plantes) となり，1793年に改組されて国立自然史博物館となった．ビュフォンが1739年以来革命直前まで王室植物園の園長であり，ラマルク (Jean-Baptiste-Pierre-Antoine de Lamarck) やキュヴィエ (Georges Frédéric Cuvier) も国立自然史博物館の教授であった．国立自然史博物館では，植物学・動物学・農学・化学・鉱物学・解剖学が常に実用の見地から扱われ，膨大なコレクションがあり，著名な学者の講義が行われていて，研究の場としての色彩が強かった．一般の人々への公開も行われ，18世紀中ごろすでに毎日1200人から1600人の入場者がいたと推定されている[93]．一般人見学者がふえて博物館が事実上公共的施設の役割をはたすことが，革命前にすでに始まっていた．

　ヴィーン自然史博物館 (Naturhistorisches Museum Wien) は，ヴィーン宮廷の自然史コレクションからはじまり，1748年以来の歴史を持っている．同

図4-34　ベルリン自然誌博物館のガイドブック，2000年頃
Ausstellung, Mission, Geschichte: Museum für Naturkunde, Führerdurch die Ausstellungen, Museum für Naturkunde, Humbold-Universität zu Berlin, c.2000.

館の歴史と建物を述べた本を，図4-33に示す．神聖ローマ帝国の帝都ヴィーンは，1752年にシェーンブルン動物園が創立され（1765年から一般公開），1753年にこの動物園に植物園が開設されるなど，自然史の中心地であった．シェーンブルン動物園は，王侯によってつくられた動物園の代表例である．帝王立物理・天文，自然・動物キャビネット（Das k. k. Physikalisch-Astronomische Kunst- und Natur-Their-Cabinet）時代の1797年から，ヴィーン自然史博物館は市民に公開された．博物館はルネサンス風建築で，1889年に完成した．ヴィーン自然史博物館には，鉱物学，考古学，人類学，植物学，動物学（脊椎動物，昆虫，無脊椎動物）の展示コレクションがある[94]．

ベルリン自然誌博物館（Museum für Naturkunde）は，フンボルト大学（Humboldt-Universität zu Berlin）の付属施設である．図4-34は，そのガイドブックである．この博物館は，1810年にベルリン大学がつくられたときに誕生した．前身は，解剖学・動物解剖学博物館，鉱物学博物館，動物学博物館の三博物館である．鉱物学博物館は，プロイセン王室鉱物キャビネットをうけついでおり，アレクサンダー・フォン・フンボルトのコレクションも含んでいた．解剖学・動物解剖学博物館は，研究用博物館であった．1818年には，ベルリン自然誌博物館に大規模な昆虫コレクションが加わった．1875年には，動物学の標本は60万点にもなった．現在の標本は，約2500万点ある．現在，ベルリン自然誌博物館は，世界有数の存在である．展示は大規模かつオーソドックスであるが，少し古びた感じがしないでもない．この大学と博物館には，いまでも共産圏時代の澱が残っているように思われる．展示そのものは

第4章　近代的公共博物館の出現　　201

図4-35　ゼンケンベルク自然博物館のガイドブック，1988年
Senckenberg Nature Research Society (Senckenbergsche Naturforschende Gesellschaft), *Natural History Museum Senckenberg, Guide*, 3rd rev. ed., Kleine Senckenberg-Reihe, No.2, 1988.

本格的であるので，くふう次第では人気のある博物館になるであろう[95]．

　ドイツのフランクフルト・アム・マインのゼンケンベルク自然博物館 (Natur-Museum Senckenberg) は，1821年に開館した．図4-35に，そのガイドブックを示す．ゲーテ (Johann Wolfgang von Goethe) のすすめでフランクフルト市民たちが1817年にゼンケンベルク自然研究協会 (Senckenbergische Naturforschende Gesellschaft) を設立し，さらにこの協会によって博物館が開設された．Natur-Museum も，ゲーテが考えた名である．これは，パリの自然史博物館に匹敵する大きな自然史博物館であった．1900年頃には展示用のコレクションと研究用のコレクションの両方を持つようになった[96]．

　大英博物館から分立したロンドンの自然史博物館は，いまは地質博物館 (Geologocal Museum) と建物が一体になっていて，展示は，前者が生命ギャラリ (Life Galleries)，後者が地球ギャラリ (Earth Galleries) と称している．両ギャラリとも，ガラスケースに入った標本の群や，剥製のならぶギャラリもあるが，展示の多くはサイエンスセンター風である．ことに地球ギャラリは，吹き抜けをエスカレータで上っていく最新のサイエンスセンター風デザインになっている．子ども（おとなも）が標本に自分でさわって学ぶディスカバリー・センター (Discovery Centre) もあり，説明員がいて教えてくれる．この博物館では，ショップもきれいで充実している．巨額の資金がこの博物館のリノベーションと運営に投入されていると思われる．相互作用型展示は，

はじめ理工系博物館に導入されたものであるが，現在ではこのタイプの展示を多用する自然史のサイエンスセンターが人気を集めている．また，この博物館では，成人向けの生物科学，地球科学の学校に力を入れていて，実験コース，ツアーもあり，昼間コース，午後コースのほかに夜間コースも設けられている．地球ギャラリには地球研究室（Earth lab）があり，アマチュア地質学者が自分の標本を持ちこんで研究できるようになっている[97]．

オクスフォード大学自然史博物館（University Museum of Natural History）は，1860 年に自然史の教育のために開設された．規模は大きく，恐竜や化石のコレクションには 1877 年にベルギーの炭坑で発見されたイグアナドンや，巨大なアンモナイトがある．

ニューヨーク市にあるアメリカ自然史博物館（American Museum of Natural History）は，ビックモア（A. S. Bickmore）の努力でつくられ，1869 年に開館した．彼は，スイスからハーバード大学に来て米国に自然史学を定着させたアガシの弟子であり，金融家モルガン，百貨店王スチュアートら，ニューヨーク市の有力者と富豪たちの支持を受けた．同館は 1871 年から，タマニー派のボスであったトウィード（William Harcy Tweed）のおかげで，建物と維持費を市から支弁してもらうことになった．ニューヨーク市の援助を受けつつ収集と展示の財源は館の理事会が調達するこの方式は，メトロポリタン美術館と同じであり，今日まで続いている．米国では，このような官公の資金と民間の運営という博物館が多い．ビックモアは，ヨーロッパの博物館とちがって子どもにも楽しめる「民主主義的な」（democratic）博物館をつくった．教育に重点をおく路線は，理事長オズボーン（Henry Fairchild Osborn）に継承された．彼は古爬虫類担当キュレータで，彼のもとで恐竜をはじめ爬虫類の古生物コレクションは充実し，今日ではアメリカ自然史博物館のこの関係のコレクションは世界最大である．同館は，シカゴのフィールド自然史博物館（Field Museum of Natural History），後述するワシントン DC のスミソニアン国立自然史博物館とともに，米国の三大自然史博物館と言うべき存在である．フィールド自然史博物館は，1893 年にシカゴで開催されたコロンブス記念世界博覧会（Chicago Columbian World Fair．米国では万国博覧会をWorld Fair という）から自然史資料を入手し，フィールド（Marshall Field）か

ら100万ドルの寄付を得て設立され，同博覧会の会場であった美術の宮殿 (Palace of Fine Arts) で1894年に開館した[98]．

6　植物園，動物園，水族館

　近代的な公共施設としての植物園と動物園も，フランス革命の結果として誕生した．植物園と動物園および水族館の歴史を述べておこう．

　植物園の淵源も古代にあり，アリストテレスは植物の研究のために植物園を持っていたと伝えられる．アレクサンドリアのムーセイオンには，植物園もあった．ルネサンス期にピサ大学で薬草学の教授職が1543年に設けられ，これに付設された薬草園がヨーロッパにおける植物園の初めとされている．ただし，1545年のパドヴァ大学が先だとする説もある．薬草園から出発して植物園は，実用を意識した施設であった．18世紀にはヨーロッパ諸国で博物館と植物園が分かれたが，その後も植物園はしばしば自然史博物館と連携していた．前述のように，パリでは，1626年に薬草園としてはじまった王室植物園が改組されて，1793年に国立自然史博物館となった[99]．

　経済植物の移入の研究も，植物園の仕事である．経済植物の移入は，古くから地球上の遠隔地間で行われてきた．組織的な移入が本格化したのは，18世紀にヨーロッパ列強が熱帯の植民地経営の再整備をはかる頃からであった．もうかる熱帯植物の新発見を期待して探検調査が行われ，政府がこれを援助した．キナノキ，ゴム，サイザルアサ，コーヒー，サトウキビなどは，こうした植物の例である．これら熱帯植物は，長距離輸送に耐えないので，1829年にウォード箱（Wardian case）が発明されるまでは移入は困難であった．18世紀には植民地にフランス，イギリス，オランダが植物園をつくった．フランスがモーリシャスに1735年につくった植物園が，その最初である．マラリア治療薬キニーネなしには白人は熱帯に住むのが困難であり，キニーネを採るキナノキを自生地であるアンデス地方以外の植民地でも栽培できるようにすることが熱帯植民地の経営にとって喫緊の課題であった．こういった植栽技術の研究のために，特にイギリスとオランダは大規模な植物園をつくった．19世紀には，植民地経営のために熱帯植物を対象とする植物園の

図4-36　キュー・ガーデンのチラシ，2002年頃

整備が本国および植民地で本格化した[100]．

　熱帯植物学に重点を置いた植物園として，キュー・ガーデン（Kew Garden）を紹介しておこう．ロンドン近郊のキュー・ガーデンは，王宮の庭園であったが，1772年には植物学研究の施設になった．初代園長は，ロイヤル・ソサエティ会長のバンクス（Sir Joseph Banks）であった．彼は，熱帯植物のコレクターで，クック船長の太平洋・ニューファウンドランド・アイスランド航海に同行し，オーストラリアでカモノハシを発見した．バンクスによって，キュー・ガーデンの研究者の第一世代が育てられた．キュー・ガーデンは1841年に国立になって，フッカー（William Jackson Hooker）が園長となった．彼も熱帯の経済植物に重点を置き，1847年にはキュー・ガーデン内に経済植物博物館（Museum of Economic Botany）をつくった．さらに，キュー・ガーデンを美しい園にしてロンドンから裕福な階層の見学者を引き寄せた．彼は，キュー・ガーデンの公開（平日の午後）を始めた．1844年に彼はガイドブックを書き，これは6ペンスで販売された．1857年には，キュー・ガーデンの日曜開園が始まった．いまでもキュー・ガーデンは，散策しながら楽しめるところとして，植物の好きな人々（主として豊かな

人々）に愛されている．キュー・ガーデンの特筆すべき業績として，1859年頃にインド政庁の要請でアンデスからキナノキの種をもたらしたこと，1876年にゴムの木をブラジルからセイロンに移したことがある．キュー・ガーデンは，1880年代までにイギリス帝国の植物園55ヶ所の元締めとなった．これらのうち，13がカリブ海地域，12がインド，8がオーストラリア，6がイギリスにあった．キュー・ガーデンで養成された研究者が，各地の植物園で主力となった．1787年につくられたカルカッタの植物園は，特に優れた業績を挙げた[101]．図4-36は，2002年頃のキュー・ガーデンのチラシである．

　動物園は，学問およびその応用と関係するだけでなく，珍しい動物を見せる見世物ともつながっている．今日「動物園」と言えば，まず，休日に子どもを連れていく場所と思うし，ハーゲンベック動物園のような巨大な商業動物園もある．小さい子どもは，いつでも，動物を見ると喜ぶ．商業動物園はサーカスとも関係がある．フランス人の24パーセントは，年に1回動物園に行くという統計があり，これは史跡や博物館の見学よりも大きい数字だという．このように，動物園は，植物園よりもポピュラーである[102]．

　動物園の淵源を古代から見ていくと，イスラエルのソロモン王や，中国の周の文王は，巨大な動物園を持っていたと伝えられる．アレキサンドロス大王は，師アリストテレスのために，生きた動物を集めさせたと言われている．エジプトのプトレマイオス王朝は，アレキサンドリアに動物園を持っていた．古代ローマでは，闘技場で闘わせるために猛獣を集めており，また，貴族の邸宅には鳥舎があった．中世には，王侯が動物のコレクションをした．これらは，王侯・領主の狩猟とも関係していた．ルネサンス期には，遠い異国の動物が，ときには生きたままで，ヨーロッパにもたらされ，キャビネットをかざった．

　動物を闘わせる競技あるいは見世物は，現代まで続いており，民衆の娯楽として根強い人気がある．闘鶏，闘犬，熊いじめ，闘牛などである．近世以後の支配階級は，しばしばこれを抑圧しようとした．しかし，動物による闘技は，支配者のコントロールのきかないロー・カルチャーのひとつとして生き残った[103]．

1550年には，ヴィーン郊外にハプスブルク王朝の動物コレクションができた．フランシス・ベーコン，デカルト，ライプニッツは，植物園・動物園等を付設した研究施設の設立を，産業への応用の必要も説きつつ，主張していた．絶対主義の時代には，フランスのルイ14世のヴェルサイユをはじめ，ヴィーンやマドリードで帝王のメナジェリー（動物飼養所）がつくられた．神聖ローマ皇帝フランツ1世は1753年に，王妃であり共同統治者であるマリア・テレジアのためにヴィーンのシェーンブルン宮殿にメナジェリーをつくった．これが，今日のシェーンブルン動物園（Tiergarten Schönbrunn）になった．

　メナジェリーに対する反発が，18世紀はじめから出てきた．囲い込んだ狩猟場は，抑圧される農民の憎悪の対象であった．百科全書派のディドロは，民衆が飢えてパンを求めている状況ではメナジェリーは破壊されるべきであると述べた．啓蒙思想家や学者等は，珍奇趣味のコレクションやメナジェリーには反対し，科学と農業に役立つ自然史を推進しようとした．ヴェルサイユのメナジェリーは，圧制のシンボルとしてフランス革命後の1792年に廃止されたが，自然史学者らの提案にもとづいてパリの自然史博物館（ジャルダン・デ・プラント）に合流することになった．この改革の中心人物であったサン＝ピエール（Bernardin de Saint-Pierre）は，動物を知るには種としての標本だけでは不十分で，生きているさまを見なければならないと主張し，動物園の重要性を訴えた．野生動物の馴化（acclimatization），外来動物の国産化（domestication），家畜の改良だけでなく，国民の教育といったことも国立自然史博物館の動物園の使命とされた．メナジェリーは王侯貴族の気晴らしや狩猟本能に奉仕したが，これとは異なる公共施設としての動物園がはじまったのである．フランス革命の結果，1792年から1793年にかけてフランスのすべてのアカデミーや大学医学部の廃止が決まったが，自然史博物館だけは存続した．これら国立の自然史博物館と動物園も，ルーヴル美術館やパリ工芸院と同じく，フランス革命の産物であり，かつ，フランス革命の事業を推進するツールでもあった[104]．

　近代的動物園とは何か，その条件として佐々木時雄は，①帝王や貴族の専有物ではなく，学者や好事家だけのものでもなく，民衆が動物コレクション

図4-37 『パンチ』が見たロンドン動物学協会の動物園, 1850年
Punch, 1850.

に触れられること，②「動物の側の要求を認識」することを挙げている[105]．②を，彼は次のように述べている．近代的動物園では，動物を，近いうちに食膳に供するため，または狩猟の獲物にするため，あるいはアリーナにおける格闘で死んでゆくのを見物させるために飼うのではない．動物を，単に珍しいものとして見るだけでなく，長く生かして，できれば繁殖させてみようとする努力をするのであり，この努力は「動物もまた，生きる権利をもっているという認識に裏打ちされている」のである．この条件にかなう最初の動物園が，パリの国立自然史博物館の動物園であった．ここでは，公園風の敷地のなかで動物を見せるようにした．こうして，動物園を指す zoological garden という言葉ができ，略して zoo と呼ぶようになった．このような動物園は，19世紀にヨーロッパ各地にひろまった．

1827年には，ロンドン動物学協会（Zoological Society of London. 1826年設立）によって，ロンドンのリージェント・パークに動物園が開園した．ロンドン動物学協会は，ラッフルズ（Thomas Stamford Raffles. 植民地行政官としてシンガポールを建設した）が，バンクスらと協力して，動物学研究と動物園設立のためにつくった民間団体である．この意味で，この動物園は団体博物館である．同会は1829年に国王の特許状を得た．ロンドン動物園は，ロンドン動物学協会会員の紹介がある人が1シリングを払って入場するという制限つき公開であったが，年間入場者は多く，1828年には10万人，1831年には26万人，1840年には14万人，1842年には10万人であった．1846年からは，日曜日と祭日は協会会員とその推薦のある者の日とし，それ以外は制限のない公開となった[106]．図4-37は，1850年の『パンチ』誌に描かれたこの動物園である．

ロンドン動物学協会の動物園には，1853年に水族館（Aquatic Vivarium），1881年に昆虫館（Insect House）が設けられた．この Aquatic Vivarium は，移動可能な水槽をならべたものであり，世界最初の水族館と言われている．図4-38を見られたい．これ以後19世紀末まで，ヨーロッパ各地で水族館建設が流行した．ロンドン動物園の水族館は，人手と経費がかかりすぎるので，1874年頃に閉鎖され，1924年になって新しい水族館が開設された[107]．

近年，水族館が人々に大変親しまれている．魚の泳ぐさまを巨大な水槽の

図4-38　ロンドン動物学協会の水族館のタツノオトシゴ
Illustrated London News, June 23, 1859, p.94.

図4-39 (右)　シカゴのシェッド水族館のチラシ，1989年

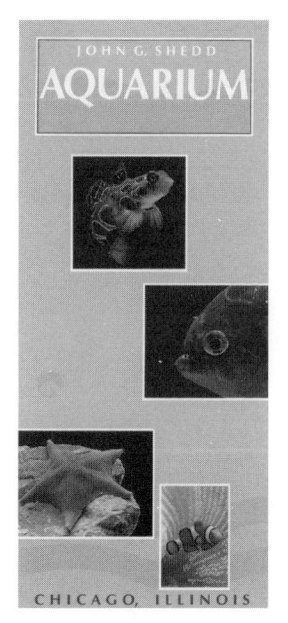

　透明な壁を通して見られるのは，たしかに魅力がある．図4-39は，米国のシェッド水族館のチラシである．

　動物園は，見世物と近い．巡業の見世物動物園が18世紀後半からあらわれた．たいていは5頭から10頭の動物を連れた小規模なものであった[108]．ピール，ブロックも動物園を見せていたし，バーナムもサーカスの曲馬のほか，象，ヘビ，鯨などを見せていた．《ラップ人家族とトナカイ》とか《メキシカン・インディアン》といった人間の展示も，ブロックやバーナムのショーの目玉であった．人間を動物と一緒にして見せるのは，当時はふつうのことであった．18世紀の啓蒙主義以来，ヨーロッパ世界以外の異国人を「高貴な未開人」(noble savage) として珍重したこともあり，19世紀から20世紀にかけての帝国主義時代の万国博覧会でも，動物と同じようにエキゾチックな民族（中国人やイヌイットも）を連れてきて展示した．次に述べるハーゲンベックも，動物だけでなく異国人を見せた．1906年にはニューヨークのブルックリン動物園で，「ピグミー」が檻の中でチンパンジーと遊んでいるところを見せた．展示されたこれらの人々の多くは，故郷に帰る前に死亡した[109]．

図 4-40　ハーゲンベック
http://de.wikipedia.org/wiki/Bild:
Carl_Hagenbeck.jpg

　スミソニアンの国立動物園は，1888 年に議会が 20 万ドルの予算をつけて，ワシントン DC 郊外のロック・クリーク・パークにつくられた．首席剝製師ホルナディが，その創立を推進した．ニューヨーク市のブルックリン動物園（Bronx Zoo/Zoological Park），サンディエゴ動物園（San Diego Zoo and Wild Park）とならび，ここは米国の三大動物園とされていた．ブルックリン動物園は，ニューヨーク動物学協会がつくったもので，1899 年に開園した．ここでも，スミソニアンから移ったホルナディが主導的役割を果たした．1926 年には入場者数が 250 万人に達したというから，相当な人気であった[110]．

　柵なし動物園は，ハーゲンベック（Carl Hagenbeck）によって始められた．彼は，野生動物を取り扱う商人であり，1887 年にハンブルクでサーカスを始めた．図 4-40 を見られたい．1907 年にハンブルク郊外のステリンゲンで，ハーゲンベックの新しい動物園が開園した．動物を愛するハーゲンベックは，動物を理解することと，たすけることを心がけていた．サーカスでもハーゲンベックは，残酷な方法で脅かさずに動物を調教した．彼は新しい柵なし動物園で，動物を厳重な檻のなかに入れるのではなく，十分な広さと深さの堀を隔てて観客に見せた．動物のいる側には，人工の山や池をつくって，実際の生態系に似せた．ステリンゲンの《アフリカのパノラマ》では，手前にフラミンゴの群のいる池があり，次にシマウマの原があり，さらに奥に人工の山があってふもとにはライオンが寝そべっている．これら三つのブロックは深くて広い溝で隔てられているが，観客からはほとんど重なって見える．この劇場風であるとともに自然に近い展示手法は，動物園界の革命であった．

第 4 章　近代的公共博物館の出現

哀れな状態の動物を見ることは決して愉快ではないから，この方式は動物にとってだけでなく観客にとっても好ましい．それまでの動物園では種類の似た動物を近くに収容したが，堀をめぐらした柵なし動物園では，たとえば《ヒマラヤ山岳地帯の動物たち》といった，種類よりも場所や環境で分ける展示が可能になった．柵なし動物園は，本書の総説で述べた生物環境展示に通じるところがあり，博物館における機能展示のひとつである．1896年までに，ハーゲンベックは彼の「パノラマ」のドイツ特許をとっている．柵なしの見せ方は，広い土地が必要であるが，第二次世界大戦までに世界に普及した．ハーゲンベックの動物園は年間100万人の入場者をかぞえていて，これはハンブルクの人口200万に比較して大きな数である．ハーゲンベックの動物園は商業施設として成り立っているが，これはハーゲンベック一家の動物を愛する心によって例外的に可能になったのであろう[111]．

　現代の動物園は，稀少動物を保存して種の絶滅を防ぐ使命も負っている．世界の主要な動物園は，動物を交換しあって繁殖をはかり，種の絶滅を防ぐ努力をしている．1960年代に始まったサファリパークのように，動物を生息している現地でそのまま観察し保存することも行われている．

7　公共博物館の拡大と専門博物館の出現

　ルーヴル美術館によって，それまでは支配階層しか見ることができなかった美術品を民衆が見られるようになり，公共博物館・国家博物館が誕生した．バザンも指摘しているように，19世紀には各国の王権および政権は，博物館が国論形成に役立つことを認識して，これを最大限に活用しようとした．王権に反対する側も，博物館を使って民族主義を鼓吹しようとした[112]．公共博物館は，国民国家形成のツールでもあり，その結果でもあった．

　国民国家における公共博物館では，外国の標本と国内の標本とを区別し，国内産の物を重視した．それまでは珍奇でさえあればどの国から来たどんなものでもよかったのが，標本には科学的なデータが重視されるようになり，博物館は，人類学，考古学，歴史，民族学，民俗学といった専門に分化していった[113]．19世紀前半は，考古学博物館が繁栄した時期である．ナポレオ

図4-41　ボーデ
http://de.wikipedia.org/wiki/Bild:Wilhelm-Bode-ca-1905.jpg

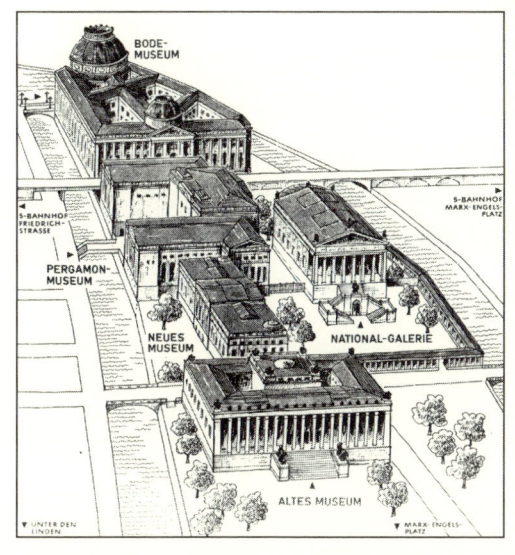

図4-42　ベルリンの博物館島（Museuminsel），1978年頃
Berlin Infotrmation, *Wegweiser durch die Museen* (Berlin Hauptstadt der DDR), 1978, p.11.

ン戦争以来，エジプトと，中東地域の発掘調査がすすみ，ルーヴル美術館や大英博物館のエジプト学，オリエント学のコレクションが形成された．学としての考古学の形成も，19世紀なかばから始まった．本節では，公共博物館の拡大と各分野の博物館の成立史を述べる．

　まず，ベルリンの博物館島の博物館群と，そのリーダーであったボーデ（Wilhelm von Bode. 図4-41）について見ておこう．ドイツのプロイセン王フリードリヒ・ヴィルヘルム3世（Friedrich Wilhelm III）は，ルーヴル美術館

第4章｜近代的公共博物館の出現　　213

とドゥノンの仕事に感心し，これにならって各時代の代表作を収集して系統的に展示する美術館をベルリンに設立しようとした．1830年にはアルテス・ムゼウム（Altes Museum）が開館し，1859年にはノイエス・ムゼウム（Neues Museum）が完成した．アルテス・ムゼウムは，シンケル（Karl Friedrich Schinkel）が設計した新古典様式の建物でも知られ，これは博物館用に建築されたものとして最古の部類に属する．この王宮風の建物は，その後に建てられたヨーロッパ各地の美術館の原型となった[114]．

アルテス・ムゼウムとノイエス・ムゼウムのある地域は川に囲まれた半島であって，博物館島（Museumsinsel）と呼ばれている（図4-42）．ここには，1876年にドイツ美術のナツィオナルガレリー（Nationalgalerie），1904年に古典美術のカイザー・フリードリヒ博物館（Kaiser Friedrich Museum），1930年に古美術ほかのペルガモン博物館（Pergamon Museum）がつくられた．カイザー・フリードリヒ博物館は，古代の遺物，ドイツおよび初期のオランダ美術，近東の遺物を所蔵し，1956年にボーデ博物館（Bode-Museum）と改称した．民俗学関係では，1914年に民俗博物館（Museum für Völkerkunde）がつくられたが，これがベルリン南東部にある現在のダーレム博物館（Dahlem Museum）になった．ドイツ皇帝ヴィルヘルム2世は，ボーデの主張を容れて，中近東ほかへの発掘調査を行わせ，紀元前2世紀のペルガモンの祭壇や，紀元前6世紀のバビロニアの行進とイシュタール門等の彫像を獲得して，博物館島に入れた．

カイザー・フリードリヒ博物館のボーデは，美術関係の知識と情報収集力では他の追随を許さなかった．プロイセンの貴族で，ワンマン館長であった彼は，イギリスの個人所有の美術品を買い集めた．1871年にプロイセンが普仏戦争に勝利してドイツ帝国が成立し，ドイツの産業革命が進行した．ボーデによる収集の成功は，ドイツ経済の繁栄の賜物であった．また，彼は，カイザー・フリードリヒ博物館協会（Kaiser-Friedrich Museum Verein）をつくり，協会の資金を使うことができるようになった．産業の発展を担ったユダヤ系資本家が社会でのステータス向上を求めて同協会の会員になったので，協会の財政は豊かであった．予算にしばられる公共博物館ではオークション等で機動的な行動をとれないが，ボーデは協会の資金により敏速でフレキシ

ブルな収集活動ができたのである．その結果，イギリスにあった美術品が続々とベルリンへ流出し，イギリスの美術・博物館界は恐慌状態になったと伝えられる．ベルリンは世界で美術収集の中心地のひとつとなり，イギリスとドイツはこの分野でのヘゲモニーをめぐって激しく対立した．

　ボーデは，展示方法の革新者でもあり，展示の壁を絵で埋めつくす「壁紙」展示を「互いに重なり合ったニシンの群れのようだ」として反対し，なるべく間隔をあけて絵を配置しようとした．美術品を対称形に置くことや，上方北側からの冷たい採光にも反対であった．美術品は，絵画ならば当時と同じ額縁に入れ，展示室の大きさ・形，壁の色や装飾，採光・照明等はすべて，当時の状態に近づけるべきであるとした．こういった彼の革新的な主張は，時代室の手法に通じるところがある[115]．

　ベルリンの博物館群は，第一次世界大戦前夜の 1914 年に繁栄の頂上にあった．大戦の敗北とそれにつづく超インフレは，ベルリンの博物館を圧迫した．すでにこれ以前から，米国の大富豪が収集のライバルとしてあらわれていた．ナチズムの時代になると，ユダヤ系資本家との関係の維持は困難になった．収集は，端的に言えば鑑識眼と情報と自由になる資金により可能になるので，個人の大富豪が多数いる米国が今日では圧倒的に優勢である．新興国人である彼らは「成り上がり」意識があり，美術品等の収集でステータスを高めようとした――かつてイギリス人がイタリアやフランスに劣等感を持っていたように――のである．第二次世界大戦と東西ドイツへの分割，さらにベルリンの壁の設置も，ベルリンの博物館に不運をもたらした．それにもかかわらず，有名な古代エジプトの王女ネフェルティの胸像ほか，多数の古美術品を持つベルリンは，今日も世界の博物館の中心地としてトップを争う存在である[116]．

　ボーデとベルリンの博物館の歴史から，国が豊かで強ければ博物館が充実するという経験則が導出できる．博物館・美術館の繁栄の歴史は，欧米世界の覇権の移り変わりとほぼ重なっている．また，国を強くしようとするときは，博物館の充実をはかることが多い．ルーヴル美術館，パリ工芸院博物館，後述のドイツ博物館はその例証である．公共博物館は国家博物館であるということが，ここからもわかるであろう．

図4-43　野外博物館スカンセンの創始者ハゼリウス
http://commons.wikimedia.org/wiki/Image:Artur_Hazelius.jpg

　19世紀後半になると，フランスでは，かつての都市の景観が失われていくことが憂慮された．オスマンのパリ市街改造計画がナポレオン3世により採用されてパリは変貌するのであるが，かつてのパリの保存のために，現在のカルナバレ博物館（Musée Carnavalet）が1866年につくられた．

　1875年ころから，民俗博物館への動きが出てきた．失われゆく農村や田園の生活を惜しむノスタルジアは，産業革命の進行にともなう都市の「悲惨と退廃」への反発であった．過ぎ去った遠い「英雄時代」を賛美するロマン主義は，ナショナリズムとも結びついた．スウェーデンでは，北方文化を誇りとする歴史意識が高まり，1850年代ころにはスカンディナヴィアの民俗を研究する学協会が多数設立された．

　ハゼリウス（Artur Hazelius. 図4-43）がつくったスカンセン（Skansen. 39頁図1-11参照）は，この動きのひとつである．彼は，1873年にストックホルムに小さなスカンディナヴィア民俗博物館をつくり，これが今日の北方博物館（Nordisk Museet）になった．ここで彼は，時代のようすのジオラマを当時の民俗資料の実物で構成し，歴史の時代室を始めた．ハゼリウスはこれらの展示を1878年のパリ万国博覧会にも出展し，注目を集めた．彼は，1891年に産業革命期以前の農村や民家等を移設したスカンセンをストックホルム郊外に開設した．スカンセンは，世界最初の本格的な野外民俗博物館である．スカンセンは大変な成功をおさめ，数多くの見学者を引き寄せた．スカンセンの観客数は，1930年に100万人を越えた．北方博物館とスカンセンとは，のちに組織としては分離したが，今もなお相当に密接な関係を保

っている．現在は，スカンセンの財政は入場料と市および国の予算でまかなわれており，北方博物館の方は実質上は国立である．

スカンセンでは，スウェーデンの各地方の民家があって，それぞれの周辺の地形や風景も再現してあり，そこにある家具・道具等は当時の物で，当時の服装をまとったガイドやミュージシャンがいる．動物園も設けられた．スカンセンは，国の祝日や季節の休日の催しの場でもある．1980年頃には，スカンセンと北方博物館の観客は，おおよそそれぞれ15万人と，200万人であった．スカンセンでは，観客の70パーセントは5月から8月の間に来る．子ども連れの家族が最もふつうで，入場している長さは平均75分間である．ふつう，歴史記念物である建物に入ると緊張するものだが，スカンセンのような野外博物館は気楽に見ることができ，子ども連れで来ることができる．こういう野外博物館では，スタッフが当時の衣服を着て農作業をやってみせたり，フォークダンスのフェスティバルがあったりする．観客は，その場でしぼったジュースを飲んだり，ダンスを踊ったり，昔の民族衣裳を着せてもらったり，昔のメニューの食事を食べたり，子どもは馬にのせてもらったりできる．このように，野外博物館は参加型の博物館になっている．ここでは，国民の教育と愛国主義とが，ピクニック感覚の楽しみと融合している．北方博物館とスカンセンでは，学校向けの派遣展示も行っている[117]．

スカンセン以後，民俗博物館と野外博物館は，ノルウェー，フィンランドやバルト諸国にもつくられた．野外博物館は急速に世界にひろまって，今日では人々から非常に愛されている．1912年には，オランダのアルンヘムに野外博物館がつくられた．ゾイデル海の干拓にともない，漁業を中心とするこの地の文化が消滅したので，各地方の民家を移設した博物館を運河の脇につくって種々のスタイルの舟を保存した．バザンが言うように「博物館は死滅する産業や文化を養分として育つ」のであり，スカンセンのような野外博物館はその例である[118]．

これら野外博物館は，20世紀中葉から後半のフランスにおけるリヴィエール（Georges-Henri Rivière）らによるエコ・ミュージアム運動[119]や，イギリスにおける産業遺跡保存運動にもつながる．後者による保存の例として，コール・ブルックスデール（Coal Brookdale）を含むアイアンブリッジ（Iron-

図4-44（左上）　スコットランドのアイアンブリッジ・ゴージ博物館のガイド・パンフレット，1990年

図4-45（右上）　スコットランドのアイアンブリッジ・ゴージ博物館の教師用ハンドブック，1986年
Teachers Handbook, rev. ed., Ironbridge Gorge Museum Trust, Ironbridge, Telford, 1986.

図4-46（左下）　『東ドイツの技術記念物』，1973年
Gesellschaft für Denkmalepflege im Kulturverbund der Deutschen Democratischen Republik, *Technische Denkmale in der Deutschen Democratischen Republik*, 2nd ed., 1977.

bridge）とビーミッシュ（Beamish）があり，19世紀後半から20世紀前半にかけての北部イングランドの工業と人々の生活を，当時の建物，機械，川沿いの工場，橋，製鉄所の実物で示している．図4-44はそのガイド・パンフレット，図4-45は教師用ハンドブックである．共産圏の東ドイツでも，産業記念物の保存は盛んであった（図4-46参照）[120]．

ロックフェラー（John D. Rockfeller, Jr.）のリーダーシップと財力で1926年に米国ヴァージニア州につくられたコロニアル・ウィリアムスバーグ（Colonial Williamsburg）は，植民地時代の村をいまも住民が住んでいるままそっくり歴史記念物として保存しようとしている．第6章2で紹介するデトロイト近くのグリーンフィールド・ビレッジでは，各地の古い民家や教会等を集めて移設してある．このように，歴史記念物である建物を保存するとき，現地保存する場合と移設する場合がある．

これら野外博物館は非常に人気があって多くの観客を集め，観光資源にもなっているが，相当に厳しい批判も浴びている．まず，工業化社会に対する反発と農村へのノスタルジーから出発したこれら野外博物館は，都市住民や労働者の存在を見ていないという批判がある．過度のロマン化（overromantic）ときめつけられることもある．米国のコロニアル・ウィリアムスバーグで奴隷の存在が見事なまでに消し去られていたのはその例である．コロニアル・ウィリアムスバークは，歴史の歪曲であると批判されたが，その後，相当に改善されたようである．展示のドラマ化が行き過ぎると，歴史ではなくてつくりごとになる．グリーンフィールド・ビレッジは，集められた建物が雑多で脈絡がないと批判された．産業考古学にもとづくイギリスの産業遺跡も，結局のところ興味本位の観光娯楽施設になりつつあるという批評もある[121]．「異なるいくつもの時代の中に変化を見出すのが歴史学であり，不変を見るのが民俗学である」と言われる．博物館において民俗の展示によって歴史を示そうとする場合は，つくりものの「変化しない歴史」を示すことにならないよう注意すべきである．

ヨーロッパの民族学博物館の多くは，植民地経営・帝国主義と関連してつくられた．19世紀末から20世紀初頭にかけて成立した人類学も，同様であ

る．万博でも，植民地とその産物だけでなく，植民地の土着民が主なテーマのひとつであった[122]．欧米から見て，植民地はまず，産出資源のゆえに関心の対象であり，次に，経済の市場としての土着民であった．欧米人にとって土着民も資源であって，単純化して言えば，土着民の文化を理解しようとはしなかった．土着民は，人類学と民族学の対象ではあっても，民俗学の対象ではなかった．民族学と民俗学は隣接しているが，欧米人にとって，民族学（および人類学）は植民地ほか外国の人間を資源として調べる学問であり，民俗学は自分たちの文化を調べる学問であったと言えようか．土着民の文化を欧米にとっての利用価値という視点からではなくそれ自体として欧米人が評価するのは，20世紀後半になってからであった．

次に，歴史関係の博物館について見ておこう．フランス革命の精神はヨーロッパにひろまり，国民国家形成の気運が生じた．自国の歴史への関心がたかまり，ナショナリズムとロマン主義とが結びついて拡大していった．フランス革命によって王朝支配と時間の継続性が失われてしまったので，動乱が収束して人々が落ちついてからはアイデンティティ模索と歴史意識が強まり歴史博物館の設立へつながったと，バザンは説明している[123]．

1854年設立のバイエルン歴史博物館（Bayerisches Nationalmuseum）は，こうしてつくられた歴史博物館であり，最初の歴史博物館と言われている．1852年にアウフゼス（Hans von Aufsess）は，歴史上で重要なモノを集めてドイツ語圏の文明の意義を明らかにするゲルマン民族博物館（Germanisches Nationalmuseum）の設立を提案した．当時ドイツはまだ諸領邦に分かれていたので，ドイツ人を象徴する画家デューラーの生誕地ニュルンベルクが博物館の場所として選ばれた．ヒトラーもニュルンベルクをナチスの中心地とし，のち，ナチズム断罪の裁判もここで行われた．ナチス時代には，ゲルマン博物館は政治から距離をとろうとして歴史よりも美術に重点を置くようになった．イギリスでは，王や政治家をはじめとするイギリス史上の重要人物の肖像を展示するナショナル・ポートレート・ギャラリ（National Portrait Gallery. 国立肖像画館）の設立を，歴史家ドーマ（Philip Dormer）が1846年に提案し，1852年に議会の認可が決まり，1856年にロンドンに開館した．19世紀最後

の30年間に，ヨーロッパの民衆にさらに歴史意識がひろまった．野外博物館の説明で述べたように，歴史上の記念物の保存も世界各地で行われている[124]．

これらの博物館は，歴史上の記念物を展示しているので歴史博物館と呼ばれるのであって，実は美術館，考古学博物館，民俗博物館，人類学博物館等であることが多い．歴史上の記念物を展示するのが歴史博物館であるならば，ほとんどすべての博物館が歴史博物館である．ホーン（Horne）の *The Great Museum: The re-interpretation of history*（1984年）は，この視点から世界各地の博物館を描いている．

モノを展示する博物館で歴史を示すことができるのかという疑問がある．マテリアル・カルチャーは歴史の重要部分であるが，歴史はモノではない．モノは静的（static）であり，歴史は動的（dynamic）である．歴史博物館は，モノよりも，そのモノが構成した歴史の流れ（あるいは文脈context）を展示するはずであり，モノ自体よりも精神（idea）を示すべきである．しかし実際には，ホーンの言うように正当性（legitimacy や authenticity）を示す場である博物館ではモノは神聖化されて，本来持っていた社会関係は示されない．記念物を歴史として展示する博物館は，歴史の美化や単純化，卑俗なノスタルジアに堕す危険をはらんでいる[125]．

歴史博物館のつとめは，「集団の記憶をつくり，維持する」（generating and maintaining collective memory）ことであると言われる[126]．「集団の記憶」は不断に美化されるであろうから，このような歴史博物館は実証的な歴史学と相容れない場合がある．一国でいちばん大きな集団の記憶といえば，その国の正統性（国体とか constitution とか呼ばれる）であろう．権力者にとって国の正統性を示す歴史博物館は必要であるが，それは現時の権力者にとっての正統性である．歴史展示はとかく，現在につながる過去だけが正統であり，それ以外の過去は顧みるに値しないという立場をとりがちである．進歩の史観，ホイッグ史観，連続性の史観，あるは勝利者史観と呼ばれる立場である．この立場からすると，過去にネガティブなことがあっても，今日ではそれは改善されているのであり，今日の社会のネガティブなことも明日は改善されるのだから憂慮するに当たらないし，この見方で（過去は usable past であ

る）振り返る歴史が有用であるとされる．進歩の史観は，支配階級や時の権力者には非常に好都合である．逆にこれらの史観を崩すような展示は，圧迫されるであろう．博物館では，時の権力者に都合のよいことだけが展示される．それゆえ，歴史博物館は「勝利者のゴシップ」(the gossip of winners）を展示するところである，という評もある．権力者が交代すると展示物が入れ替わることがある．それどころか，同じモノをそのまま置いて，全く異なる解釈や分脈で展示する場合さえある．

歴史の流れを示す数少ない博物館として，スミソニアンの国立アメリカ歴史博物館がある．同館の近年の展示として，移民の国である米国を描いた《諸国民から成る国》，南部プランテーションから北部の工場へという黒人の生活の変遷を主題とした《畑から工場へ》，第二次世界大戦中の日系米国人への迫害をあつかった《より完全な国民統合》，科学と米国人の生活意識を展示した《米国人の生活における科学》，そして広島に原子爆弾を落としたB-29機をあつかった展示で，日本でも有名になった《エノラ・ゲイ》等がある．こういった主題の展示は現代政治とかかわりを持たざるを得ない．《エノラ・ゲイ》展示が米国で保守派からの非難の的になったことは日本でも知られている．

歴史博物館は非常に政治的な存在であり，時の政治に左右される．歴史博物館は，容易に権力者による世論操作のツールになる．博物館は，根本的には所有者（国立博物館であれば政府）の意向に逆らうことはできない．歴史上の栄光の記念物を展示するだけならば，時の政治から圧力を受けにくいであろう．ゲルマン民族博物館がナチス時代に歴史よりも美術に重点を置いたのは，圧力からの逃避である．歴史博物館は，歴史上の遺物を神聖化する殿堂になりがちである．

勝利者史観によれば，歴史も歴史記念物も現在の権力者の正当性の証しである．それゆえ，逆に，歴史博物館で展示されていない事蹟こそ意味があると言える．ホーンは，イギリスではチャーチストについての展示がないと指摘している．これは，チャーチスト運動がイギリスの支配者にとって今日までふれたくない重大事であることを示している[127]．博物館を見学するとき，そこに何が展示されているかではなくて何が展示されていないかを洞察する

眼が重要である．しかし，このような洞察力を持つ来館者はほとんどいない．

　歴史学という学と博物館との関係について述べておこう．歴史学にとって，文書史料だけではなく，モノ（物件史料）に基づく歴史学の研究が重要である．文献史料は，権力者や政治家や有名人については多いが，ふつうの人々については少ない．それゆえ，「文献史学」では政治史を述べることはできても，歴史上のふつうの人々の生活を述べることは困難である．物件史料は，これを補うことができる．それぞれの時代の政治史にとどまらない社会史・文化史を構築するには博物館が有用である．

第5章 教育のための博物館の実現

　フランス革命は，ルーヴル美術館とパリ工芸院博物館という世界最初の公共博物館を生み出した．18世紀まで支配階級に独占されていた美術を市民に開放したけれども，博物館の所有形態を国有にしただけでは，民衆が実際に見に来るための公共博物館にはならなかった．パリ工芸院は，技術教育のために創設されたが，学校に重点を置くようになり，博物館には力を入れなかった．民衆に科学技術知識をひろめる博物館としてアデレード・ギャラリが1832年につくられたが短命に終わり，教育のための博物館は公共博物館として実現する成り行きであった．国民の教育のための公共博物館を実現する課題に取り組んだのが，コール（Hernty Cole．図 5-1）によって創設されたサウス・ケンジントン博物館であった．

　サウス・ケンジントン博物館は，工芸美術および工業技術の博物館として1857年に設立された．コールは，一般の人々がなるべく多く見に来るように，開館日・時間，建物，展示の配置，展示ケース，照明，換気，防火等について念入りに配慮し，公共博物館の実体化を図った．彼にとって，同館は産業革命によってもたらされたイギリス社会の危機に対処する社会改革のツールであった．労働者階級の反乱の可能性という危機が現実にあったので，その防止策のひとつとして公共博物館の実体化が行われた．教育のための博物館の創設と整備は，歴史上，技術博物館において行われたのである．国民の教育のための博物館をいかにつくるかという方法は，その後，スミソニアンのグードやドイツ博物館のフォン・ミラーによって展開される．コールの博物館の手法は，スミソニアンの博物館やドイツ博物館を経て世界の博物館の標準となり，さらに今日のサイエンスセンターにもつながっている．国民の教育のためという功利主義的な公共博物館を世界で初めて実体化したコールとサウス・ケンジントン博物館は，博物館の歴史上で非常に重要である．

図5-1　サウス・ケンジントン博物館の創立者コール
Illustrated London News, Oct. 18, 1851, p.509.

　サウス・ケンジントン博物館は，その後，美術・工芸のビクトリア・アンド・アルバート美術館と工業技術のロンドン科学博物館に分離した．サウス・ケンジントン博物館，ビクトリア・アンド・アルバート美術館，ロンドン科学博物館は，その後ながく，各国の博物館・美術館の手本とされた．本章では，サウス・ケンジントン博物館およびビクトリア・アンド・アルバート美術館およびロンドン科学博物館の現代までのあゆみ[1]と，さらにスミソニアン・インスティテューション（1846年設立）の博物館の成立史を述べる．サウス・ケンジントン博物館における公共博物館の実体化については，その手法と，その社会的・政治的背景を述べる．

　今日の眼には，サウス・ケンジントン博物館のようにひとつの博物館で美術と技術をあつかうことは奇異に見えるかもしれないので，ここで説明しておこう．artという語は今日では多くの場合ファイン・アート（純粋美術，ハイ・アート）を指すが，もともとartは「わざ」やスキルであり，行為であった．人工の営為を，自然に対比してartと呼ぶのである．パリ工芸院に関連して説明したように，artは本来，ハイ・アートから製造技術（今日で言えば工業技術）までのすべてを含んでいた．1754年に設立されたイギリス工芸振興協会（Royal Society of Arts. 略称RSA）のArtsも，この意味であった．しかし，ルネサンス以来，ハイ・アート作者が芸術家として自由な独立した尊敬される地位を獲得し，それ以外のartでは製作者が注文主に従属する無名の職人にとどまり，二つのartsに格差が生じた．ディドロらに従って

言えば，自由技術と機械技術・工芸技術との社会的ステータスの格差である．19世紀には両者のあいだの溝が深くなり，art をハイ・アートにかぎって使う用法が定着していったが，手工業の時代には工芸と工業技術を区別しないことが多かった．サウス・ケンジントン博物館は，美術と技術を合わせた本来の意味の arts の博物館として出発したのである[2]．

しかし，これは，サウス・ケンジントン博物館がハイ・アートから遠かったことを意味しない．同館では，常にハイ・アート志向と工業デザイン志向とのあつれきがあり，今日のビクトリア・アンド・アルバート美術館は純粋美術中心の「ふつうの」美術館に近くなっている．

サウス・ケンジントン博物館から分立したロンドン科学博物館の名称 Science Museum についても，述べておこう．同館は純粋科学（理学）の博物館ではなく技術博物館であるが，美術・工芸部門と対比するためにその名称に「技術」を使わず science としたのであろう．

1　サウス・ケンジントン博物館と ビクトリア・アンド・アルバート美術館の沿革

サウス・ケンジントン博物館の後継としては，ビクトリア・アンド・アルバート美術館がいわば姉であり，ロンドン科学博物館が妹であった．本書でも，ロンドン科学博物館よりもビクトリア・アンド・アルバート美術館を先に述べていく．

サウス・ケンジントン博物館のルーツは，美術振興を政府が援助する手段として1836年に設立されたデザイン学校にある．1851年にロンドンで開催された第1回万国博覧会をきっかけに，デザイン学校内の博物館から1852年に製造工業博物館が設立された．これがサウス・ケンジントン博物館の前身である[3]．学校とコンビであったことは，パリ工芸院の設立の場合と共通である．まず，サウス・ケンジントン博物館の前史を見ていこう．

デザイン学校

イギリスでは，1760年代に公開の美術展覧会がいくつか催された．これ

ら展覧会の活況は，画家の社会的ステータスが，注文主の望みに従って絵を描く職人から，美意識に動かされて創作する芸術家へと上昇する過程の反映であった．上流階級にとっては，展覧会はイタリアへのグランド・ツアー（grand tour）と同じく，多数の美術品を見て，必須の教養のひとつである審美眼を養う場だったのである．こうして，ハイ・アートが上層階級の社会制度（polite institution）としてが確立していった[4]．

ヨーロッパでは，ながらくイタリアが美術の本場であり手本であったのを，フランスが王立美術アカデミーをつくって追ってきた．アカデミー設立は，画家や彫刻家が職人ではなく詩人や哲学者と同じ芸術家としての社会的ステータスを獲得しようとする努力であった．職人のギルドにおける徒弟養成とはちがった美術学校が，アカデミーに設置された．立ち遅れていたイギリスでも，美術アカデミー（Royal Academy of Arts）が1768年に設立され，国家による美術振興がはじまった．イギリスにとって，カトリック国のフランスはライバルであり，これに美術では太刀打ちできない状況を変える必要があった[5]．

美術のハイ・アート化は美術と製造工業との関係を希薄化したが，美術を社会における高いステータスの人々だけのものにせず美術を民衆にひろめようとする動きもあった．工芸振興協会は，1758年以来，キャラコ・プリントや家具製造等のデザインのコンテストを行い，同会の創立者シップリ（William Shipley）は画学校をひらいて，子どもたちに科学と製造業に関連する描画を教え，関連する優れた仕事を表彰した[6]．

1830年代になって，美術アカデミーに対抗する革新派の画家ヘイドン（Benjamin Robert Haydon）や，下院議員エワート（William Ewart）らは，artsの知識とデザインの基本を民衆に教える必要と美術への国家補助を唱え，博物館・美術館および無料図書館の設置を主張した．美術教育の問題について，1836年に議会（庶民院）の特別委員会が設置された．この委員会は，artsについて本格的に調査するイギリス議会特別委員会の最初であった．エワート，ヒューム，ピール，ラッセルら委員の多くは商工業関係者であり，「美術は，フランスでは民衆に親しまれているのに，イングランドでは貴族のものと思われている」状況を変えようとした．この委員会の調査によると，イギリス

の工業製品はデザインが悪くて売れず，他方，フランスの製品はデザインが良いと信じられていた．イギリスの工業製品は量でフランスに勝っていたが，リボン，ショール，手袋，壁紙，陶磁器，金属細工などのファンシー製品ではフランスが明らかに上であった．美術の傑作の影響力が工芸デザインの改善に有効であるとされ，美術と製造工業との橋渡しをする必要が認められた．展覧会は常時開設されておらず，その入場料も労働者にとっては高額であったので，常設のデザイン学校を政府がつくることが決まった[7]．フランスで美術学校が成功していたことの認識が，この決定につながった[8]．美術館の必要性も認められ，特別委員会の報告は，博物館・美術館は労働者が利用しやすいように入場料は無料とし，開館時間も長くするのが望ましいとした．博物館・美術館は，工芸デザインのためだけでなく，イギリスの美術およびイギリス人の審美眼（taste）の向上に役立つ標本を置くこととされた．

　この報告の背景には，博物館・美術館の入場者が増大したことがある．イギリスでは，1830年代後半までに美術収集家の主力は貴族から商工業家に変わり，少数の特権者からの美術の開放が進んでいた．1830年と1835年のナショナル・ギャラリの年間入場者数を比較すると，6万321人から12万7268人へと倍増している．入場者を階層分類したデータはないが，労働者階級の上層部分も相当数含まれていたと推定される[9]．

　デザイン学校（Government School of Design）は，イギリスの政府が設立した最初の美術学校であり最初の職業学校であった．同校は，1836年に設立され，ロンドンのサマセット・ハウス（Somerset House. 官庁用建物）に置かれて翌年開校した．デザイン学校には博物館が設置され，装飾品，本，版画，絵，漆喰細工，絹・青銅・陶磁器・木細工の見本，骨格標本，剝製等が集められた．1842年から1852年までのあいだに，マンチェスターほかに分校が計21ヶ所に開設され，ロンドン校はこれらを束ねる中央校として美術教員を養成した[10]．

　デザイン学校の方向は，出発点においては，美術アカデミーやハイ・アートといったエリート路線に反対であった．しかし，開校の時間が午前10時から午後4時までであり，週4シリングの授業料を徴収するなど，労働者である生徒を受け入れる態勢ではなかった．のちに，夜間部が設けられ，授業

料は月4シリングに変更された．この学校の基本方針は，才能のある若者を芸術家に育てるハイ・アート路線と，数多くの若者に装飾美術の実技を教える訓練路線とのあいだで揺れ動いた．博物館は，スペース不足もあって，乱雑なままであった．迷走するデザイン学校の評判は芳しくなく，1849年にデザイン学校に関する政府の調査委員会がつくられた．デザイン学校の改革は手つかずであった[11]．

ロンドン万国博覧会とサウス・ケンジントン博物館の誕生
　サウス・ケンジントン博物館設立は，ロンドン万博の直接の産物であった．この流れを見ていこう．
　19世紀にはいってから産業博覧会がことにフランスで盛んに開催され，国際博覧会という企画もフランスから始まった．しかし，同国の産業界では保護貿易主義が主流であって，博覧会の場で外国製品と競うことは好まれず，国際博覧会は実現しなかった．最先進工業国であり自由貿易を標榜するイギリスが，このアイディアを採り上げた．コールらの工芸振興協会がアルバート公（ビクトリア女王の夫君）を会長として，ロンドン万博開催への運動をした．第1回ロンドン万博（万国産業博覧会，Exhibition of the Industry of All Nations）は，鉄とガラスでハイドパークにつくられたクリスタル・パレス（Crystal Palace）で行われ，600万人の有料入場者があって大成功を収めた．完成したクリスタル・パレスの翼廊を図5-2に，開展した同博覧会を図5-3に示す．図5-4は，機械展示ホールである．この最初の万国博覧会は，フランスにおける博覧会を手本とし，フランスからの出展を相当に期待していたようである．以後，各国で万博が開催されるようになった．ロンドン万博の成功の結果として，デザイン学校や博物館に公共の資金が投入されるようになった．この意味で，1851年の万博の意義は大きい[12]．
　後述のように，サウス・ケンジントン博物館におけるコールの手法の多くはロンドン万博での経験に基づいていた．サウス・ケンジントン博物館はこの万博の産物であった．パリ工芸院博物館のトレスカも，1851年のロンドン万国博覧会を見て機械が動いている動態展示の効果に強く印象づけられ，パリ工芸院博物館で機械の動態展示を始めた．このように，動態展示，相互

図5-2 完成したクリスタ
　　　ル・パレスの翼廊
　　　（ロンドン万国博覧会，
　　　1851年）
Illustrated London News, Jan. 25,
1851, p.57.

図5-3 開展したロンドン
　　　万国博覧会，1851年
Illustrated London News, May 24,
1851, p.455.

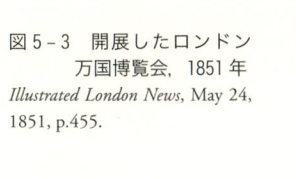

第5章｜教育のための博物館の実現　231

図 5-4 ロンドン万国博覧会の機械展示ホール, 1851 年
Illustrated London News, September 20, 1851, p.380.

作用型展示，展示のショー化など，万博は博物館の展示の実際に大きな影響を及ぼした．後年のシカゴ科学・産業博物館の展示も，第 6 章で述べるように同館総裁ローアを通じてシカゴ進歩の世紀博覧会の影響を受けた．

コールは 1846 年に工芸振興協会に入会し，1850 年と 1852 年には理事長（Chairman of Council）をつとめた．彼は，同会の第二の創立者と呼ばれるほどになった．多方面にわたって活躍したコールは，問題ごとに同会に委員会をつくってキャンペーンを展開した．彼にとって，工芸振興協会はなくてはならない拠点であった．コールは，1847 年に同会の大ホールでイギリス製造業展（Exhibition of British Manufacturers. 家具や室内器具ほかを展示）した

経験があり，1850年には古代と中世の装飾美術（Ancient and Medieval Decorative Art）展を開催した．彼は1862年の第2回ロンドン万博およびその後の万博の開催にも尽力した．

この第1回ロンドン万博では，展示は素材，機械，製造，美術の4分野に分類されていた．ここでは，製造業がイギリスのアイデンティティとして展示されるとともに，装飾美術が展示にふんだんに使われた．欧米諸国の工業製品が出展されたこの万博では，自由貿易主義を鼓吹し，イギリス産業革命の勝利を誇示するはずであったのだが，ふたをあけてみるとドイツや米国の工業製品の方がすぐれている場合があった．化学者プレイフェア（Lyon Playfair）らは，イギリスの科学技術教育のたちおくれがこの原因であるとして警鐘を鳴らした．各国の製品のデザインが工業化によって雑になっていることも，指摘された．イギリスの製品は趣味（taste）がよくないと言われ，美術と製造工業との橋わたしが必要であるとされた．この橋渡しの必要性はすでに1836年の特別委員会で指摘されており，同じことが指摘されたのはデザイン学校がその使命を果たしていないことを意味した．行き詰まっているデザイン学校を改革する必要が明らかになった．工業デザインと消費者の好みを反映しているので，工業デザイン向上にはイギリス人の審美眼（taste）の向上が必要であるとされた[13]．

これらの課題に取り組むべく，コールやプレイフェアらはアルバート公を表に立てて運動した．アルバート公の存在は，民間団体である工芸振興協会に公的権威をもたらす作用があり，この意味でコールにも非常に有用であった．運動の結果，デザイン学校を衣更えして，1852年に商務省（Board of Trade）に工芸局（Department of Practical Art）がつくられ，コールが責任者（Secretary）となった．1853年の工芸局の報告書によれば，同局の目的は次の三つであった——①普通教育における美術教育，②高度の美術教育，③工芸美術の原理（Application of the Principles of Technical Art）の製造業への応用を推進すること，および，各時代の美術を集めた博物館をつくって国民のすべての階層の審美眼を向上すること．1853年に，science（工業技術）についてもartと同様の振興策を講じるために，同局は科学工芸局（Department of Science and Art）となった．科学工芸局ではコールとプレイフェアの二人が

第5章 教育のための博物館の実現　　233

長（Secretaries）であったが，のちプレイフェアが退任して，コールだけが責任者となった．同局は，1856年から枢密院の教育委員会傘下にはいった．科学工芸局の組織となって，①〜③のほか，④工業技術の教育という目的が加わったと考えられる．コールの当初の意図は③であったが，ハイ・アートの②が加わり，後述するようにコール自身が①を加え，さらに工業色の強い④が加わった[14]．

万博の剰余金から「工業教育の便宜を増進し，製造業に対する科学と芸術の影響を拡大するため」(serve to increase the means of Industrial Education and extend the influence of Science and Art upon Productive Industry) の施設を設立するよう18万6463ポンドが割り当てられ，政府からの補助金5000ポンドも得て，「科学と工業のための学校あるいは博物館」の土地購入にあてることになった．従来のデザイン学校は，1853年にサマセット・ハウスからマールバラ・ハウス（Marlborough House. 王室の別邸で，アルバート公が使うまでの空いている期間だけ貸与された）に移転し，その博物館は「装飾美術の歴史，理論，実際の応用を示すため」の製造工業博物館（Museum of Manufacture）になった．デザイン学校と博物館は工芸局傘下の部門として，デザイン学校は上記同局の目的の①〜③を，博物館は③と④を担当することになった．こうしてコールは，工芸を志す若者や職人という限定された人々を相手にするデザイン学校から，民衆一般を相手とする博物館へと，範囲をひろげた．コールは，美術教育についても，①の普通教育における児童の美術教育へと対象をひろげた[15]．

1852年にマールバラ・ハウスに設立された当初の製造工業博物館の名称には，装飾製造博物館（Museum of Ornamental Manufactures）や装飾美術博物館（Museum of Ornamental Art）も使われた．装飾美術と製造工業のどちらに重点を置くか，コール自身の迷いがここに見られる．結局コールは装飾美術の方をとるのであるが，工業技術をあつかうロンドン科学博物館の地位が長い間強固でなかった原因がすでにこのときあった．

製造工業博物館のコレクションには，デザイン学校から来た物と，万博展示品を購入した物があった．後者は，主として食物と，動物からつくった製品 animal products) である．図5-5は，その《Food Museum》である．マール

図5-5 サウス・ケンジントン博物館の食品と動物からの製品を展示した展示室《Food Museum》，1859年
Leisure Hour, April 14, 1859, p.232.

バラ・ハウス以来，コレクションは織物，金属，陶磁器，ガラス，木といった材料別に分類されていた．材料別の4分類は，ロンドン万博とも共通である．この大分類は，今日のビクトリア・アンド・アルバート美術館まで，紆余曲折はあったが残っている．この博物館は，工芸の教育訓練が目的であるから，手本として必要な作品が入手できない場合，複製品を手配した．美術図書室も設けられた．デザインのための博物館であるという理由で，コールは悪いデザインの典型例までも展示させた．この展示は，「恐怖の部屋」(Chamber of horrors) と呼ばれて評判が悪かった[16]．マールバラ・ハウスの製造工業博物館は相当の成功をおさめたようで，最初の1852年には4万5560人の入場者があり，そのうち4万2134人が無料入館日（月曜日と火曜日）に，3426人が有料日（水・木・金曜日）に来たという．

1852年には，この博物館に貸出部（Circulation Department）がつくられた．ロビンソン（John Charles Robinson. 1853年からこの博物館の最初のキュレータとなった）が貸出部の責任者で，貸出部はコレクションも持つようになった．当初は美術学校に美術品（複製品を含む）を貸し出し，のち美術以外の学校にも貸し出すようになった．1854年頃には，貸出し展示には430のオブジェと150の絵画類を鉄道車両に積んで，館スタッフが帯同した．4年間に，貸出し展示は22の場所で23万8882人という多数の観客を集めた[17]．

1857年6月20日に，サウス・ケンジントン博物館はビクトリア女王とア

ルバート公の臨席のもとに開館式を行った．コールは，アルバート公の協力を得て，イギリス内外から工芸美術のコレクションにつとめた．サウス・ケンジントン博物館が開設されたときに，製造工業博物館以来のコレクションに次のようなコレクションが加わった[18]．諸機械器具から成るイギリス工芸振興協会の教育コレクション，紅茶王トワイニング（Thomas Twining）が集めた労働者の生活向上を目的とした家庭と衛生に関するコレクション，建築博物館（Architectual Museum. 1851年設立）のコレクション，彫刻協会（Sculptor's Institute）のコレクション．のち，特許博物館のコレクションもサウス・ケンジントン博物館に合流した．しかし，サウス・ケンジントン博物館にはこれといって骨格となるコレクションがなかった．同館は，工芸美術から工業技術までの広い範囲のコレクションを持っていて，その展示は雑多でバザールのようだと評されたこともある．

　コールは博物館で，歴史上の記念物を集めるのではなく，人々の審美眼の変化のさまを示そうとした．しかし，収集にあたっての彼の方針にはあいまいさが見られる．工芸美術品についてすべての時代のすぐれたデザインと工作のものを集めると言いながら，収集にあたって選別の基準はスタイルではなく「実用との関連」であるとした．しかし，「実用と関連するものだけ収集する」というのでは分類と収集にあたって依拠すべき基準や理論にはならない．収集の基準のあいまいさが，雑多な美術品収集をもたらし，美術史を軸としてスタイルを分類するハイ・アート派（純粋美術派）がこの博物館の主導権を握ることにつながったと思われる．科学工芸局の目的として上記②があるので，ハイ・アートもサウス・ケンジントン博物館がカバーする範囲であった．コールの意図とはちがって，ハイ・アート派がサウス・ケンジントン博物館の主流となる要素が，当初からあった．

　絵画コレクションについて，ここで述べておこう．シープシャンクス（John Sheepshanks）が寄贈した近代絵画コレクションが，1857年のビクトリア・アンド・アルバート美術館の当初からあった．画家ターナー（J. M. W. Turner）は自分の作品を国に遺贈し，これがコールの科学工芸局のマールバラ・ハウスにあった．このターナー・コレクションおよび同様のヴァーノン（Robert Vernon）・コレクションは，ナショナル・ギャラリー（1824年設立，

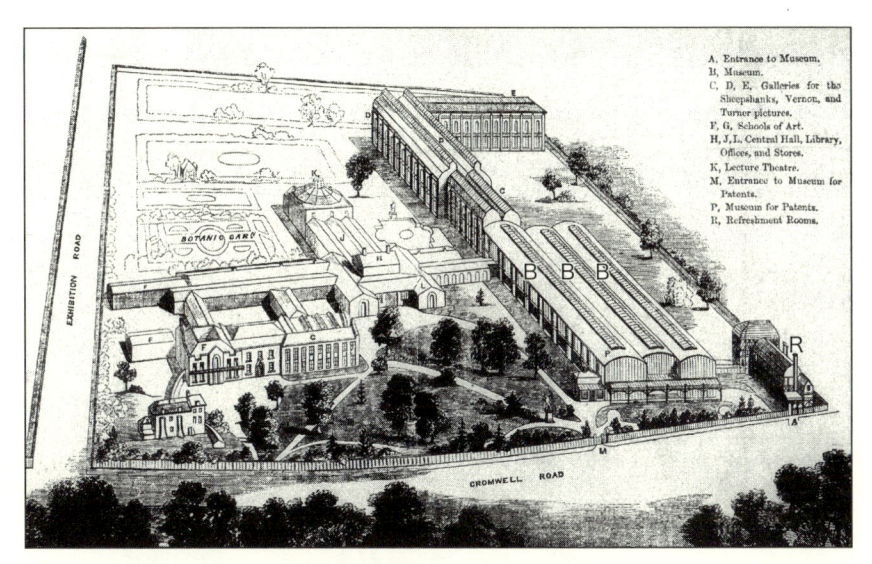

図 5-6　サウス・ケンジントン博物館の配置図．右手の B が本館である「ブロンプトンのボイラー」，右下端の R が軽食堂
Leisure Hour, April 7, 1859, p.217.

現在のトラファルガー・スクエアでの開館は 1838 年) に属するものと決められたが，これらは事実上サウス・ケンジントン博物館の展示として加わり，1858 年から公開された．これらの帰属をめぐってコールはハイ・アートの牙城であるナショナル・ギャラリーと争った[19]．

　サウス・ケンジントン博物館の新しい建物が，ブロンプトン（Brompton）とサウス・ケンジントンの境界付近に作られた．これは，三連かまぼこ型の鉄骨プレハブ建築で，図 5-6 では B で示してある．後掲の図 5-24（277 頁）も見られたい．図 5-7 は，その内部である．上層階には，職員の住居も設けられた．この建物は「ブロンプトンのボイラー」とあだ名がついた．コール自身はブロンプトンという名を好まず，「サウス・ケンジントン博物館」という名称は彼が考えたようである．ブロンプトンやサウス・ケンジントンは，当時のロンドン中心部からは離れており，遠すぎるという批判もあった．コールは，サウス・ケンジントン博物館へのアクセスが便利になるように常に努力した．1864 年には，地下鉄のサウス・ケンジントン博物館駅の建設が決まった[20]．

第 5 章　教育のための博物館の実現　　237

図5-7　サウス・ケンジントン博物館の内部
Illustrated Times, June 27, 1857.

　アルバート公は，サウス・ケンジントン地区を学芸地区にしようと構想し，ここに素材，機械，製造，芸術の博物館（この4分野は，ロンドン万博にならった分類である）をそろえようとした．現在では，大英博物館やナショナル・ギャラリーはこの地区にはないけれども，ロンドン大学のインペリアル・カレッジ，王立美術学校，王立音楽学校，自然史博物館，地質博物館，ビクトリア・アンド・アルバート美術館，ロンドン科学博物館等々がここに集まっているから，アルバート公の構想は現在はほぼ実現していると言うこともできる．

　コールはイギリス人の審美眼の向上のために，博物館をロンドンに設けるだけでなく，その全国化に努力した．科学工芸局傘下には，サウス・ケンジントン博物館のほか，ロンドンの実用地質博物館（Museum of Practical Geology. 1835年設立，1837年に Museum of Economic Geology として開館．現在はロンドンの自然史博物館の一部になっている），ダブリンのアイルランド工業博物館（Museum of Irish Industry. 1845年設立），エジンバラ科学工芸博物館（Edinburgh Museum of Science and Art），および後述のベスナル・グリーン分

館もあった．コールは，人口10万人以上の都市には博物館を設けるべきだと考えていた．サウス・ケンジントン博物館は，貸出し展示を行い，融通できる標本や複製品や写真を廉価で分けて，各地の博物館の設立と運営に協力した．ロンドンの労働者居住地区の何ヶ所かに工芸博物館をつくることを，コールは考えていた．これら全国化とロンドンでの地域博物館は，次に述べるデザイン学校の全国化ほどには成功しなかった[21]．

コール指揮下のデザイン学校では，想像力や発想よりもきれいにきちんと描くことを重んじて，人体のスケッチはせずに幾何模様や装飾模様の模写の訓練をした．コールは，工芸デザインの改善には国民の審美眼の向上が必要であるとして，普通教育への美術教育の導入をはかった．コールによって確立された美術教育の方式は，その後，長く守られて1930年代までイギリスの学校で学童に対し行われた．デザイン学校は，初等教育に美術教育が導入されたのにともなう教員養成のための美術訓練学校（Art Training School）となり，さらに王立美術学校（Royal College of Art）にひきつがれた[22]．

コールの美術教育路線は，外部からは厳しく批判された．コールは，「教育のある者が人物をスケッチできてもまっすぐな線の一本も引けなかったら，恥ずかしいことだ」，初等教育の美術では「2たす2を教えるように，直線を書くことを教える」べきであると考え，「美を支配する法則を適用する」ことを強調していた．これらは功利主義者であるコールらしい言説であるが，純粋美術派には受け入れ難かったにちがいない．美術を国民のモラルと結びつけて考えていたラスキン（John Ruskin）も，コールのやりかたは美術の才能のある者の教育をないがしろにするもので，禍根となるとして反対した[23]．

コールと彼の博物館手法

ここで，改革者コールの人となりと，「国民の審美眼の向上」のためにサウス・ケンジントン博物館に導入した彼の手法を見ておこう．

コールは，軍人（近衛竜騎兵士官）の子として生まれ，公共記録制委員会（Public Records Commission）や財務省（Treasury）の役人として公共事業（civic service）にかかわり，鉄道・港などの改革で手腕を示した．ヒル（Rowland Hill）を補佐して郵便制度の改革にも努め，そのための新聞『ポスト・サー

キュラー』(*Post Circular*) を編集した．糊つき切手は彼の考案と言われている．コールは，経済学者の J. S. ミル (John Stuart Mill) ら革新派 (philosophic radicals) や，反穀物法同盟のコブデン (Richard Cobden)，作家のサッカレー (William Makepeace Thackeray) らと親しく，最大多数の最大幸福を説くベンサム (Jeremy Bentham) の影響を受けた功利主義者 (utilitarian) であり，エワート，ヒューム (David Hume)，ラッセル (John Russell. 二度にわたって首相をつとめた) ら議員・政治家を含む改革派の一翼に連なっていた．コールは，工芸振興協会を拠点にして各種の改革を行おうとした．文筆によるキャンペーンも得意であった．彼の改革の対象は，美術・科学・音楽の教育，郵便制度，特許制度，鉄道のゲージ，ロンドンのタクシー，学校における少年の軍事教練，水洗便所等の衛生施設など，広い範囲にわたっていた．楽器をいくつか弾き，合唱団で歌うなど，彼は音楽にも熱心であった．1871年開館のビクトリア・アンド・アルバート・ホールも，コールの提案によってできたものである．さらに，1876年開校の National Training School of Music (王立音楽学校 Royal College of Music のルーツ) 設立に貢献し，また，料理学校設立にも寄与した．コールは，製造工業に美術を適用すること（今日の言葉で言えば工業デザイン）に関心があった．1840年から彼は雑誌『デザイン・製造ジャーナル』(*Journal of Design and Manufacturers*) を刊行して，デザイン学校改革を唱えた．水彩画を描き，切手の下絵スケッチを描いて賞をとり，フェリックス・サマリ (Felix Summerly) の名で出した児童向け絵本，クリスマスカード，陶磁器（ティー・セット）は好評を博した．実用品を考案して発売したのは，いかにも功利主義者コールらしい．クリスマスカードを発売したのは，彼が初めてだと言われる．図 5-8 に，サマリ器を示す．ビクトリア女王とアルバート公も，サマリ器を愛用した．コールは 1851 年の万博に続くイギリスの博覧会開催の中心人物であり，イギリスの国際博覧会創設の父とも呼ばれるようになった[24]．

　都市衛生，鉄道，特許といったことの改革に取り組んだコールが，工業（製造技術）の知識を専門職業人だけでなく国民一般へ普及する必要があると考えたのは，自然であっただろう．パリ工芸院ですでに科学技術の普及・啓蒙活動が始まっていたが，これを博物館の展示で目的意識を持って行った

図5-8　コールのサマリ器
Marcia Pointon, *Art Apart: Art institutions and ideology across England and North America*, Manchester University Press, 1994, p.81.

のはコールが最初である．それゆえ，彼は科学技術博物館の歴史上でもっとも重要な人物であると言ってよい．

　コールは，サウス・ケンジントン博物館から退任したのちの1874年の講演で，「イギリスの工芸・科学学校が成功し，国民は健康で食料が十分あって長寿であり，工業が繁栄し，商業が盛んで，生活が文化的であるといったことを望むならば，何よりも科学と工芸の博物館がなければならない」と述べ，また，「教育，科学，工芸の振興を怠るならば，イギリスの衰退がはじまるであろう」と述べている．バーミンガムの下水改良に関連して，「一国の文明の程度は石けんの消費量でわかる」と述べ，「健康，食料等々の改善は科学で決まる」とも言っている．1873年の演説では，デザイン学校（とその後身）の発展について述べ，1852年にはこの関係の学校は22校しかなく，生徒数は5000人，納付された授業料は2600ポンドであったのが，「最近は122校，2万2800人，2万4800ポンド（毎年）になった」としている．「かつては貧民向けの学校はなかったが，いまは19万4500人の子供たちが絵を描く事を習って」おり，「かつては職人向けの夜間コースはなかったが，いま538のコースがあって1万7200人が習っている」と述べている．かつては科学を貧民に教える公共の施設はなく，工芸についても科学についても教員訓練学校はなく，工業博物館もなかったと述べ，博物館の必要性について，「良いデザインの製品を作ろうとする製造者や職人や画家が手本を見にいくのに，公開の博物館がなかったらどうしたらよいのだろうか」と論じている．彼によれば，博物館は教育のために存在するのであり，知識階層が独占していたコレクションを公開に持っていくのが博物館のつとめである．こ

のような重要な役割をになう博物館には，地方の博物館にまで，国が援助すべきであるというのが，コールの主張であった．これらの言説には，彼一流のカラフルなトーンが強いけれども，改革家コールの主張の基本をここに見ることができる[25]．

彼はサウス・ケンジントン博物館を設立したが，それは社会改革（客観的には社会統制）のツールとして博物館を重視したからであって，彼自身が博物館に専心しようとしたのではなかった．この点で，彼はドイツ博物館のフォン・ミラー，スミソニアンのグード，ヴィーン技術博物館のエクスナーらとはちがった．コールは工芸美術愛好者であったが，彼にとって自分が工芸美術を愛でることよりもイギリス人の審美眼を向上させることの方が重要であった．このように，彼は博物館人ではなく，もとより美術鑑定家（connoisseur）でもなかった．ロビンソンら美術鑑定家から見ると，「人体のスケッチよりも直線1本引くことの方が重要だ」とするコールは，美術愛好者ですらなかったのかも知れない．

コールは学校にも長く関与したが，力を注いだのは，エリート養成学校や学問の府ではなくて職人等のための職業学校・技芸学校の振興であり，また，これらの地方におけるこれらの学校の整備であった．コールは，美術教育を普通教育に導入し，博物館についても工芸に従事しようとする若者だけでなく国民一般を相手にするなど，対象をひろげてきた．これは，後述のような，労働者等を職業生活の時間だけではなくレジャーの時間においても統制しようとする改革運動の進展の反映であった．博物館と学校をふくむコールの活動圏は今日言うところの社会教育に通ずるので，彼の足跡の再評価はこの意味でも重要であると思われる．

コールは，美術館の機能は特権者所有の美術品を民衆に開放することであると主張し，博物館はコレクター・鑑定家や画学生のような決まった人々ではなくふつうの人々を相手にすると述べた．オールティックは，サウス・ケンジントン博物館は一般公衆の利用のための施設であると謳うだけでなく，実際に公衆へのサービスに献身したロンドンで最初の非営利博物館であると書いている．バザンも，この博物館が最初から教育という見地に立っていた

点で他の博物館とはちがうと指摘している[26]．大衆を呼び寄せるためにサウス・ケンジントン博物館が行った展示方法等を，以下しばらく見ていこう．

　サウス・ケンジントン博物館は，労働者の入場を歓迎した．利用のしやすさは，コールにとって最重点であった．マールバラ・ハウスで製造工業博物館として設立当初の開館日は，月曜日から金曜日までの5日であった．月・水曜日は無料で，火・木・金曜日は入館料6ペンスであった．デザイン学校の生徒は，入館無料で，館のスタッフがいるときに展示物のコピーをすることが許されていた．ここの生徒以外でも，ひとつにつき1ペニーを納めればコピーできた．博物館でコピーを許すについては，コールはルーヴル美術館におけるコピイストの存在の意味を意識していたことであろう．1854年に，土曜日を無料開館日として加え，土曜日半日の学校の教師・生徒等が土曜日の午後に見学できるようにした．月・火・水曜日は，夜10時まで開館した．サウス・ケンジントン博物館になってからは，週の開館日のうち3日は入場料6ペンスで午前10時から日暮れまで，月・火・土曜日は無料で午前10時から午後10時までであった．6ペンスという金額は，ふつうミュージック・ホールに入るときの金額と同じであり，労働者がミュージック・ホールよりも博物館に来るようにしたいというコールの意図がここにうかがわれる．1908年に新館（現在のビクトリア・アンド・アルバート美術館の建物．図5-9参照）ができて，朝8時から夜10時まで開館するようになった．ビクトリア・アンド・アルバート美術館の夜の開館は第二次世界大戦前の1938年まで続いたが，以後は午後6時閉館になった．

　コールはすべての博物館が日曜日の午後に開館することを望み，絵画を寄贈したシープシャンクスも，労働者たちがこのコレクションを見られるように，日曜開館を希望していた．しかし，コールの時代には日曜開館は実現しなかった．日曜開館の実現については後述する．

　夜の開館は，ガス灯照明によって可能になった．ガス灯照明がサウス・ケンジントン博物館の当初から使われた．皮切りは，シープシャンクス近代絵画室であった．ガス灯設置にあたっては，天井からの自然採光に近い効果のあるようにくふうされた．ガス灯は絵を汚すおそれがあるので，換気にも注意を払い，さらに1880年からは電灯照明が設備された．コールは防火にも

図 5-9 『ヴィクトリア・アンド・アルバート美術館の建物の歴史』．1908 年に建てられた新館の写真が使われている
John Physick, *The Victoria and Albert Museum: The history of its building*, Phaidon・Christie's, Oxford, 1982.

注意を払い，住みこみの館員で防火隊を組織した．ビクトリア・アンド・アルバート美術館の新館建築にあたっては，天井からの採光と人工照明，換気，暖房等を検討して設計された．

コールは，彼の博物館は開いてある本のようなものである（This museum will be like a book with its pages always open, and not shut.）と述べた．本は開かないと見られないが，博物館は努力せずに見られという意味である．「開いてある」ように，コールは展示にさまざまなくふうをした．マールバラ・ハウスのころから，標本にラベルをつけさせた．展示ケースやフレームも，サウス・ケンジントン博物館でくふうされた．ガラスケースを並べるのは，今日では陳腐な方法とされているが，19 世紀後半の博物館においては革新であった．図 1-4（31 頁）や，後掲の図 5-23（276 頁）は，このような展示の例である．ガラスケースは，エレガント・ショップやデパートをまねて博物館に導入されたという説もある．飾りの多い壁面を中性化するためのスクリーンも使用された．コールは，1867 年のパリ博覧会で展示スタンドのくふうに関してメダルを授けられている．展示室の監視員（attendant）も，このコールの博物館からはじまった[27]．

サウス・ケンジントン博物館では当初から，展示場や講堂でのイベントや，

図5-10　ブロントン礼拝堂の脇に設けられたサウス・ケンジントン博物館の軽食堂，1863年
John Physick, *The Victoria and Albert Museum: The history of its building*, Phaidon・Christie's, Oxford, 1982, p.39.

展示での講話が企画された．展示物を写真に撮って記録するとともに，観客に頒布するよう，写真工房も設備された．

1855年と1857年にはそれぞれ展示カタログと石版画印刷のガイドブック『装飾美術の宝物』(*Treasury of Ornamental Art*) がつくられた．これらのカタログやガイドブックは，ロビンソンが中心になってつくったものである．1860年のこの博物館のガイドブックでは，コレクションを美術部門と技術部門とに分けている．1869年からは，美術部門のカタログ・シリーズが刊行された．

入館者のための軽食堂も，1863年に設けられた．図5-10にこれを示す．博物館の食堂は，これが世界最初であった．1851年のロンドン万博では，統計がとられて群集の警備などの各種ノウハウが得られ，軽食堂のホット・ドッグ，ビスケット，ゼリー，ソーダ水の売上げ統計もあった．この経験が，コールによってビクトリア・アンド・アルバート美術館の食堂開設に活かされたことであろう．サウス・ケンジントン博物館では，労働者が違和感を持たないようにとのコールの考えで，ビールや蒸留酒も飲めた．観客が飲んだくれる心配もあったが，結果としてそのようなことはほとんどなかった[28]．

労働者から見ると，博物館には仕事着では行けないし，パブやミュージッ

ク・ホールとはちがって堅苦しいところであった．労働者とその家族たちが来やすいような博物館をつくる必要があった．サウス・ケンジントン博物館は，大英博物館とちがって，労働者の入場を歓迎した．労働者の家族がサウス・ケンジントン博物館に来るさまを，コールは次のように描いている．

> 労働者は，彼の1室か2室しかない薄暗くて何も楽しみのないアパートから，この博物館に来る．ファスチアンの上着（労働者のよく着る服）に，シャツのカラーを精一杯きれいにして，ファスチアン・ジャケットの子供を3人，4人あるいは5人つれ，持っているうちで一番よいボンネットをかぶった妻もつれて，妻はもちろんショールの下に赤ん坊をかかえている．この家族が博物館の中のまばゆい照明を初めて見たときにあらわした驚きと喜びのようすから，この晩の娯楽が彼ら全部にとってぴったりで健全な興奮であることがわかる．公共の博物館を夜まで開館することは，ジン酒場の誘惑に対する解毒剤になるにちがいない．

この文章は，よく引用されることがある．表現には潤色があるとしても，コールの意図をうかがい知ることができよう．図5-11は，このような情景を描いている．サウス・ケンジントン博物館の場合，実際には労働者は仕事着で入ることができた[29]．

サウス・ケンジントン博物館では，講演や出版等々を通じて博物館の活動が不断に国民の前に明らかにあらわれていた．このようなサウス・ケンジントン博物館の入館者数は，非常に多かった．巻末の表1を見られたい．マールバラ・ハウスで開館の翌年である1853年にすでに年間入場者が10万人を突破している（12万5453人）．観客動員は大英博物館をはるかに凌駕し，1875年にはサウス・ケンジントン博物館83万212人，大英博物館57万3317人であった[30]．今日でも各国の代表的博物館の年間入場者数は100万人台であるから，人口が少なく，公共交通機関も観光旅行もまだ拡大途上であった当時としては，これは大きな数である．サウス・ケンジントン博物館の年間入館者数は，すでに1860年代に100万人を突破している．工場の労働時間の短縮が進行したことも，博物館入場者数の増大につながったであろう．

図5-11 サウス・ケンジントン博物館に来た労働者の一家
Leisure Hour, April 1, 1870.

　サウス・ケンジントン博物館は，欧米で装飾美術博物館が設立される気運を高めた．サウス・ケンジントン博物館の直接の影響の下に，1860年代にヴィーンとベルリンに工芸博物館が，さらに1890年頃までにポーランド，ハンガリー，セルビア，ドイツ，オランダ，ノルウェー，デンマーク，ロシアに多数の装飾美術博物館がつくられた．フランスでは，相当に遅れて，1905年になってルーヴル美術館に装飾美術部門が開設された．1870年設立のニューヨークのメトロポリタン美術館（Metropolitan Museum of Art）やボストン美術館（Museum of Fine Arts）にもサウス・ケンジントン博物館の影響があった．1897年につくられたニューヨークのクーパー・ユニオン博物館（Cooper Union Museum. 現在はスミソニアン傘下のクーパー＝ヒューイット・デザイン美術館 Cooper-Hewitt Design Museum）も，サウス・ケンジントン博物館を模倣してできた．
　米国でも工芸技術を教えるためにつくられた博物館があり，これらは当初，やはりサウス・ケンジントン博物館を手本にした．フィラデルフィア美術館

(Philadelphia Museum of Art) は，もとはサウス・ケンジントン博物館を手本にして出発したが，のちサウス・ケンジントン博物館流の材料別分類を放棄した．メトロポリタン美術館では，サウス・ケンジントン博物館を手本にした時期は短く，ルーヴル美術館を模倣するように転換した．結局，サウス・ケンジントン博物館流の材料別分類は美術館では主流にはならなかった．コンは，米国の美術館の多くがルーヴルを手本とするようになり，今日の意味での美術（ファイン・アート fine art）が19世紀末から1920年代にかけて形成されたと述べている[31]．

今日の博物館では常識となっている基本手法の多くは，コールのサウス・ケンジントン博物館から始まった．博物館構築・運営の方法論という意味での博物館学を最初にまとまったかたちで述べたグードの言説にはコールの影響が強く見られる．グード，さらにフォン・ミラーに継承される博物館手法については，後述する．

ベスナル・グリーン分館

1872年に，ロンドンのベスナル・グリーン（Bethnal Green）にサウス・ケンジントン博物館の分館が開館した．イースト・エンドのこの場所は織工ら労働者の住む貧民地区の中心であった．コールは，ロンドンの労働者の居住地区いくつかに美術館を設置する構想をもっていた．ラスキンもロンドンの労働者居住地域すべてに美術館をつくること，無料で毎日開館すべきことを主張していた．下層民はサウス・ケンジントンやブルームズベリ（大英博物館の場所）には行きにくかった．それゆえ，イースト・エンドに博物館を設ける意味は大きかった．コールにとって，この分館はモデルケースであったにちがいない．しかし，財務省は財政上の理由からこの分館設置には反対であった[32]．

ベスナル・グリーン分館は，サウス・ケンジントン博物館の「ボイラー」が1866年までに解体されたのを再建してできた．分館の展示品は，装飾芸術（金銀，青銅，陶磁器，彫刻ほか），食品と動物製品（骨，革，象牙など），廃棄物，ダブルデイ（Doubleday）昆虫コレクション等であった．図5-12は，ベスナル・グリーン分館の展示である．

図5-12　ベスナル・グリーン分館の展示
The Graphic Supplement, April 19, 1873（Brandon Taylor, *Art for the Nation: Exhibition and the London Public 1747-2001*, Rutgers University Press, New Brunswick, 1999, p.86 より）.

　当初から，ベスナル・グリーン分館のコレクションは雑多な集積のきらいがあった．それにもかかわらず同館は非常に人気があり，初日には2万5557人，最初の3ヶ月で70万人の観客があった．1872年から1887年までの時期には，年間の分館入場者は41万人〜94万人程度であった．1888年には91万511人で，これはサウス・ケンジントン本館の同年の入場者数89万7225人よりも多かった．この分館が午後10時まで開館していることが多数の入場につながったに相違ない．図5-13と巻末の表1を見られたい．図5-13の原図は，博物館の入館者数を表したグラフとしては最初のひとつである．1880年代までのベスナル・グリーン分館の活況は，イースト・エンドで博物館が求められていたことを示している．ベスナル・グリーン分館の盛況をうけて，ロンドン内の他の地区にも博物館をつくる請願がされたが，政府は拒否した．

　この分館の活況は長続きしなかった．その理由として，サウス・ケンジントン博物館としては必ずしもこの分館に熱心ではなかったという事情がある．本館で不要になったコレクションをこの分館に持っていくということが続い

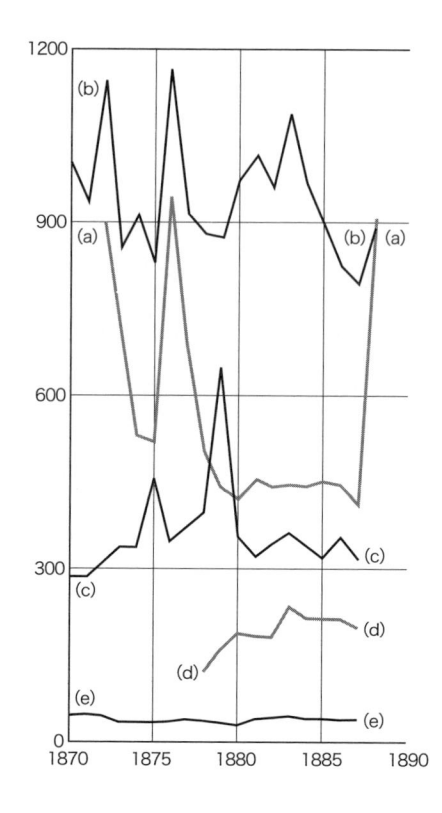

図5-13 イギリス科学工芸局傘下の博物館の年間入場者数の変化.
単位は1000人. (a) ベスナル・グリーン分館, (b) サウス・ケンジントン博物館, (c) エジンバラ科学工芸博物館, (d) アイルランド工業博物館（ダブリン）, (e) 実用地質博物館. Anthony Burton, *Vision & Accident: The story of the Victoria and Albert Museum*, V and A Publications, London, 1999, p.121 による.

た．近代美術と近代工芸のコレクションがベスナル・グリーンへ追いやられるということもあった．のちに，アール・ヌーヴォーのコレクションが同じ目にあった．分館はサウス・ケンジントン博物館が設立するが運営費は地元が負担するべきだというのがコールの考えであったので，地元との不一致の可能性が当初からあった．地元ベスナル・グリーンは，この博物館に技術学校が併設されることを期待して分館設置を歓迎したが，学校は実現しなかった．同館へあてる国家予算は不十分で，建物，図書館，講堂についても地元の期待は裏切られた．

　コールは博物館と工芸学校設立の推進者であったが，これらへの公共資金使用については制限的な考えも持っていた．彼は全国化したデザイン学校への予算を成果主義（生徒が賞をとった数で教員の報酬を決める出来高払い制 Payment on result）で行い，これは美術教育関係者には評判が悪かった[33]．博

物館の運営経費は地元負担という方法は，今日の博物館についても議論されることがある．19世紀のなかごろから博物館ほか国民の文化に政府が責任を持ち資金を投入するということが始まったのであるが，約1世紀半たった今も当時と共通の問題があるのは興味深い．

ビクトリア・アンド・アルバート美術館とロンドン科学博物館の分離に際しては，ベスナル・グリーン分館はビクトリア・アンド・アルバート美術館側になった．純粋美術路線へ傾斜していったビクトリア・アンド・アルバート美術館がこの分館に力を入れなくなったのは自然なことであろう．この分館は，第二次世界大戦中は給食所として使われ，1974年からは子ども博物館（Museum of Childhood）になった．

ロンドンのイーストエンドは，労働者階級の悲惨な居住地区として，社会改良（social amelioration）の焦点であった．ベスナル・グリーン分館以外の，ロンドンの労働者住民向けの文化運動について，ここでふれておこう．ホワイトチャペル地区のセント＝ジュード教会の司祭バーネットとその妻ヘンリエッタ（Samuel and Henrietta Barnett）は，1881年から1898年の春の毎2週間にセント＝ジュード教会の学校（St. Jude's Schools）で，絵画展をひらいた．展示された絵は，審美的・歴史的に重要なものよりも，道徳的・宗教的な意味を持つものであった．バーネットは，芸術的な絵は祈禱者と同じで，神と人を愛することを教えるというラスキンの主張に共鳴し，労働者はみづくろいしてサウス・ケンジントンまで出かけられないのでイーストエンドで展覧会をする必要があると考えた．バーネットは，有力者の知人——ロイヤル・アカデミーの会員ほか，テート（Henry Tate. 精糖業者でテート・ギャラリの寄贈者），ビクトリア女王，カンタベリー主教から，マルクス主義者のモリス（William Morris）までいた——から，ターナー，カナレット，レンブラント，ルーベンスらの絵を借り出して展示した．日曜開展には反対があったが，国教会主教に訴えてこれを認めさせ，1882年からは入場無料で午後10時まで展覧会を開いた．バーネットが同じく設立したセツルメントであるトインビー会館（Toynbee Hall）とも連携して，セント＝ジュード展覧会は，イーストエンドの労働者たちをパブとミュージック・ホールから遠ざける健全な

リクリエーション（rational recreation）の提供につとめた．バーネットの事業は，宗教の色彩が濃いのでコールのベスナル・グリーン分館とは異なるけれども，他の博物館やレクリエーション施設設置に影響を与えた．1888年にイーストエンドにつくられた民衆の館（Peoples' Palace）はその例である．セント＝ジュード絵画展から，1901年にホワイトチャペル画廊（Whitechapel Art Gallery）ができた．その後，交通機関の発達とともに観客はイーストエンド以外からもたくさんくるようになり，ここは中流階級の人も集まるようになった[34]．

デザイン学校，ロンドン万博，サウス・ケンジントン博物館の社会的・政治的意義

　大衆が見に来るようにするサウス・ケンジントン博物館が19世紀の中葉につくられたのは，なぜであろうか．産業革命によってあらわれた都市労働者が悲惨な生活にあえぐ状況のもとで，改革派ブルジョアジーは，社会統制に役に立つ施設（utilitarian institutions）として，博物館等が必要と考えた．サウス・ケンジントン博物館は，社会改革のツールとしてつくられたのである．以下，ロンドン万博やサウス・ケンジントン博物館の社会的・政治的意義を述べよう[35]．

　産業革命後の資本家は，長時間労働こそが利潤の源泉であると考えていた．労働者をよく働かせるには貧困状態におくにかぎると考えられ，高い賃金は欠勤の原因になるとされた．「貧困は勤勉に不可欠な突き棒（家畜を追うためのとがった棒）である」とも言われた．労働時間後の労働者は酒場と売春宿におぼれるほかなく，労働者と家族の生活は悲惨であった．年少者・児童が重要な工業労働力であったから，労働者の子どもに規律を守らせるために日曜学校等で彼らを教育したが，それは多くの場合，「読み書きそろばん」に限定してそれ以上の知的思考をさせないことを主旨とし，中産階級の道徳と規律を受け入れさせるようにしていた．労働者に教育を与えると信仰心がなくなり，反抗するようになると考えられていた．労働者やその子どもに，信仰と理性とは相容れないものだと教えこんで，信仰心は持たせるが理性を働かせないようにしむけた[36]．

しかしまた，工場経営者にとっては安定した労働力が重要で，月曜日に休んだり（keep St. Monday），しょっちゅう飲んだくれている労働者は不都合であった．ドイツや米国の工業と競争するには，相当に自律性を持った良質な成人労働力が求められた．技術の発展により工場労働も変化し，処罰や賃金カットといったむきだしの強制で労働者を長時間労働にしばりつけるよりも，健全なレクリエーション（rational recreation）を許す方が利潤につながることがわかってきた．労働者に教育を与え，禁酒運動をすすめるだけでなく，パブから労働者を遠ざける健全な娯楽を提供する必要があった．フランス革命の波及を恐れるブルジョアジーのうちの改革派は，階級対立の緩和と民衆の反乱の防止のために，国民教育や職業教育の推進を主張し，民衆に健全なレクリエーションを与えようとした．バートンによるサウス・ケンジントン博物館の正史も，教育の目的は"to stop the poor revolting"であったと書いている[37]．ナポレオン戦争のあとも，イギリスでは戦争に備えて壮丁の体位低下の対策が必要であり，労働者の悲惨な生活の改善が望まれた．「男らしい」若者を育てるために，スポーツが奨励された．学校教育の整備が図られ，図書館・博物館がつくられただけでなく，メカニクス・インスティテュート運動，ペニー・マガジンといった制度（institutions）が誕生した．改革派の運動は，一方では労働者階級による自己向上運動とも連携したし，他方では，「教育を与えると貧民の反乱をたすけることになる」と主張する保守派との対立を呼んだ．19世紀前半の工場法，幼年労働禁止，選挙法改正，チャーチスト運動等の変革と動乱，および飢餓の1840年代（Hungry Forties）を経て，カニンガム（Hugh Cunningham）によれば，1850年頃までには労働者階級は政治・経済・文化の各面で産業資本主義（industrial capitalism）の永続を受け入れるようになった．産業革命で生じた危機の時代をイギリス社会は脱したのであるが，1848年のパリの二月革命は，労働者の反乱がいつでも起き得るという恐怖感をブルジョアジーに植えつけた．社会統制あるいは社会改革によって階級対立を緩和する必要が痛感され，そのツールのひとつとして公共博物館がつくられたのである．

19世紀のイングランドにおける公共文化とレジャーの変貌について，さ

らに述べよう．

　ブルジョアジーが支配階級となるまでは，文化は階級によって峻別されていた．服装はその例である．ブルジョア階級による支配の特徴は，それまでの支配とちがって，ブルジョアが自己の文化を支配のツールとして被支配階級に及ぼそうとする点にある[38]．しかし，文化におけるブルジョアジーのヘゲモニー確立は，簡単に進行したわけではない．ブルジョアジーが台頭すると，彼らは古い支配階級であった貴族の文化をまねしようとした．成り上がりであるブルジョアジーは貴族の文化の中に入れてもらおうとしつつ，労働者階級には中流階級の文化を簡単に許そうとはしなかった．

　カニンガムは，『産業革命時代のレジャー』(*Leisure in the Industrial Revolution*, 1980年) において，ブルジョアジーおよび貴族のレジャーと，民衆のレジャーとの交錯・角逐関係を，1780年頃以降のイングランドについて述べている．温泉，保養，射撃，狩猟，ヨット，テニス，ゴルフ，登山などは前者であり，闘鶏，熊いじめ，雄牛いじめ，拳闘，祭りの出店や夜通しの騒ぎ，祭り，そして何よりも飲酒が，後者であった．民衆には，前者へのアクセスは多くの場合は許されなかった．民衆レジャーはしばしば抑圧された．産業革命期に，クウェイト（輪投げ）などの旧来の民衆の娯楽はすたれ，住民が使える共通のレジャーの場所であった空間は，支配階級によって囲い込まれ，独占（私化．privatisation）され，なくなってしまった．闘鶏などは，酒場の裏庭で生き延びるほかなかった．騒ぎをともなう古い民衆レジャーは，暴動のきっかけにもなるので抑圧された[39]．

　産業革命がすすむにつれて，労働者に酒場と売春宿以外の健全なレジャー施設を与える方が結局は得であることが理解されるようになった．ブルジョアジーのうちの社会改革派は，普通教育と健全なリクリエーションの制度化を推進しようとした．労働者の生活を改善するだけでなく，高い文化の一部を彼らにも許すようになった．これが支配の安定化につながることがわかってきた．階級間の文化障壁の崩れを恐れるよりも，むしろ，レジャーが階級間の壁を低くして融和に役立つと期待されるようになった．体を使うスポーツは健全なリクリエーションとして奨励されたが，ブルジョアジーと貴族階級が家父長的なパトロンとなるクラブ設立といった「たが」がはめられた．

改革派の運動の結果，政府がリクリエーションのための公共文化施設をつくるようになった．万博の開催や博物館の設立もその一部である．テイラー (Brandon Taylor) が指摘しているように，博物館・美術館設置や健全なリクリエーション運動には，労働者階級に文化をひろめつつブルジョアジーのヘゲモニーを確保するねらいがあった[40]．

労働時間の短縮が実現し，労働者も鉄道による日帰り旅行ができるようになり，富裕な人々だけのものであったリゾートが大衆化した．万博の盛況も，鉄道旅行の流行と対応していた．これらの過程で，レジャーの商業化が進行した．レジャーの多くは大衆を受動的な参加者（消費者）とするかたちになった[41]．レジャーがペイすることがわかると，資本は人気レジャーをビジネスとして取り込もうとした．さらに，新しいレジャーが営利事業として開発されるようになった．ロンドン万博（1851年）と鉄道旅行の流行以後のレジャーの歴史は，商業化の歴史であるといえるであろう．

ふつうには，レジャーの歴史は上記のように支配階級の文化が下向して民衆に普及する過程であるとされ，民衆レジャーが抑圧されすたれていくのが産業革命期の歴史であると考えられている．しかし，レジャーは社会の下層でつくられて上層へとひろがることもある．カニンガムは，1780年頃からの約60年間には後者のレジャーがむしろ拡大したことを述べている．大衆レジャーとして18世紀に「発明」されたサーカスは，上向した例である．中世・近世からの古い歴史を持つ民衆のレジャーの多くは商業化の波のなかで姿を消し，一部分かたちをかえながら，また，商業化されながら生き延びている．サッカー，クリケット，レスリング，パントマイム，芝居などは今日まで生き延びた例である．

イングランドでは，19世紀の第3四半世紀（大体のところ1850年から1880年まで）がレジャー全般にわたる転換期で，博物館，美術館，図書館，公共浴場，公園といったレジャー施設が設けられた[42]．博物館・美術館，図書館，公園（鉄道の駅と列車，デパートも）等々は，大声をあげない，酔っぱらって来ない，唾を吐かないといった秩序と公衆道徳を民衆にしつける矯正の場 (disciplinary institution) であった．米国でも，公園は教育制度の一環

図5-14　ロンドン万国博覧会につめかけた民衆を描いた『パンチ』誌，1851年
Illustrated London News, June 14, 1851, p.247.

であるとされ，美術館・博物館とならんで公園は居酒屋のライバルであると期待された．「労働者が夕方に気持のよい公園を散歩したり，妻や家族を連れて興味深い絵画・彫刻・骨董を見るとき，酒を飲みたいなどと感じないものだ」という論もあった[43]．後掲の図5-16も見られたい．これら矯正の施設は，社会統制のツールである．歴史学者が社会統制 social control を言うのに対し，フーコー流の社会学者は，社会統制のツールを矯正施設 disciplinary institution と呼ぶ[44]．

「レジャーは階級間の融和に役立つ」と考えられ，「大英博物館は，貧者と富者がひとしく会える唯一の場所」であるとまで言う人もいた[45]．実際のところ，博物館・美術館は，階級間の融和にどの程度役立ったであろうか．博物館は（特に美術館は）来館者に階級のちがいを思い知らせることもあったと思われる．図 4-9, 4-10（153, 155頁），図 5-11, 5-12（247, 249頁），図 5-14，および後掲の図 5-15, 5-16（259, 261頁）には，博物館や博覧会に来た人々が描かれている．これらの人々のようす，およびこれらを描いた画家や編集者のまなざしを，どう解釈できるであろうか．

1836年のデザイン学校設立は，1832年の第一次選挙法改正後の中間階層・下層階級の職業教育を促進するうごきの一環でもあった．1839年に，初等

教育にあてる公費をあつかう政府委員会がつくられた．改革派は，美術展覧会や歴史記念建造物への入場を無料にするよう，議会（庶民院）への働きかけを続けた．1845年にはエワートが発議して制定に至った博物館法（Museum Act）により，人口1万人以上の地方自治体が博物館を設立するよう，その入館料は1ペニー以下にするよう定められた．その拡張版である公共博物館・図書館法（Public Museum and Library Act）が，1850年に制定された．

このように，第1回万博の1851年前後は，初等教育につづくレジャーの制度化の時期であった．1848年の二月革命の記憶が生々しく，民衆に健全な娯楽を与えて不満がたまらないようにする必要があった．多数の人の集まる祭りなどでは，民衆のうっぷん晴らしの場となることが多かった．いっときにもせよ社会的差別が無視される大イベントは，支配階級にとって好ましくなかった．万博開催は，この意味で主催者にとってリスクを伴なう事業であった．もしリスクにもかかわらずこれが成功すれば，健全な娯楽を提供して反乱防止になるわけである．600万人という多数の入場者があった第1回万博では，心配されたような混乱はなく，結果は上々であった．この期間の犯罪や飲酒による事故は，平常時よりむしろ少なかった．万博は労働者や下層階級が暴発するチャンスであるよりは，彼らをしつける機会となり，革命防止策として役立ったのである．この万博では，労働者たちにも見物できるように，割引料金の曜日をもうけた．図5-14は，精一杯の服を着てロンドン万博に来た人々を描いている．彼らが，自分たちから見て「高級」な文化を見るためには服装ほか振舞いに気をつけるよう意識したようすがわかる．万博に先行して鉄道建設ブームがあり，列車に乗って地方から多くの人々がロンドンへ万博を見に来た．クックの鉄道時刻表も発行された．今日で言う観光旅行の始まりである．この万博のおかげで，大英博物館やナショナル・ギャラリ等の博物館では入館者が3倍から4倍という増加を示した．博物館では乱暴な労働者の観客が貴重な記念物や美術品を損傷するのではないかと恐れられていたが，そのようなことも起きなかった．

こうして，万博がブルジョアの文化を分け与えて民衆を馴化する場として非常に有効であることが示された．民衆にとって万博見物は，「上等な」文化にふれる肩の凝る経験であったとともに，見世物のひとつのようなもので

あった．これら来館者は，会場に来て自分たちと同じ人たちを見出して緊張がほぐれる．図5-14では，彼らの安堵が特に子どものようすにもあらわれている．これは，万国博覧会だけでなく，博物館についても言える．前掲図5-11（247頁）の家族は，博物館に来て緊張している．両図の共通点と相違点は興味深い．民衆を馴化・矯正する場と，民衆のその受け取り方といったことは，博覧会だけでなく博物館・美術館でも同様である．

以上見たように，19世紀のちょうど中間点であるこのころ，イギリスの民衆は文化における支配層のヘゲモニーを受け入れるようになり，支配層は文化における支配（大群衆の警備と制御といったテクニックもふくめて）に自信をもつようになった．カニンガムの指摘のように，労働者階級は文化・社会面でも産業資本主義の永続を受け入れるようになった．この意味で，1851年のロンドン万博が重要な分水嶺となった．

コールの工芸局は，ロンドン万博の成功をうけて社会統制としての文化政策をさらに推進するために設けられた．第1回ロンドン万博とサウス・ケンジントン博物館以後，科学教育や博物館といったことを民間の手にまかせるのではなく，公共の資金を投入して行うようになった．ブルジョア社会の支配のツールとしての公共文化が成立し，国家が文化に責任を持ち，国家が文化に介入するようになったのである[46]．

公共文化のうちの博物館の展示は社会統制のツールとしてどのような特長があったのであろうか．19世紀の博物館の主流は，自然史であった．民衆が自国を中心とした自然，動植物，資源に関心を持つのは資本主義生産と通商にとって望ましいことであり，また，分類体系を示す博物館の展示は，世界がこうであるという現在の秩序（the status quo）を民衆に刷り込むのに役立った．自然史の世界はまた，神の御業を示していると考えられた．『種の起源』で自然は徐々に進化（evolution）するとされていて，このディスクールは世界が決して革命（revolution）のような不連続によって変わるのではないと民衆に教えるのに好適であった．被支配階級に知識を与えるのは危険であるとする考えもあって，各地に図書館を設けることには反対もあった．これと対照的に，博物館設置は経済の振興に役立つとされて，反対意見は少な

図5-15　美術館で絵の見方を教わる労働者
The Graphic Supplement, August 6, 1870
(Brandon Taylor, *Art for the Nation: Exhibition and the London Public 1747-2001*, Rutgers University Press, New Brunswick, 1999, p.81 より).

かった．19世紀中葉から後半にかけて（1832年の第一次選挙法改正から1867年の第二次選挙法改正まで）イギリス全国で博物館設置がすすめられたのは，このような博物館の有用性が認められたからである．今日でも博物館の多くは，発達・進化という連続を示すものであって革命のような不連続を示すものではない．この意味で，evolutionary museum という語が使われることがある[47]．

　絵画が彼らの心をなごませると考えられ，展覧会・画廊・美術館が労働者のために設けられた．美術はモラル向上と結びつけられて，犯罪抑止効果があるとされた．芸術的な絵は祈禱者と同じで神と人を愛することを教えるというラスキンの主張はその例であり，労働者もしつけられて市民になる（disciplined citizenship を身につける）と期待された．美術を通じて下層階級が支配階級の価値観に染まると考えられ，上流・中流階級の人々が美術普及のパトロンになった．健全なリクリエーションは労働時間の作業とはちがう内容であるほど望ましいとされ，美術のうちの絵画ことに風景画の観賞が良いとされた．宗教を題材とした絵は彼らを訓育するのに役立つし，歴史や人

第5章　教育のための博物館の実現　　259

物を描いた絵は現世がこうであるという秩序を刷り込む効果があった．美術は依然，支配階級から民衆に与えられるものであり，絵の見かたも教えられるのであった．図 5-15 の展示場で絵の見かたを労働者が教わっている雑誌挿画を見られたい．こうして労働者はしつけられるのである．美術館は労働者のモラル向上に効果があるとされたのである．

　博物館の日曜開館問題について述べておこう．日曜開館をめぐる論争は 1857 年頃から進行中であったが，安息日を守ろうとするキリスト教会等の意見が強く，日曜日にリクリエーション施設が利用できないのが労働者をパブに追いやっているという改革派の意見は通らなかった．博物館学における最初の古典というべきグリーンウッドの『博物館および美術館』(*Museums and Art Galleries*) が出版された 1888 年になると，博物館の日曜開館が始まっていた．また，彼も関与してイギリス博物館協会（Museums Association）の設立が進行中であった（翌年に発足）．同書は，マンチェスター，バーミンガム，ニューカスル，ダブリン，キュー，ハンプトンコート，グリニッジおよびロンドンの一部ですでに行われている博物館・画廊，無料図書館（free libraries）の日曜開館について述べ，これら各地の市長，議員，炭坑労働者の指導者，聖職者ら有識者の賛否両論を紹介している．また，ヨーロッパ大陸では，公共の画廊は日曜日は無料であると述べている．日曜開館への反対論として，ドイツやフランスにおけるような日曜日の午後を娯楽にあてる習慣（Continental Sunday）が持ち込まれるという議論があった．グリーンウッドは，博物館・画廊，無料図書館は開館しても劇場はこれを許さないようにすればよいとしている．彼は，「教会は週に 6 時間しか開いていないのに，パブは 156 時間も開いている」として，労働者たちが健全に過ごすことのできる場所が不可欠であると主張した．大英博物館も日曜開館を始める予定であるから，ロンドンの自然史博物館とベスナル・グリーン分館も日曜開館すべきであると，グリーンウッドは求めた．こういった議論があって，ロンドンでは，1896 年に博物館・美術館の日曜開館が解禁になった[48]．

　博物館日曜開館論の例として，『パンチ』(*Punch*) 1869 年 4 月 17 日号に「the ale-house（酒場）か，the art-house（博物館）か」という記事がある．これには，「日曜日の問題―― the public house（パブ）に行くか，それとも the

図 5-16 日曜日の問題——パブに行くか，それとも公共博物館に行くか？
Punch, April 17, 1869.

house for the public（公共博物館）に行くか？」と語呂合わせした図 5-16 のような風刺画がついていた．

大英帝国博物館としてのサウス・ケンジントン博物館

19 世紀末から 20 世紀にかけての博覧会と博物館には帝国主義の色が濃い．帝国主義時代の博物館や博覧会では，異国のモノや人をただ紹介するのではなくて，帝国としての自国にとってのそれらの意味を展示した．観客も，自分たちにとっての植民地の意味をキャッチしたのである．サウス・ケンジントン博物館のような場合には，展示は客観性のある紹介であるよりも，帝国主義のメッセージであり，イデオロギーの表出であった．以下，サウス・ケンジントン博物館とビクトリア・アンド・アルバート美術館および関連する博覧会について，これを見ていこう[49]．

サウス・ケンジントン博物館は，コレクションにインド，東南アジア，中国，日本，中東のモノが加わるにつれ，大英帝国そのものを示す博物館になった．この博物館の初期には，まず，30 以上の植民地から来る原材料の展示に重点が置かれ，自由貿易が強調された．この点で，サウス・ケンジント

図5-17 東インド会社博物館のインド彫刻展示室. イスラム寺院を模している
Illustrated London News, March 6, 1858, p.229.

ン博物館（製造工業博物館）は1851年の万博と全く軌を一にしていた．さらに，インドは，イギリスの工業製品の市場として重要な位置を占めた．1851年の万博では，植民地とインドの展示が重点のひとつで，インド室では，従属国であるインドの土侯たちからの献上品が展示され，象の上に乗せる駕籠が人目を引いた．コールは，インドからの展示品は装飾工芸の見本になるとして，これらを製造工業博物館のために購入した．サウス・ケンジントン博物館の建築デザイン室の入り口には，インドのサンチ門の複製が置かれた．こういった欧米以外（non-Western）のモノは，1857年の6ペンスの廉価版ガイドブックにも出ている．これら展示品は，異国のものであると同時にイギリス帝国内のものであった．サウス・ケンジントン博物館を見学する民衆は，ここで，世界各地に植民地を持つ大英帝国を実感するのであった．相次ぐ植民地戦争のたびに，拡大した帝国領土のモノが展示に加わった．これらの展示では，イギリス人に対するインド人ほか植民地人の人種と文化における劣等は，「自明」であった．モノだけでなく，植民地の多数の人種が人体

図 5-18　植民地とインド博覧会の開会式，
　　　　 1886 年
The Graphic, May 8, 1886（Tim Barringer, and Tom Flynn (eds.), *Colonialism and the Object: Empire, Material Culture and the Museum*, Routledge, London, 1998, p.24 より）．

模型として展示された．こうして，サウス・ケンジントン博物館は，イギリスの首都ロンドンの博物館というよりも，帝国の博物館と言うべき存在になった．文書資料庫をアーカイブというが，サウス・ケンジントン博物館は大英帝国と植民地の三次元資料（実物のモノ）のアーカイブであったと表現できよう[50]．

　サウス・ケンジントン博物館以外に，帝国の博物館としては，東インド会社のコレクションをうけついで 1861 年から公開されたインド政庁のインド博物館がロンドンにあった．図 5-17 は，その前身の東インド会社博物館である．万国博覧会では，1880 年代以降，帝国と植民地の展示が多くなった．1886 年には，植民地とインド博覧会（Colonial and India Exhibition）がサウス・ケンジントンで開催され，550 万人の観客を集めた（図 5-18 参照）．この結果としてインペリアル・インスティテュート（Imperial Institute）がつくられ，1893 年に正式開館した．

　サウス・ケンジントン博物館はじめこれらの博物館・博覧会により，民衆

第 5 章｜教育のための博物館の実現　　263

図5-19 1893年のコロンブス記念シカゴ世界博覧会のミッドウェイにおけるダホメー人の行進
Paul Greenhalgh, 1988, *Ephemeral Vistas: The expositions universelles, great exhibitions and world's fair, 1851-1939*, Manchester University Press.

帝国主義(popular imperialism)がイギリス民衆のあいだにひろまった．最も重要な植民地インドでは，1857-58年の大反乱(セポイの乱)の結果として，東インド会社が廃止され，間接統治からビクトリア女王をインド皇帝とする直接統治へ移行(1858年)した．イギリスは，自由貿易を旨とする非公式帝国主義の路線を採っていたが，19世紀の第4四半世紀にはイギリスの覇権に対する諸外国の挑戦によって，軍事力の使用を表に出す公式帝国主義へと転換した．これらの土地に軍隊を派遣するためにも，植民地が自分たちのものであると国民に信じさせることが必要であった．紅茶文化に見られるように帝国主義は実際に民衆の生活に入りこんでいたし，民衆帝国主義はジンゴイズムにあらわれている．

国際博覧会も，帝国主義の展示場であった．19世紀末から第一次世界大戦までの万国博覧会には，モノだけではなく生きた人間も人種の標本としてさかんに展示された．イギリスでは，植民地の土着民の村落展示が1870年代から博覧会にいつもあらわれるようになった．さまざまな人種を描いた博覧会の本や絵ハガキが，多数つくられた．これらは「未開人は白人と類人猿のあいだをつなぐ」という確信を宣伝するものであった．「未開人」の生活のさまは，文明人が歴史上であゆんできた過去の生活であるとされ，植民地化は「未開人」を文明化する事業であるとされた．白人を最上位に置いて人種のヒエラルヒーを図示する出版物は，当時さかんであった社会ダーウィニ

ズムにもとづくものであり，また，それをさらにあおるものであった．こうして，人類の進化と文明の進歩を二重写しにして，白人による植民地化と帝国主義の正当性が主張されたのである．前述の植民地とインド博覧会に刺激されて，1889年のパリ万博では，植民地の土着民の村落を移設して展示した．これは，人類学研究がパリで盛んになってきたことの反映でもあった．この種の「学」として，人類学や民族学が形成された．人種展示の一番多かったのは，1893年のコロンブス記念シカゴ世界博覧会であった．図5-19を見られたい[51]．

1870年代から20世紀にかけて人類学や民族学が独立した学問分野として認められるようになり，人類学博物館や民族学博物館がつくられるようになった．人類学・民族学，人類学博物館・民族学博物館は帝国主義の時代の産物であった．

サウス・ケンジントン博物館から
ビクトリア・アンド・アルバート美術館へ

1908年には，サウス・ケンジントン博物館の新館ができた．1909年には，科学技術部門と美術部門は正式に分離して，それぞれロンドン科学博物館とビクトリア・アンド・アルバート美術館になった．その後，両館は，教育省管轄になった．本項では，コール退任前後からの，美術館としてのサウス・ケンジントン博物館とビクトリア・アンド・アルバート美術館のあゆみについて述べる．

サウス・ケンジントン博物館の独裁者コールの退任前には彼の勢力にかげりが見え，同館に危機が訪れた．1873年頃には，サウス・ケンジントン博物館を大英博物館評議会の管轄に移すという論議が起きたが，コールは前述の1874年の講演のような論陣を張って，この改変を阻止した．コールからすると，見学者の利便を考えようとしない大英博物館と彼が育ててきたサウス・ケンジントン博物館とは正反対の存在であった．しかし，コレクションの内容からすると，両館には共通性もあった．すなわち，サウス・ケンジントン博物館では1850年代からロビンソンが古典古代をのぞくそれ以後の装飾芸術を収集し，大英博物館でも中世以後の古美術収集を始めたので，コレ

図5-20 大英博物館のチーフ・ライブラリアン・館長として腕を振るったパニッツィ
Illustrated London News, April 19, 1879.

クションの分野は重なっていた．大英博物館の館長のパニッツィ（Antonio Panizzi. 図5-20）は，自然史部門を好まず，同館を図書とコイン・メダルだけの博物館にしたいと考えていたので，中世以後の古美術コレクションをサウス・ケンジントン博物館に譲ろうとコールに持ちかけたこともあった．これらの事情から見れば，両館の再編という構想も不自然ではなかった．コールは，「審美眼の標準となる美術はサウス・ケンジントン博物館で，美術史は大英博物館で」という住み分けを唱えていた．しかし，その後の経過で，サウス・ケンジントン博物館（ビクトリア・アンド・アルバート美術館）は美術史をあつかうふつうの美術館に近くなってしまった．大英博物館も，自然史・古文書と図書の博物館として設立されたのに，自然史博物館と大英図書館を分離して，今日では考古学と古美術中心の博物館になっている．サウス・ケンジントン博物館も大英博物館も，創立時の主分野からずれた博物館に変質してしまった．

　サウス・ケンジントン博物館の年間入館者数は，1875年には83万212人，1880年には98万1963人，1882年には96万1726人であった（巻末の表1参照）．大英博物館の入館者数が1875年に57万3317人，1880年に65万5688人，1882年に76万7402人であり，サウス・ケンジントン博物館は大英博物館よりも人気があった[52]．

　大英博物館，およびナショナル・ギャラリ，ナショナル・ポートレート・ギャラリ（National Gallery. 1856年開館），テート・ギャラリ（Tate Gallery. 1896年設立）が，いずれもそれぞれの理事会を持つ特殊法人（guango）として設立されたのに対し，サウス・ケンジントン博物館は政府直轄であっ

た[53]．これも，サウス・ケンジントン博物館がコレクションをもとに「できた」博物館ではなく，教育のために意図して「つくられた」博物館であったからである．

　サウス・ケンジントン博物館は，工芸美術の博物館として始まったが，ハイ・アートのふつうの美術館に近づいていった．この軌跡を，さらに考察しよう．

　「ふつうの美術館」とは，傑作を展示する博物館である．美術の傑作はそれ自体が見る人に訴える魅力がある．ハイ・アートの美は普遍的であるとされ，従って，美術の傑作の展示には，科学技術の標本のようなくわしい説明は不要である．これに対し，工芸の技法を教える博物館であれば，説明用の美術品を展示し，この展示品は傑作である必要はない．ふつうの美術館では，美術史を軸に分類と収集を行う．

　創立者コールは，国民すべて（鑑定家や収集家ではなく，artisans や製造家をふくむふつうの人）に向かって語りかける博物館としてこの博物館をつくった．1857 年にサウス・ケンジントン博物館になるまでのマールバラ・ハウス時代のこの博物館では，現代工芸の見本を重視していて，歴史上の装飾美術の保存は二の次であったと伝えられる．美術史中心への動きが強くなってきたのは，サウス・ケンジントン博物館開設後まもなくであったと推定される．美術の傑作を収集するには長い年月を経て評価が定まったものをえらぶ必要があるが，そのときどきの現代工芸についていくのはこのやり方では不可能であろう．1862 年にすでに外部の評者から，サウス・ケンジントン博物館はふつうの美術館に変身しつつあると言われていた．さらに，1880 年代と 1890 年代には，国民一般や工芸職人（artisans）よりも収集家や鑑定家を相手にする傾向がサウス・ケンジントン博物館では強くなってきた．サウス・ケンジントン博物館の美術部門の基本姿勢は，相当に早くから，徐々に，しかし逆行することなく変化してきたのである[54]．

　サウス・ケンジントン博物館の美術部門（およびビクトリア・アンド・アルバート美術館）のハイ・アートへの傾斜は，ロビンソンが目指した方向である．美術専門家である彼は，上司コールにたてついて，1863 年に退任さ

せられた．ロビンソンのサウス・ケンジントン博物館批判について見よう．彼は，はじめ建築家として学んだ．コールもロビンソンも個性の強い人であったが，コールは行政家であり美術を職業とはせず，ロビンソンは優れた美術鑑定家であった．ロビンソンは，中世とルネサンスの装飾美術に熱心で，近代工芸品の収集には関心が薄かった．サウス・ケンジントン博物館の美術収集について二人の見解は，正反対に近かった．ロビンソンは後年の回想で，国民の審美眼を向上するために良いデザインと悪いデザインを展示するコールの方法は不成功に終り，むしろ歴史上の美術の傑作を見せる方が役立ったと述べている．彼は，ブロンプトンのボイラーは財務省の反対を押し切って建てられたもので，数千ポンドしかかかっておらず，その後のサウス・ケンジントン博物館の全体的な建築計画を阻害したと述べている．食品コレクションほか1851年の万博から来たコレクション，数回のパリ万博から購入した現代工芸品，机や体操器具や教科書といった教育コレクション等について，彼は，博物館の発展に邪魔になるがらくたであったと言っている．大英博物館が古代ギリシャ・ローマまでの古美術を扱っていたのに対し，サウス・ケンジントン博物館はそのあとの中世以後の美術を扱うべきであるとロビンソンは考えていた．財務省の無理解と戦いつつ，大英博物館とも競合しつつ，サウス・ケンジントン博物館の美術コレクションを充実させた結果として，1862年のロンドン万博では1851年の万博とちがってイギリスの優れた造形美術が出品されたと回想している．彼の回想記は，自己の正当化をはかる表現があるとしても，美術館としてサウス・ケンジントン博物館を見る立場からすると妥当な点が多い[55]．

　ワンマン創立者のコールが定めた基本が崩れたのは，彼が美術・美術館について結局のところ定まった見解を持っていなかったからであると考えられる．彼には美術の素養はあったけれども，美術専門家としてはロビンソンには及ぶべくもなかった．コールは改革者であって博物館人ではなかった．美術学校，博覧会などの仕事で多忙なコールは，収集をはじめとする博物館実務のすべてを自ら指揮することはできなかったであろう．コールにとっては，サウス・ケンジントン博物館という社会改革のツールを設立したことが大事であって，その美術コレクションの内容は二の次であったとも考えられる．

「美術の傑作を最も貧しい人でも見られるようにする」(we place objects of the highest art within the reach of the poorest person) という彼の言説[56]は両義的であって,「傑作」と「最も貧しい人」のどちらに重点を置くかで解釈は異なる.コール自身は「最も貧しい人」に重点があったのであろうが,ハイ・アート派にとって「傑作」は路線変更の口実となったであろう.館長コールの剛腕は,かえってこの博物館のキュレータや美術専門家がコールという暴風をやり過ごすためにハイ・アートに結束する結果を招いたように思われる.サウス・ケンジントン博物館は,その存立が確定して,博物館人によって運営されるようになったのちは,ハイ・アート路線をあゆんだ.これは,美術館(およびキュレータ)が美術の傑作のコレクションに執着するかぎり,国民の教育のためという公共博物館の目的からそれるという例であるとも言えるだろう.

今日までのビクトリア・アンド・アルバート美術館

ビクトリア・アンド・アルバート美術館となってからの1909年から1924年まで館長であったスミス(Cecil Smith)は,館の活動の革新を図った.専門知識を外部のエキスパートに求めるコールの方式は止めになり,スタッフの専門家を使うようになった.スミスは,キュレータたちに研究を奨励し,またイギリス博物館協会(Museums Association. 1889年設立)や博物館に関する国際活動に熱心であった.現代の工芸デザインのコレクションや材料別の展示分類を行いつつも,美術史が中心であるということがこの時代にほぼ定着したと思われる.しかし,現代美術収集への注力の度合,貸出部の活動などをめぐって,ビクトリア・アンド・アルバート美術館の方針は常に揺れ動いた.

第一次世界大戦後には,入館者が急増した.工芸関係者でない一般人観客が多くなって,工業デザインのための博物館という性格は薄れた.美術収集家・鑑定家・ディーラーのための博物館という性格が強くなり,収集家の訓練学校と評されるまでになった[57].

第二次世界大戦後には,美術の傑作は様式別に展示し,それ以外の標本は従来の材料別分類で展示するように改革された.素材別分類は工芸標本には

適していても，美術品には適さない．こうして，1909年（ビクトリア・アンド・アルバート美術館分離）以来の分類に関する問題に答が出た．1920年代以後の標本購入ファンドが1975年から設けられ，近代工芸収集にも力を入れるようになった．

1980年代から，保守党サッチャー政権のもとで博物館入館の有料化，独立採算化が進められた．1984年にロンドンの国立博物館の有料化が始まった．イギリスの博物館界は，有料化に反対した．国民の教育のための文化施設が有料であるべきではないし，独立採算化すれば集客力のある目玉展示に頼ることになり，博物館本来の収集・保存・展示がおろそかになるからである．有料化すると，観客は減り，入館料徴収に必要な経費も小さくないので，差し引き増収はわずかである．有料化により，博物館は縮小に向かう可能性がある．博物館には社会の比較的上層の人々しか来なかったが，現代の博物館にはいままで来なかった人々を観客として来させることが求められている．有料化は，逆に，彼らをさらに遠ざけるであろうから，博物館界からの反対はもっともである[58]．

1998年までの入館者数を，ロンドン科学博物館とも比較して見ておこう（巻末の表1参照）．1909年に両館分離後から1928年までのビクトリア・アンド・アルバート美術館の年間入館者数は最小値が56万人（1914年）で，大体のところロンドン科学博物館の1.5倍から2倍あった．1921年には初めて100万人を超え（128万人），以後1927年までほとんど毎年100万人台を維持していたが，以後1961年まではほぼ毎年100万人台を割った．1962年からはほとんど毎年100万人を超えている．1977年に最大の196万人を記録して以後，年間入館者数は微減傾向であった．1987年に100万人の大台を割り（91万6476人），1990年までこれが続いたのは，入館有料化の影響であったと思われる．ロンドン科学博物館の方は，1929年に初めて入場者100万人を突破（106万人）し，以後は，第二次世界大戦期をのぞいては漸増傾向にあり，ビクトリア・アンド・アルバート美術館よりも多い．1998年の数字は，ビクトリア・アンド・アルバート美術館が115万人，ロンドン科学博物館が150万人である[59]．

2　ロンドン科学博物館の沿革

　ロンドン科学博物館はサウス・ケンジントン博物館の後継としてはいつでもビクトリア・アンド・アルバート美術館に次ぐ「二番手」であったが，科学技術博物館としては外国からの評価は高かった．サウス・ケンジントン博物館はながらく世界中で科学技術博物館の手本とされた．本節では，ロンドン科学博物館の沿革を見ていく[60]．

サウス・ケンジントン博物館からロンドン科学博物館へ
　サウス・ケンジントン博物館の収集品は，工業技術関係についても，デザイン学校からひきついだもののほか方々から集められた．1864年に海軍省の王立造船・海洋技術学校（Royal School of Naval Architecture and Marine Engineering）がサウス・ケンジントン地区に設立され，ここからの借り入れのかたちでサウス・ケンジントン博物館に船舶機械のコレクションがはじまった．1876年には，特別借入品による科学器械展示が行われた．出品物は返却されずにサウス・ケンジントン博物館に残った．1883年に特許法改正にともない，特許博物館のコレクションがサウス・ケンジントン博物館へ合流した．このコレクションには，スティーブンソンの蒸気機関車ロケット（Rocket）号，蒸気機関車「パッフィング・ビリー」（Puffing Billy），アークライトの紡績機，ホイートストンの電信機が含まれていた．1893-95年には，実用地質学博物館から金属関係のモデルが移された．
　サウス・ケンジントン博物館の科学技術部門は，1885年になってScience Museumという名を使うようになった．ビクトリア・アンド・アルバート美術館との正式分離は，1909年であった．ロンドン科学博物館は第1回万博をきっかけに誕生したけれども，科学技術博物館の重要性が認められて独立の館となるにはこのように半世紀以上の長い時間がかかった．ロンドン科学博物館は，エキジビション・ロード（Exhibition Road）の西のいくつかのギャラリを占めたが，ここは大型のモノを置く面積と高さのある部屋が不足していた．ロンドン科学博物館はスペースの欠如に悩み，この博物館の歴史は新館建設問題を軸に推移する．

ベル報告書と 1910 年代までのロンドン科学博物館

サウス・ケンジントン博物館の美術部門館の新築が 1899 年に始まったのち、ようやく政府は科学博物館の新築を考慮するようになった。早くから指摘されていたスペース不足の解消へ向けてロンドン科学博物館を軌道に乗せたのは、1912 年のベル報告書であった。1899 年に科学工芸局をひきついだ教育省（Board of Education）は、1910 年にベル（Hugh Bell、鉄鋼企業家）を長とする諮問委員会をつくり、この博物館の拡張、動態展示の導入、演示室や講堂の設置、特別展の開催などを検討させた。ベル報告書が、その後のロンドン科学博物館の基本を定めた。

1912 年当時、ロンドン科学博物館の建物は、エキジビション・ロードとクイーンズ・ゲート（Queen's Gate）とのあいだの自然史博物館とインペリアル・インスティテュート（のちのインペリアル・カレッジ）にはさまれた何ヶ所ものギャラリであり、面積は 9720 平方メートルあった。図 5-21 の平面図では、1910 年当時のロンドン科学博物館の建物を黒色で示している。ベル報告書は複数のブロックから成る館の建設を提言したが、新築の目途は立たなかった。ロンドン科学博物館は、自然史・地質博物館とインペリアル・カレッジの間にあって、東西に細長い構造をとらざるを得なかった（図 5-21 参照）。建設が決まらなかったのは、博物館・美術館・大学等が集まっているサウス・ケンジントン地区（現在は、ロンドン科学博物館、ビクトリア・アンド・アルバート美術館、自然史・地質博物館、インペリアル・カレッジ等々がある）では、各施設の拡張計画のせめぎあいがあったからである。ベル委員会は、展示面積については、当時は 8460 平方メートルあったが、これを 2 万 3850 平方メートルに拡張すべきであるとした。1913 年からロンドン科学博物館の新築がはじまったが、第一次世界大戦の影響で新館の公開がはじまったのは 1920 年代になってからであった。不況のせいで、ベル報告書の提言の多くが実現したのは 1930 年代になってからであった。

1910 年頃にはコレクションの主な分野は、船舶と海運、機械と発明、科学器具の三つであった。船舶と海運の分野には、船のモデル多数、ドックのモデル、船舶用エンジン（主にモデル）、船の絵とカタログ、艤装品、浚渫装置があり、初期の航空技術もここにふくまれていた。機械と発明の分野で

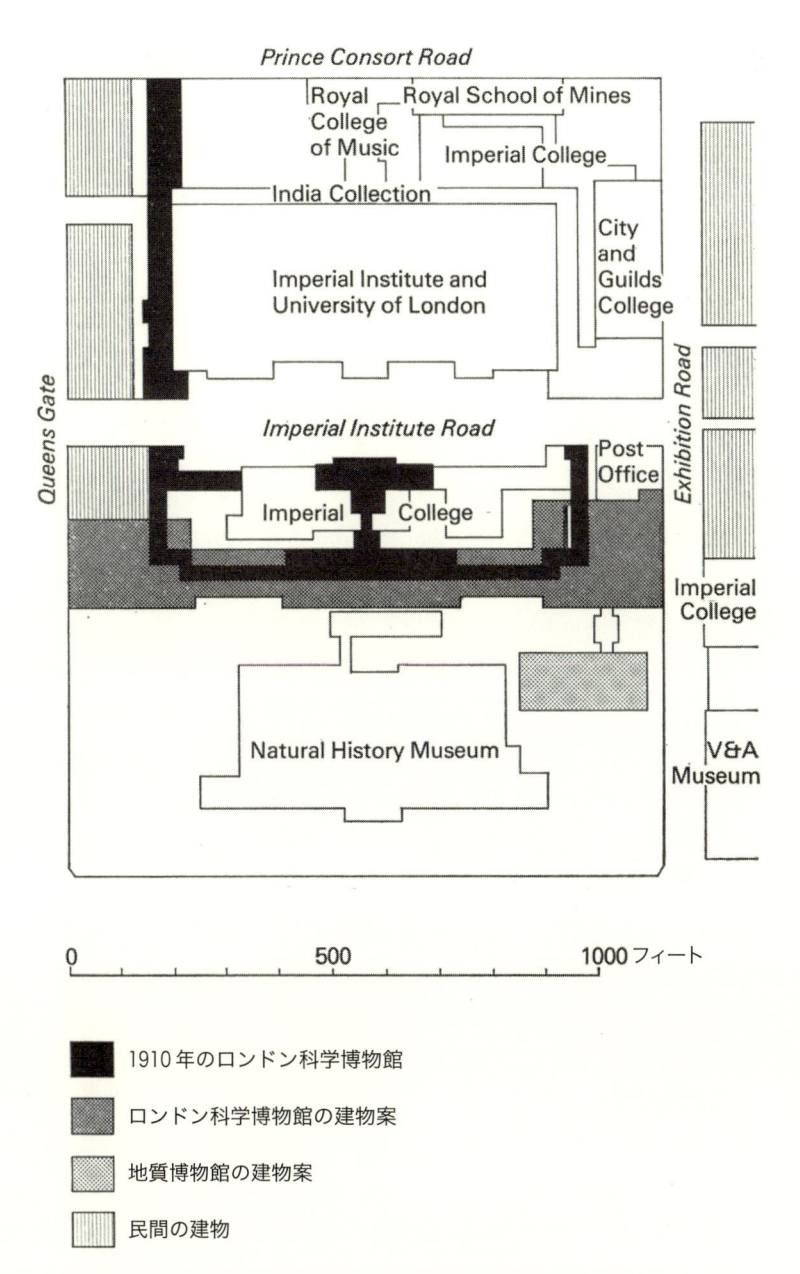

図5-21　ベル報告書によるロンドン科学博物館の新館建築計画, 1911年頃
David Follett, *The Rise of the Science Museum under Henry Lyons*, Science Museum, London, 1978, p.29.

は，物が船舶ほど大きくないので実物資料が多く，蒸気機関はニューコメン型機関，ワットの回転ビームエンジン，さらに機関車ロケット号があった．陸上交通，鉄道，鉱山と金属器具，繊維機械，種々の産業機械，工具，製紙，印刷，タイプライタ，照明器具，電信機もあった．電気機械はまだわずかしかなかった．コレクションの目的は技術の現状を示すことではなく技術の発達の歩みを示すことであり，これは学生の理解をたすけ技術者にヒントとなる着想を与えるであろうと，機械と発明の分野の当時のカタログは述べている．この分野では，動くモデルの動態展示もあり，圧縮空気で動作するか，観客がハンドルで動かすようになっていた．第一次世界大戦直前には，ロンドン科学博物館では約 300 の動態展示があった[61]．

1910 年には，ロンドン科学博物館のキュレータの数と年俸は，次の通りであった——シニア・キーパー 1 人（600-700 ポンド），キーパー 1 人（520-650 ポンド），アシスタント・キーパー 2 人（300-500 ポンド），アシスタント 5 人（120-300 ポンド）．

ロンドン科学博物館は，世界で技術博物館の手本とされた．1918 年に開館したヴィーン技術博物館の創立者エクスナーは，みならうべき技術博物館としてサウス・ケンジントン博物館（ロンドン科学博物館）とパリ工芸院を挙げ，1908 年ころのロンドン科学博物館の展示の概要を述べている[62]．

第一次世界大戦から 1930 年代まで

戦間期は，技術博物館が隆盛の時代であった．電気・自動車・航空機・無線といった新しい技術の登場によって，「技術・工業の勝利」がだれの目にも明らかになり，科学技術が先進諸国の国力の基準になった．ことにドイツが「科学技術の国力」で目立っており，ドイツ博物館はその象徴的存在であった．1920 年代から 1930 年代にかけて技術者による技術史研究運動が盛んになり，そのよりどころとして技術発達史と技術博物館の構築が求められた．イギリスではこの運動の団体として 1920 年にニューコメン協会が設立された．同協会はロンドン科学博物館と連携して活動しており，協会本部は同館内にある．図 5-22 は，「エンジニアリングとテクノロジーの歴史研究のためのニューコメン協会」(Newcomen Society for the Study of Engineering and Tech-

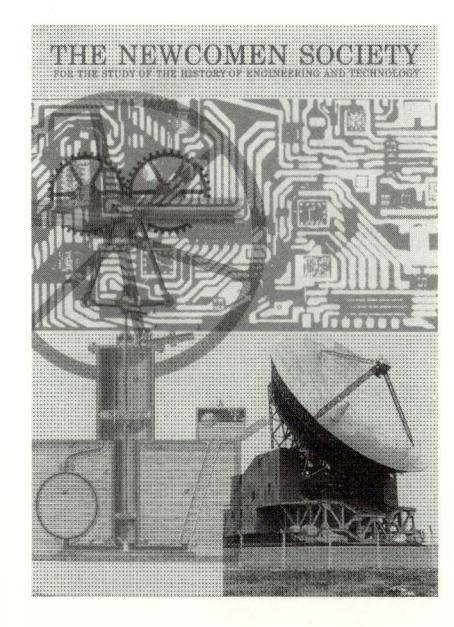

図5-22　ニューコメン協会のチラシ，1996年頃．ニューコメン機関，歯車，レーダーのアンテナ，電子回路のプリント基板があしらわれている

nology) の1996年頃のチラシである．ここでも歯車のマークが使われており，歯車が技術と工業のシンボルであったことがわかる．

　第一次世界大戦期の技術進歩を反映して，コレクションでは航空関係と電気通信関係のモノがふえた．1923年頃には，次のような展示カタログが刊行されていた[63]．採鉱と選鉱，金属（準備中），繊維機械，工作機械，航空機，同追録，気象，定置エンジンとボイラー，陸上交通3冊（①道路と車両（準備中），②動力車（準備中），③機関車），水上交通3冊（①帆船，②蒸気戦艦，③船舶用エンジンとボイラー（準備中）），生物学（準備中），数学2冊（①計算機械（準備中），②測地学と測量（準備中）），電気通信（無線電信）．図5-23に，機関車の展示を示す．

　1927年には，国王ジョージ3世時代の科学器具コレクション（King George III's Scientific Instuments）が加わった．同コレクションは，18世紀の器具約1000点を集めたもので，これらから当時のイギリス科学の隆盛をうかがうことができる．この科学器械コレクションは，今日までロンドン科学博物館の重要な展示物となっている[64]．

　ロンドン科学博物館入館者数を見ておこう（巻末の表1参照）．入館者数

第5章　教育のための博物館の実現　　275

図 5-23　1920 年代のロンドン科学博物館の機関車展示室
Charles R. Richards, *The Industrial Museum*, Macmillan, New York, 1925, f.16.

は，1908 年から 1926 年までは，第一次世界大戦の頃を除いて，40 万人台から 50 万人台であった．その後は急増して，1929 年には 100 万人を超え，1932 年と 1933 年にはロンドン科学博物館の方が大英博物館よりも多かった．1932 年にはロンドン科学博物館入館者数は 125 万人をかぞえ，これはイギリスの博物館で最大の数であった．その後の増加はゆるやかになった．1925 年までの戦後期と 1932 年以後を比較すると，ほぼ 2.5 倍になった勘定である．この期間に他の国立博物館の入館者数は微減したから，ロンドン科学博物館の増加は目立っていた．1928 年の東ブロック完成以後はロンドン科学博物館の展示面積はしばらくふえなかったのに，入館者数が増加したのは，この博物館が人気をあつめていたことをよくあらわしている．図 5-24 の『ロンドン科学博物館小史』には，この東ブロックと「ブロンプトンのボイラー」が描かれている．

ライオンズ館長とロンドン科学博物館の革新

　長い期間をかけてベル報告書の提言の実行に努力したのは，1920 年から

図5-24 『ロンドン科学博物館小史』．1955年（リプリント1955年），同館の東ブロックと「ブロンプトンのボイラー」が描かれている．
F. Greenaway, *A Short History of the Science Museum*, His Majesty's Stationary Office, London, reprint 1955.

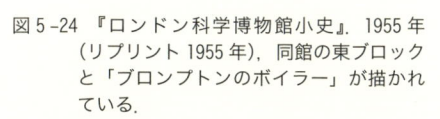

図5-25 ロンドン科学博物館の基礎をつくったライオンズ
David Follett, *The Rise of the Science Museum under Henry Lyons*, Science Museum, London, 1978.

　1933年まで館長をつとめたライオンズ（Henry Lyons. 1864-1944年．図5-25）であった．彼は，ウリッジの陸軍学校で学び，特に地質学に興味を持った．工兵隊，エジプト陸軍，工部省（Public Works Department）に配属されて，エジプトの地質図つくりに従事した．1906年には42歳の若さでロイヤル・ソサエティ会員に選ばれた．王立気象学会の会長をつとめるなど，地理学者・気象学者・地質学者として知られた．軍人としては，1919年に大佐で退役した．ロンドン科学博物館には1914年にはいり，第一次世界大戦後の1920年に館長となった．
　彼は1931年にドイツ博物館を訪問し，ロンドン科学博物館の中央ブロック建設構想を考えながら，技術博物館の建物はどう造られるべきかを学んで

第5章　教育のための博物館の実現　　277

きた．かつてフォン・ミラーはサウス・ケンジントン博物館を見学してドイツ博物館を創立したのだが，今度は逆に，ロンドン科学博物館がドイツ博物館から学ぶことになった．ロンドン科学博物館革新の構想はできたが，博物館の建物の建築は大幅に遅れた．ベルの計画では建物の3分の2を1922年までに造ることになっていたけれども，これが実現して中央のブロックが建造されたのは第二次世界大戦後の1951年であった．ライオンズらは，ドイツ博物館と同様にプラネタリウムつきの建物を強く望んだが，これは実現しなかった．

ライオンズが館長になった1920年には，ロンドン科学博物館の展示には統一された方法というべきものがなかった．彼はこれを改革した．まず，対象とする観客を，彼は次の4種類と想定した．(a) ふつうの人，(b) 技術関係の人，(c) 学生，(d) 専門家．ベル報告書でも (a)～(d) を想定していたが，その順番はライオンズと逆で，学生，技術関係の人，専門家で，最後がふつうの人であった．ふつうの観客を第一に考えるライオンズの姿勢がみてとれる．(b)～(d) を対象にした展示であると，専門知識を持たないふつうの観客は理解困難で途方にくれてしまうことが多い（今日の科学技術博物館にもこのような「独善」がしばしばある）．そこで，ライオンズはラベルの改善も企てた．彼は，歴史を示す展示物とともに，最新の機器を展示することとした．彼は，科学技術博物館の展示物は役に立つから意味があるのであり，効率の高い機器へと次第に発達していくようにならべることが大事であるとした．彼によれば，「技術博物館では物を並べておくだけでは不充分で，それぞれの物の固有の意味をはっきり述べる必要がある」(In a technical museum it is not sufficient to place the objects on exhibition but the special purpose of each must be stated)．従って，コレクションのグループの前には，イントロダクションとなる説明展示をおくことになる．展示物のブロックごとにラベルをつけて，個々の物のラベルとは一見して区別できるように楕円形の枠にいれることとした．ラベルは簡潔であることを重んじ，400語以内とした．ライオンズは，観客の眼を引くような展示法を求めたのである[65]．しかし，キュレータの大多数は彼の意見に賛成しなかった．

ふつうの人を主たる対象に想定して展示の方法を考えたライオンズの意見

図 5-26　ロンドン科学博物館の電力技術カタログ，1933 年．値段は 2 シリング
Electric Power, Part II: Descriptive Catalogue (science Museum Hanfbook), Electrical Engineering Collections), Science Museum, London, 1933.

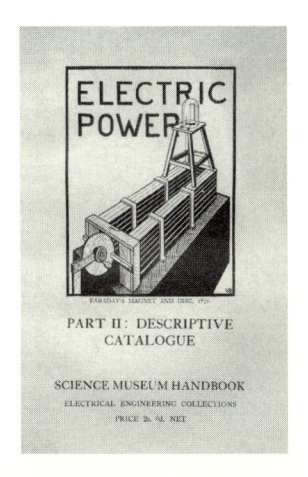

は今日ではあたりまえに見えるが，これを 1920 年代に述べた彼の先見性は高く評価されるべきである．この言説は後述のスミソニアンの博物館のグードの説と共通点が多い．グードは博物館界のオピニオンリーダーとして著名であり，彼の所説は各国でしばしば引用されていたから，ライオンズがグードに学んだことはまちがいないであろう．1880 年代・1890 年代のグードの説が 1920 年代にも新鮮に見えたという事実は重要であって，ライオンズの「先見性」は，実は博物館展示の革新が当時まで遅々としてすすまなかったことの反映である．ライオンズ時代のロンドン科学博物館のキュレータたちは，こういう革新に非協力的であった．国民一般への科学技術知識普及をめざしたドイツ博物館の存在（後述）が，このような状況の打開に役立った．

　ガイドつき見学も，ベル報告書の指摘事項であった．ロンドン科学博物館では，1924 年にガイド講師の制度が始まった．

　コレクションのカタログも，見直された．それまで刊行されていたカタログは，展示のラベルを集めたもの同然で，技術一本槍の内容で，値段も 1 シリング以上と高価であった．図 5-26 は，1933 年のカタログの例である．ライオンズは，わかりやすい内容で勤労者が買える値段のものを希望したが，彼が望んだような解説カタログの実現は，後年まで持ち越された．

　ロンドン科学博物館の工房の充実も図られた．工房のつとめのひとつは，動態展示用の圧縮空気設備を運転保守することである．工房では，また，展

示のモデルを製作し修理する．ふつうの人に分かりやすい展示をするために，工房のモデル製作は重要である．

　子どものための展示を設けることが，1929 年から考えられていた．1931 年には，子どもギャラリ（Children's Gallery）が設けられた．1926 年から，子ども向けのガイドつき見学がはじまっていた．ライオンズは，子どもギャラリにことに力を注いだ．このギャラリはロンドン科学博物館の全展示のイントロダクションという性格を持っていたので，この意味では子どもだけを対象としたわけではない．実際，子ども連れで見に来た親の方がここで熱中してしまうこともあった．子どもギャラリには小さな映画館をもうけて科学映画を上映し，子どもに非常に人気があった．今日までロンドン科学博物館には子ども向けのすぐれた展示室があり，これがこの博物館の特色のひとつとなっている[66]．

　常設展のほかに特別展示を行うことも，ベル報告書は提言していた．1919 年には，ジェームズ・ワット逝去 100 年を記念する展示が開催された．ライオンズはドイツ博物館がドイツ工業界から絶大な援助を得ていることを見て，工業界が興味を持つような特別展示を行って企業の直接の参加を引き出そうとした．ライオンズ館長時代には，レミントンタイプライタ 50 年を記念する《タイプライタ》（1923 年），《ケルビン卿生誕 100 年》（1924 年），《ストックトン＝ダーリントン鉄道開通 100 年》（1925 年）ほか，合計約 40 の特別展示がなされた．1926 年に館の東ブロックの一部が使えるようになると，国立物理研究所（National Physical Laboratory）についての展示を行った．これが好評であったので，研究機関やガラス工業会の展示が行われた．

　ライオンズ館長の時代にロンドン科学博物館は著しく拡大し充実した．ロンドン科学博物館の基本路線は，この時代に定まった．彼は実行の人であって，コールや，ドイツ博物館におけるフォン・ミラーや，スミソニアンにおけるグードのように，基本精神を高らかに鼓吹して人を引きつけたり，カリスマ性を持っていたり，博物館や展示の理論を論述する人ではなかったようである．彼は，知名度はグードやフォン・ミラーに比べて高くないけれども，博物館史上で重要である．

第二次世界大戦から近年までのロンドン科学博物館

　1939 年の第二次世界大戦勃発とともに，ロンドン科学博物館の展示は閉鎖された．1940 年に展示は一度再開されたが，同年中にまた閉鎖された．所蔵品を地方に疎開し，館はイギリス空軍信号学校として使用された．館の展示室 4050 平方メートルが，爆撃で使用不能になった．1946 年 2 月に，ロンドン科学博物館の展示は再開された．

　戦前から戦後にかけて，展示の内容と費用について工業界の協力を得るようになった．1954 年に開展したガス・ギャラリーはその例で，ガス協会が関与した．そのほか，鉄鋼，ガラス，化学工業，電力，製紙，印刷等の展示が設けられた．今日でもロンドン科学博物館にはこの種の展示があり，常設展でも化学工業の展示など業界の関与の色が濃い．

　スペース不足と中央ブロック建設問題は 1951 年に開催されたイギリス・フェスティバル（Festival of Britain）によって解決へと進んだ．このフェスティバルのうちの科学展覧会（Science Exhibitions）の会場として，ロンドン科学博物館が予定され，同館の中央ブロック建設が進んだ．中央ブロックが完成したのは，1961 年になってからであった．こうして，ベル報告書以来の懸案が半世紀後にようやく実現した[67]．

　2000 年には，中央ブロックにつないだウェルカム・ウィング（財源の大部分をウェルカム財団 Wellcome Trust によったので，この名がつけられた）が完成した．このウィングには，ディジタル技術などに関するサイエンスセンター風展示と Imax シアター（大画面映画館）がある．現在，建物（地下 1 階，地上 6 階の 7 フロア）の延面積は 2 万 8000 平方メートル，展示面積は約 1 万平方メートルある．

　ロンドン科学博物館の特色は，1 階東ホール（三層吹き抜け）にある巨大な赤塗りの蒸気ミルエンジンやボールトン＝ワットの回転蒸気エンジンに見られ，これが産業革命の遺産を今日に伝えている．産業革命期の実物オリジナル資料を所蔵・展示しているのが，この博物館の特長である．さらに，物理器具，電灯照明の展示も見ものである．1980 年から 1981 年に，ウェルカム医学史博物館（Wellcome Museum of the History of Medicine）のコレクションがここに移された．この展示も，ロンドン科学博物館の特色のひとつとな

図 5-27　ロンドン科学博物館の子ども向けの展示《ローンチ・パッド》のパンフレット，1991 年
Launch Pad, 3rd ed., Science Museum, London, 1991.

っている[68]．

　ロンドン科学博物館では，1960 年ころまでの展示はモノをいれたガラスケースが並んでいるかたちであったが，その後さまざまな展示手法をとり入れた．相互作用型でサイエンスセンター風の展示もあって，人気をあつめている．1980 年代には，手づくりの独特な相互作用型展示で有名なサンフランシスコのエクスプロラトリアムの特別展を開催した．以後，ロンドン科学博物館の展示には，エクスプロラトリアムの影響が見られる．

　最近のロンドン科学博物館は，デザインへの投資に熱心なように見える．ウェルカム・ウィングでは，大きなディスプレイを使って来館者を圧倒するような展示がつくられている．ホールの大きな吹き抜けをエスカレータで上がるようになっている．このような，来る人にすごいところだと思わせる空間をなぜこの科学技術博物館につくる必要があるのか，デザイナーが巨額の資金を使ってプレイしているに過ぎないのではないかという疑問も感じる．

　前述のように，ロンドン科学博物館は子ども向けの展示に早くから力を入れていた．1986 年には，子ども向けの相互作用型展示《ローンチ・パッド》(Launch Pad. 図 5-27) をつくった．これは，イギリスで最初のサイエンスセ

図5-28　ロンドン科学博物館のガイド・パンフレット日本語版
　　　　（高橋雄造監修，1993年）

ンター風の展示である．こどもギャラリはその後閉鎖されたけれども，地下に幼児向けプレイルームがあるなど，子ども向けの展示はいちだんと充実する方向にある[69]．

　ロンドン科学博物館はイギリスを代表する科学技術博物館であるが，ここにはニュートン，ファラデーといったイギリスの科学の偉人のまとまった展示はない．ドイツ博物館が自国や外国の科学技術史上のパイオニアの記念物を鋭意集めているのとは，対照的である．

　ロンドン科学博物館は，手ぜまになったので，分館のかたちでヨークに鉄道博物館（National　Railway Museum. 1975年開館）とブラッドフォードに写真・映画・テレビ博物館（National Museum of Photography, Film & Television. 1983年開館）を持った．1985年からは，これら三ヶ所をまとめてイギリス科学博物館（The National Museum of Science and Industry/NMSI）と称している．図5-28に，ロンドン科学博物館のガイド・パンフレット日本語版（筆者が監修．1993年）を示す．

　収集物の増大にともなって別の場所に収蔵庫が設置された．1930年頃までは収蔵物の大半を展示していたが，1980年代以後は，収蔵物のうちで展

示されている割合は10パーセント未満であるとも4分の1程度であるとも言われている．展示されていないのこり80パーセントに公衆がアクセスできるようNMSIは努力し，収蔵庫ツアーをひんぱんに企画している．ツアーは専門家向けから一般向けまであり，キュレータが案内するけれども，個々の収蔵物のラベル等の記述は最小限しかない．この記述不足を補うために，また，キュレータの助けを借りなくても収蔵物がわかるように，収蔵データベース作成を作業中である．インターネット等による情報提供もはじまっている．

ここ数年のロンドン科学博物館は，教育に傾注している．すなわち学校の理科教員の養成（理科教員を志望する学生の教育）と理科教員の再教育に，力を入れている．

最近の入場者調査を見ておこう．1990年代の途中までは，入場無料であった．1996年3月で終わる年度には，NMSI全体で270万人，ロンドン科学博物館だけで160万人の入場者があった．ロンドン科学博物館入場者のうち，ロンドン在住者が18パーセント，ロンドン以外の東南イングランドからは24パーセント，それ以外のイングランドが30パーセント，イングランド以外が28パーセントであった．ロンドン科学博物館入場者中の子どもは，大略半数である．この年度には，30万2267人の学校生徒がロンドン科学博物館にきた．これは，イギリスの博物館等の教育施設で最大の数である．このうち，32パーセントが大ロンドンから，18パーセントが海外から来た．

1983年の法律により，ロンドン科学博物館は，政府の教育省直轄から，政府任命の理事会によって運営される組織へ変わった．1998年のデータでは，ロンドン科学博物館のキュレータは20人，全スタッフ数は400人であり，NMSIの総経費2500万ポンド（約50億円），そのうち8割が政府からの補助，入館料収入が400万ポンド（約8億円），この入館料を得るのにかかった費用は130万ポンド（約2億6000万円）であった[70]．

ロンドン科学博物館は，ヨーロッパではドイツ博物館に次ぐ手本と見なされる技術博物館である．国内，ヨーロッパ内外の諸国に巡回展や特別展を派遣したり，方々の技術博物館にアドバイスするなどの活動をつづけている．

この博物館の研究用文書資料関係の施設について，ふれておこう．ロンド

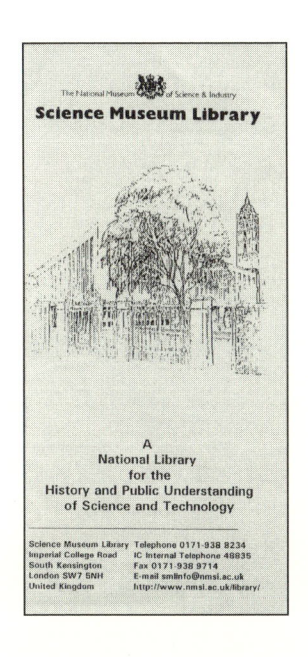

図5-29　ロンドン科学博物館図書館のチラシ，1995年

図5-30　ロンドン科学博物館の「科学と社会の写真ライブラリ」のチラシ，1999年頃

ン科学博物館の図書館[71]は，本館近くの別棟にあり，1857年以来の歴史を持っている．政府は1883年に科学図書館をサウス・ケンジントンにつくったが，これがのちにロンドン科学博物館図書館（Science Museum Library）となった．1992年にロンドン大学のインペリアル・カレッジ（ロンドン科学博物館に隣接している）の図書館と合体して科学技術に関するイギリスの中央図書館 The Science Library になり，この時代には図書等の所蔵数は約60万アイテムあった．最近はサイエンス・ミュージアム・ライブラリ（Science Museum Library）の名称にもどって NMSI の構成機関になった．図5-29を見られたい．

図書館のほかに「科学と社会の写真ライブラリ」（Science and Society Picture Library）を持っている．ドイツ博物館やスミソニアンのような総合科学技術

第5章　教育のための博物館の実現　　285

博物館ではどこも，写真ライブラリがあって，多くの場合，外部の人も閲覧と複製依頼ができる．「科学と社会の写真ライブラリ」には，数千の写真，絵画，版画がある（図5-30）．ロンドン科学博物館には「メディア・モニター・アーカイブ」（Media Monitor Archive）もある．これは，1946年から1990年までのイギリスの新聞にあらわれた科学技術関係記事の切りぬきで，コンピュータに入れたデータベース版もある[72]．

　ロンドン科学博物館には，ドイツ博物館等と比較して，「我が館はこうだ」という自意識や強い個性が希薄であるように見える．創立から50年も100年も建物建設の問題が解決されなかった軌跡全体を，ロンドン科学博物館の迷走と表現することができるかもしれない．ドイツ博物館の創立者フォン・ミラーのような強烈なスピリットを持つリーダーが創立期以来いなかったことが，「迷走」の原因であると言えよう．コール自身は工業技術部門については，執着が薄かったようである．彼は美術や音楽についての素養はあったが，技術者でも工業家でもなかった．工芸美術館のロビンソンに対応する専門家は，工業技術についてはいなかった模様である．ライオンズの功績は大きいが，それは1920年代以後という後年のことであったし，彼は実務派であって，指導精神を高らかに鼓吹するタイプの人ではなかった．博物館の創設期におけるリーダーの精神には，その博物館の行く末を決めるほどの大きな影響力があると言えるだろう．

　サウス・ケンジントン博物館の後身のうちで，ビクトリア・アンド・アルバート美術館ではartsの教育という創立以来の功利主義精神が希薄になっている[73]のを見ると，ロンドン科学博物館の方がコールのスピリットを受け継いでいると言える．コールのスピリットと，観客がボタンを押すと展示物が動くといった手法は，ドイツ博物館のフォン・ミラーによって模倣された．これは，今日のサイエンスセンターにまでつながっている．この意味でも，ロンドン科学博物館は世界の博物館史上で重要である．

3 ルーヴル美術館,パリ工芸院博物館,大英博物館とサウス・ケンジントン博物館の比較

　サウス・ケンジントン博物館において,国民の教育のための博物館という意味での公共博物館が初めて実現した.ルーヴル美術館やパリ工芸院博物館や,大英博物館では,なぜこういう教育のための博物館の手法を採らなかったのか,本節であらためて考えてみたい.

　大英博物館は大規模なコレクションがあってその収納施設としてつくられ,少しずつ公開の幅を広げてきた.これに比較して,サウス・ケンジントン博物館は国民の教育という目的が最初にあって,そのためのコレクションを集めてきた.「コレクションありき」で「できた」博物館では,コレクションを保守しようとするキュレータの姿勢は強固であるから,大英博物館が民衆の見学を歓迎しなかったのは不思議ではない.所有形態を国有にしただけでは実態としては公共の博物館にならなかったのである.「つくられた」博物館であるサウス・ケンジントン博物館では,開館日・時間,建物,展示の配置,展示ケース,照明,換気,防火ほか,すべてが目的にかなうように設定・設計された.大英博物館は restrictive(制限的)であり,サウス・ケンジントン博物館は expansive(拡大的)であった.それぞれを,内向きの博物館 inward looking museum, 外向きの博物館 outward looking museum と表現する論者もいる[74].

　公共博物館の最初であるパリ工芸院は,教育を目的として出発したが,設立後まもなく博物館よりも学校に重点を移したので,博物館として充実することはなかった.

　あらたに創出されたサウス・ケンジントン博物館であるからこそ,公共博物館という目的にかなった実体を形成することができたのであるが,反面,この博物館のコレクションは雑多であってクオリティに難点があった.これを充実していく過程は,ハイ・アート派が伸張するチャンスとなったと言えるであろう.工業技術部門の停滞も,骨格となるコレクションの欠如によって生じたと言えるであろう.

　ルーヴル美術館も,既存のコレクションから始まった.美術の傑作にはそ

れ自体が人を引きつける魅力があるので，ルーヴルの場合，観客にわかるように美術を説明する努力は少なかったであろう．これに対し，サウス・ケンジントン博物館は工芸美術館であり，「国民の審美眼の向上」という教育が目的であったので，国民を来館させる努力や説明する努力をした．傑作に人を引きつける魅力があることはルーヴルのようなハイ・アートの美術館の強みであるが，同時にそれは，公共博物館としての努力をする必要を感じないことにつながる．ルーヴルは美術の傑作の殿堂であって，国民の教育の施設という性格が希薄になったのは自然であったかもしれない．

　ビクトリア・アンド・アルバート美術館も，その後，ルーヴル美術館と似た方向に変身した．世界中で，公共博物館としての美術館の主流は，結局，ルーヴル美術館タイプになった．その結果であろうか，第4章で見たように，世界のハイ・アートの美術館は今日まで，国民教育のための施設になっているとは言い難い．

　大英博物館を産業革命前の博物館（pre-industrial revolution museum），サウス・ケンジントン博物館を産業革命後の博物館（post-industrial revolution museum）と呼ぶことがある[75]．産業革命の進行によって労働者の悲惨な状態とその反乱の可能性が問題になって，ブルジョアジーの社会改革・功利主義派による社会改革運動が行われ公共文化が成立したのであるが，大英博物館，ルーヴル，パリ工芸院の18世紀末には，まだこのような強い社会的・政治的要請はなかった．結局，公共文化のツールであり教育を目的とする博物館の実体化は，19世紀のサウス・ケンジントン博物館に持ち越された．

　国家博物館の意味も，ルーヴルの時代とサウス・ケンジントン博物館の時代とでは異なった．イギリス帝国の博物館であるサウス・ケンジントン博物館は，ルーヴル美術館のように民衆を威圧するよりも，帝国・国民・博物館が一体の「我々」であることを示す場であった．だれもが帝国の一員として親近感を持って見学に来るように，サウス・ケンジントン博物館は努めたのである．

　このように，サウス・ケンジントン博物館は，ルーヴルやパリ工芸院博物館とはちがって，国民の教育のための実体を持つ世界最初の公共博物館として登場した．サウス・ケンジントン博物館は，行政家によってつくられた．

コールは，コレクションの内容にこだわるのではなく，社会改革／社会統制のツールとして博物館を構想した．博物館の大きな改革（Schwung）は博物館人によってではなく社会改革家によって行われるという経験則が，ここから導出できるかもしれない．

4　スミソニアンの博物館の成立

スミソニアン・インスティテューションとは

スミソニアン・インスティテューションは，公共博物館の年代史においては，サウス・ケンジントン博物館とドイツ博物館とのあいだに位置する．公共博物館の手法を形成した人物も，サウス・ケンジントン博物館のコール，スミソニアン・インスティテューションのグード，ドイツ博物館のフォン・ミラーという順であった．

スミソニアン・インスティテューションの国立博物館（U. S. National Museum. 1858 年設立）は，自然史，人類学，技術を扱う博物館であった．グードも述べているように，スミソニアンの国立博物館は国民の教育を目的としていた．学者のための博物館ではなく，国民に対してひらかれた，国民の教育のための博物館という性格は，米国の博物館一般に共通である．米国はまだ発展途上国であり，「アメリカン・インディアン」を追い立ててフロンティアを西へひろげていたので，自然史や人類学は，技術とともに，実際に必要であり役立つ知識であった．この国立博物館から技術博物館を独立させようとする動きは早くからあったが，その実現は遅れた．スミソニアン・インスティテューションの技術博物館が設立されたのは，第二次世界大戦後の1964 年であった．

本節ではスミソニアン・インスティテューションの設立とグードによる博物館の整備について述べる．スミソニアンの技術博物館の設立については，第 7 章であつかう．

スミソニアン・インスティテューション（1846 年に設立決定）とはなにかを簡単に述べるのは，困難である．その概略と歴史[76]を説明するだけでも，相当の紙数を要するであろう．スミソニアン・インスティテューション

第 5 章　教育のための博物館の実現

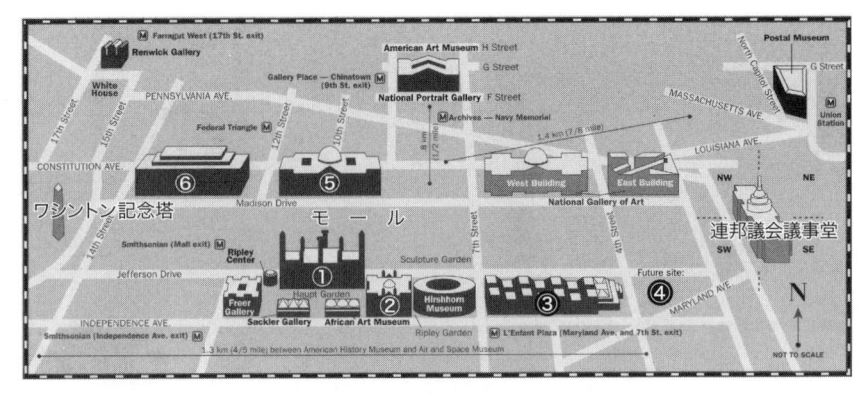

図5-31　ワシントンDCのモール地区とその周辺にあるスミソニアン・インスティテューションの博物館
番号は，①キャッスル（スミソニアン本部），②工芸産業館，③国立航空宇宙博物館，④国立アメリカン・インディアン博物館，⑤国立自然史博物館，⑥国立アメリカ歴史博物館を示す．

図5-32　サックラー美術館のチラシ

図5-33　1993年開館のスミソニアン国立郵便博物館のカード

図5-34　ウィルソン国際学術センターの『アジア研究プログラム報告1989-1991』
Asia Program Report 1989-1991, Woodlow Wilson International Center for Scholars, Washington DC, 1991.

（Smithsonian Institution. スミソニアン協会とかスミソニアン研究所と訳される．スミソニアンと略記する場合もある）は，巨大な博物館・美術館・研究所の複合体であって，知の殿堂として米国を代表する存在である．このような博物館複合体は，世界で類例がない．スミソニアンの博物館・美術館等を巻末の表2に示す．これらの大多数は，図5-31に見るように，ワシントンDCのモール地区（議事堂とワシントン記念塔の間）にある．図5-32はスミソニアンの美術館のひとつであるサックラー美術館，図5-33は国立郵便博物館のチラシである．パンダのいる国立動物園（National Zoological Park）も，スミソニアンの一部である．ナショナル・ギャラリ，ケネディ・センター，ウィルソン国際学術センター（図5-34参照）も，それぞれの理事会を持つ半独立の組織であるが，スミソニアン傘下にある．スミソニアンの主要な施設と活動は次の四つである[77]．①博物館（美術館や動物園も含む），②舞台芸術関係施設，③研究機関，④出版や他機関との協力等の活動．知の殿堂ではあるが，スミソニアンは米国市民のための施設である．米国市民はいちどはスミソニアンを見学すべきであるといわれる．外国人にとって，スミソニアンの博物館を訪問して米国市民の多数が来ているさまを見るのは，米国を知るひとつの方法である．

第5章　教育のための博物館の実現　291

図 5-35　スミスソン

　スミソニアンは現在，基本線としては国家予算によって運営されているが，それは「市民の委託を受けて，国家が市民にかわって予算を割り当てている」ということであって，スミソニアンは連邦政府の一部門ではない．スミソニアン傘下の博物館等の名称に National とあるのは全米あるいは国民を代表するという意味であって，国家機関ということではない．以下，スミソニアン関係で National や American とある場合，それは国家機関という意味ではなく，米国の全体の全国的（地方とか州とかのレベルではなくて）という意味である．野球でナショナル・リーグとかアメリカン・リーグというのと同じである．National を「国立」と訳しておくが，「国民」あるいは「米国」とすべきかもしれない．スミソニアンが国家機関でないのは，スミソニアンがスミスソン個人の財産遺贈によってつくられたという成り立ちによるとともに，建国以来の米国では市民の生活に関する多くのしくみ（institution）を国家にたよることができず，市民自らが行った伝統に根ざすのである．スミソニアンの博物館等への入場者数は 2000 年には約 3400 万人以上あった[78]から，単純計算で米国市民の 9 人にひとりがスミソニアンに来たことになる．スミソニアンの博物館・美術館等は，特別な展示をのぞいて入場無料である．

　スミソニアンには 1968 年には約 3000 人の職員がいて，連邦政府職員である者とスミソニアンの資金から給料をもらう者とから成っていた．1990 年代前半には，スミソニアン職員は約 6000 人（半数は連邦政府職員）いて，ほかに約 6000 人のボランティアがいた．1990 年ころの数字であるが，年間

予算は大略4億ドル，傘下の博物館等の所蔵物は，1億3400万点に達していた[79]．

スミソニアン・インスティテューションの設立

スミソニアンは，イギリスのジェームズ・スミスソン（James Smithson. 1768-1829年．図5-35）が1826年の遺言で，米国に10万ポンド（50万ドル）を越える基金を遺贈したことから設立された．彼の遺志は，「人々の知識の増大と普及をはかるために米国ワシントンにスミソニアン研究所という名の施設をつくる」（to the United States of America, to found at Washington, under the name of Smithsonian Institution an establishment for the increase and diffusion of knowledge among men）ことであった．彼がこのような遺言をした理由は明らかでない．彼はヒュー・スミスソン（Hugh Smithson）の非嫡出子としてパリで生まれた．ヒューは，ジェームズの誕生の1年後にノーサンバーランド侯爵となり，ジェームズの母の家系はサマセット公爵を通じてイギリス国王ヘンリー7世につながっていることから，彼は「私にはイギリス最上の血が流れている」とこの血筋を誇りにしていた．外国生まれの彼は，イギリス国民となるにあたって政治家・公務員・軍人・聖職にならないという条件をつけられたので，科学（特に化学）の研究を志した．彼は，オックスフォード大学で学び，21歳でロイヤル・ソサエティ会員に選ばれ，また，ロイヤル・インスティテューションの創立メンバーにもなった．彼はスミソンの名を後世までのこすことを非常に重要と考えていたが，科学者としての生涯も彼にとって満足できるものではなかった．「スミソニアン研究所という名の施設をつくる」という遺志は，この不満から発したのであろう．米国に一度も行ったことがなかった彼が米国に遺贈した理由も，いまひとつはっきりしない．パリ生まれの彼が共和主義に親近感をもっていたので，これも新世界米国に遺贈した理由であろう．前述のいきさつから彼はイギリス社会から疎外されたと感じていたので，イギリス社会を「見返す」ためにこのような遺贈をしたとも解釈できる．また，知名度の高いロイヤル・ソサエティやこれに匹敵するフランスの既存の研究機関に遺贈しても，スミソンの名がかくれてしまうとおそれたのであろう[80]．

スミスソンの遺贈は米国民に対してなされたが，贈与金を実際に受け取るのは米国政府であった．アダムズ（John Quincy Adams）[81]らの努力により，受贈が米国議会で1836年に決まった．彼は，1825年から1829年まで大統領をつとめ，のち1831年からもマサチュセッツ州選出上院議員であった．彼は東海岸の知性を代表する政治家で，大統領をつとめたころから首府ワシントンを世界の学芸と科学の中心地にする夢を抱いていた．受贈が決まってからも，スミスソンの遺志をどのように実行するか決まらなかった．何を設立すべきか，国立図書館，国立大学，農業大学，講演の連続開催施設，モデル学校，天文台設立等々の案があった．このうち，講演施設という提案は，パリ工芸院ほかをモデルとしていたと思われる．「知識の普及」を教育と解釈して，これを重視する意見が多かった．スミスソン自身が「人々の知識の増大と普及をはかる」でどんなことを考えていたのかも，明らかではない[82]．10年以上の論議ののち，1846年に「人々の知識の増大と普及をはかるためのスミソニアン研究所を設立する法律」（An act to establish the 'Smithsonian Institution' for the increase and diffusion of knowledge among men）が制定された．地質学と鉱物学を含む自然史の標本を収容し，化学実験室，図書館，美術館，講堂を持つ適切な建物をつくることになっていた．

スミソニアンは，ナショナル・インスティテューション（National Institution for the Promotion of Science. 米国科学振興協会）という団体の影響下で，結局，博物館を中心に形成されるのであるが，このいきさつにはピールの博物館も関係していた．この事情を説明しよう．

アダムズらは，米国には全国規模の学術団体が必要であると考え，コロンビア学芸振興協会（Columbian Institute for the Promotion of Arts and Sciences）を設立した．これが1818年に議会の特許状を得て，1821年には連邦議会からの援助が出された．同協会はのちナショナル・インスティテューション（National Institution for the Promotion of Science. 米国科学振興協会）となり，さらにナショナル・インスティテュート National Institute と改称した[83]．

一方，ジャクソン大統領（アダムズ大統領のあと1829-37年に在任）はアメリカ大陸の周辺を探検調査するのに熱心で，ピールの息子ティチアン・ピ

ール (Titian Ramsey Peale) もその相談にあずかった．太平洋，アメリカ大陸の西海岸と東海岸，大西洋の探検調査が計画され，海軍大尉ウィルクス (Charles Wilkes) が探検隊長にえらばれた．この探検は，1838年から1842年まで行われ，ティチアンも主力のひとりとして参加した．コロンビア学芸振興協会からナショナル・インスティテューションへの衣替えは，ナショナル・インスティテューションがスミスソン遺贈の受け皿となることを想定して行われたようである．ナショナル・インスティテューションが遺贈金で博物館をつくり，ウィルクス探検で収集される自然史・人類学の標本を収蔵するという筋書きが考えられた．ティチアン・ピールが要となってこれらの標本をピール博物館に収納し，ピール博物館をスミソニアンの博物館にするという考えも不自然ではなかった．しかし，1837年からの大統領ヴァン・ビューレンのもとで，ジャクソン路線が変更された．ウィルクス探検のコレクションは，一部分がピール博物館に送られていたが，ナショナル・インスティテュートの主導によってフィラデルフィアのピール博物館から引き上げられてワシントンへ移され，特許局に仮収納された．こうして，ピール博物館がスミソニアンに合流し吸収されて国立博物館となるという夢は，潰えた[84]．

　こういういきさつからすると，ピールの博物館はスミソニアンの博物館の「裏切られた」前駆であったように見える．しかし，ウィルクス探検のコレクションを中心にスミソニアンの博物館をつくるというナショナル・インスティテュートのもくろみも，簡単には実現しなかった．ナショナル・インスティテュートは，アダムズら上院議員，政府や軍の高官，科学者，宗教家らワシントン市のエリートを会員とし，全国各地に有力な地方会員を持っていたが，科学ディレッタントの集団という色彩があった．スミソニアンの最高決定機関である評議会（Board of Regents）のメンバー14人のうち，2人はナショナル・インスティテュート会員であった．スミソニアンを博物館にしようとするナショナル・インスティテュートのもくろみの道具立てはそろっていたけれども，スミソニアン初代総裁に指名されたヘンリー (Joseph Henry. 図5-36) がこれに反対した．彼は物理学者で，プロフェッショナルな科学者による科学を米国で確立する必要を痛感し，スミソニアンはオリジナルな科学研究を行いかつ振興する機関であるべきだと主張した．ナショナル・イ

図5-36　スミソニアン・インスティテューション初代総裁ヘンリー

ンスティテュートは全米の科学振興協会となることを目指していたが，そのディレッタント的性格のゆえに，結局は科学者たちの全国規模の支持を得ることができなかった．次項で述べるヘンリーとの対立は，その象徴的なひとこまである．ナショナル・インスティテュートは1861年に解散し，コレクションはスミソニアンがひきつぐことになった．

博物館路線と研究所路線との対立は，ディレッタントと学者との対立であるとともに，物理学をはじめとする専門諸科学が分立し実験科学化して，それまでは自然科学の主流をなしてきた自然史の地位が相対的に低下する過程の一現象でもあった．19世紀第2四半世紀の米国では，科学者の専門家意識が高まり，ディレッタント的なナショナル・インスティテュートは姿を消した[85]．

1846年に，ようやくスミソニアン・インスティテューションが設立された．結局，スミソニアンは，ナショナル・インスティテュート主導の博物館路線とヘンリーの研究機関路線との綱引きのままスタートした．1857年になってからウィルクス探検のコレクションをスミソニアンに移すことが決まり，スミソニアンの国立博物館が1858年に設立された．これは，ヘンリーの意思に反することであった．ティチアン・ピールは，スミソニアン・インスティテューションのキュレータとなることを希望したが，これも実現しなかった．ウィルクス探検のコレクションがスミソニアンに引き継がれたので，ピールの博物館はなにがしかスミソニアンにつながったとも言える．

スミソニアンの国立博物館がカバーする範囲は，自然史，技術，人類学で

あった．そのほかに美術館もつくられた．スミソニアンの自然史博物館が分離して開館したのは，1911年になってからであった．教育と研究の両方を目的とする米国の自然史博物館というピールの理想が，約1世紀ののちにスミソニアンでやっと実現した[86]．長い眼で見れば，ピールの理想はスミソニアンによって受け継がれたと言えるであろう．

初代総裁ヘンリー

プリンストン大学教授であったヘンリー（1797-1878年）は，当時は発展途上国であった米国の科学者のうちでヨーロッパの科学者と対等の議論ができる数少ない人物のひとりであった．この意味で，ヘンリーは1世紀前のベンジャミン・フランクリンに似ていた．ヘンリーをスミソニアン総裁にするのは妥当な選択であった[87]．

ヘンリーは，スミソニアンを博物館や図書館でなく最新の科学研究を行う機関にしようとした[88]．彼は，知識の増大はオリジナルな研究によってのみ達成されるのであり，真理を新たに発見するには，記述的・分類学的な自然史ではなく分析的・理論的な物理学が重要であると考えた．ヘンリーにとって，研究と博物館は反対物であった．彼の見解によれば，ヨーロッパに比較して科学の面でも遅れている米国に最も欠けているのは，オリジナルな研究であった．今日の立場からすれば彼は先見性があったように見えるが，19世紀中葉の米国では自然史や農業が重要であった．米国の大学における物理諸科学の学科は，教育機関であって，オリジナルな研究をほとんどしていなかった．科学研究という習慣のない土地でヘンリーはそれを創出しようとしたのであるが，ヘンリーの意図は先見性があっても当時にあっては現実性が十分でなかったと言えるであろう．

ヘンリーのプランは，スミソニアンはひろく自然史，民族学，人類学，歴史から物理諸科学までをあつかうこととし，予算をつけて実施すべきプロジェクトとして次の例を挙げた．①全国気象観測網，②米国の物理地図をつくるための自然史・地質学・地球磁気学・地形学の探査，④重力，電気伝達速度，光速の実験による決定，⑤土壌と植物の化学分析，⑥国民の体位・道徳・政治の諸統計，⑦米国史研究，⑧先住民を含む米国の民族学調査．ヘン

図5-37　スミソニアンで使われたシール
Leonard Carmichael and J. C. Long, *James Smithson and the Smithsonian Story*, Putnum's Sons, New York, 1965, p.156.

　リーは知識の「増大」を「普及」よりも重視したが，研究の発表にも重点を置き，スミソニアンでの研究を発表する報告書シリーズを刊行するとした．彼は，「普及」については，上記シリーズのほかに，科学研究の結果を掲載するさまざまな報告書を刊行することとし，これら両報告書もひろく国内および各国の研究機関や学術団体に配布しようとした．

　このプランに従ってつくられたスミソニアンは，次の8部門から成っていた[89]．①天文学・地理学・自然哲学，②自然史，③地質学・鉱物学，④化学，⑤科学技術の産業応用，⑥農業，⑦米国史と古代史，⑧文学と美術．博物館と図書館についてはヘンリーの意見は通らず，あつれきが生じた．ウィルクス探検コレクションをスミソニアンが引き継いで1857年に移転し，国立博物館（National Museum）がスミソニアン内に誕生した．米国で出版された本を集積する中央図書館の役割もスミソニアンが担うことになり，総裁補佐（Assistasnt Secretary）として図書館学者ジュウィット（Charles Coffin Jewet）が任命された．ヘンリーは国立中央図書館の必要性は認めていたが，図書館がスミソニアンの財源を食うのには絶対反対であった．結局，スミソニアンに集められた本は1866年に議会図書館（Library of Congress）に移され，ジュウィットは退職に追い込まれた．博物館設置を阻止できなかったヘンリーは，そのかわりに図書館を槍玉にあげたと推測される．ジュウィットは今日の米国の書籍の *Union Catalog* を始めた功労者であり，彼を追放したヘンリーは永く図書館界の憎しみを買った．ジュウィットの後任補佐には，自然史学者のベアード（Spencer Fullerton Baird）が任命された．1860年頃には，ナショナル・ギャラリ（National Gallery）のコレクションが，ヘンリーの反対にもかかわらず，スミソニアンに移され，これがスミソニアンの美術コレクション

図5-38　スミソニアンの最初の建物「キャッスル」
William J. Rhees, *An Account of the Smithsonian Institution, its founder, building, operations, etc., prepared from the reports of Prof. Henry to the Regents, and other authentic sources*, Washington, c.1858, p.4.

のはじめとなった．このようにヘンリーは，スミソニアンが博物館，図書館，美術館や講演会場を持つことに反対した．それは，これらの施設を利用できるのは近隣の住民だけであり，全国および国際規模で貢献すべきスミソニアンの事業としては不適切であると考えたからでもあった．1878年にヘンリーが亡くなったあと，スミソニアンは博物館中心の路線に転換した[90]．図5-37は，スミソニアンで使われたシールである．

　1846年のスミソニアン法では，工芸および外国の物，珍奇な物すべて，および自然史，植物，地質学，金属学の標本で米国に所属しているか今後所属するもので，ワシントン市に置けるもののすべてが，スミソニアンに移されることになっていた[91]．スミソニアンの国立博物館は，実際に1858年から設けられた．1876年にフィラデルフィアで開催された建国100年記念博覧会に米国および各国から出品された展示物がスミソニアンに保管されることが正式に決まり，大量の物がスミソニアンに移された．これらの物の多くは自然史および金属の標本であって，産業関係の物もあったが機械関係は少なかった．この博覧会の物が加わったことが，その後のスミソニアンの博物館の性格を決めた．1976年に建国100年記念博覧会のようすの再現をねら

第5章│教育のための博物館の実現　　299

図 5-39　スミソニアンの最初の博物館
William J. Rhees, *An Account of the Smithsonian Institution, its founder, building, operations, etc., prepared from the reports of Prof. Henry to the Regents, and other authentic sources*, Washington, c.1858, p.209.

った展示《1876 年》がスミソニアン工芸産業館（Art and Industries Building）に開設され，その後ながく同館にこの展示のなごりがあった．

　博物館や図書館をめぐるあつれきはあったけれども，ヘンリーのもとでスミソニアンの基礎がつくられた．ヘンリーは，建物としては簡素なものを希望した．スミスソンの遺贈金が「れんがとモルタル」に消費されて科学研究ができなくなってしまうのを心配したからである．ワシントンのモール地区に新築されたスミソニアン研究所の建物は，図 5-38 に示すようにいくつも塔のある相当に立派なもので，理事室，講義室，図書室と読書室，博物館のスペース，画廊，物理・化学の実験室などがあった[92]．図 5-39 に，この博物館の内部を示す．気象と地磁気の観測設備も設けられた．ヘンリーと家族は，ここに住んだ．城に似たこの建物は「キャッスル」と通称され，1865 年に火事にあったが修復されて，今日までスミソニアンの本部として使われている．図 7-9（386 頁）や図 7-10（388 頁）にも見られるように，キャッスルはスミソニアンのシンボルでもある．

ヘンリーのイニシアティブが実を結んだ例として，気象観測網がある．彼は，農業や商業に天候（特に嵐）の予報が役立つことを考えて，全国の気象観測愛好家に呼びかけて各地の気象状況を当時発展中の電信でスミソニアンへ送ってもらった．レポーターには，晴曇，風，雨・雪開始時刻だけを知らせる人から，観測・記録装置一式をそなえた人までいた．1852 年には，全米でボランティア気象レポーターが 200 名以上になり，マサチューセッツ州とニューヨーク州では，種々の研究機関に気象観測所を設置してスミソニアンに観測結果を直接送らせた．1849 年には，気象通報のために毎日決まった時間に電信線を使うことについて電信会社の了解をとりつけた．こうして始まった電信気象サービスは，南北戦争（1861-65 年）の開始まで続き，1870年に政府の気象局に移された．このように，米国の気象観測網のはじめは，ヘンリーがつくったのである[93]．

　ヘンリーからはじまったボランティアの協力を求める伝統は，今日まで続いている．1957 年の国際地球観測年（IGY）では，ボランティアたちが人工衛星の目視追跡を続けた．近年では，国立動物園でパンダの出産をボランティアが途切れることなく見守った．こういった多数の人の継続作業を必要とする仕事は，職業者よりもボランティアに適している．本来，米国のボランティアは，政府が小さくて市民へのサービスが行き届かないから発生したのである．彼らを組織するには，スミソニアンは最適である．スミソニアンとボランティアのコンビは，米国の国柄をあらわしているといえよう．

　国立博物館とグード

　米国政府は，西方へ向かって南アメリカと太平洋地域等に大規模な探検調査（exploration）をくりかえした．スミソニアンの総裁補佐ベアードは政府による探査の顧問であり，たとえばカナダ西部からアラスカへの踏査を進言した．大西洋横断海底電信線の敷設が難航した 1860 年代には，シベリア・アラスカ経由の陸上電信線敷設案があり，このためにも踏査が必要であった．のち大西洋海底電信線が成功したのでシベリア・アラスカ電信線計画は放棄されたけれども，この踏査が米国によるロシアからのアラスカ買収を準備したのである．これら踏査の結果，大量の収集品がスミソニアンにあつまった．

図5-40　スミソニアンの博物館の基礎をつくったグード
A Memorial of George Brown Goode, together with a selection of his papers on museums and on the history of science in America, Annual Report of the Board of Regents of the Smithsonian Institution, for the year ending June, 30, 1897, Report of the U.S. National Museum, Part II, 1901.

図5-41　スミソニアンの国立博物館，現在の工芸産業館
Edward P. Alexander, *Museum Masters: Their museums and their influence,* American Association for State and Local History, Nashville, 1983/1996, p.287.

　ヘンリーは，受け入れをスミソニアン自身の研究範囲の標本や，他にない貴重な物だけに限ろうとして抵抗したけれども，コレクションは増大していった．スミソニアンはのちまで踏査に力を入れており，1910年から1930年までの30年間に709回の踏査が実施された．この結果として，スミソニアンの自然史研究は世界で指導的位置をしめるようになった．

　ヘンリーのあとベアードが昇格して総裁になると，スミソニアンは自然史と人類学の博物館路線を強力に推進した．ベアードは鳥類学者で，スミソニアンの国立博物館（U. S. National Museum）の父とよばれるが，実際にこの博物館の基礎を築いたのは若い魚類学者グードであった．グード[94]（図5-40）は，1876年にスミソニアンに入り，1887年から総裁補佐を約20年間つとめ，1896年に45歳で亡くなった．1880年には，彼はヨーロッパの博物館多数を訪問している．ベアードとグードは，1880年代と1890年代の米国の博覧会から多くの展示物を集めた．その結果，スミソニアンのコレクションのうちで技術関係の比重が著しく高まった．1920年までには，スミソニ

アンの技術関係コレクションは世界最大というべき規模になった．この技術関係コレクションの多くは，しかし，キュレータが目的を持って集めたものよりは，博覧会や踏査による隣接分野の収集の結果として集まったものであった．

スミソニアンの国立博物館の新しい建物（現在の工芸産業館．図 5-41）は，1881 年から公開された．この博物館の工芸・工業部（Department of Arts and Industries）は同年には人類学部門に属していたが，2 年後には独立して工芸・工業部門（Division of Arts and Industries）となり，ここには医術，繊維工業，漁業，動物製品，造船，食物のキュレータがいた．工芸・工業部門の収蔵品は，1882 年には 19 万 3362 点であったのが，1889 年には 286 万 3894 点に増大した[95]．1888 年ころには，スミソニアンの国立博物館の年間入場者数は，約 30 万人であった[96]．1908 年には，政府の特許モデルが多数この博物館に移された．博覧会等で集められた物は当時の新しい（contemporary）資料であったが，この博物館に長く置かれているうちに過去の遺物となり，この博物館の技術関係コレクションは過去を集めたコレクションになった．工業関係の標本は膨大な点数になったけれども，キュレータの数も少なく，彼らの多くはパートタイマーであって，科学や技術の物をあつうことが人類学等の物の場合とどうちがうかについてはっきりした考えを持っていなかった．スミソニアンのキュレータであったマルソーフは，このあいまいな状態を記述している[97]．

グードは，スミソニアンの博物館について，その出発点の自然史，地質学，人類学の範囲からひろげて，技術と工業を含むようにしようと考えた．彼のプランでは，すべてを人間のための必要に従って構成するのであり，人類学が中心であって，経済と技術も自然史に関係する部門として扱われた．たとえば，ミツバチは，動物学のセクションではなく経済動物のセクションで養蜂のところに置かれ，同様に地質も，利用する産業分野に応じてあつかわれた[98]．グードは，技術については次のように考えていた．資源や素材として自然物があり，これを開発・加工するのが技術であり，その結果が産業と経済であるとするのである．彼が加工を媒介として自然史や人類学と技術を考えるにとどまっていたのは，彼が自然史畑の人であったこと，米国が発展

図5-42　スミソニアンの国立自然史博物館のチラシ，1987年

途上国であった時代に育って，電気技術や合成化学といった新技術の本格化を知らなかったことによるのであろう．人間中心の構想を越えた技術博物館がスミソニアンに実現するのは，彼の死後半世紀以上たってからになる．

　1910年には新しいNational Museum Buildingができて，自然史，人類学，美術コレクションがここに移った．このビルディングには，現在は国立自然史博物館（National Museum of Natural History）と国立人類博物館（National Museum of Man）がある．図5-42に，国立自然史博物館のチラシ（1987年）を示す．

　スミソニアンの国立自然史博物館の現状を，ここで述べておこう．同館は，スミソニアンの国立博物館のコレクションをひきついでいて，スミソニアンのうちで最も古い歴史をもつ博物館である．展示は自然史博物館・人類博物館の区別なく配列されている．年間入場者数は，数百万人で，国立アメリカ歴史博物館とならんでスミソニアンの博物館のうちでは国立航空宇宙博物館に次いで多い．所蔵標本数は約1億1800万点であり，スミソニアン全体の総計1億3400万点の大部分を占める．自然史コレクションの標本数と自然史のスタッフ数でも，世界の博物館のなかで有数である．展示品のうちで「目玉」というべきは，45カラットで濃青色のホープ・ダイヤモンドと，恐竜（Dinasaurus）の骨であろう．生きた昆虫を飼っている昆虫園（Insect Zoo）もある．ディスカバリー・ルーム（Discovery Room）では，子供たちが自然界からの標本や，化石，マンモスの牙，象牙などに触れ，またゴマや

図5-43　スミソニアンの自然史愛好家センターのチラシ

図5-44　グード編『スミソニアン・インスティテューションの歴史 1846-1896』，1897年
George Brown Goode (ed.), *The Smithsonian Institution 1846-1896: The history of its first half century*, Washington, 1897.

セロリなどの種を味わってみることができる．1975年に開設された自然史愛好家センター（Naturalist Center）では，市民やアマチュア，学生，教師などが自分で採集したものを持ちこんで，この博物館の資料を参照したり，専門家の助言をもらえる．採集物が分類体系のどこになるか調べたり，ここでは自分たちも研究室の雰囲気に浸りながら学習できる[99]．図5-43は，同センターのチラシである．同センターは，その後，ヴァージニア州に移転した．

　スミソニアンの博物館の方向を決めたグードの考えを，紹介しよう．グードの博物館論は，博物館を国民の教育のための施設であるとして，博物館の基本精神から運営までの広汎な範囲にわたって述べた．1895年の彼の論文「博物館管理の原理」（The Principles of Museum Administration. 45頁図1-15）は，公共博物館論のあり方と手法をまとまったかたちで述べた最初と思われる．

第5章　教育のための博物館の実現　　305

巻末の表3に示したその目次から，彼の説が博物館の問題をひろくカバーしてかつ具体的で相当に詳細にわたっていることが読み取れるであろう．彼はそのほかいくつも論文を書いており，どれも博物館史上の古典というべき論文である．グードは，図5-44に示す『スミソニアン・インスティテューションの歴史』も書いている[100]．

　グードは，大学や図書館といった施設と博物館とをくらべて，そのちがいや協力関係を検討している．彼は，博物館を図書館と比較し，図書館は字の読める人，教育のある人に役立つ施設であるのに対し，博物館は図書館とちがってどんな人にも奉仕すると述べている．彼は，博物館は高度に知的な文明社会でないと存在しないとして博物館を称揚し，また，博物館は大学や学会にくらべれば大衆を相手にする施設であると述べた．

　博物館の役割としては，知識の増大（学者を支援する）と知識の普及（大衆を教育する）の二つがあるとし，スミソニアンの国立博物館のコレクションも研究コレクションと教育コレクションに分けてあると述べている．

　特に教育についてグードは力説した．国民の教育が若い年代だけに行われ，最良の思考を摂取する判断力のできた年齢には行われないことを彼は遺憾とし，この状態の改善に博物館が寄与できると強調している．これは，今日いうところの成人教育・生涯教育につながる考えである．彼は，ラスキンを援用して，博物館が労働者たちの道徳向上に役立つと主張している．グードは，将来の博物館は「知的職業者や有閑階級でなく，職工，工場労働者，日雇労働者，セールスマン，事務員のニーズにこたえるべきだ」と述べた．教育展示用の標本は慎重に選定し，教育用の分かりやすいラベルをつけるとしている．標本ごとのラベル（specimen label）あるいは札と，展示ラベル（exhibition label）のちがいについても述べている．ラベルの書き方はまだ検討され始めたばかりとし，形と大きさ，書き方を論じている．展示ホールの構成は，入っただけでそのホールの性格が分かるように観客に印象づけるようにするとし，展示における標本の置き方，ガラスケースについて述べている．彼はさらに，ガイドブック，移動展示（出張巡回展示）についても述べている．

　グードは，博物館は，私的所有者によるキャビネットとはちがって，公共の存在であって，国立であるかこれに準ずるしっかりした組織に属していて

永続性が保証されることが必要であるとしている．また，個々の博物館の基本性格はその博物館の創立時にきまり，特にはじめに備えたコレクションによってほとんど決まってしまうと述べている．従って，博物館を設立するときは根本精神と基本計画が重要であって，これをよく定めたのちに建物をつくるべきであり，その逆であってはならないとしている．博物館の良し悪しをきめるのはキュレータであると述べ，キュレータの重要性を強調している．どれも卓見である．

博物館のはたすべきサービス機能として，グードは次の5項目を挙げている．①知識の増大，②記録・保存，③学校教育との連携，④ひろく質問に答える相談所，⑤市民の興味を刺激して文化を向上させる．このうちの⑤に関連してグードは，「博物館見学は遠い土地への旅行のようなものである」(the effect of the museum is somewhat analogous to that of travel in distant regions) と述べている[101]．これは，今日のサイエンスセンターの手本になっているエクスプロラトリアムの創立者オッペンハイマーの言とそっくりである．グードは「博物館はいつも未完成であって変わりつつあり，変わらない博物館は死んだ博物館であって役に立たない」(A finished museum is a dead museum) と言っており，これもオッペンハイマーと共通の言説である．

グードは，富者の占有物であった文化を民衆が見ることができるようにするのが博物館であるとし，社会の文明の程度は博物館と図書館でわかると述べた．この言説は，コールとそっくりである．

グードは，ドイツやフランスよりもイギリスの博物館が米国にとって手本になるとし，ことにサウス・ケンジントン博物館を称揚した．しかし，イギリスとちがって米国では博物館は政府でなく市民の力によってつくられるとしている．

グードの説は，サウス・ケンジントン博物館のコールの主張から学んだと推定されるが，コールよりもさらに具体的である．これは，両者をへだてる数十年の時代の差によるところであるが，グードがコールとちがって博物館実務に専念する博物館人であったことにもよるのであろう．

グードの説は，現代から見ると当たり前のようでもある．それは，彼の説がその後の博物館の指導的理論となって起きた変化の結果である．しかしま

た，彼の主張のいくつかには，今日の博物館でも実現されるべき目標として残っているものもある．博物館史上で，グードの理論の位置は非常に大きい．

　グードが亡くなった翌年の 1897 年に，『スミソニアン年報』(*Annual Report of the Smithsonian Institution*) のうちの 1 冊（約 500 ページの大部である）が彼に捧げられた．博物館としてのスミソニアンの方向を確定したという意味で，グードは，スミソニアンの中興の祖とも言えるし，ヘンリーに次ぐ第二の創立者であったと言えるであろう．早世しなければ，彼はスミソニアンの総裁になっていたことであろう．

第6章 科学技術博物館の完成

　パリ工芸院からはじまった科学技術博物館の第一世代は，ドイツ博物館により科学技術史博物館として完成した．ドイツ博物館（1906年に仮展示開設，1925年に正式開館）は，科学技術の全分野（自然史をのぞく）の全歴史と現状を示すことを目的意識を持って行った．このような博物館を，総合科学技術史博物館と呼ぶことができるであろう．本書では，これを単に科学技術史博物館と書くこともある．ドイツ博物館の名声は高く，以後，各国でドイツ博物館を手本として技術博物館がつくられた．ことに技術系の人にとって，ドイツ博物館は共感を覚える場所である．

　ドイツ博物館の成立は，工業立国の考えに基づいていた．国を富ませるには工業と科学技術の振興が必要であり，国民への科学技術知識の普及が不可欠である．学校で科学技術を教えるだけではなく，国民一般に科学技術のすばらしさと有用さを示す博物館をつくるべきである．このような考えは第一次世界大戦後に世界に一般化したのであるが，オスカル・フォン・ミラー（Oskar von Miller. 1855-1934年．図6-1）がドイツ博物館の設立を呼びかけたのはずっと早い1903年であった．ドイツ博物館の実現は，ドイツにおける産業革命の結果であった．普仏戦争の勝利とドイツ帝国の成立（1871年）のあと，ドイツで進行した産業革命では電気工業ほか重化学工業が栄えた．スミソニアンのグードの理解とはちがう重化学工業中心の科学技術の知識普及が，求められるようになった．こうしてつくられたドイツ博物館は，科学技術と工業による国力伸長という考えを欧米世界にひろめた．

　ドイツ博物館の実現はまた，隣国フランスやイギリスに対抗するナショナリズムの発露でもあった．統一を果たしたドイツの発展には，大規模な技術博物館が必要であるとフォン・ミラーは考えたのである．ドイツ博物館は，世界に誇れるドイツ技術のシンボルであり，ドイツ国のシンボルでもあった．

図 6-1　ドイツ博物館創立者オスカル・フォン・ミラー
Courtesy: Deutsches Museum.

国のシンボルという意味で，ドイツ博物館はルーヴル美術館と似ている．

本章では，まずドイツ博物館の歴史と現状を述べ，さらに，ドイツ博物館から直接の影響を受けてその後欧米各国につくられた科学技術史博物館について説明する．

1　ドイツ博物館とその影響

オスカル・フォン・ミラーとドイツ博物館のなりたち

ドイツ博物館（正式名称は自然科学と技術の傑作のドイツ博物館 Deutsches Museum von Meisterwerken der Naturwissenschaft und Technik）の出現は，創立者であるオスカル・フォン・ミラーという個性を抜きにしては語れない[1]．ドイツ博物館が今日まで世界一の技術博物館であるとの定評を得ているのも，創設者フォン・ミラーの精神がこの博物館に生きているからである．

フォン・ミラーは，1855年に新興中産階級の家に生まれた．彼の父は当時のハイテクであった鋳物業で成功して，バイエルン王によって貴族に列せられた．フォン・ミラーは，統一後のドイツの新しい息吹にもふれて育ち，土木技術者となった．彼は，1879年に，パリの工芸院博物館とロンドンのサウス・ケンジントン博物館を見て強い印象を受けた．彼は，ドイツの発展と繁栄のために大規模な技術博物館が必要であると考え，その設立を1903年に工業界等に呼びかけた．早くも1906年にはドイツ博物館の仮展示がミュンヘン大学内に開設された．正式開館は，第一次世界大戦の影響でおくれ，

310

1925 年であった．

　1881 年にフォン・ミラーは，パリ国際電気博覧会（世界最初の国際電気博覧会）を見てそこに示された電気技術の人間生活に及ぼす影響に感銘し，翌 1882 年の故郷ミュンヘンにおける国際電気博覧会の開催に力を尽した．彼は，工業学校を卒業してミュンヘン市の土木局につとめたばかりであったが，パリ電気博覧会への視察出張を願い出て許可され，これがミュンヘンにおける国際電気博覧会の開催につながった．1882 年にはヴィーンで電気博覧会が開催されることが決まっていたが，これを翌 1883 年に押しやって，ミュンヘン電気博覧会は実現した．彼が若いときから卓越した指導力・実行力とカリスマ性をそなえていたことがうかがわれる．

　パリ電気博覧会では，エジソンの白熱電灯照明システムが出品されて，注目を集めた．フォン・ミラーはこの博覧会で長距離送電の実現性についての講演を聞いて，電気文明の到来と長距離送電の重要性を感じ，ミュンヘン電気博覧会では 57 キロメートルの送電デモンストレーションを行った[2]．その後，彼はバイエルンの水力電気開発に従事し，また 1891 年のフランクフルト・アム・マイン電気博覧会では三相交流長距離送電デモンストレーションを組織した．フォン・ミラー自身，水力電気開発という分野でドイツ産業革命をになったのである．これらの活動を通じて彼は，技術と工業を発展させドイツ国を富ませるには国民一般に対する技術教育が不可欠であるという確信を強め，特に青少年に科学技術への進路を選ぶきっかけとなる場を提供することの重要性を感じた．

　ドイツ博物館の建物はミュンヘン市東部のイザール川の中島に新築されて，1925 年 5 月 7 日のフォン・ミラーの 70 歳の誕生日に開館した．ミュンヘンの町は祝いの装いをこらし，国立劇場の祝賀演奏会では，ベートーヴェンの第九交響曲がかなでられ，リヒャルト・シュトラウスがタクトを振った．5 月 5 日には盛大な行列が出て，古代ギリシャ以来万物の元素とされた火・土・空気・水をあらわした花馬車のほか，鉱山・機械・交通・電気・織物などの花馬車（山車）が出た．ミュンヘンらしくビールの花馬車もあった[3]．図 6-2 に，電気の山車を示す．

　ドイツ博物館はフォン・ミラーという一人の人物が構想して目的意識を持

図 6-2　ドイツ博物館開館を祝う 1925 年 5 月 1 日の電気の山車
Chronik des Deutschen Museums von Meisterwerken der Naturwissenschaft und Technik: Gründung, Grundsteinlegung und Eröffnung, 1903-1925, Deutsches Museum, München, 1927, "Wagen der Elektrizität". Courtesy: Deutsches Museum.

ってつくったので，総合科学技術史博物館という性格がはっきりしている．彼によれば，科学技術は発達してきた結果として今日の状態になったのであり，科学技術によって人間生活がどれだけ豊かになり便利になったかを示すには，科学技術の歴史をたどるのがよい．フォン・ミラーは，ドイツ産業革命の技術記念物をドイツ博物館に収集し，これを国民の科学技術教育のために展示しようとした．当時はドイツ産業革命の記念物がまだ残っていて，収集の時期としてはちょうどよかった．科学技術史上の記念物を実際に見ることは，見学者の感動を呼ぶ．そこで青少年は自分も科学技術者になりたいと思うであろう．こうして，歴史上の記念物を展示することは，教育上の効果が大きい．こういう使命を持つ博物館は，当然，大規模である．1925 年に開館したドイツ博物館の展示内容構成を，巻末の表 4 に示す．1929 年頃に，すでに展示フロアは約 3 万 6000 平方メートルあり，展示通路は全部で 15 キロメートルあった[4]．図 6-3 はドイツ博物館の正式開館時のガイドブックであり，ドイツを象徴する鷲の中にドイツ博物館のシンボルであるフクロウと歯車が描かれている．フクロウは知恵すなわち科学を代表し，歯車は技術と工業を代表している．

　国民のための科学技術教育の場という性格を重視した彼は，見学者の興味をひくような新しい展示手法を導入した．彼は，「死んだ」機械を並べて置くだけの展示は専門技術者にとっては有用であっても，青少年や婦人の興味をひかないと考えた．そこでドイツ博物館には，見学者が自分で動かせる参

図6-3 1925年のドイツ博物館の公式ガイドブック
Deutsches Museum von Meisterwerken der Naturwissenschaft und Technik: Amtlicher Führer durch die Sammlungen, Knorr & Hirth, München, 1925.

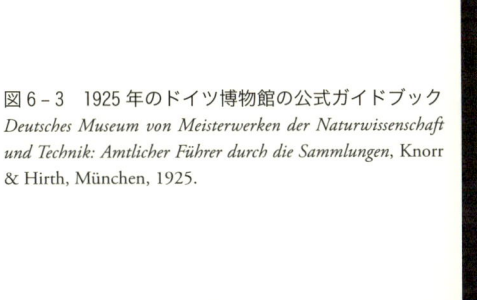

加型の（participatoryな）モデル，中が見えるように切り開いてある機械（カットモデル），多くのジオラマや説明図が置かれた．「タッチ・アンド・トライ」と今日言われるような参加型の展示手法は，サウス・ケンジントン博物館ですでに使われており，ミラーはこれをドイツ博物館に導入した[5]．ドイツ博物館には，これらのディスプレイを可能にする工作室・アトリエ・印刷所も常設された．ガイドつき見学も行われるようになった．科学技術の法則・原理等を説明する実験講義も行われた．プラネタリウムのような特別施設を設備したことも，特長である．光学式プラネタリウムはフォン・ミラーがドイツ博物館に導入したものであり[6]，今日も各地の博物館で人気を集めている．図6-4は，ドイツ博物館のプラネタリウムの説明である．大規模な図書館も併設された．ドイツ博物館は年間ほとんど無休であること，勤労者のために夜まで開館したこと，勤労者・青少年に入館料の割引を行ったこと，ミュンヘンから遠い地の勤労者には見学のための交通費補助を出したこと，外国語で説明する案内人を配置したことも，注目される．サウス・ケンジントン博物館のコールからスミソニアンのグードを経て，博物館の手法もここに完成を見たと言うことができるであろう．こういった展示手法および付属の施設は，今日の世界の技術博物館にふつうに見られる．これらの多くは，

図6-4 ドイツ博物館のプラネタリウムの説明
"The optical planetarium at Munich", *Nature*, December 27, 1924, p.937.

ドイツ博物館から世界へ波及して「定型」になったのである．

ドイツ博物館の建物の中心部分には，「栄誉ホール」（Ehrensaal）というホールがあって，ベンツ，コペルニクス，ディーゼル，アインシュタイン，ガウス，グーテンベルク，ハーバー，ケプラー，クルップ，リリエンタール，オーム，プランク，レントゲン，ジーメンスといった科学技術史・工業史上の大人物の胸像やレリーフがならんでおり，科学技術のパンテオンといった感じである．ドイツ博物館では，ガリレオ等の科学者の実験室の再現も見ることができる．

国民に科学技術知識をひろめるための功利主義的施設である近代的技術博物館は，その国の科学技術および科学技術者に焦点をあてて称揚する性格を持つ．その場合，見学者として想定されるのは当然その国の市民であるが，同時に「我が国」の科学技術・工業の優越を外国人に印象づけることも目指す．ドイツ博物館には，「ドイツの博物館」という意味もある．19世紀以来のドイツの博物館には，国家意識を鼓吹しようとする姿勢が鮮明である．ドイツ博物館の設立には，隣国フランスに負けない国をつくる科学技術立国というモチベーションがあった．

米国博物館協会のリチャーズ（Charles R. Richards）は技術教育振興のためにヨーロッパの技術・工業博物館を歴訪して調査を行った．1925年の彼のヨーロッパ視察報告 *The Industrial Museum* は，ドイツ博物館の影響下にある当時の科学技術博物館界の世論というべきものを示しているので，ここで紹介しておこう[7]．欧米では工業生産が日常生活から切り離されているから，

図6-5　ドイツ博物館の航空機
　　　　展示室，1925年
Charles R. Richards, *The Industrial Museum*, Macmillan, New York, 1925, f.28.

少年少女にわかりやすいかたちでこれを見せる必要がある．古代から技術は衣食住を満たし通信・交通を行うのに役立ってきたが，近代になって蒸気を動力として使う産業革命が進行し，さらに重化学工業・電気・航空等の新しい工業が登場した．科学知識が普及し，産業が職人の世界から工業へと変わった．技術博物館では，技術とその歴史について展示し，農業，鉱業，初期の交通・通信はそのすがたをそのまま示し，さらに歴史上の工業の発展段階を順次示すべきである．そこでは，フルサイズの実物あるいはモデルを置き，ラベル，説明図，図面，色彩画，統計表をつける．展示物が多すぎて混み合うことが多いので，重要テーマを中心に簡潔に展示し，詳細は図書室で学んでもらうことにする．展示物には，その仕組みがわかりやすいようにカットモデルを置いたり，断面図で示したり，動力によってあるいは観客自身の手で動かしたりといったくふうをする．教育のための展示であるから，説明員をつけ，スライド・映画を使って講義し，公開講演会をひんぱんに開催して，歴史上の技術だけでなく最新の科学技術の話題も扱うようにする．リチャーズは，ヨーロッパのこのような代表的な技術博物館として，ドイツ博物館，ヴィーン技術博物館，ロンドン科学博物館，パリ工芸院博物館の四つを挙げている．図6-5は，リチャーズの報告書に掲載されたドイツ博物館の航空機展示室の写真である．

　パリ工芸院博物館からドイツ博物館まで大略1世紀を経て，科学技術博物館の内容も相当に変わり，歴史の展示に重点を置く基本方向が確立した．そ

の変化をまとめてみると，第一に，対象とする人々が職人から国民一般に拡大したことが挙げられる．産業革命の進行にともない，技術者・技能者を養成するだけではなく，青少年や市民一般に科学技術知識を普及する必要が感じられたからである．これにともなって，技術を教える学校と博物館が併設されるというかたちは後退した．第二に，科学技術の歴史を意識して収集・展示をするようになった．ドイツ博物館では，科学技術知識の普及には技術史記念物の展示が必要であるとして，当時のハイテクのモノだけでなく歴史上の記念物を意識的に収集・展示した．第三に，国民教育のための博物館たるべく展示や運営のくふうがなされた．サウス・ケンジントン博物館では，観客がボタンを押すと動作するような展示を導入していたが，ドイツ博物館ではさらにこのような展示方法の拡大に努めた．大規模な図書館の併設，夜間開館や，勤労者割引等々といったくふうもした．このように教育という目的を意識して実行したドイツ博物館の成立は，科学技術博物館の完成であった．ドイツ博物館はまた，参加型・相互作用型の手法を駆使するサイエンスセンター（科学技術博物館の第二世代）にとっては，親であったと言える．

ドイツ博物館の発展

第5章2で見たように，両大戦のあいだの時期は技術博物館隆盛の時代であり，技術者による技術史研究が盛んであった．電気・自動車・航空機・無線といった20世紀の新しい技術が本格化し，科学技術の重要性がひろく認められるようになった．第一次世界大戦後には，科学技術が先進諸国の国力の基準になった．ことにドイツがこのような「科学技術の国力」で目立っており，ドイツ博物館はその象徴的存在であった．ドイツ博物館はドイツ国民のプライドのよりどころとなっているとともに，ドイツ博物館が技術博物館の理想と見なされ，各国で手本にされた．ナショナリズムが，技術博物館設立運動のモティベーションであった．技術博物館を設立することが国家間の競争になり，技術博物館は外国の技術も展示するが自国の技術の優越を示す場になった[8]．

戦間期におけるドイツ博物館の充実ぶりは，技術者運動とも関係している．20世紀の新しい技術によって，「技術・工業の勝利」が明らかになると，技

図 6-6 マチョスとアグリコラ協会によって刊行された『技術文化記念物』，1932 年
Conrad Matschoss, and Werner Lindner (eds.), *Technische Kulturdenkmale*, im Auftrag der Agricola-Gesellschaft, Bruckmann, München, 1932.

術者は専門職としての職業意識（professionalism）に目覚め，社会での高いステータスを求めるようになった．技術者が，法律家や政治家に取って代わって，社会改革や生産増強のための計画立案者としてリーダーとなるべきであるとされた．こういった技術者至上主義は，広義のテクノクラシーやテイラー主義に通じるところがある．この技術者の自己運動のよりどころとして，技術発達史研究および技術発展史博物館の構築が唱えられた．当時は歴史学としての技術史は形成されていなかったので，歴史研究についてはアマチュアである技術者が自ら技術史を研究するほかなかった．ヨーロッパでは，1920 年代から 1930 年代にかけて技術者による技術史運動が盛んになった（第二次世界大戦後の米国における技術史学形成については後述する）．ドイツ技術者連盟（Verein Deutscher Ingenieure/VDI）の歴史関係活動や，イギリスのニューコメン協会は，この運動の例である．ドイツのアグリコラ協会（Georg Agricola Gesellschaft）も技術者が技術史を研究する団体であり，同協会は本部をドイツ博物館内に置いた．VDI では，フォン・ミラーの盟友マチョス（Conrad Matschoss）が中心となり，技術者が技術史の研究を行って

第 6 章　科学技術博物館の完成　317

図6-7　1938年のドイツ博物館のガイドブック．温度計と気圧計のついた塔と，プラネタリウムの円蓋が描かれている
Deutsches Museum von Meisterwerken der Naturwissenschaft und Technik: Rundgang durch Sammlungen, Deutsches Museum, 1938.

成果を刊行し（マチョスの『技術者人名事典』*Männer der Technik*, 1925 ほか），技術史の機関誌『技術・工業史』（*VDI-Beiträge zur Geschichte der Technik und Industrie*. のち『技術史』*Technikgeschichte* と改題）を発刊した．マチョスらは技術記念物調査にも熱心で，アグリコラ協会の委嘱で『技術文化記念物』（*Technische Kulturdenkmale*, 1932）を刊行している．図6-6に示すように，同書には「ドイツ博物館所在のアグリコラ協会」（Agricola Gesellschaft beim Deutschen Museum）という文字の入ったシンボルマークがある．

このように，技術史研究が技術者たちによって始められ，多くの技術者や工業家が技術博物館の必要性を認めた．1920年代から『技術・工業史』は，ドイツ博物館およびこれを模倣する各国の技術博物館のようすを報じ，米国のフォード博物館，フランクリン協会科学博物館，シカゴにおける技術博物館設立のうごき，スミソニアンの動向もとりあげている[9]．図6-7は1938年のドイツ博物館のガイドブックで，大きな温度計・気圧計のついた塔とプラネタリウムの円蓋が描かれている．

第二次世界大戦でドイツ博物館も爆撃を受け，ひどく破壊された．そのようすと復興を記録した『ドイツ博物館の再建』（*Der Wiederaufbau des Deutschen Museums*）が，1953年に刊行されている[10]．

図 6-8　ドイツ博物館の外観
Courtesy: Deutsches Museum.

近年のドイツ博物館

　ドイツ博物館は，図 6-8 のように，ミュンヘン市中心部の東を流れるイザール川の中州にあり，音楽の都，ビールの町ミュンヘンでマリエン広場に次ぐ観光名所でもある．鉄道のミュンヘン中央駅（ハウプトバーンホフ）を出ると，もとの市の境界である城壁のリングが向かいにある．リング入口のカール門からリングをほぼ西向きに突っ切る道が市の目抜き通りで，通称をシュタフス（Stachus）といい，歩行者天国である．ここにはデパート（日本のデパートより小規模であるが）がならんでいて，その先の左側にはドイツ狩猟・漁業博物館（Deutsches Jagd- und Fischereimuseum）がある．シュタフスから見て左手に塔が二つあるフラウエン教会があり，シュタフスをまっすぐに行くと，マリエン広場になり，ここでは時刻が来ると旧市庁舎の人形時計が動くのが見られる．このあたりがミュンヘン観光第一の名所であり，見物者（外国人も）でいっぱいである．人形時計は近年我が国でも各地に（東京・新宿の小田急デパートなど）につくられているから，日本人にもおなじみであろう．マリエン広場の左手奥には食料品で有名なダルマイヤーや，高級フ

第 6 章　科学技術博物館の完成　　319

ァッション店があり，マリエン広場の向かいには食料品の市ヴィクトリア・マルクトがある．マリエン広場の先にあるイザール門でリングはおわる．門を出てしばらく行くと，イザール川につきあたる．この川はアルプスに源を発し，ドナウ川に合流する川で，水力発電にも使われている．ドイツ博物館はイザール川の中島（「博物館島」Museumsinsel と呼ばれる）にある．このあたりでは，春先には野鴨の母子が豊かな流れを横切って泳いでいるし，暑い盛りには水浴びをする人々がいて，のんびりした風景もある．この博物館の特徴はまた，時計と気圧計・湿度計のついた塔，プラネタリウムと天文台の丸屋根である．イザール川にそびえ立つ塔と緑青の屋根は，周囲の木々や川の色とマッチして，自然と人工の取り合わせのおもしろさを見せている．館の外は風車のあるゲレンデになっていて，鉄道の食堂車が置いてあり，夏場にはここで軽食が食べられる．イザール川の流れを見おろしながら休息すると，時が止まったような気がする．

　ドイツ博物館では，鉱山・冶金，動力，機械，鉄道，化学，航空，電気，自動車の展示が見ものであって，展示の骨格は創立以来変わっていない．これらはどれもドイツの得意な分野であるが，特に鉱山・冶金はドイツの主要産業であったことから力が入れられていて，褐炭の露天掘り，岩塩採掘等々の展示がある．炭鉱の坑道も再現してあり，観客が歩けるほか，時間を決めてトロッコに乗るガイドつきツアーがある．化学関係では，錬金術師の実験室や，ラボアジエ（酸素の発見者）の時代の実験室の再現がある．たくさんの飛行機がぶら下がっている1階ホールは，航空ファンにはこたえられないであろう．リリエンタールのハンググライダー（オリジナル）があったり，第二次世界大戦の潜水艦Ｕボート（オリジナル）の中に入って見られたりする．印刷・書写の展示も，特色のひとつである．ビール醸造や乳製品技術といった農業技術の展示があるのは，農業の盛んなバイエルンの土地柄であろうか．ミュンヘンは，音楽の都でもある．ドイツ博物館には，楽器を集めた展示があり，自動楽器もある．ここでは，古楽器を演奏して説明してくれる．

　鉄道のセクションには，1879年のベルリン博覧会でジーメンスが走らせた世界最初の電気機関車（オリジナル）がある．電気の分野の超名品としては，ピキシの手回し発電機がある．これは世界最初の発電機で，1932年に

図6-9　ドイツ博物館の高電圧デモ装置
Courtesy: Deutsches Museum.

つくられた．この博物館では，展示物はケースにはいっていないのがふつうであるが，この発電機は特別で，透明ケースで保護されている．1866年のジーメンスの自励式発電機（オリジナル）もあり，これも透明ケースで保護されている．1階のホールでは，図6-9のような装置で30万ボルトの人工雷を落とすデモンストレーションをやっていて，人気の的である．

　物理ほかの純粋科学（理学）の展示もあるが，全体としては，技術・工業に役立ったものについて展示してあるという印象を受ける．真空と大気圧を実験したゲーリケのマグデブルクの半球（オリジナル），フラウンフォーファーの光学器具，レントゲンの器具，オットー・ハーンの核分裂の実験器具などがある．プラネタリウムもドイツ博物館の目玉のひとつである．天文台もある．

　図6-10に示す1967年のドイツ博物館のガイドブックにも，フクロウと歯車のシンボルマークがついている．前述のように，歯車は機械のシンボルであり，フクロウは知恵の象徴である．ドイツ博物館の展示で特に成功しているのは重化学工業であり，端的に言えば「機械もの」であって，ドイツ博物館が作られたときの花形技術である．「博物館の性格や，その後成功するか

図6-10 フクロウと歯車のシンボルマークが
ついたドイツ博物館のガイドブック
(1967年)
Deutsches Museum München: Eindrücke von einem Rundgang durch die Sammlungen und Bilder aus der Geschichte der Naturwissenschaft und Technik, Winkler, München, 1967.

どうかの命運は,できたときに決まる」と言えるであろうが,ドイツ博物館のアイデンティティとその強みは機械ものであることがシンボルマークにもあらわれている.

ドイツ博物館の展示では,技術の歴史上で重要なモノの実物をならべることにつとめてきた.オリジナルをそろえたこの博物館は,モノの存在感に満ちていて迫力がある.これがドイツ博物館の特徴であり,世界中の博物館の追随を許さないところである.フォン・ミラーの創立の精神がいまもここに生きていると言えよう.見学者が理解しやすいようにカットモデルやジオラマを多用し,相互作用型の展示手法も使われている.ガイドつきの見学やデモンストレーションも,毎日40回以上行われている.

1986年頃の数字であるが,展示面積は約5万平方メートル(1966年ころには4万平方メートル),展示されている物の数は1万6000点以上で,このほかに研究用コレクションに6万点ある.1986年頃の年間入館者は,150万人であった.スタッフ数は,1967年頃には3000人であった.

中庭のむかいの別棟(本部と研究部門の棟)には公開の図書館があって,88万冊の本を所蔵している.写真アーカイブもある.ドイツ博物館のホー

ルでは，コンサートなども行われる．

　ドイツ博物館の観客には，子供や親子連れだけでなく，社会人と見られる成人男性も多い．女性や文科系の人でも，展示に熱心に見入っている．こういう姿には，ドイツ人が技術に対して敬意を持っていることが感じられる．ドイツでは（スイス等も），鉄道や飛行機の模型だけでなく，蒸気機関，タイプライタ等の模型が盛んであり，文科系の人や女性にも技術が親しい存在である．ドイツ博物館は，この親近感の結果としてできたのであり，また，この親近感を拡大する役割を果たしている．ドイツ博物館は，ドイツ人にとってまちがいなく「自分たちの博物館」である．前述のようにルーヴル美術館がままフランス人見学者に疎外感を持たせるのと比較しても，大きなちがいである．この意味で，ドイツ博物館は世界の大規模な博物館のうちでも突出している．ドイツ博物館には外国人観客も多く，ドイツ博物館はドイツのプレスティージを示すのに成功しているといえよう．

　ドイツ博物館の財政は，州と市からの予算割当てと，入場料等の自前の収入によってまかなわれている．水道光熱は，無料で地方政府から供給されている[11]．工業界からは展示物の寄贈等の援助を受けている．プラネタリウムの運転はカール・ツァイス社，電気通信の展示の修理と保守はジーメンス社が行うなど，ドイツ工業界からのドイツ博物館に対する援助は非常に手厚い．ドイツ博物館は，「ドイツ工業界によるドイツ工業界のための博物館」という性格を持っている．ドイツ国民がドイツ博物館を自分たちの博物館であると信じているので，ドイツ工業界はドイツ博物館にためらいなく惜しみない援助をするのである[12]．他の国の技術博物館から見れば，このドイツ博物館はうらやましい存在であろう．この国民の信頼をつくり出したフォン・ミラーの功績は，博物館史上で特筆に価する．

　世界最大かつ最良の技術博物館と言われるドイツ博物館であるが，個々の技術の初めだけを示してその後の展開が展示されていないという批判もある．工業技術の博物館でありながら，産業革命で登場した工場システムについて展示していないという批判である．技術博物館見学の目的が工業社会という価値の確認であるとすれば，こういった技術博物館が技術者の独善に過ぎないかもしれないという反省も，必要であろう．1970年代にはドイツ博物館

図6-11 ケルシェンシュタイナー・コレーグによる教員のための『歴史と現代を結ぶ簡単な物理実験ガイド』，1988年．ライデンびんの絵がついている
Kerschensteiner Kolleg, *Einfache Physikaluische Versuche zu Geschichte und Gegenwart*, Deutsches Museum, 1988.

のキュレータにこのような反省があって，その後，科学技術の社会史路線（第7章2で述べるエクスターナリスト路線）への転換が図られたようであるが，ドイツ博物館の展示の性格の基本は変わっていない[13]．

ドイツ博物館には研修施設ケルシェンシュタイナー・コレーグ（Kerschensteiner Kolleg）があって，全国の理科教員を館内の施設に泊まらせて研修を行っている．これは1976年に開設され，かつてミュンヘンの視学官で徒弟・職人のための実業補修学校運動の指導者であったケルシェンシュタイナー（Georg Kerschensteiner）の名を取って命名された．1999年には，ここでは合計71の継続教育コースを実施し，参加者は1516人であった．そのうちのほとんど全員が，宿泊して研修を受けた．71コースのうち1週間コースが52あり（参加者は1140人），そのうちの2コースが教職についている者のためのコースで参加者は22人であった．週末に行われるコースや，宿泊なしの半日集中コースもあった．《青少年は研究する》，《物理学と生物学のあいだ》といったイベントも行われた．合計455の講義が行われ，講義や見学の講師の大多数はドイツ博物館館員であったが，外部専門家の講師もいた．宿泊者数は，延べ5688人であった[14]．近年，世界の科学技術博物館のいくつ

図6-12　ドイツ博物館の指導書《技術史——モデルと再現製作》の例『テスラ・モータ』，1995年
Johannes Abele and Gerhard Mener, *Der Tesla-Motor (Technikgeschichte Modelle und Rekonstruktion)*, Deutsches Museum, München, 1995.

かは，展示そのものよりもむしろ理科教育を重視し，理科教員や同志望の学生を対象とする研修に力を入れている．ケルシェンシュタイナー・コレークは，その例である．

　ケルシェンシュタイナー・コレークは，科学技術史上の発明・発見および科学の法則・原理をデモンストレーション実験で示す教員向け教則本を何冊も刊行している．図6-11は，ライデンびんの発見の再現をはじめとする物理実験の教則本である．ドイツ博物館ではまた，1983年から実業教育のための実物（三次元）モデル作りのプロジェクトを開始し，1995年までに《技術史——モデルと再現製作》(*Technikgeschichte: Modelle und Rekonstruktion*) という冊子シリーズ11冊を刊行している．たとえば，テスラの誘導電動機を再現するための寸法入り図面や全部品表を掲載している（図6-12）[15]．

　ドイツ博物館における研究活動についても，ふれておこう[16]．1963年に，ドイツ博物館の科学技術史研究所（Forschungsinstitut des Deutschen Museums für Geschichte der Naturwissenschaften und der Technik）が設立された．同研究所は創立以来，ミュンヘン大学の科学史研究所（Institut für Geschichte der Naturwissenschaften）およびミュンヘン工科大学の技術史研究所（Institut für Geschichte der Technik. 1983 年までは Institut für Geschichte der exakten Naturwissenschaften und der Technik）と共同で科学技術史研究共同体（Gemeinschaft der Forschungsinstitute für Naturwissenschafts- und Technikgeschichte）を形成した．ミュンヘン大学では，1933 年に科学史・数学史研究所（Institut für Geschichte der Naturwissenschaften und der Mathematik）が設立され，これが 1963 年に科学史研究所になった．ドイツの大学における科学史研究所の沿革を見ておくと，第二次世界大戦中にフランクフルトに科学史研究所がつくられ，1960 年にハンブルク大学に同様の研究所が設立された．ミュンヘン工科大学の技術史研究所の創立も，1963 年であった．同研究所の創立の中心人物は，クレム（Friedrich Klemm. ドイツ博物館の図書館長）とマイア（Otto Mayr）であり，ドイツ技術者連盟（VDI）の強力な支持があった．ドイツ博物館の科学技術史研究所の財政は，DFG（Deutsche Forschungsgemeinschaft. ドイツ研究共同体．わが国の日本学術振興会のような組織），フォルクスワーゲン社，フラウンホーファ協会の支援を受けていた．ドイツ博物館では 1992 年以来，館長マイアの主張により特に研究に重点を置いた．彼は以前にスミソニアン国立歴史技術博物館の館長代行であった人で，科学技術に関するエクスターナリスト・ヒストリーを米国から移入しようと努めた．エクスターナリスト・ヒストリーとは，ひとことで言えば科学技術の社会史であり，くわしくは第 7 章の 2 で述べる．アグリコラ協会の本部もここにあったが，ボッフム鉱山博物館（Deutsches Bergbaumuseum, Bochum）に移転した．

以下，最近のドイツ博物館の動向を述べよう．ドイツ博物館では，環境問題やエネルギー問題についての新しい展示がある．ドイツ国民の技術への親近感は，ドイツ人の環境問題に関する意識の高さにもつながる．環境問題等についてドイツ博物館は強みを発揮するであろうか，興味深いところである．
　スミソニアンの影響の感じられる展示もある．電気通信に関する展示はその例であり，スミソニアン国立アメリカ歴史博物館の《情報化時代》展示（第 7 章参照）を直接学んだと思われる．
　今日では，ドイツ博物館にかぎらず，科学技術史博物館の多くがサイエンスセンター風展示を取り入れている．サイエンスセンター風展示は人気があ

図6-13 (左)　ドイツ博物館シュライスハイム航空分館のチラシ

図6-14 (右)　ドイツ博物館ボンのチラシ，2000年頃．フクロウのシンボルマークがある

り，そのために技術史記念物中心の従来展示がさびれて見えるほどである．

　これだけの巨大な博物館であっても，技術の全分野にわたって歴史と現状を示すのは不可能である．近年，ドイツ博物館は，ミュンヘン郊外のシュライスハイムに航空関係の分館（Deutsches Museum Flugwerft Schleissheim）をもうけた[17]．この場所は，1912年にバイエルン王国の空軍飛行場がつくられ，パイロット訓練学校の飛行場でもあった．第二次世界大戦末期には激しい爆撃を受け，1945年4月に米軍がここに進駐した．ドイツ博物館のシュライスハイム分館は1992年に開館した．ここは，平屋の二つのホールから成り，床面積は7800平方メートルある．航空の初期史やこの飛行場の歴史の展示のほか，歴史上のグライダーやヘリコプター，旅客機・戦闘機など約50機の航空機および宇宙ロケットをここで見ることができる．図6-13は，そのチラシである．さらに，ミュンヘン市内のテレージエン・ヴィーゼに，1万平方メートル規模の交通分館（Verkehrszentrum）が開設された．

　1995年には，ドイツ博物館ボン（Deutsches Museum Bonn）が開館した．このボン館は，科学技術研究に関する現代史の博物館であり，第二次世界大戦以後（1945年以後）のドイツの科学（工業技術よりも純粋科学）の歩み

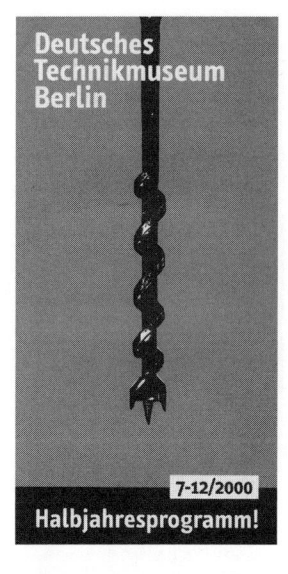

図6-15　ベルリン・ドイツ技術博物館のチラシ，1999年

を展示している．図6-14に示すように，同館のチラシにもシンボルマークのフクロウがある[18]．1983年には，交通博物館（Verkhrsmuseum）をもとにしてベルリン・ドイツ技術博物館（Deutsches Technikmuseum Berlin）[19] が開館した（図6-15）．同館は，ドイツ博物館に次ぐドイツ第二の規模の総合技術博物館である．ここでは技術を経済・社会・文化・政治との関連において扱うとうたっているけれども，歴史上の技術自体の展示にほとんど終始している．1999年頃の年間入場者は約30万人で，その2分の1から3分の1が学校生徒である．別棟には，道路交通（自動車）の展示庫と，物理の原理を学ぶ参加型展示《シュペクトルム》がある．《シュペクトルム》は，ウラニアの伝統をひきついでいる．ウラニアは今日のサイエンスセンターのはじめとも言われるので，第8章1で述べる．ドイツ博物館ボンとベルリン・ドイツ技術博物館にミュンヘンのドイツ博物館をあわせて，ドイツの技術博物館は三極構造になった．地政学的に見ても，三館の役割分担は興味深い．

20世紀につくられた科学技術史博物館──ドイツ博物館の影響

　国民教育の場としての技術博物館を実現したドイツ博物館は，以後の技術博物館に大きな影響を及ぼした．国力増強のために科学技術と工業の重要性

図6-16 プラハ人民技術博物館のガイドブック，1991年
National Technical Museum in Prague, Guidebook/Technisches National Museuim in Prag, Führer, National Technical Museum, Prague, 1991.

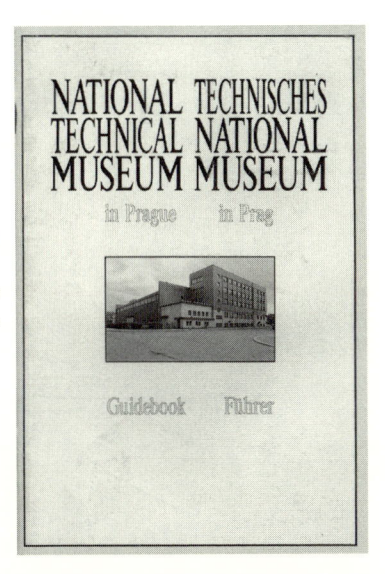

が増すにつれ，国民への科学技術知識普及を目的とする科学技術博物館が欧米各国でつくられるようになった．20世紀の中ごろまでにできた技術博物館の多くは，ドイツ博物館を模倣した．技術史上の記念物の収集・展示を行うという点でも，ドイツ博物館が手本とされた．これらの博物館はその国の科学技術を顕彰する機能を持つ．そこで見学者として想定されるのはその国の国民であるが，科学技術博物館には，その国の科学技術のすばらしさを外国人に誇示する役目もある．フォン・ミラーが導入した新しい展示手法も，以後模倣された．炭坑の坑道の再現はその例であり，シカゴの科学・産業博物館やロンドン科学博物館にこれがつくられた．フォン・ミラーという個人によって構想されたドイツ博物館は，目的意識が鮮明であるので，展示手法についても意図がわかりやすく，まねしやすかったと言えるであろう．これらのいくつかの館のシンボルマークにも，ドイツ博物館の影響が見られる．

ハプスブルク王朝のオーストリア・ハンガリー二重帝国では，1908年にプラハに技術博物館（Technisches Museum）[20]，1909年にヴィーンに工業と実業のための技術博物館（Technisches Museum für Industrie und Gewerbe. 本書では，ヴィーン技術博物館と呼ぶ）[21]が設立された．図6-16に，1991年の人民技術博物館時代のプラハ技術博物館のガイドブックを示す．ヴィーン技

第6章 科学技術博物館の完成 329

図 6-17 (左)　ヴィーン技術博物館の創立者エクスナー
Das Technische Museum fur Industrie und Gewerbe in Wien, Technisches Museum für Industrie und Gewerbe in Wien, 1908.

図 6-18 (下)　ヴィーン技術博物館外観
Das Technische Museum fur Industrie und Gewerbe in Wien, Technisches Museum für Industrie und Gewerbe in Wien, 1908.

術博物館には，エクスナー（Willhelm Exner. 1840-1931 年．図 6-17）という設立のリーダーがいた点で，フォン・ミラーのドイツ博物館と似ている．数十年来，エクスナーは技術の歴史と現状を示す大規模な博物館の構想を持っていた．彼は，1876 年のヴィーン万国博覧会の折に技術博物館をつくることを着想したが，この企図はすぐには実を結ばなかった．1893 年に彼は，小さなオーストリア工作史博物館（Museum der Geschichte der Österreichschen Arbeit）の設立に成功した．ヴィーン技術博物館は，王室キャビネットに由来するヴィーン工科学校のコレクションやヴィーン市内の鉄道博物館，郵便博物館，衛生博物館のコレクションを集めてつくられた．エクスナーの努力

図6-19 エクスナーによるヴィーン技術博物館企画書に掲載されたたパリ工芸院博物館の鉄道車両モデルの展示，左右両側から採光してある
Das Technische Museum für Industrie und Gewerbe in Wien, Technisches Museum für Industrie und Gewerbe in Wien, 1908, p.65.

が実って，1908年にフランツ・ヨーゼフ（Franz Joseph）1世によるヴィーン技術博物館の着工式が行われた．

1918年に刊行された企画書[22]を見ると，ヴィーン技術博物館の計画は国家の支持を得た大規模なものであったことがわかる．同館は図6-18に示すような外観で，ヴィーン自然史博物館の向かいに建造された．企画書は，古代における博物館の淵源から説きおこし，手本としてパリ工芸院博物館，サウス・ケンジントン博物館，ドイツ博物館（仮展示が開設され，本館建設計画中であった）の沿革と展示の状況を相当くわしく述べている．ドイツ博物館については，カットモデルなど展示のくふうも紹介し，顕彰室については肖像レリーフにつけられる文面を示してくわしく説明している．科学技術博物館に限定せず外国の博物館についても採光や展示ケースの例を写真入りで紹介し，望ましい展示室の構成を検討している．図6-19の両側からの採光とガラスケースの展示例（パリ工芸院博物館の場合）を見られたい．エクスナーは当初はフォン・ミラーとは独立に技術博物館を構想したが，建設計画はドイツ博物館から強く影響された．約10年後の1918年にヴィーン技術博物館は開館したけれども，時は第一次世界大戦の敗戦とハプスブルク王朝崩壊の前夜であり，ドイツ博物館開館の場合とちがって盛大なセレモニーはなかった．この博物館の規模はドイツ博物館よりも小さいが，全体の感じはドイツ博物館によく似ている．図6-20のヴィーン技術博物館のガイドブック表紙には，右上に歯車のついたシンボルマークがあり，ドイツ博物館の影響

第6章　科学技術博物館の完成　　331

図6-20 ヴィーン技術博物館のガイドブック，1974年．歯車のシンボルマークがある

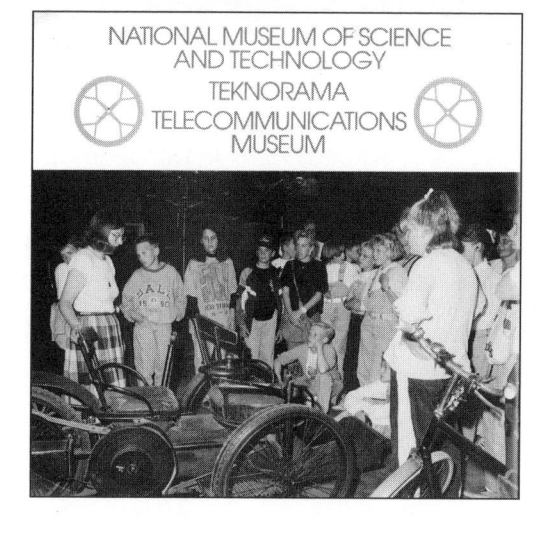

図6-21 ストックホルムの技術博物館のガイド・パンフレット，1992年．歯車のシンボルマークがある

がうかがわれる．

　ストックホルムの技術博物館（Tekniska Museet, 1923年設立，1938年開館）も，ドイツ博物館にならってつくられ，相互作用型展示を積極的に模倣した．規模はヴィーン技術博物館よりもさらに小さく，全体にスウェーデンの科学者・技術者の業績の展示が中心になっている．図6-21は，そのガイド・パンフレットである．オスロにあるノルウェー技術博物館（Norsk Teknisk Museum）も，ドイツ博物館の影響を受けてつくられた．両館とも，技術博物館の相当部分が電気通信博物館である（入れ子構造になっている）点で共通である（37頁の図1-10を参照されたい）[23]．

図 6-22　国立レオナルド・ダ・ヴィンチ科学技術博物館のガイドブック，1983 年
National Museum of Science and Technology Leonardo da Vinci, Milan, Garolla, Milano, 1983.

図 6-23　プラネタリウムのある大阪市立電気科学館の二十年史，1957 年．

　イタリアでは，第二次世界大戦後の 1953 年，ミラノに国立レオナルド・ダ・ヴィンチ科学技術博物館（Museo Nazionale della Scienza e della Tecnica Leonardo da Vinci）が開館した．ここもドイツ博物館の影響下にドイツ博物館の助言をうけてつくられ，近代技術史についての展示物と，レオナルド・ダ・ヴィンチの手稿などがある．図 6-22 に，そのガイドブックを示す[24]．

　ドイツ博物館にならってつくられた技術博物館が，日本にもあった．大阪市立電気科学館である．戦前に大阪市電気局電灯部長の木津谷栄三郎が 1931（昭和 6）年に欧米を視察して，特にドイツ博物館を見て感銘し，電気博物館をつくることが決まった．1937（昭和 12）年に開館した大阪市立電気科学館は，ツァイス社製のプラネタリウム（図 6-23 参照）を設備した．プラネタリウムの設置は，これが日本では初めてであった．川べりの四ツ橋にできた電気科学館には高い塔があり，館のシルエットと星のついたシンボルマークを使うなど，ミニ・ドイツ博物館といった観がある．図 6-24 と図

第 6 章　科学技術博物館の完成　　333

図 6-24（左） 大阪市立電気科学館の開館当時の外観
『大阪市立電気科学館 50 年の歩み』，1977.

図 6-25（上） 大阪市立電気科学館のシンボルマーク
『大阪市立電気科学館 50 年の歩み』，1977.

6-25 に，開館当時の外観とシンボルマークを示す．星は，プラネタリウムを示しているのであろう．『電気科学館設立概要』によれば，同館の展示は，2 階が弱電・無電（無線），3 階が電力・電熱，4 階が照明，5 階が電気原理で，図書室と研究室が 5 階にあるほか，1 階には大阪市電の店の陳列所，電気相談所，電気器具試験場があり，地階には食堂がある．6 階はプラネタリウムで，ドイツ（12 ヶ所），オーストリア，イタリー（2 ヶ所），スウェーデン，ソ連（2 ヶ所），米国（4 ヶ所），アルゼンチン，イギリス，フランス，オランダにある世界の合計 26 ヶ所のプラネタリウムに次ぐものであるという．第二次世界大戦後，娯楽の少なかった時期にプラネタリウムのホールで星座と映画の会を開催したときには，荒れたままの館（まだ銃撃された孔が残っていた）のまわりに長蛇の列ができたと伝えられる．大阪市立電気科学館の規模はドイツ博物館に比べればずっと小さいが，1955（昭和 30）年度には入館者は 66 万人をかぞえたというから，世界の総合科学技術博物館に匹敵する観客を動員していたわけである．筆者はドイツ留学から帰って，大阪市立電気科学館に行き，ドイツ博物館に似ているのにびっくりした記憶がある．サイエンスセンターである大阪市立科学館の新設（中之島に 1989 年

に開館)にともなって,この電気科学館は廃止になった[25]．

2　米国における技術博物館の成立

　米国でも，1920年代に，ヨーロッパのドイツ博物館やロンドン科学博物館の影響を受けて，工業界のリーダーらが工業博物館を設立しようとした．ニューヨーク技術博物館 (Museum of the Practical Arts in New York City. のちニューヨーク科学技術博物館 New York Museum of Science and Industry. 1950年代に消滅した)，ミシガン州ディアボーンのヘンリー・フォード博物館とグリーンフィールド・ビレッジ (Henry Ford Museum and Greenfield Village. はじめ Edison Institute として設立)，シカゴ科学・産業博物館 (Museum of Science and Industry. Chicago)，フィラデルフィアのフランクリン協会 (Franklin Institute) の科学博物館がつくられた．特にシカゴ科学・産業博物館とフランクリン協会科学博物館には，ドイツ博物館の影響が強かった．大恐慌後の長い不況があって，これらの博物館の計画は順調には進まなかった[26]．次章で述べるように，スミソニアンでも「米国のドイツ博物館」をつくろうとする動きがあったが，実現せず，スミソニアンの技術博物館がつくられたのは第二次世界大戦後になってからであった．

　本節では，これらのうちからヘンリー・フォード博物館とグリーンフィールド・ビレッジについて見ていく．フランクリン協会科学博物館については，第8章の1で述べる．シカゴ科学・産業博物館は，次節であつかう．

　デトロイトの隣りのディアボーンにあるヘンリー・フォード博物館とグリーンフィールド・ビレッジは，自動車王フォード (Henry Ford. 1863-1947年) によってつくられた．彼は，ロンドン科学博物館を見学して，技術博物館をデトロイトにつくろうと考えた．フォードの博物館は1929年にエジソン研究所 (Edison Institute) として設立され，1932年から正式に公開された．フォードは若いころエジソンの下で働いていて，自動車製造の夢をエジソンに語ったところ，エジソンの激励を受けた．フォードとエジソンは終生の友人になり，フォードは自分がつくる博物館にエジソンの名をつけたのである．

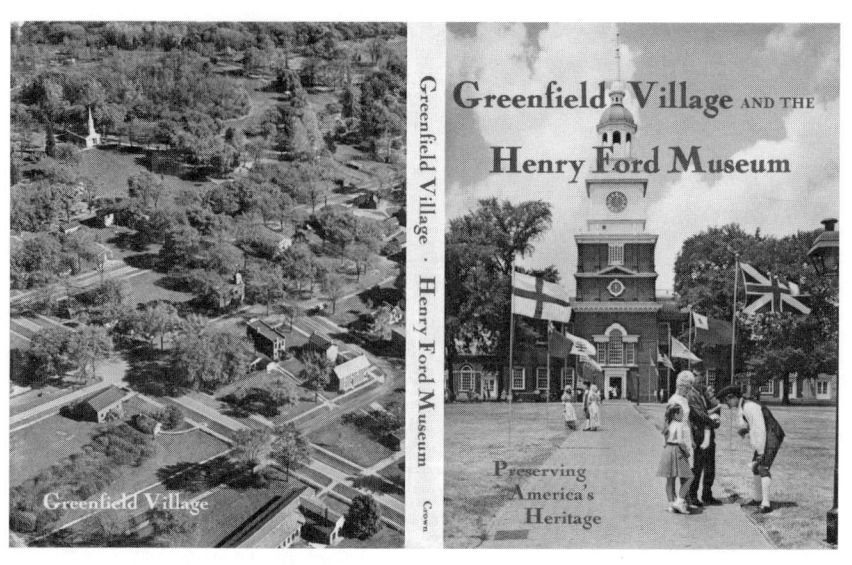

図6-26 ヘンリー・フォード博物館とグリーンフィールド・ヴィレッジのガイドブック（1972年）のカバー
Greenfield Village and the Henry Ford Museum, Crown Publishers, New York, 1972.

　この博物館は今日，「ヘンリー・フォード博物館とグリーンフィールド・ビレッジ」と称し，フォード社やフォード財団とは独立の非営利の博物館として運営されている（図6-26参照）．

　グリーンフィールド・ビレッジは野外博物館であり，米国人の歴史と生活を実物で示そうとしている．ここでは，約1平方キロメートルのところに100あまりの建物を移設してあり，次の四つに大別できる．①米国の工業のリーダーとなったパイオニアの生家や工房，②1640年代（ニューイングランド連合の頃）から19世紀後半までの米国人の住居・家屋，③村落広場（教会，宿屋，村庁，学校，よろず屋，裁判所などがある），④村の製材所や鍛冶屋から近代的機械工場への産業革命による変遷を示す工房・工場．これらには，フォード自身の生家，飛行機の発明者ライト兄弟の生家と工房，辞典で知られるウェブスターの家，作曲家フォスターの生家，ゴム栽培の発展を促進したファイヤストーンの農場，園芸品種の改良をしたバーバンクの生家，メンローパークから移設されたエジソンの研究所[27]などがある．エジソンの会社は，のちに競合会社と合併して現在のジェネラル・エレクトリッ

ク（GE）となったのであるが，GE技術陣の筆頭であったスタインメッツ（Charles Proteus Steinmetz）のかざりけのないコテージもここに移設されている．プランテーション農場と奴隷の家もある．全体を通じて大きな建物はなく，豊かではない境遇から身を起こして米国の進歩に貢献した著名人の生家をいくつか集めてある点が，フォードの心情のありかを示している．

　農場，製材所，鋳物・ガラス・陶磁器・織物の工場では，それぞれの実演を見せている．オープンフィールドをとりまいて走るフルサイズの蒸気鉄道も運転されていて，乗ることができる．筆者が訪れた9月には，羊の毛を刈る実演があったほか，リンゴをしぼってジュースにしていた．

　ヘンリー・フォード博物館では，ヘンリー・フォード自身の文明観に基づいて交通，農業，製造業の3分野の展示に重点が置かれている．アメリカン・ドリームと呼ぶべき自動車文化の歴史の展示のほか，ヘンリー・フォードの事蹟に関する小展示もある．鉄道・航空機のコレクションも，見ものである．蒸気機関・発電機をはじめとする動力，工作機械，農業機械，米国の各時代のキッチンの比較などがある．照明・通信の展示や，陶器・ガラスなど工芸品の展示もある．

　ヘンリー・フォード博物館とグリーンフィールド・ビレッジのガイドブックは，ここを「保存されたアメリカの生活」（Americana Preserved）と呼んでいる[28]．ここに示されている米国人の歴史と生活は，創立者フォード自身の文明観とノスタルジーを通して見たものである．科学技術史家からは，この博物館とビレッジはエキセントリックであり，博物館ではなく奇妙なレジャーパークであるという批判がされている．グリーンフィールド・ビレッジに集められた建物は，時代の順番などかまわずにフォードの好みだけで買い集められた．その結果，彼が「再現した」米国は，決して存在しなかったものになった．ヘンリー・フォード博物館の方も，フォード自身の工場哲学と，過去をロマン化したノスタルジアとの奇妙な混合物であった．フォードは，ここに彼が自分で思いこんでいるままの工業の発達史を展示した．蒸気機関，自動車，蒸気機関車，農器具，工作機械，家庭用品などは，発明され応用された順番ではなく，「すべては良いものに進化していく」という図式にのっとってならべられていて，これらが実際に歴史上でどんなふうにしてあらわ

れたかは一切考慮されなかった．米国の技術の歴史の展示としては，水力，船舶運輸，土木が欠けている[29]．

　フォードは，モノに基づく米国史をつくろうとして，自分の博物館を設立した．過去から推移してくる歴史を見るのではなく，現在の立場からさかのぼって歴史を見て，現在につながるものを探すのが，フォードの特徴である．「すべては良いものに進化していく」という信仰は，次節で述べるシカゴ科学・産業博物館のローアとも共通である[30]．しかし，その進化の結果，自分が育ったかつての町や田舎はなくなってしまった．彼は，創意ある個人の努力が米国社会の進歩をもたらしたとした．しかし，フォード自身を含むこれら個人が築いた米国は，大企業の組織が支配するようになり，小規模アントレプレヌール（起業家）の活躍は過去の追憶に過ぎなくなった．この「自分のふるさとを自分でこわしてしまった」アンビバレントなフォードの心情の表現が，ヘンリー・フォード博物館とグリーンフィールド・ビレッジである．このような一種のロマン主義は，産業革命や工業化が壊してしまった古き良き時代を惜しむ保存運動や野外博物館運動につきものである．

3　シカゴ科学・産業博物館

　シカゴ科学・産業博物館（Museum of Science and Industry）は，ドイツ博物館を手本として科学技術史博物館として出発（1928年創立，1933年開館）したにもかかわらず，ローアによって米国資本主義のショーケースのようなところに転換し，世界の代表的なサイエンスセンターにかぞえられるようになった．大企業の出張展示のような博物館は類例が少ないけれども，ローアの「大衆教育」という博物館の手法のいくつかは今日では世界の博物館・サイエンスセンターに採用されて常識化している．1970年代以来，シカゴ科学・産業博物館はスポンサー企業に展示をつくらせるローア路線から離れて，科学教育に重点をおくサイエンスセンターへの転換をはかった．観客動員数は，ローア路線のもとでは増加を続けていたのが，1991年に入館を有料化してからは減少した．新路線と有料化が長期にわたるシカゴ科学・産業博物館の成功をもたらすかどうか，見通しは必ずしも確実ではない．二度の転換

図6-27　シカゴ科学・産業博物館創立者ローゼンウォルド
http://en.wikipedia.org/wiki/Image:Julius_rosenwald.jpg

を行った同館の歴史は，非常に興味深い．以下，同館の出発，方向転換の時代背景，展示の手法などを紹介して分析する[31]．なお，この館の名称"Industry" は工業と訳すべきであるが，ここでは慣用に従っておく．この"Industry" には，企業社会や資本主義社会といった含意があると考えられる．

シカゴ科学・産業博物館の設立とケンプファート時代

シアーズ・ローバック社（Sears, Roebuck & Co.）のオーナーであったローゼンウォルド（Julius Rosenwald．図6-27）[32]が1911年にミュンヘンを訪れたとき，彼の息子ウィリアム（William）はドイツ博物館（当時は正式開館前の仮展示であったが）を見て，ボタンを押すと動くモデルのある展示に魅了されてしまった．ローゼンウォルドはこのような科学技術博物館をシカゴにつくろうと考えて，自ら巨額の基金を寄付してシカゴ商工会議所に博物館設立を提案した．彼は，米国の企業家のサクセスストーリーの主人公であるとともに，著名なフィランソロピスト（篤志家）であった．米国人の発明の才能（American inventive genius）をそだてるための博物館という彼の計画を，シカゴの財界も支持した[33]．

シカゴは，米国経済の中心地であったが，アプトン・シンクレア（Upton Sinclair）の小説によって搾取と病毒の町として描かれていた．また，ここにはさまざまなエスニックの市民がいた．ローゼンウォルドほかシカゴの大企業家は，物質文明の行き過ぎ（労働運動，農民の急進主義，階級対立，人種

図6-28 シカゴ科学・産業博物館の「美術の宮殿」
絵葉書より．

差別問題等）に対処するために，文化フィランソロピーをしようとした．米国第二の都市シカゴの誇りを示すには，博物館は（後述の「進歩の世紀」博覧会とともに）好適であると考えられた．

ローゼンウォルドは，シカゴ科学・産業博物館に莫大な価値のシアーズ・ローバック社の株を寄付した．彼は，熱心な共和党支持者であったが，ユダヤ系米国人中の重要人物でもあり，ワシントン（Booker T. Washington）の黒人の教育運動を熱心に援助し，衛生状態の改善や，工業における労働条件改善にも理解があった．ハル・ハウス（セツルメント）をつくったジェーン・アダムズ（Jane Adams）とは意見を異にしたが，彼女の事業を早くから援助した友人であった．シカゴ科学・産業博物館に彼自身の名をつけなかったことは，ローゼンウォルドがユダヤ系であったからの知恵であると思われる[34]．

ローゼンウォルドの提案は，ドイツ博物館の影響を受けてさかんになった1920年代の米国における工業博物館設立の潮流のひとつであった．1926年には，ローゼンウォルドがミュンヘンとヴィーンへ行って技術博物館関係者と討論し，さらにドイツ博物館の創立者フォン・ミラーが1928年にシカゴ

図6-29　ケンプファート時代のシカゴ科学・産業博物館のガイドブックの見返し，1933年
Waldemar Kaempffert, *From Cave-Man to Engineer: The Museum of Science and Industry founded by Julius Rosenwald, an institution to reveal the technical ascent of man*, Museum of Science and Industry, Chicago, 1933.

を訪れてドイツ博物館のコンセプトを語った．こうして，ドイツ博物館をまねた博物館がつくられた．1928年に，『ニューヨーク・タイムズ』(*New York Times*) 紙の初代の科学欄編集者であったケンプファート (Waldemar Bernhard Kaempffert)[35] が館長 (Director) に決まった．彼は，1928年の着任後すぐに約2ヶ月間ヨーロッパへ行って，ドイツ博物館とヴィーン技術博物館を視察し，大規模で本格的な技術博物館をつくることを構想した[36]．

1893年にシカゴでコロンブス記念万国博覧会が開催されたときの会場「ホワイトシティ」のうち，「美術の宮殿」(Palace of Fine Arts. 自然史のフィールド博物館が一時期ここにあった) がミシガン湖畔に残っていた．このギリシャ風の建物が恒久性のある建築として修復され，博物館として使われることになった (図6-28参照)．大恐慌と不景気のゆえに，計画の実施ははかどらなかった．開館は1933年の「進歩の世紀」(Century of Progress) 博覧会開催に合わせることになり，シカゴ大学の協力も得た．

第6章　科学技術博物館の完成　341

初代館長ケンプファートは，単なる産業展示場でなく，人類の技術の変遷の社会学を示す博物館をつくろうとした．彼が執筆したシカゴ科学・産業博物館開館時のガイドブック『穴居人からエンジニアへ』[37]の表紙見返しのイラスト（図 6-29）は，ドイツ博物館を手本としたこの博物館の雰囲気をよく表している．彼の稿を読むと，ドイツ博物館の理想がいかに世界中で技術者たちを魅了したかが伝わってくる．彼の主張[38]を要約して紹介しよう．

　近代的技術博物館がパリ工芸院博物館で始まり，ロンドン科学博物館では動態展示や観客が動かすモデルが導入され，ドイツ博物館では技術の歴史の全体系を示すことに努め，パリ・ロンドンの場合とちがって自国だけでなく他国の発明も展示した．ドイツ博物館の影響を受けて，米国では大規模なところだけでも四つの技術博物館がつくられようとしている．シカゴ科学・産業博物館は，ドイツ博物館を手本とするだけでなく，さらに技術が人間社会に与えた影響すなわち利便の増進を示そうとする．発明家の業績を展示の中心にすると，どうしても民族主義・排外主義に傾く．シカゴ科学・産業博物館では，ヨーロッパの技術博物館のこの傾向を避ける．技術と社会の相互作用は重要であって，技術が経済や政治に影響することもある．コールタール化学がドイツを変えたのは，その例である．大発明が天才によってなされるにしても，その天才が育った時代が発明を可能にするのである．また，シカゴ科学・産業博物館の展示では，最新の科学技術のニュースを提供する．英仏海峡トンネル，テレビジョン，人工甘味料といった未来の技術も展示する．シカゴ科学・産業博物館は，若者の科学技術教育につとめる．エジソンもウェスティングハウスも，少年時代に技術にふれる機会があったから大発明家になったのであり，シカゴ科学・産業博物館は第二・第三のエジソンやウェスティングハウス出現に向けて努力する．科学技術知識の普及は，科学技術の予備軍である若者だけに必要なのではない．かつては家屋は自分で建てるか見えるところで建てられたけれども，今では加工された材料を持ってきて組み上げてしまう．今日では，技術は商品のかたちでできあがったものとして市民のまえに現われるので，技術が社会に対して持

つ意味を市民が理解するのは困難である．シカゴ科学・産業博物館はこの困難に対処して，市民の科学技術理解を助ける．

　このようにケンプファートは，パリ工芸院博物館以来の技術博物館の延長としてシカゴ科学・産業博物館を考えていた．科学ジャーナリストであった経歴を反映して，ケンプファートの想定した博物館は，時代，国，市民，社会等々の広い範囲にわたって「ひらかれた」博物館であった．科学技術と社会との関係を示そうとしたり，基礎科学に焦点をあわせるなど，彼の構想には，ドイツ博物館はじめヨーロッパの技術博物館を手本とするだけでなく，さらにこれらを超える点があった．彼は，科学技術と社会との関係を科学技術がもたらす負の結果にまで踏み込んで展示することを主張した．負の結果があっても，科学技術は結局それを克服して進歩すると，ケンプファートは確信した．彼は，この博物館に社会科学部門を設けようとした．彼の考えは財界中心のシカゴ科学・産業博物館理事会には受け入れられず，開館前の1931年にケンプファートは辞職した．
　博物館総裁ルーファス・ドーズ（Rufus Dawes）にとっては，ドイツ博物館の模倣は良いが，「綿繰り機が奴隷制度をもたらし，南北戦争を引き起こした」ことを展示するなど，絶対にあってはならないことであった．ローゼンウォルドから託された事業に責任を持つドーズは，自身の寿命にも不安があり，ケンプファート路線を中止させた．辞任にあたってケンプファートは「技術博物館は遊園地コニーアイランドの技術版（technical Coney Island）ではない」と書いているが，シカゴ科学・産業博物館はテクニカル・コニーアイランドに変身したのである[39]．

ドーズによる転換とローアによる正式開館
　シカゴ科学・産業博物館設立決定のすぐあとに，1929年の大恐慌が起きた．結局，同館は，ローゼンウォルドの死の1932年までに開館することができなかった．シカゴで開催された「進歩の世紀」博覧会の客がシカゴ科学・産業博物館にも来るようにと開館を急ぎ，同博覧会開場の直後の1933年7月1日に開館にこぎつけた．開館準備は不十分で，館の中央ホールほか，一部

が見られるだけであった．乳牛のかたちをしたミルキング・マシーン，沈んだ貨物船の引き上げ作業の説明，アークライトの力織機，スティーブンソンの機関車ロケット号の複製，航空パイロットの訓練シミュレータがあり，また，ボタンを押すと動く装置で，音の伝播，音楽の原理，雷のでき方などの物理の原理が説明されるようになっていた．「目玉」と言うべき展示は，ドイツ博物館にならって地下につくった実物大の炭鉱の坑道であった．シカゴ科学・産業博物館への入館は無料であった（州法により，博物館一般は週に2日は無料にすることが義務づけられていた）が，この炭坑展示は有料（大人25セント，子ども10セント）であった．炭坑展示は，大変な人気を呼んだ．進歩の世紀博覧会のおかげでシカゴ科学・産業博物館への入館者は多く，博物館の評判はおおむね良好であった[40]．開館後の10ヶ月のシカゴ科学・産業博物館入館者は40万人あり，そのうちの3分の1以上が炭坑展示を見た．この時点でのシカゴ科学・産業博物館は，ドイツ博物館の再現という性格が強かった．

　いくつかの展示では，デモンストレーターが説明した．デモンストレーターは近くの大学の学生から募った．シカゴ大学の学生でデモンストレーターをつとめたマクマスター（Daniel M. McMaster）は，ドーズの後任総裁ローアの忠実な弟子で，のちにはローアの右腕となった．

　ケンプファート路線からの軌道修正を行ったドーズは，進歩の世紀博覧会総裁であった．同博覧会から多くの展示がシカゴ科学・産業博物館へ来た．科学技術と社会との関係にふれることは，ドーズの方針により，否定された．不況下では，論議を呼ぶトピックスよりも，単純でわかりやすく，観客に希望を持たせる展示が望まれた．ドーズの想定した博物館は，進歩の世紀博覧会そっくりの展示であった．彼が博物館の標語として選んだのは「科学が自然法則を発見し，この法則を工業が人間の役に立てる」（Science Discern the Laws of Nature, Industry Applies Them to the Needs of Man）であって，これも進歩の世紀博覧会の「科学が発見し，工業が応用し，人間がそれをたしかめる」（Science Finds – Industry Applies – Man Confirms）と良く似ていた．

　ケンプファート辞任後の2代の館長のもとでも，シカゴ科学・産業博物館の財政見通しは悪くなるばかりで，モデル炭坑も1年近く閉鎖を余儀なくさ

れた．シカゴ財界は，進歩の世紀博覧会で副総裁・事務局長をつとめたローアを招き，この博物館の立て直しを依頼した．ローアは同博覧会ではドーズのパートナーであり，「科学の成しとげたことのうちで人に害になったものは1パーセント以下もなく，科学によって新しくできる工業で職につける人は，職をなくす人よりもはるかに多い」[41]と主張し，また，「展示は観客のためにつくるので，キュレータのためにつくるのではない」と述べていた．1940年1月にドーズは死去したが，その後ローアが同館総裁となって，ドーズ路線はローアによって継承された．ローアによって，シカゴ科学・産業博物館は危機の時代を脱する．

進歩の世紀博覧会とローア

ローアの博物館路線は，1933年から1934年にかけて開催された「進歩の世紀」世界博覧会での「大衆教育」（mass education）の援用であった．ここで，この博覧会について見よう．

シカゴでは，1893年にコロンブス記念世界博覧会が行われた．以来，第一次世界大戦までの間に甚だしくシカゴは変化した．人種対立，移民反対論，「赤の恐怖」等によって，市民のあいだの分裂は深くなっていた[42]．これに対処する都市計画が立てられ，世界大博覧会を再び開催する気運が高まった．財政家・法律家であるチャールズとルーファスのドーズ兄弟（チャールズ・ドーズは第一次世界大戦後のドイツの賠償案をまとめ，副大統領となり，ノーベル平和賞を受賞した人物である）らが，開催計画の中心になった．博覧会の財政はそれまでの米国の世界博覧会が政府からの資金によったのとはちがってすべて民間でまかない，外国政府の展示は別として，会場面積はすべて企業に割り当てた．

この博覧会が企画された1920年代はかつてない好況期で科学と工業がもたらす進歩に疑問を感じる人はほとんどいなかったが，開催されたころには，科学技術と工業が長期にわたる大不況のもとかもしれないと疑われていた．それゆえ，「現在の困難な状態は一時的なものであって進歩がずっと続くのだ」ということを博覧会で示す必要があった．この博覧会では，進歩と豊かな生活は，私企業によってもたらされるとされた．ケンプファートが指摘し

たように，企業でどのようにして物がつくられるかについて，また，物がつくられる原理であり進歩の源泉である科学について，市民は無関心または無知であった．これは工業社会の進歩のつけであり，これが私企業中心の社会に危機を招く恐れがあると考えられた．そこで，企業の出展によって科学と進歩をうたう博覧会が開催されたのである．

　ローアは1930年にヨーロッパを視察し，各地の博物館と博覧会を見た．彼は，ドイツ博物館から，ジオラマや動態展示の多用，観客が操作する相互作用展示など多くを学んだ．ローアは，博覧会の客を"Mr. Average man"と呼んだ．ここでは，科学者は昔のイメージのようなむさくるしい変わり者でなく，大企業に勤務しているビジネスマンであって，物を良く安くしてMr. Average manの生活が安楽になるよう，レジャーがふえるようにする，要するに生活に非常に役に立つ人として描かれた．Mr. Average manは興味のない展示は通り過ぎてしまうので，ポイントを簡単にして展示をショーにしなければならず，彼に劣等感を感じさせないように配慮し，シナリオはハッピーなサクセスで終わるようにした．雑誌記事の見出しが読者の気をそそるのと同じように，展示をショーマンシップとセールスのちょっとしたトリックで構成した．Mr. Average manを引きつける展示のめどが立つと，参加企業を募るのに困難はなかった．博覧会出展によってその企業の製品の売上の伸びと企業イメージの格段の向上が期待できた．個々の企業に展示スペースを売るのが，ローアの「企業参加」(industrial participation)の核心であった．こうして，企業の役に立つ博覧会として進歩の世紀博覧会の財政は潤った．

　企業の展示では，工業製品を買って使っているだけでは知ることのできないような，工場での製造の過程がわかるようになっていた．ジェネラル・モーターズ社は，4分の1マイル長もあるアセンブリ・ラインを設置し，ここから出てくるシボレーを買うことができた．ファイヤストーン社の工場展示では，生ゴムからタイヤができるまでの製造過程を再現した．ジェネラル・エレクトリック社の《魔法の家》(House of Magic)では，最新の電機工業をドラマ仕立てで見せて，長蛇の列ができた．クライスラー社は，風洞のほかに，自動車の過酷なテスト走行の実演をして，観客を驚嘆させた．このようにして，人々が会社と工業に親近感を持つようにくふうされた．

《社会科学ホール》（Hall of Social Science）では，原始時代の穴居人から1933年の現代人の生活までの変遷を展示した．《交通のロマン》（Romance of Transportation）ページェントでは，丸木舟から最新の航空機までを，実物の動物や俳優まで使って示した．西部開拓者ブーン，フルトンの蒸気船，エリー運河，快速帆船クリッパー，ゴールドラッシュ，鉄道，自動車の登場，ライト兄弟の飛行機などの歴史が，ドラマチックに示された．歴史は「役にたつ過去」（usable past）として描かれ，いつでも困難は一時的であって，必ず次の時代には改善されるとされた．科学は，この改善のツールであり，大恐慌後の不況期から脱出するためのガイドとなるものとして示された．

こうして，1933年の博覧会は成功をおさめ[43]，翌年に再び開催された．1934年の博覧会では，ローアの大衆教育路線はいっそう鮮明に打ち出された．フォード社は，ジェネラル・モーターズのアセンブリ・ラインに対抗して，ローマ時代や中国の道路から現代のハイウェイまでを展示し，デトロイト交響楽団の演奏を毎日聴かせた．若い女性をデモンストレータにすると有効であることがわかり，毛皮にくるまった美女が使われた．進歩の世紀博覧会は，合計4000万人の観客をあつめた．

ローアのシカゴ科学・産業博物館入り

ローアは，進歩の世紀博覧会後に，NBC放送の社長として迎えられた．NBCの親会社RCAのドンであるサーノフ（David Sarnoff）は，RCA社の進歩の世紀博覧会への出展でローアを知っていた．しかし，NBC入り後はローアとサーノフとの間は徐々に悪化し，ローアはシカゴ科学・産業博物館に移った．ローアは，この体験から，トップとしては権力を分有しないことが重要であると肝に銘じ，シカゴ科学・産業博物館の総裁としては理事会から無条件の支持を得て全権を握るのである．シカゴ科学・産業博物館でのローアの年俸は2万5000ドルで，NBC時代の6万ドルよりずっと少なかったから，ドーズのやり残した事業を成功させようというローアの決意がうかがわれる．ローアにとって，放送界での数年は大衆教育の経験を積む良い機会となった．

シカゴ科学・産業博物館総裁となったローアは，館長を解任して空席とし

た．キュレータ5人ほか主要スタッフも解雇され，農業，地質，グラフィック・アート，医学以外の分野は専門家なしで事務員と技術員だけになった．これらの人事は，改革の柱であり，財政改善にもなった．

　博覧会と異なり博物館は恒久施設であるが，ローアは，「大衆教育」が両者に適用できると考えた．シカゴ科学・産業博物館の展示は，進歩の世紀博覧会と同じく，企業参加によってつくられた．大企業がそれぞれに展示を企画・設備するので，キュレータらの高給スタッフをかかえる必要はなくなった．企業は展示を作るだけでなく光熱費水道料等を払うから，博物館の財政は安定した．このような企業参加の博物館は，会社が自前で行う宣伝を社外でする施設である．中立機関のように見える博物館で宣伝ができるのは，個々の企業にとって願ってもないことである．これが，シカゴ科学・産業博物館の成功のもとであった[44]．同館は企業のイメージをセールスしたが，ローアは同館が企業のショーであると見られることを恐れ，いろいろな配慮をした．製品の販売は禁じられ，展示のデモンストレーターは館員にかぎられ，スポンサーの名入りクレジットのラベルだけはよかったがそれ以上の宣伝は許されなかった．

　シカゴ科学・産業博物館の重要な役割は，個々の企業の宣伝を代行するだけではなく，米国の私企業システム全体の宣伝であった[45]．長期にわたる大不況下で，科学技術や工業が失業の元であり，大企業は貧乏人大衆の敵であるという声や，さらに，私的（資本主義）生産を止めるべきだという意見も出てきた．ローアは，米国の将来は，「繁栄と自由が私的生産に基づいている」と市民に教えることにかかっていると考えた．利潤追求の企業の行動が，ローアのフィルターを通ると教育の展示として出てくるのであった[46]．こういう同館は，大企業の全面的な賛同を得た．シカゴ科学・産業博物館は，最も米国的で資本主義的な博物館となった．それまでの技術博物館が技術の歴史の展示に重点を置いたのとは反対に，ローアの博物館は新技術を展示した．こうして，シカゴ科学・産業博物館は，米国の工業の最新ショーケースとなった．

　1940年に，シカゴ科学・産業博物館は全面開館した．最大の呼び物は，10万ドルをかけて作られたサンタ・フェ鉄道の模型であった．この模型展

示のセレモニーでローアは,「現今の紛争と不確実の時代に,我々の米国的生活様式がいつも問題にされている．我々は,これを守るために立ち上がり,全力をつくすように求められている」[47]と述べた．これを聴いて,鉄道以外の大企業も,シカゴ科学・産業博物館で展示をしたいと考えた．

　ローアは,アトラクションとなる展示を考えた．技術に関係がない展示もアトラクションとして導入され,《世界のクリスマス》(Christmas Around the World) はそのひとつであった．例年,12月は博物館来館者が激減するが,これへの対策としても《世界のクリスマス》は効果があった．彼は,博物館をカラフルで劇場（theather）のようなところにして,観客がリピーターとして何回も見に来るように,観客が良い印象を持って帰途につくようにくふうした．展示のラベルは,わかりやすく書き改められた．毎日の閉館時に係員が「今日は終りです,お帰りください」と叫ぶのをやめて,閉館時刻を5分過ぎてから照明を徐々に暗くするようにした．館内禁煙は,観客の平均見学時間や来館者数の低下につながるので,解除した．「御来館に感謝申し上げます」と題したリーフレットをつくり,来館者に,住所,年齢,性別,兵役歴,職業,博物館に来る頻度,展示してほしいトピックス・工業・製品を記入させ,「この博物館をもっと良くするアイディアをお書き下さい」という項のあるアンケートにした．学校からの見学ツアーを勧誘することにも力を入れ,学校のカリキュラムの一部になる見学ツアーも始めた．生徒は学校のツアーを喜ぶとはかぎらないが,シカゴ科学・産業博物館に来た生徒は,親と一緒にまた来ることが多かった．博物館ガイドや科学ゲーム・玩具を売る売店ができ,博物館ショップは名物になった．さらに,本格的な書店を博物館に設けるようになった．これらの努力の結果,赤字は前年度にくらべて17万ドルも減少し,1941年の入館者数は約96万人と,前年の倍近くまで増加した[48]．

　第二次世界大戦中は,銃後の家庭で献立を合理化して節約し,戦時国債を買う《戦時の主婦》(The Homemaker and the War) 展示（ウェスティングハウス社がスポンサー）や,《民間防衛体制》(Civilian Defence) 展示,《イギリス軍の武器記念物》(British War Relics) 展示があった．ローアは,上陸用舟艇メーカーとして有名なヒギンス社（Higgins Industries）に,マリン・ルー

ム（Marine Room）展示をつくらせた．ここでは，上陸用舟艇だけでなく，駆逐艦の海図室，測距機，対潜爆弾，掃海装置，水雷等々を見せた．この展示には，市民だけでなく，シカゴ大学等のキャンパスで訓練を受けている兵士が多数見学に来た．この博物館で，陸軍通信隊の訓練の一部として物理学等を教えた．赤十字による婦人の訓練所にもなった．同館の鋳造工房では軍需品が生産され，博物館は屑鉄やタイヤの供出・寄贈にも協力した．この博物館の建物の一部では，シカゴ大学の科学者たちが原子爆弾開発のマンハッタン計画のための研究を行った．

ローアは，シカゴ科学・産業博物館を成功に導いた．観客の平均在館時間は，1940年には55分であったのが1942年には192分に延びた．年間観客数は，1942年に100万人を突破した（約110万人）．1947年には，《ハーベスター農場》，《成長の驚異》，《モトラマ》の三大アトラクション展示（後述）が始まり，年間観客数は136万人を数えた[49]．

ローアは，第二次世界大戦後に「シカゴ鉄道フェア」（Chicago Railroad Fair）と，「エンジニアリング100年祭」の開催を取り仕切った．前者は，1848年から運行したシカゴ発の西行き列車の100年記念に鉄道会社が開催したフェアで，後者はアメリカ土木学会の創立100年祭であった．すでに冷戦がはじまっている時代のなかで私企業（ビッグ・ビジネス）に対する不信感がひろがり，ことに若者にこれが甚だしいという調査結果もあり，「大きな政府」への支持が増すことが恐れられた．このような状況に対処すべく，ローアはエンジニアリング100年祭をビッグビジネスと米国との一体感をつくる場にしようとした．この100年祭はシカゴ科学・産業博物館を会場として行われ，ここでの標語は「達成・成功」（accomplishment）であった．展示の使命は「過去の成功を示し，可能な未来の成功を示し，これらの成功が市民ひとりひとりをいかに幸せにするかを示す」ことであった．これらのフェア・100年祭イベントでも，ローアの大衆教育は威力を発揮した．

1950年代までのシカゴ科学・産業博物館

1950年代の展示の成功によりローア路線は強固になり，シカゴ科学・産業博物館の基本が定まった．第二次世界大戦により民需生産を抑えられてい

た米国経済は戦後には活況を呈し，消費ブームが起き，ハイウェイ建設がすすんだ．シカゴ科学・産業博物館の企業参加も進んだ．この繁栄期はまた，東西冷戦の進行期でもあった．年間の観客数は，1952年に200万人を突破し，1950年代中葉から250万人前後になった．この数は，世界の同規模の技術博物館のうちで最大であった．

　シカゴ科学・産業博物館の目玉展示として次が加わり，人気を集めた．
* インターナショナル・ハーベスター社（農業機械メーカ）のハーベスター農場．
* 臨月の妊婦（胎児が見える透明女性）のある《成長の驚異》．イリノイ大学医学部が協力してつくった．
* ジェネラル・モーターズ社の《モトラマ》．
* 第二次世界大戦で捕獲したドイツの潜水艦 U-505．
* 女優ムーアのドール・ハウス《妖精の宮殿》（Fairy Castle）．1949年．
* 《これが心臓だ》（Here is Your Heart）．14フィートの高さの「世界最大の人間の心臓」．血管が通路になっていて，トックントックンと音のする中を歩く．
* スウィフト社の《生命のための食料》（Food for Life）．孵卵器に鶏卵がたくさん入っていて卵からヒヨコが出てくるのを見ることができる．

潜水艦 U-505 は，捕獲，引き上げ，運搬，その費用調達の募金などが長期にわたって新聞をにぎわす話題となった．平均で週1万人が U-505 の中を歩き，1964年までに500万人の観客を算えた．《成長の驚異》や《これが心臓だ》ほか，人体関係の展示を重点とする伝統がこの博物館の特色である．炭鉱の坑道や巨大心臓モデルの例のように，実物，フルサイズ（場合によってはそれ以上の巨大な）モデルへの志向は，ドイツ博物館以来の重化学工業時代の技術博物館の伝統である．これらの「目玉」展示のうちいくつかは，今日もシカゴ科学・産業博物館で見ることができるし，世界の他の博物館でも模倣されている．一例として，シンガポール・サイエンスセンター（Singapore Science Centre）では，ニワトリの卵が孵化するところを見せている．

　シカゴ科学・産業博物館は，大恐慌後の大企業への不信を打ち消すのに貢献した．第二次世界大戦のあいだに景気は持ち直して，この不信は顕在化し

なかった．戦後は消費ブームが到来して好景気が続いたが，大企業の自由を中心とする米国のシステムへの疑問は解消しなかった．好況は，企業システムのおかげなのか，連邦政府主導による計画と動員——つまり大きな政府——がもたらしたのか，意見は分かれた．そこで，企業・財界は，私企業の自由を擁護するキャンペーンに力を入れた．ローアは，企業自らによる宣伝とちがってシカゴ科学・産業博物館による宣伝は市民から疑われないというメリットを強調して企業参加を勧誘し，数多くのビッグビジネスがこれに応じた[50]．1964 年に『タイム』誌は，同館の 50 の企業参加展示は，2500 万ドルの投資に相当すると書いた[51]．

　企業にとって満足のいく展示の成功例として，ジェネラル・モーターズ社の《モトラマ》（Motorama）について述べよう．同社は，この展示に建設費として 60 万ドルを投じ，さらに毎年の維持費として 7000 ドルをシカゴ科学・産業博物館に支払った．この展示は 1 万 1000 平方フィート（990 平方メートル）の面積を占め，主題についても展示手法についても，ローア時代を代表する企業参加展示であった．同展の中で，二輪ブレーキと四輪ブレーキの比較，オートマチック・コンバータ（自動変速機）ほか 60 ヶ所で，見学者自身が展示にさわれるようになっていた．《モトラマ》の最初の部分では，車輪の発達史，自動車以外の輸送手段の発達史，自動車関連産業を紹介した．展示は，「昨日のメイン・ストリート」，さらに，「進歩のホール」へと続き，《モトラマ》の中心と言うべき大量生産の展示になる．「進歩のホール」の出口には，ジェネラル・モーターズ関係の製品でいっぱいになっている店の並んだモダンな街が再現してある．最後にジェネラル・モーターズ社の歴史の展示があり，同社の栄光を描き出すだけでなく，米国の私企業システムの成功を示している．人間を昔の辛い労働から開放した 6 大発明として，フライス盤，蒸気船，リーパー（収穫機），電信と電話，電灯，自動車がたたえられている．これらの発明により，高い生活水準が実現し，米国人は世界人口の 6 パーセントしかいないにもかかわらず，世界で自動車の 70 パーセント，電話の 50 パーセント，ラジオの 45 パーセント，鉄道の 34 パーセントを持ち，絹の 56 パーセント，コーヒーの 53 パーセント，ゴムの 51 パーセントを消費し，石油の 62 パーセント，とうもろこしの 53 パーセント，

木綿の50パーセント，石炭の34パーセント，鉄の30パーセント，工業製品合計の32パーセントを生産しているとしている．米国の豊かさをパーセントで示す表現は，当時の米国人の思考の一典型である．この豊かさの結果，米国では被雇用者，株主，販売者，消費者が生産者（大企業）と一体化している．米国の豊かさの源泉は私企業システムであり，満ち足りたこの生活を続けるには大企業中心のシステムが不可欠なのである．《モトラマ》は大成功で，開展後1ヶ月に12万1242人の観客を集めた[52]．

シカゴは米国の原子力研究の誕生の地でもあり，シカゴ科学・産業博物館では原子力関係の展示が多かった．原子力委員会（Atomic Energy Commission）のアルゴンヌ研究所（Argonne National Laboratory）は，《原子力》（Atomic Energy）で，ラジオアイソトープを注射してあるカエル（hot frog）が池にいるのをガイガー・カウンタを持った観客がさがしてまわる参加型展示をした．当時，原爆の恐怖が喧伝されて原子力・核が市民に恐れられていたが，この展示はそのイメージを一変させるのに大きく寄与した．さらに，国防総省は《原子力》のとなりに《広島の記念物》（Hiroshima Relics）を開展し，原子爆弾の結果の写真を展示した．悲惨な被爆者のさまはさすがに物議をかもし，《広島の記念物》は短期で終了した．さらに，シカゴ科学・産業博物館では土曜日に原子力について教えるコースを設け，約300人の数学・理科教員が受講した[53]．

1950年代前半までは，来館者の3分の1が21歳以下であり，成人の場合は男女は半々であった．駐車場の車のナンバープレートから来館者の構成を調べると，来館者の半分がシカゴ以外から来ていて，職業や階層は広くちらばっていた．

1950年代までに，米国国務省は外国からの賓客を案内するところのひとつにシカゴ科学・産業博物館を加えた．インド首相ネルー，西ベルリン市長ブラント，日本からは皇太子夫妻が来た．1955年には，ソ連外務大臣モロトフが，国連創立10周年行事のため米国を訪問し，同館に来た．シカゴ科学・産業博物館は，米国のショーケースになったのである．世界各地から博物館関係者も来て，この博物館を模倣する展示が世界にひろまった．

1960年代のシカゴ科学・産業博物館

　1957年のスプートニク・ショックにつづく1960年代は，宇宙開発競争の時代であり，科学振興の掛け声が大きかった時代である．こういった米国社会の動向は，シカゴ科学・産業博物館にも反映した．

　原子力委員会の新展示では，世界で初めて連鎖核分裂を起こしたフェルミのシカゴ大学の実験場，霧箱，放射性物質をあつかうマジックハンドを展示した．ユニオン・カーバイド社の《元素ホール》(Hall of Elements) では，フルスケールの発電用原子炉モデルが展示された．マクダネル社のマーキュリー・スペース・カプセルのモデル，ヒューズ社の空対空核ミサイルも展示された．核と原子力については，連続講演が行われた．

　1968年には，ベトナム戦争で村落攻撃に活躍した陸軍ヘリコプター《ヒューイ》(Huey) が展示された．観客はこのヘリコプターの座席にすわって，村落を描いた壁面にむかって「ベトコンを撃ち殺す」電子銃の引き金を引く体験ができた．この展示にはベトナム反戦抗議デモがかけられ，「あなたの子どもに人を殺すことを教えるな」(Don't Teach Your Child to Kill) というプラカードを持ったプロテストがあり，デモのメンバーがヘリコプターの横に座り込んだ[54]．

　1965年には，年間入館者数が300万人を超えた．1967年12月3日には，1日の観客の最大数4万9362人を記録した．

　1968年に，ローアは死去した．この年には，学生の反乱が起き，黒人運動指導者キング牧師が暗殺され，ジョンソン大統領がベトナム北爆を決定した．第二次世界大戦後の経済繁栄時代が終わり，米国人が米国社会を再吟味することが始まった．至高の米国テクノロジーを賛美してきたシカゴ科学・産業博物館も，分水嶺に近づいていた．しかし，ローア路線はその後しばらく維持された．1951年に復活した館長職についていたマクマスターが，ローアの死後に後継総裁となった．彼の指揮下で，同館は繁栄を続けた．

レノックス・ローア

　進歩の世紀博覧会とシカゴ科学・産業博物館で実践された大衆教育は，ローア個人と分かち難く結びついている．ここで，ローアの生い立ちと特性に

図6-30　シカゴ科学・産業博物館を軌道に乗せたローア
Herman Kogan, *A Continuing Marvel: The Story of the Museum of Science and Industry*, Doubleday, Garden City, 1973.

ついて述べよう[55]．

　ローア（図6-30）は，1891年にワシントンDCで生まれた．父方の祖父はドイツからの移民で，製パンの小企業や農業を経営した．南北戦争後の金ピカ時代（Gilded Age）の経済発展により，自立した小生産主という米国の理想は過去のものとなり，学校で訓練された産業技術者への需要が高まった．小生産者をあきらめてホワイトカラーとなった家庭から，息子が大学で学び，ビジネス社会入りするという新中産階級が現れた．グスタフスとレノックスのローア父子も，その例であった．ローアは，独立した個人あるいは小規模企業の時代から大企業の組織の時代への変化を直接に体験した家庭で育ち，技術者が起業家となるエンジニア・アントレプレヌールの精神を理想としながらも，新中産階級として，階層化された大組織を受け入れる準備もできていたと思われる．

　ローアは，マッキンリー作業実習学校（McKinley Manual Training School. 1901年創立）からコーネル大学へ進学した．1880年代から米国で注目を集めた作業実習（manual training）運動は，知識を教えるだけでなく作業実習（手工）をさせることによってはじめてバランスのとれた一般教育（liberal education）が可能になると主張し，実験室で技術教育をしようとした．マッキンリー校は，コア・カリキュラムに文科系の科目も置き，これによって視野の広いバランスのとれた人材を育成しようとしたのである[56]．ローアは同校で文科系科目も学んだが，リベラリズムやアカデミズムとは遠かったと考えられる．

第6章　科学技術博物館の完成　　355

コーネル大学では，彼は電気工学と機械工学を学んだ．彼は，このころ，小企業を起こす技術者を主人公にした小説を書いている．しかし彼は，自分の機械工場を設立しようとはしなかった．彼は勤勉で，いつでも傑出した学生であろうとし，上位の人々に認めてもらうことに心がけた．彼は，大学の技術新聞クラブにも加入し，カーチス社ほか自動車・エンジン製造企業を訪問して取材し，大企業の工場を知った．米国自動車学会（SAE）のコーネル大学支部ができて，彼は支部長になった．米国自動車学会は，技術者の職業団体というよりも自動車産業の団体であった[57]．技術新聞クラブとSAE支部での経験は，ローアがコーポレート・エンジニア（会社づとめの技術者）を肯定し，大企業が支配する米国社会を肯定するのに決定的な影響があったことであろう．

コーネル在学中に，ローアは軍関係の学生団体に加入し，その活動が関係者の目にとまって陸軍入りを勧められた．ウェスト・ポイントの士官学校の出身者以外でも，他の軍の分野や民間からも選抜試験によって工兵士官になる道が開かれた．ローアはこの最初の合格者10人のひとりで，1917年に大尉として工兵隊に入った．彼には，軍（ことに軍人技術者）は，合理性と効率の体現として映じた．ローアにとっては，技術者は，自然を征服して意のままに利用し，効率を重んじてリーダーシップを発揮する存在であり，社会の模範であった．こういう技術者のイメージはエンジニア・アントレプレヌールにも近いが，彼は，組織のなかで働く技術者を自らのモデルとしてえらんだ．「教会よりも軍隊が彼の性向に適していた」のであろう．

1922年にローアは軍技術者協会（Society of American Military Engineers）の機関誌『軍事技術者』（*The Military Engineer*）の編集者となり，不振であった同誌のたてなおしに取り組んだ．同誌の財政を改善するために，ローアは，事務員全員を解雇し，印刷所をとりかえた．広告は代理店を通すようにして，広告代理店の営業を活用した．ローアによれば歴史は国防と関係が深く，歴史も記事にした．彼は，歴史を「有用な過去」として描き，過去の歴史上の不幸な事象は時代がたつと必ず改善されるとした．これらの手法や考え方は，進歩の世紀博覧会とシカゴ科学・産業博物館での彼の活動の原型である．

工兵隊にはいってからローアは，国防をつとめとする軍の技術者を公共サ

ーバントの典型と考えるようになった．彼は，技術者が法律家や政治家にとってかわって社会を切りまわすべきであって，そうすれば社会の問題を解決することができると考えた．フーバー（Herbert Hoover）が，その実在モデルであった．しかし，組織の大きな枠組みがすでに存在する場合，ローアは決してこれを変えようとしなかった．

　このようなローアは，富裕な階級の出身ではなかったが成功の道を歩み続けたから，米国社会のシステムに対する彼の忠誠心は強固であったにちがいない．彼は，エンジニア・アントレプレヌールや公共サーバントの精神を理想として持った時期もあったけれども，大企業の自由に基づく資本主義を自己と一体化して自らの道を切り開いていった．大恐慌以後の，資本主義や大企業にとって疑いの眼で見られる危機の時代には，彼のような出自と精神の人物が役に立ったのである．

ローアの大衆教育

　ここで，ローアの「大衆教育」についてあらためて考察しよう．まず，その使命およびこれを果たすときの困難と課題から述べよう．

　技術は商品のかたちでできあがったものとして市民のまえに現われるので，市民はこれがつくられる過程での技術の役割を知ることができない．それゆえ，市民が科学技術を理解できるように，科学技術知識を普及する必要がある．この問題意識は，ローアも前述リチャーズもケンプファートも共通である．ローアによれば，科学技術知識の普及には学校教育はたいして役にたたず，また，教師が米国の私企業中心のビジネスについてまちがった知識を生徒に教えるおそれがあるので，大衆教育が必要である．

　大衆教育は，学校教育とは正反対の点がある．学校では生徒の年齢や学力・前教育がそろっているが，大衆教育ではこれらはばらばらである．大衆教育を受ける人々のモチベーションはボランタリーであって，個人として博物館や博覧会に来たり放送を聴いたりする．博物館の来館者は，博物館への一体感や特別の親近感を持っているから来るのではなく，むしろ，スポーツや旅行等のレジャーのひとつとして来る．こういう来館者をつなぎとめるのに，ローアは以下のように考えた．博物館での経験は，楽しいものでなけれ

ばならない．他のレジャー施設との競合には，新しさが常に不可欠である．最新の情報がここになければ，大衆は他にそれを求めて行ってしまうであろう．大衆教育で人々を誘導するには，エモーショナルな魅力が重要である．ローアは，博物館に来ない人々を「非改宗者」（unconverted）と呼んだ．科学技術博物館へ非改宗者——科学技術知識に興味を持たない人——に来てもらうには，科学技術の展示自体をくふうすることのほかに，目玉と言うべき特別展示が必要である．

　ローアは，シカゴ科学・産業博物館は宣伝装置のひとつであると考えた．観客は宣伝に乗る義務があるわけではないから，観客を引き寄せる必要がある．観客が自由（free）であると感じるように持っていくことが肝要であり，もし逆に，観客が束縛されていたり誘導されていることに気づくと，彼らは宣伝装置の影響から逃れようとする（いわゆるセールス・レジスタンス）．シカゴ科学・産業博物館は，個々の企業の宣伝をまとめて一ヶ所でする場であるから，観客からうさんくさいと思われることは絶対に避けなければならないのだ．

　次に，こういった課題や困難に対するローアの方策と手法を見よう．
　常に新しく見えるように，シカゴ科学・産業博物館の展示はどれでもいつでも入れかえられるようになっていて，いわばルーズリーフの博物館であった．毎年展示の10パーセントが変わるようにし，企業展示はそれぞれ5年ごとに見なおすことにした．このようにして，館の展示が10年ですっかり変わることを目指した．
　展示のストーリーが単純でわかりやすいことが重要であって，ローアはこれをコミックなストリップ・ショーにたとえて，話の論理や順序と結末がだれにでも困難なく理解できることが大事だと強調した[58]．展示が単調になって観客が退屈しないよう，注意をそらさないよう，ローアはくふうした．ジオラマを多用し，本物の展示物あるいは実物大複製を実際と同じセッティングの中で再現し，また，実演（動態展示）する，パフォーマンスでドラマ化する，観客自身が操作する相互作用型展示を置く，写真・グラフィック・壁画を使う，巨大な展示物を置く，炭坑・心臓・潜水艦のように観客に中を

歩かせる，といった方法である．展示の脇に電話の受話器で聞ける説明装置を置いた．これも一種の参加型展示である．電話機を取るというアクションを起こして人間の声を聴くことで，観客はそのメッセージが彼／彼女個人に向けられたものだというフィーリングを持つ．博物館来館はボランタリーであるから，自分にパーソナルな対応をしてくれたと来館者が感じることは非常に有効である．

　時空を異にした見知らぬ別世界へ観客をいざなう手法も使われた．ユナイテッド航空社は，観客が管制塔の要員になったかのような展示をつくった．飛行機操縦席の疑似体験展示も同様である．実物や実物大の展示を見ることは，一種の参加体験とも言える．モデル農場はその例である．体験型展示の一番の成功例は，巨大な心臓である．1951年の《米国海軍の火力》(Naval Firepower) 展示では，観客は戦艦の司令室（模擬ブリッジ）に案内されるという体験を味わった．舞台裏へ案内されて「××はこういう風になっているのだ」とインサイド・ストーリーを教えられると，人は何か得をしたような気分になるものである．自動車等のモノが工場でどのようにして作られるかの展示は，そういった例である．

　デモンストレーターは個々の観客と接するので，彼らの振舞いは博物館にとって重要である．展示製作は企業が行っても，展示が企業の宣伝であると観客が感じないように，デモンストレーターはローアの管理下にシカゴ科学・産業博物館のスタッフがつとめた．デモンストレーターのしぐさの細部までを決めて，軍隊風の厳格さで身につけさせた．デモンストレーターは，相手にしている観客グループの知的レベルに合わせて話すように訓練された．知識の豊富なデモンストレーターは，過剰な専門トークをしがちであった．実際に，医学関係展示の場合，医学生の上級生よりも下級生の方がデモンストレーターとして良好であった．デモンストレーターが特定の展示にのめりこまないように，ローテーションを組んでいくつもの展示を担当させた．

　ローアは，観客が良い印象を持って帰るようにくふうした．入館は無料で，特別な展示だけを有料にした．ローアは，同館がどこもきれいできちんとして，観客の目にすばらしいところだと映るように努力した．広大な無料駐車場を設け，荷物預かりも無料にした．前述のように，閉館時間の5分過ぎま

ではスタッフは閉館のそぶりを見せてはいけないと決められ，館内禁煙も解除された．これらは，観客が自由であるように感じさせるくふうである．観客は，束縛されていたり誘導されていると感じると，展示の影響から逃れ出ようとするし，再び来ないであろうから，これは重要である．

モータリゼーションにつれて，近隣の住民でなくても気が向けば遠くからもマイカーで来る auto vagabond（「マイカー散歩人」とでも訳すべきか）が博物館の重要な客になった．シカゴ科学・産業博物館はこのトレンドに積極的に対応した．同館では，毎日の来館者の統計をとった．その手法は，ラジオ放送の聴取者分析とよく似ていた．この統計は，展示参加を企業に勧誘するのにも有効であった．ローアは，展示コストと観客数の計算を示して，企業にとって他の宣伝方法よりも有利であると説くことができた．

ローアの大衆教育は，大衆を制御・統制する手法であった．彼は，大衆には自ら判断する能力がないことを放送界での体験から知って，展示の手法と観客の扱いにくふうを凝らした．彼の大衆教育においては，教育とは「真実を売る」ことであり，教育とセールスとの区別はあいまいであった．ローアの方法の本質は，商業的・資本主義的宣伝であったと言ってよいであろう．

米国では1920年代以来，ラジオ聴取者調査等のマス・ビヘイビア調査が盛んになり，博物館についても来館者調査が始まった．雑誌編集者の経験のあったローアは，新聞の日曜版やラジオ放送プログラムの手法を博物館にも適用した．日曜版が毎日の新聞よりも楽しめる紙面であるのと同じように，博物館をつくる必要がある．博物館見学はラジオの聴取と同じく，個人が気の向くままにすることである．望ましいのは，客が個人として自由を感じ，かつ何らかの参加をすることである．ラジオ放送の例では，コンクール，賞品，聴取者参加のある番組に人気が集中する．ギャラップ調査によれば，1930年代後半にはラジオ聴取が米国で最も好まれたレクリエーションであったから，ラジオ番組の手法を博物館に援用することは，現実に有効であった[59]．マス（決まったリーダーのいない，相互に結ばれていない大衆）を誘導するのにラジオ放送が有効であることに気づいてその手法を援用したのは，ローアだけではない．ナチズムや，ニューディーラーのプロパガンダは

その例である．ディズニーランドも，ローアの大衆教育を手本にしたことであろう．

　観客をどのように博物館に誘引し，博物館で良い印象を持たせるようにしてリピーターとするかといった観客の扱い方についてのローアの手法は，博物館における革新であった．役にたつ情報があるからそれを教えてやるのだという姿勢をとりがちな博物館と，シカゴ科学・産業博物館とは，正反対と言ってよいほどちがっていた．ローアのやり方の多くは，その後世界中の博物館に採用されて，今では特別ではなくなった．しかし，実態としては今日の博物館はなおローアに学ぶべき点が多いと思われる．たとえば，「博物館で見学者が守らなければならない規則の多くは実は博物館スタッフに便利なようにあるに過ぎない」という指摘は，現在でもあたっているであろう．

　観客が束縛されていると感じないでリラックスして楽しめるのが，シカゴ科学・産業博物館の特色であり，同館の成功の秘密である．観客は，博物館ではリラックスしないが博覧会ではリラックスする．ローアにおいては，博物館も博覧会もちがいはなく，ひとびとは大衆教育によってリラックスするのであった．観客の自由を強調する点で，ローアのシカゴ科学・産業博物館とオッペンハイマーのエクスプロラトリアムとは通じるところがある．もちろん，「自由」の意味は両者で全く異なるが，博物館は観客がリラックスできるところであるべきだという主張は，両者に共通である．サイエンスセンターのなかで対極にあると思われる両者がこのような共通点を持つことは，それまでの博物館の方法——観客にリラックスさせない——に対する痛烈な批判である．

シカゴ科学・産業博物館のローア路線と米国社会

　大企業中心の米国資本主義の博物館をつくったローアは，博物館の世界では例外であっても，米国社会では何ら特別の存在ではない．そこで，米国社会における19世紀末以来の技術観および技術者観の変遷と，その中における彼の位置を見ておこう．

　ベンジャミン・フランクリンの『貧しいリチャードの暦』（*Poor Richard's Almanac*）に見られるように，自助・自立，努力・精励による成功が開拓時

代以来の米国中産階級のモラルである．この，成功は独立心と精励によって得られるとするモラル（「Horatio Alger 風の」とも表現される）は，貧乏人は努力を怠った者であることを含意している．これが，「アメリカの個人主義」（American individualism）として，米国資本主義を特徴づけてきた．自由で平等な社会において勤勉が成功のもとであるという小生産者的倫理は，大企業支配の確立後は現実と合わなくなったが，それにもかかわらず，自由こそが豊かさの基盤であるという信仰は今日まで米国人に根強くある[60]．

19 世紀には技術者が企業をおこすエンジニア・アントレプレヌールがふつうであったが，20 世紀にかけて大学等で教育を受けて大企業に勤務するコーポレート・エンジニアが多くなった[61]．19 世紀末から 20 世紀初頭にかけて，米国では技術者の専門職としての職業意識（professionalism）が高まった．スペンサー（Herbert Spencer）流の社会ダーウィニズムに影響されて，技術者たちは，自分たちがコントロールしている科学技術と同じ原理で社会も動いていると考えるようになった．技術者は，自助・精励の見本であるので，米国社会のなかで高い位置を持つべきであり，また，社会を動かす原理を会得していて社会問題を解決できる者として，社会に対して中立の，一種の超越した存在であるとされた．技術者たちは，現実の社会における自らのステータスに不満をもち，1880 年代・1890 年代には，技術者が法律家や政治家に取って代わって社会のリーダーになるべきであると考えるようになった．こうして，技術者至上主義が形成された[62]．

大恐慌後の不況期には，産業と統制を技術専門家にまかせるべきであるという主張がなされた．こういった考え，およびそのリーダーを指して，テクノクラシーやテクノクラートという言葉が使われるようになった．前述のように，ヨーロッパ諸国でも，専門職としての技術者の社会的ステータスを高めようとする運動がさかんになり，技術者が社会改革や生産増強のための計画立案者としてリーダーとなるべきであるとされた．ドイツ博物館を手本とする技術博物館・工業博物館運動も，技術者至上主義と関係していた[63]．

科学史家レイトン（Edwin T. Layton, Jr.）によれば，技術者の思考は科学技術の専門知識とビジネスとの間で分裂しがちであった[64]．技術者が勤勉，自助，自由競争といったアメリカの個人主義のモラルにアイデンティティを求

めるならば，彼らは自分たちをビジネスマンと区別しないであろう．彼らは，成功を目的とし（success philosophy），上長と企業に対する忠誠を重視し，他方で，技術者の集団としての行動（collectivism）を嫌った．米国の土木技術者スウェイン（George F. Swain）は，「エンジニアはビジネスマンである．なぜならば，エンジニアリングはビジネスであり，ビジネスはエンジニアリングであるから」と述べた．逆に，専門職としての職業意識を強めると，技術者は，自分たちをふつうのビジネスマンとちがう存在で，社会におけるプランナー（social planner）であると考えるであろう．専門職としての技術者を強調する側は，技術者は資本と労働のあいだにあって両者を仲介できると考えていた．これに対して，ビジネス技術者にとっては，自身は資本と一体であった．

現実にあらわれた技術者の潮流は諸要素の混合物であって，しかも，それぞれの潮流の主張が首尾一貫していたわけではない．専門職意識を持つ技術者であっても，米国の企業社会で生きているから，その言説はしばしばアンビバレントであった．技術者大同運動のリーダーで，技術者の道徳律制定の主唱者であり，著名な社会主義者であったスタインメッツは，ジェネラル・エレクトリック社技術陣のシンボルと言うべき存在であった．その彼は，ビッグ・ビジネスこそが技術的合理性があって効率的であると考えていた．

技術者は，合理性と効率を旨とし計画の立案とその遂行をつとめとするが，専門職としての職業意識を重視するかあるいはビジネスを重視するかの岐路に立たされたときには，後者を選択することが多かった[65]．企業に勤務する技術者の多くは，私企業の枠を越える大規模計画（ことに連邦政府による計画）に反対であった．「米国工業の理想はリパブリカンであって，デモクラティックではない」という発言は，これを示している[66]．

ローアはビジネス派技術者の一典型であった．工兵隊時代には彼の言説には専門職意識を強調する部分もあったが，結局，彼はいつでも自分が所属する組織のなかでの成功を追求した．彼は，米国の企業社会を改革することは全く考えなかった．

ローアのシカゴ科学・産業博物館は，技術や工業や大企業中心の社会システムが大恐慌と不況の根源かもしれないという疑念[67]を打ち消すためのツ

ールになった．ローアの仕事は大恐慌期の米国社会の危機へのビジネス技術者路線からの対応であり，テクノクラシーは技術者の専門職業意識と改革意識路線からの対応であったと言えるであろう[68]．シカゴ科学・産業博物館はドイツ博物館を手本とする技術博物館・工業博物館建設運動の中でできたが，ドーズとローアによってビジネス技術者路線の色彩を鮮明にした．この博物館にビッグビジネスは惜しみなく援助し，ローアの企図は成功した．

シカゴ科学・産業博物館が成功をおさめたもうひとつの理由として，ローアとシカゴ科学・産業博物館が発信したメッセージが多くの米国人の意識と共通な点が多かったことが挙げられる．自助・勤勉による成功や，自由に基づく米国の繁栄という個人主義信仰は，大多数の米国人が共有するところであった．米国資本主義における自由は個人の自由ではなくて大企業の自由に変わってしまっているけれども，シカゴ科学・産業博物館の楽しく明るく「ポジティブな」展示を見て，観客はこの自由のちがいに気づかない．ローア路線の同館が米国人の支持を得たのは，観客に何か特別なメッセージを出したからではなく，むしろ，米国人の多くに共通な信仰を展示で示したからであろう．

1970年代からのシカゴ科学・産業博物館

1972年からダニロフ（Victor J. Danilov）が館長になり，さらに彼は1978年から同館の総裁となった．彼はもと，『インダストリアル・リサーチ』(*Industrial Research*) 誌の編集発行人であった．ダニロフの下で，シカゴ科学・産業博物館は科学教育センターへの方向を目指した．さらに，1980年代にカーン総裁によって，ローア路線から決別する「第二の転換」に至った．この道のりを，まず，1970年代から見ていこう．

1970年代初頭はソ連との宇宙開発競争の時期であり，1971年には，宇宙船アポロ8号のカプセルがこの博物館に設備された．以来，宇宙開発はこの博物館の呼び物の展示トピックである．1986年には，スペース・シャトルの模擬キャビンや三次元映画劇場（オムニマックス Omnimax）を持つ宇宙関係の展示《ヘンリー・クラウン・スペース・センター》(Henry Crown Space Center) が増設された．巨大画面映画 Imax をさらにすすめてドーム形

スクリーンに投射するようにしたのがOmnimaxであり，1967年にモントリオール万博で初めて使われた．シカゴ科学・産業博物館は，Omnimaxの映画（ソフト）も制作した．

シアーズ・ローバック社の《サーカス》（Circus. ミニアチュアでサーカスの楽しさを再現している）が，1973年から目玉展示に加わった．毎年の米国人のノーベル科学賞受賞者を顕彰する特別展示《ノーベル科学賞ホール》，《人形オペラ》（Kungsholm Puppet Opera. 自動人形たちが《カルメン》を演じる），《米国の企業家顕彰室》の展示が始められた．シカゴのこの博物館に企業家の顕彰室があるのはまことに米国的で，科学者・技術者・発明家の顕彰室のあるドイツ博物館とは好対照である．シカゴ科学・産業博物館では技術への敬意よりも企業への敬意が優越していると言えよう．

1972年にサイエンスセンター協会（Association of Science-Technology Centers）が設立された．シカゴ科学・産業博物館は世界の代表的なサイエンスセンターのひとつとされており，ダニロフは同協会の会長をつとめた[69]．サイエンスセンターには，「ただのテクニカル・コニーアイランドであって，科学教育には役に立たない」いう批判があった．この批判を受け止めて，ダニロフはシカゴ科学・産業博物館の改善をはかった．彼は，企業がシカゴ科学・産業博物館の展示をつくるだけでなく資金を提供するように求めた．これは，同館自身による展示製作を可能にするためであったと推定される．

シカゴ科学・産業博物館は，1983年に科学教育センター（Science Education Center）を設け，展示以外の活動による科学知識の普及・教育に力を入れている．子ども科学図書室も設けられた．1980年代前半には，子どもを対象とした科学クラブが発足し，1984年には幼児向けの子ども科学展示がつくられた．講演会，科学教室・実験室，コンピュータ・トレーニング教室，工場・研究所等の外部施設の見学，サマーキャンプ，生徒の科学研究発表会，子ども向け科学の本を1000点以上も集めたブックフェアなどが組織されているほか，この博物館はラジオ・テレビの科学番組も持っている．教員訓練プログラムもある．このように，同館はシカゴ地区の科学教育活動の中心の役割を果たしている．高齢化社会のシルバー世代向けに，美術展示もあって，同館は地域博物館あるいはコミュニティ・センターの性格を持つ傾向にある．

シカゴの多様なエスニック構成を意識した展示も行われた．《黒人の美》（Black Esthetics），《ヒスパニック芸術フェスティバル》（Hispanic Festival of the Arts）である．《黒人の美》は，コンチネンタル銀行と黒人向け新聞『シカゴ・ディフェンダー』（*Chicago Defender*）がスポンサーとなって，1980年代に入っても毎年行われた．

1980年代はじめの年間入館者数は，約400万人という多数であった．館での滞留時間は約3時間半で，これは他の博物館の場合の3倍を越える長さである．開館から1983年までの50年間の入館者数は，合計1億2000万人となった．

シカゴ科学・産業博物館の「第二の転換」

1986年にダニロフが退職してカーン（Dr. James S. Kahn）が総裁となり，シカゴ科学・産業博物館の「第二の転換」と呼ぶべき過程がさらに進行した[70]．この転換は，1980年から企画された《テクノロジー——チャンスか選択か？》（Technology: Chance or Choice?）に見ることができる．原子力，環境汚染などの問題への関心が高まり，これら科学教育に関係することから，科学技術が社会にあたえる影響についての展示もつくられた．《テクノロジー——チャンスか選択か？》は，そのひとつである．この展示は，面積が7000平方フィート（約630平方メートル）あった．この展示についてダニロフは，次のようなキーワードを挙げている[71]——核開発，核の冬，気候変化，合成化学，宇宙開発，医療の副作用，抗生物質，産児制限とピル，緑の革命，雑種形成，除草剤，殺虫剤，DDT，環境汚染，農業ビッグビジネスの成長と自作農の没落，余剰農産物は飢餓を救えるか，余剰農産物と権力外交，オートメーションとコンピュータ，ロボット，失業．これらの語からすれば，相当に現状批判の展示であったように見える．

《1984年と21世紀》（1984 and the 21st Century）も，科学技術が社会にあたえる影響についての展示の例である．「1984年」は，言うまでもなく，ジョージ・オーウェルの小説に由来する．この展示では，国民の情報すべてを国家が握る全体主義的未来像も示された．《1984年と21世紀》に対しては，すべてをバラ色に描くそれまでのシカゴ科学・産業博物館になれた市民から

図6-31　1989年頃のシカゴ科学・産業博物館の展示案内

苦情も寄せられた[72]．

　ここで，1989年以来，筆者が何度かシカゴ科学・産業博物館を見学した時の印象を述べよう．図6-31は，この頃の展示案内である．この博物館は巨大であって，展示面積はミュンヘンのドイツ博物館をやや上まわる．約100のテーマの展示があるが，展示の分野別系統や配列は全然ない．通路も初めての筆者には迷路のように思え，見たい場所に行きつくのに苦労して，何度も迷ってしまった．展示の配列にルールがないのは，ここを遊び場と考えるならば何らさしつかえないことである．祭りの遊園地に並ぶ見せ物小屋や出店をのぞいて歩くように，次の店は何だろうと考えながら楽しめるわけである．ズラリと並んだ展示が，アイキャッチャーを発しながら競っている．そのうちのどれかに誘われて，足を向けるのである．この博物館には何かを学びに来たのだという構えよりはずっとリラックスした空気があり，同時にここは相当に音がやかましく，非常に雑然とした印象を受ける．「我々の博物館では他の博物館よりもノイズ・レベルが高い．他の博物館では，観客は沈黙させられて，説明員やラベルから語りかけられるのであるが，ここでは観客が自由に語るのだ」と，科学・産業博物館自身は主張している．これは，この博物館の成功の要素のひとつであろう．目玉というべきものは，炭鉱の

坑道の再現モデル，心臓モデル，ドイツ潜水艦，模型鉄道，三次元映像シアター（Omnimax）等である．炭鉱やUボートが目玉であるので，全体に重厚長大の時代の古い博物館であるという印象を持った．また，サーカス，自動人形オペラ，妖精の宮殿，人形コレクションといった娯楽色の濃い展示があるのも，ここの特徴である．どこも美々しく飾られていて，展示には惜しみなく資金が注ぎ込まれているようすである．この博物館の展示は工業の宣伝であるが，個々の展示に企業のあからさまな宣伝はほとんどない．「米国企業家顕彰室」には他の技術博物館では見られない企業への敬意があって，印象的であった．

　カーンによって，企業の宣伝からの決別が進んだ．カーンは，ローレンス・リヴァーモア国立研究所の地球物理学者で，研究管理行政の経験も長かった．研究者がこの博物館の館長になったのは，彼が初めてである．スプートニクショック後の科学振興の掛け声にもかかわらず，米国における理科教育の状態は芳しくなかった．米国の若者は大学で理工系に進学することを好まず，大学の理工系学生には外国出身者が増えた．こういう状況を改善すべく，シカゴ科学・産業博物館がローゼンウォルドとケンプファートの構想にもどって科学教育のために役立つよう，カーンが館長に選ばれたのである．

　シカゴ科学・産業博物館の正史というべきプリドモアの『発明の天才——シカゴ科学・産業博物館の歴史』は，カーンの主唱でつくられた．同書によれば，シカゴ科学・産業博物館の古いホールには，商業的であるとしか見えず困惑してしまうような展示があけすけにならんでいる（Older halls had an undeniably commercial look that was frankly embarrassing）ので，カーンは，展示から商業性を減らしてシリアスな科学を示すようにしなければならない（exhibits needed to be less commercial and more seriously scientific）[73]と考えた．

　シカゴ科学・産業博物館の建物は老朽化し，大規模な改修のために資金が必要であった．この意味でも，同館は転機を迎えていた．同館は入場無料であったが，カーンは1991年に有料化に踏み切った．無料時代の年間入館者実績が400万人であったのが，200万人に減少した[74]．5ドルという入館料は，米国内の主要な博物館の場合と同額であった．有料になると，それまで

のようにさまざまな展示が脈絡なく並んでいるというのではなく，体系だった配置が必要になった．半世紀以上前にケンプファートが構想したような配列の復活が考えられ，人体から宇宙開発にいたる12のテーマ・ゾーンが配置された．アポロ8号，月面探査機ルナ，マーキュリーといった宇宙開発関係の展示が多い．

新しい展示としては，1995年からの恒久展示《エイズ——内なる戦い》（AIDS: The War Within）がある．青少年にエイズ予防の知識をひろめる必要があり，男女の性行為の説明や，コンドームの展示があった．これらは論議を呼び，カトリック関係の団体が協賛を取りやめたり，妊娠中絶反対の団体（Pro-Life Action League）からの抗議電話があったりした．企業中心の展示は後退したけれども，巨大な心臓，Uボート，ドル・ハウス，胎児の発達，昨日のメイン・ストリートといった，以前からの目玉展示が今もある．この意味で，企業の宣伝と娯楽のコンビネーションの空気は現在も残っている．

年間入館者数は，2006年5月21日のウェブサイトの情報によれば200万人近くであり，微減傾向である．入館料は大人11ドル，3歳から11歳までの子ども7ドル（シカゴ在住者はそれぞれ10ドルと6.25ドル）であるから安くはない．子ども連れの若い親には，相当の負担になるであろう．これが入館者の減少につながっていると推定される．

この第二の転換がなぜ行われたのであろうか．米国資本主義のショーケース・大企業の宣伝館というシカゴ科学・産業博物館の性格が，なぜ維持できなくなったのであろうか．同館は，テクノロジーをひたすらバラ色に描く「テクノロジカル・ワンダーランド」であるという批判を浴びていた．ダニロフ時代に「技術が社会で論争になった主題」をあつかったのは，こういった批判への対処であったと思われる．大企業の自由を擁護することよりも，科学を擁護することが喫緊の必要になったと言えるかもしれない．第1章の4で現代は「科学技術立国」の反省期あるいは混迷期であると書いたが，いま，テクノロジーを手放しで賛美するよりも科学を擁護し科学教育の活動に傾注するサイエンスセンターへのニーズがあるのだろう．こういう方向へと歩むシカゴ科学・産業博物館は，その特色を薄めて，普通のサイエンスセンターになりつつあると言えるかもしれない．大企業の宣伝館であることをや

めると，企業からの資金流入は減るであろう．入館有料化は，これに関連してなされた選択であると思われる．入館有料化後の入館者半減は，館が縮小サイクルに入った兆候と見ることもできる．見世物路線や商業主義路線でないサイエンスセンターはなりたつのか，ペイするのか，シカゴ科学・産業博物館の場合も確実ではない．いちどできた博物館の方向転換はまれであり，困難である．二度にわたる転換を行ったシカゴ科学・産業博物館の今後の行き先は，非常に興味深い．

第7章 スミソニアンの技術博物館

　スミソニアンの技術博物館の分立の歴史と，第二次世界大戦後におけるスミソニアンの拡大を本章で述べる．スミソニアンでは第3代総裁ラングレー（Samuel Piermont Langley．宇宙物理学者．在任1887-1906年）の時代に，国立動物園（National Zoological Park）や，国立美術館（National Collection of Fine Art．のちナショナル・ギャラリ National Gallery of Art）が創設された．1901年にラングレーは，キャッスルの一画に子どもルーム（Children's Room）をつくった．これは，世界の科学技術博物館で子ども向けの展示を設けたおそらく最初であろう．この子どもルームは1939年まであった[1]．これらにくらべて，技術博物館の分立は遅れた．スミソニアンに技術博物館が国立歴史技術博物館（National Museum of History and Technology）としてつくられたのは第二次世界大戦後であった．館の名称にあるように，国立歴史技術博物館は米国史の博物館でもあった．

　国立歴史技術博物館は，設立当初はドイツ博物館風の技術自体の発展史をたどる展示をしていたが，技術と社会との関係を問うエクスターナリスト路線やメッセージ型の展示へと転換した．米国技術史学会（1958年設立）との連携がこの転換に関係していた．それまで技術史といえば発明・発見史が主題であったが，同学会を中心にこれとはちがった技術史学が形成された．米国技術史学会と連携するスミソニアンの国立歴史技術博物館（1981年からは国立アメリカ歴史博物館）は，端的に言えば，歴史学としての技術史に基づく世界で唯一の技術博物館である．この意味で，この博物館は世界の技術博物館界でリーダーシップを認められている．メッセージ型の展示が米国でつくられるようになったのは，人種等の差別による国民の分裂という米国固有の問題に対処するためであると考えられる．

1　実現しなかった技術博物館

　まず，グード時代からの技術博物館前史というべきものを見ておこう[2]．彼の時代には，独立の学としての技術史学はまだ成立しておらず，自然史学者である彼は技術博物館について特別の考えはなかったようである．彼がえらんだスミソニアン博物館の工芸・工業部門のキュレータは多くは技術畑の人であり，彼らにとって，歴史は，単に「過去と現在のできごとをつなぐ鎖を再構成する」ことであったと推定される[3]．

　人類の未開時代の技術と文明時代の技術とはパラレルに語れるところがあり，人類学のキュレータと技術史のキュレータは協働することができた．素材を加工するのが技術であるとするグードの考えは，この協働の教説として適していたと言えよう．しかし，20世紀にはいってラジオ，航空機，自動車といった新しい技術が現れ，キュレータの分業が進むと，キュレータたちは，プリミティブな古い技術と新技術とのちがいを強調するようになった．これら新しい技術の登場によって科学技術の重要性がひろく認められるようになると，技術者の自己意識も高まって，ドイツ博物館がつくられたことをすでに述べた．スミソニアンの工芸・工業部門のキュレータの多くも，ミュンヘンのドイツ博物館の影響を受けた．20世紀の中葉になるまでは，世界の大学で科学史はほとんどあつかわれていなかった[4]ので，キュレータたちは依拠すべき科学史・技術史をアカデミズムに求めることができなかった．技術を知ってはいても歴史について確たる考えを持っていなかった彼らがドイツ博物館に強く引きつけられたのは，自然の成り行きであった．

　鉱山技術者で，1911年以来スミソニアンの国立博物館に関与し，1918年に技術コレクションのチーフ・キュレータになったミットマン（Carl Mitman）は，米国の技術者の歴史上の価値を示すことを目指し，技術コレクションを人類学等の他部門から分けようとした．彼は1920年に，スミソニアン理事会に技術博物館の設立を求めた．彼は，サウス・ケンジントン博物館，パリの工芸院博物館，ミュンヘンのドイツ博物館を挙げて，これらヨーロッパの総合技術史博物館に並ぶ技術博物館を米国につくることを呼びかけた．端的に言えば「米国のドイツ博物館」をつくろうとしたのであり，この博物

図7-1 戦間期に米国で計画された国立技術・工業博物館のシンボルマーク．煙突と煙が工業のイメージであったことがわかる
Arthur P. Molella, "The Museum that might have been: The Smithsonian's National Museum of Engineering and Industry", *Technology and Culture*, Vol.32, 1991, p.139.

館のシンボルマーク（図7-1）にもこれがうかがえる．この計画には各方面から反響があり，機械，鉱山，土木，電気の技術系主要四学会が支持し，エジソン，ライト（Orville Wright），タウンズ（Henry Townes），ローゼンウォルド，ベークランド（Leo Bakeland．ベークライトの発明者），インサル（Samuel Insull. 電気事業経営者）らの著名な技術者・工業家が資金集めに名を連ねた．ミットマンは，1932年にドイツ博物館を訪問し，これを米国につくるべき技術博物館のモデルとした．ドイツ博物館の創立者フォン・ミラーは，訪米してミットマンの技術博物館計画に賛意を表明した．ミットマンはまた，技術者の自意識に訴えようとした．ドイツ博物館では偉大な科学者・技術者・発明家の像を栄誉室に並べて顕彰しており，ミットマンの計画にも技術者のパンテオン（顕彰室）があった．彼の計画では教育のために科学の原理や機械のしくみをデモンストレーションや，カットモデルを用いて示すことになっており，これもドイツ博物館流であった．彼は，寄金集めを展開し，博物館の名称を国立技術・工業博物館（National Museum of Engineering and Industry）とした．しかし，この企図は大恐慌に続く不況で成功しなかった[5]．

2 国立歴史技術博物館から国立アメリカ歴史博物館へ

1954年に，米国議会はスミソニアンの歴史技術博物館（Museum of History and Technology）の予算をつけた．国立歴史技術博物館は，1964年に開館した[6]．以来，同館（のち国立アメリカ歴史博物館と改称）は，国立自然史博物館とともに，National Attic（国の古い記念物置き場）と呼ばれて米国人の

アイデンティティを示す場所として尊重され，しばしばスミソニアンそのもののように語られる．技術博物館の実現は，1960年代におけるスミソニアンの拡大の一環であった．イタリアを除くヨーロッパの主要国には，戦間期にそれぞれの国を代表する技術博物館が設立されている．米国ではこのような技術博物館は大恐慌と第二次世界大戦のせいでできなかったのが，戦後に実現したのである．しかし，世界最大の技術大国である米国でこの時まで国を代表する技術博物館が存在しなかったのは，不思議なことにも見える．国立歴史技術博物館は，名称の示すようにいわば半分だけが技術博物館であり，政治・労働・社会の部門もあった．これは，ドイツ博物館ほか各国の大規模な技術史博物館と比較して，大きなちがいである．

米国技術史学会と技術史学の形成

国立歴史技術博物館では，当初はドイツ博物館風に技術自体の発達史を中心としていたが，技術と社会との相互関係を示すようになった．この技術の社会史ともいうべき路線は，同館と相前後してスタートした米国技術史学会（SHOT）の技術史学から強い影響を受けた．現在は，国立アメリカ歴史博物館は，技術史学に基礎を置く世界で唯一の技術博物館である．これは，専門博物館とその専門の学との関係の事例としても重要である．以下，同会と米国における技術史学の成立を述べる．

まず，科学技術史学を論じるにあたっての，インターナリスト・ヒストリー，エクスターナリスト・ヒストリー，進歩の史観，ホイッグ史観，科学技術ユートピア主義，技術決定論といった語を説明しよう[7]．科学技術も社会的存在であり，科学技術の歴史研究においては社会・経済・政治・文化との関係を考える必要がある．この関係を研究する科学技術史がエクスターナリスト・ヒストリー（externalist history of science and technology. institutional historyということもある）であり，こういった視点を持たない科学史研究をインターナリスト・ヒストリー（internalist history of science and technology. intellectual historyと呼ぶこともある）と言う．インターナリスト・ヒストリーは，科学や技術自体の発達や体系を研究するので，端的に言えば発明発見史や学説史である．エクスターナリスト・ヒストリーは，科学技術の社会史（social history of science and technology）である．

　インターナリストによる技術史の展示は，技術の発達を体系分類するので，自然史でリンネの体系を示すのと同じである．多くの場合，インターナリスト・ヒストリーのキータームは「発達」であり，現在の科学が最も発達した最高形態である（最も発達した科学技術は最も「正しい」という含意がある）から，現在の科学技術につながる事象を過去の事実からみつけだすことを歴史研究であるとする．従ってこれは，連続性の史学（history of continuity）であり，発達・進歩の史観（ideology of progress．科学技術が豊かでバラ色の社会をもたらすという科学技術ユートピア主義 utopianism of science and technology とも同じ）やホイッグ史観（Whiggism）や勝利者史観，遡及史観に近い．ホイッグ史観，勝利者史観，遡及史観はどれも，現在最も栄えていて権力を握っている者すなわち勝利者の立場から過去に遡及して歴史を見て，現在の勝利者につながった歴史上の事象のみに意味があるとする史観をいう．シカゴ科学・産業博物館や「進歩の世紀」博覧会における「穴居人から技術者へ」・「アダムからアトムへ」は，歴史を一本道の進歩として描こうとする進歩の史観の典型例である．科学者や技術者には，こういった史観はなじみが良い．この点ではケンプファートもローアもフォードも同根である．こういった史観によると，「進歩しないものは劣ったもので，助けてやって進歩させるか，そうでなければ滅びるほかない」と考えがちである．これらの史観が帝国主義，愛国主義や排外主義と結びつきやすい．

　インターナリスト・ヒストリーと進歩の史観との距離は近いが，エクスターナリスト・ヒストリーも，連続性の史学や発達・進歩の史観やホイッグ史観と結びつくことがあり，マルクス主義科学技術史にその例がある．

　ドイツ博物館は，インターナリスト・ヒストリーによる技術博物館の典型である．ドイツ博物館によって技術博物館は確立したけれども，歴史学としての技術史は欧米では成立しなかった．技術史は，経済史等の周辺に位置するか，あるいは技術者のアマチュア的研究にとどまり，学（scholarly discipline）としてはアカデミズムに受け入れられなかった．

　技術と社会とは相互関係があるということを，だれもが否定しないであろう．これに関連して，社会が技術を決めるのか，逆に技術が社会を決めるの

かという問いがある．社会が技術を決めるのか，それとも逆なのか，それぞれあたっている場合があり，あれかこれかの二項対立（dichotomy）で単純化することはできない．しかし，技術が社会の変化をもたらす――はっきり言えば社会の発展の原動力となる――という見解があり，これを技術決定論（technology determinism）という．技術決定論は，いわば技術万能論である．

技術決定論が通用しない例として，タイプライタのキーボードがある．キーボードの左上にQWERTYの文字がならんでいる配列はアルファベットの頻出度からすると不合理なので，効率のよい配列が提案された．しかしQWERTY配列になじんだタイピストがすでに非常に多数働いていたから，今日までQWERTY以外のキーボード配列は普及していない．この例だけからでも，技術がすぐれているとか進んでいるとかいうことと，それが社会で使われるかどうかとは別問題であることがわかる．

技術決定論があたらないことを論証するのはこのように容易であるけれども，技術者にとって技術決定論は母親のふところとおなじように安住できる考えである．技術決定論は，インターナリスト・ヒストリーや進歩の史観に親近性がある．米国では，技術決定論は特に1940年代から1960年代にひろく受け入れられた．当時は共産圏との冷戦時代であり，技術決定論は核軍拡と宇宙開発競争のなかで科学技術政策に結びついた．科学技術を振興すれば社会は良くなるとされ，冷戦に勝利するために科学技術には潤沢な資金が投入された．技術決定論の流行は，米ソの冷戦の産物でもあった．

1958年に米国技術史学会（Society for the History of Technology/SHOT）[8]を創立したクランツバーグ（Melvin Kranzberg. 1917-95年．図7-2）[9]は，技術史を，個々の技術の発達史としてだけでなく，技術が科学，政治，社会の変化，経済，その他の人文諸科学とあやなす（interlacing）さまとして理解した．技術史は学際の学であるということである．同会機関誌 *Technology and Culture* 創刊号（1959年．図7-3）の巻頭言では，クランツバーグはインターナリストやエクスターナリストという語は使っていないが，彼は明らかにインターナリスト・ヒストリーからの決別を目指していた．彼はまた，技術者が社会で正当な評価を受けていないことを指摘し，interlacingな技術史の構築は社

図7-2（上）　米国技術史学会創立者クランツバーグ
"Case years Inventor (In memoriam Meivin Kranzberg (1917-1995))", *Technology and Culture*, Vol.37, 1996, p.404.

図7-3（右）　米国技術史学会機関誌 *Technology and Culture* 創刊号，1959年

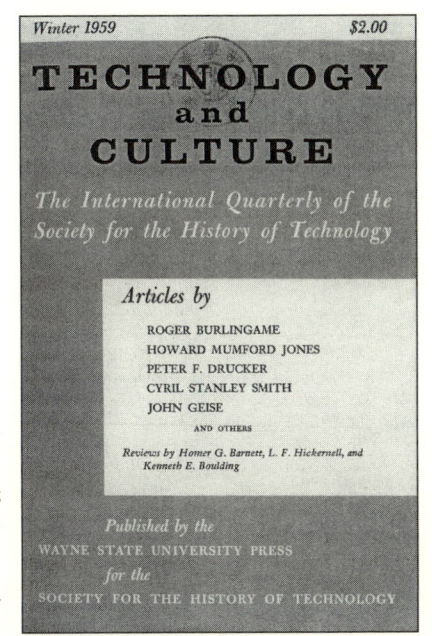

会での技術者のステータス向上につながると述べている[10]．発足後の米国技術史学会では，技術決定論や科学技術ホイッグ史観，科学技術ユートピア主義を批判する論考が多く発表された．QWERTYキーボードの例からもわかるように，技術自体の変化と社会における技術の変化はいろいろな要素で決まる．それゆえ技術はそれぞれの場合にあやなす文脈の中で語られるべきであるとするコンテクスチュアリズム（contextualism）が，クランツバーグら米国の技術史学界の主潮であった．技術の歴史を社会学の手法で研究するのを狭義のエクスターナリストであるとすれば，コンテクスチュアリストは狭義のエクスターナリストとインターナリストとの中間に位置すると言えるが，以下本書ではコンテクスチュアリズムをエクスターナリスト・ヒストリーに含めてインターナリスト・ヒストリーと対比させることにする．

　米国技術史学会の大多数がインターナリスト・ヒストリーや技術決定論，科学技術ユートピア主義を批判した[11]のは，これらの批判なしには技術者のディレッタンティズムではない学としての技術史が構築できなかったからである．また，これらの批判は，技術史学がテクノロジー賛歌として冷戦の

第7章　スミソニアンの技術博物館　377

ツールになることへの拒否であったとも言えるであろう．

　独立した学としての技術史学は，第二次世界大戦後に成立した．これには，科学史学が先行していた．米国では，ベルギー生まれで第一次世界大戦のとき米国に移住したサートン（George Alfred Léon Sarton）らによって米国科学史学会（History of Science Society）が1924年につくられ，科学史が大学で定着し，1950年代には大学の科学史のコースがあった．クランツバーグや，マルソーフらは，これらの大学院で博士号を得たのである．しかし，技術史のコースはこの頃にはまだなかった．1960年代はじめに，ケース工科大学（Case Institute of Technology）で科学技術史コースがクランツバーグによって始められた．これが大学における米国最初の（おそらく世界最初の）技術史のコースである．アカデミズムとしての技術史は，クランツバーグによってつくられたと言うことができる[12]．

　米国技術史学会には，歴史家，経済史家などの社会・人文科学者だけでなく，技術者や，技術者出身の歴史家の会員も多い．クランツバーグは，この学会に技術者が参加するよう熱心に呼びかけた．第2代会長スタインマン（David B. Steinman）は土木技術者であったし，その後も，電気技術者でアマチュア歴史家のディブナー（Bern Dibner）がこの学会の会長をつとめた．優秀な博物館展示に対してこの学会が出しているディブナー賞（Dibner Award for Excellence in Exhibitions）は，彼からの寄金によるものである．同様に，技術史の優れた本に与えられるデクスター賞（Dexter Prize）は，デクスター化学社の創立者エーデルスタイン（Sidney Edelstein）の寄金による賞である．技術者会員の割合は低下の傾向にあるけれども，この学会は技術者世界と密な関係を保っている[13]．

　技術史学の成立には，米ソ間の冷戦と1960年代までの米国の豊かな社会という背景があった．技術史学は，この豊かな社会へのひとつの批判でもあった．1957年のスプートニク・ショックで，米国では科学技術の振興の必要が叫ばれた．1960年代は，科学技術が繁栄と豊かさをもたらすという夢が抱かれた時期であった．核と宇宙の開発がそのピークであった[14]．豊かな工業社会が繁栄しそれへの批判を行う技術史学が定着したという成り行きを，技術への批判が存在しうるほど米国社会は豊かで余裕があったと説明す

ることもできるだろう．

　第二次世界大戦後には，冷戦と宇宙開発競争のおかげで科学は日の当たる場所にあったが，環境問題の顕在化等により，科学技術信仰に暗雲が漂い始めた．ベトナム戦争や公民権運動といった状況の下で，差別を解消して国論の分裂を緩和し，科学技術に基づく繁栄の意味を見なおそうとする動きが強まった．1970年代におけるエクスターナリスト技術史の隆盛も，ベトナム戦争の敗戦にともなう米国の社会思潮の反映と見ることができる．米国が世界で最も強く最も正しいという米国民の確信はベトナム敗戦でゆらぎ，ハイテクで装備された軍事力の威信も傷ついた．現在の技術が過去の技術よりも優れていて，過去の技術のうちで現在の技術につながるものだけが意味があるという思考が通用しなくなった．技術の歴史を社会史として見る必要を，技術史家だけでなくいろいろな人々がおぼろげながら気づくようになった．技術と工業の進歩拡大にともなってその社会・経済・政治・文化・市民生活に及ぼす影響が大きくなり，科学技術のもたらすマイナス面が顕在化すると，科学技術の発達だけを語るインターナリスト・ヒストリーではこれらの影響やマイナス面を説明できず，マイナス面をもたらす科学技術がなぜ，どのように社会に存在するかの問いに答える科学技術史が求められた．科学技術が米ソの冷戦や軍拡競争のツールであったことも，人々（特に科学技術者以外の人々）に科学技術の歴史を考察することを促した．

　こうして，米国の技術史学界では，1970年代にエクスターナリスト・ヒストリーが主流になった．米国の技術史学会の主流と，技術が「発達・進歩」の同義語であるような技術史観とがどんなに遠いかは，いわゆるクランツバーグの法則「テクノロジーは善でもなく悪でもなく，まして中立ではない」(Technology is neither good nor bad, nor is it neutral.) によくあらわされている．米国技術史学会に参加した技術者の多数がエクスターナリスト・ヒストリーを理解したり，ましてこれに賛成したとはとても思えないが，技術史学会に彼らが熱心に参加したという事実は，技術者自身も技術や工業の社会的意味を考える必要を感じ始めていた証左であろう．シカゴ科学・産業博物館がダニロフ時代からの転換を図ったのも，こうした大きな流れの一端であろう（366頁参照）．

図7-4 スミソニアン・インスティテューションの国立アメリカ歴史博物館（創立時の名称は国立歴史技術博物館）の1987年のガイドブック．同館の右にワシントン記念塔が見える．
Small Guide to the National Museum of American History, National Museum of American History, Smithsonian Institution. Washington, DC, 1987.

米国技術史学会の設立から10年のちに，ヨーロッパで国際技術史委員会（International Committee of the History of Technology/ICOHTEC）がつくられ，東欧・ソ連を含む国際的な技術史学界が形成された．また，欧米各国で技術史の学会が設立された．クランツバーグはこれら国際学界の形成にも努力した[15]．

国立歴史技術博物館の設立

国立歴史技術博物館が開館したのは，1953年にスミソニアン総裁に就任したカーマイケル（Leonard Carmichael. 心理学者）の努力の賜物であった．彼は，それまでの総裁たちとちがって積極策をとり，連邦議会を説得して予算割当てをとってきた．1964年までの彼の在任中に，スミソニアンへの寄付金収入は1500万ドルから1900万ドルへ，政府からの年割当て予算は250万ドルから1300万ドルへ，登録物件数は3400万点から5800万点へ，年間の入館者総数は340万人から1080万人へと増加した[16]．新築された国立歴史技術博物館は，図7-4のような外観である．

当初の国立歴史技術博物館の展示は，ドイツ博物館を手本として，モノ中心のインターナリスト展示であった．開館したスミソニアンの国立歴史技術博物館の技術史展示のようすは，1965年の米国技術史学会誌 *Technology and Culture* のアメリカ歴史技術博物館特集号に示されている．同館は開館直後には，国民の歴史（Civil History），陸軍の歴史（Armed Forces History），工芸と製造工業（Arts and Manufactures），科学技術（Science and Technology）の四

部門から成っていた．科学技術部門は次のように分かれていた——物理諸科学，機械および土木技術，交通運輸，電気技術，医学．工芸と製造工業部門には，繊維，グラフィック・アート，窯業，製造業・重工業，農業と林産業があり，金属や核科学もあつかっていた[17]．

スミソニアンのキュレータのあいだでは，「モノ自体が語る」(objects speak for themselves) という見解がながらく支配的で，モノがつくられたり存在したりする背景や社会的・政治的意味を考える習慣がなかった．新しい技術をあつかうにあたって，スミソニアンのキュレータたちは，ドイツ博物館流のやり方に依存した．しかし，上記特集号を見ると，同館キュレータたちは，物をならべておくだけではなく，ストーリーのある展示をつくることを強調している．歴史技術博物館の機械・土木部門のヴォーゲルをはじめ，インターナリストであるキュレータたちも，展示にはモノだけでなくストーリーやコンテクストが必要と考えるようになってきたのである[18]．

初代館長テイラー（Frank Taylor）は，1922年に機械工学部門の工作室見習としてスミソニアンに入り，のちマサチューセッツ工科大学（MIT）の機械工学科を卒業し，さらにジョージタウン大学で法学を学んだ．彼はミットマンの愛弟子であって，ドイツ博物館の展示手法を国立歴史技術博物館に移入した．テイラーは，自身が訪欧してドイツ博物館を見学しただけでなく，1960年代にマルソーフ（Robert P. Multhauf）らキュレータをヨーロッパに派遣して学ばせた．マルソーフは，化学工学を学んだあと，カリフォルニア大学で中世の科学史を研究して博士号をとり，1954年にスミソニアンにはいった．彼は，博士号を持ってスミソニアン入りした最初のスタッフであった．彼がスミソニアン入りしたのは，大学の職が見つからなかったからである．彼は，博物館に2年以上いると学界から取り残されると指導教授から警告されていたが，結局スミソニアンにずっととどまった[19]．

マルソーフは，国立歴史技術博物館の第2代館長となり，この博物館を米国における科学技術史研究の中心にすることを目指して，科学技術史で博士号を得た若い専門家をキュレータとして採用するよう努めた．こうしてスミソニアンは，科学技術史研究機関としての性格を強めた．1960年代には大学で科学史を学んだ世代のキュレータたちが，新しい展示をつくった．1970

年代以後，国立歴史技術博物館の展示はモノ中心の展示（artifact-driven exhibits）からストーリー中心の展示（exhibits driven by narratives）へと転換がはかられた．展示には objects だけでなく idea, story, narratives, context といったものが必要とされるようになった[20]．新しいタイプの展示の例として，世界各地方からの移民で米国社会が形成され，さまざまな移民の文化が米国に現存していることを展示した《諸国民から成る国》がある．この展示は，1969年から館長となったブースティン（Daniel Boostin）によってつくられた．彼はのちにピュリッツァー賞を受賞する歴史家で，この展示はインターナリスト型展示との決別の転回点となった．

国立アメリカ歴史博物館のエクスターナリスト・ヒストリー路線が確立すると，相当に優秀な若い歴史家がこの博物館にくるようになった．米国技術史学会の創立者クランツバーグはスミソニアンには在籍しなかったけれども，米国技術史学会機関誌 *Technology and Culture* の編集部は1981年以来この博物館に置かれ，同館キュレータであるポスト（Robert Post）が編集長をつとめた．ポストが1997年に米国技術史学会の会長になったほか，この博物館のスタッフの多くが同学会の役員をつとめている．また，*Technology and Culture* は，博物館展示批評（Exhibit Reviews）という欄を設けて，博物館における技術史関係展示を批判的に紹介している．前述したように，同学会は博物館の優れた展示にディブナー賞を出している．同誌に影響されて，他の米国のジャーナルも博物館の展示を論評するようになった．展示が学術の専門誌でとりあげられるようになったことは，博物館スタッフに刺激となり，学界と博物館との協力や交流を促進した．このように，スミソニアンの国立アメリカ歴史博物館と，米国技術史学会，エクスターナリスト・ヒストリー路線のあいだには協力関係があり，相乗効果が生じて変化が進行した[21]．

国立アメリカ歴史博物館への転換

1979年から，ケネディ（Roger Kennedy）が館長となり，以後14年間この職をつとめた．彼は，法律家であり，寄金募集（fund-raising）の専門家であった．技術史の専門家でも歴史家でもなく，学者でさえなかったという点で，彼はそれまでの館長と全く異なっていた．彼のもとで新しい路線が始まり，

1980年に館名が国立アメリカ歴史博物館（National Museum of American History）と変更された．館の名称から「技術」がなくなり，技術の歴史も米国社会の歴史の一部分としてあつかわれることになった．ケネディは，キュレータとして労働問題史や環境問題史の専門家も加えた．モノを扱う習慣のないこれらの人々をキュレータにするのは，スミソニアンにはかつてないことであった．ケネディがめざしたのは，技術の体系分類展示でも技術の栄光を示すイコン（聖像）の展示でもなく，社会史および文化史の展示であった．ストーリーやコンテクストのある展示が，こうしてつくられた．《畑から工場へ》や，《より完全な国民統合——日系米国人と米国憲法》といった，人種差別ほかの米国のネガティブな歴史を直視する「社会派」展示が新設された（これらの展示については後述する）．これは，博物館が神聖かつ崇高な栄光の過去を安置する殿堂（temple）ではなく，人々に問いをなげかけてメッセージを観客と交換し討論の場（forum）にしようとする方向である[22]．

　1984年に就任したスミソニアン総裁アダムズ（Robert McCormick Adams. 人類学・考古学者）は，「スミソニアンの知的構造を深めること」（deepning the Smithsonian's intellectual structure）に非常に関心があり，「人々を居心地悪くするかもしれない」（make people feel unconfortable）野心的な展示を望んでいた[23]．これは，シカゴ科学・産業博物館のローアの大衆教育とは対極をなす言説である．ケネディとアダムズとの関係はしっくりいかなかったが，「社会派」・「メッセージ型」・「フォーラム型」のエクスターナリスト展示をこの博物館の主力にしようという基調では一致していた．ケネディ館長時代は，エクスターナリスト路線を確立したという点で，重要である．

　科学技術博物館は人々の科学技術観を反映するから，技術博物館の基礎となる技術史学は科学技術観の変遷を考察する学でなければならない．この意味で，エクスターナリストの視点は必要である．エクスターナリスト路線への転換は，米国技術史学会との協働によって可能になったといえるであろう．この博物館は技術史学の裏づけがある博物館である．これと対照すると，ドイツ博物館ほかそれまでの技術博物館は，端的に表現すれば歴史についてはアマチュアである技術者が技術史学の裏づけなしにつくったものである．現在，ドイツ博物館はじめヨーロッパの総合技術史博物館がスミソニアンのこ

の博物館のリーダーシップを認めて，この博物館から学ぼうとしているのは，もっともなことである．

3　スミソニアン・インスティテューションの拡大

　第二次世界大戦後，1960年代までに，スミソニアンの拡大と多様化がすすみ，研究機関としても充実した[24]．1960年代から1990年代半ばまではスミソニアンのピークの時期であったから，これを本節で紹介しておこう．
　リプリー総裁（Dillon Ripley. 在任1964-84年）は鳥類学者で，ピーボディ自然史博物館の館長をつとめていた．彼の在任期間に，8つの館が新設され，スミソニアンの年間見学者数は2倍以上に増加した．美術が彼の重点項目であり，国立ポートレート・ギャラリ（National Portrait Gallery），国立アメリカ美術館（National Museum of American Art），ハーシュホーン・ギャラリ（Hirshhorn Gallery），レンウィック・ギャラリ（Renwick Gallery）が開館し，ニューヨークのクーパー＝ヒューイット・デザイン美術館とアフリカ美術館（Museum of African Art）がスミソニアン傘下にはいった．1964年には，劇場・オペラハウス・コンサートホールであるケネディ・センター（John F. Kennedy Center for the Performing Art）がつくられた．
　1967年に開館したアナコスティア地域博物館（Anacosthia Neighborhood Museum）は地域博物館としてつくられたもので，規模が小さく，スミソニアンの他の博物館と異なる．この博物館はワシントンのモール地区ではなくポトマック川向こうのアナコスティアの黒人居住地域にある．リプリー総裁は，スミソニアンの入場者数は増大しているがそれでもなおスミソニアンに来たくても来られない人々がたくさんいることを思い，地域博物館を考えた．この博物館は，もとの劇場の建物を利用しており，参加型の小規模な博物館である．ここに，1890年にアナコスティアにあった商店の復元や，テレビ撮影装置つきの劇場，さわってみる自然史標本，分解できる骨格見本，小さな動物園を設けた．開館1年目には，8万人の入場者があった．のち，アナコスティア博物館（Anacostia Museum）と改称して，黒人の歴史・文化・生活を展示した．

図7-5（左） スミソニアンのサマーコースのパンフレット，1992年

図7-6（右） スミソニアンの学校教員のためのサマーセミナー，1992年のチラシ

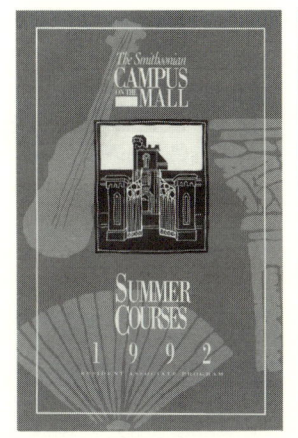

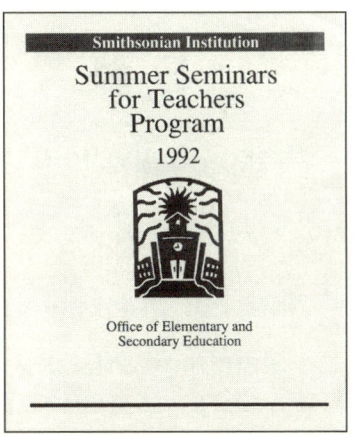

　博物館以外の研究センターも，拡充された．この時期に新設された研究センターとしては，ワシントン市郊外のチェサピーク湾の近くに1965年に設けられた生態学オフィス（Office of Ecology）がある．のち，ここは環境研究センター（Smithsonian Environmental Research Center）と改称し，生理学，人口学，コミュニティ論，生態学，エコシステム，植物学，動物学，微生物学，プランクトン学，環境化学などの研究を行い，研究者向けにセミナーやワークショップを開催した．教育普及活動として，講師つきのガイドつきツアーやハイキングも催した．

　スミソニアンは，教育関係のさまざまな活動をしている．その一部を紹介しておこう．夏休みには，非常に多数のサマーコースを開講している（図7-5参照）．学校教員のためのサマーセミナーもある．図7-6は，そのチラシである．国立アメリカ歴史博物館には，インターンシップがあり，高校の高学年生からシニアの退職者まで（学生である必要はない）を受け入れて，博物館業務・研究関係の訓練をしている（図7-7）．スミソニアンと全米科学技術アカデミー（National Academy of Sciences/NAS）は共同で理科教育センター（National Science Resources Center）を運営しており，図7-8のような小学生向けハンズオン実験のセットを提供している．

　1960年代には，研究のための体制も整備された．外部の人がスミソニアンの文書および物件のコレクションを使って研究するためのガイドブック

図 7-7（左上） 国立アメリカ歴史博物館のインターンシップの説明書（1991-92 年）
Intern Opportunities 1991-1992 at the National Museum of American History, National Museum of American History, Smithsonian Institution. Washington, DC, 1991.

図 7-8（右上） スミソニアンと全米科学技術アカデミーの理科教育センターの小学生向けハンズオン実験のセットのパンフレット，1991 年

図 7-9（右）スミソニアンへの研究留学ガイド，1974 年
Smithsonian Opportunities for Research and Study in History, Art, Science, Board of Academic Studies, Smithsonian Institution, Washington, DC, 1974.

Smithsonian Opportunities for Research and Study in History, Art, Science が 1964 年から刊行された[25]．図 7-9 はその 1974 年版である．1968 年には，研究奨学センター（Office of Academic Programs）が設けられた．これは，スミソニアンのコレクション等を使用する研究を援助するものである[26]．1967 年には，

スミソニアン自体の歴史に関する史料を集めたスミソニアン・アーカイブス (Smithsonian Institution Archives) がつくられた．1968 年には，歴史技術博物館に米国研究部（Department of American Studies）が設けられた．ここは，米国史研究を全国の大学と協力して行い，スミソニアン所蔵の史料等を見る大学院生に便宜を与えている．1968 年には，ウィルソン国際学術センターがつくられた．ここは，国際関係論ほかさまざまな分野の研究を促進するために奨学金を出す組織である．この奨学金は，アカデミズムに属する学者にかぎらず，政治家，外交官，作家等でも応募できる．国際関係などに関するコロキウムやシンポジウムを頻繁に開催している．

　スミソニアンは創立以来，ボランティアを重視してきた．ハイスクール生徒からシルバー世代までの人たちが，翻訳，資料整理補助といった舞台裏の仕事から，ランチタイムに国立アメリカ歴史博物館のパーラーで蠟管レコードや自動楽器を観客に聴かせるといったことまで，非常に多様な活動に従事している．ドセント（Docent）は観客をガイドする説明役で，ボランティアの花形であり，相当高度の知識を身につけているだけでなく長期の講習に通って免状を受けないとなれない．スミソニアンのドセントは大学院修士号よりも値打ちがあるといわれ，これを持っていると就職・再就職のときにも役立つ．スミソニアンのボランティアは，初代総裁ヘンリーの気象観測網の例もあり，職員だけではできない活動を行ってきた．ボランティアなしにスミソニアンは成り立たないと言うこともできる[27]．人種差別，教育の崩壊，知的エリートと大衆との分裂，環境問題，メーカーと消費者のあつれき，高齢化社会といった問題の山積する現代社会では，ボランティアがガイドほかで活躍する場があるにちがいない．筆者もスミソニアン滞在中に，朝鮮の古美術関係の翻訳のボランティアをしたほか，ワシントン DC 在住の日本人のハイスクール生徒をスミソニアンのボランティア・プログラムに紹介し，その生徒は国立アメリカ人類博物館で写真資料の整理作業をボランティアとして経験した．図 7-10 は，スミソニアンのボランティアのガイド・パンフレットである．

　1965 年には，スミソニアンの友の会（Associates）がつくられた．会員になると，スミソニアンの一般向け機関誌である月刊『スミソニアン・マガジ

図 7-10　スミソニアンのボランティアのガイ
　　　　ド・パンフレット，1990 年

図 7-11　スミソニアンの友の会機関誌『アソ
　　　　シエート』，1995 年 9 月号

ン』(*Smithsonian*) が無料送付され，さまざまなイベントに参加でき，スミソニアンのショップで割引きがきく．1991 年頃には，友の会主催の専門家ガイドつき旅行ツアーが年間 230 種（国内 80 種，国外 150 種）も行われていた．友の会会費は年間 60 ドルであった．家族加入の会員，国外会員，ワシントン周辺在住会員（機関誌 *The Smithsonian Associate* が配布され，講習会やサマースクールへの参加が割引きになる）といった制度もある．友の会の機関誌 *Associate* を，図 7-11 に示す．この表紙に描かれた人物にも，スミソニアンがエスニックの融和に努力しているさまがうかがわれる．

　ここで，スミソニアンにかぎらず博物館一般の，友の会の会員制度について述べておこう．関心を持つ人々を会員として加えることは，資金集めにも役立つ．美術館の友の会は，その例である．さらにひろく会員を募る方式は，スミソニアン・インスティテューションだけでなく北米でよく行われ，個人会員，家族会員，基金会員（金額により種類がある）など多数のグレードを設け，入館料無料，各種割引き，イベントへの招待などの特典がある．これは，ふつうはバラバラな大衆である観客を組織する方策である[28]．

図7-12 スミソニアン・ショップの年末ギフトカタログ，1993年

　主要なスミソニアン博物館には，相当のスペースのショップがある．ここで売っているみやげ物はクリスマス・プレゼント用などに人気があり，通信販売のカタログも発行される．図7-12は，歳末のカタログである．ワシントンDCには理工系書籍を扱う大きな書店は少なく，スミソニアン・ショップの書籍部は，ワシントンDCで有数である．

　さて，1950年代から1960年代にかけてのスミソニアンの拡大は，予算面にも見られる．連邦政府からの予算割当ては，1957年には約443万ドルであったのが，1967年にはおおよそ5倍の2273万ドルになった[29]．この数字以外のルートの政府補助もあり，全体の予算規模を見積もるのはたやすいことではない．民間からの寄金等がおそらくこの数字に匹敵する額あったと思われる．なお，1990年頃のスミソニアンの年予算規模は大略4億ドルであり，そのおおよそ70パーセントが連邦政府からの予算割当てで，30パーセントが寄金や売上げであった[30]．

　拡大したスミソニアンの状況を，入場者数等から記しておこう．スミソニアン全体の入場者数は，1967年には2000万人であった．前述のように，2000年にはこれが3400万人になった．歴史技術博物館入場者数は，1967年には555万人，1970年には600万人であった．世界各国を代表する博物館等の年間入場者数は，多くの場合，100万人台であるから，スミソニアンの国立歴史技術博物館は当初から非常に人気があったことがわかる．1970年には，自然史博物館入場者数は350万人，航空宇宙博物館では200万人であ

第7章　スミソニアンの技術博物館

った[31]．

4　国立アメリカ歴史博物館の展示

1980年代から1990年代の国立アメリカ歴史博物館の状況を，述べておこう[32]．図7-13は，1990年の同館のガイドブックである．ここに描かれた星条旗は，独立戦争中にイギリス軍に包囲されたマックヘンリー要塞に揚がったもので，これを見て感動したフランシス・スコット・キーが作詞したのが今日の米国国歌である．

この国立アメリカ歴史博物館は，技術博物館でありながら「歴史博物館」と名乗っているように，米国の歴史と技術をほぼ半分ずつ扱っている．開拓・建国以来のアメリカの歴史は，技術の発展と分かち難く結びついている．幌馬車によるフロンティアへの移動，南北戦争における鉄道と電信の役割，大量生産を行う大工場の出現，北部への黒人の移動（プランテーション労働から工場労働へ），機械化農業，モータリゼーション，航空時代と，米国社会の変化は技術の変化を抜きにしては語れない．米国の歴史と技術の特質がここにあることが，この博物館を見るとよくわかる．

アメリカ歴史博物館の展示には，動力革命，交通，輸送，農業機械，黒人の北部への移動，独立革命後の市民生活，婦人・黒人・青年の参政権の歴史などがあった．最初の星条旗と国歌，ミニ・ホワイトハウス，ファースト・レディ（歴代大統領夫人）のガウンなどの展示があって人気を集めている．ことに夏季には，ファースト・レディのガウン展示を見にくる御婦人方の長蛇の列ができる．この博物館の特徴は，国民統合への努力である．黒人やアメリカン・インディアン（Native American）など，少数人種のエスニックな展示に力を入れているし，《より完全な国民統合》も同様の文脈にある．女性史と性差別の問題にも，重点が置かれている．後述の《米国人の生活における科学》展示にも，差別解消への努力がうかがわれる．スミソニアンの自然史博物館の展示でも，科学・技術と社会との相互作用について観客に考えさせようとしている．これらの展示を見て科学技術と社会との関係を考え，また米国社会の特徴を知ることは，次世代のアメリカ市民となる青少年にと

図7-13　国立アメリカ歴史博物館ガイドブック，1990年

って望ましいことであろう．学校の学期中には，小学生から高校生までが展示の前でノートをとって宿題をやっている光景が至る所に見られる．国立アメリカ歴史博物館では，ジャズの歴史にも重点を置いている．ジャズ関係の文書史料のコレクションもある．この博物館では，講演，音楽，工芸，料理等といった大小のイベントが講演会場や展示の場所で，毎日のように行われている．

　近年のスミソニアンの博物館には，展示の主題だけでなく，手法にも特徴がある．一般に，博物館の展示は，典型例を取り上げて「こうであった」，「こう解釈するのが正しい」と説くことが多い．ホーン[33]の言うように博物館は正統性（legitimacy, authenticity）を示す場であるから，これは当然のことである．科学技術博物館では普通，最新の科学技術像と，これに至った正統の歴史が語られる．このような規範を示す展示には，二つの難点がある．第一に，かたくるしく，観客にきらわれることである．第二に，規範が本当に正しいかという疑いがあることである．正しい見方はひとつではなく複数あるのではないか，単一規範は科学技術ホイッグ主義・科学技術ユートピア主義ではないかという疑問である．観客から見ても，規範を説かれると何かう

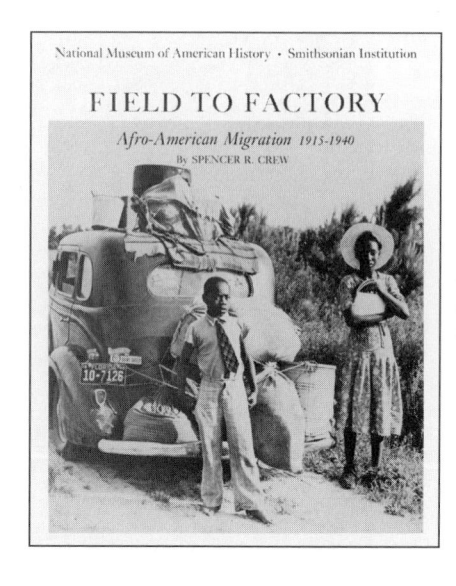

図 7-14 《畑から工場へ》のカタログ，1987 年
Spencer R. Crew, *Field to Factory: Afro-American Migration 1915-1940*, Smithsonian Institution, Washington DC, 1987.

さん臭く思われる．展示は意図したプロパガンダにすぎないのではないかという疑問である．エクスターナリスト・ヒストリー路線をとるスミソニアンの展示では，「こう考えるのが正しい」とは言わずに，「これにあなたはどう思いますか」と問いを発する．これを「メッセージ型展示」と呼ぶことができるであろう．エクスターナリストであり，多様な価値観を尊重するスミソニアンのキュレータたちの姿勢が，この展示手法にあらわれている．

しかし，複数の解釈を示したりメッセージ型である展示にも，問題点がある．ひとつは，このような展示はわかりにくいことである．見世物でもありドラマ化された展示では，複数の解釈を並べることはできないのであって，複数の解釈を示されたら観客は混乱するであろう．文字で書いた本ならば複数の「解」を示すことができるが，展示には単一規範型が適している．もうひとつの問題点は，差別問題にふれたり価値観の多様性を考慮する展示は，政治の介入をまねきやすいことである．

この姿勢があらわれた国立アメリカ歴史博物館の展示を，いくつか説明しておこう．《畑から工場へ》（From Farm to Factory. 1987 年）は，第一次世界大戦期の南部のプランテーション農場から中西北部工業地帯への黒人労働者の移動の歴史と生活を描いた展示である．図7-14 は，そのカタログである．

図7-15 《より完全な国民統合――日系米国人と米国憲法》チラシ，1982年

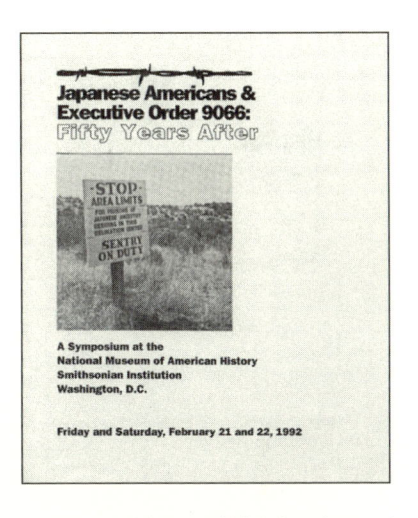

図7-16 日系米国人強制移住令50年シンポジウムのガイド・パンフレット，国立アメリカ歴史博物館，1992年

　《諸国民から成る国》(Nation of Nations) は，米国がアングロサクソン系，アメリカ系（アメリカン・インディアン），アフリカ系（黒人），北欧系，アイルランド系，東欧系，ユダヤ系，イタリア系，ヒスパニック系，アジア系など，多くのエスニックグループから成っていることを，各エスニックの歴史，文化，生活の展示で示している．《より完全な国民統合――日系米国人と米国憲法》(A More Perfect Union: Japanese Americans and the United States Constitution) は，第二次世界大戦に際して日系米国人がキャンプに移住させられた歴史を描いている．図7-15は，そのチラシである．1988年にレーガン大統領はこれについて被害を受けた市民に正式に謝罪し，補償金が出された[34]．国家が犯した過ちを首府の国立博物館で何年間も展示するのは，世界でも類例がない．毒ガス開発や細菌兵器開発と人体実験の展示をドイツ博物館や上野の国立科学博物館でやるようなものだといえば，想像がつくであろうか．1992年には，国立アメリカ歴史博物館で日系米国人強制移住令50年シンポジウムが開催された．図7-16は，そのガイド・パンフレットである．こういった努力が必要なまでに米国民の分裂は深いのであろうか．国立アメ

第7章　スミソニアンの技術博物館　393

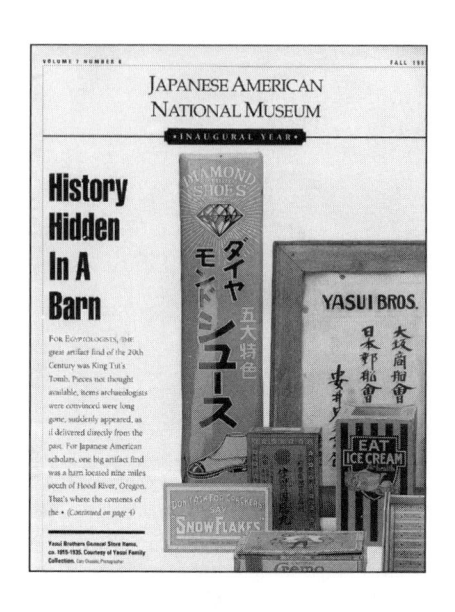

図7-17　全米日系米国人博物館のニューズレター，1992年
Japanese American National Museum, "Inaugural Year", Vol.7, 1992, No.4.

図7-18　《情報化時代》のチラシ，1990年

リカ歴史博物館は，この分裂の回復に全力を挙げている．米国が自由，公正，民主主義といった理念を世界にむかって掲げるには，差別ほか自らの不公正の歴史を見つめる必要があるということであろうか．

　米国内のエスニック・グループに関連して，全米日系米国人博物館（Japanese American National Museum）があることを，記しておこう．同館は，非営利法人で，ロサンゼルスに1992年に開館した．図7-17は，そのニューズレターである．

　差別をなくすためのスミソニアンの姿勢は，他の展示にも見られる．《テキサスのメキシコ文化》（Mex-Tex）は，テキサスの文化と生活を描き，音楽や食べ物を通じてメックス・テックス文化が米国人の日常的存在であることを展示している．

　1990年代における展示の例として，《情報化時代――人々，情報，テクノロジー》（Information Age: People, Information and Technology. 1990年開展）を紹介しよう[35]．図7-18は，そのチラシである．ここでも，科学技術の発達

394

の足どりを展示するよりも，科学技術という存在と政治・経済・社会・文化・市民生活との相互関係を展示しようとしている．女性史にもふれている．《情報化時代》では，電信電話技術，無線技術，電子応用技術，放送技術，コンピュータ技術の物をならべるだけでなく，ビデオディスプレイを多用して，これらの物が動いて使われていたさまを見せている．電気通信・情報と社会との関係を示して，見学者ひとりひとりがどんな人――技術者・発明家か，企業家か，政治家か，情報産業の労働者か，あるいは一般消費者――であっても，展示に意味があるように（multiple interpretations が可能なように）構成した．この展示では，コンピュータ時代への道が二つの流れとして示されている．第一は電気通信の流れであり，第二は統計処理とデータ処理の流れであって，両者が第二次世界大戦後に合流してコンピュータリゼーションが始まった．展示では，これらの流れが米国社会をどう変えてきたかを示すことに力を入れている．電話交換をはじめ，口述録音機を聞きながらの筆記，タイピング，パンチカード打ちなどは，女性に新しい職業をもたらした．展示では，国勢調査のキーパンチャーの女性マネキン人形がある．電気・電子技術が女性の職場をつくり，女性解放に関係したことは，他の技術と比較すると注目すべき特徴である．マネキン人形を置いて，人が働いている姿を展示で見せているのは，この博物館の特徴であると思われる．世界中の博物館に通信とエレクトロニクスの展示は多いが，そのほとんどがエレクトロニクス・テクノロジーの変遷を解説しているだけで，それらが社会と市民生活に及ぼした影響を考えようとする展示は少なかった．機械や土木の技術とちがってエレクトロニクス技術は目に見えないので，素人にわかるように展示するのは難しい．《情報化時代》はこの困難を乗り越えたまれな例である．この展示は，世界中でエレクトロニクスの歴史の展示の手本になった．《情報化時代》は，約1100平方メートルの面積があり，開展時にはこの博物館では最大の展示であった．いまリノベーションが進行中で，しばらく閉鎖されている．

　人種，国籍，年齢，性などによる差別をなくすための努力を，スミソニアンはしている．この努力の中心は，国立アメリカ歴史博物館である．同館では，学校のクラス単位で学校生徒（黒人らマイノリティの生徒ももちろん含

図 7-19（左） スミソニアンのアフリカン・アメリカン研究センターのパンフレット，1991 年

図 7-20（上） デューク・エリントン・ユース・フェスティバルのパンフレット，1991 年

まれる）を来させるだけでなく，黒人，ヒスパニックをはじめとする少数エスニックグループからどんな立派な科学者・技術者が出たかを展示したり，ドラマ仕立てで見せたりする．各エスニック料理，菓子，クリスマスといったミニ展示やミニイベントをしきりに催している．スミソニアンは黒人研究センター（African-American Studies Center）を持っていて，米国の黒人の活動と文化に関する講演などさまざまなイベントをやっている．図 7-19 は，同センターのパンフレットである．国立アメリカ歴史博物館には，デューク・エリントン関係コレクションもある（図 7-20 参照）．図 7-21 は，スミソニアンのキング牧師記念日のパンフレットである．図 7-8（386 頁）や 図 7-11（388 頁）にいろいろなエスニックの人物を配してあるあたり，スミソニアンが人種差別の解消に努力しているさまがうかがわれる．

　スミソニアン以外の博物館でも，黒人の寄与，女性の寄与などが強調されている．シカゴの科学・産業博物館の例は，すでに見た．次項で述べるスミ

図 7-21（左）　スミソニアンのキング牧師記念日のパンフレット，1991 年

図 7-22（中）　ボストンの子ども博物館のチラシ（教師の友の会），1988 年

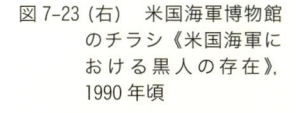

図 7-23（右）　米国海軍博物館のチラシ《米国海軍における黒人の存在》，1990 年頃

ソニアンの国立航空宇宙博物館では米国の栄光に重点を置いて展示しているが，ここにも「最初の黒人飛行士」といった展示がある．ボストンの子ども博物館（The Children's Museum．図 7-22 参照）は，遊び場・図書コーナー等のある楽しい博物館であるが，《アメリカ・インディアンの生活と文化》という展示や，「トム・ソーヤーやハックルベリー・フィンは人種差別者か？」といったコーナーがあって，偏見のない市民を育てるよう相当の努力をしている．

　ワシントン DC の海軍基地のなかにある海軍博物館（Navy Museum）でも，《米国海軍における黒人の存在》(The Black Presence in the United States Navy) という展示がある．図 7-23 を見られたい．1812 年の米英戦争では，海軍下士官の 25 パーセント程度が黒人であった．ペリー提督が 1853 年に日本にきたときの黒船の水兵のうち 2 人は黒人であった．展示では，「重要な黒人水

兵10人」(Notable Black Sailors) と題して，米国海軍で黒人がどんなに活躍したかを示し，また，米国海軍は人種差別をどのようになくしてきたかを述べている．この展示から，多人種から成る国をまとめていく努力を米国がしていること，およびその努力をしなければならない現実があることがわかる．

　差別解消へのこのような努力は，実際に効果をあげているであろうか．筆者は，相当に疑問を持っている．黒人や貧しいマイノリティ・グループは，博物館には来ないからである．博物館来館者の圧倒的大多数は，白人のしかも教育のある人々である．国立アメリカ歴史博物館のキュレータには，黒人はほとんどいない．白人でない人々にとって，博物館は興味を持てないか，むしろ腹立たしい存在である．たとえば，黒人市民にとって，ボストン茶会事件とか，愛国者ポール・リヴィアの活躍などの展示は，どこが面白いであろうか．コロンブスによる新世界発見500年といっても，黒人には「新大陸発見」は災厄の始まりでしかなく，コロンブスを断罪したいぐらいである．ともかくも，差別解消には，国家，政府，学校，大学，企業といった定まった目的や対象・構成員を持つ確立した組織（institution）は役に立たず，フレキシブルであって遊撃隊のような博物館の方が有用であると思われる．博物館が差別解消への努力の先頭に立っているのに黒人は見に来ないという状況を変えることができるか，それが問題であると言えよう．

　国立アメリカ歴史博物館の入場者について1986年頃のデータを紹介しよう．モール地区にあるスミソニアンの博物館には，年間総計で約2200万人が来る．国立アメリカ歴史博物館には年間約500万人が入場し，その75パーセントが20歳から65歳の大人である．18パーセントが若者で，残る7パーセントがシニア年代である．国立アメリカ歴史博物館入場者の約半数が，初めて来た人である．90パーセントが米国市民であり，そのうちの66パーセントが米国東部の人である．外国人は約50万人で，比率では全体の10パーセントであるが，ハイレベルの公人（high level officials）が多いので，国際関係における影響は大きい．スミソニアンは米国の顔であるということができる[36]．

　ここで，一般読者向けの雑誌 *Smithsonian*（『スミソニアン・マガジン』）を

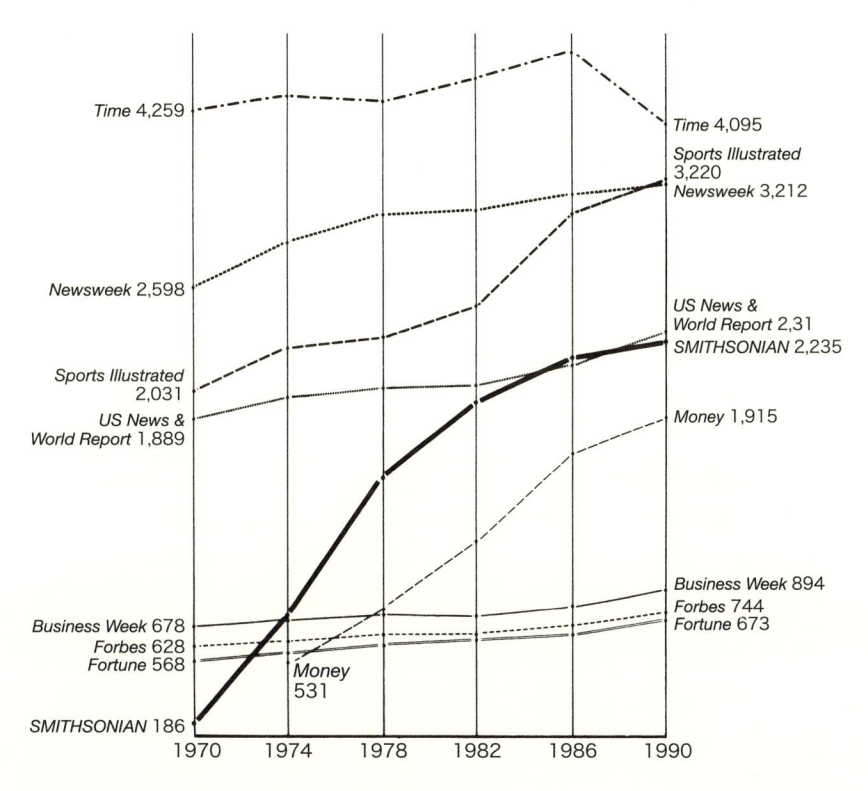

図7-24 『スミソニアン・マガジン』の発行部数
主要週刊誌と比較してある。単位1000部。

見ておこう．これは，1970年に創刊された月刊誌である．毎号発行部数は1970年には11万で，1990年代前半には260万部であったから，20年間に20倍になったわけである．図7-24を見られたい．260万という数字は米国人口の1パーセントと同じである．比較のために商業誌の主要なところを見ると，『タイム』が発行部数400万である．他の代表的週刊誌にくらべても，『スミソニアン・マガジン』は部数，読者層，オピニオン・リーダーへの影響などでひけをとらない．毎号の巻頭には，総裁のメッセージが掲載されている．主要記事として女性，黒人や「アメリカン・インディアン」らマイノリティ・グループに関係したものがしばしば掲載され，スミソニアンが人種差別等の問題に対処しようとする意思がここにも読み取れる．『スミソニア

ン・マガジン』には，環境問題の記事もしばしば掲載される．創刊第4号に『沈黙の春』の著者カーソンについての記事があるのは，その例である[37]．1970年代のベトナム戦争終了期には，米国世論が分裂し，国民統合の危機が感じられた．この時期に『スミソニアン・マガジン』の部数が急増したことは，スミソニアンがこの危機に対応しようとして，相当に成功したと解釈できる．上述のように，この時期は歴史技術博物館からアメリカ歴史博物館への転換の時期であった．この転換と『スミソニアン・マガジン』の拡大とが連動していたことがうかがわれる．

この博物館が米国民の支持を得ていることは，前述の観客数にもあらわれている．しかし，科学の栄光をたたえる殿堂としての純粋な科学技術博物館を米国人の多数が欲しがっていることもたしかである．そもそも，世界一の科学技術大国でノーベル賞受賞科学者もいちばん多い米国に，科学技術だけの博物館がないのはおかしいと言える．科学技術を進歩のツールとして称揚するよう博物館に求めている人にとって，エクスターナリスト路線をとるスミソニアンの国立アメリカ歴史博物館に対する不満もたまるわけである．

5　国立航空宇宙博物館——栄光の殿堂からメッセージ型展示への動き

国立航空宇宙博物館（National Air and Space Museum. 1976年開館）は，国立アメリカ歴史博物館とならぶスミソニアンのもうひとつの技術博物館である．スミソニアンは早くから，Astronautics（航空学），Astrophysics（天体物理学），Anthropology（人類学）の三つのAに力を入れてきた[38]．米国が世界の航空技術をリードしてきたことを考えると，スミソニアンが航空博物館を持つのは当然のように見える．しかし，国立航空宇宙博物館も，すんなりと実現したわけではない．国立航空宇宙博物館は，その前史から近年のエノラ・ゲイ論争まで，スミソニアンが政治的存在であることをよく表している．

まず，米国航空のシンボルというべきライト兄弟のフライヤー号および，ライト兄弟とスミソニアンとのあつれきについて語らねばならない．スミソニアン第3代総裁ラングレーは，著名な天文学者・宇宙物理学者であった．彼は，スミソニアンのキャッスルの脇に実験室（「ブリキ小屋」と通称され

た）をつくって有人航空機（当時主流の航空機であった飛行船とちがって，空気より重い）の研究を行ったが，実験飛行は失敗におわり，ラングレーの名声は大いに傷ついた．ちょうどその月（1903年12月）に，ライト兄弟がフライヤー号で有人飛行に成功した．ライト兄弟の飛行機の成功の鍵は主翼のワーピング特許であり，発明家たちはこれをめぐって激しい特許係争をしていた．カーチス（Glenn Curtiss）も，これらの発明家の一人であり，自分で補助翼の改良を行ってライト兄弟の特許に挑んでいた．カーチスは，ラングレーの設備を継承して航空機開発を続けた．カーチスによって改良され増力されたラングレー機が1914年に飛行に成功したので，スミソニアンは，世界最初の有人飛行機はフライヤー号ではなく，ラングレー機（改良前には有人飛行に成功していないにもかかわらず）であると主張して，「最初の有人飛行機」とラベルをつけてこれを展示した．こうしてスミソニアンとライト兄弟は深刻な敵対関係になった．1925年にライト兄弟は，フライヤー号をスミソニアンでなくロンドン科学博物館に永久保存のために送った．のち，スミソニアン総裁アボット（Charles G. Abbott. 宇宙物理学者）がスミソニアンの非を認め，1942年に公式謝罪を発表した．翌年，オービル・ライト（Orville Wright）は，フライヤー号を「ワシントン米国国立博物館に，首府ワシントンでのみ展示するために寄贈する」（bequeath to the U. S. National Museum of Washington, D. C., for exhibition in the National Capital only）という遺言草稿をしたためた．オービル・ライトの死後，フライヤー号は米国によようやくもどり，1948年からスミソニアンに展示された[39]．

　1920年代以後，スミソニアンの工芸産業部（Arts and Industries）のガーバー（Paul E. Garber）は，航空機の歴史記念物を収集することに努めた[40]．リンドバーグ（Charles Lindburgh）のスピリット・オブ・セントルイス号の収集はその成果のひとつで，1928年にこれが展示されたときには工芸産業館に非常に多数の観客が来た．スミソニアンの航空機保存工場であるシルバーヒルのガーバー施設は，彼の名にちなんで命名された．

　第二次世界大戦を戦った米空軍関係者たちは，空軍の重要性を社会に認めさせようとした．それには，古い機体を集めて保存する必要があった．空軍司令官アーノルド（Henry H. Arnold）は，第二次世界大戦に参加した軍用機

を保存するために，終戦で不要になった軍用機工場をあてることを考えていた．彼の構想は，航空機のすべて（民間機も軍用機も）を集める計画に発展した．国立航空博物館法が1946年に成立したが，予算はつかなかった．シカゴ近郊のダグラス社の工場にエノラ・ゲイ号を含む陸軍の軍用機が集められていて，朝鮮戦争でこの工場が忙しくなるとコレクションはワシントン近郊のシルバーヒルに移された．スミソニアンのもとのラングレー実験室の跡に，航空機用に比較的小規模の施設がつくられた．1950年代には，ライト兄弟飛行50周年もあって，航空博物館建設キャンペーンが行われたが，これも結実しなかった．モール地区の用地を航空博物館建設と演劇・音楽堂建設とが争い，語呂あわせで「アリア（Air）とエアプレーン（Airplane）の争い」と評されたこともあった．アリアの殿堂は結局，モール地区から離れたケネディ・センターとして実現した．スミソニアン自体が，国立航空博物館計画に必ずしも乗り気ではなかったのである．

1964年にスミソニアン総裁になったリプリーは，国立航空博物館が教育普及だけでなく航空の歴史の研究機関となることを強調した．1957年のスプートニク・ショックを経て，マーキュリー計画の宇宙船フリーダム7号とフレンドシップ7号がスミソニアンに寄贈されると，ブリキ小屋と工芸産業館の航空展示に1963年には267万4000人の見学者が押し寄せた．1964年にスミソニアン理事会は国立航空宇宙博物館設立を助言したが，国家予算がつくには至らなかった．1966年にはジョンソン大統領がこの博物館の建物新築法案に署名したが，連邦議会は予算をつけなかった．

1969年6月のアポロ11号の月面着陸で，状況は相当に変わった．月の石がスミソニアンに展示された最初の1ヶ月で，見学者は20万人を越えた．同年11月には，航空宇宙博物館建設計画がスミソニアン理事会で決まった．ソ連に宇宙博物館設立計画があるという情報を流して，冷戦下の敵愾心を利用して航空宇宙博物館建設を認めさせようとまでしたが，1966年に連邦上院はベトナム戦費が減少するまでは国立航空宇宙博物館の予算割当てをしないことを決めた．行き詰まりを最後に打開したのは，超保守派上院議員ゴールドウォーター（Barry Goldwater）であった．大統領選挙に共和党候補として出馬して失敗したあと，彼は米国の偉業としての航空・宇宙を賛美する神

図7-25　国立航空宇宙博物館友の会のチラシ

殿をつくろうとするキャンペーンを行った．ようやく国立航空宇宙博物館の実現が決まり，建設工事が1972年にはじまった．開館は1976年7月1日であった．館長にはアポロ11号の宇宙飛行士コリンズ（Michael Collins）が就任した．開館後の1ヶ月には，入場者は100万人を越えた．この年のクリスマス休暇には28万人もの来館者があり，内部の混雑を避けるために，一時入り口を閉鎖するほどであった．1981年頃には，5万人近くの多数が入場する日もあった[41]．

　この博物館は，ルーヴル美術館とならんで，おそらく世界で最も観客動員数の多い博物館である．外国人の来館者も多い．年間入場者数は約1000万人である．12月25日以外は年中無休（スミソニアンの博物館はどこも同じ）であるから，毎日3万人程度の客がくる勘定である．同館が自前の友の会を持っていて，会誌 *Air & Space* を年6回刊行していることからも，その繁栄ぶりがわかる．図7-25は，この友の会のチラシである．

　開館後の約10年のあいだ，国立航空宇宙博物館は航空技術の進歩の展示と航空機の修復に力を入れた．航空機産業を引退した技術者らが，ボランティアとしてこれを支えた．ワシントンDC近くのメリーランド州シルバーヒルには，国立航空宇宙博物館の保存・修復工房であるガーバー施設（Paul E. Garbor Preservation, Restoration and Storage Facility）がある．図7-26は，そのチラシである．広島に原子爆弾を落としたB-29《エノラ・ゲイ》も，ガーバー施設で修復された．第9章で述べるように，2003年にワシントン郊外の

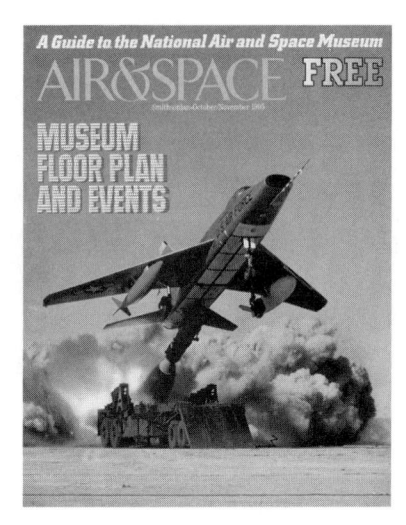

図 7 -26（左）　ガーバー施設チラシ．1992 年

図 7 -27（右）　スミソニアンの航空宇宙博物館チラシ．絵は『スミソニアン・マガジン』の 1995 年 11 月号の表紙と同じである

ダレス空港にこの博物館の航空分館ウヴァー＝ヘイジ館が開館した．

　国立航空宇宙博物館はスミソニアンの意思によってと言うよりも，戦争，冷戦，宇宙開発競争の結果として出現した．端的に言えば，国立航空宇宙博物館は軍と保守派がつくったのである．スミソニアンの国立航空宇宙博物館は，航空・宇宙と米国の栄光を結びつけて展示している．図 7-27 を見られたい．米国の栄光を直接に謳い上げる博物館はスミソニアンの博物館としてはここが唯一である．しかし，1970 年代後半から 1980 年代前半にかけて，国立航空宇宙博物館にも大学で科学史を学んだ人材をスタッフとして入れるようになり，ひたすら栄光を謳う以外の展示もあらわれるようになった．クラウチ（Tom D. Crouch. 国立アメリカ歴史博物館の《より完全な国民統合》をつくったキュレータ）は，新しい世代のキュレータの例である．最初の黒人飛行士，最初の女性飛行士のような展示や，『西部戦線異常なし』を使って世界大戦の悲惨さを描いた展示もある．彼らによる航空，天文，宇宙に関する研究も発表されるようになった．この変化は，1960 年代の国立歴史技術博物館における変化と似ている．この変化は，航空工業出身者たちと歴史

研究者であるキュレータたちとのあつれきをともなった．

　ここの展示には，米国と航空・宇宙開発の賛歌から反差別や反戦のメッセージまでがある．スミソニアンとしては，栄光の賛歌が高じて排外主義のそしりを受けることは，スミソニアンの存立を危うくするので，避けたいところである[42]．米国軍人や保守派ら外部の人々から見れば，彼らの努力でできた神殿の栄光が「ひとりよがりの」研究者のメッセージに占領されるのは許せない．米国の栄光を確認するこの博物館は，ベトナムに敗北していらだつ米国民を安堵させる場でもあったと言えるであろう．国立航空宇宙博物館はこのような矛盾した場であり，後述のエノラ・ゲイ論争のような事件が起きる下地があったのである．

第8章 サイエンスセンター

　20世紀前半までの科学技術博物館では科学技術史上の記念物の展示が中心であったが，それ以後につくられた科学技術博物館の大多数は，科学技術の歴史よりも科学技術の原理あるいは現状と未来を展示することを志向した．これらの新しい博物館（サイエンスセンター）は，デモンストレーション（実験講義）を行ったり参加型（participatory）・相互作用型（interactive）の展示をする博物館であって，見学者自身がボタンを押してモデルを動かしたり，展示と見学者とが質問と答えをやりとりしたりして，その体験を通じて学ぶようになっている．そこでは，見学者は沈黙して見学するのでなく，自らアクションを起こすことを求められる．それまでの科学技術博物館では，たいていの場合，展示物はガラスケース等に入っていて見学者が手をふれられないようになっていたが，新しい科学技術博物館では，見学者がさわって遊べるようになっている．ここではさわるな（Hands-off!）でなく，さわってみよう（Hands-on!）というので，「ハンズオン型展示」とよばれることがある．これらの施設はしばしば，博物館（museum）とはよばれず，science center とか science and technology center とよばれる．こういった参加型や相互作用型の博物館を，純粋科学あるいは応用技術・工業のどちらに比重を置いているかにかかわらず，一括してサイエンスセンターと呼ぶことが多い．

　サイエンスセンターは，歴史にこだわらないので，展示物品も科学技術史上の記念物でなくてよい．サイエンスセンターの展示物は説明用であるから，何回でもとりかえのきく模造品であってよく，その個体自体のねうちや魅力は問題にされない．サイエンスセンターでない博物館はモノの収集に力を入れるが，サイエンスセンターはこれをしない．

　サイエンスセンターは成功をおさめ，その手法は科学技術関係以外の博物館にも適用されて人気を博している．本章では，サイエンスセンターの前史

から，今後のサイエンスセンターの方向までをあつかう．

1 サイエンスセンターの誕生

サイエンスセンターの原型

デモンストレーション（実験講義）や，見学者自身が操作する展示の施設はすでに19世紀にあった．第3章に見たように，1832年にロンドンで開館したアデレード・ギャラリは，サイエンスセンターのはしりである．アデレード・ギャラリは，科学技術の実験講義を中心にしていた．アデレード・ギャラリや，ロンドンやマンチェスターにつくられた同様の施設は，いずれも独立採算施設であって，娯楽本位の見世物との競合に耐えず短命に終った．

ベルリンにつくられたウラニア（URANIA）[1]も，サイエンスセンターの原型のひとつと見ることができる．ウラニアは，1888年に物理学者フェルスタ（Wilhelm Foerster．図8-1）によって設立され，成人市民の啓蒙を目指して科学の原理を教える展示場を設けていた．ウラニアは，人間が世界を理解して合理的にふるまうには自然科学の知識が不可欠であるというアレクサンダー・フォン・フンボルトの主張にそってつくられた．フンボルトやフェルスタにとって，自然科学と精神科学は等しく重要であった．天文台に長くつとめたフェルスタらは，この展示場に冥王星にちなんだ名をつけ，また，ウラニアの機関誌『天と地』(*Himmel und Erde*) を発刊した．ウラニアには，①天文，②物理，③微小の世界，④精密工学，の四部門があり，科学講演会場もあった．図8-2を参照されたい．物理実験ホールには見学者がボタンを操作して動かす物理実験が88もあった．図8-3のようなウラニア塔という時計（天文台の標準時計に連動している）つきの広告塔が，ウンター・デン・リンデンほかベルリン市街に建設された．1909年にはイェナにウラニア国民天文台（URANIA Volkssternwarte）がつくられ，1913年以来ブレスラウ（現在はポーランドのウロツワフ）やマグデブルクなど各地に同様のウラニアがつくられた．ドイツ博物館の創立者フォン・ミラーがプラネタリウムをドイツ博物館に設置したのには，このようなウラニア運動の影響があったと思われる．1929年の世界大恐慌で，ウラニアは建物を手放すことになり，

図8-1（上） ウラニアの創立者フェルスタ
100 Jahre Urania Berlin Festschrift: Wissenschaft heute für morgen, Urania, Berlin Festschrift, 1988, p.26.

図8-2（右上） ベルリンにあったウラニア
100 Jahre Urania Berlin Festschrift: Wissenschaft heute für morgen, Urania, Berlin Festschrift, 1988, p.37.

図8-3（右） ウラニア塔
Otto Lührs, *Elektrische Eleganz, Messtechnik im Wandel der Zeit, Mausteine für das MVT*, Museumpädagogischer Dienst Berlin, 1996, p.12.

活動は下火になった．
　現在は，ウラニア協会は市民向けの科学の講演会場をベルリンの目抜き通り近くに持っている．ウラニア協会は映画会や講演会のほか外国への文化見学旅行を組織していて，この活動は前述のスミソニアンの友の会と似ている．ウラニア以来の伝統を継承して物理学の原理を示す参加型展示《シュペクトルム》（Spectrum）が，現在ベルリン・ドイツ技術博物館の別棟にある．

第8章　サイエンスセンター　409

ウラニアは，博物館施設であるというよりもひとつの思潮であり理想主義的運動であって，理科系を志望する若者に的をしぼらず，文系をふくむ市民一般の大人を対象とした．その精神は，フンボルトの兄ヴィルヘルム・フォン・フンボルトらのドイツ人文主義にまでつながる．今日のサイエンスセンターの多くが，科学技術に関心を持つ子どもや若者をターゲットにしているのに対し，ウラニアは理系・文系を問わずひろく市民を対象とした．発見宮殿以来のサイエンスセンターは（科学技術史博物館も含めて）国民を人的資源と見なす功利主義の立場に立つのに比較して，ウラニアには人文主義の色彩が濃い．前者は国家のための施設で後者は市民のための運動，科学技術至上主義対教養主義，と対比して表現できようか．この意味では，ウラニアと現代のサイエンスセンターは全くの別物である．生涯学習が唱えられる今日から見て，功利主義にとらわれないウラニアの精神には学ぶべき点があると思われる．

発見宮殿

サイエンスセンターのはじめは，1937年のパリ万国博覧会のときにつくられて恒久施設となった発見宮殿（Palais de la Découverte）であるとされている．発見宮殿は，工芸院博物館および後述のラ・ビレットとならんでフランスを代表する科学博物館であり，世界各地のサイエンスセンターの中で指導的位置を占めている．

発見宮殿は，科学技術の発達史を説明するのでなく，純粋科学（理学）の原理を実験講義・演示（デモンストレーション）によって教えようとする．図8-4を見られたい．創立者ペラン（Jean Baptiste Perrin. 1926年にノーベル物理学賞を受賞．1836年にはフランス人民戦線内閣に科学研究長官として入閣）は，次のように述べている[2]．

> 我々の最重要な目的は，科学がそれによって創造されたところの基礎研究に見学者を親しませることである．それは，これら研究に関する重要な実験を毎日くりかえし見せることによって行われる．ここで実験のレベルを下げずに，しかもそれが多くの人々によって近づきやすいような

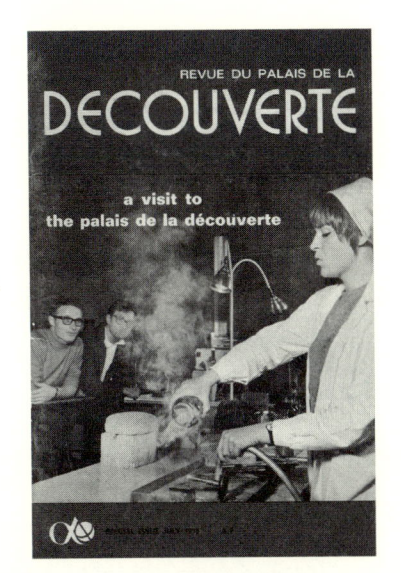

図8-4 発見宮殿のガイド・パンフレット，1975年．実験講義のようすがわかる

方法がとられなければならない．これを通じて，一般公衆が科学文化を味わうことができるようにしたい．同時に，正確さが重要であること，批判精神を持ち虚偽を排すること，偏見のない自由な判断をすること——これらは，科学文化によって培われてきたし，どんな職業の人であろうとすべての人の役に立つのである——を一般公衆に理解してもらいたい．

この国〔フランス〕にはまだ利用されていない巨大な人的資源がある〔理系に適した人がまだ十分に資源として利用されていない〕から，発見宮殿の若い見学者のなかに科学研究の才能に恵まれた人がいて，彼らが発見宮殿に来て天職を見出し，彼ら自身の熱意とエネルギーをこの目的に向けることを期待する．

発見宮殿は，パリ市の中心地域にあるグラン・パレの一角を占めている．パリ大学学生をデモンストレーターとして，科学への導入の多数のデモンストレーション実験が行われている．床面積約1万4000平方メートルという大規模な施設で，数学，天文，地質と気象，物理，生物，医学と外科の諸部門から成る．毎日10数種類のデモンストレーション実験が行われている．

第8章 サイエンスセンター 411

科学研究をレベルを下げずに見せるのが主旨であり，野外の探検やキャンプ，大学等の研究室見学や工場見学も組織している．発見宮殿では，講演や映画上映もある．フランス国内のほか，ヨーロッパ，アフリカ，南アメリカに出張展示もしている．友の会があって，14歳から18歳までの少年少女の「ジャン・ペラン・クラブ」が小人数に分かれて，発見宮殿内での実験，館外での見学や科学キャンプなどの活動をしている．年間入場者は，1975年頃には約50万人で，そのうち70パーセント強が25歳以下の若者であった．このほか，国内・国外の移動展示・講義に数十万人以上の観客がある．学校生徒の来館も多い[3]．

サイエンスセンターの発展

第二次世界大戦後，サイエンスセンターは世界の科学技術博物館界で優勢になった．大規模な総合科学技術史博物館以外の科学技術博物館の多くは，サイエンスセンターへの道を歩んだ．パリ工芸院博物館以来の科学技術博物館は約2世紀の歴史を持っているが，1960年代の推計によれば，この2世紀のあいだにつくられた科学技術博物館のうち70パーセント以上が科学技術の歴史をあつかう博物館である一方，新しい博物館のうち科学技術史をあつかうものは30パーセント程度で，残りはサイエンスセンターである．ことに米国では，サイエンスセンターへの志向が非常に強い[4]．

最初のサイエンスセンターである発見宮殿は，純粋科学だけに限定していたが，その後世界各地にあらわれたサイエンスセンターには科学の応用から工業までを展示するところが多い．サイエンスセンターも，発見宮殿以来半世紀以上の歴史を持っている．「教育」をスローガンに出発したサイエンスセンターも，「遊び」が重点になってきている．その手法も，講師が科学の原理を演示で解説するよりも，オーディオビジュアルを多用してテクノロジーのすばらしさを見学者に印象づけようとすることが多い．現代においては，工業界がサイエンスセンターの後援をしていることが多く，大企業はしばしば科学技術博物館・サイエンスセンターにおけるモダンな特別展示の企画者・協力者である．

実験講義中心の発見宮殿とちがって，今日のサイエンスセンターの多くは

見学者自身がボタンを押して展示物を操作する参加型・相互作用型の展示を中心にしている．子供たち自身が実験やフィールドワークをできるように，クラブや友の会が組織される．子供たちはしばしば学校からバスを連ねてやって来る．デモンストレーション講義を派遣することもある．もっと遠隔の地には，移動巡回展が行く．たとえば，発見宮殿の移動展示は，南アフリカや南アメリカにも行っている．サイエンスセンターでは，理科の学校教員のトレーニングも行われる．プラネタリウムや大画面映画館 Imax を持つのは，サイエンスセンターではふつうのことである．その他，放送番組を企画したり，科学啓蒙書のフェアを開いたり，工場見学を主催したり，子供のための科学体験キャンプを組織したりする．

北米大陸にあるサイエンスセンターのうちで重要なものを所在地と設立年とともに示すと，次の通りである．

* シカゴ科学・産業博物館，1933 年開館．
* ローレンス・サイエンスホール (Lawrence Hall of Science)，カリフォルニア州バークレイ，1959 年創立．
* オンタリオ・サイエンスセンター (Ontario Science Center)，トロント，1969 年開館．
* ボストン科学博物館 (Museum of Science)，ボストン，1947 年開館．
* フランクリン協会科学博物館 (Franklin Institute Science Museum)，フィラデルフィア．フランクリン協会は 1824 年設立，博物館は 1934 年開館．
* エクスプロラトリアム (Exploratorium．探検館)，サンフランシスコ，1969 年開館．

これらのうち，シカゴ科学・産業博物館についてはすでに述べた．エクスプロラトリアムは，後述する．

ローレンス・サイエンスホール[5] は，カリフォルニア大学の施設であり，同大学教授で，サイクロトロンをつくりノーベル物理学賞を受賞したローレンス (Ernst Orlando Lawrence) にちなんで命名された．展示とプラネタリウムのほか，生物学，化学，地質学，数学，物理学，天文学，コンピュータほかの広い範囲にわたる科学教室や実験教室を開催していて，子ども，教員等の対象別にさまざまなコースがある．幼児のための科学教室や，学校の理科

図8-5（上） ローレンス・サイエンスホールの《マンモス》展チラシ，1987年
The LHS Quarterly, Spring 1987, Lawrence Hall of Science, University of Calirornia, Berkeley.

図8-6（右） ボストン科学博物館の恐竜展（1988年）のチラシ

教室でそのままできるモデル科学コースなどである．ローレンス・サイエンスホールは，展示中心であるよりも科学教育センターという性格を持っている．図8-5を見られたい．

　オンタリオ・サイエンスセンター[6]は，トロント近郊の公園のなかにあり，開館後数年のうちにトロント観光のメインポイントのひとつになった．地質，自然，宇宙科学，音楽，技術といった主題についての展示がある．相互作用型の展示が主体であるが，危険をともなうような展示ではデモンストレーターが操作する．観客が自分で展示を見てまわることをねらっているので，小学生の団体見学等を別として，ガイドつきのツアーはない．

　ボストン科学博物館[7]は，1830年に自然史博物館としてスタートした．現在はサイエンスセンターになっており，医学，生物，ニューイングランドの生活，地球，水，見える音楽，数学，脳，電気，コンピュータ，スペースシャトルといったトピックスの展示がある．図8-6を見られたい．何ヶ所かのコーナーに小劇場があって，劇や演示ができるようになっている．観客が

図8-7　フランクリン協会科学博物館の1984-85年のスクール・プログラムのパンフレット

実験できるディスカバリー・ルームと医学ディスカバリー・ルームもある．プラネタリウムや，Omnimax, 図書館も持っている．電気デモンストレーションホールでは，3メガボルトのバン・デ・グラーフ発電機（これは地元マサチュセッツ工科大学（MIT）で開発された技術史記念物である）を用いた人工雷の実験をやっていて，なかなかの見ものである．バン・デ・グラフ(Robert J. van de Graaff)や，マサチュセッツ工科大学（MIT）教授だったエリュー・トムソン（Elihu Thomson）の事蹟を記念した展示など，地元に関する部分では科学技術の歴史もあつかっている．

フランクリン協会科学博物館は，開館当時はドイツ博物館の影響が強く，のちにサイエンスセンターとなって，1960年代には科学を教える博物館(Science Teaching Museum)と称していた[8]．フランクリン協会は，米国における職工教育のメカニクス・インスティテュート（Mechanics' Institute）運動の拠点として，1824年に設立され，19世紀後半までの米国の科学の発達と普及に主導的役割を果たしてきた．1876年の建国100年フィラデルフィア博覧会の開催も，フランクリン協会が中心となった．1940年代中頃には，ペンシルベニア大学のコンピュータENIACの研究がこの博物館で行われた．フランクリン協会科学博物館は，このような輝かしい伝統に基づく博物館で

あるが，近年は財政困難のために不振にあえぎ，施設の相当部分を駐車場に転用し，蔵書を売却し，さらに本館にコンピュータ学校を収容している．最近は，プラネタリウムや Imax シアターを設備して，入場者数も多くなったようである．図 8-7 は，そのスクール・プログラム（1984-85 年）のパンフレットである．

サイエンスセンターへの批判

サイエンスセンターは人気の的になったが，サイエンスセンターは従来の博物館と対立するものとして見られ，博物館界で論争になった．従来の博物館の人々は「サイエンスセンターは博物館ではない」と批判した．サイエンスセンター側の人々は，サイエンスセンターは博物館とは別の新しい——時代おくれでない，つまり博物館よりずっと良い——施設であると主張した．以下，サイエンスセンター論争を紹介しよう．

それまでの科学技術博物館は科学技術の歴史を扱うのがふつうであったが，サイエンスセンターは歴史の展示は行わず，科学技術史上の記念物の収集や保存もしない．サイエンスセンターは歴史にこだわらないだけでなく，モノ（標本や歴史上の記念物の本物）にこだわらない．モノ自体のねうちを認めないので，サイエンスセンターは従来の博物館のイメージとは全くちがうように見える．しかし，サイエンスセンターはそれまでの科学技術博物館とは別個に現れたのではない．参加型の展示手法は，ロンドン科学博物館とドイツ博物館が採用していて，サイエンスセンターはそれを継承した．サイエンスセンターは，ドイツ博物館の歴史展示を切りすてて参加型の手法のみを採り上げたと見ることができる．

ドイツ博物館ほか科学技術史博物館では，参加型展示は見学者がボタンを押すとモデルが動いたりスライド等がスタートしたりすることが多かった．サイエンスセンターでの参加型展示はもっと進んでおり，見学者の反応が展示にフィードバックされる．見学者の反応は多様であるから，フィードバックのための反応入力（見学者が返事をえらんで押す）も複数用意されており，見学者の返事によって展示も変化するようになっている．このような展示は，相互作用型展示と呼ばれ，自己学習のための機械であると見ることができる．

シカゴ科学・産業博物館の館長ダニロフは，サイエンスセンターをめぐる1980年代までの論議を次のように整理して述べている[9]．従来の科学技術博物館が歴史上のモノ中心であるのに対し，サイエンスセンターは現代の情報に重点を置き未来を志向する．サイエンスセンターは歴史志向（historic）でなく現在志向（comtemporary）である．サイエンスセンターは，モノ志向（object-oriented）でなく体験志向（experience-oriented）であり，モノを通じてではなく，アイディア（idea）や現象（phenomena）を通じて文化を伝承しようとする．サイエンスセンターは，モノ中心でなく，テーマ中心（thematic）である．

単純化して対比すれば，科学技術史博物館は見学者に科学技術の歴史と重要性を解釈してみせる（interpretive）のであり，サイエンスセンターは科学技術についての見学者の想像をかきたてる（imaginative）のである．前者は見学者を教育（instruct）し，後者は見学者を喜ばせて興奮させる（excite）．前者は展示物中心（object-oriented）であり，後者は見学者中心（public-oriented）であると言うこともできよう．この対比をさらに続ければ，科学技術史博物館は見学者の理性に訴え，後者は感性に訴える．前者は客観性を重んじ，後者は主観を尊ぶ．また，前者は静的（static）で，後者は動的（dynamic）である．サイエンスセンターの多くについてはこのような対比は相当にあたっている．

しかし，これらの対比には重要な例外がたくさんある．そもそも科学技術博物館にエモーショナルな要素を持ち込んだのはドイツ博物館であって，科学技術史博物館における展示手法の革新の延長線上にサイエンスセンターが出現したのである．科学技術史博物館の代表であるドイツ博物館では，見学者にインスピレーションを与えるべく科学技術史記念物を展示する．他方，サイエンスセンターの最初である発見宮殿は今日まで，科学の原理を説明し見学者を教育することに徹していて，エモーションに訴える手法を重視していない．それゆえ，この対比は過度の単純化である．

知識を学習する際にもエモーションが必ず関係することは，誰もが認めるであろう．それゆえ，サイエンスセンターが教育と娯楽との組合せをねらうのはもっともなことである．しかし，「努力なしに学べる」（education without effort）と標榜し，「科学を愉快に」（Make science fun !）というサイエンスセンターの主張に対し，「おもしろければ教育か？」（Is fun educational ?）という反論がある．サイエンスセンターの行きつく先はただのテクノロジカル・ワンダーランド（不思議の国のテクノロジー版）ではないかという批判がある．サイエンスセンター自ら「プレイグラウンド」を称することもあるが，果してそれがただの「ワンダーランド」に堕していないかどうか，見解は分かれる．

サイエンスセンターは，モノ（記念物，標本）にこだわらず，コレクションをしない．さらに，「従来の博物館では見学者が自分の知らないカルチャーについて知識を得たが，新しいサイエンスセンターでは見学者は自分自身を発見するのだ」という考え方——エクスプロラトリアムのキュレーターショー（Evelyn Shaw）による——が出されている．この見解はモノを中心とする場であるはずの博物館を根底からくつがえす転換であり，注目にあたいすると思われる[10]．

コミュニケーションの手段として博物館やサイエンスセンターを考えることもできる．ハドソンは，本とテレビや映画と比較して博物館の機能を論じている．テレビや映画は事実に基づく情報を伝える（communicating factual information）のに不適であり，本は後戻りして読み返すことができるのでこれに適している．テレビや映画は，イメージを植えつけて楽しませるのに効果がある．知の普及のための博物館は，事実に基づく情報を有効に伝えているであろうか．サイエンスセンターで来館者は，本を見直すように展示を後戻りして見るであろうか．劇場化した博物館やサイエンスセンターは，一過性の娯楽であるテレビ・映画や見世物に近づいていると言うことができる[11]．

さまざまな批判はあっても，大規模なサイエンスセンターは多数の見学者をひきつけて大いに成功し繁栄している．20世紀の末に近づくにつれて，大画面映像劇場アイマックス（Imax），レーザー，ホログラム，オーディオビジュアル等を駆使してますます美々しくなった．これらの手段が，サイエンスセンターの優位を強固にした．

サイエンスセンターの手法を使えば，商業主義の宣伝にも政治のプロパガンダにも役立つ．シカゴ科学・産業博物館は，そのひとつの例である．手法

図8-8　エクスプロラトリアム創立者フランク・オッペンハイマー

Hilde Hein, *The Exploratorium: The museum as laboratory*, Smithsonian Institution Press, Washington, 1990.

からすると，ディズニーランドやゲームパークのような商業娯楽施設とサイエンスセンターとは近い．

　第二次世界大戦後のサイエンスセンターの流行から約半世紀たち，サイエンスセンターもいろいろと変化した．次に紹介するエクスプロラトリアムとラ・ビレットは，新しいサイエンスセンターであって，それまでのサイエンスセンターとちがった存在と評され，世界のサイエンスセンターと科学技術博物館に強い影響を及ぼした．サイエンスセンターの手法は科学技術関係以外の博物館にも適用されている．

2　エクスプロラトリアム

　米国サンフランシスコにあるエクスプロラトリアム（Exploratorium.「探検館」といった意味．1969年開館）[12]は，独自の相互作用型展示によってサイエンスセンターに新しい波をもたらし，パリのラ・ビレット（1986年開館）とともに特に1980年代には世界の科学技術博物館界で注目を集めた．この二館は，現在でもサイエンスセンターの手本として挙げられる存在である．創立者フランク・オッペンハイマー（Frank Oppenheimer. 1912-85年．図8-8）は，エクスプロラトリアムで見る人の自由意思による選択が可能であるように展示を配慮した．これは，他の博物館やサイエンスセンターにない特徴である．

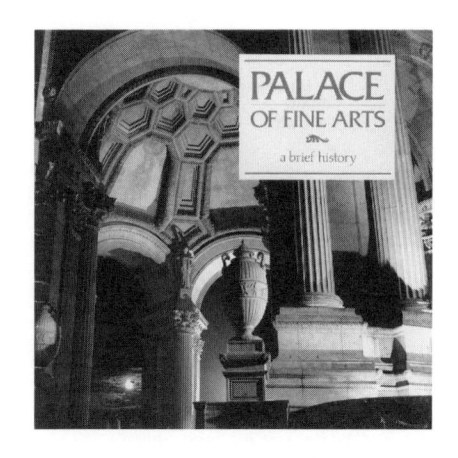

図 8-9　エクスプロラトリアムの建物「美術の宮殿」
Palace of Fine Arts: A Brief History, Exploratorium, 1983.

オッペンハイマーの生涯とエクスプロラトリアムの沿革

　フランク・オッペンハイマーは物理学者で，ニューヨーク市に生まれた．兄ロバート・オッペンハイマー（Robert Oppenheimer）とともに 1945 年にマンハッタン計画に加わり，原子爆弾の開発と実験に従事した．ロバートはこの計画を指揮し，原子爆弾開発の父と呼ばれた．第二次世界大戦後もフランクは，中性子加速器や宇宙線の研究を行い，また，核軍縮のために活発に発言した．兄ロバートは，冷戦のなかでスパイの疑いをかけられ自殺に追い込まれた．フランク・オッペンハイマーも，1949 年にマッカーシー上院議員の非米活動委員会から攻撃され，ミネソタ大学の教職を辞した．物理学の研究を続けることができなくなった彼は，コロラド州で牛飼いとして生活した．1957 年に彼は地元の高校の理科教員になり，ようやく教育界への復帰を果たした．ここでオッペンハイマーは理科教育に熱中し，これがエクスプロラトリアムの下地となった．地方の高校では，満足な実験器具もなく，理科の教員は彼ひとりだけであった．そこで彼は，生徒たちと一緒にこわれた自転車の部品などを集めてきては，種々の教材・実験装置をくふうした．1959 年にオッペンハイマーはコロラド大学へ招聘され，研究と教育に従事する．彼は，学生実験を改革し，学生が自発性と体験によって物理学を会得できるようにくふうし，MIT による小・中・高等学校の理科教育改革プロジェクトにも参加した．

　1965 年にオッペンハイマーはロンドンへ出張した．この折にドイツ博物

館やロンドン科学博物館などを見た彼は，科学博物館が一般市民のために必要であり小学校から大学までのすべてのレベルの科学教育を補うものとして不可欠であることを知った．帰国してから彼はワシントンDCのスミソニアンに協力するように招かれたが，彼の新しい博物館構想は結局西海岸のサンフランシスコで実現することになった．1915年にサンフランシスコでパナマ太平洋博覧会が開催され，その残った唯一のパビリオン「美術の宮殿」(Palace of Fine Arts. 図 8-9)[13] の修復が1968年に成った．長いあいだ使いみちのなかったこの建物（約 8000 平方メートル）が市からエクスプロラトリアムに提供され，5万ドルの資金がサンフランシスコ財団から寄贈された．1969年にエクスプロラトリアムはひっそりと開館した．

　エクスプロラトリアムはさほど有名ではなかったが，次第に知られるようになった．1972年における入館者数は，40万人以上になった．オッペンハイマーは，学生・生徒らとともに展示を企画・設計・手づくりし，装置の調整などにも彼自身があたった．1972年頃には，展示数は250になった．展示のひとつの製作費は，1972年当時800ドルから1000ドルであった．レーザーのように見学者が操作するわけにはいかない展示には，説明員がつけられている．彼らは高校生・大学生で，その約半数がマイノリティ・エスニックの人たちである．1985年には，相互作用型・参加型の手づくりの展示 600 を持つようになった．理科教員のための訓練プログラムも実施している．

エクスプロラトリアムの展示

　エクスプロラトリアムでは，好奇心から発した学習 (Learning driven by curiosity) を促すようになっている．すべての年齢の人々を対象として想定し，決していわゆる子ども相手ではなく，「博士レベルの観客を想定して展示をつくる」とまで言っている．展示の例を挙げよう．

* 光とレンズ作用．平行光線がスライド（Exploratorium の建物「美術の宮殿」のスライド）を通ってスクリーンにあたるようになっている．卓球ラケットのような板がいくつか置いてあって，孔があいていたり，レンズがついていたりする．小さな孔がひとつついている板を光路の途中に置くと，ピンホール作用で美術の宮殿の倒立像ができる．大きな孔がある板では，

図8-10　エクスプロラトリアムのチラシ

像はできない．凸レンズのついた板を動かしていくと，正立像があらわれるところと倒立像のあらわれるところとがある．凸レンズを孔明き板で隠すと，像はシャープになる等々．
* 　ジャイロの原理．直径40センチメートルくらいのジャイロに把手がついている．まわっているジャイロを手に持って回転いすに座ると，ジャイロの持ち方によって体がいすごとまわり出す．

エクスプロラトリアムには，この種の展示が数多くあり，見学者自身が動かすことがその特徴である．個々の展示の説明板には，動かす手順が書いてあり，さらにその結果がどういうことを意味するのか，何の原理がわかるかを述べてある．

エクスプロラトリアムの展示の大半は，このように相互作用型でありハンズオンである．パリ発見宮殿ではデモンストレーション（実験講義）に重点を置いてきたのに対し，エクスプロラトリアムではあくまで見学者自身がモデルを操作するのであって，実験講義やガイドつきツアーといった指導者つきではない．実験講義等で科学技術の原理を理解させようとするとき，「こうだからこうなる」という単一の文脈になる．エクスプロラトリアムの展示では，見学者が他人から指示されずにリラックスして，展示にさわって動かすことによってさまざまに異なる結果が得られ，それによって見学者の喜び

と科学に対する深い興味が呼びおこされる．

　エクスプロラトリアムの建物に一歩はいると，そこはガレージ風の暗い巨大な空間であって，美しいどころか乱雑で一種異様な印象を受ける．図8-10を見られたい．仕切りがほとんどなく壁面が非常に少ないのも，博物館としては異例である．広い床面のそこここで展示がプレイされているさまは，祭りのときの遊園地・博覧会場・動物園・巨大な体育館に似ていて，展示を収容するための仮の設備であるように見える．ほぼ中央に工房があり，観客に見えるようになっていて，展示の大半はここで設計され手づくりされる．エクスプロラトリアムの展示物は「作品」であるといってよい．ここでは，できあがった展示だけでなく，展示を手づくりするプロセスも重要であり，展示製作と観客のハンズオン・プレイとが乖離しないように努力している．身近な廃品を集めてすばらしい実験モデルができるプロセスを見たり，若い（学生・生徒の）スタッフが歩きまわっているのを見たりすると，少年少女はエクスプロラトリアムに親近感を持つであろう．これは，エクスプロラトリアムの重要な特徴であり，学校の理科教室に似ている．エクスプロラトリアムでは，できあがった規範を見せるというよりも，建築空間，展示をはじめすべてのものが製作途中であるという感じがある．観客は，科学もまだ「製作途中」であると思うであろう．若い見学者は，自分もエクスプロラトリアムの展示製作に参加したい，さらに将来は，進行中の科学研究に参加したいと思うであろう．そういう参加が可能であるという雰囲気が，ここにある．エクスプロラトリアムは常に若く未完成であり，この点において他に類例がない．

　エクスプロラトリアム関係者は，「エクスプロラトリアムは綿密に計算されたカオス（混沌）である」と言っている．「エクスプロラトリアムで，人は何を見出すかというと，何よりも自分自身を発見するのだ」とも言う．それぞれに含蓄のある言葉であり，従来の科学技術博物館の常識とは非常に異なるところがある．

　オッペンハイマーは，サイエンティフィック・アートの分野でも知られており，サイエンスセンターと芸術の融合を主張した．エクスプロラトリアムで視覚に関係する展示が多いことも，この主張と関係しているであろう．展

図8-11 エクスプロラトリアムの実験展示の一例，立体視についての"Eyeballs"
Exploratorium Cook-Book: Construction Manual for Exploratorium Exhibits, I, Exploratorium, San Francisco, 1980, No.31.

図8-12 エクスプロラトリアムの『クックブック』第3巻，1987年
Exploratorium Cook-Book: Construction Manual for Exploratorium Exhibits, III, Exploratorium, San Francisco, 1987.

示のデザイン・製作にはアーティストが参加し，いくつもの展示をアーティストが設計した．

　展示は，次の12のテーマから成る．動物の行動，色，電気，熱と温度，言語，光，動き，パターン，音と聴覚，触覚，視覚，波と共振．全体を通じて人間の感覚・知覚特に視覚・錯視に関するものが多い．これは，エクスプロラトリアム初期からの特色であり，エクスプロラトリアム成功のもとでもある．図8-11は，その例である．化学関係のモデルは少ない．動物・植物を飼育・栽培している展示もある．科学の歴史を扱う展示はない．

　米国では，理科教員の科学知識が充分でない場合が多いので，エクスプロラトリアムは理科教員の訓練にも力を入れている．手づくりの展示モデルについては，*Exploratorium Cookbook* というイラスト入りの本が3冊刊行されている（図8-12参照）．エクスプロラトリアム式の展示を，理科教員だけでなく，だれでもこのクックブックを見て作れるようになっている．科学に参加

したい青少年にとっては，よいガイドになる[14]．近年，このようなモデル製作ブックは，前述のドイツ博物館のケルシェンシュタイナー・コレーク等からも出されている．

エクスプロラトリアムの入場料は，初期には無料だったようであるが，1989年には大人5ドル・子供（6歳から17歳まで）1ドルであった．

オッペンハイマーの考え方とエクスプロラトリアムの新しさ

エクスプロラトリアムの良さは，創立者オッペンハイマーのスピリットに由来する．彼の言は，博物館の機能や博物館が果たせる役割といったことについて示唆に富むので，少々長くなるが，ピックアップして紹介しよう[15]．

> 科学が目的とするところのひとつは，生物無生物を問わず我々のまわりで起きているすべてのこと・ものを発見し，理解し，統一することである．科学において何かを理解する方法は，科学以外において何かを理解する方法と共通であることが多い．
>
> 社会科学が自然科学より遅れているのは，社会科学の対象が物理学などの対象よりもずっと複雑であるせいだが，またひとつには，物理学がなしとげてきたこと，なしとげる可能性について社会科学の側に大きな誤解があるせいである．
>
> 博物館は学校教育などよりも，広い視野を持つことができる．だからそれは，学際的テーマを扱うのに適している．
>
> 博物館は学級とちがって，時間割にきつくしばられることはない．それゆえ博物館は，広い年齢層・多数の人々に対する生涯教育の場となる．
>
> 科学のルーツは，しばしばsightseeing（観光）のようなものである．高エネルギー物理における泡箱の分析は，この例である．sightseeingのためには，sightが見えるようにする便宜が必要である．エクスプロラトリアムは，この便宜を提供する……．エクスプロラトリアムの経験は，sightseeingである．最良のsightseeingは探検であって，何を調べどこへ行くのか自由度がある．さわったり感じたりにおいをかいだり動いたりすればするほど，sightseeingは深い満足をもたらす．

博物館では人々は，展示で複数のかつ種々の例を自分でえらんで見て，何かを理解して深い満足を味わうことができるはずである．ところが実際には多くの博物館では，この可能性をむだにして代表的な単一の例を示すだけである．見学者は，展示を見るのに自分で意志決定をしたいのである．実際の博物館の多くは，見学者に単一のストーリーを提示するが，それは見学者にとって心理的なプレッシャーになる．美術館でさえ実際には，見学者に自分で意志決定させないようにしていることが多い．博物館で見学者が何かを学ぶには，もっとリラックスした雰囲気が必要である．

　人々が自分たちをとりまく世界を理解したと感じるかあるいは理解できると確信した場合，そしてその場合だけ，人々は自分たちの決定と行動によって世界を変えることができると思うのである．この確信なくしては，人々はまわりの出来事や力にほんろうされていると感じるほかない．エクスプロラトリアムは，多くの人がこの確信を形成し，また新たにするのを助ける．エクスプロラトリアムは，特に若者の理解しようとする欲求を伸ばす．

　大人の仕事とplayとを区別するのが困難な場合がある．物理学研究者の仕事は，しばしばplayであるし，エクスプロラトリアムの展示をつくる仕事もplayであった．しかし，大人になると仕事においてplayfulであるには，大変な自己規律を要する．エクスプロラトリアムの展示の多くはplayから生まれたし，人はエクスプロラトリアムでplayfulになれる．

　人間の感覚・知覚というテーマは，広い見学者層に対して魅力があり，子供にも大人にもおもしろい．そこでは，感覚・知覚がどんな人々にとっても同じだということと，しかも重要な個人差があるということがわかる．

　このように，オッペンハイマーは純粋科学の研究活動をモデルとした．彼においては，研究，play，感覚，美，自由意思，リラックスといったことが関連している．エクスプロラトリアムの根本は，見学者（市民）が自分で意

志決定する機会を保障することである．playも見学者が自己意志決定する機会であり，手づくりの展示は，展示者と見学者が相互の意志決定を尊重する媒介である．それゆえ，オッペンハイマーの言うplayは遊園地やワンダーランドのプレイとはちがう．商業娯楽施設では，プレイとは施設が設定した通りに観客がすることである．従来の科学技術博物館の場合は典型例を展示して規範を示すので，見学者は館の設定した通りに学んで理解しなければならない．エクスプロラトリアムでは，商業娯楽施設とも従来の科学博物館ともちがって，多数の文脈を可能にして見学者の意志決定の自由度を確保している．これが，エクスプロラトリアムの最大の特長である．博物館は正統性を示す場である[16]から，単一規範を否定するエクスプロラトリアムは博物館としてはきわめてまれな存在である．

オッペンハイマーは，自由度とともに，観客がリラックスすることを重視した．シカゴ科学・産業博物館での研究によれば，見学者はリラックスしていて説明する人がついていない（relaxed and unescorted）ときに，最もよく情報を吸収するという[17]．現実の博物館見学について，ハドソンは，人がリラックスすることは稀であると述べている[18]．サイエンスセンターのなかでも，資本主義のショーケースであるシカゴ科学・産業博物館とエクスプロラトリアムとは対極にあるように見える．その両者が似たことを言っているのは，興味深い．

非実用性も，エクスプロラトリアムの特徴である．エクスプロラトリアムには，科学者を人的資源として扱ってその数をふやそうとする姿勢はない．この意味でエクスプロラトリアムは，功利主義の施設（utilitarian institution）ではない．本物の科学を示すという点では発見宮殿もエクスプロラトリアムと同じであるが，発見宮殿は若い世代を科学技術のための人的資源として考える．エクスプロラトリアムでは，科学を実用に役に立てようとするのではなく，見学者は，科学を科学自体として，playとして楽しむ．発見宮殿をつくったペランは，オッペンハイマーと同じく純粋物理学者であったが，発見宮殿とエクスプロラトリアムとはちがうものになった．純粋科学者にも功利主義者とそうでない人と両方がいる，ということであろうか．功利主義はパリ工芸院博物館以来の科学技術博物館の伝統であるから，エクスプロラ

トリアムは極めて稀な例外である．エクスプロラトリアムの存在は，科学を有用性のゆえに尊重する近代合理主義への批判でもある．

　エクスプロラトリアムは，科学への全幅の信頼に基づいている．それゆえ，これを科学ユートピア主義と批判することも可能であろう．しかし，ここは少なくとも善意に満ちており，誠実であって，科学技術博物館にまま見られる愛国主義・排外主義はない．

　エクスプロラトリアムの弱点は，エリート主義（elitism）であろう．オッペンハイマーの精神は，大衆にとってわかりやすいとは思われない．実際に，サンフランシスコは白人以外の人々の多い（人口の半数以上が非白人である）ところであるのに，ここの観客の 90 パーセントは白人であるという．これは，白人層以外の支持が薄いことを示している．この弱点を意識して，エクスプロラトリアムは出張展示等の努力をしている．

　エクスプロラトリアムの影響
　エクスプロラトリアムは世界から注目を集め，各地の科学技術博物館・サイエンスセンターで模倣されている．ロンドン科学博物館のような科学技術史博物館にも，エクスプロラトリアムは出張展示するなど，強い影響を及ぼしている．1989 年には，日本でも東京の科学技術館ほかでエクスプロラトリアムの出張展示が開催された[19]．

　これらのエクスプロラトリアム風の展示は観客の自由をモットーとするオッペンハイマーのスピリットを継承しているかどうか，相当に疑問がある．サイエンスセンターはどこもプレイを標榜しているが，そこでは多くの場合，観客は決まったプレイをさせられているのであって，観客が自ら play しようとするエクスプロラトリアムとはちがう．日本のエクスプロラトリアム展でも，ボーイスカウトが展示ごとについていて，「あなたの操作はまちがっている．こう動かすのです」と観客に「注意」していた．これでは観客は自由に play はできない．かたちだけのプレイを観客にやらせるのでは，オッペンハイマーの意図とは正反対になってしまう．エクスプロラトリアムの模倣はむずかしいことであろうが，オッペンハイマーのスピリットに共鳴する人が行うならば，エクスプロラトリアムを世界各地で再現することはできる

と思われる．

　サイエンスセンターが観客の自由な選択を尊重する場であるか，観客を誘導してプレイさせる「やらせ」であるか，そのちがいは大きい．現実には，容易に後者に堕してしまう．後者ならば商業施設の方がずっと上手であって，サイエンスセンターは競合できないであろう．また，商業主義にとって，オッペンハイマーの精神を模倣することは困難であろう．それゆえ，オッペンハイマーの根本の精神に学ぶという基本は，サイエンスセンターが商業娯楽施設に負けずにやっていくために有用であると思われる．

3　パリのラ・ビレット

　フランスでは1960年代に，パリ工芸院博物館と発見宮殿を統合して新しい科学技術博物館にしようとする計画があった．結局，発見宮殿とは別に大きなサイエンスセンターが新設されることになった．これが，ラ・ビレットである[20]．

　パリ市東北部のかつて畜殺場があったラ・ビレット（La Villette）地区に，文化都市公園がつくられた．この公園は敷地総面積が50万平方メートルあり，サイエンスセンター，見本市会場，劇場・コンサートホール，音楽博物館等を持つ巨大な複合体である．そのうち，サイエンスセンター「科学と工業の町」（La Cité des Sciences et de l'Industrie は，4万平方メートルを占める．これは，フランスでは通称ラ・シテ（la cité）であるが，本書では日本での慣用にならってラ・ビレットと呼ぶことにする．

　1979年にパリ第6大学教授レヴィ（Maurice Lévy）が，ラ・ビレットの基本構想をまとめた．構想には科学技術の歴史を展示することにも重点が置かれていたが，その後工業界からのテコ入れもあって工業の重要性を強調することへの比重が増し，歴史をあつかうことはなくなった．開館は1986年で，レヴィが初代館長となった．開館以来，基本コンセプトから展示の手法まで非常に新しいものとしてラ・ビレットは世界の博物館界の話題となった．

　ラ・ビレットは，いくつかの建物から成る．常設展示エクスプローラ（explora）のある本館が中心で，となりには巨大な球形Omnimax映像ホールで

図 8 -13 (左) ラ・シテのラ・ビレットのチラシ．本館の右に球形のラ・ジェオドが見える．1986 年頃

図 8 -14 (下) 球形の巨大な投影シアターであるラ・ジェオドのガイドブック，1992 年

あるラ・ジェオド（la geode. 直径 36 メートル，スクリーン面積 1000 平方メートル，360 人収容）がある．Imax が巨大スクリーンで映像を見せるのに対し，Omnimax では，巨大な半球の内側がスクリーンになっている．ラ・ビレットの本館（図 8-13）もラ・ジェオド（図 8-14）も，超モダンなデザインである．本館には，エクスプローラ（面積 3 万平方メートル）のほか，広大な特別展示スペース（1 万平方メートル），プラネタリウム，映画館，小劇場，水族館，子どもプレイルームであるラ・シテ・デ・ザンファン（la cité des enfants），大きなメディア総合図書館メディアテーク（médiathèque）がある．本館の外では，潜水艦アルゴノート（l'argonaute）の中にはいって潜望鏡で外の公園をながめたり，航空機操縦シミュレータであるシナックス（le cinaxe）を運転したりできる．

1986 年に開館した直後のエクスプローラの展示は，四つの学際的なテーマにグループ分けされていた．①地球から宇宙へ，②生命の探検，③物質・材料とその利用，④言葉とコミュニケーション．現在は，次のようなトピックスをあつかっている．宇宙開発，海，環境，自動車，航空，エネルギー，

視覚，情報とコンピュータ，人間のコミュニケーション表現，音，数学，岩石と火山，星，生命と衛生，医学，生物学，光の錯覚遊び，映画や無線といったフランスのお家芸と言うべきトピックスの展示は，力がこもっている．展示替えがひんぱんに行われているようで，閉鎖されている展示スペースも多い．開館以来20年のあいだに，展示の構成は「目玉」というべきテーマで観客に強烈な印象を与えることから，個別のテーマで説明し観客を説得することへと変化してきたように思われる．これを，サイエンスセンター風展示から科学技術史博物館風の展示への回帰と見ることもできる．以前にはエクスプローラでは科学技術の歴史や原理を解説することはなかったが，X線やコンピュータといったハイテク展示のなかにも古い機器も置くようになった．ラ・ビレットのエクスプローラは，サイエンスセンターと科学技術史博物館とを融合した博物館になったとも言えるであろう[21]．

展示の手法には，オーディオビジュアルが多用されている．展示空間全体が暗いホールであって，壁面の説明プレートが少ないのは，エクスプロラトリアムの影響であろうか．映像ディスプレイによるミニ・シアターが各所にある．観客が操作するコンピュータが方々に配置してあったが，故障が多いので減らしたようである．人間の感覚（特に視覚）に関する展示が多いのは，エクスプロラトリアムの影響であろう．昆虫（アリ）の巣，蝶の園など生物の展示もあるが，非常に成功しているとは見えない．化学の展示もすくない．これらもエクスプロラトリアムとの共通性を感じさせるし，ラ・ビレットがエクスプロラトリアムの精神を理解していることがうかがわれる．

エクスプローラで感心させられるのは，展示の配置である．他の博物館でよくあるのは，展示の通路がジグザグになっていて観客は一度はいったら最後まで通りぬけなければならない配置である．エクスプローラでは，展示のトピックスは一見したところ脈絡がないような配置になっているが，観客は好きなところだけ見ることができ，通路を歩くことを強制される感じがない．こういうエクスプローラのやり方は，観客の自由意思と選択というエクスプロラトリアムのモットーを思いおこさせるし，また，シカゴ科学・産業博物館とも通じるところがある．配置の細部についても，ニッチを上手に設けたり，観客がとにかく触ってみたくなるようにつくってある．有能なデザイナ

図 8-15　ラ・ビレットの子ども展示の「親と教師のための」ガイドブック，1995 年
Guide pour la cité des enfants, Cité des Sciences et de l'industrie, Paris, 1995.

ーの協力のもとに展示と配置がなされたのであろう．

　本館にあるラ・シテ・デ・ザンファン[22]は，3 歳から 12 歳までの子どもが遊べる科学プレイルームで，面積は 3800 平方メートルある．1997 年に筆者が見学したときには，子ども向けに電気エネルギーを主題としたエレクトリシテ（électricité）という特別展示をやっていた．13 歳から 18 歳までのティーンのためのテクノシテ（techno cité）という展示もあり，主として機械のメカニズムを見せている．高校生・大学生向けに職業教育と職業選択の情報を提供する職業情報センターもある．このように，ラ・ビレットは幼児から青少年までの科学教育を，熱心にやっている．スタッフには児童心理の専門家がいるとのことで，ラ・ビレットが科学教育の研究の厚みに支えられていることがわかる．図 8-15 はラ・シテ・デ・ザンファンのガイドブックで，「親と教師のための」とある．これらラ・ビレットのガイドブックやチラシはどれも赤と青と黄の表紙で，組み立て玩具のレゴを思わせる．これも，ラ・ビレットのくふうのひとつであろう．

　ラ・ビレットのメディア総合図書館メディアテークは，入館無料である（ラ・ビレットの展示入場料は 1996 年には大人 50 フランから 100 フラン程度であり，安いとは言えない）．この図書館は，一般図書室・児童図書室・

専門図書室から成る．一般図書室では，多数の科学・技術・工業の雑誌書籍があり，書架と机を分離することなく読書室風に配置している．冬の週末には，6000人から7000人がメディアテークに来るという．ここでは，老若男女さまざまな人々が自由に本を取り出して読みふけっている．生徒から大人まで，熱心にノートをとっている人も多い．メディアテークには，古い本が置いてあるだけでなく，新しい参考書は複数冊あり，借り出せるようになっている．人々は展示で受けた印象をメディアテークで反芻し，触発された関心から自分で知識を求めて学習しているのであろう．このようにメディアテークは，ラ・ビレットの展示を補完する存在であり，その役割は重要にして有効であると思われる．見学者が展示から強い印象を受けて帰るだけでなく，博物館へ来たことがきっかけとなってテクノロジーについて自ら何か学ぼうとするならば，それは博物館見学の望ましいかたちである．博物館見学が一過性の娯楽に終らずに事実に基づく情報を伝える結果をもたらすかどうかを本章1で問うたが，ラ・ビレットが図書館に重点を置いているのは，この点を意識した努力であると思われる．ラ・ビレットの行き方は新しいだけでなく，博物館の基本に忠実であると言えよう．

　ラ・ビレットには，科学技術史研究センター（Centre de recherche en histoire des sciences et des techniques/CRHST），大規模な図書館，アーカイブもある．CRHSTは，ラ・ビレット地区とは別のところに所在し，科学技術史や博物館学のコロキウムをひんぱんに開催している．

　ラ・ビレットの人気は高く，1986年（開館の年）は約350万人という多数の見学者を集めた．アフリカ人ほか，外国人の見学者も多い．フランスの科学技術の優越をブラック・アフリカの人々に見せることは，旧宗主国フランスにとって必要であるし，フランス・ハイテクを先進諸国に示すことは，市場獲得のためにも国際政治面からも重要である．ラ・ビレットには，こうして国家の威信がかかっている．ラ・ビレットを世界に広めようとする活動を熱心に行っていて，国内・国外の移動展示や巡回展示も活発に行っている．日本にも，1995年から1998年にかけて16ヶ所で出張展示があった[23]．イタリアのパドヴァでは，ラ・ビレットを直輸入で模倣してサイエンスセンターをつくった．

開館から 10 年を過ぎて，超モダンと評されたラ・ビレットにも落ち着きがでてきた．各種の展示と活動を通じて，ラ・ビレットは幼児から青少年までの科学教育に力を入れるようになった．近年のラ・ビレットには，科学技術史博物館への回帰も見られる．サイエンスセンターと科学技術史博物館が別物であって対立する存在であると考える時代は，とうに過ぎた．国民への科学技術知識の普及という使命を果すためには，歴史展示でもプレイでも必要と場合に応じて使えばよいのである．サイエンスセンターと科学技術史博物館の融合は，今後の世界の科学技術博物館の行き方として，ひとつの手本になるであろう．ラ・ビレットから学ぶべきことは，「超モダン」な外見ではなく，科学技術史学，展示学，デザイン，児童心理学などの研究スタッフをそろえ，巨額の資金を不断に投入して，常に本格的な展示をすることである．

4 サイエンスセンターの今後

サイエンスセンターの歴史も，発見宮殿から 60 年以上，エクスプロラトリアムから 30 年以上になった．サイエンスセンターは非常な成功をおさめ，サイエンスセンター風の展示は科学技術関係以外のさまざまな分野の博物館にも導入されて，大いに人気を博している．サイエンスセンターの出現からその未来までの意味を，考えてみよう．

サイエンスセンターはなぜあらわれたのであろうか．サイエンスセンター誕生の背景には，人々の持つ科学技術観の変化があったと考えられる．20世紀も 3 分の 1 を過ぎて，「科学技術の勝利」がいきわたり，科学技術は人々にとってあって当然になった．そうすると，姿勢をあらためて科学技術のなりたちから説きおこす必要はなく，科学技術を遊びとしてさりげなく提供する方が喜ばれる．これがサイエンスセンターである．

サイエンスセンターの登場には，科学技術史博物館開設が容易ではないという事情もあったと思われる．科学技術が発達して広範囲・多岐にわたってくると，ひとつの博物館で（それがいかに広大なスペースをもっていても）科学技術の全分野の原理を解説し，歴史をたどり，現状を紹介するのは無理

図8-16 ストックホルムの技術博物館のサイエンスセンター《テクノラマ》のチラシ．1995年頃．赤と青と黄のイラストには，組み立て玩具レゴやラ・ビレットとの共通性が感じられる

になる．科学技術史博物館を新設しようとしても，歴史上の記念物はもはや入手しにくいという困難もあった．

　科学技術史博物館からサイエンスセンターになって，観客もまた変わった．科学技術史博物館では観客を国民として教化・陶治しようとするのに対し，サイエンスセンターでは彼らはバラバラの大衆としてあつかわれる．彼らは，個人としてレクリエーション，レジャーを求めてサイエンスセンターに来るのであって，「国民としての必要な知識等を身につける」といった固苦しい意識を嫌う．サイエンスセンターの出現は，大衆社会化の一現象であり，消費社会，レジャー・娯楽の変遷という文脈において考察されるべきであろう．ハバーマス（Jürgen Habermas）の「市民的な公共圏が構造転換して消費の場になる」というディスクール[24]も，この考察に示唆を与えると思われる．

　次に，サイエンスセンターとはなにか，サイエンスセンターは今後どのような道を歩むかについて，いくつかの点を指摘しておこう．
　第一に，科学技術博物館とサイエンスセンターは対立する存在かどうかという点がある．科学技術博物館は教育，サイエンスセンターはプレイ（遊び）という二項対立（dichotomy）がかつてはあったが，現在では科学技術教育を目指すサイエンスセンターがふえている．サイエンスセンターは科学

技術の歴史をあつかわないとされていたけれども，部分的にせよ歴史にふれた展示がサイエンスセンターにもあらわれている．科学技術史博物館のなかにも，サイエンスセンターの手法による展示がつくられている．科学技術史博物館とサイエンスセンターは共存するだけでなく，融合するようにもなった．世界の代表的な科学技術史博物館の内部に相当大きなスペースのサイエンスセンターを設けるのが，ふつうになった．そこでは，エクスプロラトリアムとラ・ビレットの強い影響が見られる．図8-16は，ストックホルムの技術博物館に設けられたサイエンスセンター《テクノラマ》(TEKNORAMA)のチラシである．もともと，サイエンスセンターの相互作用型展示は，科学技術史博物館からひきついだものである．今後，両者は共存し，相互に長所を取り入れ，また，融合するであろう．

　第二の点は，サイエンスセンターとモノとの関係である．モノの収集・保存を不要としたということでは，サイエンスセンターは博物館の歴史を通じてたしかに異端児である．バーチャル・リアリティやインターネットの時代には，科学技術史博物館であってもモノのディジタル信号化されたデータさえあればすむのかもしれない．このように，科学技術博物館とモノとのつながりは時代とともに希薄になる．しかし，逆に，本物（実物）のモノを収集し保存する博物館の重要性は今後高まるであろう．本物を持つ館と，ディジタル信号化されたモノをディスプレイする館と，博物館が二極に分解する可能性もある．

　第三に，サイエンスセンターと商業主義との距離である．サイエンスセンターは大変に人気がある．サイエンスセンターはオーディオビジュアルや大画面画像を駆使して，ますます派手に，楽しくなっている．観客の得る印象は映画と似たところがあって，展示にただ圧倒されてしまい虚脱感が残り，何が楽しかったか，何を知ったかということは考えない．しかし，彼／彼女はまたこのすばらしい体験を求めて何度もサイエンスセンターに行くであろう．サイエンスセンターが人気を誇ってショー化する他方で，商業主義の側からは営利事業としてサイエンスセンターに進出しようとする．遊園地はテーマパーク化し，家族連れやシルバー世代が何日もゆっくりとすごすリゾートパークへの方向もあらわれている．こうして，サイエンスセンターと商業

娯楽パークとは近づいている．しかし，集客力では，サイエンスセンターは商業娯楽施設と太刀打ちできないであろう．博物館・サイエンスセンターにとって採算性のため「娯楽路線」への誘惑は強いが，商業娯楽施設と競合すると負けることは第3章で見たアデレード・ギャラリがすでに示している．

サイエンスセンターの手法がそれほど有効であるならば，なぜ企業等がプロモーションやプロパガンダにこれを利用しないのであろうか．サイエンスセンター風の企業博物館がどんどんつくられてもおかしくないと思われる．そうなっていないのは，博物館やサイエンスセンターが巨額の費用を要するからである．もし巨大投資をして営利またはプロパガンダのためのサイエンスセンターが成功すれば，この方向がひろがるにちがいない．

第四に，エクスプロラトリアムの革新の重要性である．単一規範を排して観客の自由を尊重する姿勢は，博物館の歴史でここに初めて現れた．単一規範を否定することは，科学技術史博物館に対する批判であるとともに，博物館がプロパガンダのツールであることへの批判である．また，エクスプロラトリアムは，商業主義に傾斜するサイエンスセンターに対する批判でもある．サイエンスセンターが今後生き延びるためにも，オッペンハイマーとエクスプロラトリアムの精神を学ぶことが役立つであろう．

第五に，サイエンスセンターの教育への回帰である．1970年代の議論では，旧来の科学技術博物館はエデュケーションを提供し，新しいサイエンスセンターはエンタテインメントを提供すると言われた．それがさま変わりして，サイエンスセンターも科学技術知識の普及や理科教員の養成と再訓練を行っている．これは，大きな変化である．エンタテインメントを提供するのではサイエンスセンターは商業娯楽施設との競合で勝てないので，教育への注力を選択したと見ることもできる．サイエンスセンターであろうと科学技術史博物館であろうと，国民への科学技術知識の普及という教育の使命は同じで，その実践のスタイルにも結局は大きなちがいはない．ラ・ビレットの軌跡が，これを良く示している．

第9章 現代における博物館の変貌

　本章では，現代の博物館の方向等について述べる．まず，スミソニアン・インスティテューションの最近の活動を紹介する．社会派展示・メッセージ型展示をするスミソニアンの方向は今後拡大して世界で一般化するとは考えられないが，差別解消に取り組むその姿勢は現代の博物館においてモデルのひとつと言えるであろう．本章の後半では，今後の博物館についていくつかの問題点を指摘する．

1　スミソニアンの動向——社会での論議と博物館

　第7章に見たように米国を代表するスミソニアンが米国の過誤や差別問題について展示することは，米国の民主主義と公正の体現として高く評価された．しかし，社会で論議となるような問題（social issue）をとりあげることは，米国内の保守派からの反発を買った．批判の的になった展示として，日本では《エノラ・ゲイ》（Enola Gay）が知られているが，1994年に開展した《米国人の生活における科学》（Science in America）をめぐる論争があった．さらにその前の1991年にスミソニアンの国立アメリカ美術館（National Museum of American Art）で行われた《米国としての西部》（West as America）も，保守派の反発を呼んだ．この展示は，カタログの副題に「フロンティアというイメージの再吟味」（Reinterpreting images of the frontier）とあるように，「白人」から見たフロンティアの西漸という既成の史観への修正であった．この史観がどのように絵画を通じて人々に刷り込まれてきたかを明らかにする展示は，保守派にとっては許し難かったにちがいない．図9-1を見られたい．展示製作にあたり「アメリカン・インディアン」（native American）から意見を徴したことも，不当であるとされた[1]．「白人」あるいはヨーロッパ側か

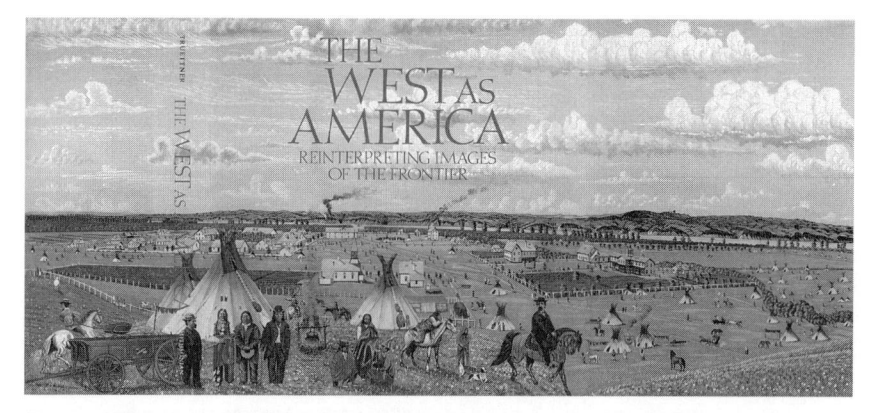

図 9-1　国立アメリカ美術博物館における展示《米国としての西部》のカタログ，1991 年
William H. Truettner, *The West as America: Reinterpreting images of the frontier, 1820-1920*, Smithsonian Institution Press, Washington, 1991.

ら見た歴史である従来のアメリカ史を再吟味しようとする展示が，《米国としての西部》のほかにもつくられた．コロンブスによる新大陸発見 200 年記念の《1492 年頃》(circa 1492) 展示（1991 年．ナショナル・ギャラリ National Gallery で）や，新大陸と欧米との相互影響関係をあつかった《変化の種》(Seeds of Change) 展示（1991 年．国立自然史博物館で）である．

　こういった展示のいくつかは，保守派から攻撃された．その結果，1990 年代にはスミソニアンの新規展示製作費としては連邦予算はほとんど割当てられなかったようである．スミソニアンことに国立アメリカ歴史博物館は，2000 年就任のスモール (Lawrence M. Small) 総裁の下で急激に変化しつつある．彼はシティ・バンクから来た銀行家で，スミソニアンとしてははじめての，学界とは無関係の総裁である．スモール路線によって，米国人のナショナリズムを高揚させる展示が増えている．結果として，技術の歴史に関する展示はずっと少なくなった．キュレータの転出も多いようである．しかし，政権をどの党がとろうと，差別解消という米国の課題がなくなるわけではなく，これについてスミソニアンの使命は重い．国立アメリカ歴史博物館のナショナリズム重視の新しい展示でも，各所に差別問題への配慮が見られる．スミソニアンの黒人博物館の計画もある．予算削減，「右旋回」といったことは米国社会の危機の反映であろうが，米国社会の危機の時代にこそ

スミソニアンの役割が期待されると言えるであろう．

以下，まず，論争の的になった近年のスミソニアンの展示のいくつかについて述べ，次に，スモール路線で国立アメリカ歴史博物館につくられた最近の展示および新設の国立アメリカン・インディアン博物館を紹介する．

国立自然史博物館の《変化の種》展示

1991 年に開展した《変化の種》(Seeds of Change: 500 Years of Encounter and Exchange)[2] は，新世界（南米・北米大陸）の発見が，食物・病気などを介して，旧世界（ヨーロッパ）に政治・経済だけでなく社会・日常生活の面にも深い影響を及ぼしたことを展示している．この展示には，副題として，「出会いと交換の 500 年」がついている．「新大陸」発見は，米国人の国土となるべき土地を準備したと同時に，黒人の奴隷労働の土地をつくりだしたのである．図 9-2 は《変化の種》展示のカタログで，「コロンブス以来の 500 年」と副題がついている．図 9-3 は子ども用のガイドチラシで，展示場のマップとクイズがついている．

トウモロコシ，各種のイモ，ピーマンをはじめ，パプリカ，トマト，スイ

図 9-2 《変化の種》のカタログ，1991 年
Herman J. Viola and Carolyn Margolis (eds.), *Seeds of Change: Five hundred years since Columbus (A quincentennial commemoration)*, Smithsonian Institution Press, 1991.

第 9 章 │ 現代における博物館の変貌　　441

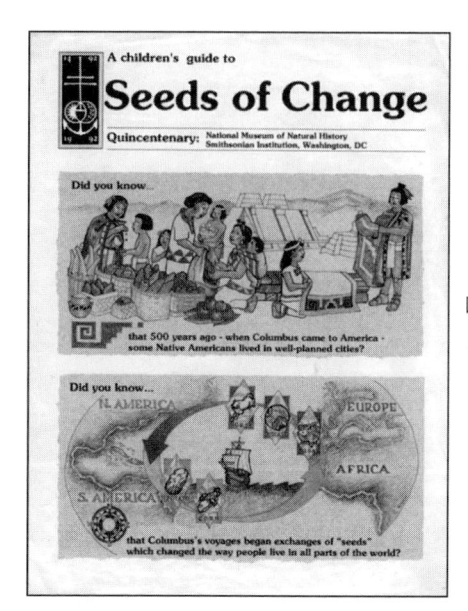

図9-3 《変化の種》の子ども用ガイドチラシ

カ，カボチャはいずれもアメリカ大陸原産であった．ジャガイモは穀類よりも栽培が簡単で，粉にひく必要がなく，ゆでるだけで食べられた．軍隊を養うには穀物よりもジャガイモが便利で安上がりであったから，ジャガイモの導入はヨーロッパの戦争を激しくしたと言うこともできる．米国にアイルランドから移民が多数流入した（ケネディ大統領もアイルランド系である）のは，アイルランドでジャガイモの病気が発生して飢饉になったからである．トマト味なしのイタリア料理など想像し難いが，この意味では今日のイタリア料理は実は新大陸発見後につくられたものである．米国人はポテトチップやポップコーンがないとテレビを見られない（カウチポテトのこと）と言われるが，この意味で米国人はヨーロッパ人の後裔であるよりもアメリカ大陸人である．《変化の種》展示では，「コーンとポテト」，「スパゲッティがトマトと出会う」といったタイトルをつけて，このあたりを見せた．

展示では，高度なアステカ文明の繁栄の跡も示された．ピサロやコルテスといった侵入者は，この文明を滅ぼしてスペインやポルトガルに奉仕する植民地をつくりだした．大帝国を侵入者があっけなく滅ぼしたのは，彼らがアメリカ大陸にはいない馬に乗っていたからであり，また，彼らが持ちこんだ

伝染病に土着民の戦士がやられたからであった．馬の出てこない西部劇など考えられないが，馬もヨーロッパ人が持ち込んだ動物である．梅毒が，新大陸からヨーロッパにもたらされた．食物だけでなく，動物や病気もヨーロッパとアメリカで交換されたのである．

そして，血も交換された．今日の中南米の人々の多数が混血であるから，彼らは征服者の子孫であり，同時に，征服された者の子孫である．従って，彼らは先祖であるスペイン人やポルトガル人に憎しみといくらかの愛情の混じった複雑な気持をいだいている．非常に多数の黒人がアフリカから連れてこられたのは，さとうきびプランテーションの労働力を確保するためであった．《変化の種》では，カリブ海地域のプランテーション奴隷の小屋も展示した．《変化の種》展示のあった1992年は，1492年のコロンブスの「新大陸発見」からちょうど500年にもあたった．黒人の米国市民にとって「新大陸発見」は，米国の栄光のあけぼのではなく，苦しみのはじまりであるにちがいない．コロンブス500年記念にあたって，事実，コロンブスの罪を国際法廷で問うべきだとする声もあった．《変化の種》は，こういう声に与(くみ)することはしないが，500年の歴史を展示することによってアメリカ人とは何であるかをひろく問いかけている．これも，差別解消へのスミソニアンの努力のひとつである．この展示はまた，多数のヒスパニック系市民をかかえる米国のスミソニアンがヒスパニック系文化を評価し尊重するというメッセージであり，非ヒスパニック系米国人がこの文化を尊重すべきであるという呼びかけでもある．スミソニアンが差別を解消して国民を統合しようとする努力が，《変化の種》展示に強くあらわれている．

1991年には，《変化の種》と連動して，ナショナル・ギャラリで《1492年頃》(circa 1492)という展示が開催された[3]．これは，500年前のコロンブスによる「新大陸」発見のころに，ヨーロッパだけでなく，世界はどんな状況であったかを展示したものである．地中海世界では当時は地理上の発見，ルネサンス，イスラム帝国の時代であった．金の国を求めてヨーロッパから旅したマルコ・ポーロは，明帝国に出会った．ここでは，インド，朝鮮，室町期の日本の文化もとりあげられている．さらに，南北アメリカ大陸の文明について展示された．図9-4は，この展示の子どもと親のためのガイド・パン

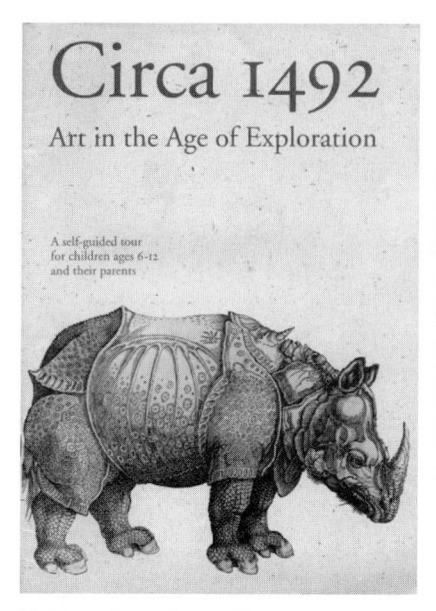

図9-4　ナショナル・ギャラリーにおける《1492年頃》展示の子どもと親のためのガイド・パンフレット

図9-5　『ニューズウィーク』の《1492年頃》展示特集号，1991年

フレットである．『ニューズウィーク』誌は，「コロンブス特集号――二つの世界がぶつかったとき―― 1492-1992年，コロンブスの航海はどんなに東西の両世界を変えたか」を刊行した．これを，図9-5に示す．《変化の種》だけでなく《1492年頃》も，押すな押すなの大人気で，入場が困難なときもあった．米国人は，知識層の人々であっても，世界の地理・歴史・文化について関心も知識も少ない．盛況であった両展示は，米国市民の関心と視野をひろげる効果があったにちがいない．これらの展示は，スミソニアンでなくてはできない米国市民への贈り物であったと言えよう．

　　エクスターナリスト展示――《米国人の生活における科学》
　米国の科学の歴史をあつかう展示は1970年代から計画されていたが，科学の成果をならべて分類する殿堂風の展示にしようとしていた．1979年にケネディが館長になって以来，モレラ（Arthur Molella）ら新世代のキュレータの手によって，計画は社会派展示というべき方向に修正された．この展示

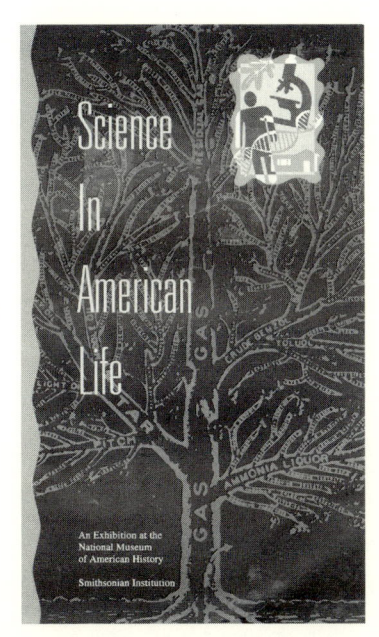

図9-6 《米国人の生活における科学》のガイド・パンフレット

はエクスターナリスト・ヒストリーの典型であると思われるので，ややくわしく紹介しよう[4]．図9-6はこの展示のガイド・パンフレットである．

1994年に開展した《米国人の生活における科学》は，面積1万3000平方フィート（約1170平方メートル）という大規模な展示である．この展示の導入部（図9-7）には，次の文章が掲げられていた[5]．

> 政治，ビジネス，あるいは宗教と同じく，科学も米国の歴史の中心部分である．今日，科学と技術は，米国の文化と日常生活にしみこんでいる．過去125年以上のあいだに，科学と技術が必ず進歩をもたらすとほとんどの米国人が信じるようになった．20世紀が終わるいま，人々のこの確信はゆらいでいる．彼らは，科学が利益とともに本質的に害をもたらすと理解している．《米国人の生活における科学》展示は，米国における1876年〔米国独立の年〕以来の，科学と進歩に関する見解の変化を明らかにする．科学と技術についての責任ある選択を行うことが，21世紀に向けての挑戦である．科学，技術と社会とは分かちがく結びつい

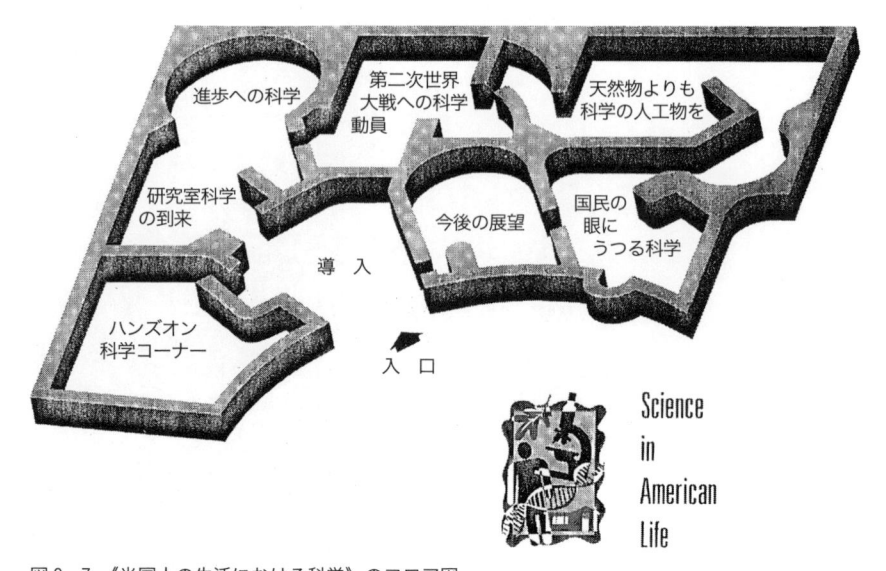

図9-7 《米国人の生活における科学》のフロア図
"*Science in American Life*": *A brief Tour of the Exhibition*, National Museum of American History, 1994.

ているので，この展示では科学の発見だけ切り離して焦点を合わせることはせず，科学の時代に生きていることの意味をつかもうと，米国市民が努力した歴史上の例に焦点を合わせる．

　この展示で主な観客として想定されているのは，科学者ではなくてふつうの市民である．ことに，従来は科学知識からも科学研究からも最も遠かった人々，すなわち女性と黒人ほかマイノリティが，科学に親しみを持つようになってもらうことをねらっている．まず展示の入口には，ヨーロッパ系，アフリカ系，スペイン系，アジア系など，さまざまなエスニシティの米国市民（等身大の写真で示してある）が，「米国人の生活にとって科学とは何か？」(What is Science in American Life?) を討論しているさまがある．群像に子どももあるのは，子どもの観客多数を想定しているからである．これらの群像を示したねらいは，観客ひとりひとりに向かって，あなたはどんな人（職業，エスニシティ，年齢等々）ですか，どんな立場でこの展示を見ますか，米国と科学との関係を考えるときにあなたの立場のほかにどんな立場があります

か，と問うことである．

これに続く第1部「研究室科学の到来」（Laboratory Science Comes to America）は1876年から1920年までをあつかっていて，当時のさまざまな科学者を展示で示した．一番目に，19世紀末のジョンズ・ホプキンス大学のレムセン（Ira Lemsen）の化学実験室が再現されている．レムセンは，同大学で理工系の大学院コースをつくり，多くの学生が彼のもとで博士号をとって，公共機関，工業，大学に勤務した．それまでは科学研究は俸給をもらって行う職業ではなかった．レムセンは，科学者の職業化を推し進めたのである．彼の弟子で人工甘味料サッカリンの発明者であるファールベルグは研究成果でもうけることを悪と考えなかったが，科学至上主義のレムセンはこれに反対であり，サッカリンの発明先取権をめぐって両者は激しい議論の応酬をした．展示では，レムセンがファールベルクあてに書いた手紙を示して，科学者の実態を見学者がわかるようにしている．また，レムセンの教え子たちの写真が掲げられている．これを見ると，白人男性がほとんどで，女性やマイノリティは事実上いなかったことがわかる．

二番目に，レムセンの研究室とは対照的なヴァージニア州のハンプトン校が示されている．この学校は，もと奴隷であった黒人に自由民として生きていく訓練をする学校として，1868年にブラウン（Hugh M. Browne）によって設立された．ここでの科学教育は科学の応用が眼目であり，卒業生は農業に従事するか教員になることが多かった．

三番目に，公共機関で働く科学者が示されている．19世紀後半から，伝染病，飲料水，食品などの衛生問題に都市自治体がとりくむようになった．これにつれて，住民が専門家の意見に頼るようになった．科学者のなかには，水の汚染を検知する簡便な器具をくふうしたり，食品への混ぜものを調べる草の根グループを組織する者もあらわれた．展示では，MIT最初の女子卒業生エレン・リチャーズ（Ellen Swallow Richards）もとりあげている．彼女に教えられ激励されて，多数の女子学生が公共機関で化学関係の職についた．

四番目に，合成化学のはじめである石炭化学とコールタールが説明してある．コールタールから合成された甘味料サッカリンや合成染料インジゴは，当時のハイテクの花形であった．医薬品，防腐剤，爆薬，毒ガスがコールタ

ールからつくられ，第一次世界大戦中には，コールタールを原料とする染料工場は国防・兵器の工場となった．石炭化学は，今日の石油化学の前駆であった．

　五番目に，心理科学が示されている．ちょうど第一次世界大戦の前から，科学者たちは人間の知能を計測しようとしはじめた．彼らは，頭蓋骨の大きさ等をはかることによって知能がわかると考えたが，テスト結果からは何もわからなかった．

　第2部「進歩への科学」(Science for Progress) があつかう1920年から1940年の時期には，科学者は社会で権威のあるリーダーと認められ，科学は社会の進歩（道徳面もふくめて）とより良い世界を意味するようになった．「科学によればこうだ」(Science says...) と言えば，たいていの議論がおさまり，商品ならばよく売れるようになった．1939年の世界博覧会では，「科学を通じてより良い生活を」(Better living through science) が標語であった．他方，1925年には，聖書の説に反する進化論を教えることを禁じた州法を侵したという理由で，公立学校の生物教師スコープス (John T. Scopes) が処罰された．モンキー裁判とよばれた事件である．このスコープス裁判を展示に入れるかどうかは，展示のスポンサーである米国化学会とスミソニアンとの対立点（後述）のひとつとなった．

　科学者のイメージとして，自分の研究に閉じこもる男性研究者で，白衣を着てネガネをかけているというイメージが定着した．すでにこの時期には，科学者は企業に雇われて働く存在になっていた．科学と科学者のイメージは良かった．親たちは，息子が将来は職業として科学者になることを望むようになった．「子供たちを将来のすぐれた科学者にする」ための，科学玩具が発売された．これら玩具の箱には，ワイシャツとネクタイ姿の少年が描かれていて，少女は出てこない．科学は男性のものであり，科学者は男性であった．この種の広告や箱に少女があらわれるのは，1950年代になってからであり，しかも研究者ではなく実験室の手伝いであった．

　第3部「第二次世界大戦への科学動員」(Mobilizing Science for War) は1940年から1960年までをあつかっている．連邦政府が科学研究に積極的に関与するようになった．この経験から戦後には，官（軍）・産・学の三者複

合によるビッグサイエンスが組織され，政府資金がこれに注ぎこまれた．原子爆弾開発のマンハッタン計画はこの時期の重要な事蹟であった．マンハッタン計画以前のビッグサイエンス・プロジェクトとして，ペニシリンの量産があった．第二次世界大戦では，白人男性だけでなく，黒人らマイノリティや女性も，これらプロジェクトに動員されて働いた．この展示では，長崎に落とされたプルトニウム爆弾の開発経緯を，ローレンス（E. W. Lawrence）のサイクロトロン（相互作用型のモデルが置いてある），フェルミ（Enrico Fermi）の臨界炉，軍とデュポン社によるプルトニウム製造から原爆投下まで，といった順で説明している．観客はここで，シカゴ CP-1 原子炉（レプリカ）から制御棒を引き抜いて，臨界にする作業を経験できるようになっている．ビッグサイエンスは，戦後には冷戦と軍備競争の中で拡大した．核が親しみを持たれるように「アトミック印」のネクタイや水着，キャンデー自動販売機があらわれた．これは，日本の鉄腕アトムの流行に通じると言えようか．反面で，核爆弾が米国にも落とされるのではないかという恐怖がひろがり，核攻撃に備えて，家庭用に 1800 ドルもする核シェルター（放射性降下物すなわち死の灰をよけるため）が売れた．こういうシェルターの例が展示してある．シェルターをそなえるよう勧誘することは，1960 年代はじめまで，ボーイスカウトの活動のひとつであった．

　第 4 部の「天然物よりも科学の人工物を」（Better than Nature）は，1950 年から 1970 年まであつかっている．その展示の主要な内容は，次の通りである．

　1920 年代からの科学によりプラスチックほかの新しい財や物が産み出され，また，大恐慌と第二次世界大戦によって消費者の欲求が抑えられていたので，戦後に消費ブームが起きた．合成材料，原子力発電，女性用避妊薬がいきわたり，自然物よりも人工物・合成物がすぐれているとする考えが優勢になった．展示では，ニューメキシコ州アルバカーキのある家庭が示されていて，合板建材，リノリウム床，家電製品と美しいキッチン，ポリエチレン製タッパーウェア，塩化ビニール製 LP レコードなどでいっぱいである．この楽天的な家庭も，核爆発による放射性降下物の影におびえていた．また，緑の芝生に囲まれたホームは，実は殺虫剤によって可能になったのである．

経口避妊薬ピルが，第三世界における人口爆発を抑えるために開発された．貧しい国では出生率が高く，これが共産主義の温床につながると考えられたのである．皮肉なことに，ピルは先進国の女性の権利拡張のために使われるようになった．ピルがなかったとしたら，米国の女性就業人口はずっと少なかったであろう．自然をコントロールするための薬が人間社会を変えてしまったのであり，これは，科学と社会との相互作用の例である．かつては避妊やピルについて語ることはいくつかの州では禁止されていたが，現在では「11時のニュースの時間に合わせて，ピルを飲みましょう．あなたは，今日ピルを飲み忘れてはいませんか？」といった類のコマーシャルまである．

自然を科学がコントロールする神話が信じられていたが，カーソン（Rachel Carson）は1962年の『沈黙の春』（*Silent Spring*）で，農薬等の使用に警鐘を鳴らした．無制限なDDT散布のつけが，環境破壊から人体への悪影響というかたちで顕在化したのである．野鳥が数多くふしぎな死に方をする描写からはじまる『沈黙の春』は，米国市民に衝撃を与えた．彼女は過激な宣伝家というレッテルをはられて迫害されたが，今日では食物連鎖を通じて人間に農薬の害が及ぶことは定説となっている[6]．

第5部「国民の眼にうつる科学」（Science in Public Eye）は1970年以後を扱っている．この時期には，メディアを通じて科学の最新の成果を家庭で見ることができるようになった．展示には，テレビでみるアポロ11号の月面歩行や，月面においたレーザー反射鏡の例が示されている．他方，スリーマイル島，チャレンジャー号，チェルノブイリといった事故や災害がテレビや雑誌で報道された．市民の環境問題意識が高まるとともに，科学者・専門家の権威に疑問をとなえることがタブーではなくなった．それは，科学自体が善であろうと悪であろうと，科学の結果が市民の生活や生命に影響を及ぼすことを，市民が知ったからである．オゾンホール，超電導粒子加速器，遺伝子工学の三つでも，科学が市民の眼にさらされた．11億ドルの超電導粒子加速器の予算は，連邦議会で否決された．国民は実際的な利益のない巨大科学に国費を使うことに疑問を呈したのである．フロンによるオゾンホール発生は，我々が日常ふつうにやっていることの結果が大変な災厄をもたらすかもしれないという例である．冷凍機用の引火性ガスのかわりに開発された

「安全な」フロンが問題になるとは，科学の皮肉である．展示では，代替フロンも説明してある．コーエン（Stanley Cohen）がはじめて行った遺伝子組みかえによって，クローンをつくったり，望みのままの生物商品を生産する可能性がひらかれた．トマトに耐寒性遺伝子を組み込む，生物で分解されるプラスチックをつくるなどの例では，大きなプラスの結果が約束されているように見える．漏れた石油を食べてしまうバクテリアが，遺伝子工学の最初の特許になった．展示では，遺伝子工学が何をもたらすかをを考えようとする市民の動きを，ビデオで見ることができる．

「今後の展望」（Looking Ahead）と題した最終部分は，次のように述べている．30 年前までは米国人は科学のもたらす成果に満足して，科学を進歩の手段と考えていた．1960 年代と 1970 年代になって見方が変わり，科学が米国人の生活の利害にかかわると気づき，科学の行方に市民が自ら関与しようとするようになった．今日では，米国市民は，科学を科学者だけにまかせておかないで，科学の得失を自ら考えようとしている．

この展示では各部に相互作用形の展示があって，観客が自分で動かして見るようになっていた．さらに，展示の出入り口の向かいには，ハンズオン・コーナーがあり，展示で示されたトピックスに関する 20 種の実験を自分でできるようになっていた．5 歳以上の子どもが参加でき，12 歳までの子どもは大人同伴でくることになっていた．化学とバイオテクノロジーに重点があり，展示にあわせて次のような実験があった．
* 第 1 部「研究室科学の到来」食品の添加物や水の純度のテスト，pH 測定．
* 第 2 部「進歩への科学」合成繊維と天然繊維の比較，1940 年代と 1950 年代のラジオ部品の比較．
* 第 3 部「第二次世界大戦の科学動員」ガイガー・カウンターによる周囲の放射線レベルの観測．
* 第 4 部「天然物よりも科学の人工物を」こぼれた油の処理法．
* 第 5 部「国民の眼にうつる科学」紫外線遮断の方法，炭酸ガスとその処理，ローソクの消火と石灰水による吸収．

＊「今後の展望」 羊の胸腺 DNA 分離，DNA 指紋による犯罪捜査．

ここには博物館のスタッフやボランティアがついて，来場者と直接対話した．こうしたハンズオン展示によって，《米国人の生活における科学》は，市民と子どもが化学・科学に親しむ場を設けており，業界にとっても役立ったことであろう．

以上のように，《米国人の生活における科学》は，さまざまな例を挙げて米国社会における科学の意味を多面から検討していて，力作であったと言えよう．しかし，この展示は次に述べるような論争を呼んだ．

《米国人の生活における科学》に，スポンサーであった米国物理学会（American Physical Society）と米国化学会（American Chemical Society）は反発した．科学技術観の変化に言及した《米国人の生活における科学》を，科学技術を貶めるものだと受け取ったのである．この展示の主任キュレータであるモレラは，「歴史修正主義者」（revisionist），「ポストモダン構造主義者」として非難され，メディア等を動員した攻撃の標的になった[7]．《米国人の生活における科学》をめぐる事件の推移は，《エノラ・ゲイ》展示の場合と似ているが，《米国人の生活における科学》では，結局，展示内容には大きな変更はなされなかった．

米国物理学会と米国化学会は，科学技術をバラ色に描く展示を期待していた．科学・化学が人々に益をもたらすことを強調する展示であろうと思っていたのが，科学・化学が人々の論争のまとになる（controversial である）ことが展示されていた．そこで両学会は反発し，スミソニアンのキュレータと対立した．米国化学会は 530 万ドルをこの展示に寄付し，展示の大半が化学関係であった．化学者・科学者たちは，展示に科学の神聖なプレスティジを示して栄光をたたえる殿堂を期待したのであって，レムセンとファールベルグの応酬のような実態が市民に知られてしまうとは思っていなかった．彼らは，自分たちが堕ちた天使として描かれていると受け取った．彼らにとって，科学の意味もその展示も，見る人の立場により受け取り方がちがうという multiple interpretations は理解しがたかった．

約 20 年来，研究活動に対する公的予算が削減され，科学技術に危機をも

たらすと危惧されていた（いわゆる Science War）[8]．従来，科学者は，①科学技術はしろうと（市民）にはわからないもの，政治を超越した特別なものであり，②科学技術は豊かな生活を可能にする役立つものであり，いつでも「善」である，と描き出そうとしてきた．米国では，超伝導粒子加速器への予算割当てを議会がキャンセルして，科学技術を聖域とする神話①が崩れた．科学者・技術者は科学技術研究にとって危機の時代が訪れたと感じた．そこで，神話②を強調する必要性が高まった．《米国人の生活における科学》展示に米国物理学会と米国化学会が反発したのには，このような危機感が背景にあった．

　強い不満を持ちながらも米国化学会がこの展示の実現を許したのは，同学会が1876年以来化学博物館設立を基本目標のひとつとしながら実現しなかったいきさつがあったからである．スミソニアンの博物館で化学の大規模な展示をすれば，同学会の宿願を相当に果たすことになる．スミソニアンに化学の展示があることのメリットは，きわめて大きい．米国化学会が自前で化学博物館をつくったとしても，国立アメリカ歴史博物館の観客数の10分の1の人も見にこないであろう．《米国人の生活における科学》は，開展後，多くの観客を集め，子どもたちに人気があった．こうして，スミソニアンのキュレータに圧力がかかったにもかかわらず，展示は根本的修正なしに続いたのである．

　ここで，エクスターナリスト展示である《エノラ・ゲイ》（Enola Gay）についても，ふれておこう[9]．日本では，《エノラ・ゲイ》展示問題は，原爆投下が残虐行為であったか，それとも戦争を終わらせるために必要であったかの論争と受け取られている．しかし，いちばん重要な点は，歴史の「定説」の不当を正す展示，特に米国史上の負の事蹟を明らかにする展示が，社会的公正を守るためであっても，国を代表する博物館で行われてよいかどうかということである．スミソニアンのキュレータたちはこれが必要であると考えて，1980年代から展示をつくってきた．《米国としての西部》，《より完全な国民統合──日系米国人と米国憲法》，《エノラ・ゲイ》，《米国人の生活における科学》は，その例である．これに対して米国人から反発があった．

保守派によるキュレータ攻撃を不当とする意見もあるが，国を代表する博物館でその国の歴史のネガティブな面を展示するのは可能あるいは妥当であろうか．日本人が《エノラ・ゲイ》に対する米国人からの反発を非難するのならば，歴史上の日本の負の事蹟を日本の国立の博物館で自ら展示する義務があるはずである．

　スミソニアンにおける一連のメッセージ型展示・社会派展示は，国民の分裂という問題をかかえる米国において特殊に可能であったと言えるであろう．米国ではそうであっても，たとえば《731部隊と細菌戦争》，《南京虐殺》，《朝鮮人強制連行》，《従軍慰安婦》といった展示が日本人キュレータの手によって東京の国立の博物館で行われるときがくるであろうか．答えは，ほとんどまちがいなく，ノーである．社会的公正を守るためであっても，国の威信を傷つけるような展示が国立の博物館でされることは実際には許されないであろう．博物館で政治に関係するトピックを展示することは博物館外からの反発を呼ぶし，政府の意向に反する展示をすることは不可能に近い．どの国においても博物館の財源を握っているのは非常に保守的な人たちであるから，エスタブリッシュメントに逆らわない「中立の」(neutral)展示をせざるを得ない．スミソニアンのメッセージ型展示・社会派展示については，世界にひろまるとは思えない．しかしまた，スミソニアンのエクスターナリスト展示は，ひとつのモデルとして世界の博物館に影響を及ぼし続けると思われる．米国以外の博物館人の中にも，体制順応の博物館路線を否とする意見がある．ハドソンは，第三世界のかかえる問題を主題として1968年にスウェーデンで行われた巡回展示《美しい瞬間》(Beautiful Moments)およびこの展示への反発を例に引いて，次の時代を担う若者を刺激し激励するためにこういう展示が必要であると主張している[10]．

最近の国立アメリカ歴史博物館

　国立アメリカ歴史博物館は資金寄付者の名を冠にして，名称を"National Museum of American History, Bering Center"とした．展示もここ数年のあいだに新設されたものが多く，また，未完成であったり改修中であったりして，閉鎖されている空間が相当にある．近年に新設された主な展示には，次のよ

うなものがある．
* 《移動するアメリカ》（America on the Move）[11] 1876 年（カリフォルニアのサンタフェ鉄道開通の年）から 1999 年までの米国における交通の変遷をたどる．人種差別バスを認めた州法（Jim Claw laws）についても展示している．
* 《時間どおり》（On Time）時計とその社会における役割の変遷をあつかう．
* 《召し上がれ！》（Bon Appétit: Julia Child's Kitchin）人気のあった料理研究家ジュリアのキッチンを展示．
* 《変化する米国の中のコミュニティ》（Communities in a Changing Nation: The Promise of 19th-Century America）19 世紀に移民が米国に作ったコミュニティの展示で，ユダヤ系ほかのコミュニティを扱っている．旧展示《諸国民から成る国》（A Nation of Nations）の後継展示と言えるかもしれない．
* 《壁の中で》（Within These Walls…）一軒の家に住む奴隷制度廃止論者や洗濯女など 5 家族の 200 年間の歴史を描いたもので，家具・調度の変化も示されている．
* 《星条旗の保存》（Preserving the Star-Spangled Banner）2 階中央ホールにあった 200 年前の星条旗（The flag that inspired the National Anthem）は，3 階の展示室に移された．2 階ホールには，2002 年 9 月 11 日にペンタゴンの破壊された瓦礫の中から見つかった星条旗が掲げられている．
* 《米国大統領》（The American Presidency A Glorious Burden）歴代大統領の展示．
* 《自由の代償》（The Price of Freedom: Americans at War）植民地時代から現在までに米国が行った戦争と軍人を描く．1620 平方メートルある大規模な恒久展示である．
* 《写真に見る第二次世界大戦》（WWII Photographic Perspectives）キャパ（Robert Capa）ほかによる第二次世界大戦の写真の展示．
* 《エラ・フィッツジェラルド賛歌》（A Tribute to Ella Fitzgerald）エラ・フィッツジェラルドの 60 年の歌手生活をたどる展示．

数年後にはおそらく，1990 年代まであった展示の多くは，ミニ・ホワイトハウスや《大統領夫人》（First Ladies）以外，なくなるであろう．同館の今

後の方向性は，①エクスターナリスト展示，問題提起型・メッセージ型展示の後退，および，自由，公正（フェアプレー），民主主義といった理念の後退，②科学技術史関係の展示の減少と社会史関係展示の増加，であると思われる．

ケネディ総裁時代以来の問題提起型・メッセージ型展示は米国の民主主義を示すものとして高く評価されたが，《米国としての西部》や《エノラ・ゲイ》，《米国人の生活における科学》は，自国の歴史の負の部分を展示することになり，白人中心の史観を変更する歴史修正主義（Revisionism）として，保守派から攻撃された．スミソニアンの博物館における展示は若者に強い影響があるという調査結果があり[12]，博物館に来るのは主として白人であるから，スミソニアンは白人の若者の思考を相当に決めていることになる．保守派にとって，これは由々しい事態であり，国の栄光の殿堂であるべきスミソニアンの博物館が自国の歴史について批判的であることは許容できない．そこで，方向①が推進されている．

しかし，白人一辺倒主義の展示では国論をまとめるには役立たない．黒人，ユダヤ系，ヒスパニック，「アメリカン・インディアン」等々が共存する米国の歴史と社会を，米国人（どのエスニシティであっても）ならば見たくなるような展示をする必要がある．かつての冷戦時代とちがって，航空宇宙博物館でやっているような科学技術賛美だけでは，国論の統一には不十分であろう．それゆえ，国立アメリカ歴史博物館では差別問題を含めて社会史展示の優越が続くと考えられる．これが，方向②である．上記《時間どおり》はその例であり，《移動するアメリカ》も，交通機関の発達史よりも交通の社会史に重点がある．

なお，2007年現在，国立アメリカ歴史博物館はリノベーションのため閉鎖中で，2008年夏に再開館の見込みである．

国立航空宇宙博物館のウヴァー＝ヘイジ館

国立航空宇宙博物館は，大型の航空機を展示するために，2003年ワシントンDC郊外のダレス空港の近くに航空機展示場ウヴァー＝ヘイジ館（National Air and Space Museum's Steven F. Udvar-Hazy Center）を開場した．ここは

フットボール場三つ分もある広大なもので，コレクションには航空機が約200機，宇宙船が約100機あるが，展示はまだ全部は完成していない．展示には，コンコルド，ボーイング367-80，B-29エノラ・ゲイ，ロッキードSR-71ブラックバード，宇宙船エンタープライズほかの大型機があり，フランス革命時代の熱気球，初期の複葉機，日本やドイツの戦闘機ほか軍用機，ヘリコプター，オートジャイロ，各種ミサイルを見ることができる．操縦席のシミュレータを体験することもでき，Imaxシアターもある．この館は，朝から子供連れをはじめ，多くの観客でにぎわっている．このような航空機展示場は，ドイツ博物館のシュライスハイム分館ほか世界に何ヶ所かあるが，このウヴァー=ヘイジ館が最大規模であると思われる．航空技術に関心のある人には，こたえられない場所であろう．この館では航空機をそのまま見せることに重点があって，説明板等による解説は少ない．技術面での説明はあっても，それ以上の情報は提供されていない．広島に原爆を落としたエノラ・ゲイにしても，ここでは修復され磨き上げられた美しい航空機である．同館に行くには，ワシントン市内のモール地区から見学者専用バスが往復しているが，ダレス空港からはタクシーを使うことになる．

国立アメリカン・インディアン博物館，および黒人博物館の計画

　国立アメリカン・インディアン博物館（National Museum of the American Indian）は，モール地区の航空宇宙博物館と連邦議事堂との間に新築され，2004年に開館した．名称に「アメリカン・インディアン」を使うのは差別問題になるかとも思われるが，そういう議論は起きなかったとのことである．国立アメリカン・インディアン博物館は，相当に大規模であるが，多くの部族の多様な文化をいっぺんには展示できないので，いくつかの部族について展示して，毎年入れ替えることになっている．同館は，文化の展示として充実しているけれども，土地協定，インディアン戦争，強制移住への囲い込みといった政治の歴史にはわずかしか触れていない[13]．図9-8は，この博物館の友の会チラシである．

　筆者が2005年にここを見たときには，開館から間もないからでもあろうが，大変な数の観客で混み合っていた．ここでも，子供連れが非常に多い．

図9-8　スミソニアン国立アメリカン・インディアン博物館の友の会チラシ

　「アメリカン・インディアン」と同じマイノリティである黒人観客がこの博物館をどう見るか，興味深いところであるが，この館にかぎらず博物館には黒人観客は少ないので，何ともわからなかった．

　スミソニアンには，年来，大規模な黒人博物館設立の計画があった．1994年に連邦議会がこれに予算をつけたので，いよいよ実現の段階にはいった新設館は，モール地区あるいはワシントンDC内に建設されることになっている．同じマイノリティであっても，人口の多い黒人の方が「アメリカン・インディアン」よりもずっと重要であろう．「アメリカン・インディアン」は土地所有という根本問題にかかわるので，ヨーロッパ系米国人にはふれたくない面がある．米国の「白人」が「アメリカン・インディアン」を重視し尊重しているとは思えないのに，アメリカン・インディアン博物館が黒人博物館よりも先に実現したのは，不思議に思える．

　スミソニアン黒人博物館がたとえ黒人の文化の展示に重点を置くにしても，社会・政治面も避けて通れないであろう．開設へ進行中の同館の初代館長には，クラウチが決まっている．彼は，《より完全な国民統合》展示のチーフ・

キュレータであった．リベラルな色あいのある彼がスモール総裁の下でこの博物館の館長に選ばれたのは，非常に興味深い．スミソニアンにできる黒人博物館の展示がどのようなものになるか，大いに期待される．

スミソニアンの博物館の今後

スミソニアン・インスティテューションの博物館の今後について，二つのことを指摘しておこう．第一に，すでに述べたことであるが，差別問題を含む社会史展示が今後も続くであろう．時の政権の意向がどうであろうと，人種差別等による国民の分裂に悩む米国では，スミソニアンで科学技術に関する社会派・エクスターナリスト展示をすることは必要であろう．今後も社会史に重点を置く展示が，1990年代までとかたちは変わっても，スミソニアンでつづくと考えられる．

第二は，科学技術自体の展示に注力する博物館をつくる可能性である．科学技術自体の展示が国立アメリカ歴史博物館には少ないこと，純粋科学の大きな博物館が米国にはないことを，多くの米国人が不満に思っている．国立アメリカ歴史博物館とは別に，インターナリスト科学技術博物館――「米国のドイツ博物館」――をスミソニアンにつくる動きが出てくるであろう．

2　博物館の今後

博物館は変化の少ないものと考えられているけれども，長いタイムスパンで見ると博物館はダイナミックに変化している．博物館の変化は社会の変化の反映であり，将来の博物館の予測は社会の予測でもある．大きな変化を予測するのは本書の範囲を越える．ここでは，最近から今後への博物館についていくつかの問題を指摘する．

有料化と超目玉展示

冷戦終結後の世界は，文化・科学に対する国家予算を削減する時代に入っている[14]．公共博物館は，有料化や独立採算化といった財政問題に直面している．博物館界は，国民の教育のための文化施設が有料であるべきではな

いという考えから，これに反対している．独立採算化すれば集客力のある目玉展示に頼ることになり，博物館本来の収集・保存・展示がおろそかになる．有料化すると，観客は減り，入館料徴収に必要な経費も相当かかるので，増収はわずかである．有料化により博物館はむしろ縮小に向かう可能性がある．博物館には社会の比較的上層の人々しか来なかったが，現代の博物館にはいままで来なかった人々を観客として来るようにすることが求められている．有料化は，逆に，いままで来なかった人々をさらに来なくさせるであろうから，博物館界からの反対はもっともである．

　ここで，博物館の入館料について少々述べておこう．博物館の見学は，日本をはじめ，無料をたてまえとする国も多い．しかし，現実には有料である場合が多い．スミソニアンの博物館は，無料である例として知られている．1990年代の数字であるが，博物館にとって入場者1人あたりの出費は日本では2500円程度であり，入場料はたいていは大人で500円であるから，ペイするはずはない．子どもの入場者が多いことを考えると，状況は非常にきびしい．入場料を高くすると来館者が減少する．料金徴収関係の経費も，入場料に比較してかなりの割合になる．従って，ショップでの売上げ等があるとしても，博物館の独立採算はまず不可能である．このように，有料の博物館であっても，なんらかの公共財政によらないと博物館はやっていけない．博物館は商業施設としてはなりたたない（ハーゲンベック動物園のようなきわめて稀な例外はあるが）．

　このような状況下，多くの公共博物館が収集・保存という知の生産よりも展示という知の消費に重点を置くようになっている．観客動員数増大は「公共に奉仕する博物館」にとっては逆らえない錦の御旗である．そこで，集客力のある目玉展示に頼るようになる．博物館が商業施設と競合しつつ集客力を重視すると，展示にどんなモノをならべるか，どんな説明を掲げるか，どんなモノを収集・保存すべきかといったことの検討——これらの検討には，博物館自身が収集・保存，研究をしていることが必要である——がおろそかになり，安易な展示になるおそれがある．手っ取り早い目玉展示路線は，博物館本来の役割から逸脱するとして厳しく批判されてはいるが，財政収支を問われるここ20年来の状況では避け難いことであろう[15]．

教育への注力と科学リテラシー

　科学技術博物館にも関連して，科学リテラシー（science literacy）や，市民による科学の理解（public understanding of science）といった言葉を使って科学知識の普及の必要性が論じられる．市民の科学リテラシー向上は，現実に可能であろうか．米国ではスプートニク・ショック後に，科学技術の重要性を社会に認めさせて若者を理工系の進路に向かわせようと努力したが，結局は実効が上がらず，「理工系離れ」が進行した．

　そもそも，科学リテラシーが市民に必要であるというのは，科学技術関係者（理工系人間）の思い込みに過ぎないかもしれない．市民の大多数が科学リテラシーを持つことは可能ではないという指摘もあり，スプートニク・ショック後の米国の例が論拠として挙げられる．理工系人間の多くは文系の素養が不足しており社会的関心もないのに，文系人間に科学リテラシーを求めるのは一方的であり，思い上がりと言われても仕方がない．理工系人間は，このあたりをあらためて考える必要がある．理工系人間に「社会リテラシー」を求めるべくもないように，理工系以外の人々に科学技術リテラシーを要求しても無理かもしれない．また，科学リテラシー論は理工系人間が社会に十分に認められていないというマージナル意識の表現に過ぎないとも言える．こういう厳しい批判が，科学技術関係者自身からも出ている[16]．

　この批判は，科学リテラシーをひろめようとするには理工系以外の人々をよく見てから「法を説く」必要があるという反省でもある．科学技術博物館でも，自分たちの関心だけをストレートに表現する展示では理工系以外の人々に訴える効果はないであろう．現実に，科学技術博物館の展示が理工系人間以外の観客を顧慮していない例は多い．たとえば，ドイツ博物館ボンにもこの傾向があり，仲間うちだけに通じる（esotericな）展示であり博物館であるという意味ではハイ・アートの美術館に似ている．科学技術知識の普及のための博物館の展示が，見学者として理工系人間とその予備軍だけを想定するのか，それとも文系人間を含めた市民一般をねらうのか，熟慮すべきであろう．

　ともかくも，現代は科学リテラシー向上に寄与すべく科学技術博物館の出番である．博物館・サイエンスセンターの教育への傾注は，長期にわたる厳

図 9-9 ロンドン自然史博物館の成人教育コース案内パンフレット，2000 年

しい財政問題の圧力を生き抜くための方策であると考えられる．理科教員志望の学生を対象とする教育や，理科教員の再教育だけでなく，成人教育・生涯教育のコースを設けている博物館もある．図9-9は，ロンドン自然史博物館の成人教育コース案内パンフレットである．図4-45（218頁），図6-11（324頁），図7-5〜7-8（385-386頁），図8-7（415頁），図8-15（432頁）からも，各博物館が教育活動に力を入れていることがうかがわれる．教育を目的に掲げているかぎりは，公共博物館は廃止・縮小に抵抗できるであろう．教育への傾斜は，商業レジャー優勢時代における博物館のサバイバル戦略でもある．

フォーラム化の可能性

博物館は過去の記念物を祭る"temple"であったが，市民が集まって意見を交換するフォーラムになるべきだという論者もいる．前者は勝者の栄光を示す殿堂であったが，後者は意見をたたかわす戦場であるという[17]．国立アメリカ歴史博物館ほかスミソニアンの博物館では，規範を示す展示ではなく，「このような問題があるが，あなたはどう考えますか」と問いかけるメ

ッセージ型展示をしている．博物館はこの場合，討論の場としてのフォーラムに近づいてくる．中規模以下の都市や町では，博物館が近隣住民のコミュニティ・センターとなる場合があり，フォーラムに似てくる．フォーラム化やコミュニティ・センター化は，商業娯楽施設との競合を避けようとする博物館の知恵であろう．

　商業化の問題
　娯楽の要素を入れたサイエンスセンターが人気を集めている．しかし，エンタテインメントを提供することは，博物館よりも商業施設の方がじょうずである．サイエンスセンターが人気を博すと，類似施設をビジネスとする資本が参入してくる．テーマパーク，リゾート博物館等はその例である．サイエンスセンターは，これらとの競合に堪えるであろうか．近年のサイエンスセンターが教育に力を入れているのも，娯楽路線を採用して商業施設との競合に負ける危険性を考慮してのことだと思われる．博物館は，歴史記念物等の実物を持っている博物館本来の強みを生かすべきであろう．教育への注力へ「避難」するだけではなく，実物標本を生かした新たな博物館展示がくふうされることを期待したい．

　博物館における観客の自由と新しい博物館論
　見世物の見物客は何かを学ぶことを強制されないので，博物館にいるよりも自由であり，リラックスしている．しかし，そのあいだに気づかないまま商業主義の宣伝にのせられるという面もある．シカゴ科学・産業博物館におけるローア路線は，これに近い．観客が自由でありリラックスしていて，しかもプロパガンダに操作されないという場を，博物館はつくることができるであろうか．オッペンハイマーのエクスプロラトリアムは，これを実現した例である．エクスプロラトリアムの成功のカギは，科学が役に立つからこれを振興するという功利主義を採らなかった点にあると思われる．しかし，博物館が規範を示して国民の教育に役立たせるという功利主義は近代的な公共博物館の根幹であり，これを否定しては博物館はなりたたないかもしれない．科学等の知識の普及はマンパワー確保のために必要であるという狭い見解で

はなく，人は科学ほかさまざまな知識を持つべきであるという（ウラニアの人文主義のような）視点が重要であろう．エリートだけでなく，階層，性別等々にかかわらず多くの人々に開かれた博物館（美術専門家や理系人間のためのesotericな場でない博物館）が望まれる．

多くの人々に開かれた博物館といっても，その実現は容易ではない．教育のある階層の文化がわかるように下位の階層を引き上げるという姿勢であれば，文化の中身を薄めて劣位の者に「教えてやる」ということになりかねない．これでは消費者大衆に嫌われ，彼らは商業娯楽施設に流れてしまうであろう．博物館が教養ある市民の文化をひろめて大衆文化を高尚化しようとするかぎり，成功しないであろう．それなら娯楽の要素を強めればよいかというと，そうはいかない．博物館が娯楽に傾斜すると，超目玉展示に頼る安易な路線になりかねないし，商業娯楽施設とまともに競合することになる．教育と娯楽との対立・バランスは，公共博物館にとって永遠の矛盾であるように思われる．

「開かれた博物館」構築には，人は何のためになぜ博物館に行くかという，観客の立場から見る博物館論が必要であろう．博物館をメディアのひとつとしてとらえ，コミュニケーション研究を援用することも有用であろう．博物館に行った人が博物館と展示を見て何を読み取るか，それはその人の性別，年齢，エスニシティ等々によってちがうはずである．こういったことについて，特にカルチュラル・スタディーズに学ぶべき点があると思われる[18]．

むすび

長い時代の変遷を通じて，博物館ははなはだしく変貌してきた．博物館は，現代社会のおそらくほとんどの組織よりも長命である．時の権力者よりも博物館が永続することは，ルーヴル美術館の例がよく示している．長命であれば，長い時間のあいだに変化せざるを得ない．博物館のキータームは「変化」である．「良い博物館とは，常に変化する博物館である」と言われる．変動する社会の中で博物館は今後どう変わっていくであろうか．

公共博物館は教育のための施設であるが，歴史におけるその変化は，学校の場合よりも激しい．博物館がどういう場であるか，あるべきか，いくつも

の見方があり，ひとつに決まった定説はない．現代における博物館とは何であろうか．博物館は，集団や個人のアイデンティティ形成にかかわる場である．博物館で自己の文化を確認し，外国の博物館や異分野の展示で自分とちがう文化を見て，市民が形成される．自立した個人の形成がたすけられる場合もあるし，博物館がプロパガンダのツールとなって，国家意識やイデオロギーや商業主義の宣伝が刷り込まれることもある．このような教育の場として，博物館は学校と近いが，博物館は学校よりもフレキシブルである．差別，環境，高齢化等々の問題をかかえる現代社会において，学校，政府，企業といった組織ではできない活動が博物館にはできる．博物館はこのように大きな可能性を持っているが，それはまた，博物館の位置が不定であることを意味する．今後も，博物館は教育と娯楽の二項をめぐって変動するであろうし，メッセージ型展示が政治的あつれきを呼ぶこともあるだろう．博物館は，いくつもの潮流・主張のせめぎあいの場として，今後もゆれうごきながら社会とともに変化していくであろう．

付　表

表1　サウス・ケンジントン博物館，ベスナル・グリーン分館，
　　　ビクトリア・アンド・アルバート博物館，ロンドン科学博
　　　物館の年間入館者数 ………………………………… 466

表2　1992年頃のスミソニアンの
　　　博物館・美術館・研究所 …………………………… 468

表3　グード『博物館管理の原理』(1895年）の
　　　内容構成 ……………………………………………… 469

表4　正式開館（1925年）のころのドイツ博物館の
　　　展示内容構成 ………………………………………… 470

表1　サウス・ケンジントン博物館，ベスナル・グリーン分館，
ビクトリア・アンド・アルバート博物館，ロンドン科学博物館の年間入館者数

表の前半は工芸美術と工業技術両部門の合計を示し，後半は工芸美術部門（ビクトリア・アンド・アルバート博物館）と工業技術部門（ロンドン科学博物館）を示す．数字は丸めてある場合がある（Anthony Burton, *Vision & Accident: The story of the Victoria and Albert Museum*, V and A Publications, London, 1999, p.257; Thomas Greenwood, *Museums and Art Galleries*, Simpkin, Marshall, London, 1888, pp.265-266．問い合わせに対するロンドン科学博物館上級キュレータ Neil Brown 氏の2001年7月17日付回答による）．

ⓐ製造工業博物館．ⓑ10月から12月まで．ⓒ第1の数字は製造工業博物館の1月1日から2月7日まで，第2の数字はサウス・ケンジントン博物館の6月22日以降．ⓓ公開は3月5日までで，3月6日からは学生にのみ公開．ⓔ学生だけにウィークデーだけ公開．ⓕ利用できる部分だけで1月1日から開館．ⓖ1月から8月までのみ開館．ⓗ2月から6月までのみ開館．ⓘ2月半ばから開館．

	サウス・ケンジントン博物館	ベスナル・グリーン博物館		サウス・ケンジントン博物館	ベスナル・グリーン博物館
1852	ⓐⓑ 25,397		1880	981,963	424,409
1853	ⓐ 125,453		1881	1,017,042	451,187
1854	ⓐ 104,823		1882	961,726	443,692
1855	ⓐ 78,427		1883	1,093,810	447,752
1856	ⓐ 111,768		1884	963,117	447,330
1857	ⓒ 16,662/268,291		1885	899,813	450,439
1858	456,288		1886	823,999	446,722
1859	475,365		1887	788,412	409,929
1860	610,696		1888	897,225	600,122
1861	604,550		1889	874,808	
1862	1,241,369		1890	831,460	
1863	726,915		1891	919,573	
1864	653,069		1892	957,112	
1865	692,954		1893	1,174,211	
1866	756,075		1894	1,057,279	
1867	646,516		1895	1,040,628	
1868	881,076		1896	1,135,797	
1869	1,042,654		1897	1,017,314	
1870	1,014,849		1898	977,305	
1871	939,329		1899	954,445	
1872	1,156,068	901,464	1900	846,489	
1873	859,037	709,472	1901	836,848	
1874	914,127	580,676	1902	855,931	
1875	830,212	522,098	1903	856,943	
1876	1,173,351	938,794	1904	848,969	
1877	913,701	670,214	1905	878,200	
1878	884,502	499,381	1906	843,746	
1879	879,395	444,021	1907	925,313	

	ビクトリア・アンド・アルバート博物館	ロンドン科学博物館		ビクトリア・アンド・アルバート博物館	ロンドン科学博物館
1904		438,999	1955	739,000	1,143,000
1905		482,075	1956	775,000	1,191,000
1906		464,706	1957	790,000	1,317,000
1907		501,349	1958	873,000	1,291,000
1908	397,257	471,105	1959	853,000	1,273,000
1909	718,921	514,954	1960	964,000	1,147,000
1910	967,592	461,930	1961	886,000	1,057,000
1911	752,570	397,707	1962	101,000	1,130,000
1912	730,151	417,012	1963	854,000	1,210,000
1913	692,426	345,289	1964	1,010,300	1,365,000
1914	563,848	357,521	1965	976,900	1,507,000
1915	574,577	346,740	1966	1,111,581	1,700,000
1916	650,507	ⓓ 88,995	1967	1,219,253	1,911,000
1917	785,000	ⓔ 46,714	1968	1,306,909	2,170,000
1918	489,000	ⓕ 281,463	1969	1,262,567	2,126,000
1919	675,990	at least 400,000	1970	1,460,082	2,121,000
1920	941,186	477,000	1971	1,785,814	1,941,727
1921	1,276,548	445,000	1972	1,359,696	1,936,242
1922	913,040	494,000	1973	1,303,083	2,311,711
1923	1,035,880	474,000	1974	925,032	2,051,908
1924	1,318,049	437,000	1975	1,064,651	2,404,232
1925	1,190,707	429,000	1976	1,245,740	2,507,888
1926	1,103,318	576,000	1977	1,956,142	3,360,624
1927	1,020,006	709,000	1978	1,594,137	3,486,228
1928	937,577	900,000	1979	1,644,381	3,701,108
1929	930,463	1,061,000	1980	1,393,182	4,224,027
1930	827,681	1,132,000	1981	1,368,460	3,850,000
1931	791,527	1,170,000	1982	1,677,063	3,306,338
1932	806,076	1,241,000	1983	1,817,757	3,345,822
1933	820,317	1,255,000	1984	1,577,608	3,019,982
1934	810,361	1,142,000	1985	1,644,952	2,723,947
1935	794,886	1,327,000	1986	1,003,306	2,294,451
1936	859,969	1,281,000	1987	916,476	3,166,294
1937	763,439	1,254,000	1988	996,501	2,261,048
1938	736,483	1,119,000	1989	952,992	1,121,108
1939	487,000	ⓖ 712,000	1990	903,688	1,303,345
1940	105,000	ⓗ 46,000	1991	1,068,428	1,327,503
1941	90,000	Museum closed	1992	1,182,402	1,212,504
1942	211,000	Museum closed	1993	1,072,092	1,277,417
1943	324,000	Museum closed	1994	1,410,162	1,274,253
1944	184,000	Museum closed	1995	1,224,030	1,556,368
1945	561,000	Museum closed	1996	1,271,964	1,548,366
1946	858,000	ⓘ 1,288,000	1997	1,062,296	1,537,289
1947	608,000	748,000	1998	1,149,818	1,550,211
1948	912,000	980,000	1999		1,480,921
1949	723,000	900,000	2000		1,366,879
1950	963,000	1,039,000	2001		1,352,649
1951	908,000	1,024,000	2002		2,722,154
1952	795,000	1,062,000	2003		2,886,850
1953	787,000	1,062,000	2004		2,169,138
1954	1,035,000	1,200,000			

表2　1992年頃のスミソニアンの博物館・美術館・研究所

I　ワシントンDCのモール地区（連邦議会議事堂とワシントン記念塔にはさまれたプロムナード）とその近隣にあるもの．
　工芸産業館（Art and Industries Building）
　サックラー美術館（Arthur M. Sacklar Gallery）
　フリアー美術館（Gallery of Art）
　ハウプト庭園（Enid A. Haupt Garden）
　ハーシュホーン美術館と彫刻の庭園（Hirshhorn Museum and Sculpture Garden）
　国際センター（International Center）
　国立航空宇宙博物館（National Air and Space Museum）
　国立アフリカ美術館（National Museum of African Art）
　国立アメリカ美術館（National Museum of American Art）
　国立アメリカ歴史博物館（National Museum of American History）
　国立自然史博物館（Natioal Museum of Natural History）と国立人類博物館（National Museum of Man）
　ナショナル・ポートレート・ギャラリ（National Portrait Gallery）
　国立郵便博物館（National Postal Museum）
　レンウィック・ギャラリ（Renwick Gallery）
　スミソニアン本部（The Smithsonian Building. 通称キャッスル Castle）
　国立アメリカン・インディアン博物館（National Museum of the American Indian. 2004年開館）

II　ワシントンDCの周辺部・近郊にあるもの．
　国立動物園（(National Zoological Park）
　アナコスティア博物館（Anacostia Museum）と黒人アメリカ歴史文化センター（Center for African American History and Culture）

III　ニューヨーク市にあるもの．
　クーパー・ヒュイット国立デザイン博物館（Cooper-Hewitt National Museum of Design）

IV　ワシントンDC以外にある研究所
　スミソニアン天文物理観測所（Smithsonian Astrophysical Observatory），マサチューセッツ州ケンブリッジ
　スミソニアン環境研究センター（Smithsonian Environmental Research Center），メリーランド州エッジウォータ
　スミソニアン熱帯研究所（Smithsonian Tropical Research Center），パナマ

V　スミソニアン傘下であるが半独立の組織（所在はワシントンDC）
　ナショナル・ギャラリ（National Gallery of Art）
　ケネディ・センター（John F. Kennedy Center for the Performing Arts）
　ウィルソン国際学術センター（Woodrow Wilson International Center for Scholars）

表3　グード『博物館管理の原理』(1895年) の内容構成

まえがき

I　博物館と類縁施設

　A　博物館の定義
　B　博物館と知の類縁施設との関係
　C　博物館と博覧会との関係
　D　博覧会に使われた博物館の手法
　E　仮設博物館
　F　他の施設における博物館の方法――博物館類似施設

II　博物館の責務と要件

　A　博物館と他のコミュニティとの関係
　B　コミュニティと博物館との相互責任
　C　博物館固有のサービス責務（研究への支援，記録，学校への支援，問い合わせへの情報提供，市民の文化への支援）
　D　博物館相互の責務

III　博物館の管理運営に不可欠な5つの要件

　A　恒久の安定した組織
　B　しっかりした計画
　C　コレクション
　D　キュレータほかスタッフ
　E　建物
　F　博物館に必要な設備

IV　博物館の分類

　A　美術館
　B　歴史博物館
　C　人類学博物館
　D　自然史博物館
　E　技術・工業博物館
　F　商業博物館
　G　国立博物館
　H　地方，村，都市の博物館
　I　大学と学校の博物館
　J　専門職業の博物館
　K　個人博物館あるいはキャビネット

V　標本とコレクションの利用

　A　標本の利用
　B　研究用標本
　C　展示用標本
　D　厄介で余分な物
　E　典型例となる物，特別なコレクション
　F　借り出しコレクション，移動巡回コレクション

VI　モノの保存と手入れ・修復

　A　モノの保守と手入れの制限
　B　標本の修理と修復
　C　複製品
　D　模型
　E　説明図
　F　本
　G　動物の剝製
　H　種の標本
　I　同じ標本が二つある場合

VII　展示の並べ方

　A　並べ方の重要性
　B　展示ホールの配置
　C　展示ケースとその並べ方

VIII　記録，カタログ，標本ラベル

　A　博物館の記録
　B　カタログとレジスター
　C　標本ラベル，札

IX　展示ラベルとその機能

　　A　展示ラベルの目的
　　B　ラベルを書く技法
　　C　ラベルの形と大きさ
　　D　分類ラベル

X　ガイドと講義，ハンドブックと参考書

　　A　ガイドと講義

　　B　ハンドブックとガイドブック
　　C　参考書机
　　D　図書室

XI　将来における博物館の役割

　　A　博物館の発展
　　B　コレクションの価値を市民が認識すること
　　C　期待される博物館の機能

表4　正式開館（1925年）のころのドイツ博物館の展示内容構成

地質	造船	水道，運河，下水，浴場
鉱山	航空	ガス技術
冶金	数学	電気技術
金属精錬	物理	天文
製鉄	電気と電信	測地
金属加工	楽器	繊維工業
動力機械	気象	製紙
陸上交通	化学	書写・印刷
鉄道	建築	写真
トンネル建設	照明	農業技術
橋梁	暖房	醸造と蒸留
治水，河川交通，港湾	冷房	

注

はじめに

1) Pearce (1992: vii); Danilov (1994: 5); 国立教育研究所 (2004: 426); Falk and Dierking (1992: xiv). ルーヴル美術館の入館者数は日に約 2 万人であり、また、2003 年度の日本の国立科学博物館（東京の上野ほか）への入館者数は、約 100 万人であった．

第1章　博物館とは何か

1) Lindsay (1962).
2) Miles and Tout (1979).
3) マレーの原文は、A Museum, as now understood, is a collection of the monuments of antiquity or of other objects interesting to the scholar and the man of science, arranged and displayed in accordance with scientific method.: Murray (1904: Vol.1, 1). グードの原文は、A museum is an institution for the preservation of those objects which best illustrate the phenomena of nature and the work of man, and the utilization of these for the increase of knowledge and for the culture and enlightenment of the people.: Goode (1901f: 196).
4) AAM による定義の原文は、an organized and permanent non-profit institution, essentially educational or aesthetic in purpose, with professional staff which owns and utilizes tangible objects, cares for them and exhibits them to the public on some regular schedule: Alexander, (1983: 3) による．Hudson, Kenneth (1977: 1-6) は、ICOM (International Council of Museums. 国際博物館会議) による定義の変遷を述べている．
5) イタリア語のこの用例は、Bazin (1967: 44); Bedini, (1965: 9). museum の語の起源等は、次を参照．Murray (1904: Vol.1, 34-38); Findlen (1994: 48-50). 英語については、アシュモールのコレクションが 1683 年に Royal Society の *Philosophical Transactions* で Museum と書かれたのを、*Oxford English Dictionary* が採録した．Smith, Charles (1989: 7). 次も参照．Strong (1973b: 247); Hunter (1985: 168).
6) Pomian (1987: 18)（邦訳 22 頁）．これに似た論として、Alsop (1982: 67) は、美術収集行為 (art collecting) は、富者の芸術保護活動や財産価値目当ての蓄積とはちがって、狭義の有用性を目的とせず、芸術至上主義 (art-as-end-in-itself) にもとづくとしている．Macdonald, Sharon (2006b) も見よ．
7) Pomian (1987: 298)（邦訳 373 頁）．
8) Pomian (1987: 57)（邦訳 69 頁）; Bazin (1967: 194).
9) たとえば、Habermas (1990) の *Strukturwandel der Öffentlichkeit* はその例である．
10) Horne (1984: 4). 美術および美術史の男性支配については、Pollock (1988) の批判がある．
11) Hudson, Kenneth (1977: 68, 96, 105, 126, 142-144) 参照．
12) Hudson, Kenneth (1977: 68).
13) Hudson, Kenneth (1977: 68) も参照．

14) Pearson (1982: 35).
15) Horne (1984: 2-3); Pearson (1982: 44) を参照．
16) 美術館のこの機能については，Horne (1984: 31)．
17) 特に Goode (1901f) が重要である．
18) Macdonald, Sharon (1998a: 5-6) も，近代的博物館成立後の科学博物館の歴史をサイエンスセンターの出現を境に二分している．
19) 二層展示については，Burton (1999: 161-162); van Keuren (1973); Flower (1898); Bazin (1967: 263); Hudson, Kenneth (1977: 69). Goode (1901f) も参照．
20) ガラスケースの意味については，Conn (1998: 6-8); Parr (1962b) を見よ．Wittlin (1949: 172); Lawrence (1996) も参照．今日の展示では壁に埋め込むケースが多用される．
21) Harrison (1973, 28); Altick (1978: 235-252); Alexander (1983, 67).
22) ホルナディ，エーカリについては，Katz (1965: 125-126, 217-220); Alexander (1997: 33-49); Porter (1990); Washburn, Wilcomb (1990).
23) ハーゲンベックについては，Alexander (1983: 311-339). Baratay and Hardouin-Fugier (2002) も参照．
24) これらの時代室については，Alexander (1964); Alexander (1983: 245); Alexander (1997: 35); Physick (1982: 209).
25) Alexander (1964); Bazin (1967: 252); Swank (1990: 85-114).
26) Conn (1998: 225-230, 244, 253).
27) Alexander (1983: 8); Parr (1962a).
28) モノは語るかどうかについては，Conn (1998: 2-4); Smith, Charles (1989: 15-19); Weil (1995: 11-12); Forgan (1996: 63).
29) Smith, Charles (1989,); Alexander (1964); Bazin (1967: 255.).
30) Parr (1959) 参照．パノラマ，ジオラマについては，Altick (1978: 128-210, 470-482); Comment (1993); Oettermann (1997).
31) 博物館のモノ離れについては，Weil (1995: xv-xvi) も参照．反面，情報技術を駆使したバーチャル・ミュージアムは，モノ（記念物・標本）の保存への関心を高めるツールにもなる．
32) Altick (1978).
33) サーカスの歴史については，May (1932) がある．
34) 万博やミッドウェイについては，次がある．Rydell (1984); Greenhalgh (1988); Greenhalgh (1989); Roschitz (1989); Smithsonian Institution Libraries (1992); Auerbach (1999); Rydell, Findling, and Pelle (2000)
35) コニーアイランドほかアミューズメント・パーク，テーマパーク等については，次がある．Kasson (1978); Adams, Judith (1991); Snow and Wright (1976); Wallace (1985); Sorensen (1989).
36) クヴィッヒェベルクについては，Berliner (1928); Hajós (1958); Balsiger (1970); Scheicher (1979: 68-71); Seelig, Lenz (1985: 76-89). ナイッケルについては Balsiger (1970) を見よ．
37) Novick (1988: 12).
38) Hudson, Kenneth (1977: 9).
39) Goode (1901f).
40) Alsop (1982: passim) は，美術にとって美術館は本来必須のものではないとしている．Conn (1998: 194, 254) は美術にとって美術館は必要であるとし，Malraux (1951) の説は

もっと極端で，美術館に収容されて始めて美術は美術となるという立場をとっている．
41) Molella (2000a, 2000b)

第2章　博物館の前史

1) Alsop (1982: 194). これら古代の宝物庫等については，Whitehead (1970: 51); Crook (1972: 19); Strong (1973a: 247) を見よ．
2) Plini (1928-1962: Vol.6, 199-200) (邦訳 288 頁).
3) Strong (1973a); Bazin (1967: 16-18, 23); Murray (1904: Vol.1, 4); Bedini (1965: 4); Taylor, Francis Henry (1948: 27); Pearce (1995a: 92); Meyer, Karl E. (1979: 30).
4) Pomian (1987: 27) (邦訳 33-34 頁).
5) Murray (1904: Vol.1, 3, 6-12, 198-199). これら教会のコレクションについては，Bazin (1967: 32); Pomian (1987: 293) も参照．
6) Pomian (1987: 27-30); Bazin (1967: 34, 260, 269)
7) Pomian (1987: 298) (邦訳 373 頁).
8) Schlosser (1907: 22-31); Schlosser (1923: 29-40); Scheicher (1979: 33-36); Balsiger (1970: 512-513, 767); Taylor, Francis Henry (1948: 50-51).
9) Pomian (1987: 47-59) (引用は pp.52, 51, 邦訳 64, 63 頁) ; Bedini (1973: 7).
10) これは Francis Bacon の表現である : Impey and MacGregor(1985: 1).
11) キャビネットをはじめとするこれらの呼称については，Balsiger (1970: 541, 575-577, 765); Murray (1904: Vol.1, 34-38); Impey and MacGregor (1985: 1-4); Schlosser (1985: 31); Bedini (1965: 2). theatrum mundi と記憶術については，Bernheimer (1956); Yates (1966). キャビネット全般の歴史については，Murray (1904: Vol.1); Schlosser (1907, 1923); Scheicher (1979); Impey and MacGregor (1985) 中の関係諸論文 ; Findlen (1994). Fabianski (1997) も参照．
12) Böström (1985); Ackermann (1985).
13) この宝物庫とキャビネットとのちがいについては，Raby (1985, 251); Balsiger (1970: 16-17, 512, 514-515, 527).
14) Bazin (1967: 43, 46); Alsop(1982: 304).
15) アカデミア・デル・チメントについては，Ornstein (1928: 73-90); Schupbach (1985: 175-177).
16) Findlen (1994); Olmi (1985).
17) Findlen (1989, 1994); Whitehead (1970: 51); Murray (1904: Vol.1, 78, 204); Laurencich-Minelli (1985). ボローニャのアルドロヴァンディのコレクションのラベルについては，Murray (1904: Vol.1, 204) による．
18) Ornstein (1928: 74-76).
19) Findlen (1994: 129-146). なお，記名帳に女性はなかった．
20) Schupbach (1985: 169); Findlen (1994: 256); Balsiger (1970: 574-575).
21) Olmi (1985: 10).
22) Schepelern (1985).
23) Murray (1904: Vol.1); Schlosser (1907, 1923); Scheicher (1979); Impey and MacGregor (1985) 中の関係諸論文 ; Pomian (1987: 85-95).
24) アウグストのキャビネットについては，Menzhausen (1985) も参照．

25) アルブレヒトのキャビネットについては，Seelig (1985) も参照．クヴィッヒェベルクについては，Berliner (1928); Hajós (1958); Balsiger (1970).
26) カッセルのキャビネットについては，Dreier (1985) も参照．
27) アンブラス城のキャビネットについては，Distelberger (1985) も参照．
28) ルドルフのキャビネットについては，Evans (1997); Kaufmann (1978); Scheicher (1985); Fučíková (1985); Distelberger (1985) も参照．
29) Menzhausen (1985: 71, 73); Distelberger (1985: 37); Scheicher (1979: 194-199).
30) Butterfield (1951).
31) Schlosser (1907: 80); Schlosser (1923: 124); Scheicher (1979: 8).
32) Scheicher (1979: 12).
33) Pomian (1987: 95).
34) Evans (1997: 177)（邦訳 223 頁）．
35) Scheicher (1907: 16-18)（邦訳 19-21 頁）．
36) 以上二つの引用は，Foucault (1966: 33, 56)（邦訳 42, 62 頁）．Foucault (1966: 41) も参照．
37) Scheicher (1907: 8)（邦訳 12 頁）．
38) Evans (1997: 174, 176-177)（邦訳 220, 223 頁）．
39) Evans (1997: 174)（邦訳 220 頁）．
40) Scheicher (1907: 142)（邦訳 139 頁）．
41) Schupbach (1985: 173-175); Bedini (1994); Findlen (1994: 33, 198-199, 240); Findlen (2004). Evans (1979: 330-344, 432-442) も参照．
42) Findlen (1994: 4, 32, 56-57).
43) 反宗教改革を使命としたイエズス会は，ヨーロッパをはじめ世界各地に学校をつくった．イエズス会の学院が自然史と博物館の発展と拡大に果たした役割は大きいのであって，これはさらに研究されるべきトピックであると思われる．
44) Findlen (1994: 346-352, 384).
45) Foucault (1966: 65).
46) Foucault (1966: 58, 55)（邦訳 68, 65 頁）．
47) Whitehead (1970: 52)
48) Findlen (1994: 393).

第 3 章　近代的公共博物館への過渡

1) Hunter (1985: 159).
2) フランシス・ベーコンの影響と科学革命については，Findlen (1994: 3-5); Hunter (1981: 8-31).
3) Bacon (1861: 335).
4) Bacon (1859: 165-166)（邦訳 549 頁）．
5) Conservatoire des Arts et Métiers (1970: 9-10); Bonnefous (1980: 4).
6) Leibniz (c.1751: 538-543).
7) Arnold (1992: iii).
8) Hooper-Greenhill (1992: 165).
9) この収集趣味の文化については，Altick (1978: 5-21); Hunter (1981: 65-77, 85-86); Findlen (1994: 140-141); Pomian (1987: 249, 51-59). Murray (1904) も参照．

10) Whitehead (1971: 158); Altick (1978: 8, 13); Sellers (1980: 20, 62, 332); Shapiro (1990b: 233).
11) Hunter and Wood (1986); Findlen (1994: 400); Murray (1904: 127-133); Altick (1978: 13-14).
12) Hunter (1985: 159, 163) も参照
13) 引用は Altick (1978: 13)（邦訳、1巻、42-43頁）。ヒューバートのコレクションについては、同書 pp.12-14; Murray (1908: Vol.1, 127-133).
14) Torrens (1985: 211); Hunter (1985).
15) Joston (1985); Hunter (1981: 146-148); Hunter (1985: 160); Taylor, F. Sherwood (1942); Whitehead (1970: 53). Crook (1972: 34) も参照.
16) Simcock (1994); Museum of the History of Science Oxford (1949); Whitehead (1970: 53); Turner, Gerard L'. E. (1985); Huxley (1993); Findlen (1994, 14); Crook (1972: 34-38).
17) Simcock (1994); Houghton (1942: 70); Hunt (1985: 201); Crook (1972: 34-38); Altick (1978: 10-12); Taylor, Francis Henry (1948: 414-415).
18) Altick (1978: 11-12)（邦訳、1巻、38-39頁）.
19) Altick (1978: 10)（邦訳、1巻、36頁）.
20) Schupbach (1985).
21) de Clercq (1997). Multhauf (1958) も参照.
22) Findlen (1994: 147-150); Altick (1978: 13-15)；MacCregor (1985: 157); Klemm (1973: 32-34).
23) Pomian (1987: 56)（邦訳68頁）.
24) Teylers Museum (1969, 1998); Teyler Museum (1996); Turner, Gerard L'E. (1985, 1996).
25) Turner, Gerard L'E. (1996).
26) Edwards (1870: Pt.l, 247-273); Murray (1908: Vol.1, 127-133); Altick (1978: 13-15); Taylor, Francis Henry (1948: 417-418); MacCregor (1985); Alexander, (1983: 27).
27) スローンとそのコレクションについては、Edwards (1870: Pt.l, 247-312); de Beer (1953); Brooks (1954); Crook (1972: 40-48); Taylor, Francis Henry (1948: 417-419); Alexander (1983: 19-42). コレクションの内訳の数は、de Beer (1953: 160-161) による. Edwards (1870: Pt.l, 303); Gunther (1980: 13) も見よ.
28) Edwards (1870: Pt.l, 288-295); de Beer (1953: 120-134). これらの訪問記等から、スローンのコレクションのようすがよくわかる.
29) Altick (1973: 15)（邦訳、1巻、48頁）.
30) Edwards (1870: Pt.l, 296, 317-318); Taylor, Francis Henry (1948: 418): Crook (1972: 45); Gunther (1980:13).
31) Whitehead (1971, 157); Miller, Edward (1973: 114-115, 234-235, 239); Altick (1973: 27-28).
32) Murray (1907: 175-178); Whitehead (1971: 157); Sellers (1980: 62); Alexander, (1983: 66).
33) ヴァーチュオーソについては、Houghton (1942). Hunter (1981: 59-86) も参照.
34) コーヒーハウスについては、Lilywhite (1963); Altick (1973: 17-21).
35) Altick (1973: 18)（邦訳、1巻、56頁）. サルテーロのコーヒーハウスについては、Lilywhite (1963: 194); Wright and Fayle (1928); Murray (1904: Vol.1, 171-173); Miller, Edward (1973: 26); Altick (1973: 17-19); Alexander (1983: 33).
36) Crook (1972: 63); Klemm (1973: 38-39).
37) Hunter (1981: 65-78); Hunter (1985: 200).
38) Altick (1973: 35-37). 次の引用は p.37.
39) Altick (1973: 235-252). Whitehead (1971); Harrison (1973: 28) も参照. ブロックの生物環

境展示については，Alexander (1983: 67).
40) Altick (1973: 3)（邦訳，1 巻，18 頁）．
41) Altick (1973: 3)（邦訳，1 巻，18-19 頁）．
42) ピールと彼の博物館については，Sellers (1983); Alexander (1983: 43-77) による．Altick (1973: 15); Porter (1990); Katz (1965: 2-14) も見よ．
43) これら米国の博物館の特徴については，Hudson, Kenneth (1977: 8); Tonelli, (1990: 32-33); Washburn, Wilcomb (1990).
44) エイドフュージコンとピールについては，Altick (1973: 117-127) を参照．
45) バーナムについては，Harris (1973). サーカスの歴史については，May (1932) がある．
46) ジャンボについては，Vevers (1976: 85-91); Blunt (1976: 178-188); Alexander (1997: 31) も参照.
47) Hudson, J. W. (1851); Kelly (1957); Cardwell (1973); Kargon (1977); Berman (1978); Russell (1983: 154-173); Caroe (1985); Forgan (1985, 53-54); Morus, Schaffer, and Secord (1992), および Beauchamp (1997: 33-54); 高橋 (2003, 2004a). メカニクス・インスティテュートの展示・博物館については，Beauchamp (1997: 40-46).
48) Altick (1978: 375-376); Morus (1998: 73-77). Beauchamp (1997: 12-13, 35) も参照．
49) アデレード・ギャラリについての記述は，特記なきかぎり，次による．Society for the Encouragement of Practical Science (1836: 21); *Magazine of Popular Science and Journal of the Useful Arts* (1836: 9-12, 113-121, 189-192); Smith, Albert (1849: 13-14); Bathe and Bathe (1943: 152-155, 161-162); Balston (1947: 145-146); Pritchard (1961: 125); Altick (1978: 376-381); Morus (1996a); Morus (1996b); Morus (1998: 75-83, 142). Beauchamp (1997: 13-22) も参照．
50) *Magazine of Popular Science and Journal of the Useful Arts* (1836); Bathe and Bathe (1943: 155).
51) *Magazine of Popular Science and Journal of the Useful Arts* (1836: 12)
52) Altick (1978: 378).
53) Society for the Illustration and Encouragement of Practical Science (1836).
54) Henry (1979: Vo.3, 178-181): 高橋 (2006: 141-145).
55) ポリテクニック・インスティテューションとケイリについては，Smith, Albert (1849: 13-14); Pritchard (1961: 特に 125-132, 135, 165, Plates XVII-XX, XXII); Wood (1965); Altick (1978: 382-389); Morus (1996a, 1996b); Morus (1998: 80-82). Beauchamp (1997: 46-47) も参照．
56) Kargon (1977: 17-21, 34-41); Bud (1968); Cardwell (1989: 27-28, 34-37).
57) Balston (1947: 231-232); Altick (1978: 490-496); Bathe and Bathe (1943: 167); Sheets-Payenson (1985); Dickens (1850).
58) Altick (1978: 509).

第 4 章　近代的公共博物館の出現

1) ルーヴル美術館の正史に準ずる文献として，同館のチーフ・キュレータによる Bazin (1958) がある．次も参照した．Hourticq (1921); Bazin (1967); Alexander (1983: 79-112).
2) Taylor, Francis (1948: 187); Bazin (1958: 12-13, 16, 25); Bazin (1967: 64); Alsop (1982: 165).
3) Pomian (1987: 54) によれば，競売品目録の最初のものはオランダで 1616 年に刊行された．18 世紀中葉までの競売の大きな中心はアムステルダムで，この中心はその後，ロンドン，次いでパリに移った．ギルドの制約を避けて，オランダ風のオークション

売買（主催者が出品を集めてカタログを印刷発行し，開催を宣伝して，オークショナーをやとう）が導入された．イギリスの大手オークション業者クリスティーズ（Christie's）も，18世紀に設立されている．

4) Bazin (1967: 95).
5) Bell (1963: 10-11, 16-17, 46). フランス美術アカデミーのローマ分校については，Pevsner (1940: 98-101, 104-105).
6) Edwards (1873: Vol.1, 348).
7) Bazin (1958: 9, 22); Bazin (1967: 83-84, 92, 95, 98); Taylor, Francis (1948: 188, 235-241, 321-345, 348-349, 391, 403); Alsop (1982: 455); Treue (1960: 96-102).
8) Bazin (1958: 35-39); Bazin (1967: 153-154); Taylor, Francis (1948: 536); Seling (1967).
9) Bazin (1958: 41-42); Bazin (1967: 170); Taylor, Francis (1948: 539); Seling (1967); Alexander (1983: 88); Sallois (1995: 8).
10) Meyer, Karl E. (1979: 20) は，ルーヴル美術館を musée révoltionnaire と呼んでいる．バタイユの言については，Taylor, Francis (1948: 540); Findlen (1994: 395).
11) フランス革命と美術品接収については，Taylor, Francis (1948: 535-589); Treue (1960: 139-199).
12) Bazin (1958: 44, 46); Bazin (1967: 88-89); Taylor, Francis (1948: 536-541); Nochlin (1972).
13) Edwards (1870: Vol.1, 361-367); Miller, Edward (1973: 96-97, 191); Bazin (1958: 56-57); Bazin (1967: 191, 204). Treue (1960: 122-155) も参照．
14) ドゥノンについては，Alexander (1983: 79-112); Taylor, Francis (1948: 535-589); Edwards (1870: Vol.1, 362-363); Treue (1960: 139-199) も見よ．ドゥノンの評伝として，Sollers (1995) がある．
15) Taylor, Francis Henry (1948: 555); Alexander (1983: 5-6, 9, 92, 94, 108). ルノワールも，最初の美術館ディレクターと言い得るであろう．
16) 戦争や革命等にともなう美術品の略奪については，Treue (1960).
17) Bazin (1958: 50); Bazin (1967: 181-191); Alexander (1979: 26); Alexander (1983: 98-99). Ziolkowski (1990: 310-311) も参照．プラド美術館は，美術館用に建てられた近代的建築の初めである．Horne (1984: 15).
18) Bazin (1967: 185); Taylor, Francis (1948: 571-589); Nochlin (1972); Alexander (1983: 96, 102). このうち Taylor の p.589 には，正式に返還された美術品の国別統計がある．
19) これらの博物館・美館については，Bazin (1958: 49-51); Bazin (1967: 181-191); Taylor, Francis (1948: 588-589). イギリスのロイヤル・アカデミーは，王侯起源でない美術アカデミーとして，ヨーロッパで唯一である：Alexander (1983: 107).
20) Nochlin (1972: 17-22). クールベは熱心なコミューン派であり，のち，コミューンによるヴァンドーム広場のナポレオン・ボナパルト記念柱破壊の責任を問われて，賠償を命じられ，国外逃亡を余儀なくされた．
21) Reff (1964); Bazin (1958: 46); Bazin (1967: 171-172).
22) Conn (1998: 193-232).
23) Hudson, Kenneth (1975: 6) は，博物館見学はかつては privilege であったのが right となったとしている．
24) Bazin (1967: 194); Schusster (1995); Duncan and Wallach (1980). Kaplan (1994) も見よ．
25) Alsop (1982); Taylor, Francis (1948); Wright, Philip (1989). 鑑定家の拠点として，1870年代からのニューヨークのメトロポリタン美術館（Metropolitan Museum of Art）の例が

ある．Conn (1998: 220).
26) Conn (1998: 230, 258).
27) モノが「intrinsic value を持つ」と表現されることもあり，また，「モノが語る（Objects speak for themselves)」と言われることもある．Burton (1999: 198); Conn (1998: 2-5); Forgan (1996, 62-66) を見よ．
28) 美術館に対する批判的考察は，Taylor, Francis (1948); Bazin (1967); Alsop (1982); Conn (1998) をはじめとして数多い．ここで指摘した諸点については，次でさまざまに論じられている．Hudson, Kenneth (1977: 59, 145); Bourdieu and Darbel (1979: 67-109, Table (p.40), Figs. (pp.122-125)); Merriman (1989a, 1989b); Sallois (1995: 87-89); Zolberg (1994); Schuster (1995); Greenhalgh (1980); Fyfe (2006).
29) Zola (1877), Charpentier 版，1951 の Vol.1, pp.90-98 を高橋が要約．この文章は，Bourdiue and Darbel (1979: 85-86) や前掲 Nochlin (1972) にも引用されている．
30) Hudson, Kenneth (1977: 86).
31) Bourdieu and Darbel (1979: 89 and App.4, Table 8); Nochlin (1979: 32).
32) Hudson, Kenneth (1977: 68).
33) West, Shearer (1995); Forgan (1996: 67).
34) Shaw (1972).
35) 博物館に来て違和感，劣等感や侮蔑を感じることは，Hudson, Kenneth (1977: 8, 59, 145); Bourdieu and Darbel (1979: 86-87); Nochlin (1979: 28-29); Horne (1984: 251) も参照．博物館に労働者が来るかどうかは，Hudson, Kenneth (1977: 16). 博物館や娯楽が異なる階級をつなぎ合わせる接着剤（social glue）たり得るかどうかは，Cunningham (1980: 11, 110, 117-123, 182); Forgan (1996: 52).
36) 博物館来館者・非来館者および来館者ビヘイビアについての近年の調査研究を挙げておこう．Falk and Dierking (1992); McManus (1987); Merriman (1989a, 1989b); Bicknell and Farmelo (1993); Miles (1993); Miles and Tout (1991): Hudson, Kenneth (1977: 77-147) も参照．Wright, Philip (1989). 展示評価については，Griggs (1981); Graf and Knerr (1985); Eason (1976).
37) Oppenheimer (1972a).
38) 人が博物館で他者と出会って自己を見出すことについては，Shaw (1972); Oppenheimer, (1968, 1972a, 1972b, 1975).
39) Gilman (1916).
40) MacManus (1987); Wright, Philip (1989).
41) Burton (1999: 185) 参照．
42) Levine (1988: 154-155) を見よ．
43) Malraux (1951:11-12); Alsop (1982: 1, 16-17, 102).
44) Conn (1998: 228, 230).
45) Nochlin (1979) 参照．現代の美術館批判は，Weil (1995, 81-123) を見よ．
46) Zacks, Cameron, Abbey, Heinrich, and Withrow (1969).
47) 第二次世界大戦後のイギリスにおける近代絵画不受容の例が，Taylor, Brandon (1999: 167-202) に述べられている．
48) Nochlin (1979).
49) Guilbaut (1984: 特に 187-188, 192-193, 202). Weil (1995, xiv) も見よ．Pointon (1992); Pointon (1994a: 50-68) も，米国スミソニアンのナショナル・ポートレート・ギャラリ設立の

政治性を論じている．

50) Fehlhammer and Feussl (2000).
51) パリ工芸院の正史として，次がある．Conservatoire des Arts et Métiers (1970): Bonnefous (1980); le Moël and Saint-Paul (1994) このうち le Moël and Saint-Paul は，サン゠ドニ保存所設置を含むパリ工芸院の 200 年記念誌であるが，パリ工芸院の歴史の陰の部分も述べてあって相当に分析的・批判的であり，正史としては異色である．パリ工芸院のスタッフまたはその周辺の研究者による論文として，次がある．Blanc (1963); Herlea (1985); Payen (1988); Ferriot and Jacomy (2000). 本章の記述は，特記なきかぎり，以上の正史および論攷による．Richards (1925); Technisches Museum für Industrie und Gewerbe in Wien (1908); Fox (1974); Sebestik (1985); Conservatoire National des Arts et Métiers (1991); Léon (1968) も参照．これらのうち，Fox (1974) は，正史を含むその後の研究に強い影響を及ぼしている．Léon (1968) は，フランス革命前後の技術教育についての史書であり，復活王政期までの工芸院の歴史についてくわしい．棚橋 (1943) も挙げておこう．パリ工芸院の学校については，高橋 (2004a) を見よ．
52) Diderot and d'Alembert (1751) の Vol. 1, "Discours préliminaire des éditeurs", pp.i-xlv; "Art", pp.713-717. 桑原 (1971) に訳文がある．「序論」(全訳ではなく，一部分省略されている), 9-166 頁；「技術」, 295-315 頁．同書の「解説」, 397 頁．Léon (1968: 37) も参照．
53) ヴォカンソンについては Cardy (1986) を参照．
54) 阪上孝 (2002: 303-326),「グレゴワール 国立工芸院の設立にかんする報告」にもある：引用は 309-310 頁．
55) Salomon (1994); Conservatoire National des Arts et Métiers (1988); 桑原 (1959: 625).
56) Payen (1988: 170-171).
57) Léon (1968: 173) はパリ工芸院の性格についてこの ambiguïté という語を使っており，パリ工芸院の正史も多数の箇所でこの語を使っている：Fontanon (1994a); Picon (1994).
58) Crelon (1994); Fox (1974). ナポレオンは 1812 年に，パリ工芸院のコレクションをルーブルに移そうとした：Léon (1968: 242).
59) ラ・ロシュフコー゠リアンクールは，技術教育で重要な人物である．彼は，博愛主義の貴族で，革命前から初級の技術学校を設立し，木綿工場の経営者でもあった．革命前の 1786 年に，彼は，傷痍軍人子弟のために設けた授産施設として自領のリアンクールに学校をつくった（開校は 1788 年）．この学校は，1795 年に国民公会によって祖国防衛者の孤児のためのリアンクール学校とされ，1806 年にシャロン゠シュール゠マルヌに移されて国立工芸学校（Écoles d'Arts et Métiers）となった．これが，国立工芸学校のルーツである（パリ工芸院とはちがう組織であるので，混同しないよう注意されたい）．ラ・ロシュフコー゠リアンクールはこのように技術教育のリーダであったが，より高度な技術教育には熱心ではなかった．Conservatoire des Arts et Métiers (1970: 19-20) のほか，次を参照．前掲 Léon (1968: 77-82, 177-185, 205-209, 247-258); Weiss (1982); 堀内 (1997: 118-125).
60) Sebestik (1985); Fox (1974); Léon (1968: 281) を参照．
61) Fox (1974).
62) アンダーソン・インスティテューションの設立者で，グラスゴー大学教授であったアンダーソン（John Anderson）は，フランス革命の賛美者で，彼の講義に職人たちが仕事着で来るように勧めた．メカニクス・インスティテュート運動の創始者の一人で，Society for the Diffusion of Useful Knowledge をつくってペニーマガジン（*Penny Magazine*）

注　481

を刊行し，London University 設立にも尽力した政治家ブルーアム（Henry Brougham）も，アンダーソン・カレッジでバークベックとともに学んだ．デュパンは，「フランスにおける労働者教育のパイオニア」（pioneer of working-class education in France）とも呼ばれる．Kelly (1967: 136). デュパンの著書 *Historique de l'enseignement industriel et de son influence sur le sort du peuple, 1819 à 1839*, Paris, 1839 が翻訳されて，彼の教育方法はイギリス，スペイン，ポルトガル，イタリア，スイス，米国でひろく知られた．Léon (1968: 281-282). 技術教育の制度化におけるこれら英仏の社会改革派の交流と相互の影響は，今後さらに研究されるべきトピックであると思われる．次を参照．Fox (1974); Weiss (1982: 51); Herlea (1985); Kelly (1957: 20-36, 164, 255); Cardwell (1974); Tylecote (1974: 59); Muir (1950).

63) 堀内 (1997: 118-125); Payen (1988): Fox (1974: 33).
64) Fox (1974). 堀内 (1997) にもサントラルの記述がある．
65) Conservatoire des Arts et Métiers (1970: 210).
66) Herlea (1985); Fontanon (1994b); 高橋 (2004a).
67) Conservatoire des Arts et Métiers (1970: 136-137).
68) これについて，阪上孝編訳『フランス革命期の公教育論』は次のように述べている．「機器の収集は革命前から行なわれていた．科学アカデミーのコレクション，ヴォーカンソンの紡績機のコレクション，オルレアン公爵のコレクションなど．しかしこれらの収集物は散在し，整理もされていなかった．一七九三年八月，ルーブル美術館の開設とともに工芸臨時委員会が設けられ，芸術作品と同時に機器の目録の作成に取りかかった．発明と技術改良の奨励については，グレゴワールがこの報告［1794年9月29日］でふれているように，工芸諮問委員会が発明と技術改良にたいして褒賞を与えることとされた．国立工芸院はこれらの企ての延長に位置している」．阪上 (2002: 302). Léon (1968: 157, 171) も参照．
69) Mercier, Alan (1994).
70) Conservatoire des Arts et Métiers, (c.1975: 2).
71) Bonnefous (1980: 11).
72) Klemm (1973: 43).
73) Technisches Museum für Industrie und Gewerbe in Wien (1908: 3-5); Kristl (undated: 28); Ferriot (1994: 152).
74) Richards (1925: 7-11): 引用は p.11.
75) Bonnefous (1980: 36); de Andia (1994: 13).
76) Rozet (1994).
77) Blanc (1963).
78) このリノベーションについては，Conservatoire National des Arts et Métiers (1991); Ferriot and Jacomy (2000); de Andia (1994); Ferriot (1994); Fleury (1994). フランス革命 200 年展示のガイドブック Conservatoire National des Arts et Métiers (1988) がある．
79) Brenni (1994); Conservatoire National des Arts et Métiers (1942, 1973); Ferriot (1994); Mercier (1994).
80) Brenni (1994).
81) Ferriot and Jacomy (2000: 29, 33).
82) 大英博物館の正史あるいはこれに準じる成書として，次がある．Edwards (1870); Crook (1972); Miller, Edward (1973).

83) Edwards (1870: Vol.1, 48-152, 203-345); Miller, Edward (1973: 28-36, 42-63). de Beer (1953: 140); Alexander (1983: 19-42) も参照. de Beer (1953: 160-161) に，スローンが残したコレクションの内容と点数がある.
84) Altick (1978: 26)（邦訳，1巻，78頁）. Greenwood (1888: Vol.1, 338) も見よ.
85) 大英博物館の入場制限については，Greenwood (1888: 338-341); Seling (1967: 107); Miller, Edward (1973: 60-61, 71); Crook (1972: 53-54, 64-66); Altick (1978: 26-27); Alexander (1983: 36).
86) Miller, Edward (1973: 96, 233-234, 256-257); Greenwood (1888: Vol.1, 219).
87) Edwards (1870: Vol.1, 346-403); Miller, Edward (1973: 79, 96- 97, 101-107, 116-117).
88) Houghton (1942: 72) による.
89) Pomian (1987: 249).
90) Miller, Edward (1973: 96, 235).
91) van Keuren (1973) も見よ.
92) Pomian (1987: 248-272). 引用は，p.250.
93) Findlen (1994: 395).
94) Naturhistorisches Museum (1976a, 1976b).
95) Museum für Naturkunde (c.2000).
96) Senckenberg Nature Research Society (1988). Klemm (1973: 45-46) も参照.
97) Miller, Edward (1973: 100); Murray (1904: 144); Girouard (1981); Alexander (1983: 38); Natural History Museum (1998).
98) これら米国の自然史博物館については，Alexander (1997: 9-31); Kemp (1990); Porter (1990); Katz (1965).
99) Alexander (1983: 135-137); Alexander (1979: 97-101); Baratay and Hardouin-Fugier (2002: 39-42, 73-76); Balsiger (1970: 5764-575); Tomasi (1983).
100) Headrick (1988: 209-258). Headrick (2001); Sheets-Payenson (1988) も見よ.
101) Headrick (1988: 209-258); Alexander (1979: 97-101); Alexander (1983: 113-140); . Headrick (2001); Sheets-Payenson (1988) も見よ.
102) Baratay and Hardouin-Fugier (2002: 9).
103) Malcolmson (1973); Storch (1977): Cunningham (1977); Baily (1978); Cunningham (1980); Greenhalgh (1989); Taylor, Brandon (1999) を見よ.
104) Baratay and Hardouin-Fugier (2002: 73-75, 131).
105) 佐々木 (1977: 87-88).
106) Blunt (1983: 32-41, 178-197); Vevers (1976: 7, 13, 15, 18, 85-91, 136-137, 141-143); Whitehead (1971: 156); Harris (1973: 256-266).
107) Blunt (1983: 86-89); Vevers (1976: 136-137, 141-143, 145-168); Füssl (2005).
108) Baratay and Hardouin-Fugier (2002: 40, 75, 108-109).
109) Porter (1990); Alexander (1983: 319); Alexander (1997: 197); Baratay and Hardouin-Fugier (2002: 128).
110) Alexander (1983: 9, 311-339).
111) Alexander (1983: 319).
112) Bazin (1967: 194).
113) Murray (1904: 234-235).
114) Wittlin (1970: 95); Horne (1984: 15).

115) Alexander (1983: 205-238); Wittlin (1970: 95); Ziolkowski (1990: 309-377).
116) Alexander (1983: 225).
117) Skansen, (c.1994); Alexander (1983: 8, 239-275).
118) Alexander (1983: 264); Bazin (1968: 237). 民俗博物館については，Horne (1984: 172-175) も参照．
119) Poulet (1994).
120) Gesellschaft für Denkmalepflege im Kulturverbund der Deutschen Democratischen Republik (1977).
121) これらの産業遺跡等とその批判は，Katz (1965: 188-193); Ironbridge and Gorge Museum (1986); Hume (1990); Alexander (1983: 268); Horne (1984: 110-115); West, Bob (1988); Sorensen (1989: 62). Hudson, Kenneth (1971) も見よ．
122) Alexander (1983: 238); Coombes (1994); Coombes (1974); Conn (1998: 87).
123) Bazin (1968: 218, 222, 224).
124) Bazin (1968: 218, 222, 224); Hoffmann (1994); Taylor, Brandon (1999: 92).
125) Alexander (1979: 93-95); Horne (1984: 4, 16-17, 249).
126) Swank (1990: 85).
127) Horne (1984: 1, 26, 29, 136-137); Weil (1996: xiii-xiv, 13). 革命によって権力を得たブルジョアジーは，支配階級となってのちには革命という方法を唾棄するようになった．チャーチスト運動の記憶への嫌悪は，この事情を反映している．

第5章 教育のための博物館の実現

1) これらの博物館の正史および正史に準ずる成書には，次がある．Burton (1999); Physick (1982); James (1998); Follett (1978); Greenaway (1951). 本節の記述は，特記なきかぎり，これらによる．本節の記述は，特記なきかぎり，これらによる。これらのうち，Physick (1982) は，*Vision & Accident* という題名にもあるように，これらの博物館のあゆみは不連続とあつれきがあって決して栄光の一本道ではなかったことを書いており，世界的に著名な博物館の正史に準ずる本としては珍しい．Follett はロンドン科学博物館の1930年代までの歴史をあつかっている．次も参照．Goodwin (1990: 9-10); Bonython and Burton (2003); Dickinson (1933-34); Ashton (1953); Macdonald, Stuart (1970); Strong, Roy (1978); Altick (1978: 498-502); Cocks (1980); Pearson (1982: 30-38); Day (1987); Anderson (1992); Science Museum (c.1996).
2) Burton (1999: 9-10, 184).
3) このデザイン学校の歴史については，Bell (1963) がある．Pevsner (1940); Macdonald, Stuart (1970) も参照．
4) Taylor, Brandon (1999: 1-11); Hudson and Luckhurst (1954: 10-11); Pearson (1982: 25).
5) 欧米の美術アカデミーの歴史については，Pevsner (1940) がある．Macdonald, Stuart (1970); Taylor, Brandon (1999: 1-11); Hudson and Luckhurst (1954: 10-11); Minihan (1977: 41); Goodwin (1990: 34-41) も参照．
6) Taylor, Brandon (1999: 6-7, 21); Pearson (1982: 15).
7) Minihan (1977: 37, 41-42); Physick (1982: 19); Burton (1999: 17); Purbick (1994); Bell (1961: 37, 41-42); Goodwin (1990: 41); Pearson (1982: 15). エワートは，のち1949年頃には，大英博物館のエドワーズ（Edward Edwards）とともに，イギリス全国に公共図書館を設

置することを提唱した．
8）欧米の美術学校の歴史については，Macdonald, Stuart (1970)．
9）博物館の盛況については，Minihan (1977: 51-53, 61, 88)．
10）Bell (1961); Physick (1982: 15); Burton (1999: 13, 19)．
11）Minihan (1977: 46-47); Bell (1961: 75, 221-249); Physick (1982: 14); Burton (1999: 9, 22-23)．
12）ロンドン万博については，*Illustrated London News* (1851); Pearson (1982: 30-33). Greenhalgh (1988, 1989); Auerbach (1999); Rydell (1992)，および Beauchamp (1997: 25-30, 71-94). 工芸振興協会については，Hudson and Luckhurst (1954); Hall (1974)，および Beauchamp (1997: 55-69). コールと万博や工芸振興協会との関係については，Hudson and Luckhurst (1954: 182, 193, 372); Purbrick (1994). Bonython and Burton (2003) も参照．公共資金投入の意義については，Goodwin (1990: 18-19); フランスからのロンドン万博への影響については，*Illustrated London News* (1851); Beauchamp (1997: 9-11, 71-72)．
13）Minihan (1977: 101-103)．
14）Pearson (1982: 29-32); Goodwin (1990: 9-10); Minihan (1977: 107, 117-119, 131)．
15）Follett (1978: 1); Purbrick (1994: 74, 77, 79); Taylor, Brandon (1999: 70-71); Bell (1961: 244-245); Robinson (1897); Pearson (1982: 34-35)．
16）Macdonald, Stuart (1970: 178-179)．
17）Alexander (1983: 159, 161); Robinson (1897) も参照．
18）Purbrick (1994: 78-81); Alexander (1983: 160, 162); Richards (1925: 12); Burton (1999: 56) も参照．
19）Taylor, Brandon (1999: 29-66, 71-75); Greenwood (1888: 238-245); Hudson and Luckhurst (1954: 219)．
20）Physick (1982); Minihan (1977: 129); Forgan (1994: 52)．
21）Greenwood (1888: 275, 277-284); Pearson (1982: 26); Alexander (1983: 164); Goodwin (1990)．
22）Macdonald, Stuart (1970) の特に pp.157-187; Taylor, Brandon (1999: 73); Bell (1961: 249); Alexander (1983: 152); Minihan (1977: 134-135)．
23）Minihan (1977: 134-135); Alexander (1983: 152)．
24）コールの経歴と諸活動については，Burton (1999: 82); Bonython and Burton (2003); Alexander (1983:141-175); Bell (1961: 211-223); Greenhalgh, (1988: 28); Minihan (1977: 98, 104-105); Goodwin (1990). Bathe and Bathe (1943: 162-165) も参照．
25）Cole (1874). Cole (1873). も見よ．
26）Altick (1978: 499); Bazin (1967: 233)．
27）Goodwin (1990: 31). Georgel (1994); Shaffer (2000: 65). Alexander (1983: 164) も参照．
28）サウス・ケンジントン博物館の食堂開設については，Bazin (1967: 233); Pearson (1982: 36). 1851年万博の統計については，Taylor, Brandon (1999: 68-69) を参照．
29）Macdonald, Stuart (1970: 189-181); Altick (1978: 499); Purbrick (1994: 83); Taylor, Brandon (1999: 77); Burton (1999: 77) に，この文章が引用されている．
30）Burton (1999: 257) に，サウス・ケンジントン博物館（およびその前身）とビクトリア・アンド・アルバート美術館の年間入館者数統計がある．
31）Conn (1998: 193-232)．
32）ベスナル・グリーン分館の初期の状況は，Greenwood (1888: 245-266). Taylor, Brandon (1999: 80). Hudson and Luckhurst (1954: 261) も参照．

33) Macdonald, Stuart (1970: 2-7-225).
34) Alexander (1983: 163); Taylor, Brandon (1999: 88-91); Greenwood (1888: 272-275); Koven (1994).
35) 次を参照：Thompson, Edward (1963); Malcolmson (1973): Baily (1978); Cunningham (1980); Taylor, Brandon (1999); Bell (1963).
36) Pollard (1968: 236-237); Burton (1999: 43).
37) 「反乱防止」という指摘は，Burton (1999: 13); Greenhalgh (1988: 29-30); Pointon (1994a: 51) にある．van Keuren (1973); Taylor, Brandon (1999: 7-9) も参照．
38) 次を参照：Horne (1984: 2-3); Pearson (1982: 44).
39) Cunningham(1980). Hammond (1933) も参照．
40) Pearson (1982: 29); Taylor, Brandon (1999: 73-92).
41) Malcolmson (1973); Cunningham (1980: 140, 154-155); Baily (1978); Cunningham (1977, 1980); Storch (1977) を見よ．
42) Cunningham (1980: 140, 154-155). Butler (1992) も参照．
43) Livine (1988: 202-203).
44) disciplinary institution については，Bennett (1995) を見よ．
45) キングスリ (Charles Kingsley) の言で，前掲 Minihan (1977: 94) による．Altick (1978: 501) も参照．
46) Goodwin (1990: 18-19); Taylor, Brandon (1999: 68-70); Greenhalgh (1988: 29-30) を参照．
47) Pearson (1982: 29); van Keuren (1984). evdutionary museum については，Bennett (2006).
48) Greenwood (1888: Vol.1, 196-209); Taylor, Brandon (1999: 74-75, 97): Baily (1978: 53, 93); Minihan (1977: 27, 91); Alexander (1983: 163). 米国の美術館の日曜開館の例については，Levine (1988: 201).
49) 以下，大英帝国を示す博物館の記述は次の文献に依っている．Barringer (1998a); Barringer (1998b); Greenhalgh (1988: 52-81); Greenhalgh (1989); MacKenzie (1984: 96-145); Strong, Roy (1978). Skelton (1978); Barringer and Flynn (1998) も参照．
50) Greenhalgh(1988: 55).
51) 万博における人種展示と人類学，帝国主義展示については，Benedict (1983): Greenhalgh (1988: 52-111); Greenhalgh (1989); Rydell (1984, 2006); Coombes (1974: 187-217) を参照．
52) サウスケンジントン博物館と大英博物館の入館者数は，それぞれ，Greenwood (1888: 248-249) と Miller, Edward (1973: 257) による．
53) Pearson (1982: 26).
54) Smith, Cecil (1917); Goodwin (1990).
55) Robinson (1897). *Art World* (1862); Alexander (1983: 161) も参照．
56) Burton (1999: 80).
57) Burton (1999: 184).
58) Cossons (2000: 14); Burton (1999: 230-231); Purbrick (1994: 85).
59) Greenwood (1888: 265-266); Burton (1999: 257) による．
60) 記述は，特記なきかぎり，Follett (1978) と Greenaway (1951) による．
61) Technisches Museum für Industrie und Gewerbe in Wien (1908: 5-10). 動くモデルや観客がハンドルで動かすモデルについては，Follet (1978: 12-13).
62) Technisches Museum für Industrie und Gewerbe in Wien (1908: 5-10).

63) Richards (1925: 17).
64) Stock and Denys (1983).
65) Follett (1978: 91).
66) Follett (1978: 113-118); *Museums Journal* (1932); Science Museum (c.1990) を参照．West, L. A. (1967); Wright, Thomas (1996) も見よ．
67) Hudson and Luckhurst (1954: 215-216); Taylor, Brandon (1999: 206-209).
68) ウェルカム医学史博物館については，Skinner (1986: 383-418); Wittlin (1949: 174); Franks (1986). を見よ．
69) *Museums Journal* (1932); Science Museum (1991).
70) Brown, Neil (1998).
71) Wyatt (1996).
72) Wright, Thomas (1996); Science & Society Picture Library (1999).
73) Alexander(1983: 171) は，"The Victoria and Albert Museum had dropped many utilitarian functions" と表現している．
74) Burton (1999: 9, 98, 104); Alexander (1983: 169).
75) Alexander (1983: 169).
76) スミソニアンの正史およびこれに順ずるものとして，次がある：Rhees, William (c.1858); Goode (1897a); (Goode), 1901a; Oehser (1949, 1970, 1983). 歴代総裁の何人かに関するものとして，Carmichael and Long (1965); Ripley (1969); Rivinus and Youssef (1992) がある．本節の記述は，特記なきかぎり，これらの文献によった．スミソニアン紹介の一般書として，Hellman (1966); Neal (1961) がある．研究論文として，次を挙げておこう．Kohlstedt (1971); Takarabe (2000). 米国技術史学会機関誌 *Technology and Culture*, Vol.6, Winter 1965 は，スミソニアンの歴史技術博物館開館特集号で，同館科学技術部長 Multhauf を特集編集者として，科学技術博物館の歴史と現状に関する論文等 6 編を収録している．そのうち，Multhauf (1965); Vogel (1965) がスミソニアンを主題としている．スミソニアンのキュレータまたは元キュレータがスミソニアンおよびその博物館の歴史を書いた論文として次がある．Washburn, Wilcomb (1967); Henson(1999); Molella (1991); Wright, Thomas (1996); Post and Molella (1997). 高橋 (1994, 2001-2002) も参照．
77) Oehser (1970: 86).
78) Combs (2000) による．この入場者数は，国立動物園（300 万人）を含み，ナショナル・ギャラリーとケネディ・センターは含まない．現在は，入館者数から見たスミソニアンの三大博物館は航空宇宙博物館，自然史博物館，アメリカ歴史博物館であって，年間入館者数はそれぞれおおよそ 1000 万人，600 万人，600 万人程度である．
79) Oehser (1970: 233-234); 公式ガイドブック Smithsonian Institution (1991: 1) による．
80) Rhees, William (c.1858: 5-6); Langlay (1897); Oehser (1970: 3-15). Coulson (1950: 172-173); Hellman (1966: 24-35); Bird (1983) も参照．
81) Adams, John Quicy (1965).
82) スミソンは，イギリスのメカニクス・インスティチュート（Mechanics' Institute）のような労働者階級への科学知識普及団体を考えていたという推測もある．Bird (1983).
83) Goode (1901a: 86, 105, 283-297). Kohlstedt (1971); Sellers (1980: 239-294); Katz (1965: 2-18) も参照．
84) Kohlstedt (1971). Sellers (1980: 332); Kaeppler (1989); Katz (1965: 2-18) も参照．

85) Kohlstedt (1971); Kohlstedt (1991: 20); Sellers (1980: 302).
86) Kohlstedt (1971); Porter (1990). Goode (1901e) は，National Institution 側の立場からくわしく書いている．Katz (1965: 2-18) も参照．
87) ヘンリーについては，Coulson (1950); Moyer (1997); Washburn, Wilcomb (1967). Goode (1897b) は，ヘンリー，ベアード，ラングレーと三代の総裁について述べている．ヘンリーの著作集 Henry (1972-) がある．
88) ヘンリーが 1847 年に提出してスミソニアン理事会で認められた組織プログラムによる．これは Oehser (1970: 256-263) にも収録されている．
89) Goode (1901e: 112). Rhees, William (c.1858: 8) も参照．
90) 博物館路線と研究機関路線をめぐるあつれきは，スミソニアンの正史にははっきりとは書かれていないが，Washburn, Wilcomb (1967) にくわしい．
91) 原文は，"all objects of art and foreign and curious research, and all objects of natural history, plants, and geological and mineralogical specimens belonging or hereafter to belong to the United States, which may be in the city of Washington": Rhees, William (c.1858: 21) を見よ．
92) 当初のこの博物館と所蔵物のようすは，Rhees, William (c.1858) にある．
93) Rhees, William (c.1858: 29); Goode (1897a: 656-657); Hellman (1966: 78-80); Oehser (1970: 32-36).
94) グードについては，Goode (1901a); Kohlstedt (1991: 1-21). Rydell (2006) も参照．
95) Henson (1999: S258).
96) Goode (1901c: 75).
97) Malthauf (1965).
98) Molella(1991).
99) Natural History Museum (1998); Madden (1978).
100) Goode (1901a-e). マクマオンは，「グードは米国において批判的な博物館［学］をはじめた（Goode...shaped a critical museum tradition in America）」と述べている．McMahon (1981). グードによるスミソニアン・インスティテューションの歴史は，Goode (1897a).
101) Goode (1901f: 200).

第 6 章　科学技術博物館の完成

1) ドイツ博物館の正史とこれに準ずるものとして，次がある．開館記念誌である Deutsches Museum (1927, 1953); Dyck (1929); Matschoss (1933); Bässler (1949); Zenneck (1953); Auer (1954); Fehlhammer and Feussl (2000). ミラーが書いたものとして，Miller, O. (1929); Miller, Oskar (c.1931, 1932) がある．ミラーの伝記には次がある．Miller, Walter (1932); *Museums Journal* (1932, 1934); Zenneck (1934); Nockher (1953); Kaempffert (1934): Kristl (undated); Füssl (2005). 展示ガイドブックは，Deutsches Museum (1925, 1938, 1986). 本節の記述は，特記なきかぎり，これらによる．Dickinson (1925); Zenneck (1941) も参照．
2) Miller, Oskar (1932); Lehmhaus (1963).
3) Matschoss (1933).
4) Deutsches Museum (1929a: 25).
5) ドイツ博物館やロンドン科学博物館の観客自身が操作するの展示の評価については，Wittlin (1949; 144, 172, 174); Bierberger (1941); Follette (1978: 12-13) も参照．

6) 天体の模型を動かす機械式プラネタリウム（ホレリウム）が，16世紀から17世紀にあった．光学式（ドーム投影式）プラネタリウムは，1923年にバウアースフェルト（Walter Bauersfeld）によって発明され，世界最初のこの方式のプラネタリウムが，イェナのカール・ツァイス社でドイツ博物館のために製造された．Nature (1924); Dickinson (1925); Multhauf (1960); Katz (1965: 154-159) を参照．

7) Richards (1925: Preface, 1-6). この報告書は，全米職業教育協会（National Society of Vocational Education）が1919年から1922年にかけて工業における工芸について調査したのを受けて，アメリカ博物館協会（American Museum Association）の委嘱によりリチャーズがイングランド，スウェーデン，デンマーク，ドイツ，オーストリア，ハンガリー，チェコスロバキア，スイス，フランス，ベルギー，オランダを視察して書いたものである：Mann (1988: 255-256, 304) も参照．リチャーズは，改革派教育家であり，コロンビア大学のティーチャーズ・カレッジ（Teachers College）の最初の教授の一人で，1906年に米国産業教育振興協会（National Society for the Promotion of Industrial Education の創立者で，その会長をつとめた．Cremin (1961: 39, 176).

8) Molella (1991); Lindqvist (1993).
9) 1920年代から1930年代にかけての技術者による技術史運動については，Molella (1991).
10) Deutsches Museum (1953).
11) Auer (1967); Deutsches Museum (1986); Deutsches Museum (1993, 1994a) も参照．
12) Hudson, Kenneth (1977: 174-176).
13) Horne (1984: 91, 112-116).
14) Deutsches Museum (1996) も参照．
15) Kerschensteiner Kolleg (1988); Eisenblätter and Teichmann (1996); Schreier (1995).
16) Deutsches Museum (1994b).
17) Deutsches Museum (1973); Folkers, 1988; Deutsches Museum (1996: 52-62).
18) Friess and Steiner (1995).
19) Deutsches Technikmuseum Berlin (1997).
20) Nárdoni Technické Muzeum (1967); Nárdoního Technického Musea, Praha (1956); Národní Technické Muzeum (1991).
21) Technisches Museum für Industrie und Gewerbe in Wien (1908, 1974); Deutsches Museum (1929b); Kurzl-Runtschneider (1933); Erhard (1941); Schützenhofer (1947).
22) Technisches Museum für Industrie und Gewerbe in Wien (1908).
23) National Museum of Science and Technology (1982); Spratt (1936); Strandh (1967); Lindqvist (1993); Molella (1991).
24) Museo Nazionale della Scienza e della Tecnica Leonardo da Vinci (1955); Ucelli (1952); National Museum of Science and Technology Leonardo da Vinci (1983).
25) 大阪市電気局 (undated); 大阪市立電気科学館 (1957, 1967, c.1986, 1987); 電気科学館協力会 (1964).
26) Mann (1988, 142); Pridmore (1996: 11-13).
27) Pretzer (1989).
28) Henry Ford Museum, (1972).
29) この博物館および歴史家からの批判については，Hamilton (1931); Katz (1965: 193-195); Henry Ford Museum (1972); Hamilton (1931); Lankton (1980); Hyde (1988); Conn (1988: 151-191); Braden (1998).

30) Conn (1988: 159-160, 175) は，モノの重視，博物館設立，さかのぼって歴史を見る史観（遡及史観）といったフォードの特徴には，歴史・考古学博物館をつくったメルサー（Henry Mercer）からの影響があると述べている．
31) シカゴ科学・産業博物館の歴史の正史に準じるものして Kogan (1973) と Pridmore (1996) があるほか，Kaempffert (1929a, b, 1933); MacMaster (1967); Danilov (1986); Museum of Science and Industry, Chicago (c.1989) がある．論攷として Mann (1988) がある．Danilov (1982) も参照．以下の記述の多くは，Werner (1939); Kogan (1973); Pridmore (1996); Mann (1988) による．
32) ローゼンウォルドの伝記として，Werner (1939) がある．
33) Pridmore (1966: 13, 30).
34) Werner (1939); Pridmore (1996:11-22).
35) ケンプファート (1876-1956 年) は，大学で法律を学び，サイエンティフィック・アメリカン（*Scientific American*）誌やポピュラー・サイエンス（*Popular Science*）誌の編集陣の1人であり，天文，航空および米国の発明家についての本を書いた．ニューヨーク・タイムズのような主要紙が科学欄編集者を置いたのは，彼の場合（1927 年）が最初であった．彼は，全米科学ジャーナリスト協会（National Association of Science Writers. 1934 年設立）の創立メンバーであり，1937 年にはその会長となった．
36) Pridmore (1966: 26-28, 31-33) 参照．
37) Museum of Science and Industry Chicago (1933).
38) Kaempffert (1929a, 1929b) も見よ．
39) Kaempffert (1929a: 11); Mann (1988: 267-269, 274, 280-281, 288 (n.57)); Kogan (1973: 62).
40) 1933 年（7月1日から12月31日まで）の入館者数は28万2944人で，そのうち3万1205人が「炭坑」に入った．この数字は，1934年には36万6000人／11万8000人，1935年には35万5000人／10万4000人であった：Mann (1988: 288, n.65). Pridmore (1996: 52) も参照．
41) Kogan (1973: 90-91).
42) Mann (1988: 88, 91).
43) Zandt and Rohe (1933: 15, 34, 36, 38).
44) Katz (1965: 151) に，"The innovation introduced such huge success by Chicago was simply this: to invite large corporations to set up elaborate exhibits at their own expense in space provided by the museum." とある．
45) Mann (1988: 99-105, ii, 316, 337).
46) Pridmore (1996: 68).
47) "in these days of strife and uncertainty our American way of life is under constant discussion. We are called for an 'all out' effort in its defence.": Pridmore (1996: 71).
48) Kogan (1973: 58, 108, 137).
49) Kogan (1973: 3, 51, 87, 107, 108, 115, 117, 129, 133, 137-138); Mann (1988: 389, 412). なお，Hudson, Kenneth (1977: 135) は，博物館の平均滞在時間として60～90分という数字を挙げている．
50) スタンダード石油，ジェネラル・エレクトリック，グッドイヤー・タイヤ・アンド・ラバー，マクダネル・エアークラフト，ヒューズ・エアークラフト，ベル・システム，サンタ・フェ鉄道，ウェスティングハウス，コモンウェルス・エジソン，IBM，ユニオン・カーバイド，イーストマン・コダック，アメリカン・アイアン・アンド・スチ

ールなど.

51) Mann (1988: 392-403) による.
52) Kogan (1973: 125-129); Mann (1988: 409-411).
53) これら原子力関係については，Pridmore (1996: 111-113).
54) Kogan (1973: 194-196); Pridmore (1996: 126).
55) 主として Mann (1988) による．ローア自身が書いた Lohr (1951) も参照.
56) モスクワ帝国工業学校のデラ・ヴォス (Victor Della Vos) の実習教育法が 1876 年の米国建国 100 年記念フィラデルフィア博覧会で紹介され，これに感銘したワシントン大学のウッドワード (Calvin M. Woodward) らが作業実習運動を展開した．マッキンリー校ほか作業実習学校については，Mann (1988: 8-13); Cremin (1961: 23-34).
57) 米国自動車学会については，Layton (1971/1986: 41-42).
58) Mann (1988: 366).
59) ローアとラジオ放送については，Mann (1988: 474-475). ギャラップ調査は，*Broadcasting* (1938), *Fortune* (1938).
60) アメリカの個人主義や，米国人の自由信仰については，たとえば，Layton (1971/1986). 新中産階級からの成功者の存在は今日における「アメリカの個人主義」の証左であるとも考えられている．近年では，携帯電話ビジネスのリーダーであるジン (Sam Ginn) がこういった一人である.
61) 米国における engineer-entrepreneur から corporate engineer への変化については，高橋 (2003) を参照.
62) 技術者の職業意識と技術者至上主義については，Layton (1971/1986: 53-108, 118-119); 高橋 (2003) を参照.
63) Layton (19712/1986: 227-228); Elsner (1967: 17-35).
64) 技術者のこの二極への分裂については，Layton (1971/1986: 53-55, 64, 69-71, 82-83) を見よ．スウェインの言は，同 p.70. この二極への分裂について，次のような例がある．1902 年頃以来，技術系諸学会を糾合しようとする職業団体大同の動きがあり，技術者の道徳律 (code of ethics) を制定しようとした．しかし，結局はビジネス技術者路線が優勢でこれらの動きは結実せず，企業の利害とは独立な技術者の道徳律を制定することはできなかった．近年に日本でも技術者の倫理が論議されているが，技術者のこの二極への分裂は日本でも同じく存在する．日本でも，企業の利害とは独立な技術者の道徳律を制定することはできないであろう.
65) Layton (1971/1986: 67-69, 118, 208, 210) 参照．スタインメッツと corporate socialism については，Kline (1992: 200-236).
66) Layton (1971/1986: 70) による.
67) Layton (1971/1986: 229-234) を見よ.
68) Layton (1971/1986: 79-108, 225-248) は，技術者の社会的ステータス向上の大きなチャンスがあったのに，米国の技術者は日和見主義でこれを逃してしまったと，次のように書いている．1910-16 年には，技術者は左に振れたが，彼等の改革運動は結実しなかった．1920 年代の好況期に技術者は経済的に恵まれて保守化し，20 世紀初頭以来の森林保存と科学的管理を中心とした技術者の改革運動は衰退し，1930 年代の大規模計画に技術者はほとんど関与しないという結果を招いた．著名な技術者であったフーヴァーは，計画による社会改革を唱えて，ボールダー・ダムの建設等を行ったが，同時に，競争機会の均等を重視した．彼の著書のひとつが『アメリカの個人主義』

(*American Individualism*. 1922 年)であるのは，彼の立場をよくあらわしている．フーヴァーは，1929 年から 1933 年まで合衆国大統領であったが，連邦政府による規制を努めて避けた．大恐慌のあと，技術者の多くはただ不況がそのうち終わるだろうと言っていたが，不況は続き，長期の不況は技術者のせいであるという疑いが持たれるようになった．不況からの回復をはかる計画立案に技術者が乗り出せば技術者の職業としてステータス向上につながったであろう．しかし，ビジネスと一体化した技術者は，自由競争の信仰に縛られて，このチャンスになかなか気づかなかった．不況を終わらせたのはニュー・ディール政策と第二次世界大戦の戦時計画であったが，これらへの技術者の寄与は大きくはなかった．結局，技術者の専門職業志向は結実しなかった．

69) 彼には，Danilov (1982, 1990) の著書がある．
70) 以下のダニロフとカーンによる変化と転換について，および，近年のこの博物館についての記述は特記なきかぎり，Pridmore (1996: xi-xii, 141-163) による．
71) Danilov (1986) 中の，"Technology: chance or choice ?", pp.84-86.
72) Pridmore (1996: 141-152).
73) 引用は Pridmore (1996: 161) と Pridmore (1996: 158).
74) Pridmore (1996: 162).

第 7 章　スミソニアンの技術博物館

1) スミソニアンの美術館の沿革については，Oehser (1970: 134-155); Hellman (1906: 159-192). 子どもルームについては，McCutcheon (1992).
2) 以下，この関係の記述は特記なきかぎり Molella (1991) による．
3) Molella (1991: 244-245).
4) Multhauf (1965: 50).
5) このミットマン＝ポーター計画とその挫折については，Molella (1991). (VDI), 1927: 154; Cohen (1980: 20-57) も参照．
6) この博物館の成立史については，Cohen (1980) を見よ．国立自然史博物館の建物には国立人類博物館もあり，両館の展示はつながって一体となっていて．米国の開拓史時代以来の人類学への関心がここにうかがわれる．National Museum of Natural History/ National Museum of Man (1988).
7) インターナリスト・ヒストリー，エクスターナリスト・ヒストリー，進歩の史観，ホイッグ史観，科学技術ユートピア主義，科学技術決定論等についての批判は，次を見よ．Butterfield (1951); Proctor (1991); Bloch (1949); Staudenmaier (1985); Scranton (1955): 博物館関係者による批判としては次がある．Basalla (1974); Shapiro (1990b); Lindqvist (1993). Molella (1991) も参照．
8) Society for the History of Technology (1959).
9) *Technology and Culture* (1996).
10) クランツバーグの巻頭言は，Kranzberg (1959).
11) 米国技術史学会の論調については，Staudenmaier (1985).
12) Multhauf (1996); Pursell (1996); Seely (1996).
13) Pursell (1996).
14) Seely (1996).
15) Kranzberg や ICOHTEC ほか国際関係については，Buchanan (1996) を見よ．ヨーロッ

パでは技術者・アマチュア歴史家の団体が主流であったので，ICOHTEC はヨーロッパに米国技術史学会風の歴史学の場をつくろうとして創設されたとも見ることができる．しかし，現在までヨーロッパの技術史研究は，技術者・アマチュア歴史家のインターナリスト・ヒストリーの色彩が強い．

16) Taylor, Frank (1946a, 1946b); Hellman (1966: 207-208).
17) Multhauf (1965); Ferguson (1968).
18) Vogel (1965); Post and Molella (1997). ヴォーゲルは，歴史の連続性（continuity）を強調しているので，インターナリストであったことがわかる．
19) Henson (1999: S263).
20) Post and Molella (1997). Henson (1999: S263) も参照．マルソーフは 1964 年から 1978 年まで米国科学史学会機関誌 *Isis* の第 2 代編集長であり，1979 年には同学会の会長となった．
21) Post (2001); Finn (1989).
22) Cameron (1974). 山本 (1996) も見よ．
23) Post and Molella（1997: 53).
24) この拡大と多様化は，Oehser (1970: 66) を見よ．
25) Smithsonian Institution (1996-1997). Smithsonian Institution (2000-2001) も見よ．
26) Oehser (1970: 227-228)
27) Smithsonian Institution, Behind-the-Scenes Volunteer Program, Visitor Information and Associates' Reception Center (1989); Kopper (c.1990). Hudson, Kenneth (1977: 98-99) は，オーディオやスライド等の機械でなく人間が説明する見学者サービスの利点を生かすべきだとしている．
28) Hudson, Kenneth (1977: 95-96).
29) Oehser (1970: 210-212).
30) 主として，スミソニアンの年報 Smithsonian Institution (1994)，および同 1994 年版と 1995 年版による．
31) Combs (2001); Oehser (1970) による．
32) National Museum of American History (1990) も参照．
33) Horne (1984: 4, 16-17, 249).
34) National Museum of American History (1992).
35) 高橋 (1992). Lubar (1993) も参照．
36) National Museum of American History (1987).
37) Moore (1970).
38) Oehser (1970: 223).
39) ラングレー，ライト兄弟とフライヤ号，カーチスをめぐるいきさつは，Hellman (1906: 132-152); Oehser (1970: 49-58); Meyer, Robert B. (1971); Roland (1993) を見よ．ライトの引用は，Roland (1933: 80) による．
40) McMahon (1981: 295).
41) Hellman (1906: 1152-158).
42) この博物館に対する科学技術史家からの批判は，たとえば McMahon (1981: 295); Roland (1933).「栄光か教育か？」（Celebration or education ?）といった疑問も，この博物館に呈されている：Roland (1933); Wright, Helena (1996) を参照．

第 8 章　サイエンスセンター

1) Urania (1988); Lührs (1996: 8-13). Beetlestone, Johnson, Quin, White (1998) も見よ．
2) Rose (1967: 204).
3) Rose (1967: 204); Palais de la Découverte (1975).
4) O'Dea and West (1967).
5) Lawrence Hall of Science (1984, 1986, 1987); Danilov (1982: 35-36).
6) Omand (1974).
7) Danilov (1982: 32-33).
8) Levitt (1967). McClenahan (1928) も参照．
9) Danilov (1982: 3, 5, 29, 195, 202, 221).
10) この論争で，サイエンスセンター側の主張には次がある．de Varine-Bohan (1976); Oppenheimer (1968, 1972a); Parr (1968); Shaw (1972); Eason and Lynn (1976); Kimche (1978); Gillies and Wilson (1982); Danilov (1986); Dankman (1986); Guedon (1986); La Villette (1986). 科学技術史家からの批判としては，Finn (1990); Ferguson (1965); Basalla (1974); McMahon (1981) がある．Danilov (1982) も参照．
11) Hudson, Kenneth (1977: 78, 124).
12) エクスプロラトリアムとオッペンハイマーについては，Oppenheimer (1968, 1972a, 1972b, 1975); Exploratorium (1983); Dankman (1986); Hein (1990) がある．本節の記述は，特記なきかぎり，これらによった．
13) Exploratorium (1983). Benedict (1983) も参照．
14) Exploratorium (1976-1987).
15) Oppenheimer, (1968, 1972a, 1972b, 1975); Shaw (1972); Exploratorium (1983).
16) Horne (1984: 4, 16-17, 249).
17) シカゴ科学・産業博物館のニールセン（Lucy Nielsen）による研究：Pridmore, 80-81.
18) Hudson, Kenneth (1977: 88).
19) 科学技術館 (1989).
20) ラ・ビレットについての記述は，主として Museum (1986); Natali (1986); La Villette (1986, 1988, 1992), 1993, 1995, 1996) による．
21) La Villette (1986, 1996).
22) La Villette (1995).
23) 日本科学振興財団 (1995).
24) Habermas (1990).

第 9 章　現代における博物館の変貌

1) この展示のカタログ Truettner (1991) がある．Wallach (1994); Dubin (2006) も見よ．
2) 展示カタログガイド Viola and Margolis (1991) が刊行されている．Newsweek (1991) も参照．
3) Newsweek (1991).
4) 開展時の説明資料である National Museum of American History (1994); Ross (1994). 展示ガイド冊子 National Museum of American History; Post and Molella (1997); Roland (1993) も参照．

5) 原文は次の通り：Like politics, business, or religion, science is right in the thick of American history. Today, science and technology permeate American culture and daily life. Over the past 125 years, most Americans came to believe that science and technology inevitably brought progress. As the 20th century ends, people are less sure of this. They realize that science can entail hazards as well as benefits. 'Science in American Life' explores America's changing views of science and progress since 1876. The challenge for the 21st century is to make responsible choices about science and technology. Since science, technology, and society are inseparable, this exhibition does not focus on scientific discoveries in isolation, but on historical episodes in which the American public has grappled with the implications of living in a scientific and technological age.
6) Moore (1970).
7) この論争については, Molella (1994, 1999); Ross (1994); Post and Molella (1997); Molella and Stephens (1996); *Washington Post* (1994).; Park, Robert (1994); *Science Communication* (1994); Friedman (1995); Macilwain, 1995; MacDonald, Heather (1997); Gieryn (1998); Pekarik, Doering and Bickford, 1999; Lindquvist (2000). Roland (1993); Rhees, William (1992-93); 高橋 (2004b) も参照．
8) Molella (2000a, 2000b).
9) エノラ・ゲイ展示をめぐる報道と論争の文献を, 網羅的ではないが挙げておく：Gavaghan (1995); Wallace (1996b); Zolberg (1996); *Technology and Culture* (1998); Lindqvist (2000). Roland (1993); 高橋 (2004b) も見よ．
10) Hudson, Kenneth (1977: 87-89).
11) Davidson and Sweeney (2003).
12) Pekarik (1999).
13) National Museum of American Indian (2004, 2005); Volkert, Martin, and Pickworth (c.2004). Kaplan (2006) も見よ．
14) Molella (2000a, 2000b)
15) Weil (1995: xviii). 目玉展示路線については Rectanus (2006), 有料化ほか博物館の経済については Frey and Meier (2006).
16) 科学リテラシー論と批判は, Lévy-Leblond (1992); Durant (1992); Shapin (1992); Shamos (1995); Macdonald, Sharon (1998b). Shamos はニューヨーク大学の物理学教授である．
17) Cameron (1988); Weil (1995: 9, 13); 山本 (1996).
18) Fiske (1987); Milner (1994); Turner (1996).

文　献

A

Abele, Johannes, and Mener, Gerhard, 1995, *Der Tesla-Motor (Technikgeschichte Modelle und Rekonstruktion)*, Deutsches Museum, München.

Ackermann, Hans Christoph, 1985, "The Basle cabinets of art and curiosities in the sixteenth and seventeenth century", in Impey and MacGregor, 1985, pp.62-68.

Adams, John Quincy, 1965, *The Great Design: Two lectures on the Smithsonian bequest by John Quincy Adams*, Wilcomb E. Washburn (ed.), Smithsonian Institution, Washington.

Adams, Judith A., 1991, *The American Amusement Park Industry: A history of technology and thrills*, Twayne, Boston.

Alexander, Edward P., 1964, "Artistic and historical period rooms", *Curator*, Vol.7, pp.263-281.

Alexander, Edward P., 1979, *Museums in Motion: An introduction to the history and functions of museums*, Rowman and Littlefield, Walnut Creek.

Alexander, Edward P., 1983, *Museum Masters: Their museums and their influence*, American Association for State and Local History, Nashville.

Alexander, Edward P., 1997, *The Museum in America*, Altamira, Walnut Creek.

Alsop, Joseph, 1982, *The Rare Art Traditions: The history of art collecting and its linked phenomena*, Harper & Row, New York.

Altick, Richard D, 1978, *The Shows of London*, Belknap, Cambridge（邦訳，小池滋監訳『ロンドンの見世物』全3巻，国書刊行会，1989-90年）.

Anderson, R. G. W., 1992, "'What is technology ?': education through museums in the mid-nineteenth century", *British Journal for the History of Science*, Vol.25, pp.169-184.

de Andia, Béatrice, 1994, "Treize ciècles d'histoire d'un quartier de Paris", in le Moël and Saint-Paul, 1994, pp.8-17.

Arnold, Ken Rowland, 1992, *Cabinets for the Curious: Practicing science in early modern English museums*, Ph. D. Thesis, Princeton University.

Art World, 1862, "Art-manufacturers", *Art World*, March 1, 1862, pp.5-7.

Ashton, Leigh, 1953, "100 years of the Victoria & Albert Museum", *Museums Journal*, May 1953, pp.43-47.

Auer, Hermann, 1954, "Musees scientifiques et comprehension internationale/Science museums and international understanding", *Museum*, Vol.7, pp.97-108.

Auer, Hermann, 1957, "The Deutsches Museum, Munich/Le Deutsches Museum, Munich", *Museum*, Vol.7, pp.199-207.

Auerbach, Jeffrey, 1999, *The Great Exhibition of 1851: A nation on display*, Yale University Press.

B

Bacon, Francis, 1859, *The Works of Francis Bacon*, Vol.3 (*New Atlantis* et al.), London (邦訳，福原麟太郎（編），『世界の名著 20　ベーコン』，中央公論社，1970 年).

Bacon, Francis, 1861, *The Letter and the Life of Francis Bacon*, Vol.1 (*Gesta Grayorum* et al.), London.

Baily, Peter, 1978, *Leisure and Class in Victorian England: Rational recreation and the contest for control, 1830-1885*, Mathuen, London.

Balsiger, Barbara, 1970, *The Kunst- und Wunderkammern: A catalogue raisonné of collection in Germany, France and England 1565-1750*, Ph. D. Thesis, University of Pittsburgh.

Balston, Thomas, 1947, *John Martin 1789-1854: His life and work*. Gerald Duckworth, London.

Baratay, Eric, and Hardouin-Fugier, Elisabeth, 2002, *Zoo: A history of zoological gardens in the West*, (orig. in French), Reaktion Books, London.

Barringer, Tim, 1998a, "Re-presenting the imperial archive: South Kensington and its museums", *Journal of Victorian Culture*, Vol.3, pp.357-373.

Barringer, Tim, 1998b, "The South Kensington Museum and the colonial object", in Barringer and Flynn, 1998, pp.11-27.

Barringer, Tim, and Flynn, Tom (eds.), 1998, *Colonialism and the Object: Empire, Material Culture and the Museum*, Routledge, London.

Basalla, George, 1974, "Museums and technological utopianism", *Curator*, Vol.17, pp.161-167.

Bässler, Karl, 1949, "Deutsches Museum: Museum of science and technology/Deutsches Museum: Musée de la science et de la technique", *Museum*, Vol.2, pp.161-166.

Bathe, Greville, and Bathe, Dorothy, 1943, *Jacob Perkins His inventions, his times, and his contemporaries*, Historical Society of Pennsylvania, Philadelphia.

Bazin, Germain, 1958, *The Louvre*, New York, (orig. in French).

Bazin, Germain, 1967, *The Museum Age*, Universe Books, New York, (orig. in French).

Beauchamp, K. G., 1997, *Exhibiting Electricity*, Institution of Electrical Engineers, London.

Bedini, Silvio A., 1965, "The evolution of science museums", *Technology and Culture*, Vol.6, pp.1-29

Bedini, Silvio A., 1994, "Citadels of learning: The Museo Kircheriano and other seventeenth century Italian science collections", reprinted in Silvio Bedini, *Science and Instrument in Seventeenth-Century Italy*, VARIORUM/Ashgate, Aldershot (orig. 1986).

de Beer, G. R., 1953, *Sir Hans Sloane and the British Museum*, Oxford University Press, London.

Beetlestone, John G.; Johnson, Colin H.; Quin, Melanie; and White, Harry, 1998, "The science center movement: contexts, practice, next challenges", *Public Understanding of Science*, Vol.7, pp.5-26.

Bell, Quentin, 1963, *The Schools of Design*, Routledge & K. Poul, London.

Benedict, Burton, 1983, *The Anthropology of World's Fairs: San Francisco Panama Pacific International Exposition of 1915*, Scholar Press, Berkeley.

Bennett, Tony, 1995, *The Birth of the Museum: History, theory, politics*, Routledge, London.

Bennett, Tony, 1998, "Speaking to the eyes: Museums, legibility and the social order", in Macdonald, Sharon, 1998a, pp.25-30.

Bennett, Tony, 2006, "Civic seeing: Museums and the organization of vision", in Macdonald, 2006a, pp.263-281.

Berlin Infotrmation, 1978, *Wegweiser durch die Museen* (Berlin Hauptstadt der DDR).

Berliner, Rudolf, 1928, "Zur ältesten Geschichte der allgemeinen Museumslehre in Deutschland",

Münchner Jahrbuch der bildenden Künste, n. F., Vol.5, pp.327-352.

Berman, Morris, 1978, *Social Change and Scientific Organization: The Royal Institution, 1799-1844*, Cornell University Press, Ithaca.

Bernheimer, Richard, 1956, "Theatrum mundi", *Art Bulletin*, Vol.38, No.4, pp.225-247.

Bicknell, Sandra, and Farmelo, Graham, 1993, *Museum Studies in the 90s*, Science Museum, London.

Bierberger, H., 1941, "Museums- und Ausstellungstechnik", *Technikgeschichte*, Vol.30, pp.157-16.

Bird, William L., 1983, "A suggestion concerning James Smithson's concept of 'increase and diffusion'", *Technology and Culture*, Vol.24, pp.246-255.

Blanc, Alexis, 1963, "The Technological Museum of the Conservatoire des Arts et Métiers, Paris/Le Musée des techniques du Conservatoire des arts et métiers, Paris", *Museum*, Vol.20, pp.208-213.

Bloch, Marc Leopold Benjamin, 1949, *Apologie pour l'histoire ou métier d'historian*, Paris（邦訳，マルク・ブロック，松村剛訳『歴史のための弁明——歴史家の仕事』，岩波書店，1958年）．

Blunt, Wilfrid, 1976, *The Ark in the Park: The zoo in the nineteenth century*, Hamish Hamilton, London.

Bonnefous, Edouard, 1980, *Le Conservatoire National des Arts et Métiers: Son histoire, son musée*, Conservatoire National des Arts et Métiers, Paris.

Bonython, Elizabeth, and Burton, Anthony, 2003, *The great exhibitor: the life and work of Henry Cole*, Victoria and Albert Museum, London.

Böström, Hans-Olof, 1985, "Phillipp Heinhofer and Gustavus Adolphus's Kunstschrank in Uppsala", in Impey and MacGregor, 1985, pp.90-101.

Bourdieu, Pierre, and Darbel, Alain, 1979, *L'Amour de l'Art: les musées d'art et leur public*, 2nd ed., Minuit, Paris.

Braden, Donna R., 1998, "Whose history is it? Planning Henry Ford Museum's Clockwork exhibit", *Technology and Culture*, Vol.39, pp.489-498.

Brenni, Paolo, 1994, "Les instruments de physique et de précision", in le Moël and Saint-Paul, 1994, pp.165-170.

Broadcasting, 1938, January 1, p.20.

Brooks, E. St. John, 1954, *Sir Hans Sloane: The great collector and his circle*, Batchworth Press, London.

Brown, Neil, 1998, *The Science Museum, Past, Present and Future*, 千葉県立現代産業科学館における講演資料，1998年5月14日．

Brunner, Bernd, *The Ocean at Home: An illustrated history of the aquarium*, Princeton Architectural Press, New York, 2005.

Buchanan, Angus, 1996, "Internationalist (In memoriam Meivin Kranzberg (1917-1995))", *Technology and Culture*, Vol.37, pp.416-412.

Bud, R. F., 1968, "The Royal Manchester Institution", in Cardwell, 1968, pp.119-133.

Burton, Anthony, 1999, *Vision & Accident: The story of the Victoria and Albert Museum*, V and A Publications, London.

Butler, Stella, V. F., 1992, *Science and Technology Museums*, Leicester University Press, Leicester.

Butterfield, Herbert, 1951, *The Whig Interpretation of History*, London（邦訳，ハーバート・バターフィールド，越智武臣ほか訳『ウィッグ史観批判』，未來社，1967年）．

C

Cameron, Duncan F., 1968, "A viewpoint: The museum as a communications system and implications for museum education", *Curator*, Vol.11, pp.22-40.

Cameron, Duncan F., 1972, "The museum: a temple or the forum", *Journal of World History*, Vol.14, pp.189-202.

Cardwell (ed.), D. S. L., 1974, *Artisan to Graduate*, Manchester University Press, Manchester.

Cardwell, Donald S., 1989, *James Joule: A biography*, Manchester University Press, Manchester.

Cardy, Michael, 1986, "Technology as play: the case of Vaucanson", *Studies on Voltaire and the Eighteenth Century*, No.241, pp.109-123.

Carmichael, Leonard, and Long, J. C., 1965, *James Smithson and the Smithsonian Story*, Putnum's Sons, New York.

Caroe, Gwendy, 1985, *The Royal Institution: An informal history*, Murray, London.

de Clercq, Peter, 1997, *The Leiden Cabinet of Physics: A descriptive catalogue*, Museum Boerhaave, Leiden.

Cocks, Anna Somers, 1980, *The Victoria and Albert Museum: The making of the collection*, Windward, Leicester.

Cohen, Marilyn Sara, 1980, *American Civilization in Three Dimensions: The evolution of the Museum of History and Technology of the Smithsonian Institution*, Ph. D. Thesis, George Washington University.

Cole, Henry, 1873, "Threatened suppression of the South-Kensington Museum (Art student of Hanley speech)", *Journal of the Society of Arts*, Vol.21, pp.912-915.

Cole, Henry, 1874, "On the national importance of local museums of science and art", *Journal of the Society of Arts*, Vol.22, pp.167-171.

Combs, Mary, 2001, "SI logs 70 million visits in 2000", *Torch*, February 2001, No.02,01, p.1.

Comment, Bernard, 1993, *Le XIXe siècle des panoramas*, Societé nouvelle Adam Biro, Paris.

Conn, Steven, 1998, *Museums and American Intellectual Life, 1876-1926*, University of Chicago.

Conservatoire des Arts et Métiers, 1942, *Instruments et machines a calculer*, Catalogue du musée section A, Conservatoire des Arts et Métiers.

Conservatoire des Arts et Métiers, 1970, *Cent-cinquante ans de Haut Enseignement Technique au Conservatoire des Arts et Métiers 1820-1970*, Ministere de l'Education Nationale, Paris.

Conservatoire des Arts et Métiers, 1973, *Automates et Mécanismes à musique*, Musée National des Techniques, Conservatoire des Arts et Métiers.

Conservatoire des Arts et Métiers, c.1975, *Musée National des Techniques, Conservatoire National des Arts et Métiers*, Paris, English edition.

Conservatoire National des Arts et Métiers, 1988, *Les Arts et Métiers en Revolution: Itinéraire dans les collections du Musée, 20 décembre 1988-31 août 1989*, Musée National des Techniques, Paris.

Conservatoire National des Arts et Métiers, 1991, *Les Arts et Métiers en Révolution: Renaissance of a museum*, International Scientific Symposium, December 2-3, 1991.

Coombes, Annie E., 1974, *Reinventing Africa: Museums, material culture and popular imagination in late Victorian and Edwardian England*, Yale University Press, New Haven.

Coombes, Annie E., 1994, "Blinded by 'science': Ethnography at the British Museum", in Pointon, 1994a, pp.102-119.

Cossons, Neil, 2000, "Museums in new millennium", in Lindqvist, 2000, pp.3-15.

Coulson, Thomas, 1950, *Joseph Henry: His life and Work*, Princeton University Press.

Crelon, André, 1994 "Techniciens et ingénieurs", in le Moël and Saint-Paul, 1994, pp.209-212.

Cremin, Lawrence A., 1961, *The Transformation of the School: Progressivism in American Education, 1876-1957*, Knopf, New York.
Crook, J. Mordaunt, 1972, *The British Museum*, Penguin, London.
Cunningham, Hugh, 1977, "The metropolitan fairs: A case study in the social control of leisure", in A. P. Donajgrodzki (ed.), *Social Control in Nineteenth Century*, Croom Helm, London, pp.163-184.
Cunningham, Hugh, 1980, *Leisure in the Industrial Revolution: c.1780-c.1880*, Croom Helm, London.

D

大英博物館, 1995, 『大英博物館見学記念ガイド』第2版, 大英博物館.
Danilov, Victor J., 1982, *Science and Technology Centers*, MIT Press, Cambridge.
Danilov, Victor J., 1986, "Informal science education in Chicago", *Museum*, No.150, pp.79-86
Danilov, Victor J., 1990, *America's Science Museum*, Greenwood Press, New York.
Danilov, Victor J., 1994, *Museum Careers and Training: A professional guide*, Greenwood, Westport.
Dankman, Linda, 1986, "Invisible aesthetic: a somewhat humorous, slightly profound interview with Frank Oppenheimer", *Museum*, No.150, pp.120-122.
Davidson, Janet F., and Sweeney, Michael, 2003, *On the Move: Transportation and the American story*, National Museum of American History/National Geographic Society.
Day, Lance, 1987, "A Short history of the Science Museum", *Science Museum Review 1987*, pp.14-18.
電気科学館協力会, 1964, 『電気科学館協力会創立10周年記念誌』.
Deutsches Museum, 1925, *Deutsches Museum von Meisterwerken der Naturwissenschaft und Technik: Amtlicher Führer durch die Sammlungen*, Knorr & Hirth, München.
Deutsches Museum, 1927, *Chronik des Deutschen Museums von Meisterwerken der Naturwissenschaft und Technik: Gründung, Grundsteinlegung und Eröffnung, 1903-1925*, Deutsches Museum, München.
Deutsches Museum, 1929a, *Deutsches Museum Abhandlungen und Berichte*, Vol.1, No.1.
Deutsches Museum, 1929b, "Das Technische Museum fur Industrie und Gewerbe in Wien", in Deutsches Museum, 1929a, pp.26-28.
Deutsches Museum, 1938, *Deutsches Museum von Meisterwerken der Naturwissenschaft und Technik: Rundgang durch Sammlungen*, Deutsches Museum.
Deutsches Museum, 1953, *Der Wiederaufbau des Deutschen Museums in München*, Deutsches Museum, München.
Deutsches Museum, 1967, *Deutsches Museum München: Eindrücke von einem Rundgang durch die Sammlungen und Bilder aus der Geschichte der Naturwissenschaft und Technik*, Winkler, München.
Deutsches Museum, 1973, *Zehn Jahre Foschungsinstitut des Deutschen Museums für die Geschichte der Naturwissenschaften und der Technik, Deutsches Museum Abhandlungen und Berichte*, Vol.41, No.1, pp.5-8.
Deutsches Museum, 1986, *Deutsches Museum: Führer durch die Sammlungen*, Deutsches Museum.
Deutsches Museum Kerschensteiner Kolleg, 1988, *Einfache Physikaluische Versuche zu Geschichte und Gegenwart*, Deutsches Museum.
Deutsches Museum, 1993, *Deutsches Museum Jahresbericht 1993*.
Deutsches Museum, 1994a, *Deutsches Museum Jahresbericht 1994*.
Deutsches Museum, 1994b, *Deutsches Museum Flugwerft Schleissheim – Museum für Luft- und Raumfahrt*, Deutsches Museum, München.

Deutsches Museum, 1996, *Deutsches Museum Jahresbericht 1995*.
Deutsches Technikmuseum Berlin, 1997, *Museumführer durch des Deutsche Technikmuseum Berlin*, Nicolaische Verlagsgesellschaft, Berlin.
Dickens, 1850, "The amusement of the people", *Household Words*, Vol.1, No.3, pp.13-15.
Dickinson, H. W., 1925, "Opening of the Deutsches Museum, Munich", *Museums Journal*, Vol.25, July 1925, pp.8-11, Aug., pp.43-48.
Dickinson, H. W., 1933-34, "Museums and their relation to the history of engineering and technology", *Newcomen Society, Transactions*, Vol.14, pp.1-12.
Dickmann, H., 1927, "Die technischen Museen 1927/1928", *Beiträge zur Geschichte der Technik und Industrie*, Vol.18, 155-157.
Diderot, and d'Alembert, 1751, *Encyclopédie ou Dictionnaire Raisonné des Sciences, des Arts et des Métiers*, Vol. 1, Paris, "Discours prèliminaire des éditeurs", pp.i-xlv; "Art", pp.713-717.
Distelberger, Rudolf, 1985, "The Habsburg collection in Vienna during the seventeenth century", in Impey and MacGregor, 1985, pp.39-46.
Dreier, Franz Adrian, 1985, "The Kunstkammer of the Hessian Landgraves in Kassel", in Impey and MacGregor, 1985, pp.102-109.
Dubin, Steven, 2006, "Incivilities in civil(-zed) places: "Culture Wars"", in comparative perspective", in Macdonald, 2006a, pp.477-493.
Duncan, Carol, and Wallach, Alan, 1980, "The universal survey museum", *Art History*, Vol.5, pp.448-469.
Durant, John (ed.), 1992, *Museums and Public Understanding of Science*, Science Museum, London.
Dyck, W. von, 1929, "Wege und Ziele des Deutschen Museums", *Deutsches Museum Abhandlungen und Berichte*, Vol.1, No.1 , pp.1-24.

E

Eason, Laurie P., and Linn, Maricia C., 1976, "Evaluation of the effectiveness of participatory exhibits", *Curator*, Vol.19 , pp.45-62
Edwards, Edward, 1870, *Lives of the Founders of the British Museums*, 2 Vols., Trübner, London.
Eisenblätter, Thomas, and Eichmann, Jürgen, 1996, *Was nützen historische Modelle und Rekonstruktion*, Deutsches Museum.
Elsner, Henry, Jr., 1967, *The Technocrats: Prophets of automation*, Syracuse University Press.
Erhard, Ludwig, 1941, "Der Aufbau des technischen Museums in Wien", *Technikgeschichte*, Vol.30, pp.149-156.
Evans, R. J. W., 1973 (corrected paperback ed., 1997), *Rudolf II and His World: A study in intellectual history, 1576-1612*, Clarendon Press, Oxford (1997, Thames and Hudson, 1997)（邦訳、R. J. W. エヴァンス、中野春夫訳『魔術の帝国――ルドルフ二世とその世界』、平凡社、1988年）.
Evans, R. J. W., 1979, *The Making of the Hapsburg Monarchy 1550-1700*, Clarendon Press, Oxford.
Exploratorium, 1976-1987, *Exploratorium Cook-Book: Construction Manual for Exploratorium Exhibits*, Ⅰ (1976), Ⅱ (1980), Ⅲ (1987), Exploratorium, San Francisco.
Exploratorium, 1983, *Palace of Fine Arts: A Brief History*, Exploratorium.

F

Fabianski, Marcin, 1990, "Iconography of the architecture of ideal museae in the fisteenth to eighteenth century", *Journal of the History of Collections*, Vol.2, pp.95-134.
Falk, John H., and Dierking, Lynn D., 1992, *The Museum Experience*, Whales, Washington DC.
Fehlhammer Wolf Peter, and Feussl, Wilhelm, 2000, "The Deutsches Museum: Idea, realization, and objectives", *Technology and Culture*, Vol.41, pp.517-520.
Ferguson, Eugene S., 1965, "Technical Museums and international exhibitions", *Technology and Culture*, Vol.6, pp.30-46.
Ferguson, Eugene S., 1968, "Hall of Power Machinery, Museum of History and Technology, U.S. National Museum (Smithsonian Institution)", *Technology and Culture*, Vol.9, pp.75-85.
Ferriot, Dominique, 1994, "Le Musée des Arts et Métiers", in le Moël and Saint-Paul, 1994, pp.146-154.
Ferriot, Dominique, and Jacomy, Bruno, 2000, "The Musée des Arts et Métiers: Renovation issues (1988-1998)", in Lindqvist, 2000, pp.29-42.
Findlen, Paula, 1994, *Possessing Nature: Museums, collecting, and scientific culture in early modern Italy*, University of California Press, Berkeley.
Findlen, Paula (ed.), 2004, *Athanasius Kircher: The last man who knew everything*, Routledge, New York.
Finn, Bernard S., 1989, "Exhibit Reviews – Twenty years after", *Technology and Culture*, Vol.30, pp.993-1003.
Finn, Bernard S., 1990, "The museum of science and technology, Historic outline", in Shapiro, 1990, pp.59-83.
Fiske, John, 1987, *Television Culture*, Methuen, London.
Fleury, Guy 1994, "Le Conservatoire et ses rénovations", in le Moël and Saint-Paul, 1994, pp.225-228.
Flower, W. H., 1889, Inaugural address, British Association, Newcastle, *Nature*, Sept. 12, 1889, pp.463-469.
Flower, William Henry, 1898, *Essays on Museums*, Macmillan, London.
Folkers Menso (ed.), 1988, *Gemeinschaft der Forschungsinstitute für Naturwissenschafts- und Technikgeschichte am Deutschen Museum 1963-1988*, Deutsches Museum, München.
Follett, David, 1978, *The Rise of the Science Museum under Henry Lyons*, Science Museum, London.
Fontanon, Claudine, 1994a, "Conviction Républicaine pour une fondation", in le Moël and Saint-Paul, 1994, pp.60-68.
Fontanon, Claudine, 1994b, "Laboratoire experimental de méchanique", in le Moël and Saint-Paul, 1994, pp.171-176.
Forgan, Sophie, 1985, "Faraday – From Servant to Savant: The institutional context", in David Gooding and Frank A. J. L. James (eds.), *Faraday Rediscovered: Essays on the life and work of Michael Faraday, 1791-1867*, Stockton Press, New York, pp.51-67.
Forgan, Sophie, 1994, "The architecture of display: Museums, universities and objects in nineteenth-century Britain", *History of Science*, Vol.37, pp.139-162.
Forgan, Sophie, 1996, "'A nightmare of incomprehensible machines': Science and technology museums in the nineteenth and twentieth centuries", in University of Manchester, 1996, *Museums and Late Twentieth Century Culture*, pp.46-68.
Fortune, 1938, *Fortune*, January 1938, pp.81, 91.

Foucault, Michel, 1966, *Les Mots et les Choses: Une Archéologie des Sciences Humaine*, Gallimard（邦訳，ミシェル・フーコー，渡辺一民・佐々木明訳『言葉と物——人文科学の考古学』，新潮社，1974年）.

Foucault, Michel, 1969, *L'Archéologie du Savoir*, Gallimard.

Fox, Robert, 1974, "Education for a new age – The Conservatoire des Arts et Métiers, 1815-1830", in Cardwell, 1974, pp.24-38.

Franks, Lord, 1986, "Fifty Years of the Wellcome Trust", *Medical History*, Vol.30, pp.379-382.

Frey, Bruno S., and Meier, Stephan, 2006, "Cultural economics", in Macdonald, 2006a, pp.398-414.

Friedman, Alan, J., 1995, "Exhibits and expectations", *Public Understanding of Science*, Vol.4, pp.305-313.

Friess, Peter, and Steiner, Peter M. (eds.), 1995, *Deutsches Museum Bonn: Forschung und Technik in Deutschland nach 1945*, Kunstverlag, München.

Fučíková, Eliška, 1985, "The collection of Rudolf II at Prague: Cabinet of curiosities or scientific museum?", in Impey and MacGregor, 1985, pp.47-53.

Füssl, Wilhelm, *Oskar von Miller, 1855-1934: Eine Biographie*, C. H. Beck, München, 2005.

Fyfe, Gordon, 2006, "Sociology and social aspect of museums", in Macdonald, 2006a, pp.33-49.

G

Gavaghan, Helen, 1995, "Smithsonian to study museum's role after dropping A-bomb exhibition", *Nature*, Vol.373, 2. February 1995, p.371.

Georgel, Chantal, 1994, "The museum as metaphor in nineteenth century-France", in Sherman and Rogoff, 1994, pp.113-122.

Gesellschaft für Denkmalepflege im Kulturverbund der Deutschen Democratischen Republik, 1977, *Technische Denkmale in der Deutschen Democratischen Republik*, 2nd ed.

Gieryn, Thomas, 1998, "Balancing acts: Science, Enola Gay and history wars at the Smithsonian", in Macdonald, Sharon, 1998a, pp.197-228.

Gilman, Benjamin Ives, 1916, "Museum fatigue", *Scientific Monthly*, Vol.1, No.2, pp.62-74.

Gillies, Pam, and Wilson, Anthony, 1982, "Participatory exhibits: Is fun educational ?", *Museums Journal*, Vol.82, December 1982, pp.131-134

Girouard, Mark, 1981, *Alfred Waterhouse and the Natural History Museum*, Natural History Museum, London.

Goode. George Brown (ed.), 1897a, *The Smithsonian Institution 1846-1896: The history of its first half century*, Washington.

Goode, George Brown, 1897b, "The three Secretaries", in Goode, 1897a, pp.115-234.

Goode, 1901a, *A Memorial of George Brown Goode, together with a selection of his papers on museums and on the history of science in America, Annual Report of the Board of Regents of the Smithsonian Institution, for the year ending June, 30, 1897, Report of the U.S. National Museum*, Part II, 1901.

Goode, George Brown, 1901b, "The beginnings of natural history in America" (Presidential address, Biological Society of Washington, 1886), in Goode, 1901a, pp.355-406; reprint in Kohlstedt, 1991.

Goode, George Brown, 1901c, "Museum-history and museums of history" (a paper read before the American Historical Association, in Washington City, December 26-28, 1888), in Goode, 1901a,

pp.63-81; reprint in Kohlstedt, 1991.
Goode, George Brown, 1901d, "The museums of the future", (A lecture delivered before the Brooklyn Institute, February 28, 1889), in Goode, 1901a, pp.241-262; reprint in Kohlstedt, 1991.
Goode, George Brown, 1901e, "The genesis of the United States National Museum", 1891 in Goode, 1901a, pp.83-191.
Goode, George Brown, 1901f, "The principles of museum administration" (*Annual Report of the Museums Association*, 1895), in Goode, 1901a, pp. 193-240.
Goode, George Brown, 1991, *The Origins of Natural Science in America: The essays of George Brown Goode*, ed. Sally Gregory Kohlstedt, Smithsonian Institution Press, Washington.
Goodwin, Mark, 1990, "Objects, belief and power in mid-Victorian England – the origins of the Victoria and Albert Museum", in Pearce, 1990, pp.9-49.
Graf, Bernhard, and Knerr, Günter, 1985, *Museumausstellungen: Planung, design, evaluation*, Deutsches Museum.
Greenaway, F., 1951, *A Short History of the Science Museum*, His Majesty's Stationary Office, London, reprint 1955.
Greenhalgh, Paul, 1988, *Ephemeral Vistas: The expositions universelles, great exhibitions and world's fair, 1851-1939*, Manchester University Press.
Greenhalgh, Paul, 1989, "Education, Entertainment and politics: Lessons from the Great International Exhibition", in Vergo, 1989, pp.74-98.
Greenwood, Thomas, 1888, *Museums and Art Galleries*, Simpkin, Marshall, London.
Griggs, S., 1981, "Formative evaluation of exhibits at the British Museum (Natural History)", *Curator*, Vol.24, pp.189-201.
Guedon, Jean-Paul, 1986, "The Maison des sciences et des techniques, Montreal", *Museum*, No.150, pp.133-136
Guilbaut, Serge, 1984, *How New York Stole the Idea of Modern Art: Abstract expressionism, freedom, and the cold war* (orig. in French), University of Chicago Press, Chicago.
Gunther, 1980, *The Founders of Science at the British Museum 1753-1900*, Halesworth Press, Halesworth.

H

Habermas, Jürgen, 1990, *Strukturwandel der Öffentlichkeit*, new ed., Suhrkamp Taschenbuch Wissenschaft.
Hajós, Elisasbeth M., 1958, "The concept of an engravings collections ion the 1565: QUICCHELBERG INSCRIPTIONES VEL TITULI THEATRI AMPLISSIMI", *Art Bulletin*, Vol.40, pp.151-157
Hall, A. Rupert, 1974, "The Royal Society of Arts: Two centuries of progress in science and technology", *Journal of the Royal Society of Arts*, Vol.122, pp.641-658.
Hamilton, J. G. de Roulhac, 1931, "The Ford Museum", *American Historical Review*, Vol.36, pp.772-775.
Hammond, J. L, 1933, "The growth of common enjoyment (L.) T. Hobhouse Memorial Trust Lecture No.3", *Hobhouse Memorial Lectures 1930-1940*, Oxford University Press, London.
Harris, Neil, 1973, *Humbag: The art of P. T. Barnum*, Little, Brown, Boston.

Harrison, Molly, 1973, *Museums and Galleries*, Routledge and Kegan Paul, London.

Headrick, Daniel, 1988, *The Tentacles of Progress: technology transfer in the age of imperialism, 1850-1940*, Oxford University Press.

Headrick, Daniel, 2001, "Botany and the transformation of the tropics in the age of imperialism",『科学技術史』（日本科学技術史学会機関誌），5 号，112-120 頁．

Hein, Hilde, 1990, *The Exploratorium: The museum as laboratory*, Smithsonian Institution Press, Washington, DC.

Hellman, Geoffrey T., 1966, *The Smithsonian, Octopus on the Mall*, Lippincott, Philadelphia.

Henry, 1972-, *Papers of Joseph Henry*, Smithsonian Institution Press, Washington.

Henry Ford Museum, 1972, *Greenfield Village and the Henry Fiord Museum*, Crown Publishers, New York.

Henson, Pamela M., 1999, "Objects of curious research – The history of science and technology at the Smithsonian", Catching up with the Vision – Essays on the occasion of the 75th anniversary of the founding of the History of Science Society (ed.: Margaret W. Rossiter), A supplement to *Isis*, Vol.90, pp.S249-S269.

Herlea, Alexandre, 1985, "Advanced technology education and industrial research laboratories in 19th century France: The example of Conservatoire des Arts et Métiers in Paris", in Kranzberg (1985), pp.49-58.

Hoffmann, Detlef, 1994, "The German art museum and the history of the nation", in Sherman, 1994, pp.3-21.

Hooper-Greenhill, Eilean, 1992, *Museums and the Shaping of Knowledge*, Routledge, London.

堀内達夫，1997,『フランス技術教育成立史の研究――エコール・ポリテクニークと技術者養成』，多賀出版．

Horne, Donald, 1984, *The Great Museum: The re-presentation of history*, Pluto Press, London（邦訳，ドナルド・ホーン，遠藤利国訳，『博物館のレトリック――歴史の〈再現〉』，リブロポート，1990）．

Houghton, Walter B., Jr., 1942, "The English virtuoso in the seventeenth century", *Journal of the History of Ideas*, Vol.3, Issue 1, pp.51-73, Issue 2, pp.190-219.

Hourticq, Louis, 1921, *Les Tableaux du Louvre: Histoire-guide de la peinture*, Hachette.

Hudson, Derek, and Luckhurst, Kenneth W., 1954, *The Royal Society of Arts 1754-1954*, Murray, London, pp.10-11.

Hudson, J. W., 1851, *The History of Adult Education*, London.

Hudson, Kenneth, 1971, *A Guide to the Industrial Archaeology of Europe*, Adams & Dart, Bath.

Hudson, Kenneth, 1975, *A Social History of Museums: What the visitors thought*, Macmillan, London.

Hudson, Kenneth, 1977, *Museums in the 1980s: A survey of world trends*, Macmillan, London/ UNESCO.

Hume, John R., 1990, *Scotland's Industrial Past: An introduction to Scotland's industrial history with a catalogue of preserved material*, National Museum of Scotland, Edinburgh.

Hunt, John Dixon, 1985, "*Curiosities* to adorn *cabinets* and *gardens*", in Impey and MacGregor, 1985, pp.193-203

Hunter, Michael, 1981, *Science and Society in Restoration England*, Cambridge University.

Hunter, Michael, 1985, "The cabinet institutionalized: The Royal Society's 'Repository' and its background", in Impey and MacGregor, 1985, pp.159-168.

Hunter, Michael, and Wood, Paul B., 1986, "Towards Solomon's House: Rival strategies for reforming the early Royal Society", *History of Science*, Vol.24, pp.49-108.

Hyde, Charles K., 1988, ""Streaming America", An exhibit at the Henry Ford Museum, Dearborn, Michigan", *Technology and Culture*, Vol.29, pp.125-129.

I

Illustrated London News, 1851, "The Great Exhibition", *Illustrated London News*, Vol.18, May 24, p.455.

Illustrated London News, 1851, "The Great Exhibition and its management", *Illustrated London News*, Vol.19, Oct. 19, p.504.

Impey, Oliver and MacGregor, Arthur (eds.), 1985, *The Origins of Museums: The cabinet of curiosities in sixteenth- and seventeenth-century Europe*, Clarendon Press, Oxford.

Ironbridge Gorge Museum, 1986, *Teachers Handbook*, rev. ed., Ironbridge Gorge Museum Trust, Ironbridge, Telford.

J

James, Elizabeth, 1998, *The Victoria and Albert Museum: A bibliography and exhibition chronology, 1852-1996*, Fitzroy Dearborn publishers, London.

Japanese American National Museum, Japanese American National Museum, "Inaugural Year", Vol.7, 1992, No.4.

Joss, Simon, and Durant, John (eds.), 1995, *Public Participation in Science: The role of consensus conferences in Europe*, Science Museum, London.

Joston, C. B., 1985, *Elias Ashmole, F.R.S. (1617-1692)*, Ashmolean Museum and Museum of the History of Science, Oxford.

K

Kaeppler, Adrienne L., 1989, "Museums of the World: Stages for the study of ethnohistory", in Pearce, 1989, pp.83-96.

Kaempffert, Waldemar, 1929a, "A dynamic museum to reveal man's technical heritage", *Mechanical Engineering*, Vol.51, pp.757-760

Kaempffert, Waldemar, 1929b, "Revealing the technical ascent of man in the Rosenwald Industrial Museum", *Scientific Monthly*, June, 1929, pp.481-498.

Kaempffert, Waldemar, 1933, *From Cave-Man to Engineer: The Museum of Science and Industry founded by Julius Rosenwald, an institution to reveal the technical ascent of man*, Museum of Science and Industry, Chicago.

Kaempffert, Waldemar, 1934, "Oskar von Miller", *Scientific Monthly*, Vol.38, pp.489-491.

科学技術館, 1989, 『科学の遊び　エクスプロラトリアム展』, 科学技術館.

Kaplan, Flora E. S. (ed.), 1994, *Museums and the Making of "Ourselves": The role of objects in national identity*, Leicester University Press, London.

Kaplan, Frola Edouwaye S., 2006, "Making and remaking national identities", in Macdonald, 2006a,

pp.152-169.
Kargon, Robert H., 1977, *Science in Victorian Manchester*, Manchester University Press.
Kasson, John F., 1978, *Amusing the Million: Coney Island an the turn of the century*, Hill & Wang, New York.
Katz, Herbert and Marjorie, 1965, *Museums, U.S.A.: A history and guide*, Doubleday, Garden City.
Kaufmann, Thomas DaCosta, 1978, "Remarks on the collections of Rudolf II: The Kunstkammer as a form of reprentario", *Art Journal*, Vol.38, No.1, Fall 1978, pp.22-28.
Kelly, Thomas, 1957, *George Birkbeck: Pioneer of adult education*, Liverpool University Press.
Kemp, Louis W., 1990, "Biography and the museum", in Shapiro, 1990b, pp.263-298.
Kerschensteiner Kolleg, 1988, *Einfache physikalisovhe Versuche zu Geschichte und Gegenwart*, 4th ed., Kerschensteiner Kolleg, Deutsches Museum, Múnchen.
van Keuren, David K., 1973, "Museums and ideology: Augustus Pitt-Rivers, anthropological museums, and social change in later Victorian Britain", *Victorian Studies*, Vol.28, No.1, pp.171-189.
Kimche, Lee, 1978, "Science centers: A potential for learning", *Science*, Vol.199, pp.270-273.
Klemm, Friedrich, 1973, "Geschichte der naturwissenschaftlichen und technischen Museen", *Deutsches Museum Abhandlungen und Berichte*, Vol. 41, No.2, pp.3-59.
Kline, R. R., 1992, *Steinmetz: Engineer and socialist*, Johns Hopkins University Press, Baltimore.
Kogan, Herman, 1973, *A Continuing Marvel: The Story of the Museum of Science and Industry*, Doubleday, Garden City.
Kohlstedt, Sally Gregory, 1971, "A step toward scientific self-identity in the United States: The failure of the National Institute, 1844", *Isis*, Vol.62, pp.339-362.
Kohlstedt, Sally Gregory (ed.), 1991, *The Origins of Natural Science in America: The essays of George Brown Goode*, Smithsonian Institution Press, Washington.
国立教育研究所，2004,『博物館に関する基礎資料（平成15年度）』, 国立教育研究所社会教育実践研究センター．
Kopper, Philip, c.1990, *Volunteer ! O Volunteer ! – A salute to the Smithsonian's unpaid legions*, Smithsonian Institution Press.
Koven, Seth, 1994, "The Whitechapel Picture Exhibitions and the politics of seeing", in Sherman and Rogoff, 1994, pp.22-48.
Kranzberg, Melvin, 1959, "At the start", *Technology and Culture*, Vol.1, pp.1-10.
Kristl, Wilhelm Lucas, undated, *Der weiss-blau Despot – Oscar von Miller in seiner Zeit*, Pflaum, München.
Kurzl-Runtschneider, Erich, 1933, "Von der Ambraser Sammlung bis zum Technischen Museum für Industrie und Gewerbe in Wien", *Technikgeschichte*, Vol.22 , pp.142-145.
桑原武夫訳編，1971,『百科全書——序論および代表項目』, 岩波書店．

L

La Villette, 1986, *Explora: Guide de expositions permanente*, Cité des Sciences et de l'industrie, Paris.
La Villette, 1988, *La cité des sciences et de l'industrie: Paris-La Villete*, Electra Montieur, Paris.
La Villette, 1992, *La geode*, Cité des Sciences et de l'industrie, Paris.
La Villette, 1993, *La cité des sciences et de l'induste*, Cité des Sciences et de l'industrie, Paris.
La Villette, c.1995, *Mini Guide to the Permanent Exhibitions*, Cité des Sciences et de l'industrie, Paris.

La Villette, 1995, *Guide pour la cité des enfants*, Cité des Sciences et de l'industrie, Paris.
La Villette, 1996, *Guide du Musée explora: Les expositions permanents*, Cité des Sciences et de l'industrie, Paris.
Langlay, Samuel Piermont, 1897, "James Smithson", in Goode, 1897, pp.1-24.
Lankton, Larry, 1980, "Something old, something new: the reexhibition of the Henry Ford Museum's hall of technology", *Technology and Culture*, Vol.22, pp.594-613.
Laurencich-Minelli, 1985, "Museography and Ethnographical collections in Bologna during the sixteenth and seventeenth centuries", in Impey and MacGregor, 1985, pp.17-28.
Lawrence, Ghislaine, 1996, "Museums and spectacular", in University of Manchester, 1996, pp.69-80.
Lawrence Hall of Science, 1984, *The Lawrence Hall of Science Prospectus: A three-year blueprint for action 1984-87*, University of Calirornia, Berkeley.
Lawrence Hall of Science, 1986, *Programs for Schools 1986-87*, University of Calirornia, Berkeley.
Lawrence Hall of Science, 1987, *The LHS Quarterly*, Spring 1987, University of Calirornia, Berkeley.
Layton, E. Jr., 1971/1986, *The Revolt of Engineers: Social responsibility and the American engineering profession*, Johns Hopkins University Press, Baltimore, pp.41-42.
Lehmhaus, Friedrich, 1983, *Vom Miesbach – München 1882 zum Strom-Verbundnetz, Deutsches Museuim Abhandlungen und Berichte*, Vol.51, No.3
Leibniz, Gottfried Wilhelm, c.1751, "Künste und Wissenschaften zu vermehren und verbessern", Eigenh. Konzept C (Hannover), c,1751, in *Gottfried Wilhelm Leibniz sämtliche Schriften und Briefe*, 4. Reihe, Bd.1, 3. Aufl., Akademie-Verlag, Berlin.
Leisure Hour, 1859, "The South Kensington Museum", *Leisure Hour*, April 7, pp.215-218; April 14, pp.232-236; April 21, pp.246-249.
Leisure Hour, 1870, "Out for a holiday", *Leisure Hour*, April 1, pp.247-249.
Léon, Antoine, 1968, *La révolution française et l'éducation technique*, 2nd ed., Presses Universitaires de France, Paris.
Levine, Lawrence, 1988, *Highbrow/Lowbrow: The emergence of cultural hierarchy in America*, Harvard University Press, Cambridge.
Levitt, I. M., 1967, "The Science Teaching Museum of the Franklin Institute, Philadelphia/Le Musée d'enseignement des sciences de l'Institut Franklin, Philadelphie", *Museum*, Vol.20, pp.169-171.
Lévy-Leblond, Jean Marc, 1992, "About misunderstandings about misunderstandings", *Public Understanding of Science*, Vol.2, pp.17-21.
Lillywhite, Bryant, 1963, *London Coffee Houses*, Geroge Allen and Unwin, London.
Lindqvist, S. Svante, 1993, "An Olympic stadium of technology: Deutsches Museum and Sweden's Techniska Museet", in Schroeder-Gudehus, 1993, pp.37-54.
Lindqvist, Svante (ed.), 2000, *Museums of Modern Science*, Nobel Symposium 112, Stockholm.
Lindsay, G. Carroll, 1962, "Museums and research in history and technology", *Curator*, Vol.5, pp.236-244.
Lohr, Lenox Riley, 1951, "Views of Museum directors", *Museum*, Vol.4, pp.231-233.
Lubar, Steven, 1993, *InfoCulture: The Smithsonian book of information age inventions*, Houghton Mifflin, Boston.
Lührs, Otto, 1996, *Elektrische Eleganz: Messtechnik im Wandel der Zeit*, Bausteine für das MVT, Museumspädagogischer Dient Berlin/Museum für Verkehr und Technik, Berlin.

M

McClenahan, Howard, 1928, "Present and proposed activities of the Franklin Institute", *Journal of the Franklin Institute*, pp.735-770.

MacCregor, Arhur, 1985, The cabinets of curiosities in seventeenth-century Britain", in Impey and MacGregor, 1985, pp.147-158.

McCutcheon, Mary, 1992, "The children's room at the Smithsonian", *Curator*, Vol.35, pp.6-20.

MacDonald, Heather, 1997, "Revisionist lust: The Smithsonian today", *The New Criterion*, May 1997, pp.17-30.

Macdonald, Sharon, 1998a, *The Politics of Display: Museums, science, culture*, Routledge, London.

Macdonald, Sharon, 1998b, "Exhibition of power and powers of exhibition to the politics of display", in Macdonald, Sharon, 1998, pp.1-24.

Macdonald, Sharon (ed.), 2006a, *A Companion to Museum Studies*, Blackwell, Malden.

Macdonald, Sharon, 2006b, "Collecting Practices", in Macdonald, 2006a, pp.81-97.

Macdonald, Sharon, and Fyfe, Gordon, 1996, *Theorizing Museums: Representing identity and diversity in a changing world*, Blackwell, Oxford.

Macdonald, Stuart, 1970, *The History and Philosophy of Art Education*, Lutterworth, Cambridge.

Macilwain, Colin, 1995, "Smithsonian heeds physicists' complaint", *Nature*, Vol.374, 16 March 1995, p.207.

MacKenzie, John M., 1984, *Propaganda and Empire: The manipulation of British public opinion, 1880-1960*, Manchester University Press, Manchester, pp.96-145.

McMahon, Michal, 1981, "The romance of technological progress: a critical review of the National Air and Space Museum", *Technology and Culture*, Vol.22, pp.281-296

McManus, Paulette, 1987, "It's the company you keep...: The social determination of learning-related behaviour in a science museum", *International Journal of Museum Management and Curatorship*, Vol. 6, pp.263-270.

MacMaster, Daniel, 1967, "The Museum of Science and Industry, Chicago/Le Musée des sciences et de l'industrie, Chicago", *Museum*, Vol.20, pp.167-168

Magazine of Popular Science and Journal of the Useful Arts, 1836, Vol.1.

Malcolmson, Robert W., 1973, *Popular Recreations in English Society 1700-1850*, Cambridge University Press, Cambridge.

Malraux, André, 1951, *Les voix du silence (Le musée imaginaire)*, Gallimard, Paris.

Mann, James G., 1988, *Engineer of Mass Education: Lenox R. Lohr and the celebration of American science and industry*, Ph. D. Thesis, Rutgers The State University of New Jersey, New Brunswick.

Matschoss, Conrad, 1925, *Männer der Technik*, VDI-Verlag, Berlin.

Matschoss, Conrad, 1933, *Das Deutsche Museum: Geschichte/Aufgaben/Ziele*, 3rd ed., VDI Verlag, Berlin/Oldenbourg, München.

Matschoss, Conrad, and Lindner, Werner (eds.), 1932, *Technische Kulturdenkmale, im Auftrag der Agricola-Gesellschaft*, Bruckmann, München.

May, Earl Chaplin, 1932, *The Circus from Rome to Ringling*, Duffield & Green.

Menzhausen, 1985, "Elector Augustus's *Kunstkammer*: An analysuis of the inventory of 1587", in Impey and MacGregor, 1985, pp.69-75.

Mercier, Alan, 1994, "Le portefeuille de Vaucanson", in le Moël and Saint-Paul, 1994, pp.160-164.

Merriman, Nick, 1989a, "The social basis of museum and heritage visiting", in Pearce, 1989, pp.153-171.
Merriman, Nick, 1989b, "Museum visiting as a cultural phenomenon", in Vergo, 1989, pp.149-171.
Meyer, Karl E., 1979, *The Art Museum: Power, money, ethics*, Murrow, New York.
Meyer, Robert B., 1971, *Langley's Aero Engine of 1903, Smithsonian Annals of Flight*, No.3, Smithsonian Air and Space Museum, Washington.
Miles, Roger, 1993, "Exhibiting learning", *Museum Journal*, May 1993, pp.27-28.
Miles, Roger, S., and Tout, Alan F., 1979, "Outline of a technology for effective science exhibits", *Special Paper in Palaeontology*, No.33, pp.209-224.
Miles, Roger, and Tout, Alan, 1991, "Impact of research on the approach to the visiting public at the Natural History Museum, London", *International Journal of Science Education*, Vol.13, pp.5453-549.
Miller, Edward, 1973, *That Noble Cabinet: A history of the British Museum*, Deutsch, London, pp.60-61, 71.
Miller, O. v., 1929, "Technischen Museen als Statten der Volksbelehrung", *Deutsches Museum Abhandlungen und Berichte*, Vol.1, No.5.
Miller, Oskar von, c.1931, *Die technische Museen Deutschland als Quellen für das Studiem der Geschichte der Elektrotechnik*, [Deutsches Museum Library].
Miller, Oskar von, 1932, "Erinnerungen an die Internationale Elektrizitats-Ausstellung im Glaspalast zu München im Jahre 1882", *Deutsches Museum Abhandlungen und Berichte*, Vol.4, No.6, pp.153-178
Miller, Walter von, 1932, *Oskar von Miller, nach eigenen Aufzeichnungen, Reden und Briefen*, Bruckmann, München.
Milner, Andrew, 1994, *Contemporary Cultural Theory*, UCL Press, London.
Minihan, Janet, 1977, *The Nationalization of Culture: The development of state subsidies to the arts in Great Britain*, New York University Press, New York.
Ministère de la Culture, Direction des Musées de France, 1986, *Faire un Musée: Comment conduire une opération muséographique?*, La Documentation Française, Paris.
le Moël, Michel, and Saint-Paul, Raymond, 1994, *Le Conservatoire National des Arts et Métiers: au cœur de Paris, 1794-1994*, Conservatoire National des Arts et Métiers, Paris.
Molella, Arthur P., 1991, "The Museum that might have been: The Smithsonian's National Museum of Engineering and Industry", *Technology and Culture*, Vol.32, pp.237-263.
Molella, Arthur, 1994, "Apolitical 'Science': Evidence doesn't support a conclusion of bias in the exhibit", *Washington Post*, Sunday, October 16, 1994, G2.
Molella, Arthur, 1999, "Science in American Life, national identity; and the science wars: A curator's view", *Curator*, Vol.42, pp.108-115.
Molella, Arthur P., 2000a, "Budget cutting from a cultural perspective", in Klaus-Dirk Henke (ed.), *Research Budgets in an Age of Limits: Basic science – health – culture* (Europäische Schriften zu Staat und Wirtschaft, Vol.2), Nomos, Baden-Baden, pp.25-29.
Molella, Arthur P., 2000b, "Budget cutting and national identity", in Klaus-Dirk Henke (ed.), *Research Budgets in an Age of Limits: Basic science – health – culture* (Europäische Schriften zu Staat und Wirtschaft, Vol.2), Nomos, Baden-Baden, pp. 173-175.
Molella, Arthur, and Stephens, Carlene, 1996, "Science and its stakeholders: The making of 'Science in

American Life'", in Pearce, 1996, pp.95-106.

Moore, Lillian, 1970, "Rachel Carson's 'Silent Spring' – its truth goes marching on", *Smithsonian*, July 1979, pp.5-9.

Morus, Iwan Rhys, 1996a, "The electric arial: Telegraphy and commercial culture in early Victorian England", *Victorian Studies*, Spring 1996, pp.340-378.

Morus, Iwan Rhys, 1996b, "Manufacturing nature: science, technology and Victorian consumer culture", *British Journal for the History of Science*, Vol.29, pp.404-434.

Morus, Iwan Rhys, 1998, *Frankenstein's Children: Electricity, exhibition, and experiment in early-nineteenth-century*, Princeton University Press, Princeton.

Morus, Iwan Schaffer, Simon, and Secord, Jim, 1992, "Scientific London", in Celina Fox (ed.), *London – World City 1800-1840*, Yale University Press, New Haven, pp.129-142.

Moyer, Albert E., 1997, *Joseph Henry: The rise of an American scientist*, Smithsonian Institution Press, Washington.

Muir, James, 1950, *John Anderson: Pioneer of technical education and the college he founded*, John Smith, Glasgow.

Multhauf, Robert P., 1958, "European science museums", *Science*, Vol.128, pp. 512-519.

Multhauf, Robert, 1960, "The research museum of physical sciences", *Curator*, Vol.3, pp.355-360.

Multhauf, Robert P., 1965, "A museum case history: The Department of Science and Technology of the United States Museum of History and Technology", *Technology and Culture*, Vol.6, pp.47-58.

Multhauf, Robert P., 1996, "Inventor (In memoriam Meivin Kranzberg (1917-1995))", *Technology and Culture*, Vol.37, pp.405-407

Murray, David, 1904, *Museums: Their history and their use*, 3 Vols., Glasgow.

Musée National des Techniques, 1991, *Les Arts et Métiers en Revolution: Renaissance of a museum*, International Symposium, December 2-3, 1991, Conservatoire National des Arts et Métiers.

Museo Nazionale della Scienza e della Tecnica Leonardo da Vinci, 1955, *Prima Riunione del Comitario Permanente per Lo Sviluppo del Museo*, Milano.

Museum, 1967, Vol.20, No.3.

Museum, 1986, "A vast project in the north-east of Paris", *Museum*, Vol.150, pp.123.

Museum of the History of Science Oxford, 1949, *A Brief Guide to Museum of the History of Science Oxford*.

Museum für Naturkunde, c.2000, *Ausstellung, Mission, Geschichte: Museum für Naturkunde, Führer durch die Ausstellungen*, Museum für Naturkunde, Humbold-Universität zu Berlin.

Museum of Science and Industry Chicago, c.1989, *Guide to the Museum of Science and Industry*, Museum of Science and Industry, Chicago.

Museums Journal, 1932, "The Children's Gallery at the Science Museum", *Museums Journal*, Vol.31, pp.442-444.

Museums Journal, 1934, "Oskar von Miller", *Museums Journal*, Vol.34, pp.76-79.

N

Nárdoni Technické Muzeum, 1967, *Musée National de la Technique*, Nárdoni Technické *Muzeum*, Praha.

Národní Technické Muzeum, 1991, *National Technical Museum in Prague, Guidebook/Technisches*

National Museuim in Prag, Führer, National Technical Museum, Prague.

Nárdoního Technického Musea, Praha, 1956, *Sborník – Nardoního Technického Musea*, Svazek 2, Státní Nakladatelství Technické Literatury, Praha.

Natali, Jean-Paul, 1986, "The Cite des sciences et de l'industrie, La Villette (Paris)", *Museum*, No.150, pp.124-132.

National Museum of American History, 1987, *News of the Information Exhibition – A quarterly Bulletin*, Vol.1, No.2, Summer 1987, National Museum of American History, Smithsonian Institution.

National Museum of American History, 1987, *Small Guide to the National Museum of American History*, National Museum of American History, Smithsonian Institution. Washington, DC.

National Museum of American History, 1990, *Official Guide to the National Museum of American History*, National Museum of American History, Smithsonian Institution. Washington, DC.

National Museum of American History, 1991, *Intern Opportunities 1991-1992 at the National Museum of American History*, National Museum of American History, Smithsonian Institution. Washington, DC.

National Museum of American History, 1992, *Japanese Americans & Executive Order 9066: Fifty years after*, A symposium at the National Museum of American History, Smithsonian Institution. Washington, DC.

National Museum of American History, 1994, *"Science in American Life": A brief Tour of the Exhibition*, National Museum of American History.

National Museum of American History, undated, *Science in American Life: An exhibition at the National Museum of American History*.

National Museum of American Indian, 2004, *Spirit of a Native Place: Building the National Museum of American Indian*, National Museum of American Indian, Smithsonian Institution.

National Museum of American Indian, 2005, *National Museum of American Indian, Spring 2005*, Smithsonian National Museum of American Indian.

National Museum of Natural History/National Museum of Man, 1988, *Official Guide to the National Museum of Natural History/National Museum of Man*, Smithsonian Institution.

National Museum of Science and Technology, 1982, *National Museum of Science and Technology, Teknorama, Telecommunications Museum: A guide to the museums*, National Museum of Science and Technology, Stockholm.

National Museum of Science and Technology Leonardo da Vinci, 1983, *National Museum of Science and Technology Leonardo da Vinci*, Milan, Garolla, Milano.

Natural History Museum, 1998, *The Guide*, Natural History Museum, London.

Nature, 1924, "The optical planetarium at Munich", *Nature*, December 27, pp.947-948.

Naturhistorisches Museum, 1976a, *100 Jahre Naturhistorische Museum in Wien, Jubiläumsfestausstellung, Veröffentlichungen aus dem Naturhistorischen Museum*, Neue Folge 12.

Naturhistorisches Museum, 1976b, *Das Naturhistorische Museum in Wien, Geschichte, Gebäude (Die Geschichte der Wiener naturhistorischen Sammlungen), Veröffentlichungen aus dem Naturhistorischen Museum*, Neue Folge 13.

Neal, Harry Edward, 1961, *Treasures by the Millions: The story of the Smithsonian Institution*, Julian Messner, New York.

Newsweek, 1991, *When World Collides – 1492-1992 How Columbus's voyages transformed both East and West, Newsweek*, Columbus Special Issue, Fall/Winter 1991.

日本科学振興財団, 1995,『ラ・ビレット展』, 日本科学振興財団.

Nochlin, Linda, 1972, "Museums and radicals: A history of emergencies", in Brian O'Doherty (ed.), *Museums in Crisis*, Braziller, New York, pp.7-41.

Nockher, Ludwig, 1953, *Oskar von Miller*, Wissenschaftliche Verlagsgesellschaft, Stuttgart.

Novick, Peter, 1988, *That Noble Dream: The "objectivity question" and the American historical profession*, Cambridge University Press, Cambridge.

O

O'Dea, W. T., and West, L. A., 1967, editorial to "Museums of Science and Technology", *Museum*, Vol.20 , No.3, pp.150-157.

O'Doherty, Brian (ed.), 1972, *Museums in Crisis*, George Braziller, New York.

Oehser, Paul H., 1949, *Sons of Science: The story of the Smithsonian Institution and its leaders*, Greenwood, New York.

Oehser, Paul H., 1970, *The Smithsonian Institution*, Praeger Publishers, New York.

Oehser, Paul H., 1983, *The Smithsonian Institution*, 2nd. Ed., Westview Press, Boulder.

Oettermann, Stephan, 1997, *The Panorama: History of a mass medium* (orig.German), Urzone, New York.

Olmi, Giuseppe, 1985, "Science – Honour – Methaphor: Italian cabinets of the sixteenth and seventeenth centuries", in Impey and MacGregor, 1985, pp.5-16.

Omand, Douglas N., 1974, "The Ontario Science Centre, Toronto", *Museum*, Vol.26, pp.76-85.

Oppenheimer, Frank, 1968, "A rationale for a science museum", *Curator*, Vol.11, pp.206-209.

Oppenheimer, Frank, 1972a, "The Exploratorium: A playful museum combines perception and art in science education", *American Journal of Physics*, Vol.40, pp.978-984.

Oppenheimer, Frank, 1972b, "Teaching and learning", *American Journal of Physics*, Vol.41, pp.1310-1313.

Oppenheimer, Frank, 1975, "The Exploratorium and other ways of teaching physics", *Physics Today*, Vol.28, September 1975, pp.9, 11, 13.

Ornstein, Martha, 1928, *The Rôle of Scientific Societies in the Seventeenth Century*, Chicago.

大阪市立電気科学館, 1957,『電気科学館二十年史』.

大阪市立電気科学館, 1967,『大阪市立電気科学館30年のあゆみ』.

大阪市立電気科学館, c.1986,『電気科学館ガイド』.

大阪市立電気科学館, 1987,『大阪市立電気科学館50年のあゆみ』.

大阪市電気局, undated,『電気科学館設立概要』.

P

Palais de la Découverte, 1975, *Palais de la Découverte, Revue du Palais de la Découverte*, special issue, July, 1975.

Park, Robert L., 1994, "Is science the god that failed?", *Science Communication*, Vol.16, pp.206-210.

Parr, A. E., 1959, "The habitat group", *Curator*, Vol.2, pp.107-128.

Parr, A. E., 1962a, "Museums and museums of natural history", *Curator*, Vol.5, pp.137-144.

Parr, A. E., 1962b, "Patterns of progress in exhibition", *Curator*, Vol.5, pp.329-345.

Parr, Albert Eide, 1968, "Marketing the message", *Curator*, Vol.12, pp.77-82.

Payen, Jacques, 1988, "The role of the Conservatoire National des Arts et Métiers in the development of technical education up to the middle of the 19th century", *History and Technology*, Vol.5, pp.95-138.

Pearce, Susan M. (ed.), 1989, *Museum Studies in Material Culture*, Leicester University Press, London.

Pearce, Susan (ed.), 1990, *Objects of Knowledge*, Athlone, London.

Pearce, Susan, 1992, "General preface to series", in Butler, 1992, p.vii.

Pearce, Susan M., 1995a, *On Collecting: An investigation into collecting in the European tradition*, Routledge, London.

Pearce, Susan M. (ed.), 1995b, *Art in Museums*, Athlone Ptress, London.

Pearce, Susan, 1996, *Exploring Science in Museums*, Athlone, London.

Pearson, Nicholas, 1982, *The State and the Visual Arts*, Open University Press, Milton Keynes.

Pekarik, Andrew J.; Doering, Zahara D.; and Bickford, Adam, 1999, "Visitors' role in an exhibition debate: Science in American Life", *Curator*, Vol.42, pp.117-129.

Pevsner, Nikolaus, 1940, *Academies of Art, Past and Present*, Cambridge University Press, Cambridge.

Physick, John, 1982, *The Victoria and Albert Museum: The history of its building*, Phaidon・Christie's, Oxford.

Picon, Antoine, 1994, "Connaissances techniques sous les lumières", in le Moël and Saint-Paul, 1994, pp.69-73.

Pitt Rivers, 1891, "Typological museums, as exemplified by the Pitt Rivers Museum at Oxford, and his provincial museum at Farnharm, Dorset", *Journal of the Society of Arts*, Vol.40, pp.115-122.

Plenderleith, H. J., and Werner, A. E. A., 1971, *The Conservation of Antiquities and Work of Art: Treatment, repair, restoration*, 2nd ed., Oxford University Press.

Plini, 1928-1962, *Naturalis Historia*, with an English translation, Heinemann, London（邦訳，中野定雄・中野里美・中野美代訳『プリニウスの博物誌』，雄山閣，1986年）．

Pointon, Marcia, 1992, "Imaging nationalism in the cold war: The foundation of the American Portrait Gallery", *Journal of American Studies*, Vol.26, pp.359-375.

Pointon, Marcia (ed.), 1994a, *Art Apart: Art institutions and ideology across England and North America*, Manchester University Press, Manchester.

Pointon, Marcia, 1994b, "1968 and all that: the founding of the National Portrait Gallery, Washington DC", in Pointon, 1994a, pp.50-68.

Pollard, Sidney, 1968, *The Genesis of Modern Management: A study of the industrial revolution in Great Britain*, Penguin, Baltimore.

Pollock, Griselda, 1988, *Vision and Difference: Femininity, feminism and the history of art*, Routledge, London.

Pomian, Krzyztof, 1987, *Collectionneurs, amateuers et curieux: Paris, Venise: XVIe-XVIIIe siècle*, Gallimard（邦訳，吉田城・吉田典子訳『コレクション』，平凡社，1992年）．

Porter, Charlotte M., 1990, "The natural history museum", in Shapiro, 1990, pp.1-29.

Post, Robert C., 2001, "A very special relationship – SHOT and the Smithsonian's Museum of History and Technology", *Technology and Culture*, Vol.42, pp.401-435.

Post, Robert C., and Molella, Arthur P., 1997, "The call of stories at the Smithsonian Institution: History of technology and science in crisis", *ICON*, Vol.3, pp.44-82.

Poulet, Dominique, 1984, "Identity as self-discovery: The Ecomuseum in France", in Sherman and

Rogoff, 1984, pp.66-84.

Pretzer, William, 1989, *Working at Inventing: Thomas A. Edison and the Menlo Park Experience*, Henry Ford Museum and Greenfield Village, Dearborn.

Pritchard, J. Laurence, 1961, *Sir George Cayley*, Max Parrish, London.

Pridmore, May, 1996, *Inventive Genius: The history of the Museum of Science and Industry Chicago*, Museum of Science and Industry Chicago.

Punch, 1869, "The art-house and the ale-house", *Punch*, April 17, 1869, p.162 and an illustration.

Purbrick, Louis, 1994, "The South Kensington Museum: The building of the house of Henry Cole", in Pointon, 1994a, pp.69-86.

Pursell, Carroll, 1996, "Case years Inventor (In memoriam Meivin Kranzberg (1917-1995))", *Technology and Culture*, Vol.37, pp.407-412

R

Raby, Julian, 1985, "Exotica from Islam", in Impey and MacGregor, 1985, pp.251-258.

Rectanus, Mark W., 2006, "Globalization: Incorporating the museum", in Macdonald, 2006a, pp.381-397.

Reff, Theodore, 1964, "Copyists in the Louvre", *Art Bulletin*, Vol.46, pp.552-559.

Rhees, David J., 1992-93, "The chemists' war: The impact of World War I on the American chemical profession", *Bulletin for the History of Chemistry*, Vol.13-14, pp.40-47.

Rhees, William J., c.1858, *An Account of the Smithsonian Institution, its founder, building, operations, etc., prepared from the reports of Prof. Henry to the Regents, and other authentic sources*, Washington.

Richards, Charles R., 1925, *The Industrial Museum*, Macmillan, New York.

Ripley, Dillon, 1969, *The Sacred Grove: Essays on museums*, Simon and Schuster, New York.

Rivinus, E. F., and Youssef, E. M., 1992, *Spencer Baird of the Smithsonian*, Smithsonian Institution Press, Washington.

Robinson, J. C., 1868, "Our national collections", *Athenaeum*, No.1857, March 27, 1868, pp.403-404.

Robinson, J. C., 1897, "Our public art museums: A retrospect", *Nineteenth Century*, Vol.42, Dec. 1897, pp.940-964.

Roland, Alex, 1993, "Celebration or education ? The goals of the U.S. National Air and Space Museum", *History and Technology*, Vol.10, pp.77-89.

Roschitz, Karlheinz, 1989, *Wiener Weltausstellung 1873*, Jugend und Volk, Wien.

Rose, A. J., 1967, "The Palais de la Decouverte, Paris/Le Palais de la decouverte, Paris", *Museum*, Vol.20, pp.204-207

Ross, Linda Romaine, 1994, "Science in American Life", *Chemical & Engineering News*, March 7, 1994, pp.30-44.

Rozet, Brigitte, 1994, "La bibliothèque", in le Moël and Saint-Paul, 1994, pp.155-159.

Russell, Colin A., 1983, *Science and Social Change 1700-1900*, Macmillan.

Rydell, Robert W., 1984, *All the World's a Fair: Vision of empire at American International Expositions, 1876-1916*, University of Chicago Press, Chicago.

Rydell, Robert W., 2006, "World Fairs and museums", in Macdonald, 2006a, pp.135-151.

Rydell, W. Robert; Findling, John E.; and Pelle, Kimberly D., 2000, *Fair America: World's fairs in the United States*, Smithsonian Institution Press, Washington.

S

阪上孝編訳，2002,『フランス革命期の公教育論』，岩波書店．
Sallois, Jacques, 1995, *Les Musées de France*, Presses Universitaires de France, Paris.
Salomon, Jean Jack, 1994, "L'Abbé Grégoire", in le Moël and Saint-Paul, pp.57-59.
佐々木時雄，1977,『続動物園の歴史　世界編』，佐々木拓二編，西田書店．
Scheicher, Elisabeth, 1979, *Die Kunst- und Wunderkammern der Habsburger*, Molden, Wien, pp.68-71
　　（邦訳，エリザベート・シャイヒャー，松井隆夫・松下ゆう子訳『驚異の部屋――ハプスブルク家の珍宝蒐集室』，平凡社，1990年）．
Scheicher, Elisabeth, 1985, "The collection of Archduke Ferdinand II at Schloss Ambras: Its purpose, composition and evolution", in Impey and MacGregor, 1985, pp.29-38.
Schepelern, H. D., 1985, "Natural Ophilosophers and princely collections: Worm, Paludanus and the Gottorp and Copenhagen collections", in Impey and MacGregor, 1985, pp.121-127.
Schlosser, Julius von, 1907, *Die Kunst- und Wunderkammern der Spätrenaissance*, Klinkhardt & Biermann, Leipzig.
Schlosser, Julius von, 1923, *Die Kunst- und Wunderkammern der Spätrenaissance*, 2nd ed., Klinkhardt & Biermann, Leipzig.
Schreier, Wolfgang, 1995, *Die Entstehung der Funktechnik*, Deutsches Museum.
Schroeder-Gudehus, Brigitte (ed.), 1993, *Industrial Society and Its Museums: 1890-1990 Social aspirations and cultural politiocs*, Harwood Academic Publishers, Chur (orig. in French, La Societe industrielle et ses musees 1890-1990, Editions des Archives Contemporaines, Paris, 1992).
Schupbach, William, 1985, "Some cabinets of curiosities in European academic institutions", in Impey and MacGregor, 1985, pp.169-178.
Schuster, J. Mark Davidson, 1994, "The public interest in the art museum's public", in Pearce, 1995b, pp.109-142.
Schuster, Mark Davidson, 1995, "The public interest in the art museum's public", in Pearce, 1995b, pp.109-142.
Schützenhofer, Viktor, 1947, "Vom k. k. Fabriksprodukten-Kabinett zum Wiener Technischen Museum von heute", *Blätter für Technikgeschichte*, No.9, pp.1-33.
Science Communication, 1994, "Is science the god that failed?", *Science Communication*, Vol.16, pp.206-210.
Science Museum, 1933, *Electric Power, Part II: Descriptive Catalogue* (Science Museum Handbook, Electrical Engineering Collections), Science Museum, London.
Science Museum, 1991, *Launch Pad*, 3rd ed., Science Museum, London.
Science Museum, 1993, *Guide to the Scioence Museum*, 日本語版（高橋雄造監修）．
Science Museum, c.1996, *Science Museum: facts and figures*, c.1996, Science Museum, London (unpublished data sheet)
Science & Society Picture Library, 1999, *Science & Society*, Science Museum, London.
Scranton, Philip, 1955, "Determinism and indeterminacy in the history of technology", *Technology and Culture*, Vo.36, pp.S31-S52
Sebestik, Jan, 1985, "The introduction of technological education at the Conservatoire des Arts et Métiers", in Kranzberg (1985), pp.26-32.
Seelig, Lenz, 1985, "The Munich Kunstkammer, 1565-1807", in Impey and MacGregor, 1985,

pp.76-89.

Seely, Bruce, 1995, "SHOT, the history of technology, and engineering education", *Technology and Culture*, Vol.36, pp.739-772.

Seling, Helmut, 1967, "The genesis of the museum", *Architectual Review*, No.131, pp.103-114.

Sellers, Charles Coleman, 1980, *Mr. Pearle's Museum: Charles Wilson Pearle and the first popular museum of natural science and art*, Norton, New York.

Senckenberg Nature Research Society (Senckenbergsche Naturforschende Gesellschaft), 1988, *Natural History Museum Senckenberg, Guide*, 3rd rev. ed., Kleine Senckenberg-Reihe, No.2.

Shamos, Morris H., 1995, *The Myth of Scientific Literacy*, Rutgers University Press, New Brunswick.

Shapin, Steven, 1992, "Why the public ought to understand science-in-the-making", *Public Understanding of Science*, Vol.1, pp.27-30.

Shapiro, Michael Steven (ed.), 1990a, *The Museum: A reference guide*, Greenwood, New York.

Shapiro, Michael S., 1990b, "The public and the museum", in Michael Steven Shapiro (ed.), *The Museum: A reference guide*, Greenwood, New York, pp.221-261.

Shaw, Evelyn, 1972, "The Exploratorium", *Curator*, Vol.15, pp.39-52.

Sheets-Payenson, Susan, 1985, "Popular science periodicals in Paris and London: the emergence of low scientific culture, 1820-1875", *Annals of Science*, 42, pp.549-572.

Sheets-Payenson, Susan, 1988, *Cathedrals of Science: The development of colonial natural history museums during the late nineteenth century*, McGill-Queen University Press, Kingston.

Sherman, Daniel J., and Rogoff, Irit (eds.), 1994, *Museum Culture: Histories, discourses, spectacles*, University of Minnesota Press, Minneapolis.

Simcock, A. V., 1984, *The Ashmolean Museum and Oxford Science 1683-1983*, Museum of the History of Science, Oxford.

Skansen, c.1994, *Skansen* (guide book), Skansen.

Skelton, Robert, 1978, "The Indian Collections: 1798 to 1978", *Burlington Magazine*, Vol.120, May 1978, pp.297-304.

Skinner, Ghislane, 1986, "Sir Henry Wellcome's museum for the science of history", *Medical History*, Vol.30, pp.383-418.

Smith, Albert (ed.), 1849, *Gavarni in London: Sketches of Life and Character*, David Bogue, London.

Smith, Cecil, 1917, "he future of craft museums", *Museums Journal*, Vol.16, pp.150-169.

Smith, Charles Saumarez, 1989, "Museums, artefacts, and meanings", in Vergo, 1989, pp.6-21.

Smithsonian Institution, 1991, *The Smithsonian Institution, Highlights and History*, Smithsonian Institution Press.

Smithsonian Institution, 1994, *Smithsonian Year 1993 – Annual Report of the Smithsonian Institution for the Year Ended September 30, 1993*, Smithsonian Institution Press, 1994.

Smithsonian Institution, 1996-1997, *Smithson Opportunities for Research and Study in History, Art, Science,* Office of Fellowship, Smithsonian Institution, Washington, DC.

Smithsonian Institution, 2000-2001, *Smithson Opportunities for Research and Study in History, Art, Science*, Office of Fellowship, Smithsonian Institution, Washington, DC.

Smithsonian Institution, Behind-the-Scenes Volunteer Program, Visitor Information and Associates' Reception Center, 1989, *Handbook for Volunteer Working behind the Scenes*, Smithsonian Institution, Washington, DC.

Smithsonian Institution Libraries, 1992, *The Books of the Fairs: Materials about World's Fairs,*

1834-1916, in the Smithsonian Institution Libraries, American Library Association, Chicago.
Snow, Robert E., and Wright, David E., 1976, "Coney Island: A case study in popular culture and technical change", *Journal of Popular Culture*, Vol.9, pp.960-975
Society for the History of Technology, 1959, "Society for the History of Technology: A brief history (Organizational notes)", *Technology and Culture*, Vol.1, pp.106-107.
Society for the Illustration and Encouragement of Practical Science, 1836, *Gallery for the Exhibition of Objects blending Instruction with Amusement*, Adelaide Street and Lowther Arcade, Catalogue for May, 14th ed., London.
Sollers, 1995, *Le cavalier du Louvre: Vivant Denon (1747-1825)*, Gallimard, Paris.
Sorensen, Colin, 1989, "Theme parks and time machines", in Vergo, 1989, pp.60-73.
Spratt, H. Philip, 1936, "Techniska Museet: A new science museum opened in Stockholm", *Museums Journal*, Vol.36, pp.243-245.
Staudenmaier, John, 1985, *Technology's Storytellers: Reweaving the human fabric*, MIT Press, Cambridge.
Staudenmaier, John, 1993, "Clean exhibits: Henry Ford's technological aesthetic" in Schroeder-Gudehus, 1993, pp55-65.
Stock, John, and Vaughan, Denys, 1983, *The Development of Instruments to Measure Electric Current*, Science Museum, London.
Storch, Robert, 1977, "The problem of working-class leisure: Some report of middle-class moral reform in the industrial north: 1825-50", in A. P. Donajgrodzki (ed.), *Social Control in Nineteen Century*, Croom Helm, London, pp.138-162.
Strandh, S., 1967, "The Museum of Science and Technology, Stockholm/Le Musee des sciences et des techniques, Stockholm", *Museum*, Vol.20, pp.188-190.
Strong, D. E. (ed.), 1973a, *Archaeological Theory and Practice*, Seminar Press, London.
Strong, D. E., 1973b, "Roman Museums", in Strong, 1973a, pp.247-367.
Strong, Roy, 1978, "The Victoria and Albert Museum – 1978", *Burlington Magazine*, Vol.120, May 1978, pp.272-276
鈴木克美, 2003, 『水族館』, 法政大学出版局.
Swank, Scott T., 1990, "The history museum", in Shapiro, 1990. pp.85-114.

T

高橋雄造, 1992, 「情報化社会への道（電気からエレクトロニクスへ）」, 朝日新聞社版『旅の世界史（世界の歴史別冊）』, 9号, 36-39頁.
高橋雄造（監修）, 1993, 『科学博物館（Science Museum, London）あんない　日本語版』, ほるぷ教育開発研究所.
高橋雄造, 1994, 「米国スミソニアン研究所滞在報告」, 『博物館学雑誌』, 19巻, 1-2合併号, 49-55頁.
高橋雄造（松本栄寿と共著）, 2001-2002, 「スミソニアン・インスティテューションの歴史――スミソニアンの技術博物館のあゆみ（I-IV）」, 電気学会電気技術研究会資料, HEE-01-10, HEE-01-20, 2001年；HEE-02-3, HEE-02-4, 2002年.
高橋雄造, 2003, 「各国における技術教育の制度化――電気工学の立場から」, 『大学史研究』, No.15, 47-93頁.
高橋雄造, 2004a, 「パリ工芸院（Conservatoire des Arts et Métiers）の歴史――工芸院の学校

と技術博物館」、『科学技術史』、7 号、71-105 頁.
高橋雄造、2004b,「モレラ博士の仕事」、『科学技術史』、7 号、137-141 頁.
高橋雄造、2006,『百万人の電気技術史』、工業調査会.
Takarabe, Kae, 2000, "Samurai at the Smithsonian: First Japanese visitors to Western Museum in the U. S.", in Mochael T. Chiselin, and Alan E. Leviton (eds.), *Cultures and Institutions of Natural History; Essays in the History of Science (Memoirs of the California Academy of Science*, 25), pp.161-182.
棚橋源太郎、1943,「科学工業博物館の先駆──巴里のコンセルバトアール」、『博物館研究』、16 巻、103-105 頁.
Taylor, Brandon, 1999, *Art for the Nation: Exhibition and the London Public 1747-2001*, Rutgers University Press, New Brunswick.
Taylor, F. Sherwood, 1951, "The Science Museum, London", *Endeavour*, Vol.10, pp.82-88.
Taylor, Francis Henry, 1945, *Babel's tower: The dilemma of the modern museum*, Columbia University Press, New York.
Taylor, Francis Henry, 1948, *The Taste of Angels: A history of art collecting from Remeses to Napoleon*, Little and Brown, Boston.
Taylor, Frank A., 1946a, "The background of the Smithsonian's Museum of Engineering and Industries", *Science*, Vol.104, 9 August 1946, pp.130-132.
Taylor, Frank A., 1946b, "A national museum of science, engineering and industry", *Scientific Monthly*, Vol.63, November 1946, pp.359-365.
Technisches Museum für Industrie und Gewerbe in Wien, 1908, *Das Technische Museum für Industrie und Gewerbe in Wien*.
Technisches Museum für Industrie und Gewerbe in Wien, 1974, *Technisches Museum für Industrie und Gewerbe in Wien: Rundgang durch die Sammlungen*.
Technology and Culture, 1996, "Case years Inventor (In memoriam Meivin Kranzberg (1917-1995))", *Technology and Culture*, Vol.37 (1996), pp.403-428.
Technology and Culture, 1998, Special Section "The Last Act", *Technology and Culture*, Vol.39, No.3, pp.457-498: William Pretzer, "Reviewing public history in light of the *Enola Gay*", pp.457-461; Otto Mayr, "The *Enola Gay* fiasco", pp.462-473; Pamela Walker Laird, "The public's historians" pp.474-482; Alex Roland, "Voices in the museum", pp.483-488; Donna R. Braden, "Whose history is it? Planning Henry Ford Museum's *Clockwork* exhibit", pp.489-498.
Teyler Museum, 1996, *Highlights from the Teyler Museum: History, collections and buildings*, Teyler Museum, Haarlem.
Teylers Museum, 1969, *Beknopte inleiding tot een aantal belangrijke objecten uit het Natuurkundig Kabinet*, Teylers Museum, Haarlem.
Teylers Museum, 1998, *De Teylers Museum Gids*, Teylers Museum, Haarlem.
Thompson, Edward P., 1963, *The Making of the English Working Class*, Gollancz, London.
Tomasi, Lucia Tongiorgi, 1983, "Projects for botanical and other gardens: a 16th-century manual", *Journal of Garden History*, Vol.23, No.1, pp.1-34.
Tonelli, Edith A., 1990, "The art museum", in Shapiro, 1990a, pp. 31-58.
Torrens, Hugh, 1985, "Early collecting in the field of geology", in Impey and MacGregor, 1985, pp.205-213.
Treue, Wilhelm, 1960, *Art Plunder: The fate of works of art in war, revolution and peace*, Methuen,

London (orig. Kunstraub, Droste, Düsseldorf, 1957).

Truettner, William H., 1991, *The West as America: Reinterpreting images of the frontier, 1820-1920*, Smithsonian Institution Press, Washington.

Tucker, D. Gordon, 1982, "Diamond Jubilee of the Newcomen Society: The Science Museum, London, November 29, 1980", *Technology and Culture*, Vol.23, pp.73-77.

Turner, A. J., 1986, "A world of wonders in one closet shut", *History of Science*, Vol.24, pp.209-213.

Turner, Gerard l'E.,1985, "The cabinet of experimental philosophy", in Impey and MacGregor, 1985, pp.214-222.

Turner, Gerard L'E., 1996, *The Practice of Science in the Nineteenth Century: Teaching and research apparatus in the Teyler Museum*, Teyler Museum, Haarlem.

Turner, Greame, 1996, *British Cultural Studies: An introduction*, 2nd ed., Routledge, London.

Tylecote, Mabel, 1974, "The Manchester Mechanics' Institute, 1824-50", in Cardwell, 1974, pp.55-86.

U

Ucelli, Guido, 1952, "Il Museo Nazionale della Scienza e della Technica e la mostra a celebrazione del V centenario della nascita di Leonardo", *Rivista di Ingegneria*, No.12 (December 1952).

University of Manchester, 1996, *Museums and Late Twentieth Century Culture* (Transcripts taken from a series of lectures given at the University of Manchester, October-December 1994), Department of History of Art, University of Manchester.

Urania, 1988, *100 Jahre Urania Berlin Festschrift: Wissenschaft heute für morgen*, Urania, Berlin.

V

de Varine-Bohan, Hugues, 1976, "The modern museum: requirements and problems of a new approach", *Museum*, Vol.29, pp.131-143.

VDI, 1927, *VDI-Beiträge zur Geschichte der Technik und Industrie*, Vol.40, p.154.

Vergo, Peter (ed.), 1989, *The New Museology*, Reaction Books, London.

Vevers, Gwynne (ed,), 1976, *London's Zoo: An anthology to celebrate 150 years of the Zoological Society of London, with its zoos at regent's park in London and Whipsnade in Bedfordshire*, Bodely Head, London.

Viola Herman J., and Margolis, Carolyn (eds.), 1991, *Seeds of Change: Five hundred years since Columbus (A quincentennial commemoration)*, Smithsonian Institution Press.

Vogel, Robert M.,1965, "Assembling a new hall of civil engineering", *Technology and Culture*, Vol.6, pp.59-73.

Volkert, James; Martin, Linda R.; and Pickworth, Amy, c.2004, *National Museum of American Indian, Map and Guide*, Scala Publishers/National Museum of American Indian, Smithsonian Institution, Washington DC.

W

Wallace, Mike, 1981, "Visiting the past: Museums in the United States", *Radical History Review*,

Vol.25, pp.63-96.

Wallace, Mike, 1985, "Mickey Mouse history: Portraying the past at Disney World", *Radical History Review*, Vol.32, pp.33-37（Wallace, 1996a にも収録）.

Wallace, Mike, 1996a, *Mickey Mouse History and other essays on American memory*, Temple University Press, Philadelphia, pp.133-174

Wallace, Mike, 1996b, "The battle of Enola Gay", in Wallace, 1996a, pp.269-317.

Wallach, Alan, 1994, "The battle over 'The West as America' 1991", in Pointon, 1994a, pp.89-101.

Washburn, Bradford, 1967, "The Museum of Sciences, Boston/Le Musee des sciences, Boston", *Museum*, Vol.20, pp.163-166.

Washburn, Wilcomb E., 1967, "Joseph Henry's conception of the purpose of the Smithsonian Institution", in J. Bell Whitefield, Jr.; Clifford K. Shipton; John C. Ewers; Louis Leonard Tucker; and Wilcomb E. Washburn, *A Cabinet of Curiosities: Five episodes in the evolution of American museums*, University Press of Virginia, Charlottenburg, pp.106-166.

Washburn, Wilcomb E., 1990, "Museum exhibition", in Shapiro, 1990a, pp.199-229.

Washington Post, 1994. "Apolitical Science", *Washington Post*, Arts section, October 16, 1994.

Weil, Stephen E., 1995, *A Cabinet of Curiosities: Inquiries into Museums and their prospects*, Smithsonian Institution Press, Washington.

Weiss, John Hubbel, 1982, *The Making of Technological Mann: The social origins of French engineering education*, MIT Press, Cambridge.

Werner, M. R., 1939, *Julius Rosenwald: The life of a practical humanitarian*, Harper, New York.

West, Bob, 1988, "The making of the English working past: a critical view of the Ironbridge Gorge Museum", in Lumley, 1988, pp.36-62.

West, L. A., 1967, "The Science Museum, London/Le Musée des sciences Londres", *Museum*, Vol.20, pp.190-193.

West, Shearer, 1995, "The development of 'cultural capital': Post modern democracy and the art blockbuster", in Pearce, 1995b, pp.74-73.

Whitehead, P. J. P., 1970, 1971, "Museums in the history of zoology", *Museums Journal*, Vol.70, September 1970, pp.50-57; Vol.71, March 1971, pp.155-160.

Whitefield, J. Bell, Jr.; Shipton, Clifford K.; Ewers, John C.; Tucker, Louis Leonard; and Washburn, Wilcomb E., 1967, *A Cabinet of Curiosities: Five episodes in the evolution of American museums*, University Press of Virginia, Charlottenburg.

Wittlin, Alma, 1949, *The Museum, Its history and its tasks in education*, Routledge & Kegan Paul, London.

Wittlin, Alma, 1970, *Museums: In search of usable future*, MIT Press, Cambridge.

Wood, Ethel M., 1965, *A History of the Polytechnic*, Macdonald, London.

Woodlow Wilson International Center for Scholars, 1991, *Asia Program Report 1989-1991*, Woodlow Wilson International Center for Scholars, Washington DC.

Wright, Charles, and Fayle, C. Ernest, 1928, *A History of Lloyd's: From the founding of Lloyd's Coffee House to the present Day*, Macmillan, London.

Wright, Helena, 1996, "Clio in museum garb: The National Museum of American History, the science museum, and the history of technology", preprint, SHOT meeting at the Science Museum, London.

Wright, Philip, 1989, "The quality of visitors' experiences in art museums", in Vergo, 1989,

pp.119-148.
Wright, Thomas, 1996, "The National Museum of Science and Industry: An overview", *Technology and Culture*, Vol.37, pp.147-150.
Wyatt, Nicholas, 1996, *The Science Museum Library: a history*, Science Museum Library.

Y

山本珠美，1996,「博物館のディレンマ──スミソニアン航空宇宙博物館の原爆展論争に関する一考察」,『東京大学大学院教育学研究科紀要』，36巻，465-473頁．
Yates, Frances A., 1966, *The Art of Memory*, Routledge & Kegan Paul.

Z

Zacks, Ayala; Cameron, Duncan F.; Abbey, David S.; Heinrich, Theodore Allen; and Withrow, William J., 1969, "Public attitudes toward modern art", *Museum*, Vol.22, pp.125-180.
Zandt, J. Parker Van, and Walter, Rohe, 1933, "The people's choice: An analysis of the public's preference at 'A Century of Progress'", *Adevertising and Selling*, December 21, pp.15, 34, 36, 38.
Zenneck, J., 1934, "Oskar von Miller", *Deutsches Museum Abhandlungen und Berichte*, Vol.6, No.2, pp.30-50.
Zenneck, J., 1941, "Die Anpassung von naturwissenschaftlichen und technischen Museen", *Technikgeschichte*, Vol.30, pp.143-148.
Zenneck, J., 1953, "50 Jahre Deutsches Museum", *Deutsches Museum Abhandlungen und Berichte*, Vol.21, No.3, p.5-25
Ziolkowski, Theodore, 1990, *German Romanticism and Its Interpretations*, Princeton University Press, Princeton.
Zola, Émile, 1877, *L'Assommoir*. Charpentier 版，2 Vols., 1951 の Vol.1, pp.90-98.
Zolberg, Vera L., 1994, "An elite experience for everyone: Art museums, the public, and cultural literacy", in Sherman and Rogoff, 1994, pp.49-65.
Zolberg, Vera L., 1996, "Museums as contested sites of remembrance: the Enola Gay affair", in Macdonald and Fyfe, 1996, pp.69-82.

索　引

ア　行

アイアンブリッジ・ゴージ博物館　217f.
アイデンティティ，自分自身を発見する
　　40, 154, 156f., 220, 374, 418, 423, 465
アイルランド工業博物館　250
アウグスト1世　68
アウグスト2世　69
アウフゼス　220
アグリコラ協会　317f., 326
アシュモール，アシュモール博物館　24, 88, 96f., 101f.
アダムズ，ジョン・クィンシー　294f.
アダムズ，ロバート・マコーミック　383
アーテファクタ　54
アデレード・ギャラリ　25, 120f., 131, 190, 225, 408
アナコスティア博物館　384
アミューズメント・パーク，遊園地　41f., 47, 57, 343, 427, 408, 436
アメリカ自然史博物館　34, 38, 114, 117, 119, 203
アメリカ博物館（バーナムの）　117f.
アメリカン・インディアン，インディアン　107, 113, 114, 116, 210, 289, 390, 393, 397, 399, 439, 456, 457f.
アリストテレス　49, 59, 61f., 78f., 197, 204, 206
アルチンボルド　74f.
アルテス・ムゼウム　142, 145, 214
アルドロヴァンディ　61f., 71, 77f., 81
アルバート公　230, 233f., 238, 240
アルブレヒト5世　68
アレキサンドリア　13, 49, 204, 206
アレクサンダー　34, 44
アレクサンドロス大王　49, 206
アンブラス城　56, 69f.

アンリ4世　133, 148
イーヴリン　100, 103
医学解剖講堂（ライデン大学）　94
イギリス工芸振興協会　226, 228, 230, 232f., 236, 240
イギリス博物館協会　29, 260, 269
イーストレーク　29
移動展示，出張展示，巡回展示（貸出し展示も見よ）　284, 306, 412f., 428, 433, 454
インターナリスト，インターナリスト・ヒストリー　374f., 379f., 381f., 459
インターンシップ　385f.
インド博物館　262f.
インペラート　55, 61f., 78
インペリアル・インスティテュート　263

ヴァーゴ　44, 45
ヴァーチュオーソ　87f., 100, 103f.
ウィットリン　42
ウィトルウィウス　50
ウィルクス　295f., 298
ウィルソン国際学術センター　291
ヴィルヘルム4世　68, 71
ヴィーン技術博物館　182, 189, 242, 274, 315, 329f., 341
ヴィーン自然史博物館　200f., 331
ヴィーン美術史博物館　70
ウェスト　112, 145
ウェルカム医学史博物館　281
ヴェロー　34
ヴォカンソン　162f., 178, 186
ウォード箱　204f.
ヴォードワイエ　173, 179f.
ウォルム　67, 71
ウッフェンバッハ　95, 101, 111

ウラニア　328, 408f., 464

永続性　13, 15, 24, 27, 51f., 58, 64, 83, 86f., 90, 101, 116, 129, 150f., 190, 306, 464
エイドフュージコン　113
栄誉ホール，顕彰室　85, 314, 331, 365, 368, 373
エヴァンス　74, 76
エーカリ　33
エクスターナリスト，エクスターナリスト・ヒストリー　45f., 324, 326, 371, 374f., 379, 382f., 392, 400, 444f., 456, 459
エクスナー　182, 189, 242, 274, 330f.
エクスプロラトリアム　26, 44, 156f., 282, 307, 361, 413, 419f., 431, 434, 436f., 463
エコ・ミュージアム運動　217
エジプシャン・ホール　110, 117
エジンバラ科学工芸博物館　250
エスニック，エスニシティ　19, 157, 339, 366, 383, 390, 393f., 396, 421, 446, 464
エドワーズ　134
エノラ・ゲイ　222, 402f., 405, 439, 452f., 456f.
エリート主義　17, 177, 229, 242, 428
エルミタージュ美術館　52
エワート　228, 240, 257
エンジニア・アントレプレヌール　355f., 362
王室植物園　136, 200, 204
大阪市立科学館　334
大阪市立電気科学館　333f.
オクスフォード科学史博物館　91f.
オクスフォード大学自然史博物館　203
オッペンハイマー　26, 44, 156, 307, 361, 419f., 425f., 428, 437, 463
オーディオビジュアル　412, 418, 431, 436
オールソップ　43, 151, 158f.
オールティック　41, 93, 101, 109, 111, 126, 129, 192, 242
オルミ　66

オンタリオ・サイエンスセンター　413f.

カ 行

開館時間，夜間開館　21, 25, 150, 180f., 184, 192f., 203, 205, 225, 229, 243, 246, 249, 287, 313, 316
開館日（公開日）　25, 150, 178, 184, 192f., 225, 243, 248, 287
階級対立の緩和，階級間の融和・橋渡し　25, 109f., 120f., 155, 253f., 256
海軍博物館　397
カイザー・フリードリヒ博物館，カイザー・フリードリヒ博物館協会　214
ガイドつき見学・ツアー　279, 313, 320, 322, 385, 388, 414, 422
ガイドブック　25, 39, 41f., 94f., 99, 107, 148, 150, 193, 201f., 205, 245, 262, 306, 312f., 318, 321f., 329, 332f., 336f., 341f., 385, 390f., 432
科学革命　24, 49, 64, 72, 74, 80, 83, 84f., 198
科学技術観　27, 46, 383, 434, 452
科学技術史博物館（総合科学技術史博物館）　26f., 309f., 312, 326, 328f., 338, 410, 412, 416f., 428, 431, 434f.
科学・技術知識の普及（運動）　12, 25, 28, 88, 120f., 127, 129, 162, 172, 184, 240, 279, 309, 315f., 329, 342, 357, 365, 437, 461, 463
科学・技術の社会史　45, 324, 326, 374
科学技術博物館の分類　22f.
科学技術（科学）ユートピア主義　374f., 377, 391, 428
科学技術立国　28, 314, 369
科学教育，科学教育（科学技術教育，理科教育）センター　27f., 258, 338, 364f., 368f., 385, 414, 421, 432, 434f., 435, 447
科学リテラシー　3, 28, 461f.
革命博物館　20, 137
貸出し展示　235, 239
カーソン　400, 450
カタログ　55, 58, 67, 78, 80, 93f., 97, 99,

101, 106, 115, 124, 126, 135, 137, 142, 178, 182f., 245, 272f., 275, 279, 289f., 341f., 389, 392, 440f.
学校からの見学　349, 413
カットモデル　313, 315, 322, 331, 373
カニンガム　253f., 258
ガーバー　401, 403f.
壁紙展示　142, 215
カーマイケル　380
カルチェオラリ　61f.
カルチュラル・スタディーズ　464
カルナバレ博物館　216
カーン　366f.
換気　25, 225, 243f., 287
観客が感じる違和感・疎外感・劣等感　154f.
観客動員　120, 153, 156f., 246, 338, 403, 460
観客の緊張とリラックス・自由　258, 360, 361, 367, 422, 426f., 463
監視員　244
鑑定家　69, 81, 150, 242, 267, 269

技術学校，技術教育（科学技術教育）　26, 85, 121, 129, 162, 166, 168f., 177, 182, 189f., 190, 225, 233, 250, 311f., 314, 342, 355, 435
技術決定論　374, 376f.
技術史学　45f., 317, 371f., 374, 383
技術者運動　316
技術者の職業意識　362f.
技術の社会史　45, 324, 326, 374
技術博物館設立運動　316f., 362
機能展示　30f., 32, 40, 212
規範，単一規範　18f., 45, 157, 159, 391f., 423, 427, 437, 462f.
キャビネット　20, 24, 26f., 27, 49, 52f., 54f., 66, 83, 86f., 95, 111, 131, 197, 206
キュー・ガーデン　205f.
キュレータ，博物館職員・スタッフ　13, 17, 23, 29, 38, 97f., 142, 186, 203, 235, 269, 274, 278f., 284, 287, 292, 296, 303, 307, 322, 324, 345, 348, 372, 381f., 392,

398, 404f., 418, 440, 444, 452f., 459
教育展示　29f., 306
教育と娯楽，教育と遊び　16, 111, 120, 129, 412, 417, 435, 464
教育への傾注・注力，回帰　27, 417, 461f., 463
驚異の部屋　56, 67, 68f.
教員の教育・養成，訓練　16, 229, 239, 241, 284, 325, 353, 365, 385, 413, 421, 424, 437, 462
教会のコレクション　51f.
教化・矯正，馴化　12, 18f., 25, 27, 116, 150, 157, 255f., 435
教養主義，人文主義　16, 25f., 410, 464
キルヒャー　77f.
キンボール　116
勤労者割引，勤労者への配慮　170f., 173f., 177f., 279, 313, 316

クヴィッヒェベルク　41, 43, 68
グード　12, 21, 29, 44f., 116, 189, 225, 242, 248, 279, 280, 289, 301f., 309, 313, 372, 471f.
クーパー＝ヒューイット・デザイン美術館　247, 384
クラウチ　404, 458
クラーク　126
クランツバーグ　376f., 382
グリューネス・ゲウェルベ　68
グリーンウッド　42, 260
グリーンフィールド・ビレッジ　219, 335f.
クールベ　147
グレゴワール　164f., 170, 178, 183, 186
クレム　326
クンストシュランク　57

ケイリ　127
ケネディ，ロジャー　382f.
ケネディ・センター　291, 384, 402
ケプラー　68, 70
ゲームランド，ゲームパーク　41, 47, 419
ケルシェンシュタイナー・コレーク　324f.
ゲルマン民族博物館　34, 220, 222

索引　527

研究奨学センター　386
研究展示　29
健全な娯楽・健全なレクリエーション
　　（rational amusement/rational recreation）
　　111, 113, 121, 251f., 253f., 257, 259
ケンプファート　339f., 344f., 357, 368f., 375

公開，公開性　12f., 15, 24f., 27, 52, 58, 86, 87, 88, 91, 95, 97, 101, 116, 121, 122, 124, 135, 136, 137, 152, 149f., 159, 164, 178, 183, 190, 191, 192f., 200, 201 205, 209, 227, 241, 263, 287
公開講義，公開講演　98, 122, 162, 170, 173f., 189f., 313
公共性　15, 24f., 58
公共博物館　3, 4, 14f., 16f., 18, 21, 27, 29f., 37f., 40, 44, 47, 49, 79, 80, 83, 84, 86f., 91, 96, 103, 110, 111, 116f., 121, 127, 129, 131, 134, 145, 149f., 153f., 158, 161, 190, 192, 212, 214, 215, 225f., 253, 257, 261, 269, 287f., 289, 305, 459f., 462, 464
公共博物館の実体化　25, 150, 225f.
公共文化　18f., 253, 255, 258, 288
工芸産業館（スミソニアン）　300, 302f., 401f.
考古学博物館　25, 46, 91, 114, 140f., 146, 190, 194, 199, 201, 212f., 220f., 265, 383
工作室，工房　69, 71, 127, 185, 245, 279f., 313, 336, 350, 381, 406, 423
交通博物館　327, 328
功利主義，功利主義者　16, 21, 26, 28, 45, 86, 121, 129, 151, 199, 225, 239f., 286, 288, 314, 410, 427, 463f.
国産品展示館　122
黒人　157, 165, 222, 340, 355, 366, 384, 390, 392f., 395f., 404, 440, 441, 443, 446f., 449, 456, 457f.
黒人研究センター　396
黒人博物館　440, 457f.
国立アメリカ美術館　384, 439
国立アメリカ歴史博物館　28, 46, 161, 222, 304, 326, 371, 373f., 380, 382f., 385f., 390f., 400, 404, 440f., 453, 454f., 462f.
国立アメリカン・インディアン博物館　441, 457
国立ウェリントン美術館　143
国立技術・工業博物館（米国）　372f.
国立航空宇宙博物館　304, 397, 400f., 456
国立自然史博物館（スミソニアン）　203, 304, 373, 440, 441f.,
国立自然史博物館（パリ）　116, 136, 178, 200, 204, 207, 208
国立人類博物館（スミソニアン）　304
国立動物園（スミソニアン）　211, 291, 301, 371
国立図書館（パリ）　139, 183
国立博物館（アムステルダム）　143
国立博物館（スミソニアン）　29, 289, 296, 298f., 301f., 401
国立郵便博物館（スミソニアン）　290f.
国立レオナルド・ダ・ヴィンチ科学技術博物館　333
国立歴史技術博物館（スミソニアン）　371, 373f., 390, 404
個人博物館　24, 27, 83, 86f., 99f., 111, 117, 131
コスピ　62, 65f.
国家博物館　15, 149f., 212, 215, 288
コットン図書館　191
子ども博物館，子ども向け展示・見学　251, 280, 282f., 371, 397, 430, 432, 451
コニーアイランド　41f., 343, 365
コーヒーハウス　87f., 103f.
コミュニティ・センター　40, 47, 365, 463
コール　21, 25f., 31, 44, 189, 225f., 230f., 239f., 248, 250, 251, 258, 262, 265f., 280, 286, 289, 307, 313
コール・ブルックスデール　217
コルベール　133f., 147f., 163
コレクション　12f., 14f., 17, 23f., 29, 42f., 46, 50f., 54, 56, 58f., 72, 79, 81, 83, 85f., 94f., 100f., 104, 107, 109f., 122, 131f., 150, 160, 164, 178, 190, 207, 287, 306f., 385, 418
コレクション中心の博物館　17

コロニアル・ウィリアムスバーグ　34, 219
コン　36, 44, 148, 248
昆虫館，昆虫園　209, 304
コンテクスト，コンテクスチュアリズム　37, 158, 377, 381, 383

サ　行

サイエンスセンター　12f., 16, 22, 25f., 30, 38, 40, 42, 44, 46f., 57, 83, 117, 120, 183, 202f., 225f., 281f., 286, 316, 326, 328, 334, 338, 351, 361, 365, 368f., 407, 461, 463
サイエンスセンター協会　365
在館時間（観客の）　217, 350
再現実験，再現製作，クックブック　324f., 385f., 424
採光，照明　25, 35, 38, 115, 215, 225, 243f., 246, 287, 331, 349
サウス・ケンジントン博物館　19f., 25f., 31, 36, 38, 111, 121, 129, 148, 150, 162, 182, 188f., 202, 225f., 289, 307, 310, 313, 316, 372, 468f.
サーカス　40f., 118, 206, 210f., 255, 365f.
柵なし動物園　34, 211f.
佐々木時雄　207
サックラー美術館　290f.
サファリパーク　212
差別　3, 15, 165f., 257, 339f., 371, 379, 383, 387, 390, 392, 394f., 397, 399, 405, 439f., 443, 455, 456, 457, 459, 465
サマーコース，サマースクール，サマーセミナー，サマーキャンプ　365, 385, 388
参加型・体験型展示　12, 27, 38f., 44, 217, 312f., 328, 352, 359, 384, 407, 410, 413, 416, 421
産業遺跡・産業記念物の保存　217f.
産業革命　19, 24f., 26, 120, 159, 166, 167, 188, 214, 216, 225, 233, 252f., 281, 288, 309, 311f., 315f., 323, 336, 338
サン＝ドニ修道院　51f., 137
サン＝ドニ保存所（パリ工芸院）　184f.
サン＝ピエール　207
サン＝マルコ寺院　51, 139

シェッド水族館　210
シェーンブルン動物園　201, 207
ジオラマ　32, 36, 38, 216, 313, 322, 346, 358
シカゴ科学・産業博物館　20, 27, 36, 232, 329, 335, 338f., 345, 375, 379, 413, 417, 418, 427, 431, 463
シカゴ「進歩の世紀」世界博覧会　36, 232, 341, 343, 345f., 356, 375
シカゴ世界博覧会（コロンブス記念）　203, 264f., 341, 345
自然史，自然誌，自然史博物館　21f., 24, 29, 31, 34, 38, 46, 53, 55, 57, 60f., 64f., 66f., 79f., 83f., 86f., 94f., 97, 103f., 107, 109, 113f., 119f., 131, 136, 139f., 178, 190, 196f., 204, 207f., 238, 258, 260, 266, 272, 289, 294f., 302, 372f., 375, 384, 389f., 414, 440, 441f.
自然史愛好家センター　305
時代室　32f., 215, 216
シャイヒャー　74f.
社会改革，社会改革派　19, 21, 121, 127, 129, 225, 242, 252f., 268, 288f., 317, 362
社会教育　242
社会統制　18f., 25, 121, 157, 242, 252, 256, 258, 289
社会派展示　383, 439, 444, 454, 459
写真・映画・テレビ博物館　283
写真ライブラリ・アーカイブ　285f., 322
シャピロ　44
ジャルダン・ド・プラント　139, 200, 207
シャルル5世　53
ジャンロン　146
ジュウィット　298
収集趣味　21, 64, 83, 87, 198
重商主義　21, 31, 64, 85, 104, 133, 134, 198
収蔵庫，保存庫　29f., 56, 79, 185, 283f.
シュペクトルム　328, 409
シュライスハイム分館　327, 457
シュロッサー　72

索　引　529

ショー, イーブリン　418
商業娯楽施設, 商業レジャー, 商業主義　16, 27, 41, 47, 57, 120, 129, 156, 212, 255, 419, 427, 429, 436f., 460, 462f.
《情報化時代》　326, 394f.
食堂　21, 25, 150, 237, 245, 320, 334
植物園　11, 49, 61f., 64, 85f., 131, 136, 139, 200f., 204f., 206f.
植民地　92, 175, 199, 204, 209, 219f., 261f., 442, 445
植民地とインド博覧会　263, 265
《諸国民から成る国》　222, 382, 393, 455
女性, 婦人, 性差別　16, 115, 198, 312, 323, 347, 350, 351, 390, 395f., 399, 404, 446, 449, 450
ショーマンシップ　17, 346
進化と革命　258
シンガポール・サイエンスセンター　351
進化論　21, 27, 198, 448
シンケル　214
人種差別　165f., 339f., 371, 383, 387, 397, 399, 405, 455, 459
人種展示, 人種の標本　264f.
神秘主義, 神秘哲学　71f.
進歩の史観, 遡及史観, 連続性の史観, ホイッグ史観(ホイッグ主義), 勝利者史観　72, 221f., 374f., 391
シンボルマーク　275, 312, 318, 322, 328f., 331, 333f., 373
人類学, 人類学博物館　46, 116, 201, 212, 219f., 265, 289, 295f., 302f., 372, 383, 400

水族館　11, 14, 85, 204, 209f., 430
スカンセン　34, 39, 216f.
スクール・プログラム　415
スタインメッツ　337, 363
ストックホルム技術博物館　36f., 332, 435f.
スミス　269
スミスソン　292f., 300
スミソニアン・アーカイブス　387
スミソニアン・インスティテューション／スミソニアン　21, 28f., 33, 44, 46f., 97, 111, 114, 116f., 126, 131, 189f., 203, 211, 222, 225f., 242, 247, 279f., 285, 289f., 309, 313, 318, 285, 289, 326, 335, 371f., 409, 421, 439f., 460, 462, 470
スミソニアン・マガジン　387, 398f.
スモール　440f., 459
スローン　87, 90, 100f., 103, 106, 109f., 117, 190f., 194

成人教育, 生涯教育, 継続教育　4, 16, 162, 177, 190, 306, 324, 425, 462
製造工業博物館　227, 234, 236, 243, 262f., 262
生態学オフィス／環境研究センター　385
正統, 正統性　19, 221, 391, 427
生物環境展示　32f., 37, 110, 115, 212
世俗性, 非宗教性　15, 27, 61, 190
接収　51, 136f., 140f., 178, 183
セッタラ　65
セールス, セールス・レジスタンス　306, 346, 348, 358, 360
ゼンケンベルク自然博物館　202
全米日系米国人博物館　394
相互作用型(インタラクティブな)展示　12, 27, 36, 38f., 40, 44, 202, 230f., 282, 316, 322, 332, 346, 358, 407, 413f., 416, 419, 421f., 436, 449, 451
装飾美術博物館　234, 247
ソ連　20, 52, 160, 334, 353, 364, 380, 402

タ　行

大英図書館　109, 190, 197, 266
大英博物館　21, 29, 90, 99f., 102f., 110, 131, 134, 190f., 198f., 202, 213, 238, 246, 248, 256f., 260, 265f., 268, 276, 287f.
大衆教育　338, 345, 347f., 350, 354, 357f., 383
ダニロフ　42, 364f., 369, 379, 417
タフツ大学自然史博物館　119
ダランベール　162f.

ダーレム博物館　214
炭鉱の坑道（炭坑，模擬坑道）　320, 329, 344, 351, 358, 367f.
ダンジヴィエ　135
団体博物館　24, 27, 80, 83, 86, 88f., 97, 103, 131, 209

地質博物館（実用地質博物館）　121, 123, 202, 238, 250, 272
チャールズ1世　134f.
チャールトン　89, 99f., 101, 103
地理上の発見　61, 64, 78, 198, 443
珍品収集趣味　109, 198,

ディーアキング　156
帝国主義　25, 140, 199, 210, 219, 261f., 375
帝国の博物館，帝国博物館　20, 261f., 288
ディスカバリー・センター，ディスカバリー・ルーム，地球ギャラリ　202, 203, 304, 415
ディズニーランド　57, 156, 361, 419
ディドロ　49, 136, 162f., 207, 226
テイラー，フランク　381
テイラー，フランシス　43, 151
テイラー，ブランドン　255
テイラー博物館　96f.
デカルト　49, 85, 137, 162, 207
《テキサスのメキシコ文化》　394
テクニカル・コニーアイランド，テクノロジカル・ワンダーランド　343, 365, 369, 418
テクノラマ　435f.
デザイナー　38, 47, 282, 431
デザイン学校　162, 227f., 230, 233f., 239f., 243, 250, 252, 256, 271
データベース　284, 286
鉄道博物館　283, 330
テート，テート・ギャラリ　251, 266
テーマパーク　13, 41, 47, 156, 436, 463
デモンストレーション（演示，実験講義）　25f., 64, 79, 97, 115, 120f., 129, 162, 164, 167f., 178f., 183f., 272, 313, 321f., 325, 373, 407f., 410, 412, 414f., 422

デモンストレーター　164, 166f., 344, 347f., 359, 411, 414
デュパン　169f.
電気通信博物館　36f., 332
展示ケース，ガラスケース　31, 36, 38, 98, 114, 202, 225, 244, 282, 287, 306, 321, 331, 407
展示中心の博物館　17
展示のドラマ化，ショー化　31, 34, 36, 38, 47, 219, 232, 346f., 359, 392, 396, 436

ドイツ技術者連盟（VDI）　317, 326
ドイツ博物館　26f., 36, 39, 44, 131, 161, 182, 188f., 215, 225, 242, 274, 277f., 283f., 289, 309f., 335, 338f., 346, 351, 362, 364f., 367, 371f., 380f., 383, 393, 408, 415f., 420, 425, 457, 459, 461, 472
ドイツ博物館ボン　327f., 461
動態展示　32f., 35f., 123, 125, 164, 179f., 182, 230, 272, 274, 279, 342, 346, 358
ドゥノン　138, 140f., 149, 214
動物園　11, 14, 34, 41, 49, 85, 113, 118, 201, 206, 217, 291, 301, 371, 384, 423, 460
図書館・図書室　11, 13, 19, 64, 81, 84, 92, 95f., 97, 108, 109, 139, 180, 183f., 190f., 198, 228, 235, 250, 253, 255, 257f., 260, 266, 285, 294, 297f., 306f., 313, 315, 316, 322, 326, 334, 365, 415, 430, 432f.
ドーズ　343f.
ドセント　387
ドーマ　220
友の会　387f.
トラデスキャント　91f., 95, 99, 103
トレスカ　179f., 182, 183, 230
ドン・サルテーロのコーヒーハウス　106, 117

ナ 行

ナイッケル　42, 107f.
ナショナリズム，民族主義　15, 24, 46, 142f., 198, 216, 220, 309, 316, 440
ナショナル・インスティテューション／ナ

索引　531

ショナル・インスティテュート　294f.
ナショナル・ギャラリ（ロンドン）　29,
　　155, 193, 229, 236f., 257, 266
ナショナル・ギャラリ（ワシントン DC）
　　291, 298, 371, 440, 443f.
ナショナル（国立）・ポートレート・ギャラ
　　リ　220, 266, 384
ナチス・ドイツ，ナチズム　51, 143, 160,
　　215, 220, 222, 360
ナツィオナルガレリー　214
ナトゥラリア　54
ナポレオン　20, 24, 51, 97, 110, 131f., 139,
　　140f., 146, 150, 169, 178f., 195, 198, 212,
　　216, 253

二月革命　146, 172, 253, 257
二層展示　29f., 40
日曜開館　194f., 243, 260f.
入館者数・見学者数　3, 113, 124, 192f.,
　　200, 209, 211, 217, 229, 235, 246, 249f.,
　　257, 266, 270, 275f., 284, 292, 303f., 328,
　　334, 350f., 354, 366, 368f., 380, 384, 389,
　　398, 402f., 412, 421, 468f.
入館料　113, 243, 257, 284, 344, 368f., 425,
　　460
ニューコメン協会　274f., 317
ニューヨーク技術博物館　335
ニューヨーク動物学協会　211

ノイエス・ムゼウム　214
ノヴィック　42
ノルウェー技術博物館　332

　　　　ハ　行

パー　38
ハイ・アート　151, 155, 158, 226f., 235,
　　236, 238, 254, 267f., 287f., 461
バイエルン歴史博物館　220
排外主義　20, 342, 375, 405, 428
ハインホーファ　57
パーキンス　124
剥製　32f., 37, 68, 115, 119, 202, 211, 229,

博物館史の時代区分　23f.
博物館・展示の面積　185, 272, 276, 282,
　　312, 322, 327, 352, 366, 367, 395, 411,
　　430, 432, 445
博物館島（ベルリン）　213f.
博物館と研究　12f., 16f., 22f., 29f., 38, 46,
　　58, 60, 64, 66, 72, 77, 79, 85f., 92, 96f.,
　　101, 114, 117, 126, 136, 186, 192, 199f.,
　　204f., 269, 284, 296f., 302, 306, 322,
　　325f., 334, 381, 384f., 396, 401f., 404f.,
　　433, 460
博物館における観客の振舞い　156f.
博物館における（知の）生産と消費，普及
　　13, 15, 17, 25, 29, 40, 46, 47, 54, 64, 79,
　　81, 85, 156, 157, 199, 460
博物館の数　1
博物館の機能　16f., 44, 45, 157, 418, 425
博物館のショップ　202, 349, 388, 389, 460
博物館の政治的機能，政治性　20, 58, 79,
　　222, 252f., 381, 400, 465
博物館の属性　14f.
博物館の建物　18, 38, 59, 70, 91f., 96, 98,
　　106, 118, 127, 135, 144, 147, 153, 161,
　　167, 191, 193, 195, 200f., 203f., 213f.,
　　229, 237, 268, 271f., 276f., 287, 299f.,
　　302f., 307, 311, 318f., 330, 334, 340f.,
　　380, 384, 386, 388, 420f.
博物館の定義　12f.
博物館の予算・財政　44, 210, 217, 284,
　　292f., 323, 380, 382, 388, 389, 441
博物館法　3, 257
博覧会（万国博覧会，万博，世界博覧会）
　　19, 21, 34f., 38, 41, 57, 121, 179f., 182f.,
　　188, 203, 210, 216, 220, 227, 230f., 240,
　　244f., 252f., 256f., 261, 263f., 268, 271,
　　299, 302f., 311, 320, 330, 340f., 343f.,
　　345f., 347f., 354, 356f., 361, 365, 375,
　　410, 415, 421, 448
ハーゲンベック　34, 206, 210f., 460
バザン　15, 43, 150, 212, 217, 220, 242
ハーシュホーン・ギャラリ　384
ハゼリウス　34, 216
バーゼル歴史博物館　57

バーソロミュー・フェア　109
《畑から工場へ》　222, 383, 392
バーチャル・ミュージアム，バーチャル・リアリティ　40, 41, 47, 436
発見宮殿　26, 183, 184f., 189, 268, 410f., 412f., 417, 422, 427, 429
ハドソン　44, 153, 418, 428, 454
バートン　253
バーナム　111, 116f., 126, 210
パニッツイ　266
バーネット　251f.
パノラマ　38, 112, 211f.
パリ・アカデミー　84, 86f., 90f., 164, 178, 180, 191, 200
ハーリー家文書　191
パリ工芸院，同博物館　21, 24f., 35, 83, 86, 131, 134, 136, 161f., 190, 207, 215, 222, 225f., 230, 240, 274, 287f., 294, 309f., 341f., 315, 331, 427
パリ万国博覧会（1937年）　183, 183, 410
ハンズオン展示　12, 27, 385, 407, 422f., 451f.
ハンター，ウィリアム　102
ハンター，ジョン（の博物館）　87, 102

ピアソン　43
比較動物学博物館（ハーバード大学）　114
ビクトリア・アンド・アルバート博物館　22, 182, 189, 226f., 271f., 286, 288, 468f.
ビクトリア・ギャラリー　128, 190
美術アカデミー　134, 143, 228f.
美術教育　147f., 228, 233f., 239, 242, 250
美術史博物館（ヴィーン）　70
ピーボディ考古学・民俗博物館　114
ピーボディ自然史博物館　384
ビーミッシュ　219
百科全書　136, 162f., 165, 168, 207
ヒューバート　64, 89, 101, 107
ビュフォン　81, 107, 200
ピール，チャールズ・ウィルソン（の博物館）　32f., 86, 103, 111f., 117, 119f., 131, 129, 131, 210, 294f.,
ピール，ティチアン　295f.

ファイン・アート　148, 226, 248
フィラデルフィア博覧会（建国100年記念，1876年）　299, 415
フィラデルフィア美術館　247
フィールド自然史博物館　34, 203, 341
フィレンツェ科学史博物館　61
フィンドレン　74, 77
フェリオ　189
フェルスタ　408f.
フェルディナント2世　58, 69, 71
フォード　318, 335f., 375
フォーラム　40, 47, 383, 462f.
フォン・ミラー　26, 39, 44, 161, 182, 189, 225, 242, 248, 278, 280, 286, 289, 309f., 317, 322, 329f., 331, 340, 373, 408
服装（博物館に来る人の）　153f., 245f., 249, 259, 261
フーコー，ミシェル　74f., 80, 256
フック　88
物理陳列室（ライデン大学）　94
フライヤー号　12, 401f.
プラド美術館　144
プラネタリウム　13, 278, 313f., 320f., 323, 333f., 408, 413, 415, 416, 430
プラハ技術博物館　329
フラワー　29
フランクリン協会科学博物館　318, 335, 413, 415
フランス革命　15, 19f., 24, 27, 49, 83, 97, 131f., 134, 136f., 139f., 142f., 145, 149f., 161f., 164, 166, 171, 183, 185, 190, 200, 204, 207, 220, 225, 253, 457
フランス記念物博物館　34, 137f.
フランソワ1世　132, 135, 148
プリドモア　368
プリニウス　49, 59, 61, 64, 78
ブルゴーニュ公ジャン・ド・ベリー　53
ブルックリン動物園　211
ブルデュー　153
ブルーノ　70f.
ブールハーフェ博物館　94f.
ブレラ絵画館　143
ブロック　33, 103, 110, 210

索引　533

プロパガンダ　20, 360, 392, 418, 437, 463, 465
分類（博物館，展示，コレクション，モノの）　17, 20, 22, 29, 30f., 37, 41f., 58, 63, 72f., 80, 83, 88, 101, 114, 126, 186, 197f., 233, 235f., 238, 248, 258, 267, 269f., 286f., 297, 375, 382f., 444
分類展示　30f., 37, 383

ベアード　298, 301f.
米国技術史学会　371, 374f., 380, 382f., 382
《米国人の生活における科学》　222, 390, 439, 444f., 456
《米国としての西部》　439f., 453, 456
米国のドイツ博物館　335, 372f., 459
ベイリー　118f.
ペイン　124
ベーコニアン博物館　24, 41, 86
ベーコン，ベーコン主義　21, 24, 49, 64, 66, 79f., 83f., 88, 104, 107f., 162f., 207
ベスナル・グリーン分館　238, 248f., 260, 468f.
ヘッセン州博物館　69, 114
ベトナム戦争　354, 379, 400, 402, 405
ベネット　44
ペラン　410
ペルガモン　49
ペルガモン博物館　214
ベル報告書　272f., 276, 278f.
ベルリン自然誌博物館　201
ベルリン・ドイツ技術博物館　328, 409
《変化の種》　440f.
ヘンリー　126, 295f., 297f., 302, 308, 387
ヘンリー・フォード博物館とグリーンフィールド・ビレッジ　335f.

防火　25, 225, 243f., 287
宝物庫　14, 24, 27, 49, 51f., 57, 61f.
ポスト　382
ボストン科学博物館　413f.
ボストン美術館　247
保存展示　29f., 187
ボッフム鉱山博物館　326

北方博物館　216f.
ボーデ　29, 213f.
ボーデ博物館　214
ポミアン　14, 15, 43, 51, 52, 73, 74, 95, 199
ボランティア　292, 301, 387, 403, 452
ポリテクニック・インスティテューション　127f.
ホルナディ　33, 211
ホロピューシコン　103
ホワイトチャペル画廊　252
ホーン　44, 221f., 391

マ　行

マイア　326
マイノリティ　395, 398f., 421, 446, 449
マガロッティ　95, 101, 111
マクドナルド，シャロン　44, 45
マクマスター　344, 354
マザラン　133
マチョス　317f.
マテリアル・カルチャー　11, 17, 36, 221
マリニー　135
マルクス主義科学技術史　375
マルソーフ　303, 378, 381
マールム　97f.
マルロー　158
マレー　12, 17, 26, 42, 107
マンパワー　16, 18, 26, 45, 150, 463

見世物　33, 34, 38, 39f., 57, 87f., 109f., 111f., 116, 117f., 126, 129, 206, 210, 257, 370, 392, 408, 418, 463
ミットマン　372f.
ミラー　198
民族学，民族学博物館　16, 25, 46, 61, 91f., 114, 199, 212, 219f., 265, 297
民俗学，民俗博物館　25, 31, 34, 46, 77, 114, 190, 194, 197, 212, 214, 216f., 219f.

ムーセイオン　13, 204
無料開館，無料開館日　25, 113, 120, 137, 150, 192f., 229, 235, 243, 248, 251, 257,

534

260, 284, 292, 313, 344, 359, 368, 388, 425, 432, 460

メカニクス・インスティテュート，メカニクス・インスティテューション　121f., 127, 129, 171, 253, 415
メカニクス・マガジン　122f.
目玉展示路線　47, 154, 270, 459, 464
メッセージ型展示　28, 40, 47, 371, 383, 392, 400, 439, 454, 456, 463, 465
メディチ（のキャビネット）　14, 54, 58f., 65, 68, 79, 95
メトロポリタン美術館　117, 203, 247
メナジェリー　207
メルカーティ　61

目録　51, 52, 53, 55, 58, 61f., 64, 66, 79, 83, 193
模写，コピー，コピイスト　137, 147f., 152, 243
モスカルド　63, 65f.
モノ，モノは語る　11, 36f., 39f., 381
モラン　172, 174, 179
モルターニュ館　164, 180
モレラ　444, 452

ヤ　行

野外博物館　34, 39, 216f., 221, 336, 338
薬草園　64, 94, 200, 204

有料化（入館の）　270, 338, 368, 370, 459f.

予約（入館の）　25, 149, 190, 192
《より完全な国民統合》　222, 383, 390, 393, 404, 453, 458

ラ　行

ライオンズ　276f., 286
来館者・入館者の構成，来館者調査　19, 156f., 284, 349, 353, 360, 398, 412
ライト兄弟　12, 401f.

ライプニッツ　85, 207
ラスキン　239, 248, 251, 259, 306
ラッフルズ　209
ラ・ビレット　27, 186, 189, 410, 419, 429f., 436f.
ラベル　33, 37, 61, 114, 137, 150, 244, 278f., 284, 306, 315, 348f., 367,
ラ・ロシュフコー・リアンクール　169f., 179f.
ラングレー　371, 400f.

リーヴァー　102f., 110, 115
リヴァプール博物館　110
リヴィエール　217
理科教育センター　385
リシュリュー　133, 135
リチャーズ　42, 182, 183, 184, 314f., 357
リピーター　154f., 349, 361
リプリー　384, 402
リリーホワイト　105
リンネ　80, 101, 114, 110, 198, 375

ルイ14世　133f., 207
ルーヴル美術館　15, 20f., 24f., 31, 83, 131, 132f., 161, 178, 185, 190, 207, 212f., 225, 243, 247f., 287f., 310, 323, 403, 464
ルドルフ2世（のキャビネット）　70f., 74f.
ルネサンス　20, 24, 27, 41, 53, 54f., 75, 78f., 81, 87, 132, 141, 197, 204, 206, 268, 443
ルノワール，アレクサンドル　34, 137f.

冷戦　28, 47, 160, 350, 351, 376, 377, 378, 402, 404, 420, 449, 456, 459
レイトン　362
レヴィ　429
歴史修正主義　456
歴史博物館　25, 31, 46, 131, 199, 220f., 390
レジャー，民衆のレジャー　40f., 45, 120, 242, 253f., 357f., 415, 435, 462
レンウィック・ギャラリー　384
連続性の史学　72, 375

ローア　338, 343f., 345f., 347f., 354f., 375, 383, 463
ロイド　105
ロイヤル・インスティテューション　121f., 124, 190, 293
ロイヤル・ソサエティ（の陳列室）　24, 81, 84f., 88f., 98, 100f., 103f., 106f., 109, 190f., 194, 198, 211, 277, 293
労働者（民衆）の反乱　19, 225, 253
ロー・カルチャー　206
ローゼンウォルド　339f., 343, 368, 373
ロックフェラー　219
ロビンソン　235, 242, 245, 265, 267f., 286
ロマン主義，ロマン化　138, 141, 216, 219f., 337
ローレンス・サイエンスホール　413f.
ローンチ・パッド　282
ロンドン・インスティテューション　121
ロンドン科学博物館　22, 35, 161, 182, 189, 226f., 234, 238, 251, 265, 271f., 315, 329, 335, 342, 401, 416, 421, 428, 468f.
ロンドン自然史博物館　29, 196f., 202, 238, 260, 266, 272, 462
ロンドン動物学協会（の動物園）　118, 208
ロンドン万国博覧会（第1回，1851年）　21, 35f., 121, 179, 188, 227, 230f., 245, 252f., 268, 271

《1492年頃》　440, 443f.

A–U

AAM（米国博物館協会）　13, 34, 314
art　46, 73, 148, 163, 173, 226f., 233, 248, 286
disciplinary museum, disciplinary institution　18f., 45, 157, 255f.
disciplinary history　42
esoteric　17, 57, 152, 159, 461, 464
evolutional museum　259
exoteric　17, 57
fine art　46, 148, 226, 248
fundf.raising　382
guango　266
ICOHTEC　380
ICOM　159
Imax　281, 364, 413, 416, 418, 430, 457
industrial participation（企業参加）　346, 348, 351f.
mandarin museum　18
Mr. Average Man　346
museum fatigue　156
NMSI（イギリス科学博物館）　283
Omnimax　364, 368, 415, 429f.
usable past（有用な過去）　221, 356

あとがき

　本書の目的は，博物館学の基本部分となる博物館の歴史を体系として示すことである．博物館はさまざまな面を持つので，相当に細部まで説明しないとわかりにくい．それゆえ，第 2 章以後では長いケース・スタディが多くなった．欧米以外の諸国や発展途上国における博物館，大学博物館，企業博物館については，紙数の関係もあって割愛した．これらは，重要なトピックスであり，別に論じる機会があることと思う．日本の博物館への言及は，博物館の歴史という体系を示すには必須ではない．日本の博物館史のナレーションはいくつか刊行されているので，読者は参照されたい．

　博物館の歴史を学ぶことを思い立ちながら，欧文・邦文の書物にこれといったものがなく，自分で書くことになった．博物館の歴史を論じると，欧米世界の政治，経済，社会，文化の歴史をほとんど全部あつかわなければならない．浅学菲才の身にはこれは困難なことであって，本書の記述と分析には精粗まちまちなところがある．ともかくも，博物館史のひとつの体系を示し得たと考えている．博物館を論じるにはさまざまな視点から何通りものアプローチを試みる必要があり，これは，複数の価値観を許容して論議すべき現代の問題の考察にも通じる．この意味で，博物館の歴史の研究は筆者にとって大変に勉強になった．博物館界以外の人々や市民にとっても本書は役に立つと信じている．諸賢の御批判と御叱正をお願いしたい．

　筆者が博物館に関心を持ったのは，1975 年から 1977 年にかけて西ドイツ（当時）のアレクサンダー・フォン・フンボルト財団給費研究員としてミュンヘン工科大学に留学したときからである．この機会にドイツ博物館に通って学ぶことができた．1991 年から 1992 年には，米国のスミソニアン国立アメリカ歴史博物館に留学した．二度の留学のほか，折にふれて世界各地の博物館を見学できたことは幸せである．内外の多くの方々および機関から，御指導・御助言と御援助をいただいた．その全部をここに記すことはできないが，いわば代表として下記に各位と機関の名（敬称略）を挙げて，心からお

礼申し上げる．図版の使用について許諾・協力をいただいた博物館ほかに感謝の意を表する．

Alexander-von-Humboldt Stiftung, Deutsches Museum, Smithsonian National Museum of American History, 故 Prof. Hans Prinz（ミュンヘン工科大学），Dr. Friedrich Heilbronner（ドイツ博物館），Dr. Bernard S. Finn（スミソニアン国立アメリカ歴史博物館），大類浩（中央大学），河野照哉（東京大学），千葉政邦（同），石橋一郎（国立科学博物館），前島正裕（同），向海男（大生工業），田中祀捷（電力中央研究所），大岩祥浩（ポルテニヤ音楽同好会），鎌谷親善（東洋大学），西尾成子（日本大学），平本厚（東北大学），塚原修一（国立教育政策研究所），安達裕之（東京大学），岡本拓司（同）．

著者紹介

高橋雄造（たかはし ゆうぞう）

東京に生まれる．東京大学工学部電子工学科卒業．同大学大学院博士課程修了．工学博士．中央大学勤務を経て，2008年3月まで東京農工大学教授．日本科学技術史学会会長．1975-77年，西ドイツ（当時）アレクサンダー・フォン・フンボルト財団給費研究員としてミュンヘン工科大学に留学．1991-92年，米国ワシントンDCのスミソニアン国立アメリカ歴史博物館に留学．1995年に博物館学芸員資格を取得．専門は高電圧工学，技術史，博物館学．
著書に，『ミュンヘン科学博物館』（編著，講談社，1978年），『てれこむノ夜明け——黎明期の本邦電気通信史』（共編著，電気通信調査会，1994年），『ノーベル賞の百年——創造性の素顔』（共同監修，ユニバーサル・アカデミー・プレス，2002年），『岩垂家・喜田村家文書』（監修，創栄出版，2004年），『百万人の電気技術史』（工業調査会，2006年），『静電気のわかる本』（工業調査会，2007年），その他がある．

博物館の歴史
────────────
2008年5月20日　　初版第1刷発行

著　者　高橋雄造
発行所　財団法人　法政大学出版局
　　　　〒102-0073 東京都千代田区九段北 3-2-7
　　　　電話 03 (5214) 5540　振替 00160-6-95814
組版：HUP，印刷：平文社，製本：誠製本
© 2008 Yuzo TAKAHASHI
Printed in Japan

ISBN978-4-588-37116-5

情報と通信の文化史
星名定雄著‥‥‥‥‥‥‥‥‥‥‥‥‥‥‥‥‥‥‥‥‥‥‥‥‥‥‥‥‥5800円

水族館 《ものと人間の文化史 113》
鈴木克美著‥‥‥‥‥‥‥‥‥‥‥‥‥‥‥‥‥‥‥‥‥‥‥‥‥‥‥‥‥2800円

水車・風車・機関車　機械文明発生の歴史
坂井洲二著‥‥‥‥‥‥‥‥‥‥‥‥‥‥‥‥‥‥‥‥‥‥‥‥‥‥‥‥‥3500円

火と人間
磯田浩著‥‥‥‥‥‥‥‥‥‥‥‥‥‥‥‥‥‥‥‥‥‥‥‥‥‥‥‥‥‥2800円

中国の紙と印刷の文化史
銭存訓著／久米康生訳‥‥‥‥‥‥‥‥‥‥‥‥‥‥‥‥‥‥‥‥‥‥‥‥6000円

古代憧憬と機械信仰　コレクションの宇宙
H. ブレーデカンプ／藤代幸一・津山拓也訳‥‥‥‥‥‥‥‥‥‥‥‥‥‥‥2400円

情報時代の到来　「理性と革命の時代」における知識のテクノロジー／1700～1850年
D. R. ヘッドリク／塚原東吾・隠岐さや香訳‥‥‥‥‥‥‥‥‥予価 3900円

鉄道旅行の歴史　19世紀における空間と時間の工業化
W. シヴェルブシュ／加藤二郎訳‥‥‥‥‥‥‥‥‥‥‥‥‥‥‥‥‥‥‥3200円

楽園・味覚・理性　嗜好品の歴史
W. シヴェルブシュ／福本義憲訳‥‥‥‥‥‥‥‥‥‥‥‥‥‥‥‥‥‥‥3000円

闇をひらく光　19世紀における照明の歴史
W. シヴェルブシュ／小川さくえ訳‥‥‥‥‥‥‥‥‥‥‥‥‥‥‥‥‥‥2200円

光と影のドラマトゥルギー　20世紀における電気照明の登場
W. シヴェルブシュ／小川さくえ訳‥‥‥‥‥‥‥‥‥‥‥‥‥‥‥‥‥‥3800円

図書館炎上　二つの世界大戦とルーヴァン大学図書館
W. シヴェルブシュ／福本義憲訳‥‥‥‥‥‥‥‥‥‥‥‥‥‥‥‥‥‥‥2400円

知識人のたそがれ
W. シヴェルブシュ／初見基訳‥‥‥‥‥‥‥‥‥‥‥‥‥‥‥‥‥‥‥‥2100円

ベルリン文化戦争　1945-1948／鉄のカーテンが閉じるまで
W. シヴェルブシュ／福本義憲訳‥‥‥‥‥‥‥‥‥‥‥‥‥‥‥‥‥‥‥3800円

敗北の文化　敗戦トラウマ・回復・再生
W. シヴェルブシュ／福本義憲訳‥‥‥‥‥‥‥‥‥‥‥‥‥‥‥‥‥‥‥5000円

＊表示価格は税別です＊